UTE FREVERT

Mächtige Gefühle

Von A wie Angst
bis Z wie Zuneigung

Deutsche Geschichte
seit 1900

S. FISCHER

Aus Verantwortung für die Umwelt hat sich der S. Fischer Verlag zu einer nachhaltigen Buchproduktion verpflichtet. Der bewusste Umgang mit unseren Ressourcen, der Schutz unseres Klimas und der Natur gehören zu unseren obersten Unternehmenszielen.

Gemeinsam mit unseren Partnern und Lieferanten setzen wir uns für eine klimaneutrale Buchproduktion ein, die den Erwerb von Klimazertifikaten zur Kompensation des CO_2-Ausstoßes einschließt.

Weitere Informationen finden Sie unter: www.klimaneutralerverlag.de

Originalausgabe
Erschienen bei S. FISCHER
2. Auflage Dezember 2020

© 2020 S. Fischer Verlag GmbH,
Hedderichstraße 114, D-60596 Frankfurt am Main

Satz: Dörlemann Satz, Lemförde
Druck und Bindung: CPI books GmbH, Leck
Printed in Germany
ISBN 978-3-10-397052-4

INHALT

7   Die Macht der Gefühle
und die deutsche Geschichte

31   Angst

52   Demut

71   Ehre

89   Ekel

106   Empathie

120   Freude

143   Geborgenheit

167   Hass

184   Hoffnung

199   Liebe

229   Neid

251   Neugier

274   Nostalgie

289 Scham

306 Solidarität

328 Stolz

348 Trauer

373 Vertrauen

397 Wut

418 Zuneigung

441 Dank

442 Anmerkungen

483 Literatur zum Weiterlesen

488 Abbildungsnachweis

490 Personenregister

Die Macht der Gefühle
und die deutsche Geschichte

Jede und jeder weiß es aus eigener Erfahrung: Gefühle sind mächtig. Sie bewegen uns, färben unsere Beziehungen und Weltsichten, bestimmen darüber, was zählt und was unwichtig ist. Weniger offensichtlich ist das, was sie in der »großen«, über die Einzelnen hinausreichenden Geschichte anrichten und bewirken – und wie sie selber von dieser Geschichte geprägt werden. Darum geht es in diesem Buch.

Warum ist das interessant? Verstehen wir die Welt besser, wenn wir auf Gefühle achtgeben und das, was sie tun, unter die Lupe nehmen? Vermittelt die Perspektive neue Einsichten und Erkenntnisse, taucht sie Vergangenes und Gegenwärtiges in ein anderes Licht?

Die Antwort lautet: Ja. Schon der schnelle Blick auf aktuelle Entwicklungen und Erfahrungen zeigt, wie stark Gefühle dabei mitmischen. Das betrifft Ereignisse wie die Morde, die ein Rechtsextremist im Februar 2020 an neun Menschen mit Migrationsgeschichte in Hanau beging und die in weiten Teilen der Bevölkerung Trauer, Wut und Scham auslösten. Es betrifft, auch und vor allem, den Umgang mit dem seit Anfang 2020 grassierenden Corona-Virus, dessen Einhegung Staat und Gesellschaft, Wissenschaft und Wirtschaft vor nie dagewesene Herausforderungen stellt. Angst und die Sehnsucht nach Sicherheit gehen Hand in Hand mit Liebe, Solidarität und Fürsorge für diejenigen, die am stärksten und tödlichsten gefährdet sind. Wie eng die emotionale Bindung an Verwandte, Freunde, Kollegen, Nachbarn ist, wird in dem Moment deutlich, wenn man ihnen nicht mehr nah kommen darf. Vertrauen und Misstrauen haben für die Bewältigung der Pandemie eine immense Bedeutung: Vertrauen Bürgerinnen und Bürger dem Staat, der ihre Freiheitsrechte drastisch beschneidet, und leisten seinen Anweisungen Folge? Oder hegen sie Misstrauen und setzen sich darüber hinweg? Vertrauen sie ihren Mitmenschen? Wie dehnbar ist ihre Solidarität, wann bekommt sie Risse? Das Ressentiment, das mitten in der Krise zwischen Stadt- und Landbewohnern, Einheimischen und Fremden, Ost- und Westdeutschen aufflammt, weckt Zweifel am vielbeschworenen Zusammenhalt. Die Empathie mit den schwer gebeutelten Nachbarländern kennt Grenzen, könnte Grenzen aber auch versetzen und überschreiten.

Gefühle machen Geschichte

Solche Beobachtungen stützen das Argument, dass Gefühle Geschichte machen. Sie motivieren Menschen dazu, etwas zu tun oder zu lassen, das den Lauf der Dinge verändert. Das gilt für den Hanauer Täter ebenso wie für den Mann, der im Oktober 2019 einen Anschlag auf eine Synagoge in Halle verübte und dabei, wie er zu Protokoll gab, von Hass auf Juden und Frauen geleitet war. Es gilt für die Menschen, die sich darüber empören und Gegengefühle mobilisieren: Empathie, Solidarität, Scham, Zuneigung, Vertrauen. Es gilt auch für Politiker, die praktische Schlüsse daraus ziehen und muslimische oder jüdische Einrichtungen und Versammlungsorte besser schützen, gegen Hass im Netz vorgehen und Rechtsextremisten genauer observieren wollen. Auf allen Ebenen übersetzen sich Gefühle in konkretes Handeln und gewinnen damit eine Macht, die ganze Gesellschaften in Bewegung setzt.

Das war auch 2015 so, auf dem Höhepunkt der sogenannten Flüchtlingskrise. Sehr viele Deutsche reagierten erschrocken und entsetzt auf Fernsehbilder aus Lagern entlang der Balkanroute. Der harsche Kurs der ungarischen Regierung wurde weithin, so die Schlagzeile der *Bild am Sonntag* vom 6. September, als »Schande« empfunden.

Als Kanzlerin Angela Merkel diese Schande beendete und die Flüchtlinge ins Land ließ, folgte sie einer plausiblen Annahme: Wenn die Menschen, die über die Türkei nach Europa drängten, ihren *March of Hope* fortsetzten, könnte man sie nur unter Anwendung massiver Gewalt stoppen. Solche Bilder waren der deutschen Öffentlichkeit jedoch nicht zuzumuten. Schon das Foto des dreijährigen syrischen Kindes, das bei der Flucht seiner Familie im Mittelmeer ertrunken war, hatte eine Welle des Mitgefühls ausgelöst. Vor diesem Hintergrund schien die Entscheidung der Kanzlerin, die Grenzen zu öffnen, ebenso logisch wie alternativlos.

Dass sich sofort zahllose Bürgerinnen und Bürger einfanden, die Ankömmlinge zu begrüßen und mit dem Nötigsten zu versorgen, bestätigte sie. Freiwillige Helfer organisierten Willkommensbasare und Büfetts, Kinder stifteten Kuscheltiere, Kirchengemeinden stellten Unterkünfte bereit. Die Empathie der Vielen war es, die den Beschluss zur Grenzöffnung vorbereitete. Das wiederholte sich fünf Jahre später, allerdings in stark verdünnter Dosis: Wieder wurde der Druck der Zivilgesellschaft so groß, dass die Regierung sich gezwungen sah, Kinder aus den heillos überfüllten griechischen Flüchtlingscamps aufzunehmen.

Nun sind Gefühle wie Empathie und Mitleid aber keine Naturgewalten. Sie brechen nicht wahl- und regellos über Menschen herein, rauben ihnen den Verstand und verführen sie zu Handlungen, die sie bei ruhiger Überlegung niemals begangen hätten. Eine solche Sicht der Gefühle kann sich zwar auf eine lange philosophische und medizinische Tradition berufen. Sie wird dadurch jedoch weder wahr noch überzeugend. Wie die anthropologische und kulturwissenschaftliche Forschung der letzten Jahre nachgewiesen hat, sind Gefühle in hohem Maße erfahrungsgesättigt und kulturell geformt. Sie greifen ebenso auf persönliche und kollektive Erfahrungen zurück, wie sie aus einem soziokulturellen Repertoire schöpfen, das ihnen Valenz und Bedeutung zuweist. Wie und was Menschen fühlen, ist immer abhängig von dem, was sie über Gefühle gelernt haben.

Diese Einsicht wird von neurowissenschaftlichen Studien bestätigt. Sie zeigen zum einen, dass sich die klassische Entgegensetzung von Verstand/Vernunft und Gefühl nicht aufrechterhalten lässt. Vielmehr stehen Gefühle in engem Kontakt mit kognitiven Operationen, die über das gesamte Gehirn hinweg zusammenarbeiten. Zum anderen sind diese Verbindungen das Ergebnis lebenslanger Lernprozesse, die zeitlich, räumlich und sozial variieren. Die amerikanische Psychologin Lisa Feldman Barrett spricht denn auch von »konstruierten Gefühlen« und betont, dass Gefühle von Menschen selber gestaltet, geschaffen und modelliert werden.[1]

Dabei spielen historische Erfahrungen eine große Rolle. In Deutschland weckten die Bilder verzweifelter Menschen, die aus ihrer von Bürgerkrieg und Gewalt zerstörten Heimat flohen, Erinnerungen an Flucht und Vertreibung, die Millionen Familien nach dem Zweiten Weltkrieg am eigenen Leib erlebt hatten. Desgleichen ließ sich der Anblick hoher Zäune, die die Flüchtlinge an der ungarischen Grenze auf Abstand halten sollten, nur schwer mit der unvergessenen und unvergesslichen Euphorie in Einklang bringen, die die

1   1948: Eine Flüchtlingsfamilie unterwegs

Die Macht der Gefühle und die deutsche Geschichte 11

2 Sommer 1989: DDR-Bürger überwinden den Grenzzaun zwischen Ungarn und Österreich

ungarisch-österreichische Grenzöffnung im Sommer 1989 ausgelöst hatte.

Neben persönlichen Erlebnissen und kollektiven Erinnerungen wirken Medien und Institutionen auf Gefühle ein. Ohne die Bilderflut, die das Fernsehen 2015 in die deutschen Wohnzimmer spülte, wären die Sensibilität und Hilfsbereitschaft der Bevölkerung nicht annähernd so groß gewesen. Auch Familie, Schule und Religion beeinflussen die Art und Weise, wie Menschen mit sich und ihrer Umwelt umgehen, ebenso wie Erfahrungen am Arbeitsplatz, im Fußballstadion und in Chören, Vereinen, Bürgerbewegungen oder politischen Parteien. Überall begegnen Menschen Regeln und Praktiken, die ihnen manche Gefühle nahelegen und andere tabuisieren. Geschlecht und Alter treffen dabei wichtige Unterscheidungen: Was für Männer gilt, gilt nicht für Frauen, und umgekehrt; von Jüngeren erwartet man ein anderes emotionales Verhalten als von Älteren. In früheren Jahrhunderten, als Religion und Kirchen das Tun und Lassen der Menschen bestimmten, konnte man Protestanten, Katholiken und Juden an ihren Gefühlen erkennen. Was Liebe bedeutete und Demut, Mitleid, Neid, Hoffnung oder Sehnsucht, unterschied sich nach religiöser und konfessioneller Zugehörigkeit.

Gefühle haben eine Geschichte

Gefühle *machen* also nicht nur Geschichte, sie *werden* auch von ihr gemacht. Sie unterliegen gesellschaftlichen Einflüssen, die sich in Raum und Zeit verändern. Damit sind Gefühle historisch, sie *haben* eine Geschichte, und das gleich mehrfach. Zum einen wandeln sich die Anlässe und Kontexte, die bestimmte Gefühle hervorrufen. Die Angst vor Krieg und Gewalt, nach zwei Weltkriegen überall spürbar, war vor 1914 weitgehend abwesend, zumal der letzte Krieg 1870/71 Deutschland nur wenige menschliche Verluste und riesige finanzielle Gewinne eingebracht hatte. Um 1900 ängstigte sich auch niemand vor Terroranschlägen und Klimawandel. Stattdessen fürchteten sich viele vor Epidemien wie Cholera und Typhus. In dem Maße, in dem Infektionskrankheiten gebannt schienen, verlor sich diese Angst. Als die Corona-Pandemie 2020 in Europa ankam, wussten viele nicht mehr, wie sich die Angst vor Ansteckung anfühlte. Noch Mitte März, die Infektionsrate war bereits steil angestiegen und Italiener und Franzosen durften ihre Wohnungen kaum noch verlassen, gab nur die Hälfte aller Befragten in Deutschland an, öffentliche Plätze und Nahverkehrsmittel zu meiden. Lediglich vier von zehn hatten ihre Sozialkontakte eingeschränkt, jeder Vierte fand die Angst »völlig übertrieben«.[2]

Zum anderen fühlten sich selbst Ängste, die wir heute noch haben, früher anders an. An Krebs erkrankten und starben Menschen schon Ende des 19. Jahrhunderts. Dennoch ging man mit der Krankheit anders um, versah sie mit anderen Deutungen, Geboten und Verboten. Das wirkte sich auf die Gefühle der Kranken aus. Selbst wenn sie den Tod vor Augen hatten, gaben sie der Angst nicht den Raum, den sie gegenwärtig besitzt und beansprucht.[3] Auch hier spielte Religiosität eine entscheidende Rolle: Wer fest an ein Leben nach dem Tod und an die Gemeinschaft der Lebenden und Toten glaubte, starb freier und heiterer als jemand, dem das Nichts vor Augen stand.

Gesellschaftlich gerahmt sind Gefühle auch insoweit, als sie Konjunkturen unterliegen. Anthropologen unterscheiden »heiße« und »kalte« Kulturen: Kalte lassen wenig Wandel zu, heiße feiern Innovation und Kreativität. Aber heiß und kalt kann auch ein Gradmesser für die Intensität sein, mit der Gefühle und Leidenschaften in einer Gesellschaft auftreten. Nicht zufällig appellierte man in der frühen Bundesrepublik immer wieder an Nüchternheit und Sachlichkeit als politischen Stil, der an die Stelle der unheilvoll exaltierten Emotionalität des »Dritten Reichs« treten sollte. Besonders der erste Bundespräsident Theodor Heuss mahnte seine Landsleute Jahr für Jahr, »nüchtern« und »illusionslos« zu bleiben und sich aus den »Fesseln von Schlagworten und Ideologien zu lösen«, die an die »arge Zeit erinnerten, da der Radau, die lärmende Musik den Austrag von Gründen und Gegengründen verdrängt hatten«.[4]

Solche Mahnungen sind Teil einer Gefühlspolitik, mit der prominente Persönlichkeiten und Institutionen die emotionale Ökonomie einer Gesellschaft zu regulieren suchen. Dazu gehört die Ansage, welche Gefühle gut und akzeptabel sind und welche nicht. Wie viel Nationalstolz will man sich leisten? Wie viel Solidarität und Empathie braucht es, um eine Gesellschaft nicht gefrieren und vereisen zu lassen? Wer verdient sie, wer nicht? Wie geht man mit Neid um? Wann und wem gilt Angst – vor wem oder was – als gerechtfertigt? Die Antworten auf diese Fragen fallen weder einsilbig noch einstimmig aus. Demokratien machen es sich damit nicht leicht, und sie können Gefühlspolitik auch nicht von oben verordnen. Die Bürgerinnen und Bürger hören zwar mehr oder weniger aufmerksam zu, was ihre Präsidenten, Kanzler, Staatsratsvorsitzenden ihnen zu Weihnachten, Silvester und im weiteren Verlauf des Jahres mitteilen. Aber sie verfolgen auch eine eigene Agenda, allein und in Gemeinschaft, abhängig von Wohnort und sozialem Status, Geschlecht, Alter, Konfession und Weltanschauung. Sie lassen sich ihre Gefühle nicht vorschreiben, reagieren trotzig, wenn sie Manipulationen wittern. Viele betonen, vor allem seit dem letzten Drittel des 20. Jahrhunderts, ihre Einzigartigkeit und emotionale Autonomie.

Doch greift auch diese Sicht zu kurz. Gewiss hat jede Person eigene Gefühle und kennt sie (meistens). Dennoch sind Gefühle nicht bloß subjektiv oder reine Privatsache. Wären sie es, könnte man nicht über und durch sie kommunizieren. Damit die Sprache der Gefühle, die aus Worten ebenso besteht wie aus Gesten und Mimik, verstanden werden kann, müssen Gefühle teilbar und mitteilbar sein. Das passiert im freundschaftlichen Gespräch, bei einer Konzert- oder Opernaufführung, in der Sportarena, beim Public Viewing oder auf politischen Demonstrationen. Hier bilden sich gefühlte und Gefühlsgemeinschaften von unterschiedlicher Dauer, manche wirken in der Erinnerung lebenslang nach.

Dass Gefühle eine Sprache haben und mitteilbar sind, heißt aber noch nicht, dass sie tatsächlich zur Sprache kommen und mitgeteilt werden. Nicht alle Menschen tragen ihr Herz auf der Zunge, führen Tagebuch oder pflegen Freundschaften, in denen sie ihr Inneres nach außen kehren. Nicht alle lesen empfindsame Romane und lernen dabei Gefühle kennen, die sie vielleicht noch nie empfunden haben. Wen erreichen die Achtsamkeits-Apps der Gegenwart, und wer macht sich die Erwartungen von *hygge* oder *wokeness* zu eigen? Solche Praktiken haben einen historischen und einen sozialen Ort, sie sind nicht in sämtlichen Kulturen, Zeiten und Milieus verbreitet.

Emotionale Signaturen des 20. Jahrhunderts

Das 20. Jahrhundert war, aus der Rückschau betrachtet, eine emotional bewegte und mitteilsame Zeit. Es begann mit Jubelfeiern und hochfliegenden Hoffnungen. Niemals, hieß es um 1900, sei es der Menschheit (in West- und Mitteleuropa) so gutgegangen. Die Leistungsbilanz der Vergangenheit falle großartig aus und lasse für die Zukunft noch Besseres erwarten. Man könne stolz sein auf das Erreichte. Die schwermütige Stimmung des *Fin de Siècle* schien über-

Die Macht der Gefühle und die deutsche Geschichte 15

wunden, Spannungen und Konflikte waren, zumindest in den Leitartikeln und Festreden, vergessen.[5]

Vierzehn Jahre später brach der Weltkrieg aus, von dem man damals noch nicht wusste, dass er der erste war und alsbald ein zweiter folgen würde. Nicht wenige begrüßten ihn mit Begeisterung und hegten große Hoffnungen, die sich selten erfüllten. In ganz Europa wirbelte der Krieg die Verhältnisse durcheinander, zog neue Grenzen, ließ alte Reiche untergehen und schuf neue Staaten. Für Deutschland brachte sein Ende eine böse Überraschung. Die Niederlage traf die meisten Menschen unvorbereitet, denn bis zuletzt hatte sich die Oberste Heeresleitung siegesgewiss gegeben. Die Friedensbedingungen der Alliierten empfanden viele als unfair und demütigend. Andere betrachteten die Revolution 1918 als ehrlosen Verrat und »Dolchstoß« in den Rücken des tapfer kämpfenden Heeres. Sie schürten fanatischen Hass auf Sozialisten, denen sie die Verantwortung dafür zuschoben. Die politische Polarisierung, die unerbittliche Feindschaft zwischen Rechts und Links war die schwerste Hypothek, die der Weimarer Republik in die Wiege gelegt wurde.

Dennoch startete sie 1919 optimistisch und packte beherzt politische und soziale Reformen an. Frauen, bislang von Wahlen ausgeschlossen, bekamen das aktive und passive Stimmrecht und zogen ins Parlament ein, wo sie sich vor allem für sozialpolitische Themen und die Dämpfung destruktiver Leidenschaften engagierten. In der Bildungs- und Sozialpolitik gab es demokratische Aufbrüche, der Städtebau experimentierte mit luftigen Wohnsiedlungen, und die Kulturszene war in kreativem Aufruhr. Junge Frauen trennten sich von langen Röcken und Haaren, trieben Sport und suchten Rollenvorbilder bei den Stars der Leinwand. In Städten eröffneten Bars für Homosexuelle und Sexualberatungsstellen für die »moderne Ehe«. Berlin wurde zwischen Paris und Moskau zur Hauptstadt der Avantgarde, hier traf sich *tout le monde*.

Aber in Berlin saßen auch völkisch-rechtsextreme Politiker wie Joseph Goebbels, ab 1926 Gauleiter der NSDAP, ab 1928 Reichstagsabgeordneter und ab 1930 Reichspropagandaleiter der Partei. Im Parlament tat er sich durch Schmähreden hervor, doch die wichtigsten Kämpfe fanden auf der Straße statt, mit Kommunisten, Sozialdemokraten und der Polizei. Seit der Wirtschaftskrise 1929 stiegen die Zustimmungswerte, im Juli 1932 wurden die Nationalsozialisten mit 37 Prozent der Wahlstimmen stärkste Partei im Reichstag. Eine linke Gegenmacht war nicht in Sicht: Zwar kamen Sozialdemokraten und Kommunisten zusammen auf knapp 36 Prozent, waren einander aber spinnefeind und bekämpften sich bis aufs Messer. Gleichzeitig zerlegte sich die bürgerliche Mitte. Sie stand der Weimarer Republik von Anfang an zwiespältig gegenüber. Mancher wandte sich der »Zukunft« zu und wurde »Vernunftrepublikaner«, blieb insgeheim jedoch »Herzensmonarchist«.[6] Andere drifteten ins rechtsnationalistische Lager ab. Als Außenminister Gustav Stresemann 1929 starb, waren die Risse unübersehbar. Einerseits verneigten sich Hunderttausende vor seinem Sarg. Der Berliner Trauerzug war, wie der liberale Publizist Harry Graf Kessler berichtete, »endlos«: »Reichsbanner [ein Verband republikanischer Kriegsteilnehmer] bildete links und rechts an der Trauerstraße vom Reichstag bis zur Wilhelmstraße Spalier. Vor dem A[uswärtigen] A[mt] hielt der Zug. Das Fenster von Stresemanns Arbeitszimmer war schwarz drapiert, und auf der Fensterbrüstung stand ein Korb mit weißen Lilien; das war eigentlich das erschütterndste, menschlichste Bild.« Andererseits entbrannten schon am Tag nach dem »Volksbegräbnis« erbitterte Kämpfe um Stresemanns politisches Erbe. Selbst seine Deutsche Volkspartei ließ nichts unversucht, das Bild des Politikers »ins Antirepublikanische, Chauvinistische umzufälschen, um das moralische Kapital, das er hinterlassen hat, für die Rechte zu retten«.[7] In dem Maße, wie die Nationalsozialisten erstarkten, schrumpften die liberal-konservativen Parteien. Hatten sie 1920 noch ein knappes Viertel der Wählerstimmen auf sich vereinigen können, blieben sie zwölf Jahre später unter drei Prozent.[8]

Seit 1933 gab nur noch eine Partei den Ton an, und dieser Ton war emotional hochgestimmt. Er versprach den politisch konformen und »rassisch« genehmen Volksgenossen wirtschaftlichen Aufschwung, internationale Geltung und eine geeinte, »Kraft durch Freude« tankende Volksgemeinschaft. Nationale Ehre und Treue rangierten auf

Die Macht der Gefühle und die deutsche Geschichte 17

der Gefühlsskala ganz oben; wer sie aus Sicht des Regimes verriet, landete im Konzentrationslager oder am Strang. Antisemitismus als hasserfüllte Ideologie wurde zur Staatsdoktrin und kulminierte in der kaltblütigen Ermordung von Millionen jüdischen Männern, Frauen und Kindern in ganz Europa. Den Vernichtungskrieg im Osten führten Wehrmacht und SS-Verbände mit beispielloser Brutalität, und auch im Westen und Süden gingen deutsche Besatzungstruppen nicht zimperlich vor. Obwohl die Zahl derer, die für »Führer, Volk und Vaterland« fielen, seit 1941 in die Höhe schnellte, glaubten viele Deutsche bis zum Schluss an den Endsieg und hielten es mit dem gefeierten Filmstar Zarah Leander: *Ich weiß, es wird einmal ein Wunder gescheh'n.*

Statt des wundersamen Endsiegs kam die bedingungslose Kapitulation. Die Grenzen wurden, vor allem im Osten, neu gezogen, das restliche Deutschland von den alliierten Siegermächten besetzt und in vier Zonen geteilt. Als daraus 1949 zwei Staaten entstanden, waren sie weder souverän, noch besaßen sie eigene Streitkräfte. Fest eingefügt in zwei bis an die Zähne bewaffnete feindliche Blöcke und am Bändel der jeweiligen Supermacht, entwickelten sie unterschiedliche gesellschaftliche Signaturen, institutionelle Prägungen und emotionale Stile. Als Bürgerinnen und Bürger der DDR 1989 in einer friedlichen Revolution – der ersten auf deutschem Boden – den Rücktritt der Regierung erzwangen und die Deutschen ein Jahr später ihre Wiedervereinigung feierten, fiel es nicht schwer, Ost- und Westdeutsche als separate Spezies zu identifizieren. Sie unterschieden sich nach Auftreten, Sprache und Kleidung, nach Beziehungsmustern, Konsumverhalten und Parteipräferenzen. Auch deshalb wuchs und wächst das, was nicht allein Willy Brandt als zusammengehörig empfand, nur langsam und stolpernd zusammen. Enttäuschungen und Ressentiments gibt es auf beiden Seiten.

Ein neues Narrativ?

Fakten und Zahlen der deutschen Geschichte im langen 20. Jahrhundert sind bekannt. Die Deutungen aber variieren, je nach Standpunkt und Perspektive. Wer auf Wirtschafts- und Sozialpolitik schaut, sieht andere Entwicklungen, Verflechtungen und Zäsuren als jemand, der sich für Politik- oder Kulturgeschichte interessiert. Was sieht man, wenn man auf Gefühle achtet? Welche neuen Erkenntnisse über die deutsche Geschichte der vergangenen 100 bis 130 Jahre lassen sich daraus gewinnen? Diese Frage hier und jetzt zu beantworten, würde vorwegnehmen, was in den folgenden zwanzig Kapiteln entfaltet wird. Aber ein paar Fäden zu dem, was ein historischer Blick auf Gefühle zutage fördern kann, seien gespannt:

▷ Immer mal wieder begegnet man dem Ausdruck *German Angst* – und wundert sich, weshalb Angst als Lehnwort ins Englische übernommen wurde (ebenso wie Kindergarten, Blitzkrieg und Schadenfreude). Ist Angst tatsächlich etwas spezifisch Deutsches, sind Deutsche besonders anfällig für Ängste, und wenn ja, für welche? Man könnte an die sprichwörtliche deutsche Inflationsangst denken oder an die Angst vor saurem Regen und Waldsterben, die viele Menschen in den 1980er Jahren umtrieb. Und man wüsste gern, woher solche Ängste kamen und wohin sie führten – und wer das Wort von der deutschen Angst zu welchem Zweck in die Welt gesetzt hat.

▷ Seit 2010 kennt der *Duden* den Begriff des Wutbürgers. Im gleichen Jahr veröffentlichte der 1917 in Berlin geborene Stéphane Hessel das Manifest *Empört Euch!* Millionen kauften und lasen es. Waren das alles Wutbürger? Das kommt darauf an, was man darunter versteht und wie man es bewertet. Manche Zeitgenossen beziehen den Begriff stolz auf sich selber, andere nutzen ihn zur abwertenden Fremdbezeichnung. Dabei ist Wut nichts, was einen wohltemperierten, auf besonnenes Urteilen bedachten Bürger üblicherweise auszeichnet. Seine Wut und seinen Ärger zu kontrollieren, gehörte schließlich seit dem 19. Jahrhun-

Die Macht der Gefühle und die deutsche Geschichte 19

dert zum gutbürgerlichen Bildungsprogramm. Aber wie stand es um den Zorn der Mächtigen und um den heimlichen Groll der Ohnmächtigen? Wann wurde er laut, vernehmbar und unheimlich?

▷ Von Neid und Neiddebatten war in der letzten Zeit oft die Rede. Aber das ist nicht neu. Schon in den 1920er Jahren warfen Rechte Linken vor, diese seien neidisch auf die Stützen der Gesellschaft und gönnten ihnen den ererbten oder erworbenen Wohlstand nicht. 1994 setzte die CDU den »sozialistischen Neidparolen« ein »klares Ja zur Leistung« entgegen.[9] Neid taugte hier zur Diffamierung des politischen Gegners – und tut das heute noch. Wer neidisch ist, heißt es, sei nicht bereit, sich anzustrengen, und greife lieber anderen in die Tasche. Das blendet die grundsätzliche Frage aus, in welcher Beziehung Neid zum Wettbewerb steht, der doch ein Pfeiler unserer Wirtschafts- und Gesellschaftsordnung ist. Ebenfalls auf den historischen Prüfstand gehört das Konzept der Leistung und woran man sie misst. Wie gehen Menschen mit Leistungsdifferenzen und Wettbewerbsnachteilen um, auf welche Vorbilder und Erfahrungen greifen sie zurück? Und wie verhält sich Neid zu Solidarität und der Erwartung, dass Stärkere für Schwächere einstehen sollen?

▷ Neuerdings geben sich Politiker gern demütig. Sie nehmen Wahlergebnisse, erfreuliche wie niederschmetternde, demütig entgegen, stellen ihr Ego zurück und verneigen sich vor der Entscheidung der Bürgerinnen und Bürger. Das verblüfft, denn Demut hat sich seit längerem aus dem aktiven Wortgebrauch verabschiedet. Wenn überhaupt, war sie nur Katholiken noch ein Begriff und eine meist auf den Kirchenraum beschränkte Praxis. Heute dagegen vermitteln digitale Karrierebibeln Ratschläge, wie man demütiger wird, damit Sympathien erwirbt und seine Ziele besser durchsetzen kann. Zugleich ist Demütigung in aller Munde. Ostdeutsche fühlen sich von Westdeutschen in die Demut gezwungen, Frauen von Männern, Schüler von Lehrern, Angestellte von ihren Chefs. Auch zwischen Staaten und Nationen spielt Demütigung eine große Rolle, sichtbar etwa in der Kette der beabsichtigten und gefühlten Herabsetzungen, die Deutsche und Franzosen zwischen 1871 und 1945 austauschten. Wie passen Demut als persönliche Gefühlshaltung und Demütigung als politische Strategie in die Geschichte eines Jahrhunderts, in dem Erfahrungen von Macht und Ohnmacht oft und rasch wechselten?

▷ Zu den am hellsten und weitesten strahlenden Gefühlswörtern gehört zweifellos Liebe. Aber Liebe ist nicht nur ein Wort. Sie wird gelebt, erfahren, verhandelt. Sie stiftet die wichtigsten Beziehungen, die Menschen miteinander eingehen, und sie verändert sich in der Lebensspanne. Das passiert einerseits ganz individuell, bei jedem Paar, in jeder Eltern-Kind-Beziehung und in jeder Freundschaft auf eigene, besondere Weise. Andererseits werden diese persönlichen Gefühle von außen nicht nur beobachtet, kommentiert und bewertet, sondern auch geprägt und gerahmt. Im medial explodierenden 20. und frühen 21. Jahrhundert sehen sich Menschen von einer Fülle von Ratgebern, Filmen, Romanen und Produktwerbungen umgeben, die ihnen Angebote unterbreiten, wie sie ihre Liebeserwartungen und Beziehungen gestalten können. Zugleich gab und gibt das Recht dafür mehr oder minder strenge Regeln vor. Erst seit 2017 dürfen Homosexuelle in Deutschland ihre Liebe unter den Schutz des Staates stellen. Die katholische Kirche verwehrt ihnen bis heute den Segen, manche evangelische Landeskirchen erlauben kirchliche Trauungen. Noch in den 1950er Jahren hatten beide Kirchen Front gemacht gegen das, was sie als konfessionelle »Mischehen« ablehnten: Liebesbeziehungen zwischen evangelischen und katholischen Christen. Dass sie mit diesem Begriff die unrühmliche Diskriminierungstradition fortsetzten, die 1935 im gesetzlichen Eheverbot für jüdische und nichtjüdische Deutsche gegipfelt hatte, fiel offenbar niemandem auf. Im Übrigen wurde auch Liebe ohne Ehe von Staat und Kirchen argwöhnisch beäugt und negativ sanktioniert. Bis in die 1970er Jahre durften unverheiratete Paare vielerorts nicht gemeinsam im Hotel übernachten, denn sie lebten, wie es hieß, in »wilder Ehe« und trieben »Unzucht«. Lockerungen solcher Verbote und Kontrollen wurden von denen erkämpft, die gegen das enge moralische Korsett aufbegehrten. Unterstützung erhielten sie von einer sich liberalisierenden Öffentlichkeit, die Liebe und Sexualität unter Erwachsenen als Privatsache definierte, in die weder Staat noch Kirche eingreifen sollten. Veränderte Frauen- und Männerbilder trugen das Ihre dazu bei, die Liebeswelt in Unruhe zu versetzen und in Bewegung zu halten.

▷ Selbst scheinbar private Gefühle sind also gesellschaftlich geformt und wandeln sich, im individuellen Lebensverlauf ebenso wie in der historischen Zeit. Umgekehrt sind öffentliche und offizielle Beziehungen abhängig von persönlichen Zuneigungen und Animositäten. Auf der Bühne internationaler Politik ist das alles andere als belanglos. Als der SPD-Politiker Egon Bahr 2015 im Alter von 93 Jahren starb, ließ es sich der ein Jahr jüngere ehemalige US-Außenminister Henry Kissinger nicht nehmen, zur Gedenkfeier für seinen »lebenslangen Freund« nach Berlin zu reisen. Ihre Freundschaft hatte holprig begonnen, die politischen Ziele und Wege schienen weit auseinanderzudriften. Als Sicherheitsberater des amerikanischen Präsidenten hatte es Kissinger irritiert, den Architekten der westdeutschen Ostpolitik »frei von allen gefühlsmäßigen Bindungen an die Vereinigten Staaten« zu erleben. Bahr schien ihm »kein überzeugter Anhänger der westlichen Gemeinschaft« und legte aus Sicht des Amerikaners zu viel Wert auf »freundschaftliche Beziehungen zum Osten«. Erst Jahre später verwandelte sich Misstrauen in Wertschätzung und persönliche Freundschaft. Das wiederum spiegelte sich, wie Kissinger in seiner Gedenkrede betonte, in der »Verbundenheit zwischen Deutschland und Amerika«. Wer es schaffte, »das Misstrauen zu zähmen und Ambivalenzen in der Freundschaft zu begraben«, leistete den beiden Staaten und ihren Nationen einen wichtigen Dienst.[10]

Gefühle, zeigen diese Schlaglichter, sind auf vielfache Weise in die Geschichte eingewoben. Sie gestalten menschliche Beziehungen, in der Familie ebenso wie in der Politik. Sie erlauben oder behindern

Verständigung und Zusammenarbeit. Sie entscheiden über Bedeutung und Bedeutungslosigkeit. Wer starke Gefühle empfindet, handelt anders als jemand, der sie nicht verspürt. Aber Gefühle sind nicht einfach nur anwesend oder abwesend; sie leben in der Erinnerung fort und bereiten künftiges Verhalten vor. »Gefühlsmäßige Bindungen« an ein Land, wie sie Kissinger bei Bahr vermisste, beginnen meist mit einer persönlichen Erfahrung: Man verbringt Zeit im Ausland, lernt dort freundliche Menschen und eine andere Lebensart kennen. So entstehen Sympathie und Zuneigung, die spätere Handlungsweisen und Einstellungen grundieren.

Gefühlsstile, Gefühlstechniken, Gefühlspolitik

Zugleich sind Gefühle nicht singulär, subjektiv und individuell. Sie fügen sich zu sozialen Mustern, gehorchen impliziten und expliziten Regeln. Sie lassen sich synchronisieren. Jede Gemeinschaft, sei es eine langlebige Institution oder ein kurzfristiger Zusammenschluss, tut das unentwegt. Sie gibt vor, welche Gefühle in welcher Intensität akzeptabel sind, und übt sie kollektiv ein. Wer in der Bundesrepublik der 1950er Jahre Sympathie für die Sowjetunion äußerte, hatte ein ähnliches Problem wie jemand, der damals in der DDR seiner Begeisterung über den *American way of life* samt *Rock'n Roll* freien Lauf ließ. Neben dem Gegenstand der Zuneigung standen auch deren Ausdruck und Praxis unter gesellschaftlicher Aufsicht und Bewertung.

Vor allem bei Jugendlichen und jungen Erwachsenen lässt sich beobachten, wie bestimmte emotionale Stile in der Gruppe ausprobiert und gängig wurden, bevor die nächste Generation – oder zumindest Teile davon – sie zur Seite schob und eigene Gefühlshaltungen entwickelte. Auf die feministisch vorgeprägte Betroffenheitskultur der 1980er Jahre, die auf einer Welle der Empathie und des persönlichen Berührtseins segelte, folgte der eher männliche Kult der Coolness (den man aber auch schon aus den 1920er und 1950er Jahren kannte).[11] Wer ihn praktizierte, gab vor, über den Dingen zu stehen, sich nicht anfechten zu lassen. Emotionaler Überschwang war verpönt, Distanz belohnt, Lässigkeit gefeiert. Je eifriger man solchen Gruppenprofilen nachlebte, desto stärker beeinflussten sie das eigene Fühlen und Handeln.

Dass emotionale Stile und die Gefühle ihrer Anhänger wechselseitig aufeinander einwirken, hatte Wilhelm Wundt, Begründer der experimentellen Psychologie, bereits 1877 festgestellt. Als Beispiel zog er die klassischen Klageweiber heran, bei denen »der Ausdruck selbst die Gemüthsbewegung herbeiführt«.[12] Ähnlich funktioniert Lachyoga. Ich erinnere mich an ein Experiment, an dem ich zunächst eher widerwillig teilnahm, in einer großen Gruppe von Menschen, die einander nicht oder nur oberflächlich kannten. Ein Coach leitete uns durch eine Reihe von Dehn- und Atemübungen, bis hin zur Lachpantomime. Der Effekt war umwerfend, nicht nur bei mir. Am Ende der Übung fühlte man sich tatsächlich fröhlicher, freudevoller, gelockert. Und ließ es die anderen spüren.

Der professionell begleitete Selbstversuch folgte der von Psychologen bereits um 1900 ausgegebenen Devise: »Wir lachen nicht, weil wir glücklich sind, sondern wir sind glücklich, weil wir lachen.« Mittlerweile gibt es weltweit Tausende von Lachclubs, deren Mitglieder sich zum grundlosen Lachen treffen. Auch Schulen, Kindergärten, Kliniken, Seniorenzentren, Unternehmen und Fitnesscenter führen es im Programm. Manche verweisen auf die heilende Wirkung des Lachens und wollen Harmonie und Freundlichkeit stärken, anderen geht es um die Steigerung individueller Anpassungs- und Leistungsbereitschaft.

Unabhängig von Motiven und Zielen illustriert das Beispiel Lachyoga, dass und wie sich Gefühle steuern und bewusst herstellen lassen. Es gibt Techniken des Körpers und der Seele, mit denen beide in Stimmung gebracht und mit anderen Körpern und Seelen zusammengestimmt werden. Das neue Medium des Films, ohne den das 20. Jahrhundert nicht zu denken ist, führt das meisterhaft vor. Auch die Produktwerbung setzt solche Techniken geschickt und erfolgreich ein, um Konsumentinnen und Konsumenten den Kauf bestimmter Waren nahezulegen. *Last but not least* bedient sich die

Politik der Kunst, mit Hilfe von Architektur, Lichteffekten und Tonkulissen eine emotionale Atmosphäre zu schaffen und Menschen für gefühlsgetränkte Botschaften empfänglich zu machen.

Der Nationalsozialismus war dabei längst nicht das einzige politische System, das die Bevölkerung mit seinem gigantischen Überwältigungstheater emotional berühren und lenken wollte. Auch der »real existierende Sozialismus« der DDR zeigte sich daran interessiert, die Gefühle der Bürgerinnen und Bürger zu formen und zu kontrollieren. Selbst demokratische Gesellschaften betreiben organisierte Gefühlsarbeit, wenn auch weniger martialisch und bühnenreif. Ihre Institutionen, von der Familie über die Schule und das Militär bis zum Sozialstaat oder Sportverein sind bemüht, Hass, Neid und Ressentiment einzuhegen; zugleich produzieren und nutzen sie Gefühle wie Vertrauen, Empathie und Solidarität. Ob sie damit Erfolg haben, steht nicht von vornherein fest. Liberale Gesellschaften kennen keine mediale oder institutionelle Gleichschaltung und marschieren nicht im Gleichschritt. Selbst wenn sie Leitplanken setzen und Wegweiser aufstellen, bleibt ihren Mitgliedern die Freiheit, sich für oder gegen eine Richtung zu entscheiden.

Das Buch und sein Bauplan

Wie Gefühlspolitik seit der vorletzten Jahrhundertwende in Deutschland aussah, welche Gefühle sie für welche Ziele und Zwecke propagierte und mobilisierte, erkundet dieses Buch. Gefühlspolitik gehört dabei nicht nur in die Sphäre der Staatskunst, der Medien oder des Kommerzes. Sie findet auch dort statt, wo Menschen ohne explizite Einladung oder offizielle Aufforderung von ihren Gefühlen sprechen, ihnen folgen und sich bewegen lassen, auf der Straße oder im stillen Kämmerlein.

Diese Bewegung hat Spuren hinterlassen. Die Historikerin begegnet ihnen auf Schritt und Tritt: in persönlichen Briefen und Tagebüchern, in Gerichtsprotokollen und höchstrichterlichen Entscheidungen, in (Kriegs-)Gedichten und Liedertexten, in Graffiti, auf Wandzeitungen und Werbeplakaten. Politische Ansprachen staatlicher Würdenträger, seit 1949 meist zu Weihnachten und Silvester, adressierten ein weites Spektrum von Gefühlen und Gefühlspraktiken, die man bei den Bürgerinnen und Bürgern zu erkennen meinte, und versahen sie mit wertenden Kommentaren und Appellen. Umgekehrt erhielten Präsidenten und Minister, Kanzler und Könige emotionale Post aus der Bevölkerung. In den Archiven lagern zahllose Briefe von Menschen aus allen sozialen Schichten, Frauen wie Männern, Alten und Jungen. Sie verspürten offenbar das Bedürfnis, ihre Ängste, Hoffnungen und Sehnsüchte, aber auch Wut und Empörung »an den Mann« zu bringen und ihr Herz auszuschütten. Ende 1949 gingen beim Bundespräsidenten täglich einige hundert Briefe ein, 1954 sprach Theodor Heuss von »Hunderten, wenn nicht Tausenden von Briefen«, die er »wenigstens flüchtig« durchsehe und, wenn sie »einen persönlichen Charakter haben«, auch persönlich beantworte.[13] Längst nicht alle wurden dauerhaft aufbewahrt. So neigte die Kanzlei des »Führers« nach 1933 dazu, vornehmlich »nette« Briefe abzulegen.[14]

Trotz dieser Filter sind die überlieferten Schriftstücke eine ergiebige Quelle. Sie verleihen auch denen eine bis heute hörbare Stimme, die im offiziellen Gedächtnis der Nation meist stumm bleiben. Gleiches gilt für Texte, die sich in privatem Besitz befinden und eher zufällig in meine Hände gelangten. Dazu gehören die handschriftlichen Erinnerungen einer Mutter an ihren im Ersten Weltkrieg gefallenen Sohn oder die Rundbriefe ehemaliger Klassenkameraden, die 1941 an die Front beordert wurden.[15] Sie geben Auskunft über die Valenz und Bindungskraft von Trauer, Begeisterung, Ehre, Liebe, Hass.

In all diesen und anderen Quellen ist nie nur von einem einzigen Gefühl die Rede. Wie im gelebten Alltag tauchen Gefühle gemischt auf. Häufig werden Wut, Hass und Angst verkoppelt, Sehnsucht (nach der Vergangenheit) und Hoffnung (auf die Zukunft), Liebe und Empathie, Stolz und Begeisterung. Dennoch präsentiert dieses Buch Gefühle einzeln und nicht als Wimmelbild. Die alphabetische Ordnung unterstreicht den Duktus eines Lexikons, von A wie Angst bis

Z wie Zuneigung. Dort, wo Gefühle aufeinander verweisen, ist das im Text mit ▷ vermerkt, so dass die Leserin, der Leser vor- oder zurückblättern kann.

Warum aber habe ich mich für ein Lexikon der Gefühle entschieden statt für eine chronologisch geordnete deutsche Gefühlsgeschichte, die auf den Wechsel emotionaler Stile und Konjunkturen abhebt? Denkbar wäre auch eine Problemgeschichte gewesen, die einzelne Ereignisse oder Entwicklungen darauf untersucht, welche Gefühle ineinandergreifen, sich wechselseitig bestärken, behindern oder neutralisieren. So könnte man eine Gefühlsgeschichte der Kriege und Revolutionen, der Wirtschaftskrisen und Aufschwünge, der Staatsgründungen und Untergänge schreiben, abgebildet in einem Barometer, das den Auf- und Abstieg spezifischer Stimmungslagen markiert.

Allerdings geriete so die Historizität von Gefühlen, ihre Veränderlichkeit in Zeit und Raum aus dem Blick. Es fiele schwerer zu erkennen, dass Liebe um 1900 nicht dasselbe war wie Liebe im Jahr 2020. Die Metamorphosen des Hasses und des Ekels blieben ebenso unterbelichtet wie die sehr verschiedenen Formen und Funktionen von Angst und Ehre, Demut oder Stolz im langen 20. Jahrhundert. Eine allgemeine, von Anfang bis Ende durchkomponierte Gefühlsgeschichte wiederum wäre voreilig, unausgegoren und naseweis. Zum einen fehlt es dafür an Vorarbeiten und akribischer Detailforschung. Zum anderen ist mir nicht an einer neuen Meistererzählung (davon gibt es schon genug) aus einem Guss und mit einer stringenten Prozessanalyse gelegen. Deshalb habe ich ein lexikalisches Gerüst gewählt. Damit lässt sich beobachten, wie und wo Gefühle ihre geschichtsbildende Arbeit tun, und zugleich begreifen, wie sehr sie dabei von ihrer Zeit und deren Umständen geformt werden.

Außerdem erlaubt es dieser Zugang, das Buch nach Lust und Laune zu lesen. Man muss das nicht von der ersten bis zur letzten Seite tun, sondern kann sich von der persönlichen Neugier leiten lassen. Jedes Kapitel ist aus sich selber heraus verständlich.

Apropos Neugier: Vielleicht verwundert es, dass mein Gefühlslexikon auch Neugier aufführt. Manche mögen bezweifeln, ob Neugier

Die Macht der Gefühle und die deutsche Geschichte 27

oder Ehre oder Demut Gefühle sind. In aktuellen psychologischen Lehrbüchern tauchen sie nicht als solche auf. Dort geht es meist nur um sogenannte Grundgefühle, sechs oder sieben an der Zahl, zu denen Freude und Überraschung, Angst und Trauer, Zorn und Ekel beziehungsweise Verachtung zählen. Historisch jedoch ist die Gefühlspalette sehr viel bunter und vielfältiger. Empathie und Hoffnung, Hass und Geborgenheit, Vertrauen und Liebe, Scham und Stolz, aber eben auch Neugier, Ehre oder Demut sind kultur- und wissensgeschichtlich als »Gemütsbewegungen«, wie man Emotionen noch im späten 20. Jahrhundert übersetzte, klassifiziert und dokumentiert.

Gemütsbewegungen unterscheiden sich von Wahrnehmungen, Gedanken, Meinungen durch ihre hohe Erregungsqualität, die sich im Körper abbildet. Wer liebt oder hasst, neugierig oder demütig ist, empfindet das mit Haut und Haaren und bringt es körpersprachlich zum Ausdruck. Selbst Vertrauen, ein eher mildes, unaufgeregtes Gefühl, geht mit leiblichen Veränderungen einher, zeigt sich in einer bestimmten Haltung, Gestik, Mimik und Stimmführung. Zuneigung, wie man sie im freundschaftlichen Umgang bezeugt, trägt die Körperbewegung bereits im Namen: Man neigt sich jemandem zu, den man sympathisch findet, man sucht Nähe, geht auf Tuchfühlung – ein in Corona-Zeiten verpöntes, sonst aber weit verbreitetes emotionales Verhalten, das den ganzen Körper einbezieht.

Die Art und Weise, wie das geschieht, ist historisch und kulturell verschieden. Wer wem wie nah kommen darf, unterliegt gesellschaftlichen Konventionen. Dass Frauen und Männer – Politiker eingeschlossen – einander zur Begrüßung küssen oder umarmen, ist relativ neuen Datums und nicht in allen Weltgegenden üblich. Die Zahl der Küsse und die Enge der Umarmung variieren von Land zu Land, von Region zu Region. Wie der Körper zum Einsatz kommt, hängt davon ab, was Menschen ihrem Körper abverlangen. Manche betrachten ihn als Hochleistungsmaschine, andere möchten ihn in Watte packen. Auch dafür gibt es kulturelle Muster. Gesellschaften und soziale Milieus konstruieren Körperbilder und bringen sie in Umlauf. Das hat unmittelbare Folgen für die Wahrnehmung und Äußerung von Gefühlen. Ob Körper als hart oder weich, durchlässig oder gepanzert, belastbar oder verletzlich empfunden werden, beeinflusst die Intensität, aber auch die Spannbreite dessen, was Menschen fühlen.

Das 20. Jahrhundert hat mehrere Körperregime hervorgebracht. Die Mechanisierung industrieller Arbeit bis hin zur Digitalisierung und die Zunahme von Dienstleistungsberufen waren dafür ebenso verantwortlich wie das veränderte Mobilitätsverhalten – Stichwort Motorisierung – oder die Erfindung des Leistungs- und Breitensports. Auch die flächendeckende Medikalisierung und die wachsende Indienstnahme therapeutischer Angebote spielen eine Rolle. Wie sich wechselnde Körperregime auf emotionale Praktiken auswirkten, ist erst im Einzelfall erforscht. Zugleich sind Gefühle aber nicht ausschließlich körperlich grundiert. Sie haben auch kognitive Anteile, nehmen Bewertungen vor und Erfahrungswissen auf. Sehr viel stärker als intellektuelle Vorgänge sind sie jedoch auf Praxis ausgerichtet: Sie motivieren menschliches Handeln, setzen Personen in Gang, stellen sie still oder verändern ihren Lauf. Gerade das macht sie geschichtsmächtig.

Dieses Buch stellt zwanzig solcher Gefühle vor und zeigt, wie sie die Geschichte des vergangenen Jahrhunderts geformt haben. Angst und Wut, aber auch Trauer und Empathie spielten für Protestbewegungen eine wichtige Rolle. Geborgenheit verband sich mit Heimatvorstellungen, die schon in den 1920er Jahren politisch umkämpft waren. Neugier spornte Bildung und Wissenschaft an, aber auch das Fernweh, das Deutsche bis 2012 zu Reiseweltmeistern machte. Solidarität, die brüderlichen und später auch schwesterlichen Gefühle von Gewerkschafts- und Genossenschaftsmitgliedern, stand Pate bei der Entwicklung des Sozialstaats. Ohne Zuneigung als Gefühl freundschaftlicher Annäherung ist schließlich die Geschichte der europäischen Einigung, wie sie sich auf verschiedenen Ebenen und mit wechselnden Akteuren vollzog und vollzieht, nicht denkbar.

Weshalb aber fiel die Wahl auf zwanzig Gefühle – und nicht auf achtzehn oder fünfundzwanzig? Tatsächlich könnte man sich mehr oder weniger vorstellen und wünschen. Jeder und jede wird etwas vermissen. Dennoch ist die Zahl 20 kein reines Zufallsprodukt. Sie passt zum 20. Jahrhundert, und sie passte zu einer Ausstellung, aus der die Idee zum Buch entstanden ist: *Die Macht der Gefühle: Deutschland 19/19*. Darin nahmen zwanzig Poster jeweils ein Gefühl in den Blick und illustrierten dessen Bedeutung von der Weimarer Republik bis zur Gegenwart. Die Ausstellung habe ich zusammen mit meiner Tochter Bettina entwickelt, sie war an 2500 Orten im In- und Ausland zu sehen: in Schulen, Volkshochschulen, Rathäusern, Stadtbibliotheken, Universitäten, Goethe-Instituten.[16] Sie hat große Aufmerksamkeit und Lob erfahren. Aber ihr Format ließ nur knappe Text- und Bilderläuterungen zu. Viele Besucherinnen und Besucher wünschten sich mehr Kontext, Einbettung und Differenzierung. Diesem Wunsch kommt das Buch entgegen.

ANGST

Wovor haben die Deutschen Angst? Seit 1992 fragt ein Versicherungsunternehmen Jahr für Jahr etwa 2000 Personen, einen repräsentativen Querschnitt der Bevölkerung, wie viel Angst bestimmte Themen bei ihnen auslösen. Die Liste reicht von Krankheit und Pflegebedürftigkeit über Arbeitslosigkeit, Ehekrise und Drogensucht der Kinder bis zu Gewaltkriminalität und Krieg. Je nach Bedarf wird das Spektrum um Aktuelles erweitert: 2003, nach der Jahrhundertflut, kam die Angst vor Naturkatastrophen hinzu, 2011, während der Euroschuldenkrise, die Angst vor deren Kosten. 2015 tauchte die Angst vor Überforderung durch die hohe Zahl von Geflüchteten auf, und 2018 sollte man notieren, ob die Politik des amtierenden amerikanischen Präsidenten die Welt gefährlicher machte. Prompt bekannten 69 Prozent der Befragten ihre große Angst vor Trumps Paukenschlägen.[1]

Weshalb die Versicherung das alles wissen will, ist unklar. Denn eine Police gegen Ehekrisen, Migranten oder Staatslenker, die außer Rand und Band geraten, hat sie nicht im Angebot. Allenfalls könnten Politiker die Umfragen zum Anlass nehmen, Bürgerinnen und Bürgern mehr Sicherheit zu versprechen und entsprechende Maßnahmen zu treffen. Aber auch sie kennen die Problematik »erwünschter« Antworten und deren hohe Manipulationsanfälligkeit. Wie Fragen formuliert und in welcher Reihenfolge sie gestellt werden, beeinflusst das Ergebnis. Ist Donald Trump wirklich der einzige Politiker, der ein gefährliches außenpolitisches Spiel treibt? Sicherlich nicht. Zudem liegen reale und gefühlte Gefahren oft weit auseinander. So ist das statistisch zu beziffernde Risiko, durch einen Terroranschlag zu Schaden zu kommen, sehr viel geringer als die Wahrscheinlichkeit, ermordet, bestohlen oder betrogen zu werden. Trotzdem gaben nur 28 Prozent der Befragten an, dass sie sich von Straftaten persönlich bedroht fühlten, während 59 Prozent große Angst vor Terrorismus hatten.

German Angst und deutsches Trauma?

Die Aussagekraft von Umfragen ist also begrenzt. Man darf ihnen ebenso misstrauen wie dem Gerede von der *German Angst*. Seit den 1980er Jahren ist es üblich geworden, den Deutschen eine besondere Ängstlichkeit zu attestieren. Sie fürchteten sich angeblich vor allem und jedem, vor Waldsterben und Verkehrstod ebenso wie vor einem Dritten Weltkrieg. 1982 identifizierte ein *Spiegel*-Journalist die »deutsche Angst« kurzerhand als »Bewußtseinslage der Nation« und vermerkte besorgt, dass sie »auch im Ausland das Bild der Bundesrepublik eingraut«. Ein westlicher Diplomat vertraute dem Bonner Korrespondenten des *Boston Globe* an, er habe »niemals ein Land gesehen, in dem das Wort Angst solche Freude auslöst. Die Deutschen lieben es, Angst zu empfinden.« Das Magazin *Time* titelte 1981 *West Germany – Moment of Angst*.[2] Während des ersten Irakkriegs reanimierten deutsche Medien und konservative Politiker den Slogan, um pazifistische Bewegungen zu diskreditieren. Und noch 2017 stellte die FDP ihren Wahlkampf unter das Motto *German Mut statt German Angst*.[3]

Dafür, dass Deutsche tatsächlich besonders furchtsam seien und sich stärker als andere Nationen von bestimmten oder unbestimmten Ängsten leiten ließen, gibt es keine Belege.[4] 2018 fragte die OECD 22 000 Personen weltweit nach ihren persönlichen Ängsten und Sorgen. Deutsche reagierten nicht angstvoller als Niederländer, Kanadier oder Israelis. Weit über dem Durchschnitt lagen Griechen, Polen, Portugiesen und Mexikaner.[5]

Angst **33**

Doch auch bei diesen Umfrageergebnissen ist Vorsicht geboten. Sie legen nahe, dass es in Ländern mit hohem Bruttosozialprodukt und ausgebautem Sozialstaat weniger Ängste gibt als dort, wo Volkswirtschaften nicht so erfolgreich und soziale Netze löchrig sind. Das vermuten auch sozialwissenschaftliche Studien. Menschen mit auskömmlichen materiellen Ressourcen und höherem Bildungsstand verspüren angeblich seltener Angst als jene, die von Arbeitslosigkeit, Bildungsarmut und Ressourcenknappheit betroffen sind.[6] Aber solche Indikatoren allein vermögen Angstneigungen weder zu erklären noch zu prognostizieren. Vielmehr gibt es, so argumentieren Psychoanalytiker, Ängste und Unsicherheiten, die tief in der nationalen Geschichte verwurzelt sind und von Generation zu Generation »vererbt« werden. Gewalt- und Mangelerfahrungen können Traumata erzeugen, die sich nicht nur bei der Person äußern, die sie unmittelbar erfahren hat, sondern auch bei ihren Kindern und Kindeskindern. Vor allem der Zweite Weltkrieg mit seiner unerreichten Zerstörungskraft wird oft als Auslöser tiefsitzender Ängste dingfest und für die sprichwörtliche *German Angst* verantwortlich gemacht.[7]

Nun hat der Krieg aber keineswegs nur Deutsche betroffen. Die Bewohner der vielen Länder, die seit 1938 von der Wehrmacht besetzt und mit Krieg und Terror überzogen wurden, hatten allen Grund, sich vor den Besatzern zu fürchten. Waren sie Juden, kam die Angst vor Denunziation, Verfolgung und Deportation hinzu. Polen und die Sowjetunion hatten insgesamt weit mehr Opfer zu beklagen als Deutschland, und Bomben fielen nicht nur auf Hamburg und Dresden, sondern auch auf Rotterdam und London.

Das spricht ebenso gegen eine spezifisch kriegsbezogene *German Angst* wie die Tatsache, dass Deutsche zwischen 1933 und 1945 sehr verschiedene Ängste und Ängste sehr verschieden erfuhren. Wer das »Dritte Reich« politisch ablehnte oder dessen rassistischen und eugenischen Prinzipien nicht entsprach, lebte in steter Angst davor, von den Schergen des Regimes zusammengeschlagen, verhaftet, in Konzentrationslager verbracht und ermordet zu werden. Die Mehrheit der »Volksgenossen« teilte diese Erfahrung nicht. Stattdessen bangten Frauen um ihre eingezogenen Söhne oder Ehemänner – wenn sie nicht wie jene »nationalstolze« Mannheimerin fühlten, die im September 1938 an Adolf Hitler schrieb:

»Ich bin nun knapp ein Jahr verheiratet und sollte es zu einem Krieg kommen, und ich müsste mich von meinem Manne trennen, dann werde ich nicht verzagen, und sogar stolz darauf sein, dass mein Mann unter einem solch herrlichen Führer und Feldherrn kämpfen darf.«[8]

Angst als Lähmung

Hatte diese Frau tatsächlich keine Angst? Oder verbarg sie sie nur hinter starken Gegengefühlen wie Stolz und Zuversicht? Dass man Angst durch mancherlei Techniken bannen konnte, wussten auch Soldaten und Militärpsychologen. Tod, Verwundung, Gefangenschaft waren Dinge, die man im kriegerischen Alltag besser ausblendete. Viele hatten gelernt, in der Angst ihren größten Feind zu sehen – einen Feind, der sie schachmatt setzte und ihre Angriffs- und Abwehrkräfte schwächte. Diese Sicht war weit verbreitet und konnte sich auf wissenschaftliche Expertise berufen. 1896 klassifizierte Wilhelm Wundt Angst als einen Affekt, der mit physischen Symptomen der Ermattung und Erschlaffung einhergehe.[9] Ein matter oder schlaffer Körper aber brachte keine weltbewegenden Taten zustande. Er übte sich in Vermeidungshandeln und duckte sich weg.

Tatsächlich hat sich Angst etymologisch aus dem indogermanischen Begriff des Beengtseins entwickelt und ist »urverwandt« mit dem lateinischen *angustus*, das ebenfalls mit Enge und Bedrängnis übersetzt wird. Der *Brockhaus* von 1892 ordnete ihr, ähnlich wie Wundt, folgende »beigemischte körperliche Empfindungen« zu: »Druck in der Herzgegend, Zusammenschnüren der Brust oder auch der Kehle, eigenartige Empfindungen im Unterleib, Gefühl allgemeiner Kraftlosigkeit, Verengung zahlreicher Pulsadern«. Die Ausgabe von 2006 nannte »Herzklopfen, Schweißausbrüche, Bewusstseins-,

Denk- oder Wahrnehmungsstörungen, Anstieg von Puls- und Atemfrequenz«, aber auch Erschöpfungsgefühle, Gliederschwere und Muskelverspannungen. Alles in allem ein »depressiver«, mit Unlustgefühlen einhergehender »Erwartungsaffekt«, ein »meist quälender, stets beunruhigender und bedrückender Gefühlszustand«, der auf eine »vermeintliche oder tatsächliche Bedrohung« reagiere.[10] Nichts, was man herbeisehnte, zumal dann nicht, wenn die Gesellschaft und ihre Institutionen – Familie, Schule, Militär – Angst tabuisierten und als Vorform von Feigheit verachteten.

Männliches Heldentum und Angstverleugnung

Diese Verachtung traf, bis weit ins 20. Jahrhundert hinein und teilweise noch darüber hinaus, vor allem Männer, die sich ihrer Angst überließen, anstatt sie zu bekämpfen. Das positive Gegenbild war der Held, der innere Ängste und äußere Widerstände überwand und den Mut aufbrachte, sich ohne Wenn und Aber in den Dienst einer Idee oder Mission zu stellen. Solche heldischen Figuren, fast sämtlich männlichen Geschlechts, bevölkerten bereits im 19. Jahrhundert die Geschichten und Erzählungen, mit denen Kinder und Jugendliche gefüttert wurden. Als Helden bewundert, verehrt und gefeiert wurden Männer, die große militärische oder staatspolitische Leistungen vollbracht hatten. Im Glanz des Heldentums konnten sich aber auch jene sonnen, die als Entdecker, Erfinder oder Wissenschaftler frei von Angst schienen und kein Risiko scheuten, ihr Ziel zu erreichen, ob es der Süd- oder Nordpol war oder das Herz Afrikas, der erste Flug über den Atlantik oder die Erforschung eines pathogenen Erregers.

Nicht allen war es gegeben, in die Fußstapfen solcher Helden zu treten. Gleichwohl sollte jeder deutsche Junge das Seine dazu beitragen, die Größe und den Ruhm der Nation zu mehren. Persönliche Ängste durften dem nicht im Wege stehen. Um sie einzuhegen, gab es verschiedene Möglichkeiten: Man unterzog sich Mutproben, wie sie in Jungengemeinschaften an der Tagesordnung waren; man schloss sich einer Verbindung an, die Schneidigkeit einübte und prämierte; man richtete sich an Vorbildern aus, wie sie in Schul- und Jugendbüchern, Spielfilmen und Wochenschauen präsentiert wurden. Ein Vorbild konnte aber auch der einfache HJ- oder Arbeitsdienstführer sein oder der Regimentskamerad, der in größter Gefahr die Ruhe bewahrte und damit den anderen die Angst nahm.

Bis in die 1960er Jahre hinein war die Jungenerziehung auf Mut, Härte und Angstüberwindung gepolt. »Ein Junge weint nicht«, hörten Kinder schon von ihren Eltern, er biss die Zähne zusammen, verkniff sich den Schmerz und stürzte sich erneut ins Kampfgetümmel. Angst war etwas für Mädchen, auf die man in einer Mischung von Geringschätzung und Großmut herabsah. Als Heulsuse beschimpft und verlacht zu werden, war für jeden Jungen eine furchtbare Kränkung. Umgekehrt konnte er sich gerade dadurch als »Mann« beweisen, dass er den ewig ängstlichen und vorsichtigen Mädchen seinen Schutz anbot. Ihre Angst ließ seine Angstfreiheit umso heller strahlen.

Solche Geschlechterbilder sind zwar noch immer nicht völlig verschwunden, im letzten Drittel des 20. Jahrhunderts allerdings merklich verrutscht. Mädchen und Frauen lassen sich nicht mehr unbedingt auf die Rolle der Furchtsamen festlegen (obgleich sie angesichts des sehr realen Risikos männlicher Aggression allen Grund dazu hätten). Viele bewaffnen sich mit Pfeffersprays, belegen Selbstverteidigungskurse und üben eine selbstbewusst-starke Haltung ein, die Angreifer abschrecken soll. Männer wiederum fühlen sich dem Imperativ der Angstverleugnung weniger verpflichtet und probieren weichere Rollenmodelle aus. Das Militär, bis 1945 die maßgebliche »Schule der Männlichkeit«, hat seine verhaltensprägende Kraft verloren.

Kollektive Ängste: Inflation versus Arbeitslosigkeit

Angst ist aber nicht nur ein Gefühl, das den oder die Einzelne in bestimmten Momenten heimsucht und entweder zugelassen oder abgewehrt wird. Es gibt auch tiefsitzende kollektive Ängste, die in gesellschaftlichen und politischen Erfahrungen wurzeln. Sie werden im kulturellen Gedächtnis weitergetragen und verdichten sich zu Mustern, die weite Bevölkerungskreise teilen. Dazu gehört, nach 1945, die Angst vor Krieg und Zerstörung. Sehr viel älter ist die Angst vor Wölfen. Wer als Kind mit *Grimms Märchen* aufgewachsen ist, stellt sich Wölfe als grausame Raubtiere vor, die Großmütter und Geißlein fressen. Auch das erklärt die panikartige Aufregung, die die Wiederkehr der fast ausgerotteten Tiere in ostdeutschen Dörfern seit der Jahrtausendwende begleitet hat.

Rangieren Wölfe im deutschen Angstpanoptikum dennoch unter ferner liefen, nimmt die Inflation eine vordere Position ein. Seit 1922/23, als die Reichsbank Geldscheine im Akkord druckte und immer neue Markbillionen in Umlauf brachte, geht ihr Gespenst im Land um und hat sich in die Imagination seiner Bürgerinnen und

3 Inflationsangst und ihre Bekämpfung: Wahlwerbung der DDP 1924

Bürger eingegraben. Ein Wahlplakat von 1924 verlieh dem Gespenst ein Gesicht und versprach zugleich, es auszulöschen. Viele bürgerliche Familien verloren damals ihr Erspartes beziehungsweise das, was nach der Zeichnung von Kriegsanleihen zwischen 1914 und 1918 davon noch übrig geblieben war. Verarmte Briefeschreiber klagten in den 1920er und 1930er Jahren immer wieder, dass die Inflation sie um ihr »Geschäft und Vermögen gebracht« habe, dass sie »in Folge der Inflation in einfachen Verhältnissen« lebten oder dass sie während des Weltkriegs 25 000 Goldmark eingebüßt und sich davon nie erholt hätten.[11] Nach dem Zweiten Weltkrieg und der galoppierenden Inflation, die ihm folgte, ging die Währungsreform 1948 erneut zu Lasten der Sparer aus dem mittleren und Kleinbürgertum. Sie bekamen für 100 Reichsmark lediglich 6,50 D-Mark ausgezahlt. Dagegen verbuchten die Besitzer von Sachwerten und Aktien weit geringere Verluste.

Die Nachwehen dieser dramatischen Erlebnisse sind bis heute lebendig und spürbar. In vielen Familien werden die Geldscheine mit den astronomischen Ziffern von Generation zu Generation vererbt und von entsprechenden Katastrophenerzählungen begleitet. Diese Erinnerung prägt auch die Politik. Als die Finanz- und Eurokrisen die europäischen Regierungen seit 2008 in große Entscheidungsnöte brachten, wurde der deutsche Spar- und Inflationsbekämpfungskurs von ausländischen Experten scharf kritisiert. Der amerikanische Ökonom und Nobelpreisträger Paul Krugman warf den Deutschen »eine merkwürdig verzerrte Wahrnehmung der Geschichte« vor: »Jeder erinnert sich an 1923, an Weimar, an die Hyperinflation. Aber keiner denkt an 1932, an Reichskanzler Brüning, an die Depression und die Massenarbeitslosigkeit.« Der damalige Präsident der Europäischen Zentralbank Mario Draghi sprach gar von »perversen Ängsten« der Deutschen, die seiner Politik des billigen Geldes nicht zuletzt wegen der befürchteten Inflationseffekte wenig abgewinnen könnten.[12]

Ob pervers, übersteigert, fehlgeleitet oder nicht: Die Inflationsangst ist zu einem Treiber der deutschen Wirtschafts- und Finanzpolitik geworden. Allerdings hat sich, anders als Krugman behauptete, auch die Angst vor Arbeitslosigkeit keineswegs aus dem kollektiven

Gedächtnis verabschiedet. Zwar nahm sie parallel zur sinkenden Arbeitslosenquote merklich ab. Als diese 2005 bei 11,7 Prozent lag, äußerten noch 65 Prozent aller Befragten große persönliche Angst vor Arbeitslosigkeit; 2018, nachdem sich die Quote mehr als halbiert hatte, waren es nur noch 25 Prozent. Doch jeder Hinweis auf eine drohende Konjunkturschwäche lässt den Angstpegel rasch nach oben schnellen. Die gleiche Wirkung erzielt die immer intensiver geführte gesellschaftliche Debatte über Digitalisierung und künstliche Intelligenz. Viele Menschen betrachten solche technologischen Entwicklungen, wie vorher schon Computerisierung und Automatisierung, primär als Jobkiller und besetzen sie mit Angst – auch, aber nicht nur in Deutschland.

Angstunternehmer

Politiker stehen angesichts solcher Ängste vor einem Dilemma. Sollen sie, wie angelsächsische Ökonomen fordern, mehr Geld flüssig machen, den Konsum und die Wirtschaft ankurbeln und die Arbeitslosigkeit niedrig halten, auch auf die Gefahr einer Inflation hin? Welchen Ängsten räumen sie den Vorrang ein? Machen sie Anstalten, ihrerseits darauf einzuwirken?

Tatsächlich ist Angstmanagement zu einer zentralen Aufgabe der politischen Klasse geworden. Dafür liefern die Ansprachen hoher Staatsrepräsentanten wertvolles Anschauungsmaterial. Vor allem zu Weihnachten und Silvester wandten sich Kanzler und Präsidenten, Minister und DDR-Staatsratsvorsitzende direkt an die Bevölkerung, ab 1923 im Rundfunk, seit 1961 auch im Fernsehen. Was sie sagten, fand sich anschließend in der Zeitung gedruckt oder zitiert. Beide Termine waren prädestiniert für den innehaltenden Blick zurück und nach vorn, luden zu Introspektion und Besinnung ein. Die Reden boten entsprechende Stimmungsbilder der Nation und reflektierten, in den Worten des ersten Bundespräsidenten Theodor Heuss, »die Empfindungen und Wünsche, die uns alle bewegen«.[13]

Unter jenen Empfindungen ragte Angst in den frühen Nachkriegsjahren deutlich hervor. »Der Katalog der deutschen Not und Nöte«, so Heuss an Silvester 1949, sei »unabsehbar« und ähnle einer »Kette grauen Elends«. Man sorgte sich um die Männer in Kriegsgefangenschaft, um den wirtschaftlichen Wiederaufbau, um das »Problem der Heimatvertriebenen« und um die vielen Erwerbslosen, die noch keine Arbeit gefunden hatten.[14]

Doch die Politiker brachten nicht nur das zur Sprache, was in zahllosen Briefen aus der Bevölkerung an sie herangetragen wurde. Sie betrieben auch von sich aus Gefühlspolitik, mahnten zu Geduld, suchten Ängste zu zerstreuen und weckten ▷ Hoffnung auf Besserung. Sie erklärten und begründeten Regierungsentscheidungen, warben dafür um Zustimmung und vermittelten den Eindruck, dass sie das Staatsschiff, trotz gelegentlichen Schlingerns, in stabiler Lage hielten.

Manchmal jedoch betätigten sie sich als Angstunternehmer. So nennt man die Hersteller von Waffen, Elektroschockern und Sicherheitstechnologie, deren Umsatz in den letzten Jahren rasant gestiegen ist. So nennt man aber auch Politiker, die Gefahren aufbauschen und im selben Atemzug versprechen, sie zu bändigen.[15] Beispiele dafür finden sich in der gesamten Geschichte des 20. Jahrhunderts. In Hitlers Wahlkämpfen Anfang der 1930er Jahre nahm die Angst vor Arbeitslosigkeit und Kommunismus großen Raum ein. Die CDU, 1946 gegründet, zündelte ebenfalls mit der Gefahr einer bolschewistischen Überwältigung und stellte die Sicherheit im transatlantischen Bündnis dagegen. Als Bundeskanzler Konrad Adenauer sich Weihnachten 1950 erstmals an die »Damen und Herren« des »deutschen Volkes« wandte, sprach er von seiner Sorge, »dass der Frieden einer sehr ernsten Bedrohung ausgesetzt ist«. Deren Ursprung verortete er in der »unchristlichen« Sowjetunion.[16]

Die Angst vor dem Kommunismus war in den frühen Jahren der Bundesrepublik allgegenwärtig. Auf einem Wahlplakat der Christlich-Demokratischen Union von 1949 sah man, ganz im Stil der NS-Propaganda, das rotgefärbte Gesicht eines Mannes mit asiatischen Zügen, dessen gierige Hand nach Deutschland griff. Leicht ab-

Angst **41**

gewandelt tauchte das Motiv bei der Bundestagswahl 1953 auf zwei weiteren CDU-Plakaten auf: Eins hetzte mit dem Slogan »Alle Wege des Marxismus führen nach Moskau« gegen die SPD, das andere zeigte eine verängstigte Frau mit kleinem Kind, die, von einer riesigen roten Hand mit gekrallten Fingern bedroht, um Schutz flehte. In Adenauers Rhetorik spielte der Begriff der Sicherheit denn auch eine zentrale Rolle; noch 1965, als er sein Amt bereits an Ludwig Erhard abgegeben hatte, punktete er als Altkanzler, dessen ganze Arbeit dem »Kampf für Frieden, Freiheit und Sicherheit unseres Volkes« gegolten habe. Wahlplakate verkündeten kurz und knapp: »Unsere Sicherheit. CDU.«

Hier erkennt man ein propagandistisches Muster: Parteien und Politiker schürten Ängste und inszenierten sich als Garanten dafür, dass das Befürchtete nicht eintrat. Demselben Muster folgte Adenauer

4 Angstunternehmer: Plakat zur Bundestagswahl 1953

in den 1950er Jahren, als er Wiederbewaffnung und Wehrpflicht gegen große Widerstände aus der Bevölkerung durchsetzte. In vielen Städten gingen Menschen damals zu Hunderttausenden auf die Straße und protestierten gegen eine Politik, die in ihren Augen einen neuen Krieg wahrscheinlicher werden ließ. Umgekehrt hatte der Kanzler in seiner Weihnachtsansprache 1952 davor gewarnt, sich von Furcht »lähmen« zu lassen und der »Drohung aus dem Osten« passiv zu begegnen. Mit der pazifistischen Parole »Lieber rot als tot« wollte er sich nicht anfreunden. Er warf ihren Anhängern »Feigheit« vor und warb stattdessen dafür, sich gegen die sowjetischen »Barbaren« in einem »Bund zum Schutze des Friedens« zusammenzuschließen.[17] Das war die NATO, der die Bundesrepublik 1955 beitrat.

Kriegsängste hüben und drüben

Die DDR-Regierung nahm dies zum Anlass, noch im gleichen Jahr gemeinsam mit anderen Ostblockstaaten den Warschauer Pakt zu gründen, dessen Mitglieder einander »Freundschaft, Zusammenarbeit und gegenseitigen Beistand« zusicherten (▷ Zuneigung). Auch ihn erklärte man zum Defensivbündnis, diesmal gegen die »imperialistischen Kriegstreiber« im Westen, die nichts unversucht ließen, den kalten in einen heißen Krieg zu überführen. Die DDR hingegen, versicherte Präsident Wilhelm Pieck dem »deutschen Volk« in seiner Neujahrsbotschaft 1956, gehe die »Verteidigung des Friedens« beherzt an und halte den »aggressiven Kriegsblock« auf Abstand.[18] Zwei Wochen später beschloss die Volkskammer das Gesetz über die Nationale Volksarmee; die Wehrpflicht allerdings führte sie erst nach dem Mauerbau ein, um die anhaltende Fluchtbewegung junger Männer nicht weiter zu verstärken.

Denn auch im Osten hatte die Wiederbewaffnung Ängste ausgelöst, die jedoch, anders als in der Bundesrepublik, nicht offen geäußert werden durften. Es gab keine Paulskirchen-Bewegung, keine Gewerkschaftsdemonstrationen, keine Presseberichte über lokale oder zentrale Protestaktionen. Aber es gab Gemurmel, offiziell als Nörgeln und Meckern abgetan. Menschen machten ihrer Sorge im Familien- und Freundeskreis Luft, doch manche teilten sie auch, anonym oder namentlich gekennzeichnet, den höheren Stellen mit. Unter den von der Stasi abgefangenen Briefen waren viele, deren Verfasser die offizielle Behauptung, Westdeutschland wolle den Krieg, als »völlig idiotisch« abtaten. Im Mai 1967 schrieb ein Ostberliner dem *Neuen Deutschland* unter Pseudonym:

»Wir haben alle einen Krieg hinter uns. Ich habe wahrhaftig die Schnauze voll davon und Millionen andere auch. Aber was macht Ihr? Unsere Kinder werden wieder zum verfluchten Barras geholt und schikaniert. Mit allen Tücken sollen sie sogar noch für drei Jahre gezwungen werden. Ich habe mir die Knochen für Hitler kaputtschießen lassen müssen, jetzt sollen meine Kinder wieder gegen Westdeutschland gegen ihre Verwandten schießen.«

Ein anderer Briefschreiber kritisierte, das Volk würde »im Bildungs- und Erziehungsplan der Kindergärten, in der Wehrausbildung der Schulkinder und mit den Schießübungen der ›zivilen‹ Kampfgruppen (...) systematisch zu einem militärischen Denken erzogen«. Das schüre Kriegsängste und gefährde den Frieden, anstatt ihn sicherer zu machen.[19]

Viele Nörgler und Meckerer zogen es vor, ihre Ängste ohne Namensnennung zu bekunden, wiederum aus »Angst«, wie sie schrieben, vor Nachstellung und Repressalien. Umso beeindruckender wirkte demgegenüber die Bewegung, die sich Anfang der 1980er Jahre gegen die Aufrüstung, speziell gegen die Stationierung neuer sowjetischer Mittelstreckenraketen in der DDR formierte. Unter dem Dach der evangelischen Kirche, die 1982 das Thema Angst – Vertrauen – Frieden wählte, machten sich Jugendliche die biblische Weisung »Schwerter zu Pflugscharen« zu eigen. Mit entsprechenden Aufnähern distanzierten sie sich offen von der Regierung und deren Entscheidung, das Schulfach Wehrerziehung einzuführen. Ostberlin reagierte unverzüglich und verbot das Symbol. Wer sich dem widersetzte, konnte von der Schule oder Universität verwiesen werden oder die Lehrstelle verlieren.[20]

Gleichzeitig unterstützte die DDR die westdeutsche Friedensbewegung, die sich der Stationierung atomar bestückter amerikanischer Raketen entgegenstellte. In seiner Silvesterbotschaft 1981 bezeichnete Erich Honecker die Aufrüstungspolitik der USA als eine »tatsächliche Bedrohung der Menschheit« und als Vorbereitung eines »nuklearen Infernos«.[21] Bei den Friedensaktivisten der Bundesrepublik kamen solche politischen Umarmungsgesten jedoch nicht gut an. Sie waren auf dem linken Auge nicht blind und wussten um die Repressionen, die Gleichgesinnte östlich der Elbe zu gewärtigen hatten. Sie selber konnten ihren Ängsten und Befürchtungen immerhin freien Ausdruck verleihen, in lokalen Aktionen ebenso wie auf zentralen Demonstrationen. In Bonn protestierten 1981, 1982 und 1983 jeweils mehrere hunderttausend Menschen gegen den neuen atomaren Rüstungswettlauf vor ihrer Haustür.

Was sie verband, war die Angst vor dem Atomtod. »Wir haben Angst, Zeigt Eure Angst! Wehrt Euch« hieß es auf Flugblättern, die vor Ort verteilt wurden. »Es ist Angst in der Luft« sangen die 150000 Teilnehmer des Evangelischen Kirchentags in Hamburg 1981, der unter dem Motto »Fürchte Dich nicht« stand. »Ihre Politik macht mir Angst«, musste sich Kanzler Helmut Schmidt dort von einem siebzehnjährigen Schüler anhören, dem das Argument, den Weltfrieden durch weitere Aufrüstung zu sichern, nicht einleuchten wollte.[22]

Angst als Protestmotiv

Vielen schien diese Angst übertrieben und fehlgeleitet. Der für seinen nüchternen Politikstil bekannte Sozialdemokrat Schmidt betonte den »leidenschaftlichen Willen zur Vernunft« und empfahl ihn 1981 auch jenen, die »Furcht oder Angst angepackt hat«. Drei Jahre später rechnete sein Nachfolger Helmut Kohl, CDU, mit dem »trostlosen Pessimismus« ab: »Angst war schon immer ein schlechter Ratgeber.

Der Mut, an eine bessere Zukunft zu glauben, wächst aus der Kraft, sich mit der Welt zu versöhnen, in der wir leben.« Eine solche Versöhnung aber kam für die Friedensbewegten nicht in Frage. Aus ihrer Sicht hatte Angst auch nichts Lähmendes, im Gegenteil. Als individuelles und geteiltes Gefühl sei sie, wie der Psychoanalytiker Horst-Eberhard Richter 1984 schrieb, die angemessene, geradezu rationale Reaktion auf die Atomkriegsgefahr. Der Ausdruck persönlicher »Betroffenheit« steigerte die Widerstandskraft und wirkte als emotionale Brücke, die die politisch heterogene Bewegung zusammenführte.[23]

Wer sich seine Betroffenheit und Angst eingestand und sie als Stärke statt als Schwäche begriff, pflegte ein anderes Verhältnis zu seinen Gefühlen als jemand, der sich dem Habitus der Nüchternheit und »Gefühlsaskese« verschrieb. Das war die Haltung, die der Soziologe Theodor Geiger seinen Zeitgenossen 1950 empfohlen und der »sentimentalen Attitüde« entschieden vorgezogen hatte.[24] Was nach zwölf Jahren Daueremotionalisierung im »Dritten Reich« Entlastung und einen klaren Kopf versprochen hatte, wirkte dreißig Jahre später auf die jüngere Generation moralisch haltlos und fragwürdig. Denjenigen, die sich in den neuen sozialen Bewegungen engagierten, galt leidenschaftlicher Protest als Gebot der Stunde. Der Satz aus Gotthold Ephraim Lessings Theaterstück *Emilia Galotti* von 1772 machte die Runde: »Wer über gewisse Dinge den Verstand nicht verlieret, der hat keinen zu verlieren.«

Nukleare Aufrüstung, Waldsterben, saurer Regen, Kernkraftwerke mit ihrem 1986 in Tschernobyl veranschaulichten »Restrisiko« und der ungelösten Endlagerung radioaktiver Stoffe: Hieran entzündeten sich Sorgen und Ängste, deren kollektive Artikulation als persönliche Befreiung wahrgenommen und als politisches Fanal inszeniert wurde. »Nie wieder«, berichtete die Krankenschwester Anja Röhl über die Monate nach der Reaktorkatastrophe, habe sie »so kämpferisch gelebt wie in dieser Zeit«. Sie gründete eine Gruppe stillender Mütter aus den verschiedensten Bevölkerungsschichten: »Es herrschte eine ungeheure Basisdemokratie und enorm viel Elan bei uns, wir arbeiteten Tag und Nacht an Flugblättern, Broschüren, Auf-

46 Mächtige Gefühle

klärungsmaterialien.« Im Mai 1986 sprach sie in Westberlin auf einer Demonstration von Hebammen unter dem Motto »Wir lassen uns unsere Angst nicht ausreden!« Angst vor Verstrahlung übersetzte sich hier in ▷ Wut und fühlte sich damit völlig anders an als eine Angst, die die Sinne betäubte und lähmte.

Wut erfasste Röhl in dem Moment, als sie begriff, dass ihre drei kleinen Kinder akut gefährdet waren. Sie war wütend auf die Verantwortlichen in Politik, Verwaltung und Medien, die abwiegelten, Fehlinformationen verbreiteten und falsche Sicherheit versprachen.[25] Wütende Angst unterschied sich von ohnmächtiger, hilfloser, verzweifelter Angst dadurch, dass sie aktivierte und zum Handeln motivierte, allein oder in Gemeinschaft mit anderen, die die gleichen Gefühle hegten.

Einem ähnlichen Prinzip folgt die SchülerInnenbewegung Fridays for Future, die sich seit 2018 um die junge Schwedin Greta Thunberg schart und auf die Gefahren des Klimawandels aufmerksam macht. Einer ihrer Slogans lautet: »I want you to panic.« Damit rüttelte die

5 Westberliner Demonstrantinnen nach der Tschernobyl-Katastrophe 1986

Sechzehnjährige im Januar 2019 die hochrangigen Teilnehmer des Davoser Weltwirtschaftsforums auf.

»Erwachsene sagen ständig: ›Wir sind es den jungen Leuten schuldig, ihnen Hoffnung zu machen.‹ Aber ich will eure Hoffnung nicht. Ich will nicht, dass ihr hoffnungsvoll seid. Ich will, dass ihr in Panik geratet. Ich will, dass ihr die gleiche Angst habt, die ich tagtäglich verspüre, und dann will ich, dass ihr handelt. Ich will, dass ihr handelt, als befändet ihr euch in einer Krise. Ich will, dass ihr handelt, als stünde euer Haus in Flammen. Denn das ist der Fall.«[26]

Auch Greta Thunberg und ihre Anhängerinnen und Anhänger sehen Angst als mobilisierenden Faktor, der Menschen dazu bewegen kann, ihr Verhalten zu ändern und den fortschreitenden Klimawandel zu stoppen. Auf der Gegenseite stehen Lobbyisten und Interessengruppen, die diese Angst entweder ins Lächerliche ziehen oder als politische Verschwörung desavouieren. »Après nous le déluge«, nach uns die Sintflut: Das hatte Karl Marx 1867 zukunftsvergessenen Kapitalisten in den Mund gelegt. Der Spruch gilt bis heute als Ausdruck einer Lebensführung, die sich um ihre negativen Folgen nicht schert.

Zugleich ist aber auch diese Lebensführung nicht angstfrei. Nur sind es andere Ängste, die sie bestimmen: die Angst vor individuellen wirtschaftlichen Einbußen, vor dem Verlust des gewohnten Komforts, vor der Minderung persönlicher Vermögenswerte. Doch solche Ängste sind gesellschaftlich schwerer vermittelbar. Gegenüber den allgemeinen, auf die Inklusion aller Menschen auf der ganzen Welt abzielenden Angstszenarien von Fridays for Future wirken die Ängste von Assetmanagern oder Aktionären partikular, egoistisch und illegitim. Sie finden in der gegenwärtigen Angstchoreographie kein Gehör und werden deshalb selten offen geäußert. Aber sie nutzen andere Wege, um ans Ziel zu kommen.

Angst: Ein Politikum

Angst ist damit erneut zu einem umkämpften, kontrovers diskutierten Politikum geworden. Es geht um die machtgestützte Konkurrenz von Angstobjekten und Angstsubjekten, um strategisches Angstmanagement und Angstunternehmer. Aber gestritten wird auch über die Bewertung von Angst und ihre Geltungsgründe. Der Diagnose, Angst lähme und signalisiere Mutlosigkeit oder gar Feigheit, steht die Behauptung gegenüber, sie reagiere auf reale Gefahren und mobilisiere den Widerstand dagegen. Die einen halten Angst für bedrohlich, die anderen loben sie als Zeichen von Vorsicht und Achtsamkeit. Manche meinen, Angst schränke Möglichkeitssinn und Risikofreude ein und verenge damit die Zukunft. Das Gegenargument lautet, Angst öffne die Augen für das, was in der Gesellschaft schieflaufe, und leiste einer neuen Verantwortungsethik und politischen Vernunft Vorschub.

In den frühen 1980er Jahren gehörte das im Kanon gesungene Lied *Nach dieser Erde wäre da keine, die eines Menschen Wohnung wär'* zu den Hymnen der Friedens-, Antiatomkraft- und Umweltbewegung. Kritiker taten es als sentimentale Katastrophenlyrik ab. Vier Jahrzehnte später stimmen selbst nüchterne Naturwissenschaftler in den Chor ein: *There is no Planet B*. Nachhaltigkeit, das neue Leitmotiv aufgeklärter Politik, verdankt ihre Karriere wesentlich der ebenso vielschichtigen wie vielstimmigen Erfahrung und Auseinandersetzung mit Angst.

Die Bundesrepublik hat diese Auseinandersetzung zugelassen, und sie hat sich darüber in ihrem Binnenklima und ihren emotionalen Signaturen verändert. Zugleich hat sie Ängsten breiten Raum und Anerkennung gegeben und sie auf diese Weise teils aufgewertet, teils eingehegt und kanalisiert. Wie der Protest gegen die Volkszählung 1983 oder die anhaltende Diskussion über Datenschutz und öffentliche Videoüberwachung gezeigt haben, war und ist es sogar legitim, seine Angst vor einem »tiefen Staat«, der seine Bürger allzu genau kennt und observiert, freimütig zu äußern und Stoppschilder aufzustellen. Das war im »Dritten Reich« nicht so; damals hielt die Angst vor Staatsterror viele davon ab, öffentlich Regimekritik zu üben. Auch die DDR arbeitete mit Einschüchterungen, Drohungen und massiven Repressalien, um Dissidenten mundtot zu machen. Dort fanden weder die Friedens- noch die Umweltbewegung für ihre Ängste ein öffentliches Forum.

Als im Oktober 1989 Hunderttausende in Leipzig und anderen Städten der staatlichen Gewalt trotzten und für ihre Forderungen nach Freiheit und demokratischen Reformen auf die Straße gingen, leitete dies nicht nur die Friedliche Revolution und das Ende der DDR ein. Es zeigte auch, wie Menschen ihre Angst überwinden konnten, zunächst individuell und vereinzelt, als Teilnehmer der Friedensgebete, später dann in einer Massenbewegung, die nicht mehr aufzuhalten war.[27]

Sich zu seiner Angst zu bekennen, gilt heute als normal und selbstverständlich. Selbst Männer tun das (zuweilen), kaum jemand schämt sich mehr dafür. Man wird sogar regelmäßig darauf angesprochen, in Meinungsumfragen, Talkshows und Interviews. So begrüßte das Zeitgeschichtliche Forum Leipzig die Besucherinnen und Besucher seiner Ausstellung *Angst. Eine deutsche Gefühlslage?* 2019 mit der Frage, welche Ängste unsere Gesellschaft zukünftig am meisten beschäftigen würden. Im Angebot waren Digitalisierung, Krieg, Terrorismus, demographischer und Klimawandel, künstliche Intelligenz, politischer Extremismus und Migration.[28] Ökonomische Ängste wurden eher klein geschrieben oder versteckten sich hinter anderen Kategorien.

Corona-Ängste und Angst-Konkurrenzen

Das hat sich binnen eines Jahres geändert. Mit der Corona-Pandemie meldete sich einerseits die längst vergessene Angst vor Infektionskrankheiten zurück. Zwar hatte es auch im 20. Jahrhundert immer wieder einzelne, meist durch Grippeviren ausgelöste Epidemien gegeben, denen in Deutschland jeweils mehrere zehntausend Menschen zum Opfer fielen. Außer bei Aids waren Impfstoffe jedoch schnell zur Hand, und die Ansteckungsgefahr hielt sich in Grenzen. Anfang 1970, als die Hongkong-Grippe grassierte, wurden die Weihnachtsferien zur Freude von Schülern und Lehrern um eine Woche verlängert, mancherorts gab es kurzzeitige Einschränkungen des öffentlichen Nahverkehrs und einen erhöhten Krankenstand. Aber mehr Dramatik war nicht, und die Behörden spielten das Gefährdungsrisiko eher herunter, als es zu dramatisieren.[29]

Als das bundeseigene Robert-Koch-Institut fünfzig Jahre später ähnlich gelassen auf die Ankunft des neuen Corona-Virus in Deutschland reagierte, musste es seine Haltung allerdings rasch revidieren. Auf Anraten medizinischer Experten griff die Regierung alsbald zu drastischen Maßnahmen, um die Ansteckung zu verlangsamen und besonders gefährdete Bevölkerungsgruppen zu schützen. Seitdem war Angst allgegenwärtig, wenngleich Menschen damit unterschiedlich umgingen. Manche reagierten panisch, einige lässig. Jüngere, deren Sterblichkeitsrisiko sehr gering war, sorgten sich weniger um die eigene Gesundheit als um die der Eltern oder Großeltern.

Schnell entwickelten sich Angstkonkurrenzen. Je länger die Krise dauerte, desto größer wurde bei vielen Menschen die Angst vor wirtschaftlichen Engpässen, dem Verlust des Arbeitsplatzes, der Unternehmens- oder Geschäftsschließung. Viele Bürgerinnen und Bürger horteten Klopapier und Mehl in rauen Mengen, ohne begründen zu können, wozu sie gerade das in diesem Umfang brauchten. Andere ängstigten der anfängliche Sinkflug der Aktienkurse und die drohende Rezession. Ökonomische und Gesundheitsängste standen im Wettbewerb miteinander, und die Abwägung zwischen beiden stellte die Politik vor eine nervenzehrende Belastungs- und Zerreißprobe.

Zugleich spitzte die Krise Ängste zu, die bislang eher latent geblieben waren. Asiatisch aussehende Personen wurden als Gefährder wahrgenommen, da das Virus zuerst in China auftrat. Man rückte von ihnen ab, beschimpfte und bedrohte sie, selbst körperliche Angriffe kamen vor.[30] Der Alltagsrassismus gegen alles Fremde (▷ Hass) verschärfte sich – und löste seinerseits Ängste bei denen aus, die ihn erfuhren. Seit den frühen 1990er Jahren tritt Gewalt gegen Menschen, die aus anderen Ländern stammen, keine helle Hautfarbe haben oder einen anderen Glauben leben, so häufig auf, dass sie Angst und Unsicherheit verbreitet. Auch die rassistisch motivierten Morde des Nationalsozialistischen Untergrunds (NSU) zwischen 2000 und 2007 haben ein Klima großer Angst erzeugt, ebenso wie 2020 der tödliche Anschlag eines Rechtsradikalen auf zwei Hanauer Lokale, in denen Menschen aus Migrantenfamilien verkehrten. Neben Muslimen sehen sich auch Juden zunehmenden Anfeindungen ausgesetzt und lernen in diesem Land erneut Angst kennen.

Anders als nach 1933 werden sie jedoch mit dieser Angst nicht allein gelassen, sondern erfahren ▷ Solidarität und ▷ Empathie. Außerdem verbreiten heute nicht der Staat und seine willigen Helfer Angst, sondern Einzelne und Gruppen, die sich am Rande der Gesellschaft ansiedeln und sich dort und in einer digitalen Parallelwelt radikalisieren. Allerdings liefern ihnen auch manche Leitmedien Munition, wenn sie von »Asylantenflut« und »Schwemme«, von »Flüchtlingsströmen« und »Wellen« sprechen, die das Land wie eine Naturkatastrophe zu überrollen drohten.[31]

In der rechtsextremen AfD haben solche Angstszenarien seit 2015 einen politischen Ort gefunden und der Partei viele Wähler beschert. Die Angst vor »Umvolkung« und dem »Großen Austausch« steht hier an oberster Stelle und wird von der Parteiprominenz im Sinne eines auf Abschottung und Ausgrenzung angelegten Nationalismus befeuert. Die neuen Angstunternehmer beherrschen ihr Geschäft perfekt: Sie greifen klassische Fremdheitsängste auf, verstärken sie und geben ihnen eine Richtung, die ihrer antimodernistischen Programmatik entgegenkommt. Dass sie damit auch denen Resonanz und Legitimation bieten, die solche Ängste für Gewalttaten nutzen, nehmen sie billigend in Kauf.

DEMUT

Als der Landesbischof und Ratsvorsitzende der evangelischen Kirche Heinrich Bedford-Strohm in seiner Münchner Weihnachtspredigt 2018 von Demut sprach, nahm sogar die überregionale Presse davon Notiz. Demut, eines der ältesten Worte der deutschen Sprache, schien wieder in Mode zu kommen, nachdem man lange nichts mehr davon gehört oder gelesen hatte.[1] Selbst Politiker probierten es aus, obwohl es im Munde von Theologen deutlich stilsicherer klang.

Demut war lange Zeit kein Wort der Politik gewesen. Erst Bundespräsident Horst Köhler verwendete es 2005 in seiner Weihnachtsansprache, als er mit Blick auf die großen Naturkatastrophen des vorangegangenen Jahres meinte, die Natur habe »uns Demut gelehrt« und »vor Augen geführt, wie zerbrechlich die Welt ist und wie verletzlich der Mensch«.[2] Um Verletzlichkeit ging es dreizehn Jahre später auch Bedford-Strohm: In Jesus, dem Lamm Gottes, erkenne der Mensch seine eigene Hilfsbedürftigkeit. Aber er erfahre zugleich die »Unantastbarkeit« Gottes, dessen Macht und Größe, Gnade und Barmherzigkeit, vor der er sich in Demut verneige.[3]

Demut geht auf das althochdeutsche *dheomodi*, dienstwillig zurück. Dienstwillig konnte man im Himmel wie auf Erden sein. Demut war die Gefühlshaltung des Knechts, der seinem Herrn diente und seinen niederen Platz in der Welt fraglos akzeptierte. Demütig war aber auch der gläubige Jude, Christ oder Muslim, der die Allmacht Gottes anerkannte und die eigene Ohnmacht und Mangelhaftigkeit hinnahm. In der Wurzel des hebräischen Wortes *anavah* steckt der Hinweis auf Sich-Beugen oder Herabbeugen. Mit dieser Geste zeigte man an, dass man um die Überlegenheit des Gegenübers wusste und ihm Achtung erwies. Immanuel Kant sah darin »das Bewußtsein und Gefühl der Geringfähigkeit seines moralischen Werts in Vergleichung mit dem Gesetz«, Nicolai Hartmann »das Bewußtsein unendlichen Zurückbleibens, bei dem aller Vergleich versagt«. Demut messe, so Hartmann 1925, »das eigene Sein an der Vollkommenheit, so wie sie diese versteht, als Gottheit, als sittliches Ideal oder als erhabenes Vorbild«. Sie sei das »Gefühl der eigenen Nichtigkeit«, bezogen »auf das überragend Große«.[4]

Das Bemühen der Philosophen, Demut aus ihrem religiösen Zusammenhang zu lösen, entsprach dem Geist der modernen Zeit. Hartmanns Hinweis, Demut empfinde der Mensch nicht vor dem Menschen, denn das käme seiner »Selbsterniedrigung« gleich, war der Versuch, dieses Gefühl für eine Welt zu retten, die sich mit Unterwerfungsgesten schwertat. Je wichtiger und prägender Werte wie individuelle Autonomie und das Gefühl des Selbstwerts wurden, desto stärker geriet Demut ins Hintertreffen. In den allgemeinbildenden Konversationslexika des 19. und 20. Jahrhunderts rückte sie ebenso an den Rand wie in theologischen Wörterbüchern und Nachschlagewerken. Hatte sie der einflussreiche evangelische Theologe Adolf Harnack um 1900 noch als Bindeglied zwischen Religion und Moral gelobt, ging der Religionsphilosoph Paul Tillich, der 1933 in die USA auswanderte, auf Distanz zu einer Haltung, »die der Würde und Freiheit des Menschen nicht entspricht«. Lediglich in der katholischen Theologie behauptete Demut weiterhin ihren Platz.[5]

Demut contra Narzissmus

Im gleichen Jahr jedoch, als Tillich sich von der Demut verabschiedete, pries sie der Emigrant und Sozialpsychologe Erich Fromm in New York als eine »emotionale Haltung«, auf der Vernunft und Objektivität gründeten. In seinem Longseller *Die Kunst des Liebens* brach Fromm 1956 eine Lanze für Demut: Sie allein könne die um sich greifende Selbstsucht und den ihr verwandten Narzissmus überwinden und Liebe ermöglichen. Nur wer »demütig geworden ist und seine Kindheitsträume von Allwissenheit und Allmacht überwunden hat«, sehe Menschen und Dinge so, »*wie sie sind*«, und nicht so, wie er oder sie sie sich wünsche. Das wiederum sei die Voraussetzung für die »Fähigkeit zu lieben«.[6]

Das Alte Testament hatte Demut dem Hochmut als einer Sonderform des ▷ Stolzes gegenübergestellt, was 1901 auch der *Brockhaus* noch betonte. Fromm aber sah sie in Kontrast zu einem neuen Phänomen, das in der zweiten Hälfte des 20. Jahrhunderts immer größere Aufmerksamkeit erhielt und mittlerweile in die Alltagspsychologie eingewandert ist. Als Narzissten gelten Menschen, die bis zur Selbstverliebtheit auf sich bezogen sind und anderen allenfalls sekundäre Beachtung schenken. Narzissmus kannte man schon um 1900, beschrieb ihn damals jedoch als Lust am eigenen Körper und, so der Psychiater Paul Näcke, als »schwerste Form des ›Auto-Erotismus‹«.[7] Die Freudsche Psychoanalyse teilte diese Lesart und verstand unter Narzissmus die auf das eigene Ich gerichtete Libido. Damit verbunden sei ein geringes Selbstwertgefühl, das durch die übertriebene Wahrnehmung der eigenen Bedeutung und den Wunsch nach Bewunderung kompensiert werde.

Schon 1914 lokalisierte Sigmund Freud Narzissmus aber auch dort, wo zärtliche Eltern eine durch »Überschätzung« gekennzeichnete Gefühlsbeziehung zu ihren Kindern pflegten:

»So besteht ein Zwang, dem Kinde alle Vollkommenheiten zuzusprechen, wozu nüchterne Beobachtung keinen Anlaß fände, und alle seine Mängel zu verdecken und zu vergessen (...). Das Kind soll es besser haben als seine Eltern, es soll den Notwendigkeiten, die man als im Leben herrschend erkannt hat, nicht unterworfen sein. Krankheit, Tod, Verzicht auf Genuß, Einschränkung des eigenen Willens sollen für das Kind nicht gelten, die Gesetze der Natur wie der Gesellschaft vor ihm haltmachen, es soll wirklich wieder Mittel-

Demut 55

punkt und Kern der Schöpfung sein. *His Majesty the Baby*, wie man sich einst selbst dünkte.«[8]

Ähnliche Diagnosen liest man heute noch. Psychologen warnen Eltern vor übertriebenem Lob und Überschätzung, denn damit werde den Kindern ein unrealistisches Selbstbild vermittelt. Was zu Freuds Zeiten allenfalls eine kleine Gruppe bildungsbürgerlicher Familien betraf, wurde seit den 1970er Jahren zu einem in der breiten Mittelschicht praktizierten Erziehungsstil. Eltern traten ihren Kindern als Freunde gegenüber und pflegten einen diskursiven Umgang mit den Bedürfnissen des Nachwuchses, anstatt die eigene Autorität hervorzukehren.[9] Das war Teil einer gesamtgesellschaftlichen Liberalisierung, hatte aber auch damit zu tun, dass Erwachsene sich immer weniger Kinder leisteten. Wer nur ein oder zwei Sprösslinge großzog, konnte sich ihnen intensiver widmen, stand zugleich aber vor der Gefahr, seine »unausgeführten Wunschträume« (Freud) auf den einzigen Sohn und die einzige Tochter zu projizieren.

Ob die veränderte Familienaufstellung des späten 20. Jahrhunderts den oft beobachteten und kommentierten Anstieg narzisstischer Einstellungen tatsächlich erklären kann, ist schwer zu entscheiden. Dass amerikanische Autoren wie Fromm oder Christopher Lasch das narzisstische Zeitalter in den 1950er oder 1960er Jahren beginnen ließen, spricht zumindest nicht dagegen, denn der Wandel pädagogischer Konzepte und Praktiken hatte in den USA früher als in der Bundesrepublik eingesetzt.[10] Aktuell neigen Sozialwissenschaftler und Historiker eher dazu, im Narzissmus als gesteigerter Form des Egoismus ein Begleitphänomen der neoliberalen Wende zu beschreiben. Sie habe seit den 1980er Jahren einen neuen Blick auf das »Selbst« als Optimierungsinstanz eröffnet und hohe gesellschaftliche wie individuelle Erwartungen genährt. Jede Einzelne solle sich für das, was ihr passiert, verantwortlich fühlen und hart an sich arbeiten, um auf der Sonnenseite des Lebens zu stehen. Ziel dieser Arbeit sei es, nicht nur den persönlichen Wohlstand und die auf dem Markt verlangte Leistung zu steigern, sondern auch das eigene Selbstbewusstsein und Selbstwertgefühl. Alle müthen sich ab, besonders zu sein – besonders schön, klug, kreativ, leistungsstark –, und präsentierten sich als Marke Ich.[11] Ein solches Selbstregime lade geradewegs dazu ein, narzisstische Verhaltensorientierungen auszubilden.

Dass solche Orientierungen ihre Tücken haben und zu Lasten der Gesellschaft gehen, ist für die meisten Verlautbarungen zum Thema ausgemacht. Unter der Überschrift »Narzißmus: Das Antlitz der Epoche« berichtete das Nachrichtenmagazin *Spiegel* 1979 über den »Kampf aller gegen alle«. Auch die Zeitschrift *GEO*, die der »übersteigerten Selbstliebe« 2012 eine Titelgeschichte widmete, wies darauf hin, dass der neue Persönlichkeitsstil zur allmählichen »Deformation des Miteinander« führen könne (▷ Solidarität).[12] Selbst wenn Psychologen und Psychiater betonen, dass jeder gesunde Mensch narzisstische Eigenschaften besitze, ohne seine Umwelt damit gravierend zu schädigen und andere abzuwerten, gibt es ein verbreitetes, in den letzten Jahren merklich zunehmendes Unbehagen.[13] Ichbezogene Einstellungen sind nachweislich auf dem Vormarsch, bei Männern deutlicher als bei Frauen.

Demut bietet sich, wie bereits Fromm empfohlen hatte, als Gegenstrategie an. Wer demütig sei, heißt es, entwickle Bescheidenheit und ▷ Empathie, achte die Ansichten und Bedürfnisse Dritter. Aus der existenziellen Verletzlichkeit, Unvollkommenheit und Abhängigkeit des Menschen leite er ein Lebensgefühl ab, das die eigene Person zurücknehme, anstatt sie absolut zu setzen. Oder, wie es der SPD-Politiker und Katholik Wolfgang Thierse 2012 formulierte: »Demut ist das Bewusstsein von der Erbarmungswürdigkeit des Menschen. Das Bewusstsein, dass man Fehler und Irrtümer begeht und darauf angewiesen ist, dass einem andere verzeihen und vergeben und man selbst dazu bereit ist. Eine tiefere Einsicht in die Fehlbarkeit der eigenen Person. Und das Gefühl der Dankbarkeit für das, was gelingt.«[14]

Friedrich Nietzsche, der freigeistig-antichristliche Philosoph des späten 19. Jahrhunderts, hatte Demut als Sklavenmoral und Ausdruck der Schwäche verabscheut: »Der getretene Wurm krümmt sich. So ist es klug. Er verringert damit die Wahrscheinlichkeit, von neuem getreten zu werden. In der Sprache der Moral: *Demut*.« Zeitgenossen des frühen 21. Jahrhunderts hingegen erscheint sie in einem positiveren Licht, nämlich als vernünftige Selbstbegrenzung zur Abwehr von Allmachtsattitüden und Machbarkeitswahn. Für Sven Giegold, der 2000 Attac Deutschland als »Netzwerk zur demokratischen Kontrolle der internationalen Finanzmärkte« mitgründete und sich schon als Schüler in der Ökologiebewegung engagiert hatte, war Demut keine religiöse Tugend und hatte auch nichts mit Unterwürfigkeit zu tun. Er erfuhr sie »am allerstärksten in der Natur« und zog daraus die Konsequenz, die Natur aktiv zu schützen und zu erhalten.[15]

Doch auch andere entdeckten die Demut für sich. So riefen Investmentbanker, für professionelle Rücksichtslosigkeit bekannt, die Branche nach der Finanzkrise zu »kollektiver Demut« auf, und der ehemalige CSU-Starpolitiker und Minister Karl-Theodor zu Guttenberg entschuldigte sich »in Demut« für sein betrügerisches Dissertationsplagiat. Darauf passte Nietzsches sarkastische Sentenz: »Wer sich selbst erniedrigt, will erhöht werden.« Demut, dafür besaßen auch andere ein feines Gespür, kam hier berechnend daher und folgte dem Motto »Das war mir jetzt aber peinlich (erwischt zu werden)«. Echte Demut, lautete ein kritischer Netzkommentar 2012, habe der sozialdemokratische Bundeskanzler Willy Brandt bewiesen, als er »in Warschau auf die Knie fiel«.[16]

Willy Brandts Kniefall

Dass sich Menschen fast ein halbes Jahrhundert nach dem Ereignis daran erinnerten, ist bemerkenswert. Sie mochten Brandts Namen falsch buchstabieren (»Willi Brand«), doch das, was er getan hatte, stand ihnen klar vor Augen. Am 7. Dezember 1970, bei seinem Staatsbesuch in Polen (dem ersten eines deutschen Kanzlers überhaupt), hatte Brandt in der polnischen Hauptstadt einen Kranz am Denkmal der Helden des Warschauer Ghettos niedergelegt. Es ehrte die jüdischen Aufständischen, die 1943 einen vergeblichen Kampf gegen ihre deutschen Mörder gekämpft hatten, und die Opfer des Holocaust. Für

Brandt war diese Kranzniederlegung kurz vor der Unterzeichnung des deutsch-polnischen Normalisierungsvertrags – einem der ebenso gerühmten wie geschmähten Ostverträge (▷ Hass) – ein dringendes Bedürfnis. Nachdem er die Kranzschleifen zurechtgezupft hatte, blieb er nicht, wie in solchen Situationen üblich, unbewegt stehen, sondern sank auf die Knie. Fotografen und Kameraleute hielten diesen Moment für die Ewigkeit fest, das Bild ging um die Welt. Und rief sofort heftige Kontroversen hervor. Der polnische Ministerpräsident Józef Cyrankiewicz, der zwei deutsche Konzentrationslager überlebt hatte, war bewegt, seine Frau weinte. Die polnischen Medien jedoch bearbeiteten das Foto so, dass es Brandt stehend, nicht kniend zeigte. Auch die DDR-Presse erwähnte den Kniefall mit keinem Wort. In der Bundesrepublik fanden ihn laut einer Blitzumfrage 48 Prozent übertrieben, 41 Prozent angemessen. Manche verglichen ihn mit dem Bitt- und Bußgang Heinrichs IV. nach Canossa 1066/67, als der deutsche Kaiser, angeblich auf Knien, die Aufhebung des päpstlichen Banns erwirkte.

Im Mittelalter war nichts Ungewöhnliches daran, vor einer Autoritätsperson die Knie zu beugen, noch dazu vor einer kirchlichen. Für Politiker des 20. Jahrhunderts aber ziemte sich diese bußfertige Geste nicht mehr. Kanzler oder Präsidenten trugen mit der Würde ihres Amtes auch die Würde des Staates, den sie repräsentierten. Diese verlangte nach einer aufrechten Körperhaltung. Seinen Respekt erwies man durch eine knappe Beugung des Kopfes, möglichst ohne den Rücken zu bewegen. Wer sich zu tief verbeugte, gab etwas preis und setzte sich dem Missfallen der aufmerksamen Öffentlichkeit aus.

Demut bezeugen, um Vergebung bitten, sich entschuldigen: Das gehörte aus Sicht vieler Zeitgenossen nicht in die politische Welt. Als der Sozialdemokrat Carlo Schmid 1958 in das am ehemaligen Gestapo-Gefängnis in Warschau ausliegende Besucherbuch die Worte »mit tiefer Beschämung an diesem Ort deutscher Schande« schrieb, warf man ihm daheim vor, er habe gegen die »nationale Würde« der Deutschen verstoßen (▷ Scham, ▷ Ehre).[17] Auch die evangelische Kirche, die 1965 in ihrer Ostdenkschrift von der »klaren Erkenntnis der gegenseitigen Schuld« sprach und die Anerkennung der Oder-Neiße-

Grenze als Schritt zur Versöhnung mit Polen empfahl, wurde dafür beschimpft und des Vaterlandsverrats bezichtigt.[18] Dass Brandt vor einem Denkmal für die von Deutschen ermordeten Juden gekniet hatte, übersahen jene, die den angeblichen Kotau vor der polnischen Politik kritisierten. Brandt jedoch legte Wert auf die Differenz. Als er am Morgen des 7. Dezember zunächst vor dem Denkmal des Unbekannten Soldaten haltgemacht und wie alle Staatsgäste einen Kranz niedergelegt hatte, war er aufrecht stehen geblieben. Vor Nathan Rappaports Skulptur aber, erklärte er abends einem Journalisten, »habe ich das gewußt: daß das nicht einfach so geht wie bei anderen Kranzniederlegungen, nur so den Kopf neigen. Dies ist doch eine andere Qualität.« In seinen Erinnerungen zwei Jahrzehnte später fand er gesetztere Worte:

»Ich hatte nichts geplant, aber Schloß Wilanow, wo ich untergebracht war, in dem Gefühl verlassen, die Besonderheit des Gedenkens am Ghetto-Monument zum Ausdruck bringen zu müssen. Am Abgrund der deutschen Geschichte und unter der Last der Millionen Ermordeten tat ich, was Menschen tun, wenn die Sprache versagt.«[19]

Dienst und Selbsterniedrigung

Obwohl Brandt nicht religiös war, griff er an diesem »Abgrund« unwillkürlich auf eine Geste zurück, die im Christentum eine lange Tradition besitzt. Seit vorchristlicher Zeit knieten Menschen vor ihrem weltlichen Herrscher. Die Kirche übernahm das Ritual und forderte es von ihren Mitgliedern ein, die damit Demut und Hingabe bezeugten. Als europäische Fürsten den obligaten Kniefall ihrer Untertanen Ende des 18. Jahrhunderts abschafften, behielt ihn die katholische Kirche bei. Noch heute knien Gläubige vor dem Papst und erweisen seinem hohen Amt Reverenz. Umgekehrt begreift sich der Stellvertreter Christi auf Erden als *Servus Servorum*, als Diener der Diener

Gottes, wenn er alljährlich am Gründonnerstag die rituelle Fußwaschung vornimmt und dies auch in Kathedral- und Abteikirchen zur Pflicht macht. Dieser »dienende Gestus« hat in der katholischen Liturgie seinen festen Platz. War die Gruppe jener, an denen er vollzogen wurde, zuvor auf Priester oder, bei Benedikt XVI., der Kirche nahestehende Laien beschränkt gewesen, dehnte ihn Papst Franziskus 2016 auf Mitglieder des »ganzen Gottesvolks« aus. Damals erregte er großes Aufsehen, als er Geflüchteten die Füße wusch. 2019 wählte er zwölf ausländische Häftlinge in einer Justizvollzugsanstalt dafür aus und betonte in seiner frei gehaltenen Predigt, jeder müsse »Diener des anderen sein«. Denn die Regel Jesu laute: »Dienen statt zu dominieren, andere zu verletzen oder zu demütigen«.[20]

Demütiges Dienen bedeutete aus Sicht des Pontifex Maximus keineswegs Unterwerfung oder die Aufgabe der persönlichen Würde. Vielmehr entsprang es einer Haltung, die um die eigene Unvollkommenheit wusste und daraus den Schluss zog, anderen Menschen und Gott nicht selbstgerecht zu begegnen. Die Lutherbibel kannte dafür den Begriff der Erniedrigung, allerdings ohne die negative Wertung, die man ihm heute beilegt. Das Gleichnis von Pharisäer und Zöllner (Lukas 18, 14), die auf sehr unterschiedliche Weise zu Gott beteten – der eine seines Selbstwerts gewiss, der andere demütig und von seiner Sündhaftigkeit überzeugt –, endete mit dem oft zitierten Satz: »Denn wer sich selbst erhöht, der wird erniedrigt werden; und wer sich selbst erniedrigt, der wird erhöht werden.« Nietzsche machte sich darauf seinen eigenen Reim und ersetzte das letzte *wird* durch *will*, um das strategisch Kalkulierende der Selbsterniedrigung hervorzuheben. Davon würden fromme Katholiken nichts wissen wollen, denn für sie gehört Selbsterniedrigung (sofern sie den Begriff heute überhaupt noch benutzen) zu einem Selbst- und Gottesverhältnis, dem jegliche Neigung zur Selbstüberhebung abgeht.

Worin Nietzsche und fromme Katholiken jedoch übereinstimmen, ist die kategorische Ablehnung von Demütigung als einer Geste, mit der der Mächtige den Ohnmächtigen in die Demut zwingt. Sich selber zur Demut zu bekennen, ist etwas gänzlich anderes, als dazu von anderen verpflichtet oder genötigt zu werden. In diesem Kontext gewinnt dann auch Demut eine andere Bedeutung: Sie wird zur entwürdigenden Unterwerfung und Erniedrigung und schafft Opfer, die sich nicht wehren können.

Von Demut zu Demütigung

Dienen statt zu demütigen: Damit hatte Papst Franziskus 2019 ein hochaktuelles, brennendes Thema berührt. Seit der Jahrtausendwende zieht »Demütigung« immer größere Kreise, auch in der Politik. Zu denen, die den Begriff hierzulande hoffähig gemacht haben, zählt die sächsische Ministerin Petra Köpping. In ihren Gesprächen mit ehemaligen DDR-Bürgern über die Nachwendezeit hörte sie viel von Benachteiligungen, Kränkungen, persönlichen Niederlagen und fehlender Anerkennung. Das fasste die SPD-Politikerin als »Demütigung« zusammen. Arbeitslosen erklärte sie, ihnen sei die »Würde« genommen worden.[21] Auch in den Reihen der Linkspartei und bei der rechtsextremen Alternative für Deutschland ist Demütigung zu einer beliebten politischen Vokabel avanciert, die bei ostdeutschen Wählern viel Anklang findet.

Wer von Entwürdigung und Demütigung spricht, fährt schweres moralisches Geschütz auf. Jemandem die Würde zu nehmen, verstößt gegen den ersten und wichtigsten Artikel des Grundgesetzes. Dass der Satz »Die Würde des Menschen ist unantastbar« 1949 in die vorläufige Verfassung der Bundesrepublik aufgenommen wurde, war der Erfahrung geschuldet, dass der Vorgängerstaat eben diese Würde millionenfach verletzt und mit Füßen getreten hatte. In einem bis dahin undenkbaren Ausmaß hatte das nationalsozialistische Regime Menschen gedemütigt, unterdrückt und ausgelöscht. Zivilisierte demokratische Gesellschaften, die auf Anstand, Achtung und Respekt Wert legen – der israelische Philosoph Avishai Margalit nennt sie *decent societies* –, unterbinden jede Form von Demütigung und suchen ihre Bürgerinnen und Bürger davor zu schützen.[22]

Aber geht es bei den von Petra Köpping geschilderten Sachverhalten tatsächlich um Demütigung? Die Personen, die ihre Erfahrungen mitteilten, benutzten weniger dramatisierende Worte. Erst die politische Rahmung vor großem Publikum verschärfte den moralischen Ton. Sie gab dem, was Menschen erlebt hatten, eine neue Deutung und Bewertung, fügte es in einen anderen Kontext ein. Und sie stellte die Frage nach den »Tätern«. Je nach Weltanschauung waren das der Kapitalismus, die ebenso arroganten wie unwissenden Westdeutschen oder die ostdeutsche Bundeskanzlerin, die sich, so der Vorwurf, mehr um Geflüchtete und Migranten als um die eigenen Landsleute kümmere (▷ Wut). Bei solchen Zuschreibungen kommt es nicht darauf an, ob jemand tatsächlich demütigen wollte. Es genügt das subjektive Empfinden der »Opfer«, gedemütigt worden zu sein.

Demütigungsketten

Darin liegt ein großer Unterschied zu früheren Zeiten, in denen Demütigung als bewusste und gezielte Machtstrategie galt und praktiziert wurde. So war es nach dem Ersten Weltkrieg, als sich Vertreter der siegreichen Entente und des besiegten Deutschland 1919 im Schloss von Versailles einfanden, um ihre Unterschrift unter einen Friedensvertrag zu setzen. Dass der französische Ministerpräsident Georges Clemenceau den Spiegelsaal für die Zeremonie ausgewählt und hergerichtet hatte, war kein Zufall. Wo Deutsche 1871 ihr Kaiserreich ausgerufen und den Sieg über Frankreich gefeiert hatten, erfuhren sie jetzt, in den Worten des sozialdemokratischen Außenministers Hermann Müller, die »schlimmste Stunde« ihres Lebens. Müller und sein Ministerkollege Johannes Bell vom katholischen Zentrum durften nicht am großen Tisch der Sieger Platz nehmen. Man führte sie kurz herein, ließ sie unterzeichnen und eskortierte sie sofort wieder hinaus, ohne jede weitere Ansprache. Edward House, Berater des amerikanischen Präsidenten Woodrow Wilson, fühlte sich an einen römischen Triumphzug erinnert, bei dem die Besiegten zu Fuß und mit gesenktem Haupt den Wagen der Eroberer folgten. Er vermisste bei der Unterzeichnung das Element der »Ritterlichkeit« und beklagte die unverhohlene Absicht, den ganzen Vorgang für den Feind so »erniedrigend wie möglich« zu gestalten.[23] So wurde es auch in Weimar und Berlin wahrgenommen und interpretiert. Von dem Vorwurf, allein am Krieg Schuld zu tragen, und den daraus abgeleiteten harten Bedingungen fühlte sich das ganze Land gekränkt. Als demütigend empfand man zudem die vertraglich verfügte militärische Besetzung der Rheinlande, vor allem die Stationierung französischer Truppenkontingente, in denen afrikanische Soldaten Dienst taten. Ein zeitgenössisches Flugblatt geißelte die »unerhörte Demütigung und Vergewaltigung einer hoch kultivierten weißen Rasse durch eine noch halb barbarische farbige«. 1921 erhoben die Frauengruppen der bürgerlichen Parteien Augsburgs, und nicht nur sie, »schärfsten Einspruch gegen die den deutschen Rheinlanden angetane Schwarze Schmach. Es ist ein Schlag ins Gesicht der weissen Rasse. Derselbe Neger, der in Frankreich, England und Amerika als Mensch 2. Klasse behandelt wird, darf sich bei uns als Herr und Sieger betragen, seinen wilden Trieben sind Deutschlands Mädchen und Frauen hilflos ausgeliefert.«[24]

1940 kehrten sich die Machtverhältnisse um: Jetzt war Deutschland an der Reihe, die erlittene »Schmach« zu rächen. Als Wehrmachtstruppen am 14. Juni 1940 Paris einnahmen, verfügte Hitler, den Salonwagen, in dem Franzosen, Briten und Deutsche am 11. November 1918 in Compiègne das Waffenstillstandsabkommen unterzeichnet hatten, vom Museum zurück auf die besagte Waldlichtung zu bringen. Am 22. Juni wurde dort der zweite Waffenstillstand in Kraft gesetzt. Die Zeremonie war zwar, wie Propagandaminister Joseph Goebbels beteuerte, nicht als »demonstrative Demütigung« gemeint, verfehlte aber ihre Wirkung auf beiden Seiten nicht. »Die Schmach von 1918 ist nun ausgelöscht. Man fühlt sich wie neugeboren.« Der Eisenbahnwaggon, in dem man Deutschland damals »gedemütigt« habe, kam nach Berlin und wurde im Lustgarten ausgestellt.[25]

Politik der Demütigung im »Dritten Reich«

Mit Demütigungen kannte sich das nationalsozialistische Regime bestens aus. Sosehr es Demut als »heuchlerische Wertezersetzung« verabscheute, so eifrig nutzte es Demütigung als Instrument sozialer und politischer Stigmatisierung.[26] Die Maßnahmen gegen die jüdische Bevölkerung trugen einen offen entwürdigenden Charakter, gleichgültig, ob sie von oben angeordnet oder von unten in vorauseilendem Gehorsam ausgeführt wurden. Prangerumzüge, die seit 1933 jüdisch-nichtjüdische Liebespaare bloßstellten, hatten es ebenso auf Demütigung abgesehen wie die berüchtigten Wiener »Reibaktionen« 1938 nach dem »Anschluss« Österreichs ans Deutsche Reich. Damals mussten jüdische Männer und Frauen Anti-Nazi-Parolen von den Bürgersteigen schrubben, in gebückter, oft kniender Haltung und zur Gaudi der Passanten.[27]

Aber selbst dort, wo antisemitische Politik nicht öffentlich in Szene gesetzt wurde, wirkte sie demütigend und sollte das auch sein. Im Juni 1933 wandte sich der vierundvierzigjährige Berliner Staatsarchiv-

6 Wiener Juden müssen 1938 Bürgersteige von politischen Parolen säubern

rat Dr. Ludwig Dehio an Freunde und Bekannte mit der Frage, ob sie »mich nach wie vor als deutschen Volksgenossen subjektiv betrachten wollen, obgleich ich objektiv aufgehört habe, vom deutschen Staate als solcher anerkannt und behandelt zu werden«. Dehio bezog sich auf ein im April verkündetes Gesetz, das nahelegte, politisch missliebige Beamte und solche »nicht-arischer Abstammung« aus dem öffentlichen Dienst zu entlassen. Das Gesetz betraf auch ihn, da sein Großvater mütterlicherseits aus einer jüdischen Familie stammte. Jener hatte sich zwar bereits als Student taufen lassen. Doch da für die Nationalsozialisten nur das »Blut« und nicht das Bekenntnis zählte, galt auch der Enkel als Jude und war es nicht mehr wert, dem »nationalen Staat« als Beamter zu dienen. Der Archivar empfand dies als »Schändung seiner Familie« zu einer Zeit, als die auch von ihm ersehnte »Erhebung Deutschlands aus der Schande« endlich Wirklichkeit geworden war. Und er schloss:

> »Mögen Sie ermessen, wie ich die Ausstoßung aus der sich erhebenden Nation – ertrage! Von Deutschen des Deutschtums beraubt. Ich füge aus aufrichtigem Herzen den Wunsch hinzu, dass Ihnen, Ihren Angehörigen, Ihren Kindern und Kindeskindern eine *Demütigung* erspart bleiben möge, wie ich sie bei Abfassung dieses Briefes empfunden habe.«

Dehio hatte Glück im Unglück. Freunde leiteten den Brief an Hitlers Stellvertreter Franz von Papen weiter, der sich wiederum an Reichspräsident Paul von Hindenburg wandte mit der Bitte, die Verdienste der Familie zu würdigen. Hindenburgs Staatssekretär schrieb daraufhin an den preußischen Kultusminister Bernhard Rust und bat um »wohlwollende Prüfung«. Während Rust annähernd fünftausend jüdische Beamte aus dem Dienst entließ, machte er bei Dehio eine Ausnahme mit dem Argument, dieser sei »Frontkämpfer« gewesen. Der Archivar wurde ins abgelegene Brandenburgisch-Preußische Hausarchiv versetzt und konnte die NS-Zeit dort überwintern. Wie er die persönliche Demütigung emotional verkraftete, stand auf einem anderen Blatt.[28]

Gedemütigt fühlte sich 1933 auch der Münchner Rechtsanwalt Hans Bloch. Als Kriegsfreiwilliger hatte er dreieinhalb Jahre lang sein Leben für Deutschland aufs Spiel gesetzt und es bis zum Leutnantsrang gebracht. Jetzt stand seine Zulassung zu einem Beruf, den er seit 1924 erfolgreich ausübte, in Frage, weil er Jude war. Diese »Schmach«, schrieb er in einem Brief vom 9. August 1933, lasse ihn »nicht mehr ruhen«; allein in der Erinnerung an die »Jahre des Kampfes für Deutschland«, die seinem Leben »die Richtung gegeben« hätten, finde er die Stärke, die »Entwürdigung zu überdauern«. 1942 wurde er, nach zahllosen weiteren Entwürdigungen und Erniedrigungen, im KZ Mauthausen umgebracht.[29]

Das NS-Regime demütigte nicht nur Juden, sondern alle, die es als seine politischen Feinde betrachtete. Fragwürdigen Ruhm erwarb sich dabei der Präsident des Volksgerichtshofs Roland Freisler. Als er die wegen Hochverrats Angeklagten des 20. Juli 1944 aburteilte, ließ er keine Gelegenheit aus, sie zu beschimpfen, zu verspotten und herabzusetzen. Die Offiziere mussten statt in Uniform in schäbiger Zivilkleidung vor Gericht erscheinen. Generalfeldmarschall Erwin von Witzlebens Hose war so weit, dass er sie vor dem Bauch festhielt. Erich Hoepner, vormals hochdekorierter Generaloberst, saß in Strickjacke und ohne Krawatte auf der Anklagebank. Dort erwarteten sie Schimpfkanonaden wie auf dem Kasernenhof: »Ehrgeizling«, »Jammergestalt«, »schleimige Kurfürstendammintellektualisten«, »Schweinehund«, »Früchtchen«, manchmal in schneidendem Tonfall, oft gebrüllt.[30] Das war Demütigung in Reinform, noch dazu gegenüber Männern, die berufsmäßig mit einem ausgeprägten Sinn für ▷ Ehre ausgestattet waren und auf gezielte Ehrverletzungen empfindlich reagierten.

Sensibilisierung

Der Kontrast zur Gegenwart ist riesig. Im Nationalsozialismus war Demütigung eine bewusste, von Staat und Partei gezielt eingesetzte

Machtstrategie gegenüber Menschen, die man als »minderwertig« deklarierte oder des Verrats bezichtigte und denen man das Existenzrecht absprach. Heute werden sogar unabsichtliche Kränkungen oder strukturelle Benachteiligungen als persönliche Demütigung betrachtet, die Sensibilität ist deutlich gestiegen. Das hat mit dem Würdediskurs unserer Gesellschaft zu tun und damit, wie er sich seit den späten 1960er Jahren in Erziehungsinstitutionen und im Rechtswesen niedergeschlagen hat. Wenn Familien, Schulen und Justiz die Autonomie der Person betonen und deren Rechte gegenüber Einschränkungen und Übergriffen stärken, bilden Kinder, Jugendliche und Erwachsene ein stabileres Selbstwertgefühl aus. Herabsetzungen, über die sie früher hinweggesehen oder die sie *nolens volens* akzeptiert hätten, nehmen sie jetzt als unzumutbare Demütigungen wahr und wehren sich.

Dabei hilft der durch die Digitalisierung erleichterte Zugang zu Kommunikationsmitteln. In den sozialen Medien werden empfundene Demütigungen mitgeteilt und angeklagt. Man kann sich ohne Umschweife der ▷ Empathie anderer versichern und den eigenen Standpunkt bestätigt finden. Gerade Mitgliedern sozialer Gruppen, die kollektive Ausgrenzung und Stigmatisierung erfahren, bietet das Netz einen effektiven Resonanzboden, um Demütigungserlebnisse auszutauschen und zu verbreiten. Damit wächst die Bedeutung, die diesen Erfahrungen zugeschrieben wird, und treibt die Sensibilisierung an. Das Gefühl wird dichter, intensiver und anschlussfähiger.

Macht und Ohnmacht

Die neuen internetbasierten Medien verschaffen aber auch denjenigen ein Forum, die es darauf absehen, andere zu demütigen. Seit der Jahrtausendwende gibt es immer mehr Online-Plattformen, auf denen Menschen vorgeführt werden, die als zu dick, zu dünn, zu schön, zu hässlich angesehen werden oder aus anderen Gründen Häme, Spott und Verachtung auf sich ziehen. Während sich der Staat und seine Institutionen weitgehend aus dem Demütigungsgeschäft zurückgezogen haben, sind soziale Gruppen und Cliquen an deren Stelle getreten. Demütigung ist hier zu einer Art Gesellschaftsspiel mit zahlreichen Mitspielerinnen und Mitspielern geworden. Allerdings sind die Folgen nicht trivial, sondern oft zerstörerisch. Und anders als im Spiel geht es immer um Macht und Machtkonkurrenz. Wer andere demütigt, maßt sich Macht über sie an und gewinnt Macht in der eigenen Gruppe.

Bei Demut hingegen steht Ohnmacht im Mittelpunkt. Deren Demonstration und Anerkennung fällt machtbewussten Institutionen und Individuen nicht leicht. Selbst der Papst, der Demut predigt und sich als »Diener der Dienenden« versteht, zieht enge Grenzen des Erträglichen. Von einem demütigen Papst hätte man erwarten können, dass er sich von den Priestern, die Kinder und Jugendliche in der Vergangenheit sexuell missbrauchten und ihnen damit eine besonders perfide Demütigung zufügten, scharf distanzierte und sie aus ihren Ämtern entfernte. Das ist nicht geschehen, und auch die Verneigung vor den Opfern fiel wenig demütig aus. Die deutsche Bischofskonferenz hält ebenfalls nicht viel von Demut. Obwohl sie nach einer langen Kette von Vorwürfen und Dokumentationen 2014 ein unabhängiges Forscherteam beauftragte, das Ausmaß des Missbrauchs seit 1946 zu untersuchen, verweigerte sie ihm den direkten Aktenzugang. Der Wunsch, die eigenen »Diener« zu schützen, hatte Vorrang vor der Demut, Schuld einzugestehen und für Fehlverhalten um Vergebung zu bitten.

Der liberale Bischof Franz-Josef Bode machte vor, dass es auch anders geht. In der Messe zum Ersten Advent 2010 warf er sich im Dom von Osnabrück vor den Altar, »um deutlich zu machen, dass die Kirche mit den Missbrauchsfällen und ihrem Umgang mit ihnen Schuld auf sich geladen hat«. Prostration ist in der katholischen Kirche ein eingeführtes Ritual. Bevor Diakone die Priesterweihe empfangen, legen sie sich mit dem ganzen Körper flach auf den Boden und demonstrieren so, dass sie »klein sind vor Gott und auch vor den Menschen«. Das sei der Ausdruck echter Demut, habe aber, so Bode, nichts mit Erniedrigung zu tun. »Denn wer von Gott geschaffen ist,

7 Demütig im Osnabrücker Dom: Bischof Franz-Josef Bode 2010

ist ja nicht einfach ein Erniedrigter«, sondern »belebt durch den Geist Gottes«.³¹

Angesichts zunehmender Kirchenaustritte und leerer Gottesdienste ist fraglich, ob ein solches Demutsverständnis und Demutsgefühl in der Bevölkerung Widerhall finden. 2018 gehörten lediglich 53 Prozent der Deutschen einer der beiden großen christlichen Konfessionen an, 1950 waren es im Westen gut 96 Prozent und im Osten 92 Prozent gewesen. Die katholische Kirche zählte 2018 nur noch 23 Millionen Mitglieder, die wenigsten davon praktizierend. Im Protestantismus hatte die Entkirchlichung sogar noch früher und stärker eingesetzt, in der DDR regimebedingt besonders drastisch. Nach 1990 verlor die EKD weitere acht Millionen Mitglieder.

Dass der evangelische Ratsvorsitzende die verbliebenen Gläubigen zu Weihnachten 2018 ausdrücklich aufforderte, es Katholiken (und Muslimen) gleichzutun und »demütig in die Knie vor unserem Gott« zu gehen, setzte vor diesem Hintergrund ein bemerkenswertes Zeichen. Demut, fügte er hinzu, habe auch mit Mut zu tun, der sich aus der Demut speise und Menschen befähige, für eine Welt ohne »Hass, Egoismus, Geldgier, Missbrauch, Ausbeutung der Natur«, ohne Krieg und Verfolgung einzutreten. Dazu sind zweifellos auch Personen in der Lage, die religiös unmusikalisch sind und ihre moralischen Überzeugungen aus anderen Quellen beziehen. Dass sie dabei immer demütig vorgehen, anstatt sich, wie der sprichwörtliche Pharisäer, selbstgerecht über jene zu erheben, die andere oder gar gegensätzliche Positionen vertreten, versteht sich indes nicht von selber.

EHRE

Ebenso wie Demut ist auch Ehre ein Gefühl, mit dem heute viele fremdeln. Die Schauspielerin Hanna Schygulla, die 1974 in Rainer Werner Fassbinders Verfilmung des Fontane-Romans *Effi Briest* mit dem Ehrgefühl des späten 19. Jahrhunderts zu tun hatte, konnte damit nichts anfangen. Dass Effi ihre Ehre durch eine außereheliche Beziehung verloren hatte und ihr Ehemann sich mit dem Nebenbuhler einen »Ehrenzweikampf« auf Pistolen lieferte, blieb ihr unverständlich.

Das ging nicht allein Hanna Schygulla so. Ehre war in der Gesellschaft der Bundesrepublik kein großes Wort mehr, geschweige denn ein großes Gefühl. In manchen Redensarten hielt sie sich tapfer: Kinder gaben gern Versicherungen »auf Ehrenwort« ab, Erwachsene zuweilen auch. Zu Beginn des 20. Jahrhunderts war Ehre hingegen ein Wort »mit einem sehr starken Gefühlswert« gewesen, wie der Kieler Strafrechtsprofessor Moritz Liepmann 1909 bestätigte.[1] Auch in Schygullas Geburtsjahr 1943 hatten deutsche Männer noch »Ehre im Leib« und konnten Ehre »fühlen«. Nicht zufällig lautete der Wahlspruch der SS, der seit 1932 auf den Koppelschlössern ihrer Uniformen prangte, »Meine Ehre heißt Treue«.

Ehre und Macht

1936 feierte die NSDAP auf ihrem Nürnberger Parteitag der Ehre zwei Großtaten: die Wiedereinführung der allgemeinen Wehrpflicht im Jahr zuvor und die Rheinlandbesetzung. Beides habe, so Hitler, die »Sklavenketten von Versailles« gelöst und die »deutsche Ehre« wiederhergestellt. Aus der Bevölkerung erfuhr er dafür viel Lob. Überschwänglich bedankte sich Parteigenosse Christian Etzel aus Friedrichshafen 1935 dafür, dass fortan »jeder junge deutsche Mann das Ehrenkleid der Wehrmacht wieder tragen« dürfe. Stellvertretend für alle Frauen freute sich Hedwig Elbers: »Nie werden wir vergessen, dass Sie mein Führer Deutschland die Ehre wieder gegeben haben.«[2]

Ehre, militärische Macht und Souveränität bildeten eine Einheit. Ein wehrloser Staat war ein ehrloser Staat, nicht nur nach nationalsozialistischer Auffassung. Denn er besaß keine Machtmittel, seine Sicherheit und Existenz zu schützen. So hatte es der angesehene Historiker Heinrich von Treitschke im späten 19. Jahrhundert seinen Berliner Studenten erklärt: »Ein Staat muß ein sehr hoch entwickeltes Ehrgefühl besitzen, wenn er seinem Wesen nicht untreu werden will. Er ist kein Veilchen, das im Verborgenen blüht; seine Macht soll stolz und leuchtend dastehen, auch symbolisch darf er sie nicht bestreiten lassen.« Wer die Ehre eines Staates antaste, zweifle dessen »Wesen« an: »Ist seine Flagge verletzt, so ist es seine Pflicht, Genugthuung zu fordern und wenn sie nicht erfolgt, den Krieg zu erklären, mag der Anlaß noch so kleinlich erscheinen; denn er muß unbedingt darauf halten, die Achtung, die er in der Staatengesellschaft besitzt, sich auch zu bewahren.«[3] Die Verletzung der Ehre galt als direkter Angriff auf die Souveränität des Staates und stellte dessen Entschlossenheit, für die eigenen Interessen und Prinzipien einzustehen, auf die Probe.

Das trat 1914 offen zutage. Alle Kriegsparteien beriefen sich auf ihre Ehre, die angegriffen worden sei und verteidigt werden müsse. So erklärten sie es auch ihren Bürgerinnen und Bürgern, die den Preis dafür zu zahlen hatten. Die Kriegserklärung des österreichischen Kaisers vom 28. Juli 1914 rechtfertigte den Krieg gegen Serbien mit der »Wahrung der Ehre Meiner Monarchie«. Als der russische Botschafter in Wien die Mobilmachung seines Landes für den 29. Juli ankündigte, fügte er hinzu, Russland sei in seiner Ehre als Großmacht beleidigt worden und daher genötigt, angemessen zu reagieren. Am 4. August verkündete der deutsche Kaiser, er sehe sich gezwungen, das Schwert zu ziehen und für »unsere Macht und Ehre« einzutreten. Einen Tag später bekannte der britische Premierminister Herbert Asquith im Unterhaus: »Wir kämpfen an erster Stelle, um eine heilige internationale Verpflichtung zu erfüllen. Wären Privatpersonen im alltäglichen Leben eine solche Verpflichtung eingegangen, sie würde nicht nur als vor dem Gesetz bindend angesehen, sondern wäre auch eine Sache der Ehre, der sich kein Mann entziehen kann, ohne seine Selbstachtung zu verlieren.«[4]

Kultur der Ehre

Asquith verknüpfte hier geschickt nationale und persönlich-männliche Ehre. Damit lenkte er die Aufmerksamkeit auf die Kultur der Ehre, die im Europa des 19. Jahrhunderts überall sichtbar und wirkmächtig gewesen war. Ehre stand auf dem Spiel, wenn sich Handwerksgesellen wegen vermeintlicher Beleidigungen prügelten; Ehre war unverzichtbarer Bestandteil kaufmännischer Geschäfts- und Lebensführung; Ehre wurde durch Gesetze geschützt, die die Entlassung von Arbeitern mit sofortiger Wirkung ermöglichten, wenn sie ihrem Arbeitgeber oder Mitgliedern seiner Familie nicht ehrerbietig begegneten. Am stärksten und augenfälligsten hielten der Adel und die bürgerliche Oberschicht auf Ehre und auf einen Ehrenkodex, der jedweden Verstoß säuberlich registrierte und im Fall von Ehrverletzungen energische Gegenmaßnahmen verlangte.

Diese Kultur hielt sich bis weit ins 20. Jahrhundert hinein. Im Sommer 1933 forderte der Landwirtschaftsrat Dr. Römer den SS-Führer und Kommissar im Reichsernährungsministerium Dr. August Hallermann auf Pistolen. Er fühlte sich in seiner Ehre gekränkt, weil Hallermann eine dienstliche Anzeige gegen ihn auf den Weg gebracht hatte, die in einem Disziplinarverfahren mündete. Das Hallenser Ehrengericht der Waffenstudenten und Offiziere, dem der Fall vorgetragen wurde, stufte die Kränkung als erheblich ein und entschied auf Austragung einer schweren Säbelmensur. Im Ministerium wollte man den Zweikampf verhindern, aber »ohne dass daraus für Herrn Dr. Hallermann eine irgendwie geartete moralische Belastung erwüchse«. Im Klartext: Hallermann als der Geforderte durfte nicht den Eindruck erwecken, er würde kneifen. Der Staatssekretär bat deshalb den Reichspräsidenten (der Römer von der Schlacht bei Tannenberg 1914 kannte und als Agrarexperten auf seinem Gut Neudeck schätzte) um Intervention. Doch Hindenburgs engster Mitarbeiter Otto Meissner hielt es »im jetzigen Stadium nicht mehr für möglich, dass der Austrag des Ehrenhandels verhindert wird, trotzdem ich Ihnen durchaus zustimme, dass eine solche Erledigung dienstlicher Angelegenheiten nicht zweckmässig erscheint«.[5]

Ob dienstlich oder privat: Mit Kriegsbeginn 1939 hatte der »Führer«, der bewaffnete Ehrenhändel bislang nicht grundsätzlich abgelehnt hatte, dafür »kein Verständnis« mehr.[6] Auch nach dem Krieg kam die Kultur der Ehre weder politisch noch gesellschaftlich wieder auf die Beine. Die maßgebenden Gruppen und Kreise, die sie zuvor gepflegt und lebendig erhalten hatten, verloren an Einfluss und Prestige. Machtpolitisch war von Ehre ebenfalls nicht mehr die Rede, was die anfängliche Souveränitätsbeschränkung beider deutscher Staaten spiegelte. Auch an der militärischen Untermauerung staatlicher Ehre haperte es, denn weder die Bundesrepublik noch die DDR besaßen vor 1955 eigene Streitkräfte.

Nach 1945: Ehre als Auslaufmodell

Interessanterweise band die Bonner Regierung die im Land umstrittene Remilitarisierung an eine Ehrenerklärung für die Wehrmachtssoldaten – die auch tatsächlich erfolgte. Nachdem US-Präsident

Dwight Eisenhower 1951 offiziell bestätigt hatte, der deutsche Soldat habe »tapfer und ehrenvoll« für sein Vaterland gekämpft, waren die ehemaligen Wehrmachtsoffiziere, die im Auftrag Adenauers über einen westdeutschen »Verteidigungsbeitrag« nachdachten, zufrieden.[7] Da Ehre im Militär eine feste institutionelle Bastion besaß, bedeuteten Eisenhowers Worte viel. Sie stützten darüber hinaus das Bild einer sauberen Wehrmacht, die mit den Massenmorden der Nazis nichts zu tun hatte. Erst in den 1990er Jahren bekam dieses Bild Risse, als Ausstellungen einer breiten Öffentlichkeit vor Augen führten, wie eng die Wehrmacht in den östlichen Vernichtungskrieg einbezogen gewesen war. Der Satz vom ehrenvollen Kampf ist seither als das enttarnt, was er schon 1951 gewesen war: eine politische Deckerzählung.

Allerdings hatte die Ehrfurcht gegenüber dem Militär in der Bundesrepublik bereits seit längerem Schaden genommen. Die Bundeswehr, obwohl als Parlamentsarmee konzipiert und dem Leitbild des »Bürgers in Uniform« verpflichtet, war nie beliebt. Immer mehr junge Männer, die seit 1956 ihren obligatorischen Wehrdienst ableisten sollten, zogen es vor, in zivilen Institutionen für das gesellschaftliche Wohl zu arbeiten. In der DDR gab es diese Option nicht. Wer den Dienst an der Waffe verweigerte, wurde dennoch einberufen und als sogenannter Bausoldat eingesetzt, nicht ohne gravierende Nachteile und Repressionen hinnehmen zu müssen.

Die DDR hielt auch sehr viel inniger als die Bundesrepublik an Begriff und Gefühl staatlicher Ehre fest. In ihrem Fahneneid schworen die jungen NVA-Soldaten feierlich, »immer und überall die Ehre unserer Republik und ihrer Nationalen Volksarmee zu wahren«. Ihre westdeutschen Altersgenossen dagegen gelobten, »der Bundesrepublik Deutschland treu zu dienen und das Recht und die Freiheit des deutschen Volkes tapfer zu verteidigen«. Weder die Ehre des Staates noch die des Militärs kamen hier zur Sprache.

Die angeblich besondere Ehre der Studenten und Akademiker, die noch in der Weimarer Republik beharrlich gegen alle Tendenzen demokratischer »Gleichmacherei« verteidigt worden war, verlor ebenfalls an Boden und Akzeptanz. Zwar kämpften schlagende Verbindungen (die in der DDR verboten blieben) in der frühen Bundesrepublik mit allen Mitteln darum, weiterhin ihre rituellen Säbelmensuren austragen zu dürfen. 1953 gab der Bundesgerichtshof ihrem Wunsch statt, wobei er allerdings den sportlichen Charakter der Zweikämpfe betonte. Gleichwohl ging die Attraktivität der Verbindungen rapide zurück. Weder ihre elitäre Aura noch ihr Ehren- und Waffenmythos schienen einer sich auf allen Ebenen demokratisierenden und zivilisierenden Gesellschaft angemessen.[8]

Ehre weiblich/männlich

Sie passten auch nicht mehr zu den neuen Frauen- und Männerbildern, die mit veränderten Ehrvorstellungen einhergingen. Um 1900 hatte die Ehre eines Mannes darin bestanden, »daß man sich auf ihn, auf sein Wort und seine Tatkraft verlassen kann«. Weibliche Ehre hingegen »fordert nicht mannhaftes Eintreten nach Außen, sondern Reinheit im Innenleben«.[9] Reinheit bedeutete vor allem körperliche »Schamhaftigkeit« (▷ Scham). Sexuelle Aktivität war Frauen ausschließlich in der Ehe gestattet. Falls sie sich auf eine vor- oder außereheliche Beziehung einließen, galten ihre »Keuschheit« und damit auch ihre Ehre als verletzt.

Dabei nahm man selbstverständlich an, dass sie diese Beziehung nicht von sich aus eingegangen, sondern dazu verführt worden waren. Dass eine Frau die Initiative ergriff, war undenkbar und sozial geächtet. Klassisch kam dies im Fall Elisabeth von Bennigsens zur Anwendung. Seit 1890 mit dem Gutsbesitzer und Landrat Adolf von Bennigsen verheiratet und Mutter von fünf Kindern, hatte sie dem Werben des Domänenpächters Oswald Falkenhagen, der im Haus Bennigsen ein- und ausging, zunächst kein Gehör schenken wollen, war ihm dann aber doch »erlegen«. Damit entsprach sie dem Bild der wehrlosen, passiven Frau, die sich aus Schwäche einem starken Mann hingab und ihre Ehre dabei verlor.

Aber ihr Fehltritt verletzte auch die Ehre ihres Ehemanns. Was man einer Frau antat, tat man ihrem Mann an, der als Familienvorstand für sie verantwortlich war. Der einundvierzigjährige Adolf von Bennigsen forderte seinen »Beleidiger« folgerichtig zum Pistolenduell, das am frühen Morgen des 16. Januar 1902 stattfand und mit dem Tod des Herausforderers endete. Duelle waren zwar strafrechtlich verboten, fanden jedoch wegen ihrer »noblen« Motive stets milde Richter und einen Kaiser, der Gnade vor Recht ergehen ließ. Darauf konnten Frauen, die ihre Ehre verloren, nicht hoffen. Wer als »gefallenes Mädchen« bekannt war, bekam die Missbilligung und Verachtung der sozialen Umwelt hautnah zu spüren. Elisabeth von Bennigsen wurde nach dem Duelltod ihres Mannes von der Familie verstoßen, die Kinder wuchsen bei Verwandten auf, in, wie die Familienchronik festhielt, wenig liebevollen Verhältnissen.

Die Asymmetrie der Geschlechter spiegelte sich auch im Beleidigungsstrafrecht. Es gestand Vätern, Ehemännern und Vormündern zu, Ehrverletzungen, die der Ehefrau oder den »unter väterlicher Gewalt stehenden Kindern« zugefügt wurden, gerichtlich zu verfolgen. Mit Hilfe des Begriffs der »mittelbaren Beleidigung« durfte sich ein Mann wegen der seiner Frau oder seinen Kindern zugefügten Beleidigung zudem selber beleidigt fühlen. Er verfolgte deshalb »in seinem eigenen Namen sein eigenes Recht«, selbst wenn der Beleidiger gar nicht die Absicht hatte, ihn in seiner Ehre zu kränken. In diesem Sinne definierte 1907 die Haager Landkriegsordnung Vergewaltigungen durch Angehörige einer militärischen Besatzungsmacht als Angriffe auf »die Ehre und die Rechte der Familie«. Dieser Familie stand selbstredend immer ein männliches Oberhaupt vor.

In der Weimarer Republik geriet diese patriarchalische Sicht kurzzeitig ins Wanken. Das Berliner Kammergericht stellte sich in den 1920er Jahren auf den Standpunkt, »daß ein Eingriff in die Rechte des Gatten nicht zugleich eine Ehrenkränkung für diesen zu sein braucht«. Das Leipziger Reichsgericht hingegen bestätigte 1930 die »von der Volksanschauung seit jeher« gedeckte Auffassung, wonach ein Ehebruch »in der Regel auch eine Ehrenkränkung und Mißachtung des verletzten Ehegatten« darstelle. Dass das für betrogene Gattinnen nicht galt, verstand sich von selber und war keiner Begründung wert.[10]

Der NS-Staat rückte die auseinanderdriftenden Positionen zurecht, verwarf alle auf die »Einzelperson« bezogenen Argumente und verhalf dem Konzept der »Familienehre« zu neuem Glanz. Im Einklang mit dem »gesunden Volksempfinden« setzte das Reichsgericht Ehemänner und Väter wieder in ihre Ehrenrechte ein.[11] Dass diese Sicht das Ende des »Dritten Reichs« überlebte, bestätigte 1947 das Freiburger Oberlandesgericht. Es wollte zwar der »unter dem Einfluß des Nationalsozialismus entwickelten Rechtsprechung über die Familienehre« nicht mehr folgen, erkannte aber doch in der Behauptung, eine Ehefrau sei eine »Hure«, die »bewußte Kundgebung der Mißachtung auch des Ehemannes«. 1951 urteilte das Magdeburger Landgericht im gleichen Sinn. Allerdings intervenierte hier das Oberste Gericht der DDR, bezeichnete die Auffassung als »rein faschistisch« (was nicht stimmte) und als Widerspruch zum verfassungsmäßigen Gleichberechtigungsgrundsatz (was stimmte).[12] Damit war die Argumentation ein für alle Mal vom Tisch. In der Bundesrepublik wurde 1953, ebenfalls mit Hinweis auf das im Grundgesetz verankerte Prinzip männlich-weiblicher Gleichberechtigung, Paragraph 195 StGB aufgehoben. Er hatte es Ehemännern und Vätern beleidigter Frauen und Mädchen erlaubt, Strafantrag gegen den Beleidiger zu stellen.

Sexuelle Angriffe

Zugleich setzte sich die Rechtspraxis fort, sexuelle Übergriffe, in welcher Form auch immer, als Angriffe auf die weibliche Ehre zu werten. 1955 erkannte der Bundesgerichtshof in dem Versuch eines Arztes, seine Patientin zu vergewaltigen, eine »tätliche Beleidigung«. Auch das Oberlandesgericht Frankfurt bemühte 1967 den Begriff der »Geschlechtsehre«, als es eine Anklage wegen Notzucht, Körperverletzung und Beleidigung gegen einen Vergewaltiger für statthaft erklärte. In der DDR sah man das ähnlich. Ende der 1960er Jahre verurteilte ein Kreisgericht zwei Eisenbahnarbeiter wegen »gemeinschaftlicher Nötigung zu sexuellen Handlungen« mit einer Sechzehnjährigen. Das Bezirksgericht hob das Urteil auf und wies das untere Gericht an, die Angeklagten wegen »Rowdytums« zu belangen. Doch das Oberste Gericht kassierte die Revision mit der Begründung, es handele sich nicht um Rowdytum, sondern um Beleidigung: Die Angeklagten »haben durch unsittliche Belästigungen die persönliche Würde der Zeugin grob mißachtet«, was die »sozialistische Gesellschaft« nicht dulden dürfe.[13]

Auffällig ist, dass die obersten Richter hier nicht mehr mit Ehre, sondern mit Würde argumentierten. Das entsprach den Vorgaben des neuen, 1968 in Kraft getretenen Strafgesetzbuches der DDR. Vergewaltigung war nunmehr eine Straftat »gegen Freiheit und Würde des Menschen«. Beleidigungen richteten sich gegen die »persönliche Würde«, während Verleumdungen geeignet sein mussten, »das gesellschaftliche Ansehen eines Menschen oder eines Kollektivs herabzusetzen«. In der Bundesrepublik tat sich die Justiz schwerer mit der Gleichsetzung von Würde und Ehre, ohne sich jedoch auf verbindliche Definitionen und Differenzkriterien einigen zu können. Immerhin aber wurde das, was vorher Sittlichkeit hieß, 1973 in »sexuelle Selbstbestimmung« umgetauft. Damit änderte sich das zu schützende Gut: Es war nicht mehr die an sittliche Normen gebundene Geschlechtsehre, sondern das Recht jeder Frau (und jedes Mannes), über sexuelle Kontakte selber zu entscheiden.

In der Rechtsentwicklung bildeten sich erhebliche soziale, emotionale und politische Veränderungen ab. Die bereits in der Weimarer Verfassung prinzipiell anerkannte und 1949 im Grundgesetz ebenso wie in der DDR-Verfassung bestätigte und vertiefte Gleichberechtigung von Frauen und Männern verschaffte sich auch in der gesellschaftlichen Wirklichkeit zunehmend Geltung. Das lag nicht zuletzt daran, dass Frauen – zunächst in ihren traditionellen Organisationen und als Mitglieder von Parteien, seit Ende der 1960er Jahre auch und vor allem in der neuen Frauenbewegung der Bundesrepublik – ihre Rechte einforderten und Diskriminierung öffentlich skandalisierten.

Als diskriminierend empfanden sie die Tatsache, dass das Familien- und Strafrecht Frauen teilweise wie das Eigentum von Männern und nicht als Menschen mit gleichen Rechten auf Selbstbestimmung und körperliche Unversehrtheit behandelten. Außerdem erregte die doppelte Moral Anstoß, wonach sich Frauen an gesellschaftliche Normen sexueller Reinheit (▷ Ekel) halten sollten, während Männer sehr viel größere Freiheiten genossen. Das hatte die Frauenbewegung schon um 1900 gestört, ohne dass sie damals viel dagegen ausrichten konnte. Sechzig, siebzig Jahre später war das anders, und Gleichberechtigung wurde auch im sexuellen Verhalten zu einem großen, breit diskutierten Thema (▷ Liebe).

Darüber hinaus galt es als nicht mehr zeitgemäß, Frauen auf eine an ihre Sexualität gebundene Ehre zu reduzieren. Bereits die alte Frauenbewegung hatte moniert, dass man Frauen ausschließlich über ihre »Geschlechtsehre« wahrnahm, Männern hingegen viele weitere Facetten von Ehre anbot, wie Berufsehre, Amtsehre, Sportlerehre oder »bürgerliche Ehrenrechte«. Letztere kamen seit 1919 auch Frauen zu. In dem Maße, wie Frauen anschließend angesehene Berufe, Ämter und sogar Sportkarrieren für sich eroberten, verschafften sie sich auch Zugang zu anderen Ehren.

Integration und Ausgrenzung

Zugleich veränderte sich die Einstellung zur Ehre. Die Vorstellung, wonach Bevölkerungsschichten wie der Adel oder das gehobene Bürgertum mehr Ehre als andere besaßen, hatte seit dem Ersten Weltkrieg an Überzeugungskraft eingebüßt. Damals beschworen Monarchen und Staatsmänner eine »nationale Ehre«, in die alle Bürgerinnen und Bürger einbezogen und soziale Differenzen aufgehoben waren. Was zählte, war einzig die Zugehörigkeit zur Nation. Das Inklusionsangebot nationaler Ehre verfehlte seine Wirkung nicht. Die Kriegsbegeisterung, die in den ersten Augusttagen 1914 vielerorts spürbar war, verdankte sich auch der Sehnsucht nach Einheit und Gemeinschaft. Nicht nur Gertrud Bäumer, die Vorsitzende des mitgliederstarken Bundes Deutscher Frauenvereine, genoss es, »in dieses große, ernste Zusammenwachsen aller nationalen Kräfte zu einem großen gemeinsamen Willen« aufgenommen zu werden und eine echte »Volksgemeinschaft« zu bilden.[14]

Mit einem emphatischen Bekenntnis zur Volksgemeinschaft wartete 1933 auch das nationalsozialistische Regime auf. Alle Deutschen gehörten ihr an, unabhängig von Bildung, sozialer Herkunft oder Geschlecht, und sie hatten gleichen Anteil an der Ehre dieser Gemeinschaft. Ehre war, hieß es 1936, dezidiert »nicht abstammungs-, bildungsbesitz- oder standesgebunden«.[15] Vollends egalitär aber war sie damit keineswegs, denn Juden, die nicht Teil der Volksgemeinschaft sein durften, konnten keine Ehre beanspruchen. Das Gesetz »zum Schutze des deutschen Blutes und der deutschen Ehre«, 1935 auf dem Nürnberger NSDAP-Parteitag vom Reichstag verabschiedet, verbot ihnen »das Hissen der Reichs- und Nationalflagge und das Zeigen der Reichsfarben«; ein zweites Gesetz beschränkte die Reichsbürgerschaft auf »Staatsangehörige deutschen oder artverwandten Blutes« als »alleinigen Trägern der vollen politischen Rechte«.

Schon bei der Wiedereinführung der Wehrpflicht im gleichen Jahr waren Juden vom »Ehrendienst« beim Militär ausgeschlossen worden, was nicht allein der Königsberger Journalist Ludwig Goldstein als profunde Demütigung ansah (▷ Demut). Auch der Unternehmer Willy Liebermann von Wahlendorf reagierte tief gekränkt, als ihn sein studentisches Corps, dem er ein halbes Jahrhundert lang angehört hatte, wegen seines Judentums 1935 aus der Liste der Alten Herren strich. Als jemand, der »ein ganzes Leben lang den, wenn auch vielleicht outrierten, Begriffen deutscher Ehre gelebt« hatte, empfand er den Ausschluss als Schande – aber nicht für ihn, sondern für das Corps und dessen beschämenden »Kotau« vor der Macht (▷ Scham).[16]

Ebenso empört war Liebermann darüber, dass ein »arischer« Corpsbruder, der eine »jüdische Dame« geheiratet hatte, aus dem Corps herausgeworfen wurde. Das war bereits 1933 geschehen, zwei Jahre vor dem Nürnberger »Blutschutzgesetz«, das Ehen und außereheliche Beziehungen zwischen Juden und Nichtjuden untersagte. Wer sich darüber hinwegsetzte, beging »Rassenschande« und wurde mit Gefängnis und öffentlicher Ächtung bestraft (▷ Liebe). Für den Nationalsozialismus waren Blut und Ehre unteilbar verbunden; wer die »Reinhaltung« des Blutes hintertrieb, unterminierte auch die Ehre und verfiel der Schande.

Von der Ehre zur Würde

Weder die rassistische noch die klassenmäßig-elitäre Einfärbung von Ehre war nach 1945 noch akzeptabel. Dass man Ehre mit vordemokratischen Privilegien und undemokratischen Ausgrenzungen assoziierte, trug dazu bei, sie gesellschaftlich und rechtlich zu entwerten. In den reformierten Strafgesetzbüchern trat der Begriff zurück, zumal Juristen Schwierigkeiten hatten, ihn schlüssig zu definieren und von Ansehen, Prestige oder Anerkennung abzuheben. 1988 kursierten im juristischen Schrifttum der Bundesrepublik über sechzig verschiedene Ehrbegriffe. Auch der Bundesgerichtshof schuf 1957 in einem Leiturteil wenig Klarheit, als er »innere Ehre« von »gutem äußeren Ruf« unterschied und die innere Ehre aus der dem Menschen »unverlierbar von Geburt an zuteilgewordenen Personenwürde« ableitete. 1989 fanden die Bundesrichter das nicht mehr überzeugend. Ehre sei nur »*ein* Aspekt der Personenwürde« und nicht mit dieser identisch. Eine Gleichsetzung nehme dem »Rechtsgut der Ehre« seine Konturen.[17]

Wo diese Konturen lagen, war jedoch schwer ersichtlich. Auch deshalb rüstete der Ehrbegriff seit den 1970er Jahren ab. Manche Juristen bedauerten das und sahen in der strafrechtlichen Aushöhlung des »Ehrenschutzes« einen Grund für die »Verrohung« der Umfangsformen, vor allem in der Politik. Andere verwiesen demgegenüber darauf, dass Angriffe auf die Ehre und den Achtungsanspruch eines Menschen nach wie vor belangt werden könnten, entweder nach den Beleidigungsparagraphen des Strafrechts oder aber, nach »allgemeiner Anschauung«, in Form eines »privaten Ausgleichs« vor einem Zivilgericht.[18]

Die »allgemeine Anschauung« neigte zudem immer stärker dazu,

Ehre durch Würde zu ersetzen. Der Begriff, eng mit Immanuel Kant verbunden, hatte bereits in den Dokumenten des Widerstands gegen den Nationalsozialismus eine große Rolle gespielt. Der Kreisauer Kreis um Helmuth James und Freya von Moltke bestimmte 1943 die »unverletzliche Würde der menschlichen Person als Grundlage der zu erstrebenden Rechts- und Friedensordnung«. Für die SPD, die 1944 im Londoner Exil Pläne für die Nachkriegszeit schmiedete, waren »die Achtung und der Schutz der Freiheit und der Würde der Persönlichkeit« unveräußerliche Prinzipien einer künftigen »Deutschen Republik«. Und die Experten, die im August 1948 auf Herrenchiemsee einen Verfassungsentwurf erarbeiteten, legten im ersten von 149 Artikeln fest: »Der Staat ist um des Menschen willen da, nicht der Mensch um des Staates willen. Die Würde der menschlichen Persönlichkeit ist unantastbar. Die öffentliche Gewalt ist in allen ihren Erscheinungsformen verpflichtet, die Menschenwürde zu achten und zu schützen.«[19] Damit distanzierten sie sich implizit von der Politik des »Dritten Reiches«, den Staat oder vielmehr »das Volk« an die erste und das Individuum an die zweite Stelle zu setzen.

Würde hatte darüber hinaus den Vorteil, dass sie grundsätzlich inklusiv war und allen Menschen unterschiedslos eignete oder zugesprochen wurde. Auch damit passte sie besser als Ehre zum egalitären Selbstverständnis moderner Gesellschaften.

»Ehrenmorde«

Wie erfolgreich Würde Ehre abgelöst und aus dem Gefühlshaushalt der Deutschen verdrängt hatte, zeigte sich in den 1990er Jahren, als die Öffentlichkeit von sogenannten Ehrenmorden erfuhr. Darunter verstand man die absichtsvolle Tötung eines in der Regel weiblichen Familienmitglieds, um es für die angebliche Schande zu bestrafen, die es durch sein Verhalten über sich und die Familie gebracht hatte. Die Auslöschung der Frau sollte die verletzte Ehre ihrer Angehörigen wiederherstellen.

Die Täter waren fast ausschließlich Männer türkischer oder arabischer Herkunft. Viele kamen aus kurdischen Regionen, in denen besonders strenge Vorgaben und Traditionen galten. Diese betrafen vornehmlich junge Frauen, auf deren »Zucht« und »Sitte« die Familien ein scharfes Auge hatten. Wer gegen die Verhaltensregeln verstieß und sich Fehltritte zu Schulden kommen ließ, wurde dafür zur Rechenschaft gezogen, im Extremfall drohte der Tod von der Hand des eigenen Bruders, Vaters oder Onkels.[20] Die Erfahrung der Migration nach Deutschland und in andere europäische Länder verschärfte das Problem. Viele junge Mädchen und Frauen fühlten sich von der Freizügigkeit der westlichen Gesellschaft angezogen und widersetzten sich dem strengen Familiendiktat. Männer wiederum reagierten umso aggressiver auf solche Zeichen weiblicher Emanzipation, je prekärer ihre eigene soziale und ökonomische Situation war und je mehr Wert sie deshalb auf kulturelle oder religiöse Identitätswahrung und patriarchalischen Machterhalt legten.

2005 sorgte der Fall Hatun Sürücüs für Schlagzeilen. Die junge Frau war 1982 in Berlin geboren, ihre Eltern stammten aus Ostanatolien. Auf Anweisung des Vaters musste sie das Gymnasium abbrechen und einen Cousin in Istanbul heiraten, von dem sie 1999 schwanger wurde. Kurz darauf verließ sie ihren Mann und kehrte nach Berlin zurück. Hier brachte sie einen Sohn zur Welt und zog in ein Wohnheim für minderjährige Mütter. Sie holte ihren Schulabschluss nach, machte eine Lehre als Elektroinstallateurin und mietete eine eigene Wohnung. Sie war gläubige Muslimin, trug aber kein Kopftuch und kleidete sich modisch. Ihre Familie machte ihr deshalb Vorwürfe und kritisierte ihre selbständige Lebensführung mit Nachdruck. Mehrfach erhielt sie Morddrohungen, die sie der Polizei meldete.

Bei Drohungen blieb es nicht. Am 7. Februar 2005 wurde Hatun Sürücü von ihrem jüngsten Bruder auf offener Straße erschossen. Der Mord erregte große Aufmerksamkeit. Während die Familie keinerlei Bedauern äußerte und die Tatbeteiligung weiterer Söhne zu vertuschen suchte, reagierte die deutsche Öffentlichkeit entsetzt. Es kam zu Mahnwachen und Demonstrationen, und der Bezirk Tempelhof-Schöneberg ließ eine Tafel anbringen, um der Ermordeten und allen »weiteren Opfern von Gewalt gegen Frauen in dieser Stadt« zu gedenken.[21]

Dass diese Gewalt im Namen der Ehre ausgeübt worden war, traf auf allgemeines Unverständnis. Auch wenn einzelne Richter solche Motive als strafmildernd gelten ließen und auf die kulturelle und religiöse Herkunft der Täter verwiesen, teilte die Zivilgesellschaft diese Auffassung nicht. Ehre als Freibrief dafür zu nutzen, Menschen, die anders dachten und lebten, nicht nur zu verachten und abzuwerten, sondern sogar zu töten, stand in scharfem Widerspruch zu dem mittlerweile breit akzeptierten Grundsatz, die Würde eines und einer jeden zu achten – selbst dann, wenn man seine oder ihre Lebensführung missbilligte.

Ehre und Leistung

Gesellschaftlich anerkannt ist Ehre heute allenfalls dort, wo jemand für eine außergewöhnliche Leistung ausgezeichnet wird. Athleten erhalten ihre Medaillen auf einem »Ehrentreppchen«. Demgegenüber ist die »Ehrentribüne« im Stadion für »Ehrengäste« aus Politik, Sport und Showgeschäft reserviert. Schülerinnen und Schülern, die bei den jährlichen Bundesjugendspielen viele sportliche Erfolgspunkte sammeln, winkt statt der Teilnahme- oder Siegerurkunde eine »Ehrenurkunde« mit der gedruckten Unterschrift des Bundespräsidenten. Für Akademiker und andere gibt es den »Ehrendoktor«, für Bundeswehrsoldaten seit 1980 ein »Ehrenzeichen« und seit 2008 ein »Ehrenkreuz für Tapferkeit«. Die DDR erfand eine große Menge staatlicher Auszeichnungen, um ihre Bürgerinnen und Bürger für Leistungen in Wirtschaft, Kultur und Politik zu belohnen und sie damit zu noch mehr Einsatz anzuspornen.[22] Auch die Bundesrepublik kennt allerlei Orden und Ehrenzeichen. Und, nicht zu vergessen, das »Ehrenamt«, das unbezahlte Tätigkeiten und öffentliche Wertschätzung zusammenführt.

Nicht immer war und ist es der Staat, der Ehre verleiht und zu-

86 Mächtige Gefühle

8 Ehrung der Aktivisten: DDR 1951

schreibt. Dennoch wirkten seine Ehrungen besonders eindrucksvoll, weil sie eine Nähe zur Macht signalisierten. So war es zumindest zu Treitschkes kaiserlichen Zeiten, als der Staat noch, wie ein Jurist 1961 nostalgisch schrieb, vor seiner »Rationalisierung und Entzauberung« stand.[23] Seit der zweiten Hälfte des 20. Jahrhunderts hat sich das Staatsverständnis demokratisiert, und damit sind auch staatliche Ehrungen weniger hoch angesiedelt und verzaubert. Sie gelten nunmehr als probates Mittel, das Engagement Einzelner für das gemeine Wohl anzuerkennen und zu würdigen. Was das für die Gewürdigten bedeutet, hängt davon ab, wie sehr sie sich mit dem Staat, der sie ehrt, identifizieren. In der DDR, die dieser Identifikation große Bedeutung zumaß, verfiel der emotionale Wert der Orden mit deren Inflationierung. »Helden der Arbeit« fühlten sich selten wirklich heldisch, und *Die Ausgezeichnete* in Wolfgang Mattheuers Skandalbild von 1973 sah alles andere als glücklich aus. Auch das »Ehrenkreuz der Deutschen Mutter«, seit 1938 millionenfach an kinderreiche

Frauen vergeben, war im Volksmund nicht gut weggekommen: Er taufte es in »Kaninchenorden« um.[24]

Andere Orden, vor allem solche mit Seltenheitswert, waren hingegen heiß begehrt. Dazu gehörte, auf militärischem Gebiet, der seit dem 18. Jahrhundert verliehene *Pour le Mérite*, die höchste Tapferkeitsauszeichnung der preußischen Krone für Offiziere. Einer der letzten Empfänger war im September 1918 der damals dreiundzwanzigjährige Leutnant Ernst Jünger. Vier Jahre zuvor hatte in München der arrivierte Wirtschaftsanwalt Dr. Eduard Bloch um höhere zivile Würden gekämpft. Nicht zu Unrecht konnte er davon ausgehen, dass ihm seine jüdische Herkunft dabei im Wege stand. Zwar trug er bereits den Ehrentitel eines Geheimen Justizrats, empfand dies aber nicht als »besondere Auszeichnung«. Auch die Verleihung des Michaelsordens, noch dazu ohne Krone, habe ihn eher gekränkt als geehrt, denn sie bilde seine Verdienste nicht angemessen ab. Zudem

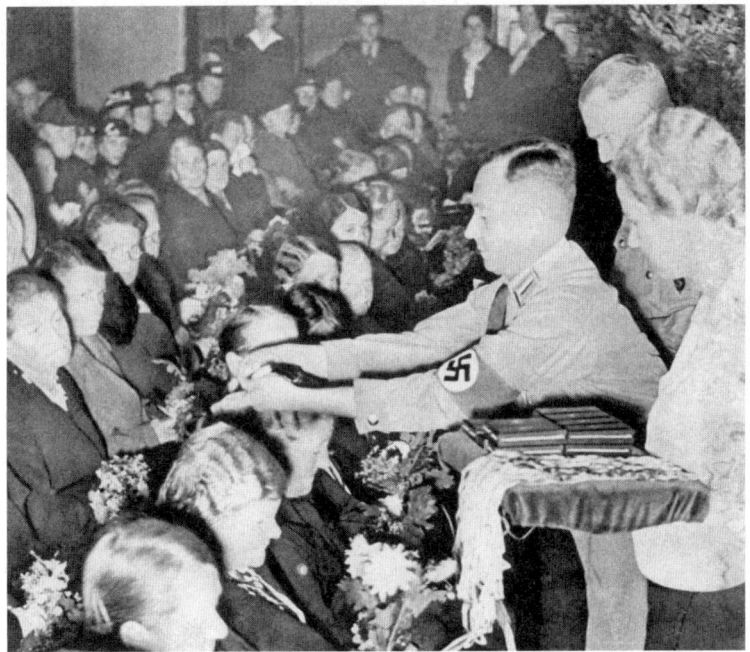

9 Ehrung kinderreicher Frauen: Verleihung von Mutterkreuzen 1939

sei die Abwesenheit der Krone beim Militär, wo er sich gleich nach Kriegsbeginn gemeldet habe, negativ vermerkt worden. Deshalb bat er den Kabinettschef dringend, »die kleine Ordensverbesserung« in die Wege zu leiten. Er verkannte dabei nicht, dass seine Bitte »unzeitgemäß« war und »eine große Zumutung an Sie darstellt. Aber verkennen *Sie* nicht die Bedeutung, welche die an sich unbedeutende Sache gerade unter den jetzigen Zeitläuften für mich hat, und schelten Sie mich nicht darob.« Ihn bewege nicht »törichte Eitelkeit«, sondern das Gefühl der Zurücksetzung gegenüber gleichaltrigen und gleichqualifizierten (christlichen) Kollegen, die ihm vorgezogen würden.[25]

Dass der jüdische Rechtsanwalt so erbittert um offizielle Ehre und Anerkennung kämpfte, hatte damit zu tun, dass der Staat sie ihm verweigerte und ihn wegen seiner Religion als Bürger zweiter Klasse behandelte. Außerdem waren Orden 1914 wesentlich mehr wert als heute und übersetzten sich unmittelbar in gesellschaftliches, zuweilen sogar militärisches Prestige. Niemals wäre es Eduard Bloch eingefallen, einen ihm angetragenen Orden abzulehnen, so wie es später, aus der Sicherheit demokratischer Verhältnisse heraus, Helmut Schmidt oder Jan Philipp Reemtsma taten. Als Hamburger wollten sie sich nicht mit dem Bundesverdienstkreuz auszeichnen lassen, weil dies dem Geist der hanseatischen Verfassung widerspreche.

Aus einem anderen Grund gab die Missionsärztin Margret Marquart 1997 das Verdienstkreuz zurück, das Bundespräsident Gustav Heinemann ihr 1970 verliehen hatte: Sie protestierte damit gegen die deutsche Asylpolitik. Doch machen solche Aktionen auch deutlich, dass Orden mehr als nur Christbaumschmuck sind, wie manche spötteln. Sie drücken bei denjenigen, die sie bekommen oder nicht bekommen, ebenso wie bei denen, die sie ablehnen oder zurückgeben, eine emotionale Bindung an den Staat aus. Vor dessen Entzauberung nannte man diese Bindung ▷ Liebe.

EKEL

Ekel, befindet der amerikanische Psychologe Paul Ekman, sei eines der sechs Grundgefühle, die Menschen weltweit teilen und mit derselben Mimik zum Ausdruck bringen. Wenn man Ekel und Verachtung differenziert, steigt die Zahl auf sieben. Verachtung, so der bekannte Emotionsforscher, unterscheide sich von Ekel vor allem dadurch, dass sie sich primär auf Menschen und deren Verhalten richte und eine starke moralische Komponente besitze. Für Ekel hingegen sei typisch, dass er sich durch körperlich empfundene Übelkeit bemerkbar mache und das, was Übelkeit errege, abzuwehren und auszustoßen trachte.[1]

Verachtung, Ekel und Moral

Aus evolutionärer Perspektive, meint die Hygienewissenschaftlerin Valerie Curtis, beziehe sich Ekel vor allem auf Parasiten, die Giftstoffe produzieren, dem Wirt schaden und sich auf andere Individuen der Gruppe ausdehnen. Darauf antworten Menschen mit Aversion und dem Bemühen, sich Ekliges vom Leib zu halten. Auch der Psychologe Paul Rozin argumentiert evolutionsbiologisch, wenn er den »Kernekel« dort lokalisiert, wo Menschen mit Brechreiz auf ungeeignete, womöglich pathogene Nahrung reagieren. Darüber hinaus suchen sie, so die kühne Annahme, im Ekel gegen alles »Animalische« ihre genetische Verwandtschaft mit Tieren zu verdrängen. Nach Auffassung der Philosophin Martha Nussbaum wollen Menschen im Ekel die eigene Verletzlichkeit und Hinfälligkeit verbergen. Die Anthropologin Mary Douglas wiederum betonte die Kulturbedeutung von Reinheit und argumentierte, dass alles, was Reinheit beflecke oder gefährde, als ekelerregender Schmutz wahrgenommen und abgestoßen werde.[2]

Auch der Philosoph und Journalist Aurel Kolnai sah Ekel 1929 mehr auf »das Element einer irgendwie ›schmutzigen‹, der substantiellen Fäulnis entsprechenden Beschaffenheit« gerichtet. Aber aus seiner phänomenologischen Sicht war selbst der Schmutzekel moralisch unterlegt und nicht bloß die Verachtung, die »das Element der Unzulänglichkeit, ethisch-*willensmäßigen* Nichtbewährung, niedrig-armselig-animalischen Lebensauffassung« adressierte.[3] Wie recht er damit hatte, zeigte sich für den 1900 in Budapest geborenen österreichischen Staatsbürger jüdischen Glaubens, der als Sechsundzwanzigjähriger zum Katholizismus konvertiert war, im Jahr 1938. Weder die neue Religion noch seine ultrakonservative politische Haltung schützten ihn davor, im neuen Großdeutschen Reich zu einer Person zu werden, die »arische« Volksgenossen mit Ekel erfüllte.

Ekelparolen seit den 1920er Jahren

Der Nationalsozialismus hat die Sprache der Reinheit, des Schmutzes und des Ekels nicht erfunden, und Nazis waren nicht die ersten, die sie als politische Waffe zu nutzen wussten. Wenn Antisemiten des 19. Jahrhunderts über die »zersetzende« Kraft der Juden schwadronierten, riefen sie Bilder von Fäulnis und Gestank auf, die instinktiven Widerwillen erzeugten.[4] Solche Bilder zirkulierten in erhöhter Frequenz im und nach dem Ersten Weltkrieg. Der im Juli 1918 gegründete Reichsbund für Deutsches Staatsbürgertum veröffentlichte 1919 einen »Weckruf« an das deutsche Volk, um es von seinem »Kriegsfieber« zu erlösen und »den beschmutzten und befleckten Ehrenschild unseres Volkes spiegelblank und rein zu waschen« (▷ Ehre). Der Autor, Fritz Hiller aus Rostock, wusste genau, wer das Volk »nicht zur Genesung kommen lassen« wollte: Es waren »Schmarotzer, »landfremde russische Juden, die uns aussaugen und betören«. Namentlich erwähnte er den »Schurken« und KPD-Politiker Eugen Leviné, der, in St. Petersburg geboren, in Deutschland aufgewachsen war und seit 1913 die deutsche Staatsbürgerschaft besaß.

In der vom Reichsbund herausgegebenen *Monatsschrift für staatsbürgerliche Bildung und Erziehung* appellierte Hans Winkler aus München 1920 an seine deutschen Mitbürger: »Kommt doch wieder zur Ehre und Würde! Vernichtet das unsaubere Geschmeiß der Volksschmarotzer, dieser Blutsauger und Verbrecher. Bekehrt euch auch von eurem unsauberen Götzendienst, womit ihr dem Idol des Genusses frönt. Wie oft hört man heute: die Jugend genießen, sein Leben genießen – genießen, genießen. Und was bleibt zuletzt? Ekel, Verachtung, Verzweiflung.« In der Zeitschrift schrieben übrigens auch bekannte Schriftsteller wie Gabriele Reuter, die ähnlich wie Hiller zur »Neugesundung« aufrief, oder Universitätsprofessoren, die »gegen die fortgesetzte Vergewaltigung« Deutschlands wetterten. Das Mitgliederverzeichnis der Essener Reichsbundgruppe umfasste Fabrikanten, Bankdirektoren und Großkaufleute sowie die Stadtbibliothek.[5]

Auch weniger betuchte und gebildete Zeitgenossen führten Ekelparolen im Mund. 1922 wandte sich der bayrische Gendarmerie-Wachtmeister a. D. Josef Kreuzhuber an Ministerpräsident Hugo von Lerchenfeld mit einer Philippika gegen die im Innern Deutschlands wütende »Blutsaugersorte«, zu der er Schleichhändler und Schieber ebenso rechnete wie Wucherer und Preistreiber. Die gleiche Semantik benutzte er, wenn er von »hauptsächlich durch Frankreich durch Entsittlichung und Demoralisierung verpesteten Volksgenossen« schrieb. Den »sittlichen Niedergang« beschwor 1921 auch der katholische Volkswartbund, als er »das Gift in Schmutz- und Schundbüchern« anprangerte. Fünf Jahre später verabschiedete der Reichstag mit den Stimmen des Zentrums, der Deutschnationalen Volkspartei und der Deutschen Volkspartei das »Gesetz zur Bewahrung der Jugend vor Schund- und Schmutzschriften«. Es definierte zwar nicht, was es darunter verstand, legte aber begrifflich nahe, dass derartige Texte Heranwachsende vergifteten und deren »Reinheit« und »Sauberkeit« beschmutzten.[6]

Das Gesetz, das die Nationalsozialisten 1935 durch eine Liste der für Jugendliche ungeeigneten Bücher ersetzten, stand nach dem Krieg erneut zur Debatte. Rheinland-Pfalz erließ bereits 1949 ein gleichlautendes Landesgesetz. 1953 stimmte der Bundestag mit den Stimmen von CDU, CSU und Deutscher Partei für ein bundesweit geltendes Gesetz, das den gleichen Zweck erfüllte, aber andere Worte wählte. Von Schmutz als »rechtserheblichem Begriff« war nicht mehr die Rede, stattdessen ging es darum, die Verbreitung »jugendgefährdender Schriften« zu unterbinden.[7]

Rassistische Ekelpropaganda im Nationalsozialismus

Damit verabschiedete sich das Parlament nicht nur von Sprechweisen der 1920er Jahre. Es distanzierte sich, ob wissentlich oder unwissentlich, auch von der Ekelpropaganda, wie sie das »Dritte Reich« hochoffiziell betrieben hatte. Sie war rassistisch motiviert und getönt, richtete sich gegen alles, was den »Volkskörper« angeblich von innen heraus bedrohte und gefährdete. Das konnten Sinti und Roma sein, die man als »Eiter«, »Bazillus«, »Ungeziefer« und »Fremdkörper« bezeichnete und von denen das deutsche Volk befreit werden müsse. Homosexualität galt als »Seuche« und »Pestbeule«, deren »rücksichtslose Ausrottung« zu Recht angeordnet sei. Die Träger und Verbreiter dieser »körper- und seelenmordenden Pest«, hieß es 1937 in einer thüringischen Lokalzeitung, würden nunmehr »zielbewusst und unerbittlich aus dem Volkskörper entfernt« und »ausgeschieden«.[8]

Die schärfsten rhetorischen Angriffe jedoch zielten auf die jüdische Bevölkerung. Für Hitler war der Jude, wie er 1925 in *Mein Kampf* schrieb, »der ewige Parasit, ein Schmarotzer, der wie ein schädlicher

Bazillus sich immer mehr ausbreitet, sowie nur ein günstiger Nährboden dazu einlädt. Die Wirkung seines Daseins aber gleicht ebenfalls der von Schmarotzern: wo er auftritt, stirbt das Wirtsvolk nach kürzerer oder längerer Zeit ab.«[9] Vor allem auf die weiblichen »Wirte« lege es der Parasit an, betöre sie und träufle, wie eine Parteigenossin 1930 meinte, Gift in ihr Blut. Sie selber habe sich diesem Gift erfolgreich entzogen. Zwar »ekle« sie sich nicht direkt vor Juden, »aber küssen dürft mich keiner, meine Art und mein natürliches Gefühl wehrt sich dagegen«.

So äußerte sich eine Frau, noch bevor 1933 auf breiter kultureller und politischer Front eine massive Propagandaoffensive einsetzte. Die zweiunddreißigjährige Elsa Walter brauchte diese Offensive nicht, um sich zu ihren negativen Gefühlen gegenüber Juden zu bekennen. »Auch vor Bestehen des Hakenkreuzes« durften »Judenmänner« ihr nicht näherkommen, das verbaten ihr ▷»Stolz und Ehrgefühl« als Christin und »deutsche Frau«.[10] Offenbar waren aber nicht alle »Volksgenossen« von einem derart entschiedenen »Hoheitsgefühl« und Abgrenzungsbedürfnis erfüllt. Um ihnen die Notwendigkeit der Distanzierung vor Augen zu führen, brachte das Regime seine antisemitischen Ekelparolen millionenfach unters Volk, in Parteitagsreden und Filmen ebenso wie auf Plakaten und in Schulbüchern. Der Lehrplan für SS und Polizei schrieb vor, in der weltanschaulichen Erziehung auf die »zersetzende jahrzehntelange Infektion« des Volkskörpers durch jüdische Parasiten hinzuweisen und die Notwendigkeit vorzuführen, die »letzten Spuren dieser Seuche auszumerzen«. Ein Schulungstext für die NSDAP nutzte biologisches Alltagswissen, um die Vernichtungsaufgabe zu begründen: Der befallene Körper müsse »die eingedrungenen Parasiten überwinden oder er wird von ihnen überwunden. Hat er sie überwunden, so muß er ein Interesse daran haben, auch seine Umgebung von ihnen zu säubern, um eine Infektion für die Zukunft zu verhindern.« Für die Gesellschaft folge daraus, dass »humanitäre Grundsätze überhaupt nicht herangezogen werden, ebensowenig wie bei einer Desinfektion eines Körpers oder verseuchten Raumes. Es muß hier ein vollständig neues Denken Platz greifen. Nur ein solches Denken kann wirklich zu der letzten Entscheidung führen, die in unserer Zeit fallen muß, um die große schöpferische Rasse in ihrem Bestand und in ihrer großen Aufgabe in der Welt zu sichern.«[11]

Zwar war die antisemitische Rede schon im 19. Jahrhundert, nicht nur in Deutschland, biologistisch eingefärbt gewesen, wie sich der Rassismus überhaupt gern auf quasi-wissenschaftliche Erkenntnisse berief.[12] Der Nationalsozialismus aber beließ es nicht bei Gedachtem und Gesprochenem. Indem er die Botschaft in Bild und Text verbreitete, glitt sie, wie der Literatur- und Sprachwissenschaftler Victor Klemperer aus nächster Nähe beobachtete, »in Fleisch und Blut der Menge über durch die Einzelworte, die Redewendungen, die Satzformen, die er ihr in millionenfachen Wiederholungen aufzwang und die mechanisch und unbewußt übernommen wurden«. Da Sprache das Gefühl lenkte, war sie ein perfektes Manipulationsmittel: »Worte können sein wie winzige Arsendosen: sie werden unbemerkt verschluckt, sie scheinen keine Wirkung zu tun, und nach einiger Zeit ist die Giftwirkung doch da.«[13]

Die Wucht biologistischer Metaphern und Argumente war heftig. Sie beleuchteten, wie im Begriff der Zersetzung, vornehmlich die als unhygienisch wahrgenommenen Anteile organischen Lebens, vor denen sich jeder gesunde Volksgenosse ekle und in Sicherheit bringen müsse. Je näher man ihnen komme, desto größer sei die Gefahr. Deshalb sollte zwischen denen, die Ekel erregten, und dem noch gesunden, aber akut gefährdeten Volkskörper eine strikte Grenze gezogen werden, eine Art *cordon sanitaire*. Dem Schmutz der anderen stand die eigene Reinheit und Sauberkeit gegenüber. Vor allem die Jugend wurde auf solche Gegensätze eingeschworen. Die »sauberen« Jungen und Mädel der Hitlerjugend (HJ) und des BDM (Bund Deutscher Mädel) verbürgten die Gesundheit des Volkes, das sich von den verschmutzten und verschmutzenden »Elementen« fernhalten müsse.[14]

Mit starken Kontrasten wartete auch der als »staatspolitisch wertvoll« eingestufte Film *Der Ewige Jude* von 1940 auf. Er enthielt dokumentarische Aufnahmen aus polnischen Städten, die Kameraleute des Propagandaministeriums dort nach der Besetzung durch die

Ekel **95**

10 Antisemitische Ekelpropaganda: Filmplakat von 1940

Wehrmacht und mit deren Unterstützung gemacht hatten. Sie sollten die Juden zeigen, »wie sie in Wirklichkeit aussehen, bevor sie sich hinter der Maske des zivilisierten Europäers verstecken«: schmutzig, verschlagen, grausam. Die jüdische Migration von Ost- nach Westeuropa wurde mit der Wanderung von Ratten gleichgesetzt, die »Verwüstung ins Land tragen«. Obwohl man eifrig für den Film warb und HJ-Gruppen kollektiv ins Kino führte, blieb der Publikumsandrang hinter den Erwartungen zurück. Meist kam nur der »politisch aktivere Teil der Bevölkerung«, aber nicht das »typische Filmpublikum«, das über antisemitische Übersättigung klagte oder an der »Widerlichkeit des Dargestellten« Anstoß nahm. »Nach Meldungen aus Westdeutschland und auch aus Breslau«, berichtete der Reichssicherheitsdienst, »haben einzelne Besucher des öfteren während der

Vorführung die Lichtspielhäuser angewidert verlassen. Dabei seien Äußerungen wie ›wir haben *Jud Süß* gesehen und haben nun genug von dem jüdischen Dreck!‹ gefallen.«[15]

Doch wer vom »jüdischen Dreck« angewidert war, hatte die Botschaft bereits verinnerlicht. Juden waren Ungeziefer, gefährliche Parasiten, oder, wie es der oberste Parteirichter Walter Buch 1938 formulierte: »Der Jude ist kein Mensch. Er ist eine Fäulniserscheinung.«[16] Bei den von Infektion, Fäulnis, Verseuchung, Verpestung und Zersetzung bedrohten Volksgenossen schürte der Nationalsozialismus ▷ Angst und Ekel vor den Schädlingen, die dem angekränkelten Volkskörper übel zusetzten. Und warb um Verständnis für eine rabiate Schädlingsbekämpfung, wie sie der Massenmord an den europäischen Juden seit 1939 ins Werk setzte.

Politische Schädlinge und Zersetzung in der DDR

Kein Regime hat Ekel so stark politisiert und mit einer rassistischen Vernichtungslogik verknüpft wie der deutsche Nationalsozialismus. Ganz allein aber war er damit nicht. Politische Gegner als »Parasiten« oder »Volksschädlinge« zu beschimpfen, war in der stalinistischen Sowjetunion gang und gäbe. Man definierte sie dort zwar anders, als Klassen- statt als Rassenfeinde, doch Ausgrenzung und Verfolgung funktionierten auf ähnliche Weise. In den 1950er Jahren benutzte auch die DDR dieses Vokabular. 1952 führte die Volkspolizei die vom Ministerium für Staatssicherheit vorbereitete *Aktion Ungeziefer* durch, um unzuverlässige Bürger von der deutsch-deutschen Grenze ins Landesinnere umzusiedeln. Am 9. Juni des Jahres informierte der thüringische Innenminister den SED-Landessekretär vom »Ergebnis der Kommissionsarbeit zur Beseitigung des Ungeziefers«. 1961 fand eine ähnliche Aktion statt, allerdings unter freundlicheren Tarnnamen wie »Aktion Blümchen«, »Kornblume« »Neues Leben« oder »Frische Luft«.[17]

1959 setzte ein Plakat, das Mitarbeiter der Deutschen Reichsbahn

11 Die Ratten kommen von Westen: DDR 1959

zur Wachsamkeit aufforderte, die Rede von ekelerregendem Ungeziefer und Krankheiten übertragenden Schädlingen ins rechte Bild. Der Feind, der die DDR bedrohte, erschien hier in Gestalt von Ratten, die sich von links nach rechts, von Westen nach Osten bewegten. Eine Ratte trug ein schwarz-weiß-rotes Halsband mit Eisernem Kreuz, dem Sinnbild für Militarismus, Konservatismus und deutsch-nationale Einstellungen des Kaiserreichs und der Weimarer Republik. Andere hatten Hakenkreuzbinden um den Bauch oder NATO-Helme auf den Köpfen. Manchen waren SS-Runen oder Dollarzeichen ins Fell gezeichnet und Fahnen mit den Schriftzügen westlicher Medien am Schwanz angebracht. Auftrag- und Herausgeber war das Ostberliner Ministerium für Verkehrswesen.

Von Schädlingen sprach auch die DDR-Justiz, wenn sie Personen nach Paragraph 23 des Strafgesetzbuchs wegen »Schädlingstätigkeit« zu hohen Haftstrafen verurteilte. Vier Jahre Zuchthaus erhielt 1955 der dreiundzwanzigjährige Vorsitzende einer Landwirtschaftlichen Produktionsgenossenschaft (LPG). Er habe sich zwar »als fortschrittlicher Mensch gebärdet«, unter dieser Maske aber »Schädlings- und Zersetzungstätigkeit« betrieben. So habe er »ständig die Sendungen des Rias« gehört und »ohne jegliche Entschädigung Geräte und Maschinen an reaktionäre Einzelbauern« verliehen. Ebenfalls als Schädling galt 1959 der Leiter der staatlichen Bauaufsicht beim Kreisbauamt Sondershausen, weil er Bauanträge von LPGs verzögert und private Bauvorhaben begünstigt habe. Außerdem verfolge er bundesrepublikanische »Hetzsendungen« wie Tages- und Wochenschauen und verbreite sie weiter. Bei einer Hausdurchsuchung hatte man ein »Heft mit Aufzeichnungen neuester Art über die Programme des westdeutschen Fernsehfunks« gefunden, außerdem »mehr als 66 Bücher, deren Inhalt zum größten Teil üble Kriegshetze darstellte«.[18]

Ob den Richtern, Parteifunktionären, Stasi-Mitarbeitern und Ministerialen bewusst war, dass sie mit der Schädlings- und Zersetzungsmetapher die von Klemperer analysierte *Lingua Tertii Imperii* und deren Ausgrenzungs- und Stigmatisierungsarbeit fortschrieben? Dagegen spricht, dass das Ministerium für Staatssicherheit selber »zersetzend« tätig werden wollte und daran offenbar nichts Anstößiges sah.[19] Parteigenossen, die in der KPD der 1920er und 1930er Jahre sozialisiert worden waren, hatten möglicherweise noch Lenins Äußerungen über *Parasitismus und Fäulnis des Kapitalismus* im Ohr. Oder sie erinnerten sich an die Erziehung, die sie in den Jugendverbänden des frühen 20. Jahrhunderts genossen hatten, mit ihrer Betonung von Kraft, Reinheit und Sauberkeit.[20]

Vieles davon fand sich 1958 in Walter Ulbrichts *Zehn Geboten für den neuen sozialistischen Menschen* wieder, die es zwischen 1963 und 1976 sogar ins Parteiprogramm der SED schafften. Darin war nicht nur davon die Rede, dass man das Volkseigentum mehren und (mitgedacht: vor »Schädlingen«) schützen sollte. Auch Sauberkeit war wieder gefragt: »Du sollst sauber und anständig leben«, hieß es im neunten Gebot. Bereits 1950, als das *Neue Deutschland* über das Ostberliner Deutschlandtreffen der Jugend berichtete, lautete der anerkennende Kommentar: »Sauber, farbig, herrlich.«[21]

Sauberkeit hatte, ebenso wie Schmutz, eine hygienische und eine moralische Seite. Wer sauber sein und bleiben wollte, hielt Körper, Geist und Gefühle porentief rein und vermied die Nähe zu Unrat und Unreinheit. Von SED-Mitgliedern erwartete man vorbildliches Verhalten. Ließen sich Funktionäre, wie ein anonymer Brief an Ministerpräsident Willi Stoph 1972 raunte, »schwere Vergehen gegen die 10 Gebote der Partei zuschulden kommen«, wechselte die Schädlings- und Ekel-Rhetorik die Richtung. Anstatt von oben nach unten zielte sie jetzt von unten nach oben und adressierte die Männer »mit Parteinadel« als faule, moralisch zwielichtige »Parasiten«. Daran schloss sich die Forderung nach sofortiger »Reinigung aller Verwaltungen, Betriebe usw. von Parasiten« an.[22]

Auch in anderen Äußerungen aus dem »werktätigen Volk« klang Ekel als Zeichen höchster Distanzierung an. Ein Ostberliner fand es 1967 ekelhaft, wie das *Neue Deutschland* den Russen »in den Hintern« kroch; ein anderer äußerte 1978 »Ekel und Abscheu« vor einer Regierung, die sich offenbar nur mit »Mördergewalt« zu helfen wusste. 1986 schrieben Eltern aus Karl-Marx-Stadt unter Angabe von Name und Adresse an den Ersten Sekretär der Cottbuser SED-Bezirksleitung, um »Verachtung und Ekel« loszuwerden. Ihr Sohn habe einen Ausreiseantrag gestellt und sei daraufhin verhaftet und in einem »politischen Prozeß« verurteilt worden. Im Gefängnis habe man ihn »physisch und psychologisch fertiggemacht«. Trotzdem musste er unterschreiben, gut behandelt worden zu sein. Wer über solche »KZ«-Methoden schweige, mache sich mitschuldig.

Im Oktober 1989 übte ein »Genosse, der seit fast 20 Jahren SED-Mitglied ist und der sich ernsthafte Sorgen um diese Gesellschaftsordnung macht«, scharfe Kritik an der FDJ: »Ihr habt es immer noch nicht kapiert, daß Ihr es gewesen seid, die unsere Jugend aus der DDR geekelt habt.« Und eine »Arbeitsgruppe Glasnost und Demokratie« nahm die DDR-Berichterstattung über die angeblich verhetzten Menschen, die sich im sozialistischen Ausland in bundesrepublikanische Botschaften geflüchtet hatten, zum Anlass, ihren »Ekel« über die »dreisten Lügen« der »Bonzenclique« zum Ausdruck zu bringen. Andersdenkende als »Konterrevolutionäre, Aufrührer, Unruhestifter« abzustempeln, werde das Volk nicht daran hindern, »seine Mauern (zu) zerreissen«. Kurze Zeit später war es so weit.[23]

Bundesrepublikanische Schmutzrhetorik

Der Ton, in dem sich Bürger und Bürgerinnen an »die da oben« wandten, war auch in der Bundesrepublik nicht immer freundlich. Von Gefühlen wie Ekel, Abscheu und Verachtung jedoch las man hier wenig. Die offizielle Politik verzichtete ebenfalls auf Ekelsprache. Dass staatliche Institutionen oder Parteien damit gegen politisch oder ethnisch bestimmte »Feinde« hetzten und zu deren Ausgrenzung oder Ausrottung aufriefen, kam nicht mehr vor. Selbst der rabiate Kampf gegen den Kommunismus in den 1950er Jahren setzte auf ▷ Angst, nicht auf Ekel.

Gleichwohl ging der zivilgesellschaftliche und politische Aufstand gegen »Schmutz und Schund« weiter, wenn auch unter anderem Namen. Als Schweinfurter Bürger 1964 mit Unterstützung der Kirchen und Parteien die Aktion Saubere Leinwand starteten und gegen die »steigende Flut der schmutzigen Filme« (gemeint war Ingmar Bergmans *Das Schweigen*) Front machten, sammelten sie bundesweit über eine Million Unterschriften. Dem Verdacht, solche Filme oder Bücher könnten die Jugend »verderben«, verlieh man mit biologistischen Bildern ekelerregender Fäulnis Nachdruck.[24] Dahinter standen Irritation und Sorge um die nachwachsende Generation, die mit den üblichen Konventionen brach. Ihr Musikgeschmack schien ebenso verlottert wie ihr Kleidungsstil. »Schmuddelig« und ungepflegt seien die »Gammler in Deutschland«, die es 1966 immerhin auf ein *Spiegel*-Titelbild schafften. Die DDR fand dafür eine einfache Erklärung: Die westlich-amerikanische »Schmutzkultur« sei schuld daran, dass sich junge Leute für Beat begeisterten, der »mit Musik so wenig zu tun hat, wie ein Gammler mit einem gewaschenen Menschen«.[25]

Hier wiederholte sich der Reflex, Schmutz und Devianz als zwei Seiten einer Medaille auszugeben. Währenddessen nahm der westdeutsche Stammtisch Anleihen im Tierreich, wenn er linke Studenten in den späten 1960ern als »langbehaarte Affen« beschimpfte.[26] Zur Ekelparole aber taugte das Bild nicht mehr. Denn schließlich ließ der Tierfilmer und Zoodirektor Bernhard Grzimek in seiner beliebten, seit 1956 ausgestrahlten TV-Sendung *Ein Platz für Tiere* putzige Äffchen auf seinem Schoß sitzen, und die Zuschauer freuten sich daran.

»Ratten und Schmeißfliegen«

Der Stil politischer Auseinandersetzungen verschärfte sich in den 1970er Jahren. Im Bundestagswahlkampf 1972 überklebten CDU-Anhänger sozialdemokratische Plakate mit Zetteln, auf denen eine rote Ratte prangte. Zwei Jahre später rief der CSU-Vorsitzende Franz Josef Strauß nach dem »mutigen Bürger, der die roten Ratten dorthin jagt, wo sie hingehören – in ihre Löcher«. Im CSU-eigenen *Bayernkurier* hieß es 1977, die »roten Systemveränderer« kämen »wie die Ratten aus allen Löchern heraus«. Als Strauß 1978 beim Oberfrankentreffen seiner Partei erneut von »Ratten und Schmeißfliegen« sprach, wurde er konkreter: Gemeint waren die Mitglieder des Presseausschusses Demokratische Initiative, von denen er sich verleumdet fühlte. Anstatt sie deswegen zu verklagen – immerhin schützte das Strafgesetzbuch die Persönlichkeitsrechte und die ▷ Ehre der Bürger –, stempelte Strauß sie »eiskalt« und bedenkenlos als Ungeziefer ab.[27]

Ob sich der streitbare Politiker seine provozierende Wortwahl von dem ehemaligen Goebbels-Mitarbeiter Eberhard Taubert ausgeborgt hatte, ist nicht zweifelsfrei zu klären. Beide waren seit den 1950er Jahren gut miteinander bekannt, Strauß schätzte Taubert als entschiedenen Antikommunisten und erfahrenen Berater. Antikommunismus hatte Taubert, ebenso wie Antisemitismus, im »Dritten Reich« gelernt. Seit 1931 NSDAP- und SA-Mitglied, rückte der promovierte Jurist rasch in wichtige Positionen auf. Im Propagandaministerium leitete er das Ressort Aktivpropaganda gegen die Juden. 1934 gründete er das Institut zum Studium der Judenfrage, später in Antisemitische Aktion umbenannt. In dessen Publikationen erschienen Juden als »Fremdkörper«, der »in alle Poren unseres Volkslebens eindrang und dessen Organismus zu vergiften drohte«. Von Taubert stammte auch das Drehbuch des Propagandafilms *Der Ewige Jude* von 1940 mit den Bildern gierig-wimmelnder Ratten und der Schrifttafel: »Die Ratten stellen unter den Tieren das Element der heimtückischen, hinterlistigen Zersetzung dar. Nicht anders als die Juden unter den Menschen.«[28]

Bei Taubert abgeschaut oder nicht: Der Protest gegen Strauß' Invektive hielt sich zunächst in Grenzen. Manche, wie der Graphiker Klaus Staeck, konterten sie mit Ironie: Er montierte die rote Ratte auf den Aufklebern von 1972 in einen Gruß an Strauß: »Ich bin eine Ratte«. Viele stießen sich weniger am Tiervergleich als an der Behauptung, sie gehörten einer »kommunistischen Tarnorganisation« an, und schienen den rassistischen Einschlag zu überhören. Das änderte sich 1980, als sich CSU-Generalsekretär Edmund Stoiber im Wahlkampf ausdrücklich hinter die Worte seines Vorsitzenden und Kanzlerkandidaten stellte. Diesmal gingen sogar CDU-Politiker auf Distanz. Der über Parteigrenzen hinweg geachtete Stuttgarter Oberbürgermeister Manfred Rommel warnte, eine solche Wortwahl könne die Gefahr heraufbeschwören, dass jemand »durchdrehe« und das »Ungeziefer« vernichten wolle. Die *Frankfurter Allgemeine Zeitung* deutete Stoibers Reprise als »Verschlimmerung«. Sie beweise, »daß es sich nicht um eine revidierbare Auslassung des erhitzbaren Kanzlerkandidaten innerhalb einer hitzigen Rede handelt«. Die Kategorisierung rufe »schlimmste Erinnerungen wach«. Wer Argumente durch »Ekelbilder von Negativ-Tieren« ersetze, überschreite die Grenze, die ein demokratisches Staatswesen vom Nationalsozialismus trenne. Selbst die CDU-nahe Zeitung *Die Welt* verbat sich eine derartige »Mistgabelsprache« und zählte sie nicht zu den »Glanzlichtern deutscher Rhetorik«.[29]

Dabei blieb es, die »Affäre um das deutsche Wort«, wie sie der

Spiegel nannte, wiederholte sich nicht. Als Mittel politischer Auseinandersetzung schienen diffamierende Ekelparolen endgültig diskreditiert – bis sie zu Beginn des 21. Jahrhunderts erneut auftauchten. Im Mai 2005 druckte die auflagenstarke Mitgliederzeitung der Industrie-Gewerkschaft Metall einen Artikel über Finanzinvestoren, die in deutschen Unternehmen ihr Unwesen trieben; das Cover zeigte unter dem Titel *Die Aussauger* eine grinsende Stechmücke in Schlips und Kragen und mit einem Zylinderhut in den Farben der US-amerikanischen Flagge. Die Zeichnung erinnerte viele an nationalsozialistische Karikaturen des »jüdischen Finanzkapitals« und rief Bilder blutsaugender Insekten auf, derer man sich am besten durch einen gezielten Schlag erwehrte. Auch die Heuschrecken-Metapher, die der SPD-Vorsitzende Franz Müntefering kurz zuvor auf Private-Equity-Gesellschaften angewandt hatte, stieß auf scharfe Kritik. Denn Heuschrecken, die zur Plage wurden, vertrieb man oder rottete sie aus. Solche Assoziationen weckten, bezogen auf Menschen, ungute Erinnerungen.

2016 schließlich bedienten sich AfD-Politiker im Wörterbuch des Unmenschen. Sie nannten Asylbewerber »Parasiten, die sich von den Lebenssäften des deutschen Volkes ernähren«. Außerdem werteten sie Homosexuelle als »degenerierte Spezies« ab.[30] Solche homophoben Sprüche hört man nicht nur von vielen AfD-Anhängern, mehrheitlich Männern, sondern auch von manchen muslimischen Migranten. Der Affekt gegen Homosexualität ist allerdings nicht auf diese Gruppen beschränkt: 2016 fanden es vier von zehn Befragten in Deutschland »ekelhaft«, wenn sich Homosexuelle in der Öffentlichkeit küssten (▷ Liebe).[31]

Nähe und Ferne

Ekel, darauf hatte 1929 schon Aurel Kolnai hingewiesen, ist ein Nahgefühl. Man nimmt Anstoß an dem, was unmittelbar vor Augen und Nase steht und stinkt, fault, gärt. Aus der Ferne sind solche Prozesse leichter zu ertragen und berühren den Betrachter sehr viel weniger. Mehr noch: Sie können sogar Lust bereiten. Im sogenannten Ekelfernsehen lässt sich das regelmäßig verfolgen. Das Wort gibt es seit 2004, es bezog sich damals auf eine Reality-Show des Privatsenders RTL. Sie spielte in einem australischen Dschungelcamp, wo Stars und Sternchen mehrere Tage miteinander verbrachten und dabei rund um die Uhr gefilmt wurden. Die Höhepunkte ihres Zusammenlebens gab es regelmäßig auf dem Bildschirm zu bestaunen. Dazu gehörten Mutproben, bei denen die Teilnehmenden in stinkenden Flüssigkeiten und Kakerlaken badeten sowie allerlei Getier zu sich nahmen, das üblicherweise nicht auf dem europäischen Speiseplan stand. Phantastisch hohe Einschaltquoten zeigten, dass das Kalkül der Macher aufging: Zuschauer weideten sich am Ekel der Akteure und Aktricen und konnten ihn umso intensiver genießen, desto weiter sie vom Schauplatz entfernt waren. Die Show machte Schule, ging 2019 in die dreizehnte Staffel und regte viele Sender zur Nachahmung an.[32]

Die Plots orientieren sich an den klassischen Ekelmotiven und Szenarien: Verwesung, Maden, Käfer, Spinnen, Kot, Schleim. Das, was sich der urbane Zivilisationsmensch in der Regel vom Leib zu halten weiß, kehrt hier, allerdings aus großer Distanz, in seine Vorstellungswelt zurück. Tatsächlich sind Anlässe für Ekelgefühle sukzessive aus dem Alltag von Mitteleuropäern verschwunden. Im Vergleich zum frühen 20. Jahrhundert ist der öffentliche Raum erheblich sauberer geworden. Straßen werden regelmäßig gereinigt, Tierkadaver liegen nicht mehr herum, Ratten kriechen nur noch selten aus der Kanalisation. Schlachtereien und Klärgruben sind an den Stadtrand gerückt, flüssige Exkremente werden nicht mehr von Ort zu Ort transportiert. Feuchte Häuser und Keller voller Schimmel und Ungeziefer gehören der Vergangenheit an. Auch die persönliche Hygiene hat sich deutlich verbessert, tägliches Duschen ist mittlerweile normal, und Waschmaschinen rotieren rund um die Uhr. Ekel scheint also real kaum noch erlebbar zu sein und tritt allenfalls medial vermittelt in den Gesichts- und Gefühlskreis. Aktiviert wird er ab und zu durch Lebensmittelskandale (»Gammelfleisch«) – und im besagten Dschungelcamp mit seiner artifiziell konstruierten Realität. Dass Zuschauer dort etwas miterleben dürfen, das es in ihrer eigenen Welt so gut wie nicht mehr gibt, steigert den Genuss.

Weniger fremd und exotisch aber wirkt die in diesen Ekelgeschichten ebenfalls enthaltene Kontaminationserzählung. Danach gelten Menschen und Gegenstände, die mit Ekligem und Unreinem in Berührung gekommen sind, selber als unrein und ekelhaft. Solche Übertragungsängste gibt es heute noch, und sie treffen vor allem Frauen. Vielerorts werden menstruierende Frauen von bestimmten Verrichtungen ferngehalten – nicht zu ihrem eigenen Schutz, sondern um die Verunreinigung anderer Substanzen zu verhindern. 2003 wandten sich junge Frauen, die in Thüringen eine Fachschule für Sozialpädagogik besuchten, an die Redaktion der *Zeit* und baten um wissenschaftliche Aufklärung: »Seit Jahren verfolgen uns die Ratschläge unserer Mütter und Großmütter, die da lauten: während der Menstruation keine Sahne schlagen, kein Obst oder Gemüse einkochen, nicht beim Schlachten teilnehmen.« Wissenschaftlich ließ sich kein Zusammenhang nachweisen, aber die magische Deutung, in die sich Restbestände frauenfeindlicher Einstellungen mischten, blieb davon unbenommen.[33]

Ekelgefühle zur Stigmatisierung, Diffamierung und Diskriminierung von Bevölkerungsgruppen zu nutzen, ist also auch im 21. Jahrhundert längst nicht überall vom Tisch. Allerdings verfängt die Strategie in Deutschland nicht annähernd so stark wie etwa in Indien, wo Vorstellungen von Unberührbarkeit tief in die soziale Imagination eingelassen sind und praktische Wirkung entfalten. Zugleich sind die Dalits aber ein ebenso selbstverständlicher wie notwendiger Teil der indischen Gesellschaft. Das unterscheidet sie von den Juden im nationalsozialistischen Deutschland und besetzten Europa, denen die NS-Politik das Existenzrecht rundweg absprach. Als ekelerregende »Parasiten« wurden sie nicht nur auf Abstand gehalten, sondern zur Vernichtung freigegeben. Nach 1945 verschwanden Ekelbilder, mit wenigen Ausnahmen, aus dem politischen Wortschatz. Wenn Politiker dennoch von Zeit zu Zeit auf sie zurückgriffen, erfuhren sie scharfe öffentliche Zurückweisung.

EMPATHIE

Heutzutage ist Empathie ein Allerweltswort, vor hundert Jahren sprach man von Einfühlung, vor zweihundert von Mitgefühl: So übersetzte Ludwig Gotthard Kosegarten 1791 Adam Smiths Hauptbegriff *sympathy* aus dessen Abhandlung *Theory of Moral Sentiments*. Auch der *Brockhaus* kannte bis einschließlich 1953 kein Lemma *Empathie* und nahm es erst 1968 auf, als »Fähigkeit, sich in andere Menschen hineinzuversetzen«.[1] Mittlerweile ist der Begriff bei Managern ebenso beliebt wie bei Politikern und Pädagogen, Psychologen und Medizinern. Gegner und Befürworter von Tierversuchen führen ihn gleichermaßen im Munde. Der Porsche-Club München wirbt damit, dass seine Mitglieder »in niveauvoller Atmosphäre mit großer Empathie miteinander umgehen«. Derweil präsentierte Audi 2016 das Konzept des empathischen Fahrzeugs unter dem Slogan *My car cares for me*, andere Autofirmen zogen nach.[2]

Mitleid und Mitgefühl

Wie lässt sich diese erstaunliche Karriere eines Gefühlswortes erklären? Was macht Empathie so attraktiv, dass sich sogar Porsche-Fahrer mit ihr schmücken wollen? Und steht hinter dem Wort auch eine Tat, ein handlungsleitendes Gefühl?

Auffällig ist zunächst, dass Empathie das klassische Mitleid an den Rand gedrängt hat. Ursprünglich war Mitleid in allen Weltreligionen hochgeachtet und galt als Voraussetzung für Barmherzigkeit und Nächstenliebe. Seit dem späten 18. Jahrhundert tauchte es auch in säkularer Form auf. Mitleidige Menschen, notierte Gotthold Ephraim Lessing 1756, seien »besser und tugendhafter« als andere. Der Philosoph Arthur Schopenhauer erkannte im Mitleid die Basis echter Menschenliebe und das Fundament der Moral. Es nehme sich, schrieb er 1840, »der Schwachen, der Schuldigen, ja der ganzen Menschheit an«. Aber just darin sahen manche ein Problem. Denn Mitleid sei nichts Unschuldiges, sondern spiegle die Hierarchien der Gesellschaft. Es gehe mit moralischen Wertungen einher (bessere oder schlechtere Menschen) und befestige soziale Unterschiede. Wer Mitleid zeige, befinde sich in einer Position der Stärke und schaue auf die herab, die Mitleid brauchen.[3]

Zu demokratisch verfassten Gesellschaften prinzipiell gleicher Bürger wollte das nicht recht passen. Empathie erschien als der angemessenere Begriff, moralisch unverdächtig und sozial offen. Empathie beschreibe, heißt es oft, eine Beziehung auf Augenhöhe. Dass das soziale Machtgefälle allerdings auch hier eine Rolle spielt und Empathie vor allem dort verlangt ist, wo es um fremdes Leid und aktive Hilfe geht, wird gern übersehen.

Adam Smith hat es seinerzeit nicht übersehen. Dennoch bestand er darauf, dass sich *fellow-feeling* nicht in Mit-Leid erschöpfte, sondern Mit-Freude, Mit-Trauer, Mit-Empörung einschloss. Aufgrund seiner Beobachtungen ging er davon aus, dass Menschen fähig seien, die Gefühle anderer mitzuempfinden. Ob sie es wirklich taten, stand auf einem anderen Blatt. Aber genau darauf kam es in der modernen Gesellschaft an, die Smith heraufziehen sah. Sie durfte nicht nur auf »Selbstliebe« beruhen, auf dem egoistischen Interesse der Einzelnen, die ihre Ressourcen und Gewinne zu maximieren suchten. Sie brauchte auch die »Wonne des Mitgefühls«, wie es der deutsche Übersetzer ausdrückte. Mitgefühl war das Band, das die Gesellschaft jenseits von wirtschaftlicher Arbeitsteilung und Kooperation zusammenhalten sollte.

Bedingungen und Voraussetzungen

Allerdings stellte es sich weder automatisch und von selber ein, noch führte es stets und überall zu prosozialem Handeln. Ob Mitgefühl aktiv wurde, hing von Bedingungen ab, etwa von sozialer und räumlicher Nähe oder Ferne. Schon Smith hatte beobachtet, dass Nähe das Mitfühlen erleichterte und Ferne es erschwerte. Die Gefühle eines Familienmitglieds oder eines Nachbarn ließen sich leichter mitfühlen als die eines Fremden. Je größer die Entfernung, desto schwerer fiel es, den Fremden als Nächsten zu betrachten und ihm, in christlicher Tradition, Liebe, Verständnis und tätige Hilfe entgegenzubringen. Aber, wie die Geschichte des 19. und 20. Jahrhunderts zeigte, traf auch das Gegenteil zu: Menschen waren voller Mitgefühl für jene, die in weiter Ferne litten, und sahen über die hinweg, denen es in der Mietskaserne nebenan nicht gutging.

Empathie stieß auch dort an ihre Grenzen, wo jemand aus sozialen oder moralischen Gründen auf Abstand ging. Konnte man sich mit »unschuldigen« Kindern, denen Leid angetan wurde, umstandslos identifizieren und ihren Kummer wie den eigenen empfinden, war das bei Menschen, die anderen Leid zugefügt hatten und dafür zur Rechenschaft gezogen wurden, nicht so. Bei öffentlichen Hinrichtungen, zu Smiths Zeiten in Europa gang und gäbe, zeigten die Zuschauer gemeinhin kein Mitgefühl, denn der zur Strecke gebrachte Verbrecher verdiente es nicht.

Dass moralische Urteile die menschliche Fähigkeit zur Empathie blockieren können, bestätigen neurowissenschaftliche Experimente. Empfängt ein Spieler, der sich unfair verhalten hat, einen Schmerzreiz, reagieren die Mitspieler unempathisch: Ihre neuronale Schmerzmatrix bleibt stumm und passiv. Der Schmerzreiz für einen fairen Spieler dagegen aktiviert die Schmerzmatrix der anderen: Sie fühlen den Schmerz mit, ohne ihn selber zu erleiden. Forscher haben darüber hinaus festgestellt, dass das fehlende Mitfühlen im ersten Fall einhergeht mit einer Aktivierung jenes Hirnareals, das für die Verarbeitung von Belohnungen zuständig ist. Das heißt nicht mehr und nicht weniger, als dass Versuchspersonen Schadenfreude und

Genugtuung empfinden, wenn der unfaire Mitspieler bestraft wird. Zu ähnlichen Ergebnissen führten Laborstudien, die den Zusammenhang von Empathie und Gruppenzugehörigkeit untersuchten. Wurde einem Mitglied der eigenen Gruppe (in diesem Fall ein Fußballverein) Schmerz zugefügt, fühlten Probanden den Schmerz nicht nur mit, sondern zeigten sich auch bereit, ihn auf sich zu nehmen, um dem Gemarterten zu helfen. Wurden hingegen Mitglieder des gegnerischen Fanclubs malträtiert, blinkte im Gehirn der Zuschauenden das bekannte Belohnungssignal.[4]

Ist Empathie weiblich?

Die Forscher fanden noch etwas heraus: Frauen reagierten anders als Männer. Selbst wenn unfaire Mitspieler bestraft wurden, erlebten sie den Schmerz mit, anstatt sich belohnt zu fühlen und Schadenfreude zu empfinden. Das wirft grundsätzliche Fragen auf: Sind Frauen die besseren Menschen? Sind sie generell einfühlsamer, oder gibt es Situationen, in denen auch sie Empathie verweigern und auf Rache sinnen? Die Kulturgeschichte kennt zahlreiche Frauen, die ebenso rachedurstig sind wie Männer: Kriemhild, die burgundische Königstochter aus dem mittelhochdeutschen Nibelungenlied, die an Etzels Hof grausame Rache nimmt an den Mördern ihres Mannes Siegfried; oder Medea, die griechische Sagenfigur, die ihre eigenen Kinder und die Nebenbuhlerin tötet, um den untreuen Ehemann Jason bis ins Mark zu treffen.

Nach der Geschlechterideologie des 19. und frühen 20. Jahrhunderts waren solche Frauen krasse Ausnahmen von der Regel. Gemeinhin sei das weibliche Gemüt sanft und mild. Frauen, las man 1917 in Friedrich Wilhelm Foersters Anleitung zur Lebensführung, verfügten über die »feineren Seelenkräfte« und seien für Mitgefühl und Mitleid wie geschaffen. Der »Schutz der Schwachen« sei bei ihnen in besten Händen und das »größte Erziehungsmittel« für eine soziale Kultur, die Selbstsucht überwinde und »Sorgfalt für fremdes

Leben« übe.[5] In der Krankenpflege und Sozialarbeit seien Frauen daher »besonders am Platze«, befand 1905 ein pädagogisches Lexikon. Auch die damalige Frauenbewegung wollte solche Berufe für Frauen reservieren, denn die Fähigkeit und die Praxis weiblichen Mitfühlens könnten soziale Probleme lösen und Konflikte befrieden.[6]

Daran hat sich bis heute, ungeachtet aller gesellschaftlichen Umbrüche, wenig geändert. Frauen gelten nach wie vor als besonders begabt, anderen Menschen mitfühlend zu begegnen und fürsorglich mit ihnen umzugehen. Einige Feministinnen haben daraus eine besondere gesellschaftliche Tugend geschneidert: Die Fähigkeit zur mitfühlenden Sorge, so die amerikanische Psychologin Carol Gilligan, verschaffe Frauen einen Vorteil im sozialen Zusammenleben und prädestiniere sie zu Vorreitern einer Ethik, derer moderne Gesellschaften dringend bedürften. Als Mütter, aber auch als Lehrerinnen, Ärztinnen, Krankenschwestern, Anwältinnen gestalteten Frauen diese Ethik der Sorge und Anteilnahme zum Besseren ihrer Mitmenschen. Männer orientierten sich dagegen eher an Gerechtigkeitspostulaten – was neurowissenschaftliche Experimente zum Schmerz- und Belohnungsempfinden bestätigen (▷ Solidarität, ▷ Neid).

Ob solche Dispositionen den weiblichen und männlichen »Geschlechtscharakteren«, wie seit mehr als zweihundert Jahren behauptet, von Natur aus eigen sind, ist fraglich. Schon die Zeitgenossen des 19. und frühen 20. Jahrhunderts scheinen dieser Behauptung nicht getraut zu haben. Sie investierten viel Zeit und Mühe in eine Erziehung, die Mädchen und Jungen die ihnen vorgeblich entsprechenden Gefühle, Einstellungen und Verhaltensweisen nahebrachte. Empathie, Mitleid, Mitgefühl wurden eingeübt und kultiviert, in der Familie nicht anders als in der Schule und im späteren Beruf. Rollenvorbilder fanden Mädchen und junge Frauen in ihren Müttern, Tanten und Lehrerinnen, aber auch in der Kinder- und Jugendliteratur.

Moralischer Ekel und kulturelle Überlegenheit

Rollenvorgaben beschränkten sich jedoch nicht darauf, Mitleid und Empathie als weibliche Tugenden anzuerkennen und im familialen oder beruflichen Leben zu beherzigen. Sie legten auch fest, wer Mitgefühl verdiente und wer nicht, was als gerecht und ungerecht, fair und unfair galt. »Unschuld« war hier das Zünglein an der Waage. Wer ohne eigenes Zutun in eine Notlage geraten war, durfte Mitgefühl beanspruchen. Wer dagegen selber Schuld an seinem traurigen Zustand trug, konnte das nicht erwarten – auch wenn religiös empfindende Menschen hier ein größeres Herz beweisen mochten. Die Inkarnation der Unschuld waren Säuglinge, kleine Kinder und vor allem Tiere. In Deutschland entstanden die ersten Vereine gegen Tierquälerei lange vor Initiativen, die Kinder vor Ausbeutung und Misshandlung schützen wollten.

Erwachsene hingegen konnten nur auf ein konditionales Mitgefühl hoffen. Als der junge Arzt Rudolf Virchow 1848 im Auftrag der preußischen Regierung das von einer Typhusepidemie betroffene Oberschlesien bereiste, fand er dort entsetzliche Armut und Not, aber auch »Unreinlichkeit und Indolenz«, Faulheit und Alkoholismus. Auf ihn, den »freien, an Arbeit gewöhnten Menschen«, machte diese Kultur »moralischer und physischer Gesunkenheit« einen »so widerwärtigen Eindruck«, dass er sich »eher zum Ekel, als zum Mitleid getrieben« fühlte. Von einem »Gefühl unsäglichen Ekels« angesichts der in Webereien herrschenden »sittlichen Verkommenheit und Roheit« berichtete 1893 auch die Nationalökonomin Minna Wettstein-Adelt, die sich mehrere Monate als Fabrikarbeiterin verdingt hatte.[7]

Der moralische ▷ Ekel, den bürgerliche Frauen und Männer angesichts der Lebensverhältnisse und Verhaltensweisen sozialer Unterschichten empfanden, verhinderte oder blockierte Empathie. Er zeugte von einem Gefühl kultureller Überlegenheit, das die soziale Kluft zwischen oben und unten nicht bloß spiegelte, sondern verstärkte und überhöhte. In dem Maße, wie man am unteren Rand der Gesellschaft Rohheit, Brutalität und Grausamkeit festzustellen meinte, vergrößerte sich die Distanz zu den Usancen sensiblen Mitgefühls, die wohlsituierte Bürger an sich selber schätzten.

Das Muster wiederholte sich im Umgang mit Angehörigen nichteuropäischer Völker. Überall dort, wo sie als Kolonisatoren auftraten, entsetzten sich Europäer über die vorgefundene Gewaltsamkeit und Mitleidlosigkeit. Doch anstatt den Kolonisierten die europäische Kultur des Mitgefühls nahezubringen, übernahmen und überboten sie die lokalen Konventionen. Unter dem Vorwand, die Einheimischen seien an Gewalt gewöhnt und verstünden keine andere Sprache, entwickelten sie ein koloniales Regiment, das vielerorts an Grausamkeit kaum zu übertreffen war. Empathie fand, wenn überhaupt, nur in Europa und unter Europäern statt.

Aber auch dort war Empathie keineswegs wertfrei und antihierarchisch. Vielmehr passte sie ins Selbstbild zivilisierter, gebildeter, rücksichtsvoller Bürgerinnen und Bürger, die sich damit als stolze Kulturträger in der Gesellschaft positionierten. Empathie geriet zum sozialen Statussymbol und Differenzkriterium. In bürgerlichen Kreisen gehörte es zum guten Ton, dass sich Frauen mitfühlend um den »Schutz der Schwachen« (Foerster) kümmerten, Wohltätigkeitsbasare veranstalteten, Spenden für »verschämte Arme« sammelten oder Hausbesuche bei Kranken und Alten machten. Sein mitfühlendes Herz auf diese Weise unter Beweis zu stellen, markierte die herausgehobene soziale Stellung ebenso wie das persönliche Pflicht- und Tugendbewusstsein. Und es ging mit der Mission einher, anderen diese Tugend als leuchtendes Beispiel zu präsentieren, sie zur Dankbarkeit anzuhalten und zur Nachfolge zu erziehen.

Mitgefühl im Nationalsozialismus

Wer in den Genuss mitfühlender Tugend- und Liebesgaben kommen sollte, war immer umstritten, und »Unschuld« blieb ein wichtiges Zuteilungsmerkmal. Neue Grenzlinien zogen die seit dem späten 19. Jahrhundert Fahrt aufnehmenden nationalistischen und rassistischen Bewegungen. Mitgefühl, hieß es 1939, setze stets »das Bewußtsein einer gewissen Gleichartigkeit zwischen uns selbst und dem fremden Wesen« voraus. Je fremder und feindlicher jenes Wesen gedacht wurde, desto stärker schrumpfte der Raum für Empathie. Ein Regime wie der Nationalsozialismus, der anderen Nationen und »Rassen« die Gleichartigkeit verweigerte, sah Mitgefühl ausschließlich für »Gemeinschaftsgenossen« vor.[8] Das Leid, das man denen antat, die nicht zur Gemeinschaft gehörten oder die man daraus ausgeschlossen hatte, war nicht mitleidsfähig, man blendete es aus und schaute weg. »Persönliches Mitgefühl«, hieß es 1937 in der *Altenburger Landeszeitung*, müsse schweigen, wenn es darum gehe, homosexuelle »Sexualverbrecher aus der gesunden Volksgemeinschaft« auszuscheiden, und zwar »restlos«. Vier Jahre später gab Hans Frank, Oberverwaltungschef im Generalgouvernement Polen, die »Formel« aus: »Mitleid wollen wir grundsätzlich nur mit dem deutschen Volke haben, sonst mit niemandem auf der Welt.«[9]

Nicht alle Volksgenossen hielten sich daran. Manche »packte«, wie der hessische Bauer Heinrich List 1942 zu Protokoll gab, »das Mitleid«, und sie setzten ihr Leben ein, um jenen zu helfen, denen nicht zu helfen war. List, der den Sohn eines jüdischen Geschäftspartners auf seinem Hof versteckte, wurde denunziert und im KZ Dachau ermordet. Oft spielte bei solchen »Mitleidserwägungen«, von denen Stimmungsberichte des SS-Sicherheitsdienstes immer wieder berichteten, die soziale Nähe zu den Betroffenen eine Rolle. Selbst wer die antisemitischen Maßnahmen des Regimes grundsätzlich guthieß und Juden als »volksfremd« ansah, fand es möglicherweise nicht passend, dieses Urteil gegen die eigenen Nachbarn oder Bekannten zu wenden. Dafür spricht auch die Reaktion von Polizeireservisten, die 1942 an Massenerschießungen in Polen teilnahmen. Als sie mit den jüdischen Opfern ins Gespräch kamen und erfuhren, dass es »Deutsche« aus Kassel, Hamburg oder Bremen waren, beschlossen sie, sich nicht mehr an Exekutionen zu beteiligen, und baten um einen anderen Auftrag.[10]

Doch längst nicht immer genügten Nähe und Bekanntschaft, um Empathie empfinden oder gar praktizieren zu können. Gefühle wie

Gier, ▷ Neid und Missgunst konnten sie wirkungsvoll aushebeln. Wer sich an dem zu »arisierenden« Vermögen emigrierter oder deportierter Juden bereichern wollte, dachte nicht an das Schicksal jener, die Hab und Gut zurücklassen mussten.

Das dunkelste Kapitel der deutschen Geschichte erteilt noch eine weitere Lektion über das Mitfühlen: Die Männer, die in den Kellern der Berliner Gestapo-Zentrale und an vielen anderen Orten in Deutschland und den besetzten Ländern Gefangene folterten, waren keine gefühllosen Monster, im Gegenteil. Selbst wenn sich unter ihnen Psychopathen befanden, die in aller Regel kaum Bereitschaft zur Empathie zeigen, hatten sie ein Gespür dafür, was ihre Opfer empfanden. Gerade deshalb wussten sie genau, wo und wann Folter die höchste Schmerzwirkung entfaltete. Ihr Einfühlungsvermögen nutzten sie auch dafür, die psychischen Befindlichkeiten und Traumata der Opfer auszukundschaften, um kalibrierten Druck auszuüben.[11]

Instrumentalisierung und Manipulation

Empathie bringt also nicht automatisch prosoziales Handeln hervor. Sie kann auch gezielt eingesetzt werden, um moralisch verwerfliche oder zweifelhafte Ziele zu erreichen. Die Unzahl aktueller Angebote, Empathie zu trainieren und zu optimieren, demonstriert, dass diese strategische Indienstnahme wieder hoch im Kurs steht. Kaum ein Management-Ratgeber oder Führungs-Coaching kommt um Empathie herum. Die einschlägigen Akademien, die wie Pilze aus dem Boden schießen, richten sich nicht an Krankenschwestern oder Ärzte. Denn bei diesen Berufsgruppen führt zu viel Empathie mit den Patienten erfahrungsgemäß dazu, dass sie ihren Job nicht mehr richtig machen. Im Fadenkreuz der Empathiewerber stehen vielmehr Führungskräfte in Unternehmen, denen ein empathisches Verhältnis und Verhalten zu ihren Mitarbeitern nahegelegt wird. Mit Empathie, versprechen die Trainer, lassen sich die positiven und negativen Gefühle der Kolleginnen und Kollegen besser erkennen und bearbeiten. Empathie sei folglich eine zentrale Bedingung für kommunikativen Erfolg und ein produktives Betriebsklima.

Empathie ist hier nur ein anderes, schöneres Wort für emotionale Intelligenz. Dieser Begriff hielt Mitte der 1990er Jahre Einzug in die Unternehmenskultur, nachdem der amerikanische Wissenschaftsjournalist Daniel Goleman ihn in seinem Bestseller unter die Leute gebracht hatte. Emotional intelligent war, wer die eigenen Gefühle ebenso entziffern und navigieren konnte wie die seiner Mitmenschen und somit in jeder Situation die Oberhand behielt. Meister der emotionalen Intelligenz waren insoweit immer auch Meister der emotionalen Manipulation.

Manipulation aber klingt nicht gut. Auch dass Gefühle zielgenau eingesetzt werden sollen oder können, hört sich unsympathisch an. Denn es widerspricht dem Alltagsverständnis, wonach Gefühle subjektiv, autonom und unverfügbar seien. Jeder Manipulations- und Instrumentalisierungsverdacht ruft sofort Unbehagen, Abwehr und Widerstand hervor. Das betrifft Empathie ganz besonders. Dass sich hinter diesem Wohlfühlbegriff strategische Kalküle verbergen können, wird nicht gern gesehen und deshalb oft unterschlagen.

Solche Kalküle sind vielschichtig. Die Fähigkeit, anderer Leute Gefühle mitzufühlen, muss man nicht zwingend dazu nutzen, sie beim Kauf von Versicherungspolicen oder im Polizeiverhör unter Druck zu setzen. Manche mögen voyeuristische Bedürfnisse befriedigen oder das angenehme Gefühl genießen, im Angesicht fremden Leids »von jenem Leiden frei« zu sein, was Menschen schon 1853 nicht fremd war.[12] Wer sein Mitgefühl aktiv betätigt und anderen hilft, sich aus ihrer Notlage zu befreien, darf sich als »bester Mensch« im Lessingschen Sinn fühlen und sein positives Selbstbild bestätigen.

Neue Sensibilität und Willkommenskultur

Die Erwartung und Bereitschaft, fremdes Leiden zu lindern, hat sich in der zweiten Hälfte des 20. Jahrhunderts signifikant erhöht und verbreitet. Dazu trug zum einen die Sensibilisierung für allgemeine Menschenrechte nach deren massiver Verletzung unter dem NS-Regime bei. Die »bürgerliche Kälte« des distanzierten Zuschauens, ohne die Auschwitz, in den Worten des 1934 emigrierten Philosophen Theodor W. Adorno, »nicht möglich gewesen wäre«, wich unter dem Eindruck der Bilder und Berichte aus den Konzentrations- und Vernichtungslagern einer sinnlich-somatischen oder »leibhaften« Erkenntnis, »daß Leiden nicht sein, daß es anders werden solle«. Herbert Marcuse, ebenfalls 1934 in die USA ausgewandert, nannte das 1969, als er zum Guru und gefragten Mentor der Studentenbewegung geworden war, »die neue Sensibilität«.[13]

Zum anderen wirkte die Erfahrung nach, dass Deutsche bei Kriegsende ihrerseits auf Mitgefühl und Unterstützung angewiesen waren. Zwischen 1946 und 1960 hatten zehn Millionen Familien im Westen des Landes Care-Pakete amerikanischer Wohlfahrtsorganisationen erhalten. 1960 schickten Bundesbürger dreizehn Millionen Weihnachtspakete in die DDR, was der Bundespräsident als Ausdruck menschlicher Verbundenheit und Hilfsbereitschaft lobte. 1965 wurden fünfzig Millionen Päckchen mit »Liebesgaben« an Freunde, Verwandte und kirchliche Mitarbeiter im Osten versandt. Anfang der 1980er Jahre spendeten viele Geld, Medikamente und Kleidung für die Menschen im krisengeschüttelten Polen. Neben Kirchengemeinden und Sozialverbänden engagierten sich zahllose Einzelpersonen, um dringend benötigte Dinge des täglichen Lebens zu sammeln und auf den Weg zu bringen.[14] 2015 dann zeigte die auch international stark beachtete »Willkommenskultur«, wie viele Deutsche sich, nicht selten in Erinnerung an das eigene Flüchtlingsschicksal, mit der Lage der aus Syrien und anderen Krisenregionen Geflüchteten identifizierten und ihnen helfen wollten, im Land Fuß zu fassen. Hier schrieb Empathie tatsächlich Geschichte und setzte die Regierenden unter Handlungsdruck.[15]

Dass die Grenzöffnung im Herbst 2015 auch Probleme schaffen würde, war allen Beteiligten klar. »Wir wollen helfen. Unser Herz ist weit. Doch unsere Möglichkeiten sind endlich«: So machte Bundespräsident Joachim Gauck, der das Mitgefühl seiner Landsleute aus-

Empathie 117

12 Ausgabe von CARE-Paketen 1949

drücklich lobte, auf Grenzen der Hilfsbereitschaft aufmerksam. Diese Grenzen lagen nicht nur im Materiellen. Auch psychische Kräfte konnten, wenn sie zu stark beansprucht wurden, Schaden nehmen und versiegen. Das hatte, aus einer ganz anderen Lebenserfahrung heraus, der italienische Schriftsteller und Auschwitz-Überlebende Primo Levi beobachtet. Menschen gewährten Anteilnahme immer nur selektiv; mit jedem Leidenden mitzuleiden, überfordere sie. »Im günstigsten Fall« bleibe »nichts anderes als das gelegentliche Mitleid gegenüber dem einzelnen, dem *Mitmenschen*, dem Menschen aus Fleisch und Blut, der vor unseren Augen steht, die dank der Vorsehung kurzsichtig sind«.[16]

Ob dieser Mensch direkt oder medial vermittelt vor den Augen stand, spielt dabei keine Rolle. Schon die Antisklavereibewegung des späten 18. und 19. Jahrhunderts hatte die soziale und räumliche Distanz zwischen ihren Anhängern und den auf Handelsschiffen zusammengepferchten und auf Plantagen schuftenden Sklaven durch einprägsame Erzählungen und Bilder überbrückt. Vor allem der Appell an die gemeinsame Humanität (»Bin ich nicht Dein Bru-

118 Mächtige Gefühle

der/Deine Schwester?«) erwies sich als wirkungsvoll. Denn er stellte eine existenzielle Nähe her zu Menschen, die man persönlich nicht kannte, weil sie auf anderen Kontinenten und unter anderen Umständen lebten. Wichtig war, dass man eine Geschichte über sie hörte oder sah, in Worten oder Bildern. Seit visuelle Medien im 20. Jahrhundert immer stärker in den Vordergrund traten, ersetzten Bilder »tausend Worte«, wie ein Mitarbeiter von Caritas International 2012 anlässlich des UN-Spendenaufrufs für die von Hungersnot bedrohte Sahelzone feststellte. Drei Jahre später ging das Foto des dreijährigen Alan Kurdi, der bei der Flucht seiner syrischen Familie im Mittelmeer ertrunken war, um die Welt. Als »Symbol der Flüchtlingstragödie« erwarb es ikonischen Status und löste eine Welle des Mitgefühls und der Hilfsbereitschaft aus. [17]

Aber nicht jedes Bild und nicht jede Geschichte über Hungersnöte, Naturkatastrophen und Bürgerkriege ruft bei denen, die das Bild sehen und die Erzählung hören oder lesen, die gleiche Empathie hervor. Als die Medien 2010 über verheerende Überschwemmungen in Pakistan berichteten, blieben die Spenden weit hinter den Erwartun-

13 Wandbild am Frankfurter Osthafen: Alan Kurdi, ertrunken 2015 auf der Flucht über das Mittelmeer

gen zurück – vermutlich weil damals ein negatives Bild von Pakistan als muslimischem Land mit terroristischen Strukturen kursierte und Mitgefühl unterband.[18] Auch daran zeigt sich, wie entscheidend die politische und kulturelle Rahmung ist und wie sehr sie die Bereitschaft zur Empathie beeinflusst.

Nichtsdestotrotz fällt die materielle Empathiebilanz positiv aus. Der Spendentrend zeigt nach oben. Seit Beginn des 21. Jahrhunderts wächst das private Spendenaufkommen in Deutschland jährlich um fast 5 Prozent, Schätzungen zufolge summierte es sich 2017 auf 8,6 Milliarden Euro. Tatsächlich lag es sogar höher, weil längst nicht alle Zuwendungen steuerlich geltend gemacht werden. Dass Spenden von der Summe des zu versteuernden Einkommens abgezogen werden können, ist als Anreiz für die Bürgerinnen und Bürger gedacht, ihr Herz und ihre Portemonnaies zu öffnen. Viele brauchen den Anreiz nicht und spenden ohne Quittung. Andere sammeln Belege und fühlen sich in ihrer Empathie offiziell bestätigt und gewürdigt.

Immer größere Summen werden dabei von transnational ausgerichteten humanitären Organisationen eingesammelt und fließen ins Ausland. Die Praxis des Mitleidens und Mitfühlens hat sich seit den 1950er Jahren globalisiert. Seit 1958 finanziert das katholische Hilfswerk Misereor mittels Spendenaktionen zur Fastenzeit Hilfsprojekte in Afrika, Asien und Lateinamerika. Ein Jahr später starteten die evangelischen Kirchen in Berlin die Aktion Brot für die Welt und nahmen auf einen Schlag neunzehn Millionen Mark in Ost und West ein (▷ Solidarität). Je mehr Beispiele und Möglichkeiten mitfühlenden Handelns es gab, desto mehr Menschen ließen sich davon inspirieren. Wer heute angesichts gezielter medialer Kampagnen und eines breiten humanitären Aktions- und Organisationsfeldes Empathie verweigert, muss das gut begründen, vor sich selber und vor anderen.

FREUDE

Deutsche, heißt es oft, können sich nicht richtig freuen. Im Vergleich zu lebenslustigen Südeuropäern gelten sie als Miesepeter und Berufspessimisten. Über »all die Miesmacher und Nörgler« beschwerten sich schon Nationalsozialisten, und die DDR pflegte sogar eine semioffizielle »Meckerkultur«. In der Bundesrepublik bemängelte Kanzler Helmut Schmidt in seiner Silvesteransprache 1977 den »Hang zur chronischen Unzufriedenheit, das Nicht-genug-bekommen-Können«. Zwei Jahre später fragte Bundespräsident Karl Carstens zu Weihnachten laut, »ob manchem unter uns nicht die Fähigkeit zum Sich-Freuen, zur Freude abhanden gekommen ist«. Auch Roman Herzog, einer seiner Nachfolger, stieß sich 1998 an der »seltsamen Freudlosigkeit, mit der wir uns oft das Leben so schwer machen«.[1]

Dabei gebe es, nicht nur zur Weihnachtszeit, viele Gründe für Freude, Zufriedenheit und Lebensgenuss. Die Menschen im Westen des Landes, erinnerte Carstens, erfreuten sich sozialer Sicherheit und persönlicher Freiheit; gerade Letztere sei »unschätzbar«. Das war mit Blick auf die DDR gesagt, deren Bürger und Bürgerinnen diese Freiheit nicht genossen, wenngleich auch dort niemand freudlos verhungern musste. Dafür fehlte östlich der Elbe, wie Staatsführung, SED und *Neues Deutschland* unaufhörlich betonten, die ▷ Angst vor Arbeitslosigkeit, die in der Bundesrepublik seit den 1970er Jahren wieder umging, mit Auf- und Abschwüngen. Die Überschriften der Neujahrsansprachen, die der Staatsratsvorsitzende – bis 1973 Walter Ulbricht – an die »Bürger der Deutschen Demokratischen Republik«

richtete, sparten dementsprechend nicht an aufmunternden Worten: »Wir schreiten fröhlich und unbeschwert ins neue Jahr!« hieß es 1964, »Wir feiern froh und einer guten Zukunft gewiß« ein Jahr später. 1969 ging man »mit Zuversicht, Lebensfreude und neuem Tatendrang dem 20. Jahrestag der Deutschen Demokratischen Republik entgegen«. 1974 wünschte Ulbrichts Nachfolger Willi Stoph »allen Bürgern unserer Republik viel Glück und Erfolg«, ab 1977 tat das, mit den gleichen Worten, Erich Honecker.[2]

1989: Jubel und andere Gefühle

Zum Jahreswechsel 1989/90 hatte sich das Blatt dramatisch gewendet. Honecker war als SED-Generalsekretär und Staatsratsvorsitzender zurückgetreten, Egon Krenz hielt nur sieben Wochen durch. Der Vorsitzende des Ministerrats Hans Modrow wandte sich mit einer ungewöhnlich kurzen Neujahrsbotschaft an die Bevölkerung. Abgedruckt wurde sie wie immer im *Neuen Deutschland*, das nun nicht länger »Organ des Zentralkomitees der Sozialistischen Einheitspartei Deutschlands« war, sondern schlicht und einfach »Sozialistische Tageszeitung«. Von Freude, Frohsinn und Glück war nicht mehr die Rede, wohl aber davon, dass die »friedliche Revolution« den »Traum« der Bürgerinnen und Bürger »von Freiheit, Demokratie und Gerechtigkeit« verwirkliche. Zwar stecke die DDR in einer ernsten Krise, doch müsse davor niemand »Furcht empfinden«. Schließlich stehe eine »bessere Zukunft« in Aussicht, sofern jeder mithelfe, »für Ordnung, ein geordnetes Leben in Stadt und Land zu sorgen«.[3]

Die Begeisterung, die die Grenzöffnung am 9. November 1989 bei vielen Menschen ausgelöst hatte, wehte nicht durch diese gesetzten Worte. Sehr viel euphorischer klang es im Westen, wo Bundeskanzler Helmut Kohl zu Silvester an die »bewegendsten Bilder« des Mauerfalls erinnerte: »Wer könnte die Freude und das Glück in den Gesichtern der Menschen, die wieder zueinander finden konnten,

122 Mächtige Gefühle

14 Freudiges Willkommen am Grenzübergang Marienborn/Helmstedt, November 1989

je vergessen?« Bundespräsident Richard von Weizsäcker stellte die »tiefe Freude« über die Geschehnisse der letzten Wochen ebenfalls in den Mittelpunkt seiner Weihnachtsansprache. Besonders wichtig war ihm, dass »buchstäblich die ganze Welt Anteil nimmt an unserer Freude des Wiedersehens«. Denn »die Aufmerksamkeit, die uns Deutschen galt, war zu meinen bisherigen Lebzeiten oft von anderen Gefühlen begleitet. Und auch heute tun wir gut daran, die Maßstäbe unserer Nachbarn nicht aus den Augen zu verlieren. Aber was wir in diesen Tagen am Brandenburger Tor in Berlin und überall in Deutschland erleben, das verbindet die Herzen der ganzen Welt. Journalisten aus der Sowjetunion, der Bürgermeister von Jerusalem, westliche Staatsoberhäupter und viele andere schrieben mir oder riefen an, um ihre Mitfreude auszudrücken. Menschen sind in ihren Gefühlen einander nahegekommen.« (▷ Empathie)

Wie lange die Freude anhielt, ist eine andere Frage. Schon 1990 fand der Bundespräsident Anlass zu mahnenden Worten. Ein »Mitbürger« aus dem Osten habe ihm geschrieben: »Mit unseren Seelen sind wir noch nicht bei euch angekommen.« Darüber, so Weizsäcker, »sollten wir alle nachdenken. Er bei uns angekommen? Warum nicht wir bei ihm? Soll er den ganzen Weg alleine gehen? Wie weit sind wir ihm denn schon entgegengegangen?« Begegnung auf halbem Weg statt Abgrenzung und Abwertung tue not, um die im Oktober besiegelte Wiedervereinigung zu einer Glücks- und Erfolgsgeschichte zu machen. Immer wieder redeten die höchsten politischen Amtsträger der Bevölkerung in Ost und West ins Gewissen: Es dürfe kein »Hüben« und »Drüben« mehr geben, die Sorgen der neuen Bundesländer müssten das »gemeinsame Anliegen aller Deutschen« sein, die »Mauern der Gleichgültigkeit« sollten abgebaut werden, Ost und West könnten »viel voneinander lernen«, wenn sie nur wollten. Zu Beginn des neuen Jahrtausends bilanzierte Bundespräsident Johannes Rau:

»In diesem Jahr haben wir uns über zehn Jahre staatlicher Einheit freuen können. Aber noch immer haben wir viele Vorurteile und Fehlurteile übereinander. Wir wissen zu wenig, wir erzählen uns zu wenig über unsere unterschiedlichen Erfahrungen und Sichtweisen.«[4]

Die Auseinandersetzungen anlässlich des 30. Jahrestags der Friedlichen Revolution haben gezeigt, dass sich 2019 daran nichts Wesentliches geändert hat. Für viele ehemalige DDR-Bürger ist die Freude von damals Makulatur – falls sie sie überhaupt jemals empfunden haben. Denn an den Protestdemonstrationen des Herbstes 1989, darauf hatte schon die letzte DDR-Regierung in ihrer Neujahrsbotschaft hingewiesen, nahmen zwar Millionen teil. Millionen andere aber schwiegen, aus unterschiedlichen Gründen. Dass sich alle Mitglieder der SED – Mitte der 1980er Jahre 2,3 Millionen – und der von ihr dominierten Organisationen aufrichtig über den Mauerfall freuten, ist nicht sehr wahrscheinlich. Selbst Parteigenossen, die sich vorher kritisch über die Verhältnisse im Land geäußert hatten, reagierten auf den Umbruch wenig begeistert. Und auch jenen Wählerinnen und Wählern, die Kanzler Kohls Verheißung blühender Landschaften im Osten glaubten und die CDU dort zunächst zur stärksten Partei machten, verging die Freude, als sie zu Tausenden und Abertausenden ihren Arbeitsplatz verloren.

Das »strahlende Antlitz« der DDR-Jugend

Zu den Wohltaten, mit denen der neue Staat aufwartete, gehörte allerdings auch die Freiheit, Freude nicht heucheln oder auf Befehl äußern zu müssen. Das war in der DDR anders gewesen. Dort erwartete man von den Bürgerinnen und Bürgern, dass sie sich nicht nur freudig, sondern vorbehaltlos begeistert zum »realen Sozialismus« bekannten. Kinder und Jugendliche wurden in diesem Geist erzogen. Schulen und Jugendverbände übten Begeisterung und Freude als staatsbürgerliche Pflicht ein, bei Fahnenappellen und Sportfesten ebenso wie bei den zahlreichen Deutschland- und Freundschaftstreffen der Freien Deutschen Jugend (FDJ).

1950 schrieb die Pionierleiterin Regina Franke aus Jena »unserem Präsidenten und Freund der Jugend Wilhelm Pieck« voller »Freude«, »mit was für einem Elan und einer Begeisterung unsere Pioniere an die Arbeit gehen. Es ist ganz gleich, ob es beim Sport, Arbeitsgemeinschaften, Schule oder bei unserm grossen Pionierauftrag ist.« Hilde Seuthe, Viertklässlerin an der St. Georgschule in Rostock, nannte Pieck den »Vati, der für alle sorgt«: »Wir sind sehr glücklich, dass Du unser Präsident bist, denn Du hast uns schon sehr viel geschenkt. Wir haben schon viel mehr zum Essen als 1945 nun können wir uns schon jeden Sonntag einen Kuchen backen. Auch Kartoffeln Brot und Gemüse gibt es schon viel mehr.« Und der dreizehnjährige Pionier Egon Krenz, der später hohe Partei- und Staatsämter bekleiden sollte, teilte Pieck freudig mit, die Wahl am 15. Oktober 1950 sei wie ein »Volksfest« und mit »Sprechchören« gefeiert worden: »Die Volkswahl ist geglückt, Adenauer wird verrückt.«[5]

Für die DDR-Spitze war es von Anfang an wichtig, die Jugend glücklich und auf ihrer Seite zu wissen, denn sie verkörperte den »sozialen Fortschritt« und den Erfolg des Sozialismus. In einem Aufruf zum 1. Mai 1946 hieß es in der CDU-Zeitung *Der Demokrat*, in der »geschlossenen Front der demonstrierenden Arbeiter« dürfe »neben den leidgeprüften Gesichtern der Männer und Frauen das zuversichtliche, strahlende Antlitz der Jugend nicht fehlen«. Plakate und Zeitungsbilder zeigten lachende Kinder und Heranwachsende, die »zukunftsfroh« in die Kamera blickten.[6] »Deutsche Jugend, bestes Streben / unsres Volks in dir vereint, / wirst du Deutschlands neues Leben«, hieß es in Johannes R. Bechers Nationalhymne. Diesem neuen Leben seien »Glück und Friede« und ewiger Sonnenschein beschieden.

Blieb der Sonnenschein aus und ließ es die Jugend an der gebotenen Begeisterung fehlen, reagierte das Regime hilflos bis panisch. Im Juni 1953, als viele Menschen in der DDR ihren Unmut über die Politik der Regierung auf die Straße trugen, beteiligten sich auch Schülerinnen und Schüler an den Protesten. Sie verweigerten Prüfungen, rissen Propagandalosungen von den Wänden, forderten ein Ende des Geschichts- und Russischunterrichts und weigerten sich, Aufsätze über Karl Marx zu schreiben. Manche setzten sich in den Westen ab, andere zerschlugen »Bilder unserer führenden Genossen«. Fazit des Pädagogischen Rates an der Oberschule Dresden-West: »Wir wandten uns zu sehr an den Intellekt der Kinder, nicht genug an das Herz und die Seele.«[7]

Dabei war die pädagogische Ansprache durchaus emotional getönt. »Demokratische Erziehung« in der frühen DDR bezweckte nicht nur »Begeisterung für den Kampf um ein einiges Deutschland« und »Erziehung zu einer neuen Arbeitsmoral«, sondern auch die »Erweckung eines realistischen und optimistischen Lebensgefühls«. »Wir brauchen Freude«, verkündete der Berliner Magistrat 1946, »wir brauchen die Gemeinschaft beim nicht leichten Aufbauwerk«. In den Jugendorganisationen sollte der Pionierleiter »mit Freude und Begeisterung« vorangehen und die Sechs- bis Vierzehnjährigen mitreißen. Besonders das gemeinsame Singen »verschönt das Leben, bringt Freude, verscheucht den Kummer und ruft zum Kampf auf«, las man 1952 in einem FDJ-Handbuch. Auch das Ministerium für Volksbildung wies 1955 in einer Lehrerdirektive darauf hin, dass der Gesangsunterricht »Freude und Begeisterung« schaffe und »damit in hohem Maße die patriotischen Gefühle« der Schüler stärke (▷ Liebe).[8]

Solche Appelle an Lebensfreude und Begeisterung verhallten nicht ungehört. Die Bereitschaft, sich nach den Kriegsjahren am »Aufbauwerk« zu beteiligen, war durchaus vorhanden, bei manchen mehr, bei anderen weniger. Im Sommer 1949 besaßen bereits 700 000 Kinder und eine Million Jugendliche die Mitgliedsbücher der Pioniere und der FDJ, das entsprach etwa einem Drittel der jeweiligen Altersgruppen. Besonders die Freizeitangebote trafen auf große Nachfrage. »Ja, ich fühlte mich gut«, erinnerte sich Ellen Fritsch später an ihre FDJ-Zeit 1948. »Ich gehörte zu ihnen. Wir sangen mit wahrer Begeisterung und Inbrunst die Lieder der beginnenden neuen Zeit.«[9] »Singend« marschierten 20 000 Jungen und Mädchen 1950 auf dem Deutschlandtreffen der Jugend in Berlin auf, zur Freude des *Neuen Deutschland*: »Das ist ein Bild! Da lacht das Herz.«[10]

Aber die Freude war nicht von langer Dauer. Schon der 17. Juni 1953 hatte Risse offenbart, die kaum durch neuerliche emotionale Zurufe an Herz und Seele zu kitten waren. Dass sich vor allem Jüngere bis

15 Pfingsten 1950: Deutschlandtreffen der Jugend in Ostberlin

zum Mauerbau 1961 zu Hunderttausenden in den Westen absetzten, spricht ebenfalls nicht dafür, dass die nachwachsende Generation das für sie vorgesehene »optimistische Lebensgefühl« tatsächlich immer teilte. Parolen und Losungen wirkten zunehmend blass und hohl, die stereotypen Bilder und Formeln erreichten viele Jugendliche nicht mehr. »Begeisterung«, erinnerte sich der Schriftsteller Günter de Bruyn an die 1970er Jahre, »wurde nur noch von denen verlangt, die aufsteigen wollten« und deshalb weiterhin ihre Fahnen schwenkten.[11]

Mit Fahnen und Fackeln zogen noch am 6. Oktober 1989 hunderttausend jubelnde FDJ-Mitglieder an der Ehrentribüne in Berlin-Mitte vorbei, um den 40. Geburtstag der Republik zu feiern. Ein junger Reporter der *Berliner Zeitung* wagte die ketzerische Frage, ob Fackelzüge noch zeitgemäß seien. »Braucht die Jugend unserer Zeit tausendstimmige Chöre, Fahnenwälder, Trommelwirbel, Hochrufe, um ihre Empfindungen auszudrücken?« Seine unketzerische Antwort lautete: Ja. Er berichtete von »Begeisterungsstürmen« bei der Begrüßung der einzelnen Bezirksdelegationen und von »Beifallsstürmen«, als der Erste Sekretär des Zentralrats das Gelöbnis der FDJ verlas. In diesem Land, endete es, »haben wir noch viel vor. Hier verwirklichen wir unsere Pläne und schaffen unser Glück. Hier arbeiten und lernen, studieren und forschen, tanzen und lieben wir.« Die FDJ-Mitglieder, die in der Zeitung zu Wort kamen, sprachen von Freude und Verbundenheit. Nur die neunzehnjährige Studentin Gabi Hansch aus Gotha bekannte: »So richtig ausgelassen feiern kann ich nicht. Weil einige nicht mehr dabei sind, viele in meinem Alter, die unser Land verlassen haben. Die im Gegenteil zu mir meinten, hier keine Perspektive zu haben. Das macht mich traurig und nachdenklich.«[12] Vermutlich trat auch sie kurze Zeit später aus der FDJ aus, so wie fast alle. Anfang 1990 waren von den 2,3 Millionen Mitgliedern nur noch 20 000 übrig geblieben, 1994 waren es geschätzte 300.[13]

Verordnete contra echte Begeisterung

Dass die offiziell anbefohlene und erwartete Begeisterung oft nur gespielt war, wusste die SED-Führung aus vielen Zuschriften, die anonym oder auch namentlich gekennzeichnet über die Stimmung in der Bevölkerung informierten. »Nicht aus Begeisterung für den Sozialismus Ulbrichtscher Prägung«, schrieb ein Ostberliner 1967 ans *Neue Deutschland*, bleibe er im Land. Besonders schlimm sei, »daß die Heuchelei großgezogen wird, kein Mensch traut sich mehr, seine wahre Meinung zu sagen, wenn es nicht ein 150 Prozent Genosse ist. Nach meiner Schätzung sind in der ganzen DDR höchstens 5–10 Prozent wirklich für die DDR. Alle anderen werden gezwungen, ständig zu heucheln. Auch Hunderttausende Genossen.« Ein Briefschreiber aus Königsbrück im Kreis Kamenz geißelte 1969 die »Atmosphäre der Unwahrhaftigkeit, der permanenten Heuchelei«: »So glauben Sie [Ulbricht] sich von Begeisterung umgeben, die jedoch keine echte Begeisterung ist. Es ist eben klug, mitzuklatschen, mitzuwinken, mitzurufen, weil es unklug wäre, das nicht zu tun und aufzufallen und sich damit zu gefährden.« Nicht einmal die Arbeit mache noch »Freude«, wenn »wir für unser gutes Geld Ausschuß und Abfall kaufen« müssen, fasste ein Anonymus seine Enttäuschung über die mangelhafte Versorgung mit Konsumgütern 1983 zusammen.[14]

»Echte« Begeisterung und Freude fanden ihren Platz mehr im Privaten, in Familie und Freizeit. Aber auch bei offiziellen Sportereignissen und Musikveranstaltungen kam Freude auf. Die großen internationalen Erfolge des DDR-Spitzensports, von der Staatsführung aus Prestigegründen massiv gefördert, riefen bei vielen Bürgerinnen und Bürgern ▷ Stolz hervor. Das wiederum freute die Regierung. Zwar beschwerten sich manche anlässlich der Münchner Olympiade 1972 über den »übertriebenen Kult unserer Medaillen-Gewinner«.[15] Doch insgesamt zahlten sich die sportpolitischen Investitionen für die DDR doppelt aus: Sie wirkten integrativ nach innen und brachten ihr bewundernde Anerkennung im Ausland ein.

Das Wunder von Bern

Weniger erfreut war das Regime 1954, als die bundesrepublikanische Mannschaft in Bern das Endspiel der Fußballweltmeisterschaft gegen den sozialistischen Bruderstaat Ungarn unerwartet gewann. Denn auch Fußballfans in Mecklenburg oder Sachsen, die das Spiel im Radio verfolgten, jubelten und waren, wie sich der damals sechzehnjährige Friedrich Karl Brauns aus Neustrelitz erinnerte, »glücklich über das 3:2 durch Helmut Rahn«.[16] Nicht ganz so glücklich wirkte der Reporter Wolfgang Hempel, der das Spiel im DDR-Rundfunk kommentierte. Aber er blieb nüchtern und sachlich, im Gegensatz zu seinem westdeutschen Kollegen Herbert Zimmermann, der sich kaum zügeln konnte:

> »Drei zu zwei führt Deutschland fünf Minuten vor dem Spielende. Halten Sie mich für verrückt, halten Sie mich für übergeschnappt. Ich glaube, auch Fußball-Laien sollten ein Herz haben und sollten sich an der Begeisterung unserer Mannschaft und an unserer eigenen Begeisterung mitfreuen und sollten jetzt Daumen halten. Viereinhalb Minuten Daumen halten in Wankdorf.«[17]

Das taten sie, bis zum Schlusspfiff. Dann, berichtete die *Frankfurter Allgemeine Zeitung*, »sanken sie zusammen wie aus einem Krampf gelöst« und stürzten auf die Straße, »um die Freude weiterzugeben, die allein nicht zu tragen war«. Fremde »hakten sich ein, umarmten sich und zeigten ohne Scham dicke Tropfen auf den Wangen, als die Nationalhymne auf internationalem Boden für einen deutschen Sieg erklang«. Die Heimfahrt der Mannschaft geriet zum Triumphzug, auf dem Münchner Marienplatz jubelten ihr hunderttausend Menschen zu.[18]

Solche öffentlichen Begeisterungsstürme blieben im Osten erwartungsgemäß aus, aber auch hier gratulierte die Sektion Fußball der DDR den bundesdeutschen Spielern »auf das herzlichste«, und die Stasi dokumentierte eine Reihe spontaner Jubelkundgebungen. Das SED-Parteiorgan *Neues Deutschland* jedoch ließ die Gelegenheit nicht aus, auf den Zusammenhang von sportlichem »Triumph« und »chauvinistischen Tönen« in Westdeutschland aufmerksam zu machen. Der mit »faschistischer Frechheit« begabte Adenauer wolle die Leistung der Fußballspieler »für seine amerikanische Propaganda« nutzen und den Sieg in Bern zum Anlass nehmen, »um die für einen neuen militärischen Raubzug notwendige Stimmung zu schaffen«. Der Dresdner *ND*-Leser W. Friedrich, der selber »lange Jahre Fußball gespielt« hatte und das »internationale Sportleben« aufmerksam verfolgte, fragte irritiert nach, was der »von Ihnen so herausgehobene Chauvinismus tatsächlich mit dem Spiel zu tun« habe. Daraufhin wiederholte die Zeitung ihre Behauptungen und warnte jeden »anständigen deutschen Sportler« davor, »an diesen Auswirkungen des Weltmeisterschafts-Endspieles gleichgültig vorüberzugehen«.[19]

Glückserwartungen in der frühen Bundesrepublik

Allerdings erwähnten der »faschistisch freche« Kanzler Adenauer und Präsident Heuss in ihren Weihnachts- und Silvesterreden 1954 das »Wunder von Bern« – so hieß es schon damals – mit keinem Wort. Kanzlerin Angela Merkel, die selten ein wichtiges Spiel der Nationalmannschaft verpasste, verhielt sich später anders und nahm in ihren Neujahrsansprachen gern darauf Bezug. Besonders freudig tat sie es 2006, nachdem das Land die Fußballweltmeisterschaft ausgerichtet hatte und seine Bewohner wochenlang in ausgelassener Feierlaune gewesen waren.[20]

Der achtundsiebzigjährige Adenauer hingegen war kein Fußballfan und fand es überhaupt unnötig, »immer wieder der Abwechslung, der Zerstreuung, dem Vergnügen nachzustreben«. Unter den Menschen, die er in seinem langen Leben kennengelernt habe, seien »diejenigen, die dem Gewinn, dem Genuß, dem Geld, der Macht nachjagten«, nicht die Glücklichsten gewesen. Auch der acht Jahre jüngere Heuss, ganz altmodischer Bildungsbürger, tadelte den zeitgenössischen Hang zum »Vergnügtsein« und organisierter »Betriebsamkeit« in Vereinen und Verbänden. Als Gegenmittel zur »seelischen Vereinsamung« empfahl er die Lektüre eines guten Buchs. Folgerichtig blieb er der rheinischen Karnevalsfröhlichkeit fern, nicht zuletzt aus »Rücksichtnahme auf die Notlage vieler Menschen und auf die Sowjetzone«.[21]

Die obersten Repräsentanten der Bundesrepublik setzten entschieden andere Akzente als die DDR-Führung, die sich mit Appellen an »Heiterkeit« und »Optimismus« überschlug und seit den 1960er Jahren »Feste der Lebensfreude« auslobte.[22] Auch der Nationalsozialismus hatte auf solche Feste großen Wert gelegt und ihnen in seinem politischen Kalender Raum gegeben. Verglichen damit nahm sich die vom strengen »Papa Heuss« gerügte »Vergemeinsamung« in Kegel-, Schützen-, Karnevals- und Sportvereinen geradezu biedermeierlich privat und zurückhaltend aus.

Anders als das »Dritte Reich«, anders auch als die DDR erwartete der bundesrepublikanische Staat von seinen Bürgern und Bürgerinnen auch nicht, dass sie sich ostentativ-begeistert zu ihm bekannten oder bei ihm bedankten. Gewünscht war ein den Gegebenheiten angepasstes Maß an persönlicher Zufriedenheit. Aus Adenauers Sicht war dieses Zufriedenheitsgefühl »die Grundlage des Glückes auf Erden«. Dafür, dass es im Wirtschaftswunderland so selten anzutreffen war, machte der christdemokratische Kanzler den »Götzen« des Fortschritts verantwortlich, den viele anbeteten. Wer nach immer mehr Geld und Genuss strebe, neige dazu, »das Erreichte gering zu erachten«, und werde »niemals zur Freude kommen«.[23]

Hier sprach ein in der Wolle gefärbter Konservativer, der manchen Begleiterscheinungen der Moderne ebenso kritisch-skeptisch wie hilflos gegenüberstand. Denn das moderne Projekt, wie es seit dem späten 18. Jahrhundert in Europa heimisch wurde, baute auf Fortschritt. Alles würde immerzu besser werden, und alle kämen in den Genuss dieser Verbesserung.

Weimarer Fortschritte: Jubel und Ablehnung

Diese Botschaft begleitete auch den Beginn der Weimarer Republik, deren Verfassung sich zu dem Ziel bekannte, den »gesellschaftlichen Fortschritt zu fördern«. Um dafür zu werben, beging die Republik seit 1921 den Verfassungstag und richtete ihn feierlich-demokratisch aus. Doch viele Zeitgenossen wollten nicht so recht an Fortschritt glauben oder stellten ihn glatt in Abrede. Freude und Begeisterung für den neuen Staat hielten sich in Grenzen. Das Wort »Vernunftrepublikaner«, 1919 von dem Historiker und »Herzensmonarchisten« Friedrich Meinecke geprägt, sprach Bände.[24]

Längst nicht alle begrüßten die »junge Volksrepublik« so »jubelnd« wie der niederbayrische Bürger Höllmüller in einem Telegramm, das er am 11. November 1918 an Kurt Eisner in München schickte. Drei Tage zuvor hatte Eisner, ein linker Sozialdemokrat, die bayrische Republik ausgerufen und war vom Arbeiter- und Soldatenrat zu ihrem ersten Ministerpräsidenten gewählt worden. Auch Pfarrer Carl Borromäus Huber aus Niedernkirchen teilte dem »hochverehrtesten Herrn Präsident« am 14. November seine »*begeisterte* und unbegrenzte Hochachtung« und seine »jubelnde Freude« mit. Fräulein R. Link brachte gleichfalls ein »Hoch« auf »unsere Republik« aus und bekundete Eisner ihre »Freude und Dankbarkeit«.

Die Gegner meldeten sich meist anonym zu Wort, wie mit diesem gereimten Appell in ungelenker Handschrift:

> »Besinne Dich mein Bayernvolk
> Woll die Vernunft bewahren.
> Der Sträfling an der Spitze dort
> verführt die blinden Scharen
> Was tat dir denn dein Königshaus
> dass du es stiesst vom Throne
> du wähnst dich frei, du armes Volk
> und folgst dem Judensohne.«[25]

Drei Monate später war Eisner tot, ermordet von einem völkisch-antisemitisch-monarchistisch gesinnten Studenten und beurlaubten Infanterieleutnant.

Hatte die Revolution 1918, die die Monarchie hinwegfegte, bei zahlreichen Menschen freudige Erwartungen geweckt, erlebten sie die 1920er Jahre mit gemischten Gefühlen. Von den »Goldenen« Zwanzigern profitierten nur jene, die genügend Geld und Unabhängigkeit besaßen, um sich den modernen, kultur- und konsumaffinen Lebensstil leisten zu können. Viele haderten mit einem politischen System, dessen Repräsentanten in rascher Folge wechselten und dessen Parteien unfähig und unwillig zu Dialog und Kompromiss schienen. In ihren Augen verkörperte der parteilose Weltkriegsgeneral Paul von Hindenburg, der sich 1925 um die Präsidentschaft bewarb, Sicherheit und Standfestigkeit. Zwar machte der damals Siebenundsiebzigjährige aus seiner antirepublikanischen Einstellung keinen Hehl. Doch wer der neuen Zeiten überdrüssig oder von ihnen enttäuscht war, sehnte sich nach einem Ersatzkaiser, der über den Parteien stand und die »Einheit des Deutschen Volkes« symbolisierte. So jedenfalls formulierte es der Medizinstudent Gerhard Heese aus Berlin-Charlottenburg 1932 in einem Brief an Hindenburg.

»Mit großer Begeisterung und vollem Verständnis« hörte die siebenundachtzig Jahre alte Veteranenwitwe Auguste Mann aus Dresden zu, als Hindenburg am 10. März 1932 im Rundfunk seine erneute Kandidatur bekanntgab. Der »alte Frontsoldat« Max Jakob aus Kaiserslautern, der der Rede »im Kreise meiner Familie mit bewegtem Herzen« gelauscht hatte, bat den Präsidenten, »endlich mit Drense & Kandare sowie eisernen Besen den politischen Hetzereien ein Ende zu bereiten, damit unser Vaterland wieder einig dastehe und die innere Selbstzerfleischung aufhört«. Er sprach vielen aus dem Herzen. Auch der »Frontkämpfer« Wilhelm Meyer aus Berlin, der sich als »treuer deutscher Staatsbürger, jüdischen Glaubens« vorstellte, war der Meinung, »dass erst das Vaterland kommt, dann die Partei«. Und Else Andersch aus dem Lichterfelder evangelischen Pfarrhaus fragte: »Wozu die Versammlungen und Propaganda! Wir wollen sein ein einig Volk von Brüdern, dieser Haß und Unzufriedenheit stürzt unser

Vaterland in einen Abgrund.« Sie selber beschäftige sich »nie mit Politik denn es gibt nur den Anlaß zur Unzufriedenheit«. Unzufrieden waren nicht wenige im Land, wie der zweiunddreißigjährige Wilhelm Bepler aus Wetzlar mitteilte. Mit seinem Hausierhandel kam er weit herum und traf mit Menschen zusammen, die »so manches vom Reich und Regierung« sagten und sich über die hohe Arbeitslosigkeit sowie die gekürzten Löhne, Renten und Sozialleistungen beklagten.[26] Unter »gesellschaftlichem Fortschritt«, wie in der Verfassung angekündigt, stellten sie sich etwas anderes vor.

Nationalsozialistische Choreographien

Fortschritt versprachen auch Adolf Hitler und seine nationalsozialistische Bewegung. Vor 1929 weitgehend bedeutungs- und einflusslos, führte ihnen die große Wirtschaftskrise eine Menge neuer Anhänger zu; der Stimmenanteil der NSDAP stieg von 2,6 Prozent bei den Reichstagswahlen 1928 auf 37,3 Prozent im Juli 1932.[27] Für Margarete Rödder aus Wiesbaden, die dem »Wirken und dem Aufblühen« der Partei »seit Jahren mit Interesse, dann mit Staunen, endlich mit immer wachsender Bewunderung« folgte, war bereits die Wahl im September 1930 »ein Tag triumpfierendster Freude«. Nachdem Hitler am 30. Januar 1933 von Hindenburg zum Reichskanzler ernannt worden war, schickte ihm die Witwe Lydia Spies aus Isenburg handgeschriebene Gedichte, die ihr »die große Begeisterung für Ihre Person und die völkische Bewegung« eingegeben habe: »Heil und Sieg! / So hallet jubelnd ein millionenfacher Schrei / Die Knechtschaft ist vorbei!« Ebenfalls mit Gereimtem gratulierte 1935 das »Hitlermädel« Anneliese Gertrud Elkar aus München: »Und die Deutschen, die jubeln und jauchzen und singen, / Lieder der Freiheit um die Wette klingen / Heil, ruft die Menge dem Führer zu, / Heil Dir o Erretter Deutschlands, Du!« Die Lektüre von *Mein Kampf*, verriet der neunzehnjährige SA-Mann Georg Eid aus Donauwörth, bereite ihm »Freude im Herzen« und verscheuche traurige Gedanken.[28]

16 Berlinerinnen und Berliner gratulieren Adolf Hitler 1937 zum 48. Geburtstag

Sicher gab es auch im »Dritten Reich« noch »Nörgler und Zweifler«, wie Erfurter Mitglieder der NS-Frauenschaft 1935 monierten. Die Hitlerjugend schrieb sich den »Kampf gegen Miesmacher und Nörgler« auf ihre Fahnen und nahm neben der linken Arbeiterjugend auch »jenen Teil der Reaktion, der aus dem deutschen Bürgertum kommt«, aufs Korn.[29] Längst nicht alle Volksgenossen waren so begeistert und freudig bei der nationalsozialistischen Sache wie die zitierten Briefeschreiber. Sowohl die Deutschland-Berichte der Sopade, der sozialdemokratischen Exilorganisation in Prag und später Paris, als auch die geheimen innenpolitischen Lageberichte des SS-Sicherheitsdienstes zeichneten die »allgemeine Stimmung« eher grauschwarz als rosarot. So war von Kriegsbegeisterung 1939 wenig zu spüren, und jubelnde, ihre Hüte schwingende Männer wie 1914 suchte man weitgehend vergebens.[30]

Trotzdem schaffte das Regime es immer wieder, die »Volksgenossen« – also jene, die seinen rassischen und politischen Vorstellungen entsprachen – auf sich einzuschwören. Es versprach Arbeitsplätze und hielt sein Versprechen durch eine forcierte Aufrüstungspolitik. Außenpolitisch spielte Hitler auf hohes Risiko, was sich für ihn auszahlte und ihm Bewunderung selbst in jenen Kreisen einbrachte, die ihm anfangs eher distanziert gegenüberstanden. Innenpolitisch verkündete er das Ende der Klassengesellschaft und setzte die »Volksgemeinschaft« symbolisch, manchmal auch faktisch ins Werk. Er verordnete Arbeitern und Angestellten »Kraft durch Freude«, ließ sie für wenig Geld ins Konzert oder auf Fahrt gehen (▷ Neugier). Das Programm »Schönheit der Arbeit« suchte Arbeitsplätze und Arbeitsumfeld schöner, sauberer, gesünder zu machen, um die »Arbeitsfreude« und damit auch die Produktivität zu erhöhen.

Zudem verstand sich Hitler darauf, den Kult um seine Person mittels direkter Ansprache zu steigern. Dazu benutzte er eine ausgeklügelte Auftrittsregie und Rhetorik, die ihre Wirkung selten verfehlte. Auf Parteitagen und anderen Massenveranstaltungen zog er die Anwesenden sofort in seinen Bann und versetzte sie in einen »tollen Rausch der Begeisterung«, wie Propagandaminister Joseph Goebbels mit Blick auf die von ihm organisierte Berliner Erste-Mai-Feier 1933 zufrieden notierte.[31] Sogar ein besonnener Schweizer wie Denis de Rougemont, der sich 1936 als Französischlektor in Deutschland aufhielt, verspürte eine »besondere Art des Erschauerns und des Herzklopfens«, als er Hitler am 11. März 1936 in der Frankfurter Festhalle erlebte. Vier Tage zuvor hatte die Nachricht vom Einmarsch deutscher Truppen ins bislang entmilitarisierte Rheinland allgemeine »Euphorie« ausgelöst. Nun versammelten sich 40 000 Menschen, um den »Führer« zu sehen und zu hören. Rougemont stand zwischen jungen Mädchen und Milizionären des Arbeitsdienstes, ärmlich gekleideten Frauen und Arbeitern. Sie alle erhoben »in einer einzigen Bewegung« den rechten Arm, als Hitler nach vierstündigem Warten auf der Schwelle erschien, begrüßt von »einem betäubenden Donnern rhythmischer Heil-Rufe«. Alle »stehen aufrecht, unbeweglich und im Takt brüllend, während sie mit den Augen auf diesen leuchtenden Punkt starren, auf dieses Gesicht mit dem ekstatischen Lächeln, und ihnen im Dunkel Tränen über die Gesichter rinnen«.[32]

Hitler war sich dieser Reaktion sicher und hatte sie zielstrebig vorbereitet: Er arbeitete mit starken Lichteffekten, schritt »sehr langsam vorwärts«, grüßte mit »bischöflicher Geste«. Sein Anschauungsmaterial bezog er von der katholischen Kirche und der sozialistischen Arbeiterbewegung. »Ich konnte selbst fühlen und verstehen«, schrieb er 1925 in Erinnerung an eine Nachkriegsdemonstration »des Marxismus« im Berliner Lustgarten, »wie leicht der Mann aus dem Volk dem suggestiven Zauber eines solchen grandios wirkenden Schauspiels unterliegt.« »Die Gemeinsamkeit der großen Kundgebung« bringe jene »Massensuggestion« hervor, die den Einzelnen zum »Glied einer Gemeinschaft« mache. Er fühle sich »in die gewaltige Wirkung des suggestiven Rausches und der Begeisterung von drei- bis viertausend anderen mitgerissen« und verlasse die Versammlung gefestigt, gestärkt und ermutigt.[33]

Ernüchterung und rechtes Maß

Nach dem verlorenen Krieg erinnerten sich viele Deutsche nur noch ungern an die Euphorie, mit der sie Hitler und seine Politik bejubelt hatten. Vor allem die Jugend fühlte sich von ihrem verehrten »Führer« verführt und enttäuscht. Gerade sie war vom Regime besonders umworben und auf seine Ziele eingeschworen worden. 1945 mit den Trümmern ihrer Wünsche und Sehnsüchte konfrontiert, zogen sich große Teile der HJ-Generation aus der Politik zurück. Für Bundespräsident Heuss war dies 1951 Anlass, in seiner Silvesteransprache vor der verbreiteten Ohne-Mich-Haltung zu warnen. Demokratie als Institution und Lebensform sei mit einer solchen Einstellung zum Scheitern verurteilt: »Sie lebt aus dem ›Mit mir‹.«[34]

Anders als die DDR verzichtete die Bundesrepublik jedoch auf organisierte Loyalitätsschauspiele mit strahlenden Kindern, kampflustigen Jugendlichen und Erwachsenen, die aus lauter Begeisterung für den realen Sozialismus noch eine unbezahlte Extraschicht arbeiteten. Westlich der Elbe erwartete man von Beamten Diensteifer und ein Bekenntnis zur freiheitlich-demokratischen Grundordnung, aber keinen demonstrativen Enthusiasmus für den Staat und seine Institutionen. Lebensfreude wurde nicht von oben verordnet und inszeniert, sondern blieb anerkannte Privatsache. Der Staat stellte lediglich die Bedingungen her, unter denen seine Bürgerinnen und Bürger ein gutes Leben führen konnten, und er verlangte dafür weder Dankbarkeit noch Liebe. Nur wenn das Meckern und Schimpfen der Unzufriedenen allzu viel Raum in der Öffentlichkeit einzunehmen drohte, meldeten sich Präsidenten und Kanzler zu Wort und warnten davor, das rechte Maß zu verlieren.

Doch wo liegt dieses Maß? Wann fühlen sich Menschen froh und zufrieden? Adenauer meinte 1954, es hätte etwas mit Erwartungen und Ansprüchen zu tun: Je mehr man sich von der Zukunft erhoffe, desto enttäuschter sei man von dem Erreichten. Die empirische Glücksforschung unserer Tage gibt ihm teilweise Recht. Sie zeigt aber auch, dass Erwartungen komplex sind und über materielle Aspirationen weit hinausgehen. So steigt die Bereitschaft, sich in Umfragen als glücklich zu bezeichnen, keineswegs linear mit einem höheren Einkommen und Lebensstandard. In der Bundesrepublik hat sich das reale, um Preissteigerungen bereinigte Pro-Kopf-Einkommen zwischen 1970 und 2000 fast verdoppelt, während die durchschnittliche Lebenszufriedenheit ungefähr auf dem gleichen Niveau verharrte. Dafür gibt es mehrere Gründe: Man gewöhnt sich rasch an ein dickeres Portemonnaie und findet es selbstverständlich, in den Genuss weiterer Einkommenssteigerungen zu kommen oder zumindest das Erreichte sichern zu können. Außerdem spielt der Vergleich mit anderen eine umso größere Rolle, je mehr Ressourcen zur Verfügung stehen. Steigt das eigene Gehalt nicht im gleichen Maße wie das der Kollegin, ärgert man sich, anstatt sich über den eigenen Zuwachs zu freuen. Dabei geht es weniger um entgangene Kaufkraft als um vorenthaltene Anerkennung und Wertschätzung.[35]

Glück und Unglück in der Konsumgesellschaft

Aber auch der allgemeine gesellschaftliche Erwartungshorizont wirkt sich auf das subjektive Wohlbefinden aus. In der modernen Konsumgesellschaft, wie sie sich in der zweiten Hälfte des 20. Jahrhunderts – in der Bundesrepublik sehr viel schneller und erfolgreicher als in der DDR – entwickelte, wachsen die Bedürfnisse und Wünsche der Konsumenten in den Himmel, und das in voller Absicht und mit politischer Unterstützung. Denn die wirtschaftliche Entwicklung hängt wesentlich von der Nachfrage der Konsumenten ab. Steigende Bedürfnisse sind der Brennstoff für die Konjunktur, die wiederum durch höhere Löhne mehr Möglichkeiten bietet, Bedürfnisse zu erfüllen und den Wachstumskurs zu halten. Das westdeutsche »Wirtschaftswunder«, seit Mitte der 1950er Jahre ein geflügeltes Wort, gewährte Vollbeschäftigung und steigende Reallöhne, mit denen Konsumgüter bezahlt werden konnten. Kühlschränke, Fernseher, Waschmaschinen und Autos hielten nach und nach Einzug in die privaten Haushalte, und seit Mitte der 1960er Jahre gehörte die alljährliche Urlaubsreise, vorzugsweise nach Italien, zum Lebensstandard breiter Bevölkerungsschichten.

Doch Konsum bedeutete auch Stress, wie die Bundesbürger rasch lernten. Mit den Autos kamen die Staus, mit den vollen Ladentischen das Gedränge beim Sommer- und Winterschlussverkauf, mit den Waschmaschinen der Druck, die Kleidung stets »fasertief rein« zu halten. Außerdem gab es nun einen permanenten Anreiz, sich mit anderen zu vergleichen. Jeder neue Modetrend weckte unweigerlich Frustrationen bei denen, die ihn sich entweder nicht leisten konnten oder damit unvorteilhaft aussahen und hämische Kommentare der Peergruppe ernteten. »Kauf dich glücklich« als beliebte Marketingstrategie verkoppelte Konsum und Wohlbefinden, schwieg sich aber über Risiken und Nebenwirkungen aus. Denn das Glück war, wenn überhaupt, von immer kürzerer Dauer und endete dort, wo die Kollegin, der Nachbar, die Mitschülerin die schickeren Klamotten trugen, das größere Auto fuhren und die exotischere Fernreise antraten (▷ Neid).

Für DDR-Bürger waren das Luxusprobleme. Trotz steigender Wirtschaftsleistung blieb das Land in punkto Konsum weit hinter der Bundesrepublik zurück. Vor allem in den 1980er Jahren häuften sich Beschwerden über hohe Preise, fehlende Konsumgüter und deren schlechte Qualität. Sie dämpften die Begeisterung, die die SED angesichts regelmäßiger ökonomischer Erfolgsmeldungen von den »Werktätigen« erwartete. Ein Ostberliner, der sich im September 1988 mit Namen und Adresse an Erich Honecker wandte, betonte, dass er »gern in der DDR lebe«. Gerade deshalb verfolge er die wirtschaftliche Entwicklung »mit großer Sorge«. Die »Unzufriedenheit in der Bevölkerung« wachse ständig, denn nach wie vor sei der Lebensstandard in der Bundesrepublik wesentlich höher als in der DDR. »Eigentlich müßte es aber doch umgekehrt sein! Wann wird das endlich verändert?« Westdeutsche stünden weder für die Waren des täglichen Bedarfs noch für Konsumgüter Schlange und könnten sich »für wenig Geld ständig preiswert und modisch kleiden. In der DDR ist das nur für die Schichten möglich, die das nötige Geld haben, um in den Exquisit- und Intershopläden einkaufen zu können.« Das sei eine »unerträgliche Situation« und liefere »Zündstoff für eine ungeahnte Explosion«.[36]

Freude und Enttäuschung

Die Explosion fand statt, und die Unzufriedenheit mit der mangelhaften Versorgungslage spielte dabei keine geringe Rolle. Doch die Begeisterung über die mit Westprodukten prall gefüllten Warenregale nach der Währungsunion, über die neuen Reisemöglichkeiten und Autos währte nicht lange. Man verglich sich erneut mit den Westdeutschen und fühlte sich zurückgesetzt, weil die Löhne und Renten niedriger waren und die Arbeitslosigkeit höher. Dass die Städte herausgeputzt, ruinierte Bausubstanz erneuert, Kulturdenkmäler restauriert, Straßen und Telefonleitungen ausgebaut wurden, fiel nicht ins Gewicht. Tschechen, Polen, Slowaken, Ungarn hatten unter der postsozialistischen Transformation sehr viel mehr zu leiden als Ostdeutsche. Die aber schauten, wie vor 1989, oftmals nur nach Westen und waren erneut unzufrieden.

In den alten Bundesländern ebbte die Begeisterung über die Wiedervereinigung ebenfalls rasch ab. 1989/90 war die Überraschung fast noch größer als die Freude gewesen. Zwar hatten Kanzler und Bundespräsidenten alle Jahre wieder an die Wunde erinnert, die die deutsche Teilung verursacht hatte. Die Teilung rückgängig zu machen, blieb als Staatsziel unbestritten, zumal das Grundgesetz das »gesamte deutsche Volk« aufforderte, »in freier Selbstbestimmung die Einheit und Freiheit Deutschlands zu vollenden«. Aber immer weniger Bürger glaubten daran, und vielen waren der eingemauerte Staat und seine Bewohner herzlich gleichgültig. Das änderte sich in dem historisch kurzen Moment des Mauerfalls.

Doch die anfängliche Euphorie wich auch westlich der Elbe bald einem verbreiteten Gefühl des genervten Unverständnisses. Dass der Osten politisch anders tickte, rief Irritationen hervor. In den neuen Bundesländern heimsten zunächst die PDS als Nachfolgepartei der SED und seit 2007 die Linke hohe Wahlerfolge ein. Seit 2015 legte dann die rechtsextreme AfD in einem Tempo und Ausmaß zu, hinter dem die alten Bundesländer weit zurückblieben. Zwar unterscheiden sich Links und Rechts grundsätzlich, was ihre Einstellung zu Migration und Rassismus angeht. Aber sie gelten als Sammelbecken der chronisch Unzufriedenen und treffen sich in ihrer Europa-Skepsis und Russland-Neigung. Für beides gibt es im Westen wenig Gegenliebe.

Drei Jahrzehnte nach dem Mauerfall ist also von der gemeinsamen Begeisterung, die damals um die Welt ging, nicht viel übriggeblieben. Trotzdem bleibt sie in der Erinnerung haften – und regt dazu an, den Wechsel von Freude und Enttäuschung, von Euphorie und Unzufriedenheit in einen größeren Kontext zu stellen. Die Geschichte des 20. Jahrhunderts hat Deutschen nicht allzu viele Anlässe zu kollektiver Freude geboten. Feierten andere Länder das Ende der beiden Weltkriege mit jährlich wiederholten Siegesparaden und Feuerwerk, versank Deutschland in Trauer und Besinnung oder ging schweigend darüber hinweg. Selbst die DDR, wo der 8. Mai als »Tag der Befreiung vom Faschismus« zwischen 1950 und 1967 ein gesetzlicher Feiertag war, vermochte ihre Bürgerinnen und Bürger nicht recht in Feierlaune zu bringen. Als Bundespräsident Richard von

Weizsäcker 40 Jahre nach Kriegsende ebenfalls vorschlug, die Kapitulation nicht als Niederlage, sondern als Befreiung zu würdigen, hatte er historische Reflexion, aber keinen überschäumenden Jubel im Sinn. Ein »Gedenktag« ist der 8. Mai mittlerweile in zwei Bundesländern. Ob er jemals ein Tag des Feierns sein wird, steht in Frage.

Ohnehin tut sich die Bundesrepublik seit jeher schwer mit nationalen Festen und Jubelchoreographien. Hingegen war der politische Feiertagskalender im »Dritten Reich« und in der DDR reich gefüllt. Beide Regime unternahmen große Anstrengungen, ihre Bürgerinnen und Bürger regelmäßig in Begeisterung zu versetzen, diese gezielt zu inszenieren und auf ihre ideologisch-politischen Ziele auszurichten. Beide aber waren darin auf Dauer nur begrenzt erfolgreich. Demokratien gehen zu solchen verordneten Ovationen auf Abstand. Sie haben zwar die Zufriedenheit ihrer Bürgerinnen und Bürger im Blick und betrachten es als Aufgabe der Regierung, die äußeren Bedingungen dafür herzustellen. Ob und wie Menschen sie nutzen, ist jedoch deren eigene Sache.

Dass sie Freude primär im Privaten zeigen und das »kleine Glück« in der Familie oder im Freundeskreis schätzen, ist normal und üblich. Darin unterscheiden sich Ostdeutsche nicht von Westdeutschen und Deutsche nicht von Italienern oder Skandinaviern. Wer sie im Karneval, im Fußballstadion oder bei Popkonzerten beobachtet, käme nicht auf die Idee, eine miesepetrige Spezies vor sich zu haben. Selbst Arbeitsfreude ist kein Fremdwort. Nur wenn es um Politisches geht, sinkt der Freudepegel, und das hat mit der Erfahrung zu tun, wie oft Begeisterung in der Geschichte des 20. Jahrhunderts politisch manipuliert und instrumentalisiert worden ist.

Manche Nationen haben es geschafft, private und öffentliche Glücksmomente zusammenzuführen. Aber auch ihnen gelingt das meist nur einmal im Jahr. Wenn Franzosen oder Amerikaner ihre Nationalfeiertage begehen, sind sie ausgelassener Stimmung und tragen die Landesfarben im offiziellen Programm ebenso wie beim anschließenden Boulespiel oder Barbecue. Ob Deutsche ein ähnlich fröhliches und entspanntes Gefühl zum 3. Oktober entwickeln, wird sich zeigen. Derzeit sieht es noch nicht danach aus.

GEBORGENHEIT

In einem internationalen Wettbewerb, den das Goethe-Institut und der Deutsche Sprachrat 2004 auslobten, wurde »Geborgenheit« zum zweitschönsten Wort der deutschen Sprache gekürt, übertroffen nur noch von »Habseligkeiten«.[1] Die Teilnehmenden hatten es ausgewählt, weil es ein unendlich warmes und tiefes Gefühl des Aufgehobenseins, der Zugehörigkeit und umsorgten Sicherheit ausdrückte. Dieses Gefühl bildete sich vor allem in der Familie und in den eigenen vier Wänden. Manche fanden Geborgenheit in der Sprache, in der Literatur oder in der Natur. Andere assoziierten sie schlicht mit Heimat, einem ebenso emotional getönten Begriff.

Aber Geborgenheit und Heimat sind nicht nur Privatsache. Spätestens 2018 wurde ihre bundespolitische Dimension manifest. Denn seitdem kümmert sich die Regierung in einem Heimatministerium um die »Geborgenheit« der Deutschen. In Zeiten globaler Umbrüche und rasanter Veränderungsgeschwindigkeiten will der Staat seinen Bürgerinnen und Bürgern ein Gefühl der Zusammengehörigkeit und des Zusammenhalts vermitteln, wie Horst Seehofer in seiner ersten Pressekonferenz als Minister betonte. Deshalb legte er großen Wert darauf, das Ministerium, das unter seinen Vorgängern schlicht Bundesministerium des Innern hieß, durch eine neue Abteilung zu erweitern. Befragt, was er unter Heimat verstehe, antwortete er kurz und bündig: »Heimat ist der Ort, an dem wir uns zuhause und geborgen fühlen.« Und fügte hinzu, es sei völlig in Ordnung, dass und wenn Menschen mehrere Heimaten besäßen.[2]

Mit diesem Nachsatz wollte Seehofer die Debatte beenden, die die Umbenennung ausgelöst hatte. Kritiker hatten sich an dem Heimatbegriff gestoßen und vermutet, er signalisiere eine Rückkehr zur urdeutschen Nabelschau, von der Zugewanderte automatisch ausgeschlossen seien. Dieses »Missverständnis« rückte der Minister in seiner Antrittsrede vor dem Parlament zurecht: »Bei Heimat geht es nicht um Folklore, Brauchtümelei oder ▷ Nostalgie. Wer dies so versteht, der hat die Zeichen der Zeit nicht erkannt. Bei Heimat geht es um die Verankerung und Verwurzelung, um ein kulturell angestammtes Umfeld in einer globalisierten Welt. Es geht schlicht und einfach um Zusammenhalt, um Geborgenheit, um den Halt, den jeder Mensch in unserem Lande braucht.«[3]

Geborgenheit und Heimat wurden also auch ministeriell miteinander verkoppelt und politisch aufgeladen. Beide Worte sind schwer in andere Sprachen übersetzbar, denn sie transportieren und verweisen auf tief in die deutsche Geschichte eingelassene Bedeutungsschichten. Eine Zeitlang sah es so aus, als ob diese Schichten abgetragen worden seien. Geborgenheit, argumentierte der Soziologe Franz-Xaver Kaufmann 1970, entspreche den »soziokulturellen Bedingungen archaischer Kulturen«. Solche Bedingungen und »Bewußtseinszustände« seien in der Gegenwart allenfalls noch in »ländlichen Gebieten« anzutreffen. Auch Bundespräsident Walter Scheel räumte 1977 ein, das Wort klinge wohl »für manchen etwas seltsam«.[4] Die aktuelle Debatte jedoch beweist, dass sich das Wort über die Jahrzehnte gerettet hat. Auch das damit verbundene Gefühl ist nicht verschwunden, hat sich aber merklich verändert und verschoben.

Familie, Heimat, Nation im Ersten Weltkrieg

Dieses Gefühl wird immer dann zum Thema, wenn es gefährdet scheint. So war es im Ersten Weltkrieg, als der deutsche Soldat ins Feld zog, um mit der bedrohten Heimat den Ort und die soziale Konstellation zu schützen, an dem und in der er sich geborgen fühlte.

Heimat meinte zunächst den engeren Gesichtskreis jedes einzelnen, den Landstrich, in dem er aufgewachsen war, seine Familie und sein soziales Umfeld. Aber Heimat war auch das größere Vaterland, die Nation, der der Soldat angehörte und deren ▷ Ehre er auf dem Schlachtfeld verteidigte.

Von dieser Nation, die alle Deutschen jenseits ihrer regionalen und lokalen Verwurzelung umfasste, war im 19. Jahrhundert oft und immer öfter die Rede gewesen. Im 1871 gegründeten Deutschen Reich fand sie ihre territorialstaatliche Form. Selbst wenn sich landsmannschaftliche Bindungen und dynastische Anhänglichkeit in Mecklenburg und Württemberg, Bayern und Sachsen, Hessen und Preußen erhielten, überwölbte sie ein gesamtstaatliches Zugehörigkeitsgefühl. Es stellte sich zwar nicht von allein ein und bedurfte stützender Maßnahmen und Institutionen: einer gemeinsamen Flagge, eines Kaisers und Reichskanzlers, einer nationalen Flotte und eines in allen Bundesstaaten geltenden Rechts. Aber spätestens im August 1914, als Wilhelm II. die Nation zum Krieg rief, schienen alle »Stammesunterschiede« überwunden und das deutsche Volk gegen den »Ansturm feindlicher Kräfte« und deren »Übelwollen« geeint.[5]

Bevor die Feinde mit dem Ansturm begannen, setzten sich die deutschen Armeen in Marsch und fielen in die benachbarten Länder ein. Der vierjährige Kampf an der Ost- und Westfront fand fast ausschließlich auf fremdem Boden statt: in Frankreich und Belgien, im Baltikum und in Russisch-Polen. Die eigene Heimat war weit entfernt, blieb aber den Soldaten, die sie schützen sollten, durch Heimat-Urlaube, Heimat-Briefe, Heimat-Bilder, Heimat-Gedichte, Heimat-Erzählungen präsent. In Poesie, Literatur, Malerei und Graphik war Heimat seit der Romantik mit Natur, Landschaft, dörflicher Idylle, lokalem Dialekt, Sagen und Kirchenbauten verbunden. 1914 nahm sie zudem einen entschieden femininen Klang an, warteten doch »daheim« Mütter, Bräute und Ehefrauen auf die Heimkehr der Soldaten. Sie waren es auch, deren »Ehre« die Feinde bedrohten und die deshalb männlich-wehrhaften Schutzes bedurften.

146 Mächtige Gefühle

17 Aufruf zur Zeichnung von Kriegsanleihen 1918

Abschied hieß eins der zahllosen Kriegsgedichte, am 4. August 1914 im *Ingolstädter Tagblatt* abgedruckt:

> »Lebe wohl Du teure Heimat! Lebe wohl Du heiliger Herd! Wir ziehen hinaus, um in dem uns ruchlos aufgezwungenen Kriege unsere höchsten Güter zu verteidigen. Weint nicht, ihr herzensguten, deutschen Frauen, weint nicht Ihr Bräute und Schwestern! Wir retten Eure Ehre mit unserem Herzblute!«[6]

Mütter, Bräute, Schwestern, Heimat und Vaterland verschmolzen hier zu einem unentwirrbaren Identifikationsknäuel. Das war zwar nichts prinzipiell Neues, gewann jedoch in den langen Kriegsjahren für Millionen Männer eine unmittelbare Erfahrungsqualität, die sich frühere Generationen nur hatten herbeidichten können.

Längst nicht alle aber litten unter der Abwesenheit der Heimat. Ernst Jünger, der sich 1914 neunzehnjährig aus »Abenteuerlust« freiwillig zu den Fahnen gemeldet hatte und den Krieg vier Jahre lang an der Westfront erlebte, fühlte sich dort alles andere als unwohl.

Weder in seinem Tagebuch noch in dem darauf fußenden Erlebnisbericht *In Stahlgewittern*, 1920 erstmals erschienen, ging er näher auf seine Heimaturlaube ein. Lediglich im Frühling 1915, als er verwundet im Lazarettzug nach Heidelberg fuhr, beschlich ihn angesichts der »von blühenden Kirschbäumen bekränzten Neckarberge (...) ein eigentümliches, starkes Heimatsgefühl. Wie schön war doch das Land, wohl wert, dafür zu bluten und zu sterben. So stark hatte ich seinen Zauber noch niemals gespürt.« Ein Jahr später, als er mit einer weiteren Verletzung in ein Geraer Garnisonslazarett eingewiesen wurde, ging ihm das »neugierige Gegaffe eines Hintertreppenpublikums« deutlich auf die Nerven. Er war ungeduldig und unzufrieden, dass die Wunde »nicht so schnell wie ich wohl möchte« heilte. Denn »es drängt mich, nicht zuviel Zeit in Deutschland zu vertrödeln, wenn ich ein paar Tage in Hannover und zu Hause gewesen bin, kann ich es draußen schon wieder ein Jahr aushalten.« Draußen – das war die Gemeinschaft der Kameraden: »Es war, als ob ich in den Kreis einer Familie zurückkehrte.« In ihr fand er zwar keine mütterliche Geborgenheit, dafür aber eine brüderliche Kampf- und Verantwortungsgemeinschaft, in der einer für den anderen mit seinem Leben einstand. Sie war Heimat fernab der Heimat, emotional intensiv und überlebensnotwendig.[7]

Heimatgefühle links und rechts

Heimat, in welcher Definition auch immer, war für die Soldaten wesentlich wichtiger und konkreter als Staat und Nation. Letztere, notierte Jünger 1922, seien »unklare Begriffe«. Was Heimat bedeute, wisse dagegen jeder: »Heimat, das ist ein Gefühl.«[8] Es gehörte allen, Linke empfanden es ebenso wie Rechte. 1929 beschrieb Kurt Tucholsky seine Heimatliebe als ein Gefühl »jenseits aller Politik«. Es gelte weder dem Staat noch dem Vaterland, sondern dem mit Kindheitseindrücken angereicherten »Privat-Deutschland«. Für den einen liege es in den Bergen, für den anderen an der See und für den dritten dazwischen. Aber dabei ließ es der streitbare Journalist nicht bewenden. Selbstbewusst reklamierte er das ganze Land als seine Heimat, da er dort geboren sei und die Sprache spreche.

An dieser Stelle wurde Tucholskys Heimatliebe dann doch eminent politisch. Denn energisch verwahrte er sich gegen jene Kreise, »die sich ›national‹ nennen« und vorgeben, »dieses Land und seine Sprache für sich gepachtet« zu haben. Dazu zählte er die Anhänger der Deutschnationalen Volkspartei und des Stahlhelm, der ihr verbundenen paramilitärischen Veteranenorganisation. Nationalsozialisten, die ihre großen Wahlerfolge damals noch vor sich hatten, erwähnte er bezeichnenderweise nicht.

Wenn sich Tucholsky, der gegen alles »Vaterländische« und Patriotische samt Fahnen und gezückten Schwertern immun war, die Heimatliebe nicht nehmen lassen wollte, sprach er nicht nur für sich selber. Er schloss auch »Kommunisten, junge Sozialisten, Pazifisten, Freiheitliebende aller Grade« ein, die ohne Säbelrasseln an ihrem Heimatland hingen. Er hätte Juden ebenfalls dazuzählen können. Denn als Sohn jüdischer Eltern war er, obwohl 1911 aus dem Judentum »ausgetreten«, durchaus sensibel für die rassistischen Anfeindungen, die Juden schon lange vor 1933 zu gewärtigen hatten.[9] Bereits im Ersten Weltkrieg hatten nationalistisch-völkische Kreise Zweifel an deren staatsbürgerlicher Loyalität gesät. Die antisemitische Stimmung setzte sich in den 1920er Jahren fort und fand unter politisch Rechtsstehenden große Resonanz.

1923 unterbreitete ein Nürnberger Handwerker der bayrischen Regierung drei Vorschläge, wie »unser armes geplagtes Volk vor noch mehr Unheil und Ungerechtigkeit zu bewahren« sei. Neben der Ausweisung von Ausländern und der Bekämpfung des (jüdisch konnotierten) Wuchers solle »allen Juden der Weg dahin gezeigt werden, wohin sie gehören: nach ›Jerusalem‹. Das ist ihre wahre Heimat und dahin gehören sie auch.«[10] In der Zeitschrift *Unser Vaterland. Monatsschrift für alle Deutschen* veröffentlichte der Herausgeber und Heimatforscher Johann Baptist Laßleben 1924 den Text eines Obersten a. D., der klarmachte, dass keineswegs alle Deutschen zu diesem Vaterland zählten. Das »deutsche Volk« unterschied er von jenen

»deutschen Staatsbürgern undeutschen Wesens und Blutes«, die 1919 eine »würdelose Verständigungs- und knechtselige Erfüllungspolitik« betrieben hätten. Ihnen sprach er den »Sinn für Heimat und Vaterland und eine Liebe zu beiden« ebenso ab wie die nationale und persönliche ▷ Ehre.[11]

Das sah der Münchner Jurastudent Hans Bloch anders. Bloch, der aus einer bürgerlichen jüdischen Familie stammte, war 1915 als neunzehnjähriger Freiwilliger für Deutschland in den Krieg gezogen und dort mit dem Eisernen Kreuz II. und I. Klasse ausgezeichnet worden. Nach dem Krieg beschrieb er das »Haus der Deutschen« so:

»Deutsch ist, wem seine Mutter ein deutsches Lied gesungen hat. Deutsch ist, wer deutsch redet und in deutschen Worten denkt. Die Sprache schafft das Volk und umgrenzt seinen Kreis. Rasse war einst, in der Vorzeit. Sie ward längst zum Traum. Landschaft, Heimat ist stärker. Sie gibt Farbe und Musik. Geschichte ist schwer von Gewicht. Sie zeigt die Grenzen und die Bestimmung.«[12]

Ähnlich formulierte es der Verband israelitischer Gemeinden, als er sich 1922 »mit schwerster Sorge« an den bayrischen Ministerpräsidenten wandte. Was ihm Sorge bereitete, war der Aufschwung der deutsch-völkischen Bewegung in der Reichswehr, aber auch und vor allem »in den Schulen, bei Lehrern und bei Schülern«. Vielerorts würden jüdische Kinder »Märtyrer ihres Glaubens und ihrer Abstammung«: »Der Begriff des Deutschseins, der Begriff der nationalen Gesinnung, früher Allgemeingut aller Deutscher, wird von völkisch gesinnter Jugend in alleinigen Beschlag genommen und völkisch umgedeutet.« Dagegen setzte der Verband sein eigenes Bekenntnis zu Nation und Heimat: »Wichtiger als blosse Schlagworte von Rasse und Blutgemeinschaft scheint uns das gemeinschaftliche Erleben von Freud und Leid durch die Jahrhunderte auf dem nämlichen Boden in gemeinsamer Sprache und Kultur.« Wollten die Völkischen diese »Kulturgemeinschaft« auflösen, stellten sie die Existenz der Juden in Deutschland in Frage.[13]

Exil als Entborgenheit

Es dauerte nur elf Jahre, bis sich die Existenzfrage für jüdische Deutsche nicht bloß in rechtsgerichteten Jugendgruppen, Studentenverbindungen und Wehrverbänden, sondern von Staats wegen stellte. Viele, die das Land nach 1933 verließen, nahmen das Gefühl des Heimatverlustes oder besser: der Heimatenteignung mit ins Exil. Sie legten Wert darauf, auch in der Emigration Deutsch zu sprechen, gründeten deutsche Zeitungen und hielten an typischen Gepflogenheiten wie Kaffee und Kuchen am Nachmittag fest. Als die 1915 in Heilbronn geborene Alice Rosenthal, verheiratete Schwab, die ihre Heimatstadt 1937 verlassen und sich in England ein neues Leben aufgebaut hatte, 2001 hochbetagt starb, wollte sie »hoim«. »Heim« war für sie nicht etwa das, was ihre Kinder dafür hielten, nämlich London, wo sie mehr als sechzig Jahre lang gelebt hatte. Es war Heilbronn, wo ihre Familie verwurzelt gewesen und wo sie aufgewachsen war und ihre Kindheit und Jugend verbracht hatte.[14]

Kindheitserinnerungen, darauf hatte auch Tucholsky hingewiesen, spielten für das Heimatgefühl eine zentrale Rolle. Gerüche, Geräusche, Topographien, Lichteinwirkungen, die vertraute Sprache oder der Dialekt, alltägliche Familienrituale und soziale Gewohnheiten fügten sich zu einem Bild heimatlicher Geborgenheit, aus dem negative Erfahrungen meist ausgeblendet blieben. Dass Alice Rosenthal 1933 den antisemitischen Boykott gegen das Weingeschäft ihres Vaters miterlebt hatte, hinderte sie nicht daran, die Stadt als ihre Heimat zu betrachten und sich am Ende ihres Lebens, als sie das erlernte Englisch fast völlig vergessen hatte und nur noch Schwäbisch sprach, dahin zurückzusehen. Für sie war Heimat tatsächlich, wie Jünger es formuliert hatte, ein Gefühl, das sie zeitlebens nicht verließ, auch wenn sie ihm erst kurz vor ihrem Tod Raum und Ausdruck geben konnte und wollte.

Zu einem biographisch früheren Zeitpunkt hatte sich der fast gleichaltrige Jean Améry mit diesem Gefühl auseinandergesetzt. 1912 in Wien als Hans Mayer in einer jüdischen Familie geboren, verließ er Österreich Ende 1938 mit seiner Frau in Richtung Belgien. Die

Emigrationserfahrung reflektierte er 1966 in dem Text *Wieviel Heimat braucht der Mensch?* Er sprach über sein Heimweh, das er erstmals und »durchdringend« Anfang 1939 verspürt und das ihn seitdem nicht mehr verlassen habe. Er erinnerte das Gefühl, ganz und gar »entborgen« zu sein, als er vor dem Antwerpener jüdischen Hilfskomitee um die wöchentliche Unterstützung anstand. Anders als jene, die in ihrer Religion, ihrem Reichtum oder ihrem Ruhm einen »mobilen Heimatersatz« fanden und sich dort »geborgen« fühlen konnten, nahm er sich als vollkommen »verloren« wahr und begriff in diesem Moment, »wie dringend der Mensch eine Heimat braucht«, vor allem dann, wenn er keine mehr hat.

Auch für Mayer/Améry war diese Heimat »Kindheits- und Jugendland«, eine »neue Heimat« gab es nicht. Aber auch die alte existierte nicht mehr, nachdem ihm bedeutet worden war, dass das, was er für Heimat gehalten hatte, »niemals unser Besitz gewesen war«. Eine Rückkehr nach Österreich schloss er, der 1945 aus dem KZ Bergen-Belsen befreit wurde, rigoros aus und nahm seinen Wohnsitz in Brüssel. Gleichwohl ging er seine zweite Ehe 1955 in Wien ein, und in Salzburg setzte er seinem Leben 1978 ein Ende. Begraben wurde er »ehrenhalber« auf dem Wiener Zentralfriedhof.[15]

Heimat-Vertriebene

Am Anfang seiner Heimatreflexionen hatte Améry versucht, den eigenen Geborgenheitsverlust von dem einer anderen Gruppe Vertriebener zu unterscheiden, die damals in der deutschen Öffentlichkeit ungleich mehr Aufmerksamkeit genoss. Die zwölf bis vierzehn Millionen Flüchtlinge und Vertriebene, die zwischen 1945 und 1950 ihre Wohnorte östlich von Oder und Neiße verließen und aus der Tschechoslowakei, Ungarn, Rumänien oder Jugoslawien ausgewiesen wurden, verloren zwar auch »ihren Besitz, Haus und Hof, Geschäft, Vermögen oder auch nur einen bescheidenen Arbeitsplatz, dazu das Land, Wiesen und Hügel, einen Wald, eine Stadtsilhouette,

152 Mächtige Gefühle

18 Neue Heimat für neue Bürger: SED-Wahlwerbung 1946

die Kirche, in der man sie konfirmiert hatte«. Aber sie verloren sie an und durch Fremde. Den jüdischen Emigranten hingegen war ihre Heimat durch die eigenen Landsleute enteignet worden: durch »den Kameraden von der Schulbank, den Nachbarn, den Lehrer«, die unversehens zum Denunzianten oder Schläger, »bestenfalls« zum »verlegenen Abwarter« geworden waren. Auch deshalb verlangte die Heimat später nicht »nach unserer Wiederkehr« und empfand sie, im unwahrscheinlichen Fall des Vollzugs, als »Verlegenheit«.[16]

Nun hieß man auch diejenigen, die ihre Heimat in den ehemaligen deutschen Ostgebieten oder im tschechischen Sudetenland verlassen mussten, nicht gerade überschwänglich willkommen. In der DDR war die Vertreibungserfahrung ein politisches Tabu und wurde in Begriffen wie »Umsiedler« und »Neubürger« neutralisiert. Heimatverlust durfte, wenn überhaupt, nur im Privaten betrauert werden, wie in dem selbstgereimten Gedicht, das die einundsechzigjährige Rentnerin Gertrud Kober 1950 an Präsident Wilhelm Pieck schickte:

»Heimat Heimat wie warst du so schön
ach könnt ich dich noch einmal wieder [sehn]
dort wo meine Wiege stand das war mein Heimatsort
und es ist gar lang schon her daß wir von dort sind fort
doch die Erinnerung die bleibt mir stets gewiß
daß ich mein schönes Schlesierland mein liebes Liegnitz
nie vergiß.«[17]

In der Bundesrepublik spielten Vertriebene denjenigen in die Hände, die die erzwungene Migration als Beleg kommunistischer Brutalität und Menschenverachtung brandmarkten und für ihre Kalte-Kriegs-Propaganda nutzten. So gut sie ideologisch-politisch zu instrumentalisieren waren, so schwierig gestaltete sich ihre faktische Integration oder, wie man damals sagte, Eingliederung. Die aufnehmende Bevölkerung reagierte auf die zugezogenen »Polacken«, die oftmals eine andere Religion, andere Verhaltens-, Ess- und Sprechweisen und einen anderen Dialekt mitbrachten, nicht selten mit Abwehr, Verachtung und Exklusion. 1950 nannte es Bundespräsident Heuss in seiner Silvesteransprache eine »Schande«, dass sich »ein Verein oder eine Partei der ›Einheimischen‹ gegen die Flüchtlinge gebildet« habe. Diese Bemerkung brachte ihm eine große Zahl kritischer Zuschriften vor allem aus Schleswig-Holstein ein. Dort kamen auf vier »Einheimische« drei »Fremde«, und die Konflikte waren mit Händen zu greifen. Da die Flüchtlinge im Bund der Heimatvertriebenen und Entrechteten (BHE) eine machtvolle Interessenvertretung besaßen – er kam bei den Landtagswahlen 1950 aus dem Stand auf knapp 24 Prozent aller Wahlstimmen und war damit nach der SPD die zweitstärkste Partei –, schien es den Alteingesessenen legitim, ihre Anliegen in einer eigenen Organisation, der Schleswig-Holsteinischen Gesellschaft, zur Sprache zu bringen.[18]

Seit Mitte der 1950er Jahre entspannte sich die Lage. 1959 attestierte der völkische Publizist Max Boehm den Neuankömmlingen »seelische Eingewöhnung«, »Wiederverwurzelung« und eine »Verzwitterung des Heimatbewußtseins«. Leider laufe dabei, so Boehm bedauernd, »die alte Heimat Gefahr, immer mehr in den Hintergrund der Gefühle zu geraten«.[19] Die Vertriebenenparteien und -verbände teilten das Bedauern, denn ihr Ziel war es, die Erinnerung an und den Anspruch auf die »alte Heimat« zu bewahren. 1950 hatte die *Charta der Heimatvertriebenen* das »Recht auf die Heimat als eines der von Gott geschenkten Grundrechte der Menschheit« bezeichnet. Zugleich forderte sie von der Aufnahmegesellschaft, »Mitverantwortung« für das Schicksal der Vertriebenen zu empfinden und deren schweres Los zu erleichtern (▷ Empathie, ▷ Solidarität). Der 1952 beschlossene milliardenschwere Lastenausgleich und das Bundesvertriebenengesetz von 1953 gaben dieser Mitverantwortung eine materielle und rechtliche Form.

Trotzdem blieben Vertriebenenpolitiker bei ihren Forderungen nach »Lebensraum im Westen, Heimatrecht im Osten«, wie es 1964 der anfangs bei der CDU, dann im BHE und schließlich im Umkreis der rechtsextremen NPD aktive Linus Kather formulierte.[20] Aber auch in der SPD hatte man durchaus Verständnis für die Belange der Vertriebenen. In einem Grußtelegramm zum Kölner Schlesiertreffen 1963 bekannte sich der Parteivorstand – Willy Brandt, Herbert Wehner und Erich Ollenhauer – zum Selbstbestimmungsrecht der Völker: »Verzicht ist Verrat, wer wollte das bestreiten.« Das Recht auf Heimat könne man nicht »für ein Linsengericht verhökern«.[21] Wenige Jahre später warfen Vertriebenenpolitiker Willy Brandt Verrat vor, als er als Bundeskanzler im Warschauer Vertrag von 1970 die Westgrenze Polens als unverletzlich anerkannte und Gebietsansprüche ausschloss.

Heimat und die ihr beigeordneten Gefühle von Geborgenheit und Zugehörigkeit waren in der Bundesrepublik bis in die 1970er Jahre hinein politisch hart umkämpft. Anders als im 19. Jahrhundert, als das Heimatrecht lediglich in der juristischen Sprache zuhause war – als Recht, von der Herkunftsgemeinde bei Armut unterstützt zu werden –, erlebte es nach 1945 eine starke emotionale Aufladung, die das innenpolitische Klima schwer belastete. Ende Oktober 1970 wurde auf einer von Rechtsradikalen organisierten Kundgebung in Würzburg mit 3000 Teilnehmern ein Transparent mit einem Galgen für den Bundeskanzler gezeigt. Demonstranten skandierten: »Willy

Brandt an die Wand – Hängt den Verräter – Deutschland wird nicht verschenkt, eher wird Willy Brandt gehenkt« (▷ Wut).[22]

Dessen ungeachtet waren die meisten Vertriebenen mittlerweile in der neuen Heimat angekommen. Sie verstanden sich immer weniger als »Heimatlose« und »Fremdlinge auf dieser Erde«, wie die *Charta* sie genannt hatte. Und auch deren pathosgetränkte Feststellung »Den Menschen mit Zwang von seiner Heimat trennen, bedeutet, ihn im Geiste töten« ging an ihrer Lebenswirklichkeit vorbei. Sie schlossen sich den lokalen Gesangs- und Sportvereinen an, marschierten in Schützenuniform durchs Dorf und sangen, sofern die Konfession stimmte, im Kirchenchor mit. Daneben pflegten sie eigene volkskulturelle Traditionen, die sie in Liedern, Trachten, Erinnerungsbüchern und auf »Heimattagen« lebendig hielten. Spätestens in den 1960er Jahren träumte kaum noch jemand davon, dauerhaft in die alte Heimat zurückzukehren, zumal die dortigen wirtschaftlichen Verhältnisse, abgesehen von den politischen Umständen, alles andere als attraktiv waren.

Unter jungen Leuten und bei den nach 1945 Geborenen war das vielbeschworene »Heimatrecht« ohnehin ein bloßes Phantom. Sie redeten in der regionalen Mundart und lernten im »Heimatkunde«-Unterricht die Geschichte ihres Wohnortes und seiner Umgebung kennen. Wenn sie im Kino einen »Heimatfilm« – ein in den 1950er Jahren beliebtes Genre – anschauten, erlebten sie mit, wie ein schlesisches Flüchtlingsmädchen aller dramatischen Konflikte zum Trotz seinen einheimischen Förster fand (*Grün ist die Heide*, 1951).[23] Solche »Mischehen« schlossen 1960 drei von vier Heiratswilligen mit Vertriebenenausweis, und immer weniger beantragten diesen Ausweis noch für ihre Kinder.[24]

Unbehaustheit

Von einer Tötung »im Geiste« und einem Fremdlingsdasein, wie es das »Grundgesetz« der Heimatvertriebenen 1950 formuliert hatte, war also schon bald kaum noch die Rede. Auffällig ist, wie nahe die *Charta*-Sprache der damals beliebten Intellektuellenwendung von der Unbehaustheit des Menschen kam. Ausgegraben hatte sie der als Lyriker und Literaturkritiker bekannt gewordene Hans Egon Holthusen 1951 für den Titel eines Essaybandes. Holthusen, 1913 in Schleswig-Holstein geboren, war 1933 in die SS eingetreten und während des Krieges Nachrichtensoldat in der Wehrmacht. Nach 1945 stilisierte er die Unbehaustheit, die bereits Goethes Faust nicht unbekannt gewesen war, zum Lebensgefühl des modernen Menschen in seiner »Entwurzelung« und »schwindelerregenden Unsicherheit«.[25] Bei der Kriegsgeneration fanden solche Topoi Anklang. Wolfgang Borchardts Drama *Draußen vor der Tür*, das als Hörspiel und Theaterstück seit 1947 Erfolge feierte, stellte mit dem von Gott und Heimat (in Gestalt seiner Frau) verstoßenen Kriegsheimkehrer Beckmann eine Figur in den Mittelpunkt, in der sich offenbar viele Männer wiedererkannten.[26]

Der existenzialistische Tenor dieser Literatur passte zum Geist der Zeit. Wer als Wehrmachtssoldat oder in der SS schuldig geworden war, konnte in Martin Heideggers Sprachbild der »Geworfenheit« eine hilfreiche Entlastung finden. Noch 1966, als seine SS-Vergangenheit publik wurde, tat Holthusen sie als Erfahrung der »Entpolitisierung« ab; als Beitrittsmotiv gab er Eitelkeit, Elitismus und die »chice« schwarze Uniform an.[27]

Doch selbst jene Zeitgenossen, die sich radikal »entwurzelt« und »unbehaust« fühlten und damit zuweilen sogar kokettierten, hatten meist nichts dagegen, wieder ein Zuhause zu finden und neue Wurzeln zu schlagen. Die Bundesrepublik bot sich auch ihnen als Heimat an und ließ ihnen jegliche Freiheit, das Angebot anzunehmen oder abzulehnen. Für die nicht bloß symbolisch-ideell, sondern materiell-praktisch unbehausten acht Millionen Flüchtlinge baute sie in Windeseile neue Wohnungen und ließ Bombenschäden reparieren. Bereits 1950, gab Kanzler Adenauer stolz bekannt, seien über 330 000 solcher »Heimstätten« errichtet worden. Im gleichen Jahr startete das gewerkschaftliche Wohnungsbauunternehmen mit dem sprechenden Namen Neue Heimat.[28]

Die Republik lieferte darüber hinaus soziale und ökonomische Sicherheit, nach der sich besonders diejenigen sehnten, die Haus und Hof verloren hatten und möglichst rasch wieder auf die Beine kommen wollten. In den alljährlichen Ansprachen der Bundeskanzler und Bundespräsidenten belegte das Thema Wirtschaft von Anfang an einen vorderen Platz: Man zählte auf, wie stark das Sozialprodukt gewachsen und wie viele Arbeitsplätze im laufenden Jahr geschaffen worden waren. Man erwähnte die Erhöhung der Renten, den Anstieg der Kaufkraft und die Erweiterung der Konsummöglichkeiten.

»Geborgenheit im gesicherten Fortschritt«

Von Heimat war hingegen immer weniger die Rede, nachdem die Flüchtlinge »eingegliedert« und die letzten Kriegsgefangenen aus der Sowjetunion in der Bundesrepublik eingetroffen waren. Stattdessen machte seit den 1960er Jahren das Wort von der Geborgenheit die Runde. Hatte es Kanzler Ludwig Erhard 1964 ausschließlich auf »Familie und Heim« bezogen und damit die private Lesart fortgesetzt, wünschte Willy Brandt seinen lieben Mitbürgerinnen und Mitbürgern zum Jahreswechsel 1970/71 »Geborgenheit im gesicherten Fortschritt«.

Die Formel war an Suggestionskraft kaum zu übertreffen: Geborgenheit rührte an psychische Tiefenschichten, an das individuelle Bedürfnis nach Aufgehoben- und Angenommen-Sein. Geborgen fühlte man sich entweder im »Mutterschoß der Erde«, bei der eigenen Mutter oder bei Gott. Brandt offerierte eine vierte Option, die allerdings einen Widerspruch in sich darstellte. Denn der Fortschritt stand seit jeher in einem unaufhebbaren Spannungsverhältnis zur Geborgenheit. Wer den Weg des Fortschritts einschlug, folgte einer unsicheren Fährte und ließ die Geborgenheit im Vertrauten hinter sich. Hier versprach das Adjektiv »gesichert« Abhilfe. Es konnte zweierlei bedeuten: dass der Fortschritt sicher war und nicht in Frage stand – oder dass man sich auch auf grundsätzlich unsicherem Terrain abgesichert fühlen durfte. Beides ließ Brandt zu und in der Schwebe. Damit bediente er die zeittypische Machbarkeits- und Planungseuphorie ebenso wie die bereits im Grundgesetz angelegte Vorstellung, wonach soziale Sicherheit und eine darauf abzielende Sozialpolitik die Bedingungen dafür waren, das Freiheitsversprechen der Demokratie zu realisieren.[29]

Ende 1975 nahm Helmut Schmidt den Faden seines Vorgängers wieder auf, als er angesichts wachsender ökonomischer Probleme und hoher Inflationsraten das »Netz der sozialen Sicherheit« und die Leistungen des Sozialstaats unmittelbar mit der »sozialen Geborgenheit des einzelnen« und der »inneren Stabilität« der Bundesrepublik verknüpfte. Zugleich äußerte er Verständnis dafür, dass viele Bürger die Gesellschaft zu kühl und rational fänden, »menschliche Wärme« und »Geborgenheit« vermissten. Bundespräsident Walter Scheel zitierte 1977 wissenschaftliche Studien, wonach die Zahl fröhlicher Menschen in der Bundesrepublik abnehme, und bezog das auf einen Mangel an Geborgenheit.[30] Seinen eigenen Beitrag zur Fröhlichkeit hatte er bereits 1973 geleistet, als er, damals noch Außenminister und unterstützt vom Düsseldorfer Männergesangverein, das Volkslied *Hoch auf dem gelben Wagen* anstimmte und es damit in die Hitparade schaffte.

Doch kam selbst dieses Lied, wie alle Volks- und Heimatlyrik, nicht ohne melancholische Töne aus. Auf der Lebensreise durch Felder, Wiesen und Auen, begleitet von Tanz, Musik und lachenden Gesichtern, gab es keinen Stillstand, kein Verweilen, kein Festhalten. Und am Ende wartete der Tod (die letzte Strophe ließ Scheel wohlweislich weg). Auch der Regisseur und Autor Edgar Reitz, der 1984 seinen vielfach preisgekrönten Film *Heimat* in die Kinos brachte, tauchte das Dorf Schabbach und dessen Bewohner nicht in rosa Farbe. Was sich zwischen 1919 und 1982 im vorgeblich weltverlorenen Hunsrück abspielte, war alles andere als idyllisch und harmonisch. Als *deutsche Chronik* nahm es an der Dramatik und Dynamik der Zeit teil und war reich mit persönlichen Enttäuschungen und Entfremdungen gespickt.[31]

In gewisser Weise passte es zu der neuen Heimatbewegung, die in den späten 1970er Jahren entstand. Die hieß offiziell nicht so, weil ihre Protagonisten und Anhänger Heimat als Chiffre für rückständige Volkstümlichkeit, Blasmusik und bierselige Vereinsmeierei betrachteten. Tatsächlich aber waren die vielerorts gegründeten Anti-Atomkraft- und Umweltinitiativen moderne Heimatschutzbewegungen. Anders als der 1904 gegründete Bund Heimatschutz (seit 1937 Deutscher Heimatbund) segelten sie nicht mehr im Fahrwasser völkisch-rechtsnationaler Bewegungen, sondern mobilisierten auch linke Akademiker und Studenten. Gemeinsam war Konservativen wie Systemveränderern der Zweifel, ob der gesicherte Fortschritt sicher genug war. Angesichts der gesundheitlichen und ökologischen Gefährdungen, die von Atomkraftwerken, luft- und wasserverschmutzenden Industrien und landschaftszerstörenden Autobahnen und Flughäfen ausgingen, erhielt der Appell der Bewahrung, in dem Umwelt und Heimat miteinander verschmolzen, großen Zulauf. Das galt nicht zuletzt für das linksalternative Milieu, das sich, in Abkehr von den als kalt und technokratisch wahrgenommenen Verhältnissen der kapitalistischen Industriegesellschaft, seine eigenen Inseln »warmer Gemeinschaft« und »Geborgenheit« schuf.[32]

»Soziale Geborgenheit« in der DDR

Die sozialdemokratische Formel von der Geborgenheit im gesicherten Fortschritt besaß also, wenn überhaupt, nur eine eingeschränkte Überzeugungskraft und kurze Halbwertzeit. Auch die DDR machte damit nicht nur gute Erfahrungen. In den 1950er Jahren hatte sie zunächst auf einen breiten, leicht sozialistisch angehauchten Heimatbegriff gesetzt, der die Bundesrepublik noch einschloss. So konnte die *Berliner Zeitung* 1954 den Fußballern »aus dem Westen unserer Heimat« zum Weltmeistertitel gratulieren. Generationen junger Pioniere sangen seit 1951 das populäre Lied *Unsere Heimat*, das von Tieren, Wiesen, Wäldern, Dörfern und Städten handelte. Alles gehörte »dem Volke«, »unserem Volke« und wurde deshalb geliebt. Wer zu diesem Volk gehörte und wer nicht, blieb bewusst im Unklaren.[33]

Das änderte sich in der Honecker-Ära, als die SED das Konzept einer eigenständigen sozialistischen Nation propagierte und den Heimatbegriff territorial verengte. In dieser Nation sollte sich die Bevölkerung nicht nur sozial abgesichert, sondern auch »geborgen« fühlen. »Geborgenheit«, erinnerte der Schriftsteller Günter de Bruyn, war in den 1970er Jahren »die wirksamste Agitationsvokabel«, während die angestrengt-anstrengende Rede vom »Vorwärtsschreiten und Siegen« in den Hintergrund trat.[34] Das 1977 beschlossene Arbeitsgesetzbuch wollte die »soziale Sicherheit und Geborgenheit der Werktätigen und ihrer Familien« gewährleisten. Über »soziale Geborgenheit« diskutierte man in der Brigade ebenso wie in Zeitungen, Ratgebern und politischen Aussprachen. Das *Neue Deutschland* rechnete seinen Lesern 1976 vor, welche »Riesensummen im Dienste der sozialen Geborgenheit« verausgabt wurden, um »stabile Verbraucherpreise, günstige Verkehrstarife, niedrige Mieten« zu subventionieren. 1985 pries es »soziale Sicherheit, Glück und Geborgenheit« als den »Alltag unseres Lebens«.[35]

Im Wettstreit der Systeme hatte das Regime soziale Sicherheit stets als entscheidenden Vorteil für sich veranschlagt (und fälschlich betont, dass es sie in der Bundesrepublik nicht gebe). Mit dem Motiv der Geborgenheit fügte es der materiellen Absicherung ein unmittelbar eingängiges emotionales Element hinzu, das persönliches Glück und gemeinschaftliche Harmonie versprach. Wem man Glück und Harmonie verdankte, war klar: der SED als Sachwalterin des realen Sozialismus, die für ihre Fürsorge Dankbarkeit und Gehorsam erwarten durfte.[36]

Ob sich die Bürgerinnen und Bürger der DDR tatsächlich geborgen fühlten, steht auf einem anderen Blatt. Nach dem Mauerbau 1961 hatten sie keine andere Wahl, als sich im sozialistischen Heim einzurichten. Zwar schimpften sie über hohe Konsumgüterpreise, Versorgungslücken, Materialmangel in den Betrieben und den aufgeblähten Verwaltungs- und Parteiapparat. 1987 teilten Merseburger Arbeiter der SED-Bezirkszeitung anonym ihre Unzufriedenheit mit:

»Das ist keine Heimat für uns wo so viel Schludrian und Schmarotzertum besteht. Wir lieben eine Heimat, wo man seine Leute selbst wählen kann und diese dann auch durch entsprechende Leistung zeigen, wozu der Sozialismus fähig wäre nicht aber zu so einem Murks auf der ganzen Linie.«

Doch selbst kritische und unzufriedene Zeitgenossen wussten die soziale Sicherheit zu schätzen, die ihnen das abgeschirmte, stillgestellte Land bot.[37] Dass das Fundament dafür, eine starke wettbewerbsfähige Wirtschaft, fehlte und die »soziale Geborgenheit« in den 1980er Jahren nur noch auf Pump finanziert werden konnte, war den meisten nicht bewusst.

Migration: Gastarbeiter, Vertragsarbeiter, Mitbürger

Heute weiß man es. Aber das hält DDR-Nostalgiker nicht davon ab, Geborgenheit und Sicherheit in der Rückschau zu verklären und gegen die neue Erfahrung von Beschleunigung und Unsicherheit auszuspielen (▷ Nostalgie). Auch an sie richtet sich die Botschaft des CSU-geführten Heimatministeriums, für die Geborgenheit der gesamten Bevölkerung sorgen zu wollen. Dazu zählen Ost- und Westdeutsche ebenso wie aus anderen Ländern Zugewanderte. In der Wissenschaftssprache heißen sie Migranten, im Volksmund schlicht Fremde oder Ausländer. Sie sollen sich nach dem Willen des Ministers in Deutschland heimisch und geborgen fühlen, und er gesteht ihnen sogar zu, mehrere Heimaten haben zu dürfen. Das war nicht immer so.

Zwischen 1955, als die Bundesrepublik ihr erstes Anwerbeabkommen mit Italien schloss, und 1973, als die Regierung Brandt unter dem Eindruck der Ölkrise die Arbeitsmigration stoppte, kamen etwa vierzehn Millionen sogenannte Gastarbeiter ins Land. Sie sollten den akuten Arbeitskräftemangel im bundesdeutschen »Wirtschaftswunder« beheben. Als das Wunder ins Kriseln geriet, kehrte die große Mehrheit wieder in ihre Heimatländer zurück.[38] Ohnehin war von

Anfang an vorgesehen, dass der Aufenthalt nur kurz sein und eine langfristige Ansiedlung nicht stattfinden sollte. Das Gros der »Gäste« hielt sich daran, aber zwei bis drei Millionen blieben.

Auch die DDR warb seit den 1960er Jahren ausländische Arbeitskräfte an, teilweise aus dem benachbarten Polen und Ungarn, mehrheitlich aus entfernteren »sozialistischen Bruderstaaten« wie Angola, Kuba, Nicaragua, Mosambik und Vietnam. Sie im Land zu beheimaten, war nicht beabsichtigt. Die Regierung genehmigte ihnen nur einen befristeten Aufenthalt von zunächst zwei, später fünf Jahren. Die Migranten lebten abgeschottet von der Bevölkerung, Kontakte waren unerwünscht, Familiennachzug nicht erlaubt.[39] 1989 zählte man weniger als 100 000 solcher »Vertragsarbeiter«, überwiegend Vietnamesen.

In der alten Bundesrepublik dagegen lebten damals 4,8 Millionen Ausländer. 1,6 Millionen kamen aus der Türkei. Trotz Anwerbestopp hatte sich ihre Zahl seit den 1970er Jahren deutlich erhöht, vor allem durch den Nachzug von Familienangehörigen. Um ihre »Eingliederung« kümmerte sich zunächst niemand. Es dauerte bis 1964, dass ein Bundespräsident erstmals in seiner Silvesteransprache von ihrer Existenz Notiz nahm und ihnen ein glückliches neues Jahr wünschte. 1966 schloss Kanzler Kurt Georg Kiesinger die Familien der Gastarbeiter in diesen Wunsch ein. In den folgenden Jahren blieb es beim Gruß an die »lieben Landsleute«, zu denen selbstverständlich auch die im Osten gehörten. Erst 1969 ging Willy Brandt ausführlicher auf die »Arbeitnehmer aus fremden Ländern« ein, die er als »Nachbarn« titulierte: »Wir müssen sie respektieren und ihnen – und sei es mit kleinen Gesten – beweisen, daß unser deutsches Volk gelernt hat, den Fremden als Freund aufzunehmen.« Zu »Mitbürgerinnen und Mitbürgern« aber taugten sie noch nicht.[40]

Trotzdem trugen Brandts mahnende Worte einen neuen Ton in die Debatte. 1971 verschärfte ihn der erste sozialdemokratische Bundespräsident Gustav Heinemann, als er die Bevölkerung zu mehr Zivilcourage aufforderte und als Negativbeispiel den Arbeiter oder Angestellten nannte, der im Betrieb schweigend zusah, »wenn ein Gastarbeiter wie ein minderwertiger Mensch behandelt wird«. Auch die Kirchen hatten 1966 mit dem Plakat *Ein Gastarbeiter ist auch Dein Nächster* für mehr Mitgefühl und Respekt geworben (▷ Empathie). 1979 appellierte Bundespräsident Karl Carstens: »Nehmen wir sie hinein in unsere Gemeinschaft« – wobei er allerdings die Spätaussiedler aus Osteuropa, die »die alte, nie vergessene Heimat bei uns finden wollen«, deutlich bevorzugte. 1984 schloss Kanzler Helmut Kohl »unsere ausländischen Mitbürger« erstmals auch begrifflich in seine Ansprache ein, um sie im Jahr darauf wieder nur als »Gastarbeiter und ihre Familien« zu grüßen. Mit diesem semantischen Zick-Zack-Kurs ging es munter weiter.

1987 sprach Bundespräsident Richard von Weizsäcker die Unruhe und Zukunftssorgen der Ausländer, »die seit Jahren bei uns leben«, direkt an und verlangte: »Wir sollten auf sie zugehen. Wir sollten sie spüren lassen, dass sie zu einem Teil unserer Gemeinschaft geworden sind.« Es gehe nicht an, fügte er 1988 hinzu, sie weiterhin als Fremde zu behandeln. Drei Jahre später, die Bilder von Neonazis noch vor Augen, die im sächsischen Hoyerswerda Wohnheime für Vertragsarbeiter und Geflüchtete in Brand gesetzt hatten, kehrte Weizsäcker die Begriffe provokativ um: »Vertraut ist uns, wer in der Ordnung unseres Lebens seinen gewohnten Platz ausfüllt, so auch der ausländische Kollege am Arbeitsplatz, der Gastwirt in der Pizzeria.« Fremd »ist uns das Verhalten von Hooligans und radikalen Rowdies, auch wenn sie unsere Landsleute sind«.[41]

Ausländerfeindlichkeit und Bedrohungsgefühle

Wie wenig diese klaren Worte bei denen ausrichteten, die ihre Dörfer und Städte, in gewollter Anlehnung an die NS-Sprache, »ausländerfrei« halten wollten, zeigten die gewaltsamen Ausschreitungen in Rostock 1992 (▷ Hass). Sie waren nur die Spitze eines Eisbergs. Schien die rechtsextreme Aggression zunächst auf das Gebiet der ehemaligen DDR begrenzt, bewiesen die Anschläge in Mölln 1992 und Solingen 1993, dass Migranten auch in den alten Bundesländern nicht sicher waren. Hier richtete sich die mörderische Gewalt gegen türkische Familien, die schon lange vor Ort lebten. In der Folge kam es zwar zu beeindruckenden Solidaritätskundgebungen und Hilfsaktionen aus der Bevölkerung. Ein Gefühl der Geborgenheit und Beheimatung aber wollte sich bei den Betroffenen je länger, desto weniger einstellen.[42]

Auch die im Jahr 2000 beginnende Mord- und Anschlagserie des Nationalsozialistischen Untergrunds sowie das Versagen deutscher Behörden, die die Täter bei der türkischen »Mafia« anstatt unter deutschen Rechtsradikalen suchten, trugen nicht zur emotionalen »Integration« der Migranten bei. Im Gegenteil versetzten sie der Hoffnung, Menschen mit Migrationsgeschichte könnten sich »in unserem Land wirklich heimisch« und eingebürgert fühlen, einen schweren Schlag.[43] Selbst der deutsche Pass schützte nicht vor dem Furor derer, die in allen und allem Fremden eine Bedrohung der eigenen Identität sahen (▷ Angst).[44]

Dass sich dieses Bedrohungsgefühl zunehmend aggressiv äußert und in verbale wie physische Attacken auf Migranten und Geflüchtete übersetzt, hat viele Gründe. Manche beruhen auf Tatsachen, andere entspringen dem Reich der Phantasie. Wenn der Bestseller-Autor Thilo Sarrazin 2010 behauptete, Deutschland schaffe sich ab und verliere angesichts der muslimischen Zuwanderung seine Konturen, war dieser Alarmismus von den Daten der Bevölkerungsstatistik kaum gedeckt. 2018 lebten in der Bundesrepublik unter insgesamt 83,1 Millionen Menschen 10,9 Millionen mit ausschließlich ausländischer Staatsangehörigkeit. Türken waren mit 1,5 Millionen die größte Gruppe, Syrer folgten mit 750 000 an dritter, Afghanen mit 260 000 an neunter Stelle. Zählt man die 1,5 Millionen Deutschen türkischer Herkunft hinzu, summierte sich die Zahl der Muslime auf gut 4 Millionen oder 5,5 Prozent der Gesamtbevölkerung. Die große Mehrheit der hier lebenden Ausländer kam aus katholischen oder christlich-orthodoxen EU-Staaten, vor allem aus Polen, Rumänien, Italien, Kroatien, Griechenland und Bulgarien.[45]

Vor diesem Hintergrund ist die Sorge vor »Islamisierung« oder »Überfremdung«, die nicht wenige Bürger umtreibt und ins rechte politische Lager wechseln lässt, schwer nachzuvollziehen. Ihr Gefühl des Heimatverlustes schöpft aber noch aus anderen Quellen. Aus historischer Perspektive wird der Ruf nach Heimat und Heimatschutz immer dann besonders laut, wenn Menschen sich von den Zumutungen der Gegenwart und Zukunft verunsichert und bedroht fühlen. Bedrohlich und zerstörerisch können ökonomische und technologische ebenso wie kulturelle und politische Entwicklungen wirken und sich zu einem schier übermächtigen Angstszenario addieren. Die Sehnsucht nach Heimat und Geborgenheit ist dann oft gleichbedeutend mit dem Wunsch nach überschaubaren Verhältnissen, klaren Zugehörigkeiten und wenn nicht gesicherten, so doch kalkulierbaren Erwartungshorizonten.

Zugehörigkeiten und die »neuen Deutschen«

Was Heimat jeweils bedeutet, hat sich in den vergangenen hundert, hundertdreißig Jahren verschoben. *Dass* sie den meisten Menschen heute sehr viel bedeutet, geht aus einer Studie von 2019 hervor: 89 Prozent der Befragten fanden Heimat wichtig. Davon stimmten 88 Prozent der Definition zu, »Heimat ist, wo ich mich geborgen fühle«. 80 Prozent dachten dabei an Familie und Lebenspartner, 68 Prozent an Freunde und Bekannte. Nur 59 Prozent dachten an Deutschland.[46] Die nationale Identität ist demnach für Heimatgefühle nicht mehr unbedingt ausschlaggebend. Hätte man die gleiche Frage 1915 oder 1940 gestellt, wären die Antworten anders ausgefallen.

Man kann sie aber auch so lesen: *Immerhin* 59 Prozent, drei von fünf Befragten, assoziierten Heimat mit Deutschland. Angesichts der sprichwörtlichen Zurückhaltung der Nachkriegsdeutschen in Sachen Nationalstolz (▷ Stolz) ist das ein erstaunlich hoher Wert. Doch was war konkret mit »Deutschland« gemeint? Die einen verstanden es als einen Kulturraum, mit einer eigenen Sprache, einer besonderen Geschichte und den Konsequenzen, die ihrer Meinung nach daraus zu ziehen seien. Für andere war es ein nationaler Schutzraum, der globale Gefährdungen abwehren oder zumindest abfedern sollte. Dritte flüchteten sich in die Erinnerung an ein Land, das es so nie gegeben hatte (▷ Nostalgie). Wer dieses Land Heimat nennen und sich darin geborgen fühlen durfte, hing davon ab, welche Vorstellung man sich von Deutschland machte – und wie man Zugehörigkeit und Aufgehoben-Sein definierte, eng oder weit, inklusiv oder exklusiv, defensiv oder offensiv.

Dass über solche Definitionen seit dem ausgehenden 20. Jahrhundert wieder heftig diskutiert und kontrovers gestritten wird, zeugt von Verunsicherung und Orientierungsbedarf. Zugleich macht es der Demokratie in diesem Land alle Ehre, selbst wenn nicht alle die Standards zivilisierter, respektvoller und gewaltloser Kommunikation einhalten. Darüber, was es heißt, »deutsch« zu sein, welche Vorstellungen guten Zusammenlebens es gibt und welche Verbindlichkeit sie beanspruchen dürfen, was von Zuwanderern erwartet wird und was man ihnen schuldet (▷ Solidarität), ist ein großes Gespräch in Gang gekommen.

An ihm beteiligen sich, und das ist ein Novum, auch Menschen mit Migrationsgeschichte, die Deutschland nicht nur und nicht länger als »schmerzliche Heimat« ansehen wollen. Befragt, ob sie sich mit Deutschland heimatlich verbunden fühlten, bejahten das in den vergangenen Jahren zwischen 20 und 30 Prozent der Türkeistämmigen. Mit der Türkei identifizierten sich zwischen 30 und 40 Prozent, ebenso viele betrachteten sowohl Deutschland als auch die Türkei als ihre Heimat. Seit 2011/12 jedoch stieg die Verbundenheit mit der Türkei rasant an, umgekehrt nahmen die Zugehörigkeitsgefühle für Deutschland oder beide Länder ab. Das ist bei Angehörigen der dritten Generation besonders auffällig, und man bezeichnet es als »Paradox der Integration«. Da sie die Gleichheitsprinzipien der deutschen Gesellschaft stark verinnerlicht haben, reagieren sie auf die Erfahrung der Ungleichbehandlung und Diskriminierung mit »ethnischem Rückzug«. Dass sie sich im Herkunftsland ihrer Eltern oder Großeltern manchmal »wärmer«, aber letztlich nicht minder fremd und »entborgen« fühlen, ist dabei vielen bewusst und macht die Identitätsfrage emotional umso komplizierter.[47]

HASS

Mitte der 1930er Jahre, im dänischen Exil, wandte sich der Dichter Bertolt Brecht an die Nachgeborenen. Er erklärte ihnen die »finsteren Zeiten«, in denen er und alle, die sein Emigrantenschicksal teilten, leben mussten. Und er bat sie um Nachsicht und Verständnis für die emotionalen Verformungen, die diese Zeiten unweigerlich hervorbrachten. »Ach, wir die wir den Boden bereiten wollten für Freundlichkeit konnten selber nicht freundlich sein.« Stattdessen bewegte sie Zorn und Hass auf die Nationalsozialisten, deren »Untaten« sie außer Landes getrieben hatten. »Dabei wissen wir ja: Auch der Haß gegen die Niedrigkeit verzerrt die Züge.«

Brechts Gedicht, 1939 erstmals gedruckt, später auch vertont und gesungen, ist ein berührendes Dokument der Exilliteratur. Es spricht von Verzweiflung und ▷ Hoffnung, es trauert und klagt an. Die Anklage gilt auch dem Autor selber. Wie ihm nur allzu bewusst war, machten hassverzerrte Züge hässlich: Andere fühlten sich abgestoßen und suchten das Weite. Im Hass, so die Pointe, wurden die Hassenden einander ähnlich, auch wenn sie Gegner waren. Hass verband die, die sich wechselseitig auslöschen wollten.

Der mit den Kommunisten sympathisierende Brecht warnte mit diesem Text davor, Hass als positives, lobenswertes Gefühl und probates Mittel im politischen Kampf zu preisen. Eher schien er seinen Hass zu bedauern, denn er war ihm aufgezwungen worden von denen, die ihm und den Genossen nach dem Leben trachteten. Doch zugleich half ihm Hass, mit dieser Situation zurechtzukommen: Er lenkte die Verzweiflung nach außen, kapitalisierte sie für das tägliche Überleben. Hass ist ein starkes und »heißes« Gefühl; nicht zufällig spricht man von »loderndem«, »brennendem«, »schwelendem« Hass. Hitze führt dem Körper Energie zu, macht ihn widerstandsbereit. Wer hasst, tut das Gegenteil von dem, der in stoischer Weisheit sein Schicksal annimmt und sich, in Brechts Worten, »aus dem Streit der Welt« heraushält. Hass ist pure, ungezügelte Leidenschaft, die sich, so *Meyers Lexikon* 1926, »bei genügender Stärke auch in Haltung und Miene« ausdrückt.[1]

Eben diese heiße Leidenschaftlichkeit der Empfindung bewahrte Hassende davor, in passiver Lethargie oder Selbstmitleid zu versinken, sich abzufinden mit den »Untaten« der anderen Seite. Sie konnte zu Empörung führen und politischen Widerstand anleiten. Andererseits war Hass kein angenehmes Gefühl, weder für jenen, der hasste, noch für andere, die ihn dabei beobachteten. Hass hatte, wie der Volksmund wusste, etwas Zehrendes, er setzte Körper und Psyche zu, erschöpfte und verbrauchte sie. Und er verzerrte die Züge, die des Gesichts ebenso wie die des Charakters. Schon das Wort klingt wie ein Peitschenknall. Mit einem Hassenden möchte man nichts zu tun haben, denn sein Geifer würde die Beziehung über kurz oder lang vergiften. Der *Große Brockhaus* bezeichnete Hass 1954 als einen »Vernichtungsaffekt« von hoher destruktiver Intensität.[2]

Hass im Krieg: 1914

Bei Vernichtung denkt man nach 1945 automatisch an die Kriegsmaschinerie des »Dritten Reichs«, an den Vernichtungsfeldzug gegen die Sowjetunion, die »Vernichtung unwerten Lebens« und den Holocaust. Auch der Hass scheint etwas typisch Nationalsozialistisches gewesen zu sein, gerichtet gegen die Feinde des Regimes, seien sie Juden, Sozialisten, Kommunisten oder Homosexuelle. Aber Hass kam nicht erst 1933 oder 1920, mit Gründung der NSDAP, in die Welt. Einen »gewaltigen Haß« auf ihre Feinde hatte sich bereits 1814 der junge Dichter Friedrich Rückert von deutschen Männern gewünscht. Der Feind stand damals im Westen und hatte einen Namen: Napoleon. Dessen Armeen hielten große Teile Europas besetzt, sahen sich jedoch seit 1813 mit immer größerer Gegenwehr konfrontiert. Für den Agitator Ernst Moritz Arndt, den ersten Hassprediger der modernen deutschen Geschichte, war »Volkshaß« die einzig richtige Antwort auf die französische Fremdherrschaft. Wer sie abschütteln und die »höchsten menschlichen Dinge«, nämlich »das Recht und die Freiheit« schützen wolle, müsse den »edlen Hass« gegen »das Unrecht und die Schande« mobilisieren.[3]

Arndt war der erste, aber bei weitem nicht der letzte Deutsche, der seine Landsleute zum Hass auf äußere Feinde anstiftete. Ein Jahrhundert nach ihm und Rückert publizierte der Berliner Schriftsteller Ernst Lissauer den berüchtigten *Hassgesang gegen England*: »Haß zu Wasser und Haß zu Land / Haß des Hauptes und Haß der Hand / Haß der Hämmer und Haß der Kronen / drosselnder Haß von siebzig Millionen«, die »nicht lassen« von ihrem Haß und »hassen mit langem Haß«. Interessant an diesen Reimen, die während des Ersten Weltkriegs gern und oft vorgetragen wurden, bei Schulfeiern ebenso wie in Konzertsälen und Singspielhallen, ist die nationale Differenzierung. Zwar führte Deutschland auch gegen Russland und Frankreich Krieg, doch um sie, meinte Lissauer, schere man sich nicht, mit ihnen könne und werde man irgendwann sogar wieder Frieden schließen. England dagegen, das Deutschland mit ▷ »Neid« und »berechnender Schläue« verfolge, sei der wahre, hassenswerte Feind.

Hier schien nicht nur die Enttäuschung über die Entscheidung der britischen Regierung durch, an der Seite von Deutschlands Gegnern in den Krieg einzutreten. Hier machte sich auch, besonders in vormals anglophilen Kreisen des Bürgertums, das Gefühl betrogener Liebe und verweigerter Nähe geltend. England hatte man bewundert und wertgeschätzt, und deshalb wog sein »Verrat« doppelt schwer. Darauf mit Hass zu antworten, entsprach Friedrich Nietzsches Beobachtung: »Man haßt nicht, solange man noch gering schätzt, sondern erst, wenn man gleich oder höher schätzt.«[4]

Als Lissauers Gedicht 1914 auch in der Weihnachtsnummer des *Messaggero* veröffentlicht wurde, löste es im damals noch neutralen Italien heftige Kontroversen aus. Amerikanische *expatriats* verurteilten es aufs Schärfste und bezeichneten den Hass auf ein ganzes Volk als »vorsintflutliches Gefühl«. Der deutsche Rabbinersohn Victor Klemperer hingegen, damals Lektor an der Universität Neapel, nahm den Autor »leidenschaftlich in Schutz und sagte, er spreche mit seinem Haßgesang mir und uns allen aus der Seele, er habe damit unser bestes Kriegsgedicht geschrieben«.[5]

Allerdings identifizierten sich bei weitem nicht alle Deutschen mit Lissauer. So trat etwa die katholische *Kölnische Volkszeitung* entschieden dafür ein, den unchristlichen Hassgesang von der Jugend fernzuhalten, und das liberale *Berliner Tageblatt* pflichtete ihr ausdrücklich bei. Selbst Erwachsene bräuchten solche »Ergüsse« nicht, und vollends fehl am Platze seien sie bei den »tapferen Männern« in den Schützengräben. In den *Nationalliberalen Blättern*, deren Patriotismus außer Frage stand, war zu lesen, man solle Kindern nur ja keine »karikierten englischen oder russischen Hampelmännchen« zu Weihnachten schenken und damit »nationalen Hass und nationale Rache« anstacheln. Der Rabbiner Joseph Wohlgemuth plädierte in der orthodox-jüdischen Zeitschrift *Jeschurun* dafür, den »natürlichen« Hass gegen England mittels »sittlicher Arbeit« am »Selbst« zu überwinden. Denn das »große Hassen« leiste der »eigenen Verrohung« Vorschub – eine Beobachtung, die zwei Jahrzehnte später bei Brecht wiederkehrte. Viele waren sich einig: Mit Hass sei kein Staat zu machen und vor allem kein Friede.[6]

Klassenhass, Rassenhass

Tatsächlich stand der Friede, der 1919 in Versailles geschlossen wurde, auf tönernen Füßen. Und auch der innere Friede war massiv gefährdet. Die in deutschnationalen und völkischen Kreisen kursierende Dolchstoßlegende, wonach die aufständische Heimatfront an der

Kriegsniederlage schuld war, schürte den Hass auf die Revolution und deren vorgebliche Drahtzieher. 1920 musste sich in München die Krankenschwester Eleonore Baur wegen »Aufreizung zum Klassenhass« vor Gericht verantworten. Sie habe, lautete die Anklage, »gegen die Juden gehetzt« und sie öffentlich für alles Unglück der letzten Jahre verantwortlich gemacht. Die bekennende Antisemitin bestritt das nicht – und wurde trotzdem freigesprochen, da sie nicht direkt zu Gewalttätigkeiten aufgerufen hatte.

Baur war eine fanatische Nationalsozialistin der ersten Stunde. Fanatismus, bislang negativ bewertet, erwarb sich in völkischen Kreisen seit den 1920er Jahren einen guten Ruf. 1893 verstand der *Brockhaus* darunter noch die »tadelnde Bezeichnung einer Überzeugungsstärke, die jede abweichende Meinung für unsittlich« hielt. 1937 pries *Meyers Lexikon* den Fanatismus des Nationalsozialisten, der sich »bedingungslos« für »seinen Führer und seine Idee« einsetzte, als »im positiven Sinn restloses Ergriffen- und Durchdrungensein«. Eleonore Baur ließ es weder an bedingungslosem Einsatz noch an restlosem Ergriffensein fehlen – und sicherte sich damit eine Karriere im Konzentrationslager Dachau.[7]

Auch den Hass, zumindest den rechten, feierten Nationalsozialisten als konstruktive Kraft. *Meyers Lexikon* unterschied 1938 zwischen dem »heldischen Hassen der nordischen Rasse und dem feigen Haß des Judentums«:

»Heldischer Haß enthält unerbittliche, aber ehrliche, gerade und mutige Härte, von Wille und Einsicht beherrscht, entspringt vorwiegend Pflicht- und Verantwortungsbewußtsein zum Schutz bedrohter Werte. Dem entgegengesetzt ist Haß aus Feigheit, Mißgunst, religiöser Unduldsamkeit (z. B. marxistischer Klassen-Haß, Religions-Haß u. ä.) heimtückisch, niederträchtig, beherrscht den Menschen.«[8]

Selbstverständlich beanspruchten Nationalsozialisten den heldischen, guten Hass für sich. Linke und Juden hingegen kannten ihrer Meinung nach nur schlechten, feigen Hass.

Den »marxistischen Klassen-Haß« hatte bereits die Justiz der

Kaiserzeit bekämpfen wollen. Das Reichsstrafgesetzbuch von 1872 drohte jedem Strafe an, der »in einer den öffentlichen Frieden gefährdenden Weise verschiedene Klassen der Bevölkerung zu Gewaltthätigkeiten gegen einander öffentlich anreizt«. In der Praxis setzte sich dafür die Formel »Anreizung zum Klassenhass« durch, gemeint war der angebliche Hass von Sozialisten auf Kapitalbesitzer. Dass auch andere Akteure und Adressaten darunter fallen konnten, zeigte 1920 die Münchner Anklage gegen Eleonore Baur. Das Urteil demonstrierte zudem, dass das Gesetz nicht Hass als solchen unter Strafe stellte, sondern die Gewalt, die aus ihm folgen konnte. Zu Gewalt gegen Juden aufgerufen hatte Baur aber nicht, und deshalb war ihr Hass nicht justiziabel.

Ob Sozialdemokraten tatsächlich Hass auf die Kapitalistenklasse predigten, mag bezweifelt werden. In ihrem Vokabular war zwar viel von Kampf die Rede, von Unterdrückung und Ausbeutung der Arbeiterklasse, von deren Menschenrecht auf Widerstand. Hassparolen überließ man hingegen den Kommunisten, die davon gern und reichlich Gebrauch machten. 1926, in der Kampagne für die entschädigungslose Fürstenenteignung, rief das Zentralkomitee der KPD zum »Haß gegen die gekrönten Räuber« auf und stellte ihn dem »*Klassenhaß gegen den Kapitalismus und sein Sklavensystem*« zur Seite.[9] Dass »Marxisten« den Kapitalismus hassten und ihn für die Not der Arbeiter verantwortlich machten, leuchtete damals sogar Adolf Hitler ein. Völlig unverständlich fand er jedoch den »grenzenlosen Haß, mit dem sie ihr eigenes Volkstum belegten, die Größe desselben schmähten, seine Geschichte verunreinigten und große Männer in die Gosse zogen«.

Daran meinte Hitler, wie er 1925 in *Mein Kampf* schrieb, den jüdischen Einfluss auf die »Marxisten« zu erkennen, und fing an, »sie allmählich zu hassen«. Hass – gegen Juden, Sozialisten, die parlamentarische Demokratie, den österreichischen Staat und viele mehr – erlebte und begriff Hitler als einen persönlichen Lernprozess. Er war nicht von Anfang an da, sondern entwickelte sich durch Erfahrung und wertende Reflexion. »Je länger ich in dieser Stadt [Wien] weilte, um so mehr stieg mein Haß gegen das fremde Völkergemisch, das diese alte deutsche Kulturstätte zu zerfressen begann.« Später, in den Tagen und Nächten des militärischen Zusammenbruchs und der Revolution 1918, »wuchs mir der Haß, der Haß gegen die Urheber dieser Tat«.

Seinem Hass attestierte er zweifelsfrei gute, heldische Eigenschaften, da er sich daran entzündete, dass essenzielle Werte – das »Volkstum« und dessen Zukunft – bedroht waren und geschützt werden mussten. Demgegenüber war der Hass der »fremden Welt«, der Feinde Deutschlands, schlecht und heimtückisch. Denn ihr »grimmiger Hass« richtete sich gegen den »größten Wertfaktor« überhaupt, das deutsche Heer. Dass es durch den Versailler Vertrag stark dezimiert worden war, führte Hitler auf den Hass derer zurück, »die aus ▷ Neid und Habsucht die Ohnmacht des Reiches und die Wehrlosigkeit seiner Bürger brauchten und wünschten«. Selbstredend waren das in erster Linie Juden, die »Hasser jeder wahren Kultur« und der »weißen Rasse«, die sie mit allen Mitteln zu zerstören suchten, um sie »von ihrer kulturellen und politischen Höhe herunterzuschmettern und selber zu ihren Herren aufzusteigen«. All jene, die diese Rasse und Kultur verteidigten, verfolgten sie mit hasserfüllten Lügen und Verleumdungen.

Aus dieser Umkehrprojektion bezog die nationalsozialistische Bewegung ihre fanatische Wucht und Rechtfertigung. Die Feindschaft der Gegner galt ihr als »Voraussetzung zur eigenen Daseinsberechtigung«. Der Hass der anderen wurde nicht gescheut, sondern ersehnt und gefeiert: »Wir waren glücklich genug, allmählich ihren Haß zu erringen.« Ihrerseits aber predigten Nationalsozialisten, das betonte Hitler immer wieder, im Unterschied zu jüdischen, marxistischen, bolschewistischen »Hetzaposteln« keinen neidischen, missgünstigen, feigen Hass. Ein solches Gefühl stehe ihnen wesensmäßig fern. Im Gegenteil hegten sie die »selbstverständliche, jeden Rassenhass überwindende Achtung vor dem erbbedingten natürlichen Anderssein der Völker«. Was sie beseelte und antrieb, war der gute, ehrliche, legitime Hass auf all jene, die Deutschland mit ihrem schlechten Hass überzogen.

Erklärtes Ziel der Bewegung war es denn auch, »in dieses Volk wieder den Geist stolzer Selbstbehauptung, männlichen Trotzes und zornigen Hasses hineinzupflanzen«. Bereits 1920 hatte Hitler, unter stürmischem Beifall, in einer NSDAP-Versammlung dazu aufgerufen, den Deutschen »das Gefühl des Hasses gegen alles Fremde« einzuimpfen. Und so ging es rhetorisch weiter, bis 1933 und weit darüber hinaus. In seiner vorletzten Rundfunkansprache, die Rote Armee hatte Berlin bereits erreicht, rief Propagandaminister Joseph Goebbels die Deutschen zum »fanatischen und wilden Widerstand« gegen »unsere hasserfüllten Feinde« auf, gegen die »Mächte des Hasses und der Zerstörung«, gegen die »Koalition satanischer Weltzerstörungskräfte«, hinter der, wie sollte es anders sein, das »internationale Judentum« stehe.[10] Dass vor allem die Hitlerjugend dem Aufruf folgte, sich der »diabolischen Vernichtungswut« entgegenzustellen, zeigt, wie erfolgreich die Hassrhetorik war.

Was der »Führer« seiner Bewegung ins Stammbuch geschrieben hatte – den Hass der Feinde zu ersehnen und mit Hass zu beantworten –, sprach junge Männer besonders an. Schon vor 1933 übersetzten sie ihren Hass in rabiate Gewaltaktionen. Straßenkämpfe zwischen der SA, der paramilitärischen Kampforganisation der NSDAP, und dem kommunistischen Rotfrontkämpferbund waren keine Seltenheit. Sie wurden von beiden Seiten nicht gescheut und oft absichtlich herbeigeführt. Horst Wessel, ein junger, sehr rühriger Sturmführer, beschrieb den »Einmarsch nach Berlin« 1928 wie folgt: »Die Kolonne nimmt kein Ende. Freund und Feind staunen. Bravo, S. A. Haß und Begeisterung bilden Spalier. Einige Schlägereien sorgen für Abwechslung.«[11]

Hass im realexistierenden Sozialismus

Nach 1933 schlugen nur noch die Nazis. Kommunisten und Sozialdemokraten landeten in Konzentrationslagern und Folterkellern, versteckten sich oder gingen, was nur wenigen Prominenteren vergönnt war, ins Exil. Dort schrieb Brecht seinen nachdenklich-selbstkriti-

19 Warnung vor dem Hass: Reichstagswahl November 1932

schen Text an die Nachgeborenen. Seine eigenen Genossen, zu denen er 1948 nach Ostberlin zurückkehrte, hatten für solche Ambivalenzen wenig Sinn. Auch in der DDR unterschied man zwischen gutem und schlechtem Hass, wobei die Bewertung anderen Kriterien folgte. So hieß es in *Meyers Neuem Lexikon* 1973:

»Der Hass als soziale Erscheinung hemmt oder fördert die geschichtliche Entwicklung, je nachdem er Attribut konservativer oder progressiver sozialer Kräfte ist, und kann daher keiner unveränderlichen abstrakten moralischen Wertung unterliegen. Als soziale Erscheinung verschwindet er mit der vollen Entfaltung der kommunistischen Gesellschaft und der völligen Beseitigung des Kapitalismus.«[12]

Solange der Kapitalismus jedoch noch boomte und die kommunistische Gesellschaft auf sich warten ließ, fand der Hass im Waffenarsenal des realexistierenden Sozialismus seinen guten, ehrenwerten Platz. Die SED-Führung rief ihre Genossen und alle Werktätigen regelmäßig zum Hassen auf: Gehasst werden sollten der Klassenfeind, die Imperialisten, Saboteure und Verräter in den eigenen Reihen, Faschisten und Kapitalisten und, ganz allgemein, der Westen. Schon die Kleinsten bekamen Unterricht im Hassen. »Unsere Pioniere«, forderte 1949 Margot Feist, spätere Honecker, als Vorsitzende der Pionierorganisation Ernst Thälmann, »sollen alle die hassen lernen, die den Menschen nicht achten, die ihn ausbeuten und unterdrücken«, vorzugsweise den »amerikanischen Imperialismus«.

1962 schrieb die Justizministerin Hilde Benjamin für die Zeitschrift der Jungen Pioniere einen Artikel mit dem Titel *Der Mensch muß lieben und hassen lernen*. Sie habe ihren kleinen Sohn wahrheitsgemäß über die Ermordung seines jüdisch-kommunistischen Vaters im Konzentrationslager Mauthausen unterrichtet, damit er verstünde, »wen und warum er zu hassen hatte«. Andere rieten demgegenüber zu pädagogisch-politischer Zurückhaltung. Zweifellos, hieß es in Hanna Schobers Leserbrief zum Thema, bemühten sich alle Eltern, »ihren Kindern zu erklären, was gut und was häßlich ist«. Aber man sollte Kinder »mit dem Wort Haß nicht zu früh belasten«, sondern ihnen »vorleben, was des Nachahmens würdig ist«.[13]

Dessen ungeachtet lud die paramilitärische Gesellschaft für Sport und Technik 1972 unter dem Motto »Der DDR unsere Liebe – dem Feind unseren Haß« zur Hochschulmeisterschaft im Wehrsport ein. 1985 erklärte die Staatssicherheit Hass zu einem »wesentlichen bestimmenden Bestandteil der tschekistischen Gefühle« (Tschekisten nannten sich die Mitarbeiter der Geheimdienste im Ostblock). Wer hasse, begnüge sich »nicht mit Abscheu und Meidung«, sondern wünsche den Gegner »zu vernichten oder zu schädigen«. Hass sei folglich »eine der entscheidenden Grundlagen für den leidenschaftlichen und unversöhnlichen Kampf gegen den Feind« sowie »ein dauerhaftes und stark wirkendes Motiv für das Handeln. Er muß daher auch in der konspirativen Arbeit als Antrieb für schwierige operative Aufgaben bewußt eingesetzt und gestärkt werden.«[14]

Ob alle Stasi-Mitarbeiter ihre »Aufklärungs«- und »Zersetzungs«-Arbeit tatsächlich hasserfüllt verrichteten, bleibt dahingestellt. Programmatisch aber war Hass ein wichtiges Propagandamittel und Erziehungsziel. In der FDJ-Zeitschrift *Neues Leben* hieß es 1967, die gemeinsam gesungenen Lieder sollten »Zorn und Haß ausdrücken über die Mörder eurer Freunde«. Die jungen Rekruten der Nationalen Volksarmee wurden auf den »unauslöschlichen Haß gegen die Feinde des Sozialismus und des Friedens« eingeschworen.[15]

In der Presse, vor allem im *Neuen Deutschland*, las man geifernde Hasskommentare über innere und äußere Feinde. Als sich der Pfarrer Oskar Brüsewitz 1976 aus Protest gegen die staatliche Kirchen- und Bildungspolitik öffentlich verbrannte, schrieb das *ND*, er habe »nicht alle fünf Sinne beisammen« gehabt. Darauf erhielt die Redaktion Tausende kritischer Briefe, die sie allesamt im Archiv verschwinden ließ. Christoph Kunze aus Karl-Marx-Stadt (Chemnitz) wandte sich an den »sehr geehrten Verfasser« A.Z. »in Beziehung auf Ihre Haßgesänge. Soviel Haß habe ich in kaum einem Artikel oder Buch gelesen. Ich kann nicht begreifen, daß Sie solchen Haß verbreiten können. Dieser Haß bringt überhaupt nichts ein. Es wäre besser, wenn Sie Liebe verbreiten würden. Haß ist schon genug in der Welt, aber an Liebe mangelt es.« Dreißig Jahre später entschuldigte sich die Zeitung förmlich für den damaligen Artikel; er sei ihr vom ZK der SED diktiert worden und eine »üble Verleumdung« gewesen.[16]

Andererseits stellte auch die DDR Hass und »Hetze« unter Strafe. Das Strafgesetzbuch von 1968 machte gegen »Rassen- und Völkerhaß« Front (§§ 92, 146) und führte einen besonderen Paragraphen gegen »staatsfeindliche Hetze« ein. Er verbot alles, was den »Faschismus oder Militarismus verherrlicht«; eine Ergänzung von 1979 schloss »Rassenhetze« explizit ein. Dass es dafür gute Gründe gab und Rassen- und Völkerhass in der DDR alles andere als unbekannt waren, zeigte sich nach 1989 in aller Deutlichkeit. Zuvor waren Hinweise auf rechtsextreme Gruppierungen unter den Teppich gekehrt worden, seit den 1990er Jahren ließen sie sich nicht mehr übersehen. Die Hassparolen und Hasstaten richteten sich in erster Linie gegen ausländische Vertragsarbeiter und Flüchtlinge, die meist jungen und männlichen Neonazis wollten sie mit Gewalt aus dem Land werfen (▷ Geborgenheit). Bis heute sind ausländerfeindliche und antisemitische Einstellungen im Osten stark verbreitet, sehr viel stärker jedenfalls als im Westen.[17]

Hass und Hetze im Westen

Aber auch in der alten Bundesrepublik gab es Hassprediger und Hassaktivisten, und auch hier waren ihre Handlungen strafbewehrt. Dies umso mehr, als sich die offizielle Politik, im Unterschied zur DDR, von Hass ohne Wenn und Aber und über alle Parteien hinweg distanzierte. Guter, edler, legitimer Hass: Damit war es nach 1945 vorbei. Dem trug auch der Gesetzgeber Rechnung, als er 1960 den entsprechenden Paragraphen 130 des Strafgesetzbuchs umformulierte. Mit der alten, seit 1872 geltenden Fassung teilte die neue den Verweis auf die Störung des öffentlichen Friedens. Hinzu trat der Bezug zur Menschenwürde und deren Verteidigung gegen Angriffe durch Hass, Gewalt, Willkür, Beschimpfungen, Verleumdungen und böswilliges Verächtlichmachen. Das weitete die Straftatbestände deutlich aus und stellte, anders als zuvor, bereits Hasspropaganda unter Strafe.

Im Hintergrund dieser Revision standen die sich häufenden antisemitischen Übergriffe der 1950er Jahre, die in der Schändung der Kölner Synagoge am Weihnachtsabend 1959 gipfelten. Aus Sorge um das internationale Ansehen der Bundesrepublik, aber auch um »Gefahr für die deutsche Demokratie« abzuwenden, stimmte das Parlament dem neugefassten »Volksverhetzungsparagraphen« zu. Allerdings ersetzte es den Begriff der Hetze im Text durch den »schärfer umrissenen« Ausdruck »zum Hass aufstacheln«.[18]

Inzwischen hat der Paragraph weitere Überarbeitungen erfahren, die bislang letzte stammt von 2011. Sie unterscheidet sich von der seit 1960 gültigen vor allem darin, dass die »Teile der Bevölkerung«, gegen die zum Hass aufgestachelt wird, ergänzt und genauer beschrieben werden: Es kann eine als »nationale, rassische, religiöse oder durch ihre ethnische Herkunft bestimmte Gruppe« sein oder Einzelne, die wegen ihrer »Zugehörigkeit zu der vorbezeichneten Gruppe« attackiert werden. Das erlaubt es den Gerichten, auch hasserfüllte Angriffe gegen Asylbewerber und Migranten zu ahnden.[19]

Solche Angriffe gehören inzwischen zum Alltag, und auch antisemitische Tätlichkeiten nehmen wieder zu, auf offener Straße ebenso wie in Fußballstadien.[20] Zumeist werden sie von jüngeren, gewaltbereiten Männern begangen, angestachelt von Ideologen der rechtsextremen Szene, die sich in einer Vielzahl sektenähnlicher Gemeinschaften und einer seit 2015 an Zustimmung und Einfluss gewinnenden Partei sammeln. Deren Vorsitzender Alexander Gauland rechtfertigte Hass 2018 im Deutschen Bundestag: »Hass ist keine Straftat. Hass hat Gründe. Eines Tages ist eben Schluss mit der Geduld.«[21]

Über die Gründe und Ursachen von Hass, den der Bundesgerichtshof 1994 als »eine gesteigerte, über die bloße Ablehnung oder Verachtung hinausgehende feindselige Haltung gegen die betreffenden Bevölkerungsteile« definierte, gehen die Meinungen weit auseinander.[22] Rechtsextreme Täterprofile zeigten oft Menschen, die bereits seit ihrer Kindheit aggressiv und früh wegen Diebstahls oder Körperverletzung straffällig geworden seien. Wenn sie sich radikalen Vereinigungen anschlössen, verleihe das ihrem destruktiven Verhalten einen höheren politischen Sinn.[23] Für manche Psychologen ist Hass die Reaktion auf eine gefühlte Missachtung oder Bedrohung, die bei Narzissten in aktive Kränkungswut umschlägt (▷ Angst, ▷ Wut).[24]

Medienwissenschaftler wiederum verweisen darauf, dass solche Dispositionen und Wahrnehmungen im Internet einen leicht zugänglichen Resonanzraum finden, der sie vervielfältigt, verstärkt und antreibt. Zudem scheint das Internet Menschen mit geringem Einfühlungsvermögen besonders anzuziehen (▷ Empathie). Wem die Interaktion mit anderen schwerfällt, der weicht offenbar gern auf unpersönliche, gesichtslose Online-Kommunikation aus und kann sich dort umso ungehemmter in invektiver Rede üben.²⁵ In virtuellen Hass-Gemeinschaften bestätigen die Nutzer einander die Richtigkeit ihrer Wirklichkeitsdeutungen. Eine klassische Zeitung kann Hass nur zentral verbreiten und dem, der sie liest, individuell verabreichen. Demgegenüber erlauben und begünstigen es die neuen digitalen Medien, Hass kollektiv und von unten zu erzeugen, zu teilen und zustimmend zu kommentieren. Dadurch gewinnt er an Attraktivität und Durchschlagskraft, fühlt sich gut an und stiftet eine emotionale Gemeinschaft.²⁶

Weimar ist nicht Berlin

Das unterscheidet die netzbasierte Hass-Welt des frühen 21. wesentlich von der des frühen 20. Jahrhunderts, selbst wenn politisch-ideologischer Hass schon damals eine gute Zeit hatte. In den Archiven lagern zahllose Hassbriefe und Postkarten an den ersten, 1919 gewählten Reichspräsidenten Friedrich Ebert. Viele davon waren anonym und enthielten Morddrohungen: »Usurpator! Wir hassen Sie und werden Sie stürzen, sobald die Zeit dafür reif ist.« »Du alter Esel, du versoffener Hund, du dussliger Sattlergeselle du willst regieren, du kannst vor Soff nicht grade stehen bist zu dämlich zum Scheissen und willst anständige Menschen chicanieren. Du dreckiges Stück Mist, du und deine Anhänger sowie deine Olle werdet nächstens ebenso übern Haufen geschossen wie der Schwindler Erzberger. Aber deine Leiche, Du Verbrecheraß wird noch mit Scheiße beschmiert.« Die Absender gaben sich als Monarchisten, Kommunisten, Völkische zu erkennen, und jeder sah sich berechtigt, den Sozialdemokraten an der Spitze der Republik zu beleidigen, zu verleumden und mit offenem Hass zu verfolgen.²⁷

Hassparolen kursierten auf der Straße, in Wirtshäusern, in Zeitungen. 1921 wandte sich der Berliner Gelegenheitsarbeiter Georg Neumann, sechzig Jahre alt, an Ebert und bat ihn, gegen die »Hetzapostel« einzuschreiten: »Da nun in letzter Zeit immer wieder eine tolle Hetze der Kommunisten, sogar auch der Sozialdemokraten begonnen hat, welcher ich bisher angehörte, muß ich Sie als Arbeiter doch herzlich bitten: Wirken Sie doch auf die Leute ein, dass sie Ruhe halten. Die drohen immer mit Gewalttätigkeiten und kommt dabei nichts Gescheites heraus.« Im gleichen Jahr berichtete der Hamburger Hermann Reisner dem Reichspräsidenten über ein von ihm mitstenographiertes Eisenbahngespräch, in dem ein Gutsverwalter verleumderische Lügen über Ebert und dessen Familie aufgetischt habe. Er, Reisner, sei zwar parteilos. Aber sein »politisches Reinlichkeitsbedürfnis« wehre sich gegen ein solches Gebaren, das »den Hass gegen die Republik schürt«. Er stellte sich deshalb als Zeuge zur Verfügung und forderte Ebert auf, den »gewissenlosen Ehrabschneider« strafrechtlich zu belangen (▷ Ehre).[28]

Hassreden von weit rechts und weit links richteten sich später auch gegen Eberts Nachfolger Hindenburg. Im Ruhrgebiet wurden Arbeiter 1927 zu Gefängnisstrafen verurteilt, weil sie Lieder gesungen hatten, in denen sie den Reichspräsidenten an den Galgen oder Laternenpfahl wünschten.[29] Das erinnert an das Galgen-Transparent und entsprechende Parolen, die sich 1970 gegen Willy Brandt richteten (▷ Geborgenheit), aber auch an die für die Bundeskanzlerin und ihren Vize bestimmten selbstgebastelten Galgen, die ein Pegida-Demonstrant 2015 in Dresden mitführte. Die Staatsanwaltschaften in Dresden und Chemnitz stellten damals Strafanträge gegen den Galgenbauer, doch die Verfahren wurden eingestellt. Erfolgreich war Sigmar Gabriel lediglich mit seiner Unterlassungsklage gegen den Internetverkauf von Miniaturgalgen.[30] Unflätige Hassmails erhalten auch andere Politiker (und Journalisten). Besonders ihre weiblichen Kollegen stehen im Fadenkreuz derer, die ihren Hass auf Frauen, Juden, Migranten ungebremst herausschleudern. Meist tun sie das anonym, aus der gefühlten Sicherheit der Netzwelt, seltener mit Klarnamen. Die Angegriffenen wehren sich, indem sie die Hassbotschaften öffentlich vorlesen oder Anzeige erstatten.

Nicht wenige Menschen denken angesichts solcher Vorkommnisse an Weimar. Die hassverzerrten Gesichtszüge derer, die gegen Migranten aufmarschieren und Männerfäuste recken, sprechen eine deutliche Sprache. Blankem Hass begegnet man auch in der linken Szene, unter schwarzgewandeten Autonomen, die ihrer Wut gegen »das System« beim Anzünden von Autos oder beim Hamburger G20-Gipfel 2017 Luft machten. Aber im Unterschied zu den Rechtsextremen richten sich Hass und Gewalt hier in der Regel nicht gegen Personen, vor allem nicht gegen strukturell Schwächere. Außerdem handeln Linksextreme isoliert und erhalten im breiteren linken Milieu weder Beifall noch Unterstützung. Dagegen reicht die rechte Szene in die Mitte der Gesellschaft hinein. In den sozialen Medien, aber auch in den Leserzuschriften an bürgerliche »Qualitätszeitungen« und in den Kommentaren ihrer Online-Ausgaben findet sie ein großes Echo, nicht zuletzt dank des öffentlich bekundeten Verständnisses, das prominente AfD-Politiker solchen Positionen entgegenbringen.

Was die Berliner von der Weimarer Republik allerdings unterscheidet, sind die Stärke und Breite der Gegenbewegung. Zwar gab es auch damals Bürger, die an der politischen Hasssprache Anstoß nahmen. So wandte sich 1930 das NSDAP-Mitglied Carl Scobel aus dem westfälischen Schalksmühle an Hitler und berichtete ihm über Vorwürfe,

> »dass eine ganze Anzahl unserer Redner sich oft unparlamentarischer Ausdrücke, – wie Schwein, Halunken, Lumpen usw. bedienen, welches in unseren evangelischen Christlichen Kreisen sehr verstösst. Die KPD und SPD können sich solches erlauben, da es ihnen sehr ähnlich sieht. Ich bitte Sie ebenso höflich wie dringend, die Redner anweisen zu wollen, dass sie dieses unterlassen, da eine solche Werbung für uns keinen Gewinn bringt. Wir müssen mit wirklich ernsten Christen rechnen, da diese die treuesten und besten Anhänger unserer Partei sind.«

Auch ein bayrischer Katholik bekundete im November 1933 seinen Unmut darüber, dass »die an der Spitze nur Haß und Terror« kennen: »Wenn man Haß sät, kann man keine Liebe ernten.«[31] Doch blieben solche Einwände vereinzelt und konnten die Verrohung der Sprache und die davon ausgehende tätliche Gewalt weder bremsen noch bannen.

Nach 1945 etablierte sich, langsam aber beharrlich, ein Konsens, dass Hass politisch-gesellschaftlich nicht mehr salonfähig und hinnehmbar war. In breiten Schichten der Bevölkerung trifft er auf scharfe Ablehnung. Guten von schlechtem Hass zu unterscheiden, hat sich verbraucht. Brechts Mahnung ist angekommen – nicht zuletzt deshalb, weil die krasse Freund-Feind-Dichotomie nach siebzig Jahren Demokratieerfahrung an Plausibilität und Überzeugungskraft verloren hat. Sicher gab und gibt es auch im Bundestag so manchen verbalen Übergriff, einige Volksvertreter hielten und halten sich auf ihre spitze Zunge viel zugute. Dass Gegnerschaft nicht zu Feindschaft führen soll und darf, ist aber weithin akzeptiert. In Demokratien streitet man, anhaltend und heftig, polemisch und zugespitzt. Aber man hasst nicht.

20 Dresden, Januar 2020

HOFFNUNG

»Wir müssen vor Hoffnung verrückt sein«: So beginnt das *Willkommenslied für Marie*, das Wolf Biermann 1982 zur Geburt seiner Tochter textete und vertonte. Das Lied kontrastiert die herzlich-warme private Freude über die Neugeborene mit apokalyptischen Bildern der Umwelt.

»Um deine Wiege drumherum
Wuchern die Waffenwälder
Du liegst im Schlachtfeld mittendrin
Marie, und bist du älter
Wird keine Luft zum Atmen sein
Und nichts mehr da zum Essen
Die Erde wird uns Menschenvolk
Wohl ganz und gar vergessen.«

Die Erde, heißt es weiter, »wird ein öder Stern / Wie andre öde Sterne«. Ein Kind in diese Welt zu werfen, sei eigentlich vermessen – wäre da nicht die Hoffnung.

21 Hoffnung à la Biermann: Cover der Langspielplatte 1982

Hoffnung und Zukunft

Vielen Menschen fehlte diese Hoffnung. In linksintellektuellen Kreisen der Bundesrepublik war es damals chic und üblich, sich den eigenen Kinderwunsch mit dem Hinweis auf die schlechte Welt auszureden, die man dem Kind nicht zumuten dürfe. Der Liedermacher Biermann, der insgesamt neun Kindern ins Dasein verhalf, sah das offenbar anders. Schon in der DDR, wo er als kritischer Kommunist seit 1965 Aufführungs- und Publikationsverbot hatte, ließ er sich die Hoffnung nicht nehmen – obwohl die Stasi ihm mit ihren »Zersetzungsmaßnahmen« das Leben und die Liebe schwermachte. Nach der Ausbürgerung 1976 zog er in seine Geburtsstadt Hamburg und dichtete, sang, zeugte weiter. Um ihn herum wimmelte es von politischen, militärischen und ökologischen Bedrohungen. 1982, als das Willkommens- und Hoffnungslied entstand, war die sogenannte Nachrüstung mit Atomwaffen in vollem Gang, ein neuer kalter Krieg zwischen den Blöcken begann. Die Friedensbewegung befürchtete, er könnte jederzeit in einen heißen umschlagen. Auch die Umweltbewegung hatte Fahrt aufgenommen und lenkte die Aufmerksamkeit auf Luft- und Wasserverschmutzung, sauren Regen und sterbende Wälder.

Vor diesem Hintergrund deutete Biermann Maries Geburt als ein Zeichen der Hoffnung. Zwar gab er zu, »verrückt« zu sein. Aber nicht etwa deshalb, weil er und die Kindsmutter wider alle Evidenz hofften, dass das Leben weitergehen und sogar besser werden könnte. Vielmehr machte sie die Hoffnung selber verrückt: Sie ver-rückte ihre Perspektive, ließ sie die Zukunft mit anderen Augen sehen. Wer hoffnungsvoll nach vorn schaute, fand sich mit Visionen der Apokalypse nicht einfach ab, sondern tat alles, um sie nicht Realität werden zu lassen. Kinder in die Welt zu setzen und darüber ein berührendes Lied zu singen, war eine Form des Widerstandes, die neuen sozialen Bewegungen der 1970er und 1980er Jahre eine andere.

Hoffnung hat immer etwas mit einem in die Zukunft ausgreifenden Lebensentwurf zu tun. Nur Tote mussten, wie in Dantes *Göttlicher Komödie*, alle Hoffnung fahren lassen, wenn sie durch das Tor zur Hölle traten. Wer als Lebender ohne Hoffnung war, schien bereits gestorben, leblos, apathisch, bar jeder Freude und vitalen Energie. Selbst wenn die Umstände schwierig und niederdrückend waren, regte sich in der Regel ein Fünkchen Hoffnung. Bei jungen Leuten, auf die noch viel Zukunft wartete, war es meist größer als bei älteren. So erinnerte sich Jean Améry 1966, dass »Heim- und Vergangenheitsweh« in den ersten Jahren der Emigration nach 1938 »bis zu einem gewissen Grade aufgehoben wurden durch Hoffnung«. Obwohl ihm seine Vergangenheit entrissen worden war und die Gegenwart nicht recht »entzifferbar«, hatte er mit Mitte zwanzig eine Zukunft vor sich, und diese Zukunft war offen. »Wer aber altert«, schrieb er, »dessen Kredit erschöpft sich. Dessen Horizont rückt ihm an den Leib, dessen Morgen und Übermorgen hat keine Kraft und keine Gewißheit.«[1]

Améry, der sich 1978 kurz vor seinem 66. Geburtstag das Leben nahm, hat die Erfahrung des Alterns, aus seiner Biographie heraus verständlich, dramatisiert. In der heutigen Zeit, in der rüstige Senioren bis weit ins neunte Jahrzehnt hinein aktiv sind und am gesellschaftlichen Leben teilnehmen, bedeutet Altern nicht mehr zwangsläufig Hoffnungs- und Zukunftsverlust. Palliativmediziner und Hospizmitarbeiter berichten von Menschen, deren Uhr abgelaufen ist und die sich trotzdem noch auf den nächsten Tag, den nächsten Besuch, das nächste Frühstück freuen – und hoffen, das alles noch erleben zu können. Die Hoffnung stirbt zuletzt: In dieser in vielen Sprachen überlieferten Redensart steckt viel Weisheit und Erfahrung. Schon in der römischen Antike hieß es *dum spiro spero*, solange ich atme, hoffe ich. Seitdem ziert der Spruch Familienwappen und Kirchenfenster und dient Regimentern ebenso wie Staaten und Institutionen als Leitmotiv.

Auch und gerade im 20. Jahrhundert behielt er seine lebenspraktische Bedeutung. Die verheerenden Weltkriege, die Massenmorde und Genozide, die Vertreibungen und bittern ökonomischen Einbrüche haben den Zukunftshoffnungen zahlloser Menschen hart zugesetzt. Welche Zukunft hatten jene, die in den Konzentrations- und Vernichtungslagern der Nazis eingekerkert waren, und worauf durften sie noch hoffen? Doch selbst hier wirkte die Hoffnung, dieser menschengemachten Hölle vielleicht und wider Erwarten entkommen zu können, lebensverlängernd.

In der Krise: Weimarer Verhältnisse

Hoffnung war auch in den 1920er und frühen 1930er Jahren eine wichtige Ressource, um die scharfe politische Polarisierung und die schwere Wirtschaftskrise auszuhalten. 1925 fassten viele Bürger »neuen Mut und Hoffnung« bei der Wahl des Weltkriegsgenerals Paul von Hindenburg, der Friedrich Ebert als Reichspräsident nachfolgte. 1932, als sich Hindenburg zur Wiederwahl stellte, schrieb ihm Annie Gerhard aus Engers am Rhein, er wisse sicherlich, »welche Entbehrungen und Einschränkungen man den kleinen Beamten auferlegt hat. Trotz Alledem will man dieses gerne ertragen, wenn man nur wenigstens einen Lichtblick sehen kann. Mein Mann ist Reichsbahnassistent und sein Gehalt reicht kaum zum Leben. Aber die Hoffnung habe ich nicht aufgegeben.« Sie setzte sie in Hindenburg, der »mit Gottes Hilfe jetzt alles zum Guten führen« werde, »ganz so, wie Sie es im Kriege verstanden, überall den rechten Weg zu finden«.

Ebenfalls von »Lichtblick« sprach Luise Sauerteig, eine pensionierte Nürnberger Lehrerin, als sie Hindenburg für seine erneute Kandidatur dankte. Die einundzwanzigjährige Martha Schneider aus Leipzig vertraute Hindenburg an, sie stehe »so oft in meinem Zimmer vor Ihrem Bild und schöpfe neue Kraft u. neuen Mut aus Ihren entschlossenen Zügen«. »Hoffentlich wird's bald besser«: So schloss Frau Lohmann aus Berlin ihren Brief an den Reichspräsidenten, dessen Rundfunkrede sie am 10. März 1932 »begeistert« gelauscht hatte und den sie um eine Änderung der »dummen Notverordnung« bat: »Denn sehen Sie mein Mann ist bald 3 Jahre ohne Arbeit und wir müssen oft hungern und frieren denn die 13 Mark von der ›Wohle‹ reichen bei 30 M. Miete weder hin noch her.«[2]

Fast zwanzig Millionen Wählerinnen und Wähler stimmten im April 1932 für Hindenburg als Hoffnungsträger. Das waren 53 Prozent all derer, die ihre Stimme abgegeben hatten, bei einer Wahlbeteiligung von 83,5 Prozent.

Letzte Hoffnung Hitler

Für 13,4 Millionen war dagegen Hitler die »letzte Hoffnung«, wie ein Wahlplakat der NSDAP suggerierte. Es zeigte das Heer der Arbeitslosen, überwiegend Männer aus unterschiedlichen sozialen Schichten, mit leeren, verzweifelten Gesichtern. Ihre einzige Hoffnung, so die Aussage, lag bei Hitler. Der NS-Graphiker Hans Herbert Schweitzer, der sich das nordische Pseudonym Mjölnir zugelegt hatte, kopierte hier den Stil von Käthe Kollwitz, deren expressionistisch beeinflusste Radierungen und Lithographien soziale Not und Hoffnungslosigkeit eindringlich abbildeten. Schweitzer verzichtete auf die sonst bei Wahlplakaten üblichen martialischen Botschaften und knalligen Farben, wählte Sepia statt Rot und schaffte es so, das

22 Wahlplakat der NSDAP Juli 1932

Zukunftsversprechen der nationalsozialistischen Bewegung eindrucksvoll mit der beklemmenden Gegenwart zu kontrastieren.

Tatsächlich hatte der Anstieg der Arbeitslosigkeit seit der internationalen Wirtschaftskrise 1929 den Nationalsozialisten immer mehr Wähler beschert. Waren es bei den Reichstagswahlen 1928 gut 800 000, sprang ihre Zahl in den zwei Folgejahren auf 6,4 Millionen und verdoppelte sich dann noch einmal bis 1932. Die NSDAP war damit etwa gleich stark wie KPD und SPD zusammen. Da die KPD in der »sozialfaschistischen« SPD jedoch ihren größten Feind sah, kam eine linke oder gar links-bürgerliche Koalition gegen den rechtsradikal-völkischen Block nicht zustande.

Mit der Ernennung Hitlers zum Reichskanzler im Januar 1933 verbanden Anhänger und Wähler riesige Hoffnungen und Erwartungen. Nicht immer und nicht sofort gelang es ihm zu »liefern«. Während der versprochene soziale und wirtschaftliche Aufstieg auf sich warten ließ und sich SA-Kämpfer beschwerten, sie müssten weiterhin »in den untersten Reihen« versauern, hielten Mitglieder der NS-Frauenschaft wider alle »Nörgler und Zweifler« daran fest, »dass unser Führer der rechte Mann ist, der Deutschlands Zukunft sichern kann und wird, und in engster Volksgemeinschaft mit uns Allen verbunden ist«. Dieser Meinung war auch Hedwig Elbers, die Hitler 1935 zum 46. Geburtstag gratulierte.

»Alle, die wir deutsch denken und fühlen, haben nur einen Wunsch: Unser geliebter Führer möge uns erhalten bleiben. Aus Schmutz und Schmach gleich einem Phönix aus der Asche ist ›Deutschland wieder erstanden‹! Wir haben wieder ein einheitliches, geschlossenes Deutschland, geführt von einer Hand – und einer besonnen zielbewussten! Klein-Staaten, Parlamentarismus unfruchtbarer und Parteihader haben aufgehört eine Rolle zu spielen – zum Wohle Deutschlands!«[3]

Zwölf Jahre lang nährte Hitler die Hoffnungen seiner Volksgenossen. Mit jedem neuen Zukunftsversprechen, mit jeder erfolgreichen politisch-militärischen Aktion nahmen sie zu und wuchsen ins Unendliche. So, wie Frau Elbers sich ein immer größeres Vaterland erhoffte, in dem »die deutschen Grenzen sich dehnen«, träumten nicht wenige Deutsche vom neuen Lebensraum im Osten, wo eine lukrative Karriere als Gutsbesitzer, Sklavenhalter und Verwalter auf sie wartete. Das Regime wiederum setzte seine Hoffnung auf die Jugend, die diese glorreiche Zukunft verkörperte und sich ihrer Rolle als Hoffnungsträger durchaus bewusst war. »Blicke ich in die Zukunft«, schrieb 1936 die sechzehnjährige Maurertochter Hildegard Schade aus der Niederlausitz an Hitler, »so hab ich viel Freude! Deutschland steht im Aufbau, und Deutschland wird wieder groß und stark.« Die zweiundzwanzigjährige Lotte Seidel aus Kassel, die sich als »deutsches Mädel« vorstellte, konnte es gar nicht erwarten, demnächst »eine deutsche Frau« zu sein und Kindern »das Leben, dieses herrliche Leben in Ihrem Staat« zu schenken. Derweil hoffte der achtjährige

Franz Hendriks aus Kaiserswerth 1938 inständig darauf, möglichst bald »ein deutscher Soldat« zu werden. Damit stand er nicht allein.[4]

Wunder

Dass die Hoffnung auch im »Dritten Reich« zuletzt starb, war vor allem das Werk einer meisterhaften Propaganda. Bis zum militärischen Zusammenbruch fütterte Goebbels' Maschinerie Vorstellungen ingeniöser »Wunderwaffen«, die den Kriegsverlauf wenden und den »Endsieg« sichern würden. Ebenso wie Hitlers Rhetorik voller selbstfabrizierter Wunder war und Hoffnung auf immer neue, ausschließlich ihm und seinem Führungstalent zu verdankende Wunder weckte, spielte auch das Propagandaministerium hemmungslos mit dem Glauben an künftige Wunder.[5] Im populären Kinofilm *Die große Liebe* von 1942 tremolierte Zarah Leander *Ich weiß, es wird einmal ein Wunder gescheh'n*. Das Lied wurde ein Hit. Gleich in der ersten Verszeile appellierte es an die Kraft der Hoffnung und sagte voraus, dass »tausend Märchen wahr« würden, selbst in Zeiten des Krieges und, wie man sich denken konnte und sollte, nicht nur in der Liebe.

Interessanterweise überlebte die Wunder-Metapher das bittere Kriegsende nahezu unbeschadet. Erst sprach man vom Wirtschaftswunder (wie schon in den 1930er Jahren), dann vom »Wunder von Bern« (▷ Freude). Wer auf ein Wunder hoffte, dem ging es in der Regel schlecht. Unter den gegebenen Bedingungen würde sich daran vermutlich nichts ändern, also tat ein Wunder not. Es kam überraschend, ließ Gnade vor Recht ergehen und beendete einen für alle unerquicklichen Zustand. Hatte Richard Wagner das Wunder im 19. Jahrhundert noch im Über- und Außermenschlichen lokalisiert – Stichwort Lohengrin –, war es im 20. Jahrhundert auf die Erde zurückgekehrt. Aber auch hier lebte es von der Aura des Nicht-Verfügbaren und Erlösenden. Ein Wunder erhoffen war etwas anderes als auf den Zufall setzen. Wem das Wunder zuteilwurde, der durfte sich erhoben, auserwählt und begnadet fühlen.[6]

192 Mächtige Gefühle

23 Jugend als Hoffnung: FDJ 1952

Zukunftsversprechen und enttäuschte Hoffnungen im Osten

Offiziell starteten beide deutsche Staaten 1949 ohne Wunderhoffnungen, aber mit umso ehrgeizigeren Zukunftsentwürfen. Beide wollten die Erinnerung an den Nationalsozialismus rasch hinter sich lassen und bekannten sich zur Demokratie, worunter sie allerdings Verschiedenes verstanden. Die DDR verlieh ihrer Zukunftsgewissheit bereits in der neuen Nationalhymne Ausdruck: »Auferstanden aus Ruinen und der Zukunft zugewandt« sollte »Deutschland, einig Vaterland« sein. Auf wem die Hoffnung ruhte, machte die dritte Strophe klar: auf der »deutschen Jugend«, dem »goldenen Fonds unserer Zukunft« und »unserem saubersten und besten Menschenmaterial«, wie es auf der ersten Parteikonferenz der SED 1949 hieß.

Dieser Jugend winkte eine »bessere Zukunft«, »eine glückliche Zukunft ohne Krieg und Krise«, worüber sich der Pionier Egon Krenz 1950 stellvertretend »für uns Kinder in der DDR« von Herzen freute. Krenz hatte als Vierjähriger seinen Vater im Krieg verloren, das Kolberger Haus lag in Schutt und Asche, und die Familie lebte nahe Rostock von einer kargen Rente. Vor diesem tristen Hintergrund setzten die »Neubürger« ihre ganze Hoffnung in die »junge Deutsche Demokratische Republik unter der Führung des Arbeiterpräsidenten Wilhelm Pieck«.[7]

Andere gaben die Hoffnung bald auf und verließen das Land zu Hunderttausenden, solange die Grenzen noch offen waren. 1961, nach dem Mauerbau, entschied sich auch der Leipziger Philosophieprofessor Ernst Bloch, von einer Reise in die Bundesrepublik nicht mehr in die DDR zurückzukehren. Sein Hauptwerk *Das Prinzip Hoffnung*, im amerikanischen Exil entstanden, war zwischen 1954 und 1959 zunächst in Leipzig, dann in Frankfurt am Main publiziert worden. Bloch entwickelt darin die konkrete Utopie des Sozialismus weniger aus dem nüchternen »Kältestrom« einer marxistischen Gesellschaftsanalyse als aus dem enthusiastischen »Wärmestrom« unabgegoltener Hoffnungen und Tagträume. Den letzten Band schließt er mit einem emphatischen Bekenntnis zum »Morgen im Heute«:

> »*Die wirkliche Genesis ist nicht am Anfang, sondern am Ende*, und sie beginnt erst anzufangen, wenn Gesellschaft und Dasein radikal werden, das heißt sich an der Wurzel fassen. Die Wurzel der Geschichte aber ist der arbeitende, schaffende, die Gegebenheiten umbildende und überholende Mensch. Hat er sich erfasst und das Seine ohne Entäußerung und Entfremdung in realer Demokratie begründet, so entsteht in der Welt etwas, das allen in die Kindheit scheint und worin noch niemand war: Heimat.« (▷ Geborgenheit)[8]

Heimat als Zukunft und nicht als Vergangenheit zu denken, passte ebenso gut zur politischen Agenda der DDR wie Blochs Eloge auf den arbeitenden Menschen. Die Vorstellungen davon, was »reale Demokratie« bedeutete, gingen jedoch weit auseinander. Blochs Kritik an der Niederschlagung des ungarischen Volksaufstands 1956 brachte den Nationalpreisträger in Verruf und führte zu seiner Zwangsemeritierung. In der Bundesrepublik der 1960er Jahre traf der Philosoph auf ein interessiertes linksliberales Publikum; nicht zuletzt unter Theologen fand er einflussreiche Anhänger. Von der Studentenbewegung wurde er eifrig gelesen, mit Rudi Dutschke verband ihn eine väterliche Freundschaft. Das Bild des Wärmestroms, in den die unentfremdeten Hoffnungen der Menschen eingingen, stieß bei den Linksalternativen der 1970er und 1980er Jahre auf große Resonanz.[9]

In der eingemauerten DDR verloren derweil viele die Hoffnung, dass sich, wie ein Anonymus 1967 dem *Neuen Deutschland* schrieb, »eines Tages der gesunde Menschenverstand durchsetzen« und die allgemeine »Heuchelei« beenden würde. 1978 erklärte ein Arbeiter »im Namen vieler Kolleginnen und Kollegen« und »mit sozialistischem Gruß« an den Staatsratsvorsitzenden Erich Honecker, er gehöre der SED an und sei »bis jetzt für unseren Staat gewesen«. Angesichts der gravierenden Versorgungsmängel und der ungleichen Verteilung von Konsumgütern fehle ihm aber zunehmend das Verständnis für die Politik der Regierung. »Und wir haben ja auch wenig Hoffnung, daß sich etwas ändern wird.« Von »Hoffnung und Enttäuschung bei vielen Menschen« berichtete ein anderer »Genosse« 1986 nach den Beschlüssen des XI. Parteitags. Die ältere Aufbau-Generation hätte sich großzügigere soziale Leistungen, kürzere Arbeitszeiten, längeren Urlaub und höhere Renten erhofft und sei »zutiefst« enttäuscht. 1988 erinnerte die Arbeitsgruppe Glasnost daran, dass jene, die der DDR den Rücken kehrten – die Zahl der Ausreiseanträge (113 500) hatte sich seit 1982 fast verfünffacht – das Land »aufgrund der Hoffnungslosigkeit« verließen. »Begreift das Genossen!« Andere fragten sich angesichts der Ausreisewelle: »Sind wir wirklich der dumme Rest«? Aber »wir lieben unsere Heimat und wollen hier leben«, allerdings ohne »Korruption, Schieberei, Unterschlagerei, Bestechung« und die »verdammten Schops, es sind die Kloaken der

Moral«. Gemeint waren die Intershops, die begehrte Waren gegen Westgeld verkauften.[10]

Auch die Menschen, die seit September 1989 in Leipzig und anderen Städten »für ein offenes Land mit freien Menschen« demonstrierten, wollten bleiben und die DDR zum Positiven verändern. Je mehr es wurden, desto stärker wuchs die Hoffnung, dass das gelingen könnte, trotz der Gewaltexzesse der Volkspolizei, trotz Verhaftungen und Stasi-»Zugriffen«. Egon Krenz, seit dem 17. Oktober Honeckers Nachfolger als SED-Generalsekretär und Staatsratsvorsitzender, war dafür allerdings nicht der richtige Mann. Unvergessen blieben die Worte, mit denen er die blutige Niederschlagung der chinesischen Demokratiebewegung im Juni des Jahres kommentiert hatte: Es sei »etwas getan worden, um die Ordnung wiederherzustellen« (▷ Zuneigung).[11]

Im Frühling 1990 legte dann die große Mehrzahl der DDR-Bürgerinnen und Bürger ihre Hoffnungen auf Reformen und einen neuen, menschenfreundlichen Sozialismus endgültig zu den Akten. Jahrzehntelang war ihnen eine helle Zukunft versprochen worden, für die sie unablässig kämpfen, hassen, lieben und Extraschichten arbeiten sollten. Als die Zukunft seit den 1970er Jahren mit der realexistierenden sozialistischen Gegenwart verschmolz und sich die Probleme eher häuften als verringerten, wuchs der Unmut. Nach der überraschenden Maueröffnung (»Wahnsinn«) und dem kurzen Herbst-Winter der Euphorie (»Alles ist möglich«) riss vielen der Geduldsfaden. Anstatt sich auf neue Zukunftsexperimente einzulassen, votierten sie bei den ersten freien Volkskammerwahlen im März 1990 für den Beitritt zur Bundesrepublik. Damit verbanden sie die Hoffnung auf spürbare wirtschaftliche Verbesserungen und gutes Regieren. Beides hatten ihnen Politiker aus dem Westen versprochen und die Messlatte damit hochgelegt. Enttäuschungen waren vorprogrammiert und stellten sich rasch ein. Dreißig Jahre nach dem Mauerfall setzen zahlreiche Wählerinnen und Wähler große Hoffnungen in die AfD, die sich als die eigentliche Erbin und Vollstreckerin der Friedlichen Revolution ausgibt und damit prahlt, die damals gehegten Hoffnungen erfüllen zu können.[12]

Hoffnungsträger

Mit Hoffnung wird Politik gemacht, nicht erst heute und nicht nur auf einer Seite des Parteienspektrums. Auch die Grünen werben mit dem Hoffnungswort für sich, lenken die Hoffnung auf Europa, laden zu einer »Radtour der Hoffnung« ein und unterstützen die jungen Aktivistinnen und Aktivisten, die seit Herbst 2018 gegen den Klimawandel auf die Straße gehen: »Diese Jugend macht Mut und Hoffnung.« Dass Frauen dabei prominent mittun, ist für die Grüne Partei seit ihrer Gründung 1980 selbstverständlich.

Kinder, Jugendliche und Frauen gelten als Hoffnungsträger *par excellence*. Kinder und Jugendliche personifizieren die Zukunft, Frauen ermöglichen und garantieren Zukunft, indem sie Kinder zur Welt bringen. Früher hieß es über Schwangere, sie seien »guter Hoffnung«. Diese Redensart ist mittlerweile aus dem Sprachgebrauch verschwunden, vermutlich deshalb, weil Frauen dank medizinischer Rundum-Betreuung und Technologie die Geburt ihres Kindes mit Zuversicht und nicht bloß mit Hoffnung erwarten können. Doch noch immer knüpfen sich an das Ereignis individuelle Hoffnungen und Wünsche, die das Neugeborene auf seinem weiteren Lebensweg begleiten.

24 München, Mai 2019

Aber Hoffnungen werden auch kollektiv geteilt und gezielt geweckt, mit Richtungsschildern und Handlungsanweisungen versehen. Das gilt nicht nur für die Menschen, die, besonders stark und sichtbar im Herbst 2015, aus dem Nahen/Mittleren Osten und Afrika nach Europa kommen, um hier ein besseres und sicheres Leben zu führen. Es gilt für Europäer seit dem 19. Jahrhundert, als sich der Erwartungshorizont vom Erfahrungsraum löste und bessere Zukünfte als menschenmöglich erscheinen ließ.[13] Wenn das, was man vom Leben wünscht und erwartet, nicht mehr darin aufgeht, was die Eltern- und Großelterngeneration erfahren und erlebt hat, wird Hoffnung zu einer wichtigen politischen Ressource. Parteien und Bewegungen, Propheten und Gurus bieten ihre Hilfe an und wecken ihrerseits Hoffnungen auf Erlösung, Befreiung, Verbesserung. Je höher die Hoffnung in den Himmel wächst, desto größer ist die Enttäuschung, wenn sich das versprochene Glück nicht einstellen will.

Von Ernst Bloch zu Fridays for Future

Enttäuschungsresistent sind lediglich Hoffnungen, die das Jenseits betreffen. Mit dieser Währung arbeiten religiöse Gemeinschaften und Institutionen. Dass sie trotz der Zunahme spiritueller Vielfalt immer weniger Anhänger finden, deutet darauf hin, dass die Hoffnung auf Transzendenz einen schwindenden Kurswert besitzt. Stattdessen avisieren die »Tagträume« der meisten Menschen das Diesseits und dessen unmittelbare Zukunft. Man lebe schließlich nur einmal und habe ein Recht darauf, in diesem Leben alles auszukosten, was es lebenswert mache. Von »konkreten Utopien«, wie sie Ernst Bloch in den 1940er und 1950er Jahren sammelte, spricht heute kaum noch jemand.

Zugleich fängt eine junge Generation wieder an, nach dem »Morgen im Heute« zu fragen und »das Hoffen zu lernen«. Vieles an der Initiative Fridays for Future erinnert an das, was der marxistische Philosoph seinerzeit propagierte: Hoffen sei »ins Gelingen verliebt«; »die Arbeit dieses Affekts verlangt Menschen, die sich ins Werdende tätig hineinwerfen«; Hoffnung »reizt auf, läßt mit dem schlecht Vorhandenen sich nicht abfinden«; sie wolle die Welt verändern und die Zukunft als »unabgeschlossenen Entstehungsraum« selber gestalten. Diese Zukunft beginne im Hier und Jetzt: »Der echte utopische Wille ist durchaus kein unendliches Streben« und in die weite Ferne gerichtet. Er erkenne bereits in der unmittelbaren Gegenwart die »Anlage zu etwas, Tendenz auf etwas, Latenz von etwas, und das so intendierte Etwas heißt Erfüllung des Intendierenden«.[14]

Bloch hielt Hoffnung als »wichtigsten Erwartungsaffekt« für ein Gefühl, das den Zeitgenossen der späten 1940er und 1950er Jahre »gemäßer« sei als die Furcht, die der Nationalsozialismus verbreitet habe. Und er bestand darauf, Hoffnung sei »lehrbar« und lernbar, durch individuelle Reflexion und Selbstanalyse ebenso wie durch kollektive Anstrengungen und Aktivitäten. Von manchen älteren Intellektuellen hört man derzeit, für Hoffnung gebe es angesichts massiver Umwelt- und Naturzerstörung keinen Anlass mehr. Eine bessere Zukunft habe als utopisches Ziel ausgedient. Wer so spricht und denkt, macht die Rechnung ohne die jungen Leute, die noch eine Zukunft vor sich haben. Zwar überlegen einige laut, ob es noch in Ordnung sei, Kinder zu bekommen und die CO_2-Bilanz damit weiter zu verschlechtern. Dennoch wird der ökologisch begründete Aufruf zum Artensterben vermutlich keine Mehrheit finden. Auch die junge Generation wird wieder Kinder in die Welt setzen und ihnen eine Zukunft ermöglichen wollen. Selten neun, wie Wolf Biermann. Aber der war ja auch vor Hoffnung verrückt.

LIEBE

Ich bin von Kopf bis Fuß auf Liebe eingestellt, trällerte Marlene Dietrich alias Lola Lola 1930 in Josef von Sternbergs berühmtem Film *Der blaue Engel*. Liebe, das sei ihre Welt, *und sonst gar nichts*. Damit entsprach sie auf den ersten Blick dem, was man seit dem 19. Jahrhundert von Frauen erwartete: Sie seien, hieß es in den gängigen Konversationslexika, die »Repräsentanten der Liebe«, ihr »ganzes Wesen« sei von Liebe »beseelt«. Das qualifizierte sie für die Rolle liebender Ehefrauen und Mütter.[1]

Diese Rolle aber interessierte die laszive Varietésängerin nicht im Geringsten. Sie sonnte sich in der Bewunderung ihrer Anbeter jeglichen Alters und genoss die Anziehungskraft, die sie auf die Herren der Schöpfung ausübte: *Männer umschwirr'n mich wie Motten um das Licht / Und wenn sie verbrennen / Ja dafür kann ich nicht*. Als sie den ihr verfallenen Gymnasiallehrer Rath schließlich doch heiratete, hatte sie nicht vor, ihm eine treu liebende, hingebungsvolle Ehefrau zu sein. Denn für die sprichwörtliche Femme Fatale war Liebe episodisch, tändelnd, unverbindlich – das Gegenteil dessen, was sich der Herr Professor darunter vorstellte. Für ihn endete die Geschichte, die Heinrich Manns Erfolgsroman *Professor Unrat* von 1905 nachempfunden war, nicht gut.

Die bunte Liebeswelt und ihre Rahmungen

Was Menschen des 20. Jahrhunderts mit Liebe verbanden und wie sie Liebe lebten, geht mitnichten in diesen beiden Figuren und Figurationen auf. Liebe kennt viele Bezüge: Es gibt Eltern-, Kindes- und Geschwisterliebe, Freundesliebe, Nächstenliebe, die Liebe zu Gott, zur Heimat (▷ Geborgenheit) oder zum Vaterland. Selbst bei der Partnerliebe, die immer stärker ins Zentrum der Liebesdiskurse rückt, ist das Spektrum der Liebesformen unendlich und erweitert sich beständig. Es umschließt die klassische Ehe und den »Seitensprung«, das geheime, geduldete oder offene »Verhältnis«, die »wilde Ehe«, die »Onkelehe«, die »freie Liebe«, die lebenslange und die serielle Monogamie, Dreiecksbeziehungen und Polyamorie.

Liebe tritt hier in verschiedenen Aggregatzuständen auf: Sie changiert zwischen heiß und brennend, lau und zehrend, mild und sanft. Sie wechselt zwischen schmachtendem Verliebtsein und rasendem Begehren, bedingungsloser Hingabe und zärtlicher Fürsorge. All das geschieht zwischen Männern und Frauen, aber auch zwischen Frauen und Frauen oder Männern und Männern. Sexualität spielt eine wichtige Rolle; welche genau, unterscheidet sich von Beziehung zu Beziehung. Außerdem verändert sich Liebe mit ihrer Dauer und dem Alter der Beteiligten.

Das klingt unübersichtlich und ist es auch. Hinzu kommt, dass Liebende stets das Gefühl haben, etwas vollkommen Individuelles, Einzigartiges zu erleben, das sich jeder Beschreibung und Klassifikation entzieht. Dagegen spricht aber, dass über kein Gefühl so viele Worte verloren wurden wie über Liebe. Liebesromane, Liebesgedichte, Liebesbreviere füllen ganze Bibliotheken, in allen Sprachen und auf allen Kontinenten. Keine Oper des späten 18. und 19. Jahrhunderts kam ohne Liebesfreud und Liebesleid aus, von Mozarts *Zauberflöte* bis zu Wagners *Tristan und Isolde*. Selbstredend ließ auch das Theater den dankbaren Stoff nicht aus. Im 20. Jahrhundert gesellte sich der Liebesfilm in Kino und Fernsehen dazu, als Komödie, Tragödie oder Melodram. Popsongs und Schlager sind ohne Liebesschmalz gar nicht zu denken. Werbeanzeigen, vorzugsweise für Schmuck, Dessous und

Blumen, manchmal auch für Kleinwagen und Waschmaschinen, unterbreiten Angebote, wie Liebende einander ihre Gefühle mitteilen können. Auch in der boomenden Ratgeberliteratur finden sich entsprechende Hinweise, Empfehlungen und Warnungen.

Frühere Generationen, scheint es, waren in der Zeichensprache der Gefühle besser bewandert, zumindest legten sie größeren Wert auf Differenzierung und Varianz. Wer kennt heute noch die »Blumensprache«, über die Handbücher des Guten Tons um 1900 informierten? Welcher Mann weiß, dass er seiner Braut oder Frau nur Rosen, aber keine Dahlien oder Chrysanthemen schenken sollte, denn: »Ein Strauß von duftlosen und farbenprangenden Blumen kann niemals ein warmes Gefühl ausdrücken; es wird immer nur das Zeichen kühlerer Aufmerksamkeit, verehrender Höflichkeit sein können.« Ebenso unpassend sei es für einen Herrn, »einen Blumentopf zu schenken, denn sein Geschenk gilt nur als Aufmerksamkeit für den Tag selbst und darf nicht den Gedanken aufkommen lassen, als wolle er seine Person auf längere Zeit in Erinnerung bringen«.[2]

Klare Regeln existierten damals nicht nur für Blumen und andere Geschenke, sondern auch dafür, wie sich Liebende verhielten. Zwar hatten bürgerliche Eltern meist nichts dagegen, wenn Verlobte einander täglich sahen. Aber sie durften dabei nicht allein sein. Üblicherweise war die Mutter zugegen oder eine jüngere Schwester. Auch in der Öffentlichkeit hatten sich Unverheiratete, selbst wenn sie bereits ein Brautpaar waren, nicht ohne Begleitung zu zeigen. Zärtlichkeiten vor anderen auszutauschen, verbot sich von selber: »Die Braut muß in diesem Punkte die Schranken enger ziehen, als es dem Manne (...) lieb sein mag. Fehlt es ihm an Zurückhaltung, so soll sie mit freundlichem Ernste seine Liebkosungen zurückweisen.«[3] Sexualität vor der Ehe war gänzlich tabu – oder sollte es zumindest sein.

Solche Anweisungen zeigen, wie sehr sich die Liebesverhältnisse in den letzten hundert Jahren verändert haben. Obwohl es auch heute noch geschriebene und ungeschriebene Regeln gibt, sind sie deutlich lockerer geworden. Außerdem beanspruchen sie nicht, den allgemeingültigen »guten Ton« anzugeben, sondern unterscheiden sich nach sozialen Milieus und Peergruppen. Sicher gab es solche

Unterschiede auch schon um 1900. Liebe in Arbeiterkreisen oder im ländlichen Umfeld fühlte sich anders an und wurde anders gelebt als im städtischen Bürgertum, an das sich die Etikette-Breviere richteten. Aber die normative Hegemonie bürgerlicher Liebesvorstellungen und Liebespraxis stand außer Frage, was inzwischen längst nicht mehr der Fall ist. Auch die selbstverständliche Annahme, dass es Liebe nur zwischen Mann und Frau geben könne, hat sich verflüchtigt.

Jene Veränderungen bilden sich in den Liebesratgebern des späten 20. und frühen 21. Jahrhunderts deutlich ab. Dass solche Texte, als Buch, Kolumne oder Blog, nach wie vor und in wachsender Zahl und Diversität kursieren, signalisiert die Unsicherheit, die Liebe – laut *maedchen.de* das »schönste Gefühl der Welt« – umgibt. Gerade weil das Gefühl so schön und begehrenswert ist, möchte man nichts falsch machen. In dem Maße, wie Liebe für viele Menschen zu einer »Ersatzreligion«, vielleicht auch zu einem Religionsersatz geworden ist, hat sie an fragiler Kostbarkeit gewonnen. Sie gilt, in romantischer Tradition, als unverfügbar, als Geschenk des Himmels, das ebenso plötzlich wie machtvoll eintrifft. Gleichzeitig aber tun Frauen (mehr als Männer) alles, um diesen Moment ausgiebig zu planen und sich gezielt auf ihn vorzubereiten. Dabei unterstützt sie eine milliardenschwere Körper- und Schönheitsindustrie, chirurgische Eingriffe inklusive. Männer investieren derweil in ihre Muskeln und PS-Zahl, viele setzen auf die erotische Anziehung von Karriere und Bankkonto.[4]

Liebe, heißt das, ist nicht nur ein Gefühl. Sie ist auch und vor allem eine Praxis. Und diese Praxis findet nicht nur zwischen zwei Liebenden statt, sondern ist flankiert von einem Heer weiterer Akteure, Institutionen und Medien. Sie verleihen der Liebe Form und greifen in den Inhalt ein. Sie entwickeln Regeln und Usancen, sprechen Ge- und Verbote aus. Sie liefern die Sprache, in der Liebe verhandelt wird, ihre Metaphern, Symbole und Zeichen. Das angeblich privateste, subjektivste Gefühl ist historisch das am stärksten vergesellschaftete und gerahmte Gefühl. Eben das sorgt und bürgt für Wandel – einen Wandel, der auch politisch zu Buche schlägt. Denn zum einen zieht die Politik Grenzen für das, was der Liebe erlaubt ist. Zum anderen zapft sie selber die Macht der Liebe an und sucht sie für sich zu vereinnahmen. Liebe zum Staat, zum Vaterland, zur Nation, zur Verfassung, zum Landesvater, zum »Führer«, zum Sozialismus war im 20. Jahrhundert ein wichtiger Antrieb politischen Handelns. Auch diese Liebe stellte sich nicht von allein ein, sondern bedurfte der Einübung und sorgfältigen Pflege.

Regulierungen

»Ehe und Familie«, verkündet das Grundgesetz, »stehen unter dem besonderen Schutz der staatlichen Ordnung.« Schon die Weimarer Verfassung hatte das so gesehen und die Ehe »als Grundlage des Familienlebens und der Erhaltung und Vermehrung der Nation« für schützenswert gehalten. Von Liebe war weder 1919 noch 1949 die Rede. Implizit jedoch ging man davon aus, dass jede eheliche Verbindung auf Liebe basierte, worunter man je länger, desto mehr eine ebenso romantische wie exklusive Zweisamkeit verstand. Zwar gab es Ehen ohne Liebe in Gestalt von »Geldheiraten« oder Versorgungsbeziehungen. Aber sie befanden sich im 20. Jahrhundert auf dem absteigenden Ast. Schon um 1900 war es »dem Herzen« erlaubt, »zu sprechen und selbst schwierige Verhältnisse zu überwinden«. 1953 wurde der »Traum von der alles überwindenden und ewigen Liebe«, wie der »Eheberater der Nation« Walther von Hollander bestätigte, »fast von jedem« und jeder geträumt. Die sozialen und ökonomischen Bedingungen dafür, dass sich solche Träume erfüllten und im Standesamt oder vor dem Traualtar offizielle Weihen erhielten, waren ebenfalls gegeben.[5]

Zugleich aber sorgten staatliche und kirchliche Ordnungen dafür, dass bestimmte Personengruppen von diesen Weihen ausgeschlossen blieben. Noch in den 1950er Jahren machten die beiden christlichen Kirchen gegen gemischtkonfessionelle Ehen mobil. Liebe zwischen Katholiken und Protestanten, wie sie im Zuge der großen Migration nach dem Zweiten Weltkrieg alltäglich geworden war, sollten die örtlichen Pfarrer nach Möglichkeit unterbinden. Wer den Glauben nicht teilte, durfte auch Tisch und Bett nicht teilen, so die Meinung der Kirchenoberen – über die sich die Liebenden allerdings zunehmend hinwegsetzten.

Auch der Staat intervenierte. Zunächst bestimmte er, ab welchem Alter Menschen eine Ehe eingehen durften, welche Verbindlichkeiten daraus folgten und unter welchen Umständen die Ehe geschieden werden konnte. Außerdem legte er fest, wer keine Ehe schließen durfte und welche Rechte Kinder besaßen, die aus nichtehelichen Liebesverhältnissen hervorgegangen waren. Die Normierung von Sexualität fiel ebenfalls in staatliche Verantwortung. Es gab justiziable Definitionen von dem, was als »Unzucht« galt und wer sich diese zuschulden kommen ließ. Bis in die frühen 1970er Jahre war das »grundsätzlich jede Sexualbeziehung, die des Segens der Ehe entbehrt«. Wer ihr laut § 180 StGB »Vorschub leistet«, indem er Wohnungen oder Hotelzimmer an unverheiratete Paare vermietete, konnte sich wegen »Kuppelei« vor Gericht wiederfinden.[6]

Widerstände und Reformen im frühen 20. Jahrhundert

Dass es solcher Verbote und Strafandrohungen überhaupt bedurfte, weist darauf hin, dass Menschen sich der staatlichen und kirchlichen Normierungen, welche Liebe statthaft war und welche nicht, immer wieder zu entledigen suchten. Schon im Kaiserreich waren voreheliche Beziehungen, trotz offizieller Tabuisierung, keine Seltenheit (von außerehelichen ganz zu schweigen). »Bis tief ins mittlere Bürgertum hinein«, notierte 1902 der Mediziner Willy Hellpach, »reichen heute die ›Verhältnisse‹«, kaum eine Braut trete »unberührt« vor den Traualtar. Daran fand der dem »Fortschritt« zugetane Wissenschaftler grundsätzlich nichts auszusetzen. Warum sollte »ein mit Zuneigung verbundener Geschlechtsverkehr eine schlechtere Vorbereitung auf den ehelichen Beruf darstellen« als die »geile Poussiererei unserer Töchter aus den obersten Zehntausend oder die erzwungene Sittsam-

keit der mittelbürgerlichen Mädchen mit ihrer verhängnisvollen Unkenntnis alles dessen, was sie später erwartet«? Schließlich sei Sexualität vor der Ehe auch auf dem Land und in Arbeiterkreisen die Regel, gehe dort allerdings meist mit einem Heiratsversprechen einher.[7]
   Darauf legte die 1889 geborene Ärztin Käte Frankenthal keinen Wert. Sie schloss nie eine ordentliche Ehe, verzichtete aber auch nicht auf »das Sexuelle«. Seit ihrer Studienzeit – sie legte das medizinische Staatsexamen 1914 in Kiel ab – habe sie, wie sie in ihren Lebenserinnerungen bekannte, »dieser Seite des Lebens freiwillig den Platz eingeräumt, der ihr nun einmal von Natur bestimmt war«.[8] Auch die zwanzig Jahre ältere Schriftstellerin Helene Stöcker hatte sich über bürgerliche Konventionen hinweggesetzt und in »wilder Ehe« ohne Trauschein mit einem Mann zusammengelebt. 1905 gründete sie in Berlin, gemeinsam mit anderen bekannten Persönlichkeiten, den Bund für Mutterschutz und Sexualreform. Er lief Sturm gegen die »Lüge und Heuchelei«, die männlich-weibliche Sexualität umgaben. Während Frauen ihre »Reinheit« und ▷ Ehre durch eine voreheliche Beziehung verloren, blieben die beteiligten Männer frei von Makel. Für eine Frau aus bürgerlichen Kreisen, die ein Kind aus einer heimlichen Liebesbeziehung erwartete, machte das jede Chance auf eine standesgemäße Verbindung zunichte. Der Vater des Kindes hingegen konnte sich seiner Verantwortung ohne weitere Folgen entledigen. Bis 1970 galt er rechtlich als nicht verwandt, und ein uneheliches Kind besaß keinerlei Erbanspruch.[9]
   Unterstützung für ihren Kampf gegen Doppelmoral und für die Rechte lediger Mütter und deren Kinder fand Helene Stöcker bei namhaften Feministinnen wie Lily Braun und Hedwig Dohm, liberalen Politikern wie Friedrich Naumann, Professoren wie Max Weber und Werner Sombart sowie einer Reihe von Medizinern und Eugenikern. Nicht alle teilten ihr Plädoyer für eine freie, weder im Standesamt noch vor dem Traualtar abgesegnete Liebe. Doch ihre bis 1933 fortgesetzten Kampagnen für sexuelle Aufklärung und Schwangerschaftsverhütung, für das Recht auf Abtreibung und gegen die Kriminalisierung von Homosexuellen stießen weit über die Grenzen des Bundes hinaus auf Zuspruch.[10]

Vor allem die 1920er Jahre waren in punkto Liebe und Sexualität eine reform- und experimentierfreudige Zeit. Die vormals so strengen Anstandsregeln in bürgerlichen Milieus lockerten sich. Es sei, hieß es 1931, »durchaus nichts Seltenes, daß Schüler und Schülerinnen höherer Lehranstalten in großen Städten sexuellen Geschlechtsverkehr offen eingestehen und als ihr Recht betrachten«. Das Wissen über Empfängnisverhütung entnahm man einschlägigen Ratgebern oder erwarb es in kommunalen und privaten Beratungsstellen. Dazu gehörte unter vielen anderen das 1919 von dem Mediziner Magnus Hirschfeld in Berlin gegründete Institut für Sexualwissenschaft. Es bot nicht nur Rat an, sondern sammelte auch wissenschaftliche Erkenntnisse über »sexuelle Zwischenstufen« und »das dritte Geschlecht« in Gestalt von Homo- und Transsexuellen. Hirschfeld und seine Mitarbeiter forderten die Abschaffung des Strafrechtsparagraphen 175, der homosexuelle Handlungen unter Strafe stellte, und setzten sich für die staatliche und gesellschaftliche Akzeptanz gleichgeschlechtlicher Liebe ein. Gleichzeitig entstand in Berlin eine vitale Homosexuellen- und Transvestitenszene mit Bars, Restaurants und Varietés, in denen der ebenso bekannte wie umstrittene Sexualforscher und Aktivist ein- und ausging.[11]

Auch eheliche Sexualität geriet zunehmend ins Visier der Aufklärer und Reformer. Ehe- und Sexualberatungsstellen kümmerten sich um die Probleme von Paaren, die an ihren ehelichen Pflichten wenig Vergnügen empfanden, und erteilten Nachhilfeunterricht in Erotik. 1926 brachte der niederländische Gynäkologe Theodoor Hendrik van de Velde ein Buch über die »Physiologie und Technik« der »vollkommenen Ehe« auf den Markt. Es wurde sofort ins Deutsche (und andere Sprachen) übersetzt und erlebte 1932 bereits die 42. Auflage. 1928 folgten zwei weitere Texte des Autors, einer über »die ausschlaggebende Bedeutung« der Erotik, der andere über die »Entstehung und Bekämpfung« der Abneigung in der Ehe.

Vorträge zu diesen Themen erfreuten sich ebenfalls großer Beliebtheit, aber nicht bei allen. Der Berliner Bezirksarzt Max Hodann, der Schülerinnen und Schüler in Berufs- und höheren Schulen über die »Geschlechterfrage« aufklärte, sah sich Mitte der 1920er Jahre einer regelrechten Kampagne ausgesetzt. Der evangelische Elternbund Groß-Berlins wandte sich empört an das Reinickendorfer Bezirksamt und verlangte die sofortige Einstellung dieser unanständigen »Gespräche«. Der Stahlhelm, eine rechtsnational-völkische Veteranenorganisation, bezeichnete den Arzt als »Schweinekerl« und warf ihm »schmutzige Pädagogik« vor (▷ Ekel). Männliche und weibliche Abgeordnete der Deutschen Volkspartei stellten im Preußischen Landtag eine kleine Anfrage und forderten die Regierung auf, »Jugend und Volk vor solchen schädigenden Beeinflussungen« zu schützen. In der Berliner Stadtverordnetenversammlung bezichtigte das DNVP-Mitglied Martin Kirchner, ehemals Ministerialdirektor im preußischen Gesundheitsministerium, Hodann der »Vergewaltigung der Jugend«, der Herabsetzung der »Ehre der Frau« und der Zerstörung der Familie. Anders als Hodann meine, sei der »Geschlechtsverkehr« nicht »als ein Vergnügen« zu behandeln, sondern »als eine ernste Pflicht gegenüber der Gesellschaft«.[12]

In Karlsruhe ließ 1930 die zweiunddreißigjährige Nationalsozialistin Elsa Walter ihrem Unmut über die grassierende Unsittlichkeit freien Lauf: Ein sozialdemokratischer Arzt habe »einen ganz schamlosen Vortrag über Themen, die ich nicht einmal niederschreiben will«, gehalten. Jeder »anständigen Frau« müsse dabei »die Schamesröte in das Gesicht steigen«. Denn »Ehe, Liebe und Mutterschaft« seien »Dinge, die man fühlt und über die man kaum spricht, wenigstens nur in der Weise, um einem diese Dinge heilig zu erhalten«.[13]

Liebe in nationalsozialistischen Zeiten

Nach 1933 war es mit solchen Vorträgen vorbei. Hodann wurde aus seinem Amt entlassen und ging ebenso ins Exil wie Helene Stöcker, die 1943 völlig verarmt in New York starb. Hirschfeld befand sich wegen ständiger rechtsradikaler Angriffe bereits seit 1931 im Ausland, sein Institut wurde geplündert und zerstört. Derweilen setzten die Nationalsozialisten ihre eigenen Vorstellungen von Liebe und Sexualität in Politik um. Homosexualität wurde strafrechtlich noch stärker kriminalisiert als zuvor; statt Gefängnis drohten nun Zuchthaus und Konzentrationslager. Abtreibung blieb streng verboten, auch hier verschärfte man die Strafen, allerdings nur für den »rassisch wertvollen« Teil der Bevölkerung, auf dessen Nachwuchs der Staat größten Wert legte. Wollten jüdische Frauen ein Kind abtreiben, war dies hingegen höchst willkommen. »Rassenmischung« suchte man zu verhindern und verbot ehelich-außereheliche Beziehungen zwischen Juden und Nichtjuden als »Rassenschande«. Zugleich half man gesunden »arischen« Paaren dabei, eine Familie zu gründen, und ermunterte sie durch Geldgeschenke, möglichst viele Kinder in die Welt zu setzen. Wer den strengen Gesundheitsstandards nicht genügte, hatte andere Maßnahmen zu gewärtigen: Zwangssterilisierung und Heimunterbringung bis zur Ermordung in der sogenannten T4-Aktion.

25 Werbung für eine Sondernummer der Wochenzeitung *Der Stürmer* 1936

Liebe im »Dritten Reich« war folglich nur für jene vorgesehen, die »arisch« und »erbgesund« waren. Allen anderen – dazu zählten neben Juden, Sinti und Roma, Homosexuellen, Behinderten und »Asozialen« auch die Millionen Männer und Frauen aus besetzten Ländern, die in deutschen Betrieben Zwangsarbeit leisteten – blieb sie von Staats wegen verwehrt. Aber auch diejenigen, die mit offizieller Erlaubnis lieben durften, standen unter Kuratel. Das Regime schloss die Sexualberatungsstellen und erschwerte den Zugang zu Verhütungsmitteln. Gleichwohl konnte es den Trend zur Zwei-Kinder-Familie nicht aufhalten. Weder Abtreibungsverbote und Mutterkreuze noch Kindergeld und Ehestandsdarlehen hielten Paare davon ab, die Kinderzahl zu begrenzen.

Wenn sich die Geburtenrate in den 1930er Jahren dennoch erhöhte, lag das hauptsächlich daran, dass mehr Ehen geschlossen wurden. Nachdem die schlechte Wirtschaftslage in der Endphase der Weimarer Republik Familiengründungen erschwert hatte, wirkte das Aufschwungs- und Zukunftsversprechen der Nationalsozialisten offensichtlich heiratsstimulierend. Dass 1936 bis 1939 sehr wenige uneheliche Kinder geboren wurden – nur 7,7 Prozent aller Geburten im Vergleich zu 12,2 Prozent zwischen 1926 und 1930 –, spricht ebenfalls dafür, dass junge Leute eher und häufiger bereit waren, eine Ehe einzugehen.[14]

Zugleich versuchte das Regime, gesellschaftliche Vorbehalte gegen unverheiratete Mütter und deren Kinder zu dämpfen. Seit 1939 durften ledige Mütter nicht mehr automatisch aus dem öffentlichen Dienst entlassen werden. Frauen, die von einem SS-Mann oder einem Wehrmachtssoldaten ein Kind erwarteten, ohne mit ihm verheiratet zu sein, konnten ab 1935 diskret in Lebensborn-Heimen entbinden, die auf Geheiß des »Reichsführers SS« Heinrich Himmler eingerichtet worden waren. Insgesamt wurden in den Heimen etwa 12 000 Kinder geboren, jedes zweite war unehelich.[15]

Auf den ersten Blick schienen solche Maßnahmen den Forderungen entgegenzukommen, die schon Helene Stöcker und ihre Mitstreiter gestellt hatten. Die Motive aber waren gänzlich andere. Dem Nationalsozialismus ging es nicht darum, freie, von Staat und Kirche unabhängige Liebesbeziehungen zu ermöglichen. Er interessierte sich ausschließlich dafür, die Zahl »erbgesunder arischer« Kinder zu erhöhen und damit seinen Anspruch zu unterfüttern, »Lebensraum« für eine wachsende Bevölkerung schaffen zu müssen, vorzugsweise in Osteuropa.

Dafür war ihm jedes Mittel recht, auch die Novellierung des seit 1900 unveränderten Scheidungsrechts (ebenfalls ein Ziel der frühen Frauenbewegung). Fortan durfte eine Ehe ohne Angabe von Gründen geschieden werden, sofern die Partner drei Jahre lang getrennt gelebt hatten. Indem es Scheidungen erleichterte, bahnte das Zerrüttungsprinzip Zweitehen mit Aussicht auf Kindersegen den Weg. Auch »Mischehen« zwischen Juden und Nichtjuden, die vor den Nürnberger Gesetzen von 1935 geschlossen worden waren, ließen sich mit Hilfe des neuen Paragraphen rascher und problemloser auflösen. 1939 erfolgte bereits jede fünfte Scheidung auf seiner Grundlage.

Liebe in der Bundesrepublik

Konservative und kirchlich gebundene Kreise mochten sich damit nur schwer abfinden. Nach ihrer Auffassung sollte eine eheliche Liebesbeziehung lebenslang dauern und nur durch den Tod getrennt werden. Ob Kinder daraus entsprangen, war zweitrangig. Was Hitler und Himmler als »satanisches« Ehegesetz verdammten, hielten sie für gottgewollt, steigende Scheidungsraten galten ihnen als Teufelswerk. Nach 1945 setzten sie alles daran, die NS-Regelungen rückgängig zu machen. Statt um Zerrüttung ging es nun wieder um Schuld: Hatte der auf Scheidung klagende Ehepartner die Zerrüttung maßgeblich verschuldet und legte der schuldlose Teil Widerspruch ein, gaben die Gerichte diesem in der Regel statt. Aus Sicht der christdemokratisch dominierten Bundesregierung der 1950er und frühen 1960er Jahre sollte dies den Ehefrauen helfen, die in sieben bis acht von zehn Scheidungsfällen keine »Schuld« trugen und, so die Annahme, an der Fortsetzung der Ehe interessiert seien. Das allerdings war ein krasses Missverständnis. Denn Frauen reichten mehr als doppelt so oft wie Männer eine Scheidungsklage ein und wollten das belastete Verhältnis auflösen.

Daran ließen sie sich von rechtlichen Vorgaben nicht hindern. Seit den frühen 1960er Jahren nahmen Scheidungen rapide zu. Bis 1977, als die sozialliberale Koalitionsregierung das Zerrüttungsprinzip als maßgeblichen Scheidungsgrund festlegte, hatte sich ihre Zahl mehr als verdoppelt. 2005 erreichte sie den bisherigen Höchstwert von 52 Prozent, gemessen an den im gleichen Zeitraum geschlossenen Ehen. Die Gründe dafür sind vielfältig. Frauen, die häufiger als früher einer Erwerbsarbeit nachgehen, können es sich sozial und ökonomisch eher leisten, eine lieblose Ehe zu beenden. Geschieden zu sein, gilt nicht mehr als Makel. Dass jeder und jede ein Recht auf Liebe hat und dann, wenn die alte Liebe endet, eine neue finden kann und darf, ist gesellschaftlich breit akzeptiert. Eine gescheiterte Ehe spricht nicht dagegen, es noch einmal (oder mehrmals) zu versuchen. Entsprechend hoch ist die Wiederverheiratungsquote Geschiedener, nicht nur bei Fernsehstars und Politikern.

Zugleich haben sich die Erwartungen an die Liebe hochgeschraubt. Man möchte, wie in Hollywood-Filmen gefeiert, in Schlagern besungen und in der Werbung vorgeführt, das ultimative persönliche Glück mit dem perfekten Alter Ego erfahren. Sobald diese Person gefunden ist, per Zufall oder mit Hilfe kommerzieller Partnervermittlung, soll das gemeinsame Glück in eine dauerhafte Form gegossen und öffentlich beurkundet werden. In dem Maße aber, wie die Ehe von sozialen und ökonomischen Funktionen entlastet wird und lediglich Liebeswünsche erfüllt, erhöht sich ihre Krisenanfälligkeit. Wer von seinem Partner, seiner Partnerin höchstes Vertrauen, innigste Zuwendung, exklusive Wertschätzung und empathische Rücksichtnahme erhofft, kann leicht enttäuscht werden – leichter jedenfalls als jemand, dessen Gefühlsbarometer niedrigere Werte anzeigt und dem es vor allem darum geht, sich und die Kinder versorgt zu wissen.

Auch »das Sexuelle« blieb von dieser Spirale steigender Erwartungen nicht verschont. Je mehr Medien davon redeten und zeigten, desto aufmerksamer beobachteten Paare ihr eigenes Verhalten. Zunächst standen die Männer im Visier. Die meisten Ehebücher richteten sich an männliche Leser. Daran hielt sich auch Beate Uhse, als sie nach dem Zweiten Weltkrieg einen florierenden Versandhandel mit Kondomen, Reizwäsche und Büchern aufzog. 1957 zählte sie bereits zweihunderttausend treue Kunden, die sie durch Werbemittelsendungen an durchweg männliche Adressaten gewann.

Warum sprach sie ausschließlich Männer an? Das mochte praktische Gründe haben, weil in den Telefonbüchern, aus denen sie die Adressen abschrieb, nur ganz wenige Frauennamen standen. Zugleich aber bediente Uhse das Klischeebild weiblicher Schamhaftigkeit. Sie gestand Frauen zwar ein Recht auf guten Sex zu; nicht zufällig legte der 1952 versandte Katalog die Titelfrage *Stimmt in unserer Ehe alles?* einer besorgt blickenden jungen Frau in den hübschen Mund. Handeln mussten jedoch die Ehemänner: Dessous kaufen, Verhütungsmittel ordern, luststeigernde Stellungen und

26 Das Geschäft mit der Liebe: Beate-Uhse-Katalog 1952

Hilfsmittel ausprobieren. Sie waren es denn auch, die sich als zufriedene Kunden brieflich bei der einfühlsamen Unternehmerin bedankten.

Manche Männer aber fühlten sich von der Post aus Flensburg, die ihnen ungebeten ins Haus flatterte, schlichtweg »beleidigt«. Ein katholischer Strafrechtsprofessor aus Münster zog 1949 vor Gericht, Dutzende folgten und erklärten sich in »ihrer ▷ Ehre angegriffen«. Die Richter entschieden mal so, mal so: 1955 berief sich der Bundesgerichtshof auf den »Anstands- und Sittenbegriff des unbefangenen Durchschnittsempfängers«, der daran nichts Anstößiges erkenne. Zwei Jahre später urteilte der Große Senat des BGH, schon der Titel der inkriminierten Druckschrift sei beleidigend, indem er »dem Empfänger in dreister und zudringlicher Weise ansinnt, zu prüfen, ob bei seinem Geschlechtsleben alles in Ordnung sei«.[16]

Besonders Männer, die im konservativ-kirchlichen Milieu zuhause waren, verbaten sich derartige Einmischungen in ihr Liebesleben. Dass sie auf verlorenem Posten kämpften, zeigte sich spätestens in den 1960er Jahren, als die sogenannte Sexwelle durch die Medien schwappte. Ihr einflussreichster Protagonist war der Boulevardjournalist Oswalt Kolle. Aus Zeitschriftenserien (*Deutscher Mann, das ist deine Frau / Deutsche Frau, das ist dein Mann*) machte er Bücher und Filme, die unter dem Signum der »Aufklärung« ein Riesenpublikum erreichten. Schon den ersten Film *Das Wunder der Liebe – Sexualität in der Ehe* sahen 1968 sechs Millionen Zuschauer; in den Niederlanden erhielt er das Prädikat »wichtig für die Volksgesundheit«. Auch die zweite Folge über *Sexuelle Partnerschaft* aus dem gleichen Jahr erwies sich als Publikumsmagnet.[17]

Partnerschaft: Dieser Begriff signalisierte wie kein anderer das Leitmotiv der neuen aufgeklärten Liebeswelt. Er löste die in die Jahre gekommene »Kameradschaft« ab, die in den 1920ern den Ton angegeben hatte. Von der Kameradschaft zwischen »Bub und Mädel« handelte 1925 Hodanns inkriminierte Gesprächsschrift über die »Geschlechterfrage«. 1927 machte das Buch der beiden Amerikaner Ben Lindsey und Wainwright Evans über *The companiate marriage* Furore; unter dem Titel *Die Kameradschaftsehe* erschien es ein Jahr später in deutscher Übersetzung. Kameradschaft bildete damals den Kontrast zu einer patriarchalischen Beziehungsform, die auf männliche Bedürfnisse und Besitzstände ausgerichtet war. Frauen übernahmen darin den Part der sich unterordnenden Gefährtin, »pflichttreu, opferfreudig, demütig und hold in strahlender Liebe«, wie Elsa Walter 1930 nicht ohne Pathos gegen den von ihr verachteten Zeitgeist anschrieb.

Aber auch die auf Parität gepolte Kameradschaft schleppte schweres männerbündisches Gepäck mit sich, wie der Zweite Weltkrieg erneut vor Augen führte. Seit den 1950er Jahren sprach man deshalb, ein englisches Lehnwort verwendend, lieber von der partnerschaftlichen Ehe. Sie nahm das Postulat der Gleichberechtigung auf und versprach, es auf neue Weise umzusetzen.[18]

Dass die Ehe »auf der Gleichberechtigung der beiden Geschlechter« beruhe, hatte schon die Weimarer Verfassung bestätigt, ohne dass der Reichstag daraus politisch-rechtliche Konsequenzen zog. Auch nach 1949 beließ man es zunächst bei den Buchstaben des Grundgesetzes. Erst nach Intervention des Bundesverfassungsgerichts machte sich das Parlament gegen große Widerstände daran, Rechtsbestimmungen, die Frauen benachteiligten, zu ändern. Vor allem das Familienrecht des Bürgerlichen Gesetzbuchs enthielt zahlreiche Vorschriften, die männliche Vorrechte zementierten, von der Wahl des Familiennamens bis hin zum »Stichentscheid« des Vaters bei der Erziehung der Kinder. Selbst als die entsprechenden Paragraphen in den späten 1950er Jahren angepasst worden waren, durften Frauen nur dann erwerbstätig sein, wenn dies »mit ihren Pflichten in Ehe und Familie vereinbar ist«. Erst 1977 wurde das rechtsverbindliche Leitbild der Hausfrauenehe offiziell beerdigt. Fortan sollten Ehegatten »die Haushaltsführung im gegenseitigen Einvernehmen« regeln.

Wie sie dieses Einvernehmen erzielten, ging den Staat nichts an. Es oblag der freien Entscheidung des Paares, wie es sein Liebes- und Familienleben führen wollte. Zugleich aber sah sich diese Freiheit durch Tradition, Erziehung und wirtschaftliche Strukturen erheblich eingeschränkt. Dies scharf und nachhaltig zu kritisieren, war das Verdienst der neuen Frauenbewegung, die seit den 1970er Jahren kreative Unruhe stiftete. Sie befragte überkommene Selbstverständlichkeiten und nahm asymmetrische Machtverhältnisse unter die Lupe. In diesem Zusammenhang stellte sie auch die neue sexuelle Freizügigkeit auf den Prüfstand, die nach Meinung vieler Feministinnen einseitig zu Lasten der Frauen ging. Dafür waren nicht zuletzt die Medien verantwortlich, die den leicht oder gar nicht bekleideten Frauenkörper als auflagensteigerndes Coverbild entdeckten. Ungeachtet aller ideologischen Unterschiede wetteiferten das linke Politmagazin *konkret* und die Publikumszeitschrift *stern* seit 1969 darum, wer am häufigsten nackte Frauenhaut abbildete. In der nach außen so antiautoritären Studentenbewegung, die sich nach innen ausgesprochen patriarchalisch gebärdete, kursierte derweil der Spruch »Wer zweimal mit derselben pennt, gehört schon zum Establishment«.

Nun genossen zweifellos auch Frauen die dank der Antibabypille – sie war seit Anfang der 1970er Jahre allgemein zugänglich – gewonnene sexuelle Freiheit. Aber sie erlebten zugleich die Kosten und Schattenseiten dieser Freiheit, wie sie in der flächendeckenden Vermarktung des weiblichen Körpers als Sexualobjekt deutlich zutage traten. Schon 1968 forderte ein Flugblatt auf einer Studentenversammlung, man möge doch die »sozialistischen Eminenzen von ihren bürgerlichen Schwänzen« befreien. Dass das »sexuelle Erleben der Frau« anders sein konnte als das des Mannes, wurde in feministischen Selbsterfahrungsgruppen intensiv diskutiert. Der vielbeachtete *Hite-Report* lieferte dafür 1977 empirische Belege. Die amerikanische Autorin zeichnete, aufbauend auf Erhebungen aus den 1950er Jahren, ein neues Bild weiblicher Sexualität. Es unterschied sich erheblich von den freudianischen, penisfixierten Konzepten und begriff weibliches Begehren nicht mehr nur als Spiegelbild männlicher Bedürfnisse.

Dass Letztere auch in Liebesbeziehungen den Ton angaben oder sogar mit Gewalt durchgesetzt wurden, war bis in die 1970er Jahre hinein kein öffentliches Thema. Die neue Frauenbewegung machte es dazu. Sie lenkte die Aufmerksamkeit auf die dunkle Seite der

Liebe, die Frauen sehr viel häufiger als Männer zu spüren bekamen. Wenn der Staat die Ehe unter seinen »besonderen Schutz« stellte, hieß das nicht zwangsläufig, dass er Ehefrauen vor der Gewalt ihrer Männer schützte. Erst 1997 stimmte das Parlament mehrheitlich für einen fraktionsübergreifenden Gruppenantrag weiblicher Abgeordneter, Vergewaltigung auch in der Ehe zu einem Strafdelikt zu erklären.

Liebe und Ehe – für alle?

Zwanzig Jahre später fand im Bundestag eine ähnlich emotionale Abstimmung statt. Erneut war die Fraktionsdisziplin aufgehoben, die Abgeordneten konnten sich frei entscheiden. Fast zwei Drittel sprachen sich dafür aus, gleichgeschlechtlichen Liebespaaren den Weg zum Standesamt zu ebnen und sie mit heterosexuell Liebenden gleichzustellen. Selbst in der CDU/CSU bröckelte die Abwehrfront, jeder vierte Parlamentarier votierte hier für die Liberalisierung des Eherechts. In der Bevölkerung wurde das Abstimmungsergebnis begrüßt, Proteste wie in Frankreich – dessen Parlament den Schritt schon 2013 vollzogen hatte – blieben aus.

Die Bundesrepublik war weder der erste noch der letzte europäische Staat, der seine Eheregelungen liberalisierte. 2000 hatten die Niederlande den Anfang gemacht, Spanien folgte 2005, England 2013 und Irland 2015. Konfessionelle Unterschiede spielten dabei offenbar keine entscheidende Rolle, selbst wenn die katholische Kirche fast überall zu den Bremsern gehörte. Bis heute reserviert sie die kirchliche Trauung strikt für klassische Mann-Frau-Paare. Manche evangelische Landeskirchen sehen das lockerer.

Die vor Gott geschlossene Ehe ist jedoch ohnehin auf dem Rückzug. 2015 ließen sich nur noch 22 Prozent aller Paare, die ihre Liebe im Standesamt beglaubigten, anschließend kirchlich trauen; 1953 waren es noch 78 Prozent gewesen. Der Trend zur Entkirchlichung, an solchen Zahlen deutlich abzulesen, hat sich seit der Wiedervereinigung noch einmal beschleunigt: Zog es 1990 55 Prozent aller Paare vor den Traualtar, waren es ein Jahr später nur noch 46 Prozent.

Demgegenüber ist die Neigung, eine Liebesbeziehung als Ehe amtlich einzutragen und unter staatlichen Schutz zu stellen, ungebrochen. Sie nimmt seit einigen Jahren sogar wieder zu. Auch vielen gleichgeschlechtlich Liebenden ist die Ehe wichtig, und beileibe nicht nur wegen der damit verbundenen rechtlichen und finanziellen Vorteile. Vielmehr verleiht sie der Liebe homosexueller und lesbischer Paare eine offizielle Anerkennung, die ihnen lange verwehrt wurde.

Bis 1994 standen gleichgeschlechtliche Beziehungen in der Bundesrepublik teilweise unter Strafe. Zwar hatten beide deutsche Staaten ihr Sexualstrafrecht seit den späten 1960er Jahren reformiert. Sex unter erwachsenen Männern (der unter Frauen war interessanterweise nie strafbewehrt) stellte keine kriminelle Handlung mehr dar. Für Jugendliche unter 18 Jahren aber galt das nicht, und es gab weiterhin Ermittlungsverfahren und Verurteilungen. Erst 1988 wurde der entsprechende Paragraph in der DDR ersatzlos gestrichen; ein gleichlautender Antrag der Grünen im Bonner Bundestag scheiterte 1989 noch am Widerstand von CDU/CSU, FDP und SPD. Dass sich die Abwehrfront nach der Wiedervereinigung auflöste, war eins der wenigen Zugeständnisse, die der Westen dem Osten machte.

Auch die Homosexuellenbewegung durfte sich das als Erfolg anrechnen. Konnte sie in der DDR nur im Verborgenen agieren und stand unter argwöhnischer Beobachtung der Staatssicherheit, zeigte sie in der Bundesrepublik seit den 1970er Jahren immer deutlicher Flagge und klagte das Recht auf Liebe öffentlichkeitswirksam ein.[19] 1979 nahmen an der Berliner Christopher-Street-Day-Parade 450 Personen teil, vierzig Jahre später annähernd eine Million. Längst nicht alle waren schwul oder lesbisch. Aber viele und immer mehr unterstützten die »queere« Bewegung. Auf Sympathie traf sie anfangs vor allem im linksliberalen Milieu, bei Feministinnen und in der alternativen Szene. Andere Kreise ließen weniger Toleranz und Empathie walten. Als 1983 das Gerücht aufkam, ein hoher General der Bundeswehr liebe Männer, stufte ihn der Verteidigungsminister als Sicherheitsrisiko ein und schickte ihn in den Ruhestand. Seitdem hat sich die prinzipielle Akzeptanz gleichgeschlechtlicher Liebe erheblich vergrößert; sogar die CDU hisst mittlerweile auf CSD-Umzügen die Regenbogenfahne.

Was trotz all dieser Veränderungen relativ konstant geblieben ist, sind die sozialen Signaturen und Begrenzungen der Liebe. Dass Menschen aus sehr verschiedenen Milieus zueinander finden, ist eher die Ausnahme. Liebes- und Heiratsmärkte bleiben erstaunlich homogen und unbeweglich. Die Verbindung zwischen einer Professorin und einem Betriebsschlosser ist ungewöhnlich. Vor allem Frauen suchen Partner mit gleichem, wenn möglich sogar höherem sozialen Status und Einkommen. Das belegen klassische Heiratsannoncen in überregionalen Zeitungen, aber auch die neuen digitalen Partnerbörsen, die nach sozialen Schichten, Ethnien und Konfessionen unterteilt sind. Elite will zu Elite, Akademikerinnen interessieren sich für Akademiker, jüdische Frauen wollen jüdische Männer kennenlernen, Christ sucht Christin und Muslim Muslima: Die Zahl

27 Liebe im neuen Jahrtausend: CSD-Wagen der Lesben und Schwulen in der CDU

spezifizierter *Dating Apps* und Agenturen wächst ebenso rasant wie die ihrer diversen Nutzer. Je mehr Liebesoptionen es gibt, desto enger verläuft die Suchbewegung und desto überraschungsfreier wird das Ergebnis.

Liebe in der DDR

Endogamie gab es auch in der DDR. Aber sie war hier weniger ausgeprägt als in der Bundesrepublik, wo sozioökonomische Unterschiede sehr viel stärker ins Auge und ins Gewicht fielen. Stattdessen kamen politische Präferenzen zum Zuge. So suchte ein »einsamer Kater« aus Ostberlin per Zeitungsannonce ein »nettes, schlankes Schmusekätzchen«, das möglichst auch eine »m-l WA«, eine marxistisch-leninistische Weltanschauung besitzen sollte.[20] Auch die FDJ, die 1989 88 Prozent der 14- bis 25-Jährigen zu ihren Mitgliedern zählte und zu »klassenbewußten Sozialisten« erziehen wollte, funktionierte mittels ihrer Jugendklubs, Urlaubsreisen, Sommerlager und Großtreffen wie ein Partnertreff unter Gleichgesinnten. Jugendfestivals garantierten, hieß es 1979, »ein tolles Liebesleben«.[21] Und obwohl das Regime sonst nicht an Vorgaben und Regeln für alles und jedes sparte, ließ es die Leine bei der Liebe ungewöhnlich locker. Seit 1972 gab es die Antibabypille kostenlos, aber auch großzügige Geldgeschenke zur Geburt eines Kindes. Ob dessen Eltern verheiratet waren oder nicht, war unerheblich. An Kindern (und weiblichen Arbeitskräften) hatte die DDR deutlich mehr Interesse als an der Verteidigung »bürgerlicher« Konventionen.

Zwar adressierten die weitverbreiteten Ratgeber vorzugsweise Eheleute, um ihnen bei der Lösung allfälliger Beziehungsprobleme zu helfen. An der offiziellen Norm, wonach die Ehe zur bevorzugten »sozialistischen Lebensweise« gehörte, wurde nicht gerüttelt.[22] Jungen Paaren winkte ab 1972 ein zinsloser Ehekredit von 5000, später 7000 Mark, der mit der Geburt des dritten Kindes als abbezahlt galt. Aber der Staat kümmerte sich auch um die Bedürfnisse alleinerziehender Mütter. Schon seit 1950 galt die Devise: »Die uneheliche Geburt ist kein Makel«, weder für das Kind noch für seine Mutter. 1986 kam fast jedes dritte Baby außerhalb einer Ehe zur Welt (in der Bundesrepublik nur jedes sechste).[23]

Wenn Paare heirateten, taten sie es sehr jung. Auch deshalb lag die Scheidungsrate mit 32 Prozent 1980 (Bundesrepublik 20,7) hoch.[24] Außereheliche Liebesbeziehungen ließen sich leichter anknüpfen, weil die meisten Frauen in der DDR außer Haus arbeiteten und dort andere Männer kennenlernen konnten. Seitensprünge unter Kollegen waren für Eheratgeber und Familienberatungsstellen stets ein großes Thema. Insgesamt scheint das Liebesleben bewegter gewesen zu sein als im Westen. »Man hatte im Osten«, so der 1950 in Halle an der Saale geborene Stefan Wolle, »mehr Zeit für sowas, mehr Ruhe, mehr Lust am Fremdgehen. Man ist unbefangener, es war ja für alles gesorgt, die Kinder willkommen, die Arbeit sicher.«[25]

Die Liebe der Staatsbürgerin

Weit weniger Unbefangenheit herrschte da, wo es um die staatlich verordnete Liebe zum Sozialismus, zur Sowjetunion oder zur DDR als politischem Projekt ging. Anders als in der Bundesrepublik spielte das, was man früher Vaterlandsliebe genannt hatte, in der DDR eine große Rolle für politische Propaganda und Pädagogik. Dabei ging es nicht um das Vaterland an sich, sondern um das sozialistische Vaterland, das die Liebe seiner Kinder ebenso einforderte wie verdiente. Vor allem die erste, in den 1940er Jahren geborene Generation wurde in diesem emotionalen Stil sozialisiert. Schulen erzogen sie »zur Liebe zu unserem Arbeiter- und Bauernstaat und seiner Regierung« mitsamt der SED. Für die Jungen Pioniere (Erst- bis Drittklässler) und Thälmannpioniere (Viert- bis Siebentklässler) galt als oberstes Gebot oder gar Gesetz, »unser sozialistisches Vaterland, die Deutsche Demokratische Republik« zu lieben. Erst an zweiter beziehungsweise dritter Stelle folgte die Liebe zu den Eltern. In Sprechchören skan-

28 Republikliebe im Regen: Erste-Mai-Demonstranten, Ostberlin 1984

dierten die Pioniere »Wir lieben unsere Republik« und gelobten dem KPD-Vorsitzenden Ernst Thälmann, der 1944 im Konzentrationslager Buchenwald ermordet worden war, ewige Treue. Noch Jana Hensel, Jahrgang 1976, assoziierte mit »Teddy« warme Gefühle der Zuneigung und Verbundenheit.[26]

Auch für die 1952 geborene Annette Simon, Tochter des Schriftstellerehepaars Christa und Gerhard Wolf, ging die Identifikation mit der DDR, wie sie 1993 schrieb, »auf die tief gefühlte Solidarität mit den Opfern des Faschismus« zurück. Als Psychoanalytikerin erklärte sie sich dieses Gefühl mit dem elterlich vermittelten »Erleben einer Art Erbschuld, die ich wenigstens damit abzutragen versuchte, daß ich die Überlebenden nicht verließ« (▷ Scham). Erst bei ihrer polizeilichen Festnahme Anfang Oktober 1989 wich »der letzte Hauch Loyalität aus meinem Körper« – und kehrte doch am 3. Oktober 1990, der das Ende der DDR besiegelte, dorthin zurück. Ihr war in dieser Nacht »kotzübel«.[27]

Dass sich selbst eine Frau, die in der oppositionellen Bürgerbewegung der DDR engagiert und dafür kujoniert worden war, emotional so eng mit diesem Staat verbunden fühlte, konnten Westdeutsche kaum nachempfinden. Liebe zum Staat, zu einer politischen Ordnung, zum Vaterland, zur Nation: Das waren für sie eher Fremdworte. »Mit hochgezogenen Augenbrauen«, berichtete 1968 der stellvertretende Chefredakteur des *Neuen Deutschland* Günter Schabowski, habe ihn eine Besucherin aus der Bundesrepublik gefragt, ob man denn »einen Staat überhaupt lieben könne«. Seine Antwort: Ja, aber nur dann, wenn der Staat ein sozialistischer sei, vom Volk »selbst hervorgebracht« und »mit den Gesetzen des gesellschaftlichen Fortschritts« im Einklang. Das sei westlich der Elbe nicht der Fall, hier verbiete sich aufgrund der »Klassenerbanlage« die »Liebe des Staatsbürgers« schon von selber.[28]

Ob das der Besucherin einleuchtete, ist unbekannt. War sie jung und in der Bundesrepublik aufgewachsen, konnte sie mit staatsbürgerlicher Liebe vermutlich wenig anfangen. Weder in der politischen Pädagogik noch in der öffentlichen Rede kam sie zur Sprache. Als der für das Amt des Bundespräsidenten nominierte Sozialdemokrat Gustav Heinemann 1969 gefragt wurde, ob er seinen Staat liebe, erwiderte er sichtlich genervt und kurz angebunden: »Ach was, ich liebe keine Staaten, ich liebe meine Frau; fertig!«[29] Dass er sich das als fortan höchster Repräsentant dieses Staates leisten konnte, zeigt, wie sehr sich die Bundesrepublik von der DDR, aber auch von ihren Vorgängern unterschied.

Was wird aus der Königsliebe?

1899, in Heinemanns Geburtsjahr, hing Sozialdemokraten noch der Ruf vaterlandsloser Gesellen an, denen patriotische Gefühle wesensfremd seien. Patriotismus war damals gleichbedeutend mit Königsliebe, die man als guter Staatsbürger verlässlich unter Beweis stellte. Seit August 1914 boten sich dafür neue Anlässe und Handlungsformen. Jetzt galt es, sich aus Liebe für König und Vaterland in den Kampf zu stürzen, statt wie zuvor zum Geburtstag des Monarchen

Schulfeiern und Festversammlungen zu organisieren. Während des Krieges baten die gekrönten Häupter ausdrücklich darum, von solchen Festlichkeiten ebenso abzusehen wie von »Glück- und Segenswünschen«, die »den telegraphischen und postalischen Dienstverkehr im Felde« stören könnten. Sie seien, so Kaiser Wilhelm II. 1915, auch deshalb entbehrlich, weil er aus Erfahrung wisse, »welches starke Band der Liebe und des Vertrauens Mich und das deutsche Volk in kraftvoller Einmütigkeit umschlingt«.[30]

Von den »Triumpfen«, die die »Königsliebe des guten Volkes« feiere, berichtete am 6. August 1914 auch der Bischof von Speyer, Michael von Faulhaber. »Der Patriotismus und die Begeisterung für den treugeliebten König«, richtete er dem bayrischen Monarchen Ludwig III. aus, hätten »moralische Kräfte in der Volksseele geweckt, die man in den Parteikämpfen des Friedens nicht für möglich gehalten hätte«. In seiner Abschiedspredigt an die Speyrer Soldaten feierte Faulhaber den Krieg als

»eine Hochzeit der Liebe, jener reinen Liebe, die stärker ist als der Tod. Die Höhenfeuer der Begeisterung, die heute von allen deutschen Bergen leuchten, sind nicht vom Haß gegen andere Völker und Fürsten, sie sind von der Liebe zu Kaiser und König, zu Vaterland und Heimat« angezündet.[31]

Als Könige und Kaiser Ende 1918 abtraten, verspürten viele Menschen ein Vakuum. Die Anhänglichkeit an eine Dynastie war über Generationen tradiert, die Leerstelle schmerzte. Friedrich Ebert, der erste sozialdemokratische Reichspräsident, konnte und wollte sie nicht füllen. Man brachte ihm, wenn überhaupt, Respekt entgegen, aber keine Liebe. Auch Eberts Nachfolger Paul von Hindenburg taugte nicht recht als Liebesobjekt. Zwar wollten manche in ihm einen Ersatz für den entthronten Kaiser sehen. Zum Geburtstag, nach Rundfunkreden oder zur Wiederwahl bekam er körbeweise Briefe aus dem Volk, das ihm gefühlvoll gratulierte. Alte Frontkämpfer versicherten Hindenburg »der Liebe, die in unserem Herzen für unsern greisen Feldmarschall auch heute noch lebt«, und junge Studentinnen sahen in ihm die »Tradition unserer Großväter verkörpert, deren Generation uns Jungen in vieler Beziehung seelisch und geistig näher steht als die unserer Väter«.[32] Mehr noch als von Liebe aber war in den Briefen von Treue, ▷ Vertrauen und Dankbarkeit die Rede.

Führerliebe

War Hindenburg für viele seiner Anhänger und Wähler eine ausgesprochene Vater- oder Großvaterfigur, richteten sich auf den zweiundvierzig Jahre jüngeren Adolf Hitler andere Projektionen. Die Briefe, die er aus der Bevölkerung erhielt, sprachen von einer geradezu unbändigen Liebe zum charismatischen »Führer«. Der vierundsiebzigjährige Pfarrer Heinrich Sayler sah in ihm einen Mann, der vor Vaterlandsliebe »glühe«, weshalb er ihn »nicht bloß ehre, sondern auch liebe«. Ein Wiener Professor berief sich auf seine »aufrichtige Hingabe an Ihre Person«, wobei man Hingabe in Liebesbeziehungen üblicherweise von Frauen erwartete, nicht von Männern. Hitler aber war als Liebesobjekt für beide Geschlechter attraktiv. Frauen flochten ihm Kränze aus Edelweiß, seiner »Lieblingsblume«, und gestanden ihren »großen Hunger danach, unsern hochverehrten Führer einmal persönlich sprechen zu können, und wäre es nur für einen ganz, ganz kurzen Augenblick«. Martha Piller aus Leipzig konnte es 1934 »mit Worten kaum ausdrücken, wie lieb wir unsern Führer haben und uns um ihn sorgen«. Am »köstlichsten« fand sie, »dass dieser herrliche Mann uns gehört – uns deutschen Menschen allen. Eine Ehe, auch die beste, kann nicht wundervoller sein, als das beglückende Gefühl, zu wissen, dass unser Herzensführer mit dem ganzen deutschen Volk verheiratet ist – nun, mit den Guten wenigstens u. denen, die guten Willens sind.« Hedwig Elbers, »eine deutsche Frau«, bekräftigte das 1935: »Nie ist ein Landesvater von seinem Volke während seines Wirkens schon so geliebt und verehrt worden.« Zugleich ließ sie durchscheinen, dass Hitler mehr als ein Landesvater für sie war: »Neben der Erziehung meiner 3 Kinder gehören meine Gedanken nur Ihnen meinem Führer und damit Deutschland!« Von einem Ehemann und Kindsvater war keine Rede.³³

Auch viele Kinder wandten sich an Hitler, oft in unverkrampft-naivem Ton, manchmal so, dass die Anweisung der Lehrerinnen und Lehrer durchschien. 1939 gratulierte das zwölfjährige Jungmädel Elsbeth Stucke aus Bad Homburg dem »lieben Führer« zum Geburtstag und begab sich bereits durch die Anrede in ein persönliches Nahverhältnis: »Gelt so darf man doch zu dir sagen oder muß man etwa Exzellenz und Majestät schreiben? Nein, das willst du sicher nicht. Ich brächte es auch nicht fertig, denn ich glaube ich habe Dich gerade so gern wie meine Eltern.« Sie habe ihn »entsetzlich lieb« und verabschiedete sich »von mir aus« sogar mit einem Kuss.

So weit mochte die zehnjährige Lore Bür aus Köthen nicht gehen. Sie hatte Hitlers Reden im Radio gehört, »manches verstehe ich noch nicht, aber Juden und Kommunisten das weiß ich doch«. Ihr Vater habe ihr erzählt, »als er Dich zum Erstenmal sah, hätte er vor Freude weinen mögen. Die schönsten Augenblicke meines Lebens sagt Vati.« Nun freue sie sich darauf, groß zu werden und »jedes Jahr nach Nürnberg« zum Reichsparteitag zu kommen. Mehr an der Gegenwart als an der Zukunft orientierte sich 1936 das Jungmädel Mädi Dopple. Auch sie wünschte Hitler zum Geburtstag alles Gute. »Aber denk Dir nur, wir müssen immerzu über Dich Aufsätze schreiben und das tut auf die Dauer unserer Liebe zu Dir Abbruch. Gib doch bitte den Befehl, dass unsere Lehrer andere Themen wählen.«³⁴

Der Befehl blieb aus. Stattdessen erzählten Klassenlehrer von dem, was Hitler sagte und tat, und ermunterten die Schüler, ihrem »Gefühl inniger Verbundenheit« Ausdruck zu geben und ihrem »Führer« zu schreiben. »In der Schule«, berichtete eine vierte Volksschulklasse aus Breslau 1936, »sprechen wir jeden Tag von Dir. Jeden Morgen, nach dem Frühgebet, sprechen wir einen Sinnspruch. Heut lernten wir: Deutsch sein heißt gut sein, treu sein und echt, kämpfen für Wahrheit, Freiheit und Recht!« Der Brief schloss mit dem »heißesten« Wunsch, Hitler sehen zu können: »Wie beneide ich das kleine Mädel, das seine Arme um Dich schlingen durfte.« Die noch nicht zehnjährige Anneliese Bolz erzählte, ihre Klasse gestalte »ein Hitlerbuch. Die erste Niederschrift heißt Hitlers Kindheit und die zweite Hitler im Weltkrieg.« Die Mädchenklasse 5b aus Schwerin hatte erst ein einziges Mal einen Aufsatz über Hitler schreiben müssen, war aber äußerst angetan von einem Kinovormittag mit dem Film *Die deutsche Wehrmacht*:

> »Nun wird keiner wagen, uns anzugreifen. Bei uns ist es viel, viel besser als in Russland, weil du Einigkeit, Arbeit und Freiheit geschaffen hast. Wir lieben dich deshalb sehr. Leider können wir nicht Soldat werden, weil wir kleine Mädchen sind. Aber wir helfen dir doch mit. Viele von uns sind schon im J.M. [Jungmädelbund] und wir alle sammeln fleißig für das WHW [Winterhilfswerk].« (▷ Solidarität)

Erstklässlerinnen aus Uetersen zitierten aus ihrer Fibel *Ich will dich lieben wie Vater und Mutter,* »und das wollen wir dir heute auch versprechen«.[35]

Schulbücher und Lehrer taten damit das, was ihnen die nationalsozialistische Bildungspolitik angetragen hatte: Sie lenkten die »Liebe des Kindes« auf Persönlichkeiten wie den »Führer«, aber auch auf »Einrichtungen des Staates und der nationalsozialistischen Bewegung« wie die Hitlerjugend. Dabei standen »Gefühlserlebnis« und »Erlebnisgestaltung« im Mittelpunkt. In der Liebe zum »Führer« sollte sich die »Liebe« zum eigenen Volk spiegeln und den Willen hervorbringen, »ihm dermaleinst in selbstloser Hingabe« zu dienen. Dass diese Hingabe so weit gehen konnte, Mordaktionen auszuführen und die »Judenausrottung«, wie Heinrich Himmler seine SS-Männer 1943 lobte, »anständig« und aus »Liebe zu unserem Volk« zu vollziehen, mochten sich die Erstklässler 1936 nicht vorstellen, und die Erfahrung blieb ihnen altershalber erspart.[36]

Nicht erspart blieb ihnen, nach 1945 zu erfahren, dass die Liebe, die man ihnen in der Schule ebenso wie im Jungvolk und bei den Jungmädeln, in HJ und BDM eingetrichtert hatte, nichts wert sei. Manche hielten trotzdem daran fest. Als Victor Klemperer 1946 einen seiner Dresdner Studenten wiedertraf, der früh der Partei beigetreten war, sprach er ihn darauf an: Er sehe ja jetzt, »wohin das geführt hat, und all die grausigen Verbrechen des Regimes liegen doch nun offen am Tage«. Darauf antwortete der junge Mann nach langer Pause und »ganz leise: ›Das geb' ich alles zu. Die anderen haben ihn mißverstanden, haben ihn verraten. Aber an ihn, an IHN glaube ich noch immer.‹«[37]

Verfassungspatriotismus

Jüngere wie Günter Schabowski, 1929 geboren und Scharführer der Hitlerjugend, hatten offenbar weniger Schwierigkeiten, ihre Liebe zum »Führer« zu entsorgen und auf den neuen Staat zu übertragen, in dem sie fortan Karriere machten. Der gleichaltrige Jürgen Habermas, einer der maßgebenden Intellektuellen der Bundesrepublik, zog als ehemaliger Jungvolkführer andere Konsequenzen. Ähnlich wie Gustav Heinemann plädierte er dafür, Liebe radikal zu privatisieren. Weder der Staat noch das sogenannte Vaterland oder die Nation dürften Anspruch darauf erheben. Was aufgeklärte Staatsbürger stattdessen aufbringen konnten und sollten, sei Verfassungspatriotismus, die Identifikation mit den in der Verfassung festgeschriebenen Werten, Institutionen und Verfahren.

Auch das war ein Gefühl, wie der Erfinder des Begriffs, der Journalist und Politikwissenschaftler Dolf Sternberger, 1970 meinte: ein »Gefühl für das gemeinsame Interesse«, ohne das die »natürliche Interessendivergenz in gewissen Lagen zum Zerfall führen« müsse. Aber es war ein moderates, abgewogenes Gefühl ohne brennende Leidenschaft und überströmende Begeisterung (▷ Freude). Eben dies schien von Vorteil zu sein: Angesichts der emotionalen Exaltiertheit, die der Nationalsozialismus, aber auch die DDR in der Bevölkerung zu entfachen suchten, galt eine eher nüchterne Beziehung zum Staat als wohltuend.[38]

Diese Nüchternheit stellte sich bereits in den 1950er Jahren ein und wurde von oben wie von unten beachtet und eingeübt. Im Unterschied zum DDR-Staatsoberhaupt Wilhelm Pieck, dem Belegschaften kollektiv ihre »ganze Liebe« oder »Liebe und Verehrung« entgegenbrachten, sprachen die Menschen, die sich an Theodor Heuss wandten, von Dank und ▷ Vertrauen. Zwar richtete sich an beide die Erwartung, »der Vater des Vaterlandes« (Heuss) oder »deutscher Vater« (Pieck) zu sein. Aber diesen Vater inniglich zu lieben, blieb eine Spezialität des Ostens, der die dortigen »Massenorganisationen«, von den Jungen Pionieren bis zu den Gewerkschaften, kräftig zuarbeiteten.[39] Selbst der weithin respektierte bayrische »Landesvater« Alfons Goppel, der von seinen Landeskindern regelmäßige Zeichen der »Verehrung, Hochachtung, Dankbarkeit und Zuneigung« erhielt, bekam keine Liebe angetragen – außer von der einundachtzigjährigen Anny Fichtl aus Kirchweidach, die noch mit der Liebe zum König groß geworden war: »Das Landvolk«, schrieb sie 1977, »liebt Sie wirklich.«[40]

Anny Fichtl konnte den Begriff Verfassungspatriotismus noch nicht kennen, er kam erst 1979 in Umlauf, zum 30. Jubiläum des Grundgesetzes. Auch dann kursierte er eher im linken und linksliberalen Milieu der Bundesrepublik als unter dem bayrischen Landvolk. Ob Anny Fichtl Marlene Dietrich und deren Liebeslied kannte, ist ebenfalls fraglich. Hätte sie es gekannt, hätte es ihr vermutlich nicht gefallen, denn eine Femme Fatale passte nicht ins ländlich-sittliche Volk. Dass sich eine Frau für nichts anderes interessierte als für die Liebe, wäre ihr ebenso vermessen vorgekommen wie die Form von Liebe, nach der Lola Lola der Sinn stand. Denn Liebe in Kirchweidach folgte vor hundert Jahren noch anderen Gesetzen als Liebe in Berlin und fühlte sich entsprechend anders an. Mittlerweile haben sich diese Gesetze angenähert, und Online-Dating gibt es auch in Oberbayern. Statt Kirche und Staat bestimmen Medien darüber, welchen Ort Liebe in der persönlichen Wunschökonomie besetzt. Breites Einverständnis herrscht darüber, dass Liebe Privatsache ist – und dass sie weder dem Staat noch einer politischen Ideologie gelten soll.

NEID

Wer mit *Grimms Märchen* aufgewachsen ist, kennt Neid in- und auswendig. In den Geschichten, die die Brüder Wilhelm und Jacob Grimm zu Beginn des 19. Jahrhunderts gesammelt und aufgeschrieben haben, begegnet er auf Schritt und Tritt: in Gestalt der Königin, die »gelb und grün vor Neid« wird, als sie von Schneewittchens Schönheit erfährt; in der bösen Stiefmutter, die ihre hässliche Tochter an den Mann bringen will und aus »Neid und Missgunst« die schöne, glücklich verheiratete Stieftochter umbringt (*Brüderchen und Schwesterchen*); in der Pechmarie, der Neid auf ihre erfolgreiche Stiefschwester »im Herzen« wächst.

Die Botschaft ist klar: Neid ist böse, und Neid ist weiblich. Seine Inkarnation fand er in der Hexe, bei den Grimms identisch mit der garstigen Stiefmutter. In der Frühen Neuzeit galten Hexen als neiderfüllte Wesen, die Tiere vergifteten, Ernten zerstörten und ihren Opfern alle möglichen Missgeschicke auf und in den Leib zauberten. Vor diesem Schadenzauber bewahrte, wenn überhaupt, Gegenzauber. Besser war es, die Hexe aus dem Verkehr zu ziehen, ihr das üble Handwerk zu legen und sie zu töten.

Das Christentum betrachtete Neid als Hauptsünde, und auch das Recht sagte ihm den Kampf an. Als »Neidbau« bezeichnete und bestrafte man Baumaßnahmen, die Nachbarn gezielt Schaden zufügten, indem sie ihnen die Aussicht nahmen oder direkt an der Grundstücksgrenze erfolgten. Der Nutzen solcher Bauten bestand ausschließlich darin, den anderen zu ärgern.[1] Das unterschied Neid, hier eng verwandt mit Schadenfreude, von Gier. Wer neidisch war, gönnte anderen weder Glück noch Erfolg, weder Gesundheit noch Reichtum. Ihm oder ihr war bewusst, dass er oder sie solche Vorzüge nie genießen würde. Aus diesem Gefühl der Ohnmacht, spitzte der Philosoph Max Scheler 1912 zu, entspringe der Neid. »Bloße Unlust daran, daß ein anderer das Gut besitzt, das ich erstrebe«, sei noch kein Neid, denn man könnte sich jenes Gut auch selber erwerben, »durch Arbeit, Kauf, Gewalt, Raub«. Erst wenn das misslinge »und das Ohnmachtsbewußtsein einsetzt«, spreche man von Neid.

Hinzutreten müsse aber noch etwas, das Scheler »Kausaltäuschung« nannte: die irrige Vorstellung, dass der andere, der die erstrebten Dinge oder Eigenschaften besitze, die »*Ursache* unseres (leidvollen) Nichtbesitzes« sei. Diese Wahrnehmung übersetze sich dann in »Haßakte« oder eine »gehässige Haltung gegen den Besitzer dieses Gutes« – exakt so wie bei den Grimmschen Märchengestalten (▷ Hass). Scheler prägte hierfür den Begriff »Ressentimentneid«, der sich vor allem auf angeborene »Natur- und Charakteranlagen von Individuen und Gruppen« richte. Dazu gehöre der »Neid auf Schönheit, Rassenhöhe, vererbbare Charakterwerte«, weniger der Neid auf »Besitz, Stand, Namen, Ehren«.[2]

Penisneid und Frauenhass

Schelers Ausführungen erschienen damals in einer psychiatrischen Fachzeitschrift. Der Autor hatte neben Philosophie auch Psychologie studiert; Sigmund Freuds Arbeiten zur Psychoanalyse waren ihm wohlbekannt. Freud hatte bereits 1908 über den angeblichen »Penisneid« des kleinen Mädchens berichtet, das beim Anblick des nackten männlichen Körpers sofort wisse, was ihm fehle und was es haben wolle: »Es bemerkt den auffällig sichtbaren, groß angelegten Penis eines Bruders oder Gespielen, erkennt ihn sofort als überlegenes Gegenstück seines eigenen, kleinen und versteckten Organs und ist von da an dem Penisneid verfallen.«[3]

Die Psychoanalytikerin Karen Horney wies diese Beobachtung 1926 zwar nicht zurück, relativierte sie aber in Bezug auf ihre Folgen. Selbst wenn Mädchen an ihren Brüdern etwas entdeckten, was sie nicht hatten, resultierte diese Erkenntnis nicht zwangsläufig in einem lebenslangen Mangel- und Minderwertigkeitsgefühl. Vielmehr ließ sich der Spieß auch umdrehen: Dass Frauen sich häufig schwertaten, ein stabiles Selbstbewusstsein auszubilden, konnte damit zusammenhängen, dass ihnen die Gesellschaft die Möglichkeit dazu verwehrte. Dahinter mochte sich ein männlicher Neidkomplex verbergen: Viele ihrer Patienten, war Horney aufgefallen, seien neidisch »auf Schwangerschaft, Gebären und Mutterschaft«.

Sowohl der von Freud behauptete Penisneid der Frauen als auch der von Horney betonte »Mutterschaftsneid« der Männer stimmten mit Schelers Neiddefinition darin überein, dass sie sich an »Naturanlagen« von Individuen oder Gruppen knüpften, die Menschen ohne diese Anlagen niemals erlangen könnten, selbst wenn sie es sich inniglich wünschten. Aber nur bei Männern entstand daraus eine »gehässige Haltung«. Für Horney stellte sie den »Antrieb zur Entwertung« des anderen Geschlechts dar, der die gesamte von Männern und männlichen Normen beherrschte Kultur präge. »Offenbar«, resümierte sie, empfinde der Mann »eine größere Nötigung dazu (...), die Frau zu entwerten als umgekehrt«.[4]

Dafür hat die Kulturgeschichte ein Wort erfunden: Misogynie oder Frauenhass. Über dessen Ursachen, Formen und Auswirkungen verfasste die Literaturwissenschaftlerin Kate Millett 1969 ihre bahnbrechende Studie über *Sexus und Herrschaft*, die zum Manifest des neuen Feminismus wurde.[5] Dieser predige und schüre, so der Vorwurf der Gegner, den Männerhass (Misandrie). Das aber entbehrt, anders als die Abwertung, Erniedrigung und gewaltsame Demütigung von Frauen, der empirischen Evidenz. Würden Frauen Männern ähnlich aggressiv begegnen wie Männer Frauen, sähe die Welt anders aus.

Antisemitismus: Der missgünstige Jude

Aber trifft Schelers Diagnose, Neid und Hass seien zwei Seiten derselben Medaille, tatsächlich immer zu? Gab es nicht auch Neid ohne Hass, Hass ohne Neid? Richteten Frauen ihren angeblichen Penisneid nicht in erster Linie gegen sich selber, wenn sie sich defizitär, unvollkommen, minderwertig fühlten und die abschätzige Behandlung durch Männer ertragen mussten? Um 1900 tauchte das Hassmotiv in lexikalischen Neiddefinitionen noch nicht auf; Neid, hieß es schlicht, sei »das durch die Wahrnehmung fremder Lust hervorgerufene eigne Unlustgefühl« und entspringe »aus der unbefriedigten Begierde nach einem im Besitz anderer befindlichen Gut«. Neid, Missgunst und Schadenfreude wurden getrennt. Der Missgünstige gönne »dem Nächsten das Gut nicht«, während der Schadenfrohe »sich über das Unglück des Nächsten freut«. Der Neidische empfinde demgegenüber »Traurigkeit über ein Gut des Nächsten, insofern dieses als Beeinträchtigung des eigenen Glückes angesehen wird«. Sich darüber zu grämen, könne unter Umständen »lobenswert« sein, sofern es den »berechtigten Wetteifer« ansporne und zu größerer »Tugend und Vollkommenheit« führe. Folge Neid jedoch aus Selbstsucht und Missgunst, werde er zur Sünde.[6]

Ob mit oder ohne Hass: Neid war offenbar kein Gefühl, auf das Menschen stolz sein sollten. Wer neidisch war, eignete sich nicht als Sympathieträger, im Gegenteil. Die dem Neid beigelegten Eigenschaftswörter sprechen Bände: Er sei giftig, beißend, verzehrend, zerfressend, sowohl für den, der ihn empfinde, als auch für dessen Umgebung. Kaum jemand mochte sich deshalb zu seinem Neid bekennen. Neidisch, fasste der Psychologe Rolf Haubl 2001 zusammen, »sind immer nur die anderen«.[7]

Von diesem fremden Neid handelten einprägsame Geschichten, die den eigenen Neid verdeckten. Dazu gehört der Freudsche Penisneid, vor allem aber die Erzählungen vom neidischen Juden. Seit jeher, so die Legende, bringe jener dem »schöpferisch überlegenen Nichtjuden« nur Hass und Missgunst entgegen. Schon im Mittelalter wurden Juden mit der Farbe Gelb assoziiert, die für Irrglauben,

Heuchelei und Neid stand. Seit dem 13. Jahrhundert sollten sie einen gelben Fleck auf ihrer Kleidung tragen, um sich von Christen zu unterscheiden. Die Redewendung »gelb vor Neid sein« hat sich bis heute erhalten. Sie geht auf die antike Säftelehre zurück, wonach ein Überfluss an gelber Galle Gefühle wie Neid und Missgunst produziere. Juden, voller gelber Galle, gönnten Christen angeblich weder Vorrechte noch Ehre und setzten alles daran, sie zu schädigen. Vor allem neideten sie ihnen ihr Blut, weil das im jüdischen Körper vermeintlich Wunderwerke vollbringe: Christenblut wirke als Medizin, erleichtere Geburten und lasse Beschneidungswunden schneller heilen. Außerdem neutralisiere es den Körpergeruch und stärke die Liebeskraft. Um diesen kostbaren Saft zu gewinnen, schreckten Juden selbst vor Mord nicht zurück, wie die seit dem Mittelalter zirkulierenden Berichte über Ritualmorde an Christen behaupteten. Noch 1900 kam es in der pommerschen Kleinstadt Konitz zu gewaltsamen antisemitischen Ausschreitungen, als man die Leiche eines neunzehnjährigen Mannes entdeckte und eine jüdische Familie des Blutraubs beschuldigte.[8]

Wer Juden als missgünstig darstellte, konnte Gewalthandlungen gegen sie als legitime Notwehr rechtfertigen. Mehr noch: Er oder sie lenkte damit zugleich von den eigenen Neidgefühlen ab. Dass besonders Juden solche Gefühle auf sich zogen, lag an ihren offenkundigen wirtschaftlichen und Bildungserfolgen. 1910 gab es unter den 100 reichsten Preußen 29 Personen jüdischen Glaubens; die meisten wohnten in Berlin. Die jüdische Bevölkerung der Stadt, knapp 5 Prozent der Einwohner, zahlte fast ein Drittel der Einkommenssteuern. Unter Bankiers, Kaufleuten, Ärzten und Anwälten waren Juden überproportional vertreten. Zwar gab es auch viele arme, überwiegend aus Russisch-Polen und Galizien zugewanderte Juden. Und auch in den Landgemeinden, in denen 45 Prozent der hessischen und 30 Prozent der bayrischen Juden lebten, waren sie mit Reichtümern nicht übermäßig gesegnet.[9] Trotzdem besaß das antisemitische Bild vom wohlhabenden, raffgierigen und seine Schätze eifersüchtig hütenden Juden große Strahlkraft. Dass er diese Schätze nicht mittels ehrlicher Arbeit erworben, sondern sie den christlichen Mitbürgern durch Lug und Trug entwunden hatte, schien ausgemacht. Deshalb sei es nur recht und billig, sie ihm wieder wegzunehmen.

In den zahlreichen Pogromen und gewaltsamen Übergriffen, die im 19. und frühen 20. Jahrhundert gegen die jüdische Bevölkerung in Deutschland verübt wurden, kam es gleichwohl nicht so weit: Eine gezielte Umverteilung materieller Güter fand nicht statt. Meist gingen jüdische Häuser und Gerätschaften in Flammen auf und fielen mutwilliger Zerstörung anheim. Plünderungen kamen vor, waren aber nicht die Regel. Es reichte den Unruhestiftern, Schaden anzurichten und sich am Unglück der Geschädigten zu weiden. Das entsprach der klassischen Definition des missgünstigen Neides, der sich mit Schadenfreude paarte.

Konkurrenzneid im Nationalsozialismus

Eine andere Spielart des Neides trat in der Zeit des Nationalsozialismus in den Vordergrund. Das Regime, das den Antisemitismus zur Staatsräson erhob, beschränkte sich nicht darauf, traditionelle Stereotype des neidischen, heimtückischen Juden zu nutzen und in Wort, Schrift, Bild und Ton millionenfach unters Volk zu bringen. Es legte zudem großen Wert darauf, das vorgeblich berechtigte Ressentiment der »Volksgemeinschaft« gegen jene, die nicht mehr dazugehören sollten, offensiv zu schüren. Auf jüdischer Seite wurde das aufmerksam registriert. Motiv des Antisemitismus sei, so der bayrische Finanzbeamte Siegfried Lichtenstaedter 1933, eine Mischung aus Sozialneid, Konkurrenzdenken und Aufstiegsstreben. Dass Juden »im unverhältnismäßigen Maße scheinbar ›glücklicher‹« seien, errege »Neid und Mißgunst (...) im Kopfe und Herzen der Anderen«.[10] Diese »feindseligen Gefühle« ließen sich ebenso leicht abrufen wie anheizen.

Längst nicht immer bedurfte es dafür eines Anstoßes von oben. Der Hamburger Kosmetik-Hersteller Queisser & Co witterte bereits im März 1933 die Chance, seinen Hauptkonkurrenten Beiersdorf mit

Neidkampagnen aus dem Feld zu schlagen. Er forderte Apotheker und Drogeriebesitzer ultimativ auf, »anstelle jüdischer Präparate solche nationaler Herkunft zu empfehlen«. In Werbeanzeigen der Firma hieß es: »Keine jüdische Hautcreme [Nivea] mehr benutzen! Lovana-Creme ist mindestens gleich gut, ist billiger und rein deutsch!« Der Druck auf Beiersdorf wurde so groß, dass die jüdischen Vorstands- und Aufsichtsratsmitglieder zurücktraten, um das Unternehmen nicht zu beschädigen.

Auch die Schneiderinnungen machten Front gegen jüdische Firmen, die einen florierenden Versandhandel mit preiswerten Stoffen zum Selbstschneidern aufgezogen hatten. Damit entziehe der »raffende Jude« dem »ehrlichen deutschen Handwerk« den Boden, klagten sie. Wilde Aktionen richteten sich schon vor dem offiziell anberaumten Boykott des 1. April 1933 gegen Kauf- und Warenhäuser in jüdischer Hand. Pünktlich zum Boykotttag beschloss die Firmenleitung der Karstadt AG, alle jüdischen Mitarbeiter und Mitarbeiterinnen zu entlassen. Als »Angehörige der jüdischen Rasse« hätten sie »auf den Trümmern des Weltkrieges und mit Hilfe der Kriegsmeuterer« eine Machtposition aufgebaut, die »restlos gebrochen und beseitigt werden muß, wenn das Deutsche Volk und die Deutsche Kultur nicht untergehen sollen«.[11]

Hier suchten »arische« Deutsche eine lästige Konkurrenz loszuwerden, der sie den Erfolg neideten. Aber sie beließen es nicht dabei, den Konkurrenten Schaden zuzufügen und sich daran zu freuen. Vielmehr rückten sie sofort in die Stellungen und Geschäfte derer ein, die sie daraus vertrieben hatten. Sie bereicherten sich an ihrem Besitz, an ihren Wohnungen und Kleidern, an Geschirr, Mobiliar und Wäsche. In dem Maße, wie Juden sich gezwungen sahen, Deutschland zu verlassen und ihre Häuser und Unternehmen weit unter Wert zu verkaufen, zogen Nichtjuden daraus Gewinn. Das konnten Parteigenossen sein oder Angestellte, die sich selbständig machen wollten, oder mittelständische Betriebe, die die Konkurrenten billig übernahmen. Seit 1941, als die Deportationen in die Vernichtungslager begannen, geriet auch der persönliche Besitz jüdischer Familien unter den Hammer. Oft sicherten sich örtliche NSDAP-Funktionäre die wertvollsten Gegenstände, bevor der Rest zugunsten der Staatskasse versteigert wurde und »zu Schleuderpreisen« in die Hände der Volksgenossen überging. In Hamburg profitierten mindestens 100 000 Menschen von diesem Transfer: »Die einfachen Hausfrauen auf der Veddel trugen plötzlich Pelzmäntel, handelten mit Kaffee und Schmuck, hatten alte Möbel und Teppiche aus dem Hafen, aus Holland, aus Frankreich.« Alles stammte aus dem Nachlass deportierter Juden.[12]

Sicher waren solche Aneignungen fremden Besitzes nicht stets und überall neidgetrieben. Woher die versteigerten Güter kamen, wem sie unter welchen Umständen abgenommen worden waren, interessierte die wenigsten. Je anonymer die Umverteilung vonstattenging, desto weniger Anstoß erregte sie. Dass Nachbarn oder Kollegen aktiv an Plünderungen teilnahmen, war eher die Ausnahme als die Regel. So zumindest berichteten es jüdische Emigranten, die nach der Pogromnacht des 9. November 1938 das Land verließen.[13]

Aber es gab auch andere Geschichten. In der schwäbischen Landgemeinde Baisingen beteiligten sich Einwohner skrupellos und ohne Bedenken an der Versteigerung dessen, was kurz zuvor noch ihren jüdischen Mitbürgern gehört hatte. Manche meldeten schon im Vorfeld der Deportationen ihre Wünsche an.[14] Die Zahl derer, die Gegenstände »in Leihe« nahmen und für die jüdischen Eigentümer aufhoben, bis sie hoffentlich eines Tages zurückkehrten, hielt sich in engen Grenzen.

Tatsache ist, dass sich nicht nur hohe Parteifunktionäre, sondern auch viele »normale« Deutsche an dem bereicherten, was das Regime den Juden im eigenen Land und im besetzten Europa raubte.[15] Moralische Skrupel wurden von der antisemitischen Propaganda verdrängt. Sie zeichnete Juden als geld- und machtgierige Vertreter des internationalen Finanzkapitals, das Deutschland knechtete und niederhielt. Juden neideten, hieß es immer wieder, dem deutschen Volk seine Stärke und Geschlossenheit und täten alles, um es von außen und innen zu vernichten. Das verlange nach radikaler Gegenwehr, deren Folgen sich die Juden selber zuzuschreiben hätten.

Zugleich aber suchte das NS-Regime jeden Anschein zu vermeiden, dass Deutsche aus persönlichem Neid heraus handelten. Im Ausland hätte das ein schlechtes Bild abgegeben. Spontane Pogromaktionen, Plünderungen oder die Zerstörung jüdischen Eigentums waren deshalb offiziell nicht gern gesehen. Wenn sie vorkamen, schob man sie dem »berechtigten Volkszorn« in die Schuhe, der auf angebliche jüdische Übergriffe reagiere (▷ Wut). Seinerseits lieferte der Staat sachliche Rechtfertigungen, warum er ausreisewilligen Juden vor 1941 eine exorbitante »Reichsfluchtsteuer« von insgesamt fast einer Milliarde Reichsmark und hohe Abschläge auf verbleibende Bankguthaben und Wertpapiere abverlangte.[16] Hier gehe es strikt nach Recht und Gesetz zu, das amtliche Vorgehen sei bar jeder Ranküne oder Schikane.

Neidleugnung und Neidabwehr

Den eigenen Volksgenossen Neid zu attestieren, verbot sich auch deshalb, weil man sie damit auf eine moralisch und sozial unterlegene Position gegenüber jenen verwiesen hätte, die Zielscheibe dieses Neides waren. Schließlich gehörte Neid auch im »Dritten Reich« nicht zu den Tugenden, derer sich ein guter Nationalsozialist rühmen sollte und wollte. *Meyers Lexikon* von 1940 führte den Begriff gar nicht erst auf. Und in Hitlers *Mein Kampf* tauchte er stets nur als schlechte Eigenschaft anderer auf. Ähnlich hatte schon 1914 die deutsche Kriegspropaganda vom »Neid des hochmütigen, alternden Weltreichs« – gemeint war England – auf die »jugendfrisch vorwärtsstrebende Kraft« Deutschlands gesprochen.[17] Neid empfand immer nur der Schwächere, nicht der Starke oder der, der sich stark fühlte.

Aus diesem Grund fehlte das Wort auch im Vokabular des Sozialismus. Die sozialdemokratische Arbeiterbewegung des 19. Jahrhunderts trug es ebenso wenig im Gepäck wie ihre kommunistischen Ableger im frühen 20. Jahrhundert. Nicht der Neid auf Bourgeoisie und Kapitalistenklasse munitionierte die Kämpfe um höhere Löhne, bessere Arbeitsbedingungen und politische Emanzipation. Vielmehr berief man sich auf Werte wie Gerechtigkeit, Gleichheit und Menschenwürde als kritische Antipoden von Unterdrückung und Ausbeutung.

Das hinderte die Gegenseite nicht daran, der Sozialdemokratie »Neid und Hass« vorzuwerfen, um deren Forderungen ins Unrecht zu setzen.[18] Auch jenen, die 1926 für die entschädigungslose Enteignung der deutschen Fürstenhäuser eintraten, sagte man »Neid, Mißgunst und Begehrlichkeit« nach. Das seien, so ein deutschnationales Mitglied des Reichstags, »die schwersten Charakterfehler, an denen das deutsche Volk leidet«. Von den Linken würden sie schamlos ausgenutzt, um »das Volk aufzuwühlen und in Bewegung zu setzen«. KPD und SPD, sekundierte der nationalsozialistische Abgeordnete Wilhelm Frick, spekulierten »auf die niedrigen Instinkte im Volk, auf Neid und Mißgunst«.[19]

Das »Dritte Reich«, dem Frick ab 1933 als Innenminister diente, erklärte Neid unter Volksgenossen generell für tabu. Wer der »rassisch« grundierten Volksgemeinschaft angehörte, sollte sich als Gleicher unter Gleichen fühlen. Hitler rühmte sich, den »Neid im deutschen

29 Neidkampagne? Mobilisierung für die Enteignung der Fürsten, Juni 1926

Volk« beseitigt zu haben, indem er »für den kleineren und mittleren Arbeiter den Volkswagen schuf«.[20]

Die neidlose Volksgemeinschaft lebte nach 1945 im Begriff der »Schicksalsgemeinschaft« fort (▷ Solidarität). Zwar gab es reichlich Gelegenheit, neidisch zu sein. Von den materiellen Zerstörungen waren manche sehr stark, andere weniger oder gar nicht betroffen. Während zahllose Städter ihr Hab und Gut im Bombenhagel verloren hatten, überstanden kleinere Orte und Dörfer den Krieg weitgehend unbeschadet. Die Menschen, die aus den Ostgebieten und der Tschechoslowakei vertrieben worden waren, trafen in der neuen Heimat nicht selten auf Alteingesessene, an denen das Kriegsgeschehen scheinbar spurlos vorübergegangen war. Das konnte Neid auslösen; umgekehrt neidete man Flüchtlingen die Entschädigungszahlungen aus dem Lastenausgleich, mit deren Hilfe sie sich ein bescheidenes Siedlungshäuschen am Ortsrand bauten. Missgunst, gepaart mit Misstrauen, schlug auch den Remigranten entgegen, die sich aus der nationalsozialistischen »Blut- und Schicksalsgemeinschaft« entfernt hatten oder daraus entfernt worden waren. Schließlich hätten sie die Kriegszeit bequem und gefahrlos im Ausland verbracht – und verlangten dafür nun auch noch Entschädigung. Das klassifizierte sie einmal mehr als ungeliebte Außenseiter, die nicht dazugehörten.

Im Allgemeinen jedoch war Neid in der Nachkriegszeit nicht debatten- und gesellschaftsfähig, galt als unfair und illegitim. Auch die »nivellierte Mittelstandsgesellschaft«, die Helmut Schelsky Anfang der 1950er Jahre in der Bundesrepublik diagnostizierte, hatte für Neid wenig übrig. Selbst wenn die soziologische Diagnose falsch war, entsprach sie einem verbreiteten Wunschbild, einem egalisierenden »Streben zur Mitte«.[21] Die Mitte aber war nicht neidisch, verglich sich weder mit oben noch mit unten. Sie ruhte gewissermaßen in sich selber. Oder tat zumindest so.

Setzte sich die Politik über dieses mittige Egalisierungsstreben hinweg, regte sich Unmut. So ließ das erste Diätengesetz für die Abgeordneten des Bundestages 1950 die »Volksseele« kochen, wie Bürger Walter Achilles bei seinen täglichen Bahnfahrten zwischen Kirchheim und Stuttgart beobachten konnte und dem Bundespräsidenten brieflich mitteilte. Auch er fragte sich, ob »wir uns diese Ausgabe in der Bundesrepublik überhaupt leisten« könnten, und fügte bedauernd hinzu: »Man kennt wohl nur noch Materialisten?« Mit Neid habe seine Kritik allerdings nichts zu tun. Denn obwohl er vor dem Krieg »bessere Tage gesehen« habe, sei er mit seinem jetzigen Los »zufrieden. Meine Familie ist gesund und ich habe meine Arbeit.«[22]

Für die Jüngeren war Neid ebenfalls kein Thema. Die Aufbaugeneration der zwischen 1925 und 1930 Geborenen – später nannte man sie HJ- oder Flakhelfer-Generation – krempelte nach 1945 die Ärmel auf und setzte das Land wieder instand. Besondere Sympathien für das neue demokratische System, das unter Anleitung der Westalliierten in der Bundesrepublik errichtet wurde, hegte sie anfangs nicht. Die führenden Repräsentanten dieses Systems waren älter, hatten in der Regel schon in Weimar Demokratie ausprobiert. Die Jungen, im Nationalsozialismus sozialisiert, hielten sich von Politik eher fern. Schelsky sprach von ihnen als »skeptischer Generation« und attestierte ihnen »geistige Ernüchterung« und »Lebenstüchtigkeit« ebenso wie die Ablehnung des Kollektiven, »ohne daraus ein Gegenprogramm zu machen«. Sie setzten alles auf die »Karte der Sicherheit« und schätzten Wohlstand und »private Zurückgezogenheit«. Ideologieferner und »zugriffsbereiter« als ihre Vorgänger, waren sie keine Gefahr für die Demokratie und ein Gewinn für den wirtschaftlichen Aufbau.[23]

Von diesem profitierten manche zweifellos mehr als andere. Dennoch bekam gefühlt jeder und jede etwas davon ab und sah sich für die erbrachte Anstrengung schon bald belohnt. Der »Fahrstuhleffekt« wirtschaftlichen Wachstums, wie ihn der Soziologe Ulrich Beck beschrieb, erfasste alle Bevölkerungsgruppen und bescherte ihnen »ein kollektives Mehr an Einkommen, Bildung, Mobilität« und Konsumchancen.[24] Starke Gewerkschaften sorgten dafür, dass Arbeiter und Angestellte im ökonomischen Verteilungskampf nicht zu kurz kamen. In diesem von Aufbruch und Zukunftsoptimismus geprägten Wohlstandsland blieb wenig Raum für Neid.

Neidquellen in der klassenlosen Gesellschaft

Gezielter und ideologischer als der neue deutsche Weststaat ging die DDR dem Neid an die Wurzel. Klassenunterschiede als möglicher Neidanlass gehörten hier der Vergangenheit an. Stattdessen versprach man den Bürgerinnen und Bürgern ein gleichermaßen auskömmliches Leben ohne krasse Einkommens- oder Vermögensunterschiede. Der reale Sozialismus kannte weder Ausbeuter noch Ausgebeutete, sondern nur die Gemeinschaft der Werktätigen, die alle dazu beitrugen, ihn zu einem Erfolgsmodell zu machen.

Soweit die Theorie. In der Praxis wurde Neid spätestens seit den 1960er Jahren aktenkundig. Eine Leipzigerin beschwerte sich im September 1969 bei Lotte Ulbricht darüber, wie niedrig die neue Rentenverordnung die Mindestrente für Frauen angesetzt hatte: »Damit hat man uns alte Arbeiterfrauen degradiert, diffamiert, deklassiert und verächtlich gemacht.« Was man ihnen vorenthalte, gebe man den »Nichtstuern, unseren ›Volksdrohnen‹«. Zu diesen »schmarotzenden DDR-Bürgern« zählte die Briefschreiberin auch jene, die als anerkannte politisch Verfolgte des Nationalsozialismus in den Genuss einer besseren Altersversorgung kamen. Andere monierten die staatlich alimentierten »Faulenzer« im Verwaltungsapparat, »Hauptsache sie tragen eine Parteinadel«.[25]

1980 wandten sich erneut Frauen der Jahrgänge 1919 bis 1925 an die Staatsspitze, diesmal direkt an Erich Honecker. Auch sie gaben ihre Namen nicht preis, »damit wir auf unsere alten Tage nicht noch mehr Entbehrungen auf uns nehmen müssen«. Von solchen Entbehrungen war in dem Schreiben ausführlich die Rede: Anstatt das Rentenalter herabzusetzen, verweigere man den Frauen, die »in den schweren Nachkriegsjahren alle Lasten allein tragen mußten« und ihre »Kraft und Gesundheit« dabei verschlissen hätten, eine angemessene ärztliche Betreuung.

> »Mir persönlich wurde gesagt: wie alt sind sie, tut mir leid, einen Kurplatz können Sie nicht bekommen, den brauchen wir für die jüngeren Jahrgänge (...). Also für unsere jüngeren Frauen, die schon

alle Vergünstigungen in Anspruch nehmen können [Hausarbeitstag, Kinderbetreuung, bezahltes Babyjahr] und auch kräftig alle Vorteile genießen. Dafür dürfen wir ›Älteren‹ auch wieder kräftig in die Hände spucken, und in den Betrieben die Arbeit für die ›Jüngeren‹ mitmachen.«[26]

Die in den 1970er Jahren lancierte »Muttipolitik« der DDR weckte Generationenneid: Ältere Frauen fühlten sich benachteiligt und in ihrer Lebensleistung missachtet. Auch der Ostberliner, der 1988 mit Namen, Adresse und »sozialistischem Gruß« an Honecker schrieb, kritisierte die »beschämend niedrigen Mindestrenten«. Aber er hatte noch mehr auf dem Herzen. Besonders störe ihn, dass »die Kluft zwischen arm und reich in unserer Republik zunehmend größer« werde und das Nationaleinkommen »ungerecht verteilt« sei: »Die eigentlichen Gewinner in unserem Staat sind aber die Handwerker und Gewerbetreibenden, die Schieber und Spekulanten, die Großverdiener und diejenigen, bei denen durch Verwandtschaft in der BRD die DM-Beträge reichlich fließen. Die einfachen Arbeiter und die Angestellten sowie die Rentner gehören leider auch im Sozialismus zur Klasse der Verlierer.« Völlig inakzeptabel sei »die Spaltung der Gesellschaft« in diejenigen, die über Westgeld verfügten und seit 1974 »im Intershop einkaufen« konnten, und die anderen, die darüber »mehr als sauer« seien.[27]

Eine alleinerziehende Mutter, deren kommunistischer Vater das Konzentrationslager Buchenwald überlebt hatte, schilderte ihre Gefühle beim Durchblättern eines Genex-Katalogs mit Waren, die Westdeutsche gegen Valuta bestellen und an DDR-Verwandte und Freunde liefern lassen durften. Sie empfand sich und ihre Familie als »Menschen dritter Qualität, weil wir eben kein Westgeld haben«. Diese Form der »Diskriminierung« wog besonders schwer, da sie durch eigenes Zutun nicht zu ändern war – entweder man hatte Verwandte in der Bundesrepublik oder nicht. Schon Kinder und Jugendliche besaßen dafür ein feines Gespür. »Richtiger Sozialneid«, erinnerte sich Jana Hensel, »überkam uns klassenlose Kinder nur dann, wenn die anderen bunte T-Shirts, Jeans oder adidas-Schuhe mit Klettverschluss trugen«: alles ebenso begehrte wie schwer zu beschaffende Dinge aus dem kapitalistischen Westen.[28]

Die DDR steht damit beispielhaft für eine Gesellschaftsordnung, der ihre egalitären Versprechen auf die Füße fielen. Der Neid, den sie durch die bewusst in Kauf genommene soziale Ungleichheit hervorrief, nagte an den moralischen Wurzeln des Systems. Neideffekte produzierte sie aber auch, indem sie unentwegt mit propagandistisch aufgebauschten Vergleichen arbeitete. Zum einen verglich sie sich ständig mit dem Schwesterstaat im Westen, und zwar so, dass sie als das bessere Deutschland dastand. Die DDR hatte, nach eigenem Verständnis, nicht nur den Faschismus mit Stumpf und Stiel beseitigt, sondern auch die Ausbeutung des Menschen durch den Menschen abgeschafft. Also ging sie als moralischer Sieger aus dem Wettstreit der Systeme hervor. Sogar ökonomisch, verkündete Walter Ulbricht 1970, werde sie die Bundesrepublik überholen. Doch die versprochenen Weltspitzenleistungen der Industrie blieben aus, das Nettoeinkommen privater Haushalte fiel hinter westliches Niveau zurück, und die Produktion begehrter Konsumgüter deckte bei weitem nicht den Bedarf. Damit fiel der materielle Systemvergleich aus Sicht der meis-

30 Ostberliner Jugendliche bestaunen einen Sportwagen aus »Westproduktion«, 1985

ten DDR-Bürger eindeutig negativ aus. Enttäuschung über die Staatsführung und Neid auf die erfolgreichen Westbürger folgten auf dem Fuße.

Zum anderen waren Konkurrenz und der damit einhergehende Vergleich im inneren Bauplan der DDR fest verankert. Nicht grundsätzlich anders als kapitalistische Marktwirtschaften setzte der planwirtschaftlich verfasste Sozialismus auf Leistung und förderte sie mittels finanzieller und symbolischer Anreize. Auszeichnungen (▷ Ehre) und Prämien belohnten leistungsstarke Arbeiter und stellten deren Verdienste öffentlich heraus. Das konnte Neid erregen. 1971 nahm ein SED-Genosse die aus seiner Sicht ungerechte Vergabepraxis in den Betrieben aufs Korn:

»Der bekommt eine Prämie, der andere nicht. Auch hier wird viel gesündigt. Immer sind es oft dieselben. Bei einer Auszeichnung eines kürzlich zum ›Aktivisten‹ erhobenen Kollegen, waren andere Kollegen so neidisch, dass man ihm hinterrücks auf der Straße (abends im Dunkeln) das ›Fell‹ versohlte.«

Dass die Bekohlungsmaschinisten des Heizkraftwerkes Jena-Süd im Dezember 1989 die Abschaffung der »Privilegien und Vorteile einzelner Werktätiger und Angestellten« sowie »aller Prämien außer Jahresend- und Treueprämie« forderten, sprach für sich.[29]

Neid weckte auch die offensive Bestenauslese in Schulen und Pionierorganisationen. Spartakiaden und Olympiaden waren ein fester Bestandteil ostdeutschen Kinder- und Jugendlebens, ebenso wie der Kampf um das begehrte »Sputnikabzeichen«. Im Sport begann die Suche nach den Besten besonders früh und war generalstabsmäßig organisiert. Für Spitzenleistungen, die sich im Medaillenspiegel internationaler Wettkämpfe abbildeten und »die Überlegenheit unserer Ordnung über das kapitalistische System in Westdeutschland« demonstrierten, gab der Staat sehr viel Geld aus.[30] Dass das in der Breite möglicherweise nicht gut ankam und der allgemeinen Egalitätskultur widersprach, konterte er mit dem Appell an das sozialistische Gemeinschaftsgefühl: Jede individuelle Bestleistung sei nicht zuletzt das Verdienst des Kollektivs, der Mannschaft, des Volkes (und seiner Regierung). Das galt auch für die Betriebs-, Klassen- oder Pioniergemeinschaft. Doch am Ende standen auf den Wandzeitungen in Fabriken und Schulen nur die Namen »unserer Besten«. Ihnen winkten Geldprämien und Auslandsreisen, bei Kindern der Aufenthalt in einem Ferienlager oder die Abordnung zu nationalen oder gar internationalen Jugendtreffen.[31] Darauf mochten die Daheimbleibenden durchaus neidisch sein.

Lob des Wettbewerbs

Aus pädagogischer Warte wirkte ein solcher Neid sogar ausgesprochen produktiv. Denn die Erkenntnis, leistungsmäßig vergleichsweise schlecht abzuschneiden und dafür Nachteile in Kauf nehmen zu müssen, konnte ein Ansporn sein, sich mehr anzustrengen. So hatte 1903 bereits der Soziologe und Philosoph Georg Simmel argumentiert. Gesellschaften bräuchten beides, »Assoziation und Konkurrenz, Gunst und Missgunst«. Konkurrenz steigere die Leistungsfähigkeit und -bereitschaft der vielen und setze sie in ein Vergleichsverhältnis zueinander. Daraus entstehe eine »ungeheure synthetische Kraft«, die letztlich auch den Neid als ein dissoziierendes, trennendes Gefühl aufsauge und moralisch entschärfe.

Simmels Lob der Konkurrenz war nicht blind für die »Tragik«, dass moderne Gesellschaften den Konkurrenzkampf auf die Spitze trieben und »unzählige Kräfte« verschwendeten. Die positiven Effekte und »zusammenführenden Wechselwirkungen« hielt er jedoch für größer und wichtiger. Als Kampf um Anerkennung und »Beifall« setze Konkurrenz die formale Gleichheit der Mitbewerber voraus; Ungleiche könnten weder konkurrieren noch Neid empfinden oder auf sich ziehen. Erst wenn Personen grundsätzlich die gleichen Chancen besäßen, ein begehrtes Gut zu erwerben, träten sie zueinander in Konkurrenz. Auch die Tatsache, dass viele ein bestimmtes Gut für begehrenswert hielten, spiegele ein Moment von Gleichheit; gingen ihre Interessen und Geschmäcker weit auseinander, gäbe es weniger Konkurrenz und weniger Neid.[32]

In der Gründungsarchitektur der Bundesrepublik war Konkurrenz ein tragender Pfeiler. Die Marktwirtschaft beruhte darauf und feuerte sie an. Allerdings federte der Staat den »freien Markt« sozialpolitisch ab und hegte ihn ein (▷ Solidarität). Er garantierte seinen Bürgerinnen und Bürgern darüber hinaus rechtliche Gleichheit und ermöglichte ihnen annähernd gleiche Lebenschancen durch den Zugang zu Bildung und gesundheitlicher Versorgung. Wie die Einzelnen ihre Chancen nutzten, lag in ihrer Verantwortung. Der meritokratische Leistungsgedanke tat ein Übriges, um Konkurrenz anzufachen und Einkommensunterschiede zu rechtfertigen. Wer mehr leistete oder seine Fähigkeiten besser vermarktete, musste sich seines Wohlstandes weder schämen noch deswegen Neid ernten. Jeder konnte es ihm prinzipiell gleichtun; verzichtete er darauf, hatte er keinen Grund, neidisch auf den Erfolgreicheren zu sein.

1912 hatte Max Scheler Neid dort verortet, wo Menschen das von ihnen erstrebte Gut trotz aller Anstrengungen nicht erwerben konnten und darauf mit einem »Ohnmachtsbewußtsein« antworteten. Im Selbstverständnis der hochmodernen Leistungsgesellschaft aber war diese Ohnmacht nicht mehr vorgesehen. Je stärker der Staat in das »Humankapital« investierte, je mehr Geld er für Bildung, Gesundheit und soziale Absicherung ausgab, desto größer wurde die Erwartung, dass die Träger dieses Kapitals sich adäquat um dessen Verwertung bemühten. Wer das nicht tat, hatte sich die Folgen selber zuzuschreiben. Neid war in solchen Fällen nicht nur völlig fehl am Platz, sondern schien dreist und unverschämt.

Leistungsgerechtigkeit und Neidgefühle

Diese Deutung hat sich in dem Maße radikalisiert, wie die Forderungen, soziale Ungleichheit effektiver zu bekämpfen, zugenommen haben. Seit den 1990er Jahren werden sozialdemokratische Steuerpläne als »Neidkampagnen« diffamiert. Die laute Kritik an hohen Managergehältern kontern wirtschaftsliberale Kreise mit dem Vorwurf, sie komme »aus einer Neid-Ecke«. Wer höhere Einkommenssteuern für Reiche oder Transparenz bei der Zahlung von Agrarsubventionen in der Europäischen Union verlange, trete eine »Neid-Debatte« los. Das Wort tauchte erstmals 2002 auf; seitdem erfreut es sich, wie dem Archiv der *Frankfurter Allgemeinen Zeitung* zu entnehmen ist, wachsender Beliebtheit. Auch »Neid« hat eine steile Karriere hingelegt; verglichen mit den 1960er Jahren kam der Begriff in Artikeln des vergangenen Jahrzehnts mehr als fünfmal so häufig vor.[33]

Wenn *FAZ*-Journalisten öfter über Neid und Neiddebatten schreiben, bedeutet das noch nicht, dass Neid in der deutschen Gesellschaft tatsächlich präsenter ist als vor einem halben Jahrhundert und entsprechende Debatten antreibt. Um das zu beurteilen, fehlt es an aussagekräftigen und belastbaren Informationen. Selbst Daten zur Einkommens- und Vermögensverteilung geben darüber keine Auskunft. Dass sich die Unterschiede zwischen Arm und Reich in den 1990er Jahren stark vergrößerten, heißt nicht zwangsläufig, dass auch der Neid gewachsen ist. Denn Neidgefühle tauchen, das zeigt der historische Blick, nicht automatisch auf. Gerade weil sie in der Regel gesellschaftlich verfemt sind, brauchen sie Begründung, Rechtfertigung und wortmächtige Unterstützung.

Interessant ist in diesem Zusammenhang eine repräsentative Umfrage von 2008. Psychologen sprachen ihre Interviewpartner zunächst auf deren Neidgefühle an. Wie nicht anders zu erwarten, bezeichneten sich die Befragten eher selten als neidisch, während sie anderen durchaus Neid zuschrieben. Auch negative Begleitgefühle wie Ärger, ▷ Trauer oder ▷ Wut wiesen sie weit von sich; jeder Dritte gab sogar an, Personen, die ein von ihm begehrtes Gut besäßen, dafür zu bewundern. Fast 39 Prozent erklärten, das lasse sie kalt. Ob das stimmt, ist zweifelhaft; es könnte eine sozial erwünschte Antwort gewesen sein.

Im Anschluss folgte die Frage, ob man die Forderung nach einer »Reichensteuer« eher für einen Ausdruck von »Sozialneid« oder »sozialer Gerechtigkeit« halte. Weit überwiegend erblickten die Befragten darin keinen Sozialneid, sondern einen Gerechtigkeitsimpuls. Wer einen Universitätsabschluss besaß, sah allerdings häufiger Sozialneid am Werk, während Personen mit geringerer formaler Bildung stärker die soziale Gerechtigkeit betonten.

Was aber bedeutete Gerechtigkeit? Um das herauszufinden, ließen die Autoren der Studie ihre Probanden über vier Zieloptionen abstimmen: Gleichverteilung von Gütern, Bedarfsgerechtigkeit, Leistungsgerechtigkeit und individuelle Wünsche (»alle sollen bekommen, was sie wollen«). Über sämtliche soziale Schichten hinweg votierte die größte Gruppe (fast 45 Prozent) für Leistungsgerechtigkeit, gut 37 Prozent präferierten Bedarfsgerechtigkeit. Gleichverteilung und Wunschökonomie endeten abgeschlagen auf den hinteren Rängen (13,5 beziehungsweise 4,3 Prozent).[34]

Das entsprach in etwa den Ergebnissen früherer Erhebungen. Leistung als Allokationsprinzip wird allgemein als gerecht akzeptiert, und seit den 1980er Jahren sind sieben von zehn Bundesbürgern der Ansicht, dass sie ihren »gerechten Anteil« am Lebensstandard des Landes bekommen. Zwei Drittel befürworten Einkommensunterschiede als Leistungsanreize, mit zum Ende des Jahrhunderts steigender Tendenz. Unter den Ostdeutschen, die nach 1990 an den Befragungen teilnahmen, liegt die Zustimmungsrate hingegen deutlich niedriger: Hier fanden 1994 nur gut 40 Prozent Einkommensdifferenzen motivierend und sinnvoll. Die Frage, ob sie die sozialen Unterschiede in Deutschland im Großen und Ganzen für gerecht hielten, bejahten wenige. Noch im Jahr 2000 meinten 60 Prozent der Ostdeutschen, doppelt so viele wie in Westdeutschland, dass sie, was ihren Lebensstandard betraf, keineswegs gerecht behandelt würden.[35]

Verschafft dies Neidgefühlen neuen Auftrieb? Die Umfrage von 2008 bleibt hier widersprüchlich. Einerseits nehmen Ostdeutsche die »Reichensteuer« sehr viel häufiger als eine Frage der sozialen Gerechtigkeit und nicht des Sozialneids wahr. Vermutlich wirkt hier die radikalere Gleichheitsrhetorik der DDR nach. Dazu passt, dass mehr Ost- als Westdeutsche es als ungerecht empfinden, wenn sie etwas nicht haben, was andere haben. Andererseits ist die Bewunderung für die, die solche begehrten Güter besitzen, in Ostdeutschland signifikant geringer ausgeprägt als in Westdeutschland.³⁶ Das spricht für Neid: Man beneidet die Begüterten, missgönnt ihnen ihre Güter und hofft vielleicht sogar, dass sie ihnen demnächst abhandenkommen.

Das erinnert an den vom Sozialpsychologen Rolf Haubl kolportierten Witz: »Geht ein Amerikaner mit seinem Freund die Straße entlang. Kommt ein großer Cadillac vorbei. Sagt der Amerikaner zu seinem Freund: So einen Wagen fahre ich auch noch mal! – Geht ein Deutscher mit seinem Freund die Straße entlang. Kommt ein großer BMW vorbei. Sagt der Deutsche zu seinem Freund: Der Typ geht auch noch mal zu Fuß.«³⁷ In der Umfrage von 2008 entsprach der Amerikaner, der den Cadillac-Fahrer bewunderte und sich vornahm, in naher oder ferner Zukunft selber am Steuer zu sitzen, dem Westdeutschen, der deutsche Leisetreter und Neidhammel dem Ex-DDRler: Er traute sich gar nicht erst zu, jemals einen Luxuswagen zu fahren, neidete dem Besitzer den Erfolg und wünschte ihm alles Schlechte.

Der Witz illustriert nicht nur den Unterschied zwischen Neid als tiefsitzendem Ressentiment und dem, was Scheler »bloße Unlust« nannte. Er gibt auch Auskunft über die Wahrnehmung nationaler Besonderheiten. US-Amerikanern spricht man seit dem 19. Jahrhundert einen unbändigen Willen zum persönlichen, neidlos anerkannten Erfolg und einen ebenso starken Glauben an Fortschritt und Verbesserung zu. Demgegenüber stecke den Kontinentaleuropäern die lange Geschichte obrigkeitlicher Gängelung und Staatsfixierung in den Knochen, von der sie sich, trotz mehrerer Revolutionen, nie ganz hätten befreien können. Statt Selbstbewusstsein und Aufbruchsgeist kultivierten sie Neid und Ressentiment (▷ Wut).

In allen Stereotypen verbirgt sich ein Körnchen historische Wahrheit. Das gilt auch für die Zerrbilder von selbst- und leistungsbewussten Westdeutschen und neidisch-frustrierten Ostdeutschen. Tatsächlich waren die Erfahrungen, die viele DDR-Bürgerinnen und Bürger seit 1990 mit der neuen kapitalistischen Freiheit machten, kaum geeignet, ihnen das radikal individualisierte Leistungsprinzip als Leitmotiv zu empfehlen. Leistung und Erfolg schienen ihnen weniger durch eigene Anstrengung verdient als an westliche Herkunft gebunden und für Menschen ohne entsprechende »Kinderstube« unerreichbar. Vor allem die Generation der zwischen 1945 und 1955 Geborenen fühlte sich auf verlorenem Posten und ohne echte Chance im täglichen Platzierungswettbewerb.

Das im Westen beliebte Klischee des »neidischen Ossis« übersieht diese Erfahrungsdifferenz und nimmt die ungleichen Startchancen und Ermöglichungsbedingungen nicht zur Kenntnis. Aber auch der angeblich erfolgsverwöhnte und deshalb arrogante »Wessi« hat seine Selbstgewissheit erst in einem langen Lernprozess erworben. Wenn er die geltenden Leistungsnormen als gerecht empfindet und Neidimpulse abwehrt, geht das zum großen Teil darauf zurück, dass er damit seit den 1950er Jahren gut gefahren ist. Ein solches Erfolgserlebnis fehlt den Ostdeutschen.

Aber auch sie haben Mittel und Wege gefunden, Neidgefühle im Zaum zu halten. Nach einer Erhebung von 1996 und 1998 schützten die Probanden aus den neuen Bundesländern ihr seelisches Wohlbefinden durch »Eigengruppenaufwertung«: Indem sie eine positiv besetzte ostdeutsche Identität kultivierten, verhinderten sie, dass der Neid auf die materiell erfolgreicheren und selbstsicheren Westdeutschen von ihnen Besitz ergriff und ihre psychische Gesundheit beeinträchtigte. Westlich der Elbe war das Selbstbild vergleichsweise düster, doch schlug hier der ▷ Stolz auf »Wirtschaft und Währung« wesentlich stärker zu Buche. Auch dem Verfassungspatriotismus (▷ Liebe) konnten Westdeutsche deutlich mehr abgewinnen als ihre ostdeutschen Landsleute – wobei Männer mehr Nationalstolz zeigten als Frauen.[38]

Der aus der Märchenlektüre gewonnene Eindruck, Neidgefühle seien vorzugsweise dem weiblichen Geschlecht eigen, bestätigte sich demgegenüber nicht. Lediglich bei den mit Neid assoziierten Gefühlen stellten Forscher Unterschiede fest: Frauen neigten zu passiv-traurigen Reaktionen, Männer zu aggressivem Ärger, wenn andere etwas besaßen, das sie selber begehrenswert fanden. Auch das ist kulturell geprägt: Männern wird erlaubt, negative Gefühle nach außen zu wenden, Frauen sollen sie still und nach innen gerichtet verarbeiten.[39]

NEUGIER

Manche fragen sich, ob Neugier überhaupt ein Gefühl sei. Andere sind unsicher, ob sie Neugier gut oder schlecht finden. »Allgemeinsprachlich«, befand der *Brockhaus* 1991, bezeichne Neugier ein »unangemessenes Interesse an den Angelegenheiten anderer Menschen«. Dem Neugierigen, hieß es 1971, gehe es in erster Linie »um das Erleben kleinerer oder größerer Sensationen«, vorzugsweise aus »der Privatsphäre der näheren mitmenschlichen Umwelt (ihrem ›Klatsch‹ oder Intimbereich)«. Schon das frühe Christentum habe *curiositas* als Laster angesehen und verurteilt.[1]

Nur langsam sind solche abwertenden Äußerungen aus den Lexika verschwunden. Inzwischen dominiert eine positiv-bejahende Sicht. Wer neugierig ist, zeigt jetzt ein Bedürfnis nach »Innovation« und einen Hang zum Experimentieren. Pädagogen halten die Förderung kindlicher Neugier für überaus wichtig, denn sie motiviere Lernfähigkeit, Wissbegier und Kreativität sowie »Offenheit und Kontaktbereitschaft im Sozialisationsprozeß«. Im Unterschied zu Tieren bleibe Neugier den Menschen lebenslang erhalten.

Ist Neugier ein Gefühl?

In den Wörterbüchern jüngeren Datums taucht Neugier nicht mehr als Gefühl auf, sondern als »Bedürfnis«, »Verhalten« oder »Drang«.

Das spiegelt den Einfluss der US-amerikanischen Psychologie, vor allem des prominenten Gefühlsforschers Paul Ekman. Zu seinen sechs oder sieben »Grundgefühlen« rechnet er Überraschung (*surprise*), aber nicht Neugier. Denn während sich Überraschung mimisch deutlich mitteile, verbinde sich mit Neugier kein klar identifizierbarer Gesichtsausdruck.

Ekmans *basic emotions* ähneln den sechs ursprünglichen Passionen, die der französische Philosoph René Descartes 1649 identifiziert hatte. Neben Liebe und Hass, Freude und Traurigkeit gehörte dazu die Verwunderung inklusive der Bewunderung und plötzlichen Überraschung (*admiration*). Anders als Ekman aber ließ Descartes auch *le désir*, die Begierde, als elementare Leidenschaft der Seele gelten. Darunter fasste er die Ruhm- und Ehrbegierde ebenso wie die Begierde, Wissen zu erwerben. *Curiosité*, übersetzt als Neugier, galt dem Aufklärer als ein wichtiges zukunftsgewandtes Gefühl.

Das passte in eine Welt, die dabei war, ihre Grenzen zu überschreiten und neue Kontinente, Lebensweisen und Denkformen zu entdecken. Neues ergab sich aber nicht nur in der synchronen Begegnung mit vormals Unbekanntem. Neues war auch von der Zukunft zu erwarten, die man sich zunehmend als offenen Zeitraum und nicht länger als zirkuläre Wiederkehr des Gleichen vorstellte. Neu-Gier war dafür wie gemacht: Sie stellte Offenheit bereit, fegte Zukunftsängste beiseite und suchte vorbehaltlos nach Überraschungen und Neuerungen. Mehr noch: Sie leistete solchen Neuerungen aktiv Vorschub und brachte sie auf den Weg.

Das Gefühl der Neugier stand damit Pate bei der Geburt der modernen Wissenschaft. Naturforscher wie Nikolaus Kopernikus, Johannes Kepler und Maria Sibylla Merian sagten sich im 16. und 17. Jahrhundert von der Autorität des antiken Kanons los und vertrauten stattdessen ihren eigenen, durch neuartige Instrumente und Experimente gewonnenen Beobachtungen. Dass sie kirchlich beglaubigte Gewissheiten in Zweifel zogen und umstürzten, verschaffte ihnen nicht nur Freunde. Auch Keplers beherzter Einsatz für seine Mutter, die in Württemberg der Hexerei angeklagt war, traf nicht überall auf Gegenliebe.[2]

Wissenschaftliche Neugier

Erst im 19. Jahrhundert erfuhr die von Neugier und Experimentierfreude getriebene Wissenschaft flächendeckende Akzeptanz und Institutionalisierung. Deutschland tat sich darin besonders hervor. An den von der Aufklärung beeinflussten Universitäten Halle (gegründet 1694) und Göttingen (1737 eröffnet) sowie an den neuen Hochschulen, die seit 1810 nach dem Berliner Modell entstanden, spielte Forschung eine zentrale Rolle. Professoren verstanden sich nicht mehr nur als Sammler, Ordner und Vermittler von Wissen. Sie wollten in erster Linie Entdecker sein und dem zu Entdeckenden gemeinsam mit ihren Studenten auf die Spur kommen. So jedenfalls hatte es der Berliner Bildungsreformer und Universitätsgründer Wilhelm von Humboldt gemeint, als er von der Gemeinschaft der Lernenden und Lehrenden und von der Einheit von Lehre und Forschung als Leitideen der modernen Universität sprach.

Forschung setzte neugierige, sich mit überlieferten Wissensbeständen nicht zufriedengebende Forschende voraus. Sie brauchte Studierende, die sich von Wissensdurst treiben ließen und in Laboren, Bibliotheken und Archiven nach neuen, bisheriges Wissen erweiternden oder revidierenden Erkenntnissen fahndeten. Die Verwissenschaftlichung betraf alle Disziplinen, Geschichte und Theologie ebenso wie Medizin, Jura oder Nationalökonomie. Besonders rasant verlief der Erkenntnisfortschritt in den experimentellen Naturwissenschaften und bei den Ingenieuren. Deren Forschungsergebnisse waren wertvoll für die Wirtschaft und befeuerten seit dem ausgehenden 19. Jahrhundert den Boom der elektrotechnischen und chemischen Industrien. Es war kein Zufall, dass der vermögende schwedische Unternehmer und Erfinder Alfred Nobel hochdotierte Preise für Physiker, Chemiker und Physiologen beziehungsweise Mediziner stiftete, deren Forschungen »der Menschheit den größten Nutzen erbracht« hatten. Unter den ersten Preisträgern 1901 waren der Immunologe Emil von Behring und der Physiker Wilhelm Conrad Röntgen. 1902 wurden der Chemiker Emil Fischer und, in der Sparte Literatur, der Althistoriker Theodor Mommsen ausgezeichnet.

Auch in den folgenden Jahren ebbte der Preisregen für deutsche Wissenschaftler nicht ab. Gewürdigt wurden damit nicht nur herausragende Einzelleistungen. Die Preise bezeugten auch den hohen Entwicklungsstand und das Ermöglichungspotenzial wissenschaftlicher Institutionen. Den in der ganzen Welt bewunderten Universitäten und Technischen Hochschulen gesellten sich seit 1911 außeruniversitäre Einrichtungen hinzu, die unter dem Dach der Kaiser-Wilhelm-Gesellschaft hochspezialisierte und bestens ausgestattete Grundlagenforschung betrieben. Viele Nobelpreise gingen an KWG-Mitglieder: an die Physiker Max von Laue, Albert Einstein und Werner Heisenberg sowie an die Chemiker Richard Willstätter, Fritz Haber, Adolf Butenandt und Otto Hahn. Nach dem Zweiten Weltkrieg wurde die KWG als Max-Planck-Gesellschaft neu gegründet und erweitert.

Von Einstein stammt der Satz, er habe »keine besondere Begabung« und sei »nur leidenschaftlich neugierig«. Auf die Frage, was »Forscherdrang« sei, antwortete Christiane Nüsslein-Volhard: »Neugier. Ich möchte die Natur verstehen, ich möchte wissen, wie es dazu gekommen ist, dass etwas so ist, und zwar genau und nachprüfbar.« Die Biologin mit dem »neugierigen Blick«, Jahrgang 1942, wurde 1995 mit dem Nobelpreis für Medizin ausgezeichnet und verlor diese Neugier auch im höheren Alter nicht: Sie »brenne ziemlich schnell, wenn etwas ihre Neugier entfache«, erzählte sie 2018 einer Journalistin der *Neuen Zürcher Zeitung*.[3]

»Forschen ist Neugier!« heißt es in den offiziellen Verlautbarungen der Max-Planck-Gesellschaft (die Nüsslein-Volhard zu ihren wissenschaftlichen Mitgliedern zählt). Sie treibe die Forscher an, Wissensgrenzen zu überschreiten und Fragen zu stellen, deren Antworten nur mühsam und zeitaufwendig zu finden seien. Neugier ist hier kein plötzlich aufblitzendes Gefühl, das ebenso rasch wieder verfliegt. Neugier muss vielmehr im Forschungsprozess auf Dauer gestellt und auf kleine Arbeitsschritte verteilt werden. Einmal geweckt, begleitet sie Wissenschaftler ihr ganzes Leben lang und entzündet sich immer wieder neu. So zumindest lesen sich die Selbstbeschreibungen erfolgreicher Forscherinnen und Forscher – wobei Erfolg durchaus relativ ist. Nicht jedem winkt ein Nobelpreis, und nicht jedes Experiment endet mit dem ersehnten Ergebnis. Enttäuschungen sind vorprogrammiert. Neugier hilft dabei, nicht aufzugeben und Rückschläge als Ansporn für bessere Hypothesen und Versuchsanordnungen zu betrachten. Unter günstigen Umständen versetzt sie Berge und schreibt Geschichte.

Neugier fördern

Aber woher kommt Neugier, woraus speist sie sich? Wer hat sie und wer nicht? Psychologen meinen, dass Kinder eine natürliche Begabung dafür mitbringen. Sie lernen zwar zunächst durch Imitation. Aber sie fangen schon bald an, ihre Umwelt auf eigene Faust zu entdecken und auszukundschaften. Diesen »Erlebnisdrang« suchen mittlerweile viele Forscher zu unterstützen und zu fördern. Seit den 1990er Jahren bieten Universitäten Kindervorlesungen an oder organisieren Kinderunis. Max-Planck-Direktoren engagieren sich in »WissenschaftsScheunen«, um bereits den Kleinsten »Spaß am Wissenserwerb« zu vermitteln. Freude, gepaart mit Neugier, sehen sie als wichtigste Voraussetzung, um Deutschland als Bildungs- und Wissenschaftsstandort zu stärken.[4]

Historisch sind das neue Töne. Einstein, 1879 in Ulm geboren, in München zur Schule und in Zürich aufs Polytechnikum gegangen, betrachtete es rückblickend als wahres Wunder, dass der »moderne Lehrbetrieb die heilige Neugier des Forschens noch nicht ganz erdrosselt hat«.[5] Anstatt das »delikate Pflänzchen« mittels Anregung und Freiheit zu päppeln, verfuhren Lehranstalten nach dem Modell des Nürnberger Trichters, mit dessen Hilfe den Jungen- und Mädchenköpfen Wissen mechanisch verabreicht wurde. Eigenständiges Denken war unerwünscht, störte den Betrieb und konnte die Autorität des Lehrers gefährden. Für Neugier war in den Unterrichtszimmern um 1900 wenig Platz. Wer zu viel davon zeigte, galt als vorlaut und wurde schnell und rabiat auf Linie gebracht.

31 Spott auf den
»Nürnberger Trichter«,
um 1936

Das galt für Volksschulen ebenso wie für Gymnasien, damals den Söhnen des Bürgertums vorbehalten. Auch hier forderten Lehrer strenge Disziplin und förderten den passiven Wissenserwerb. Auswendiglernen stand hoch im Kurs, der abgefragte Wissenskanon war riesig, kritische Befragung und Auseinandersetzung verpönt. Allerdings gab es immer wieder Schüler, die sich diesem Regime entzogen oder es dazu nutzten, die eigene Neugier und »Freude am Schauen und Suchen« zu füttern; Einstein gehörte dazu. Auch manche Lehrer hatten Vergnügen an aufgeweckten Knaben, die nachfragten und mitdachten.

Wissbegierige Jungen, neugierige Mädchen

Generell war Wissbegierde etwas, das ausschließlich männlichen Kindern und Heranwachsenden zustand. Von Mädchen erwartete man weder Interesse für abstrakte Zusammenhänge noch wissenschaftlichen Ehrgeiz. Als bürgerliche Töchter bereiteten sie sich auf ein Leben jenseits der öffentlichen Sphäre vor; es reichte, wenn sie aus dem Schulunterricht das mitnahmen, was sie für Küche, Kinderstube und, wenn es hochkam, den Familiensalon benötigten. Für ein Universitätsstudium, befand der Theologe Siegfried Lommatzsch Mitte der 1890er Jahre, seien »Damen« nicht geeignet; wenn überhaupt, würden sie sich, zum Ärger seriöser Dozenten, nur »zur Befriedigung ihrer Neugierde in den Vorlesungen einstellen«.[6]

Neugierde war für den Professor und seine Zeitgenossen etwas ganz anderes als »Wißbegierde«. Erstere war negativ, Letztere positiv konnotiert. Jungen durften wissbegierig sein, Mädchen dagegen galten als oberflächlich-neugierig, ernsthafter Bildung ebenso wenig zugeneigt wie tiefgründigem Nachdenken. Der ihnen eigene »Kleinigkeitsgeist« lasse sie mit Vorliebe persönliche Geheimnisse ausforschen, »durch Schlüssellöcher sehen oder gar an den Thüren horchen«. Das, rügten Erzieher und Ratgeber, sei in hohem Maße taktlos und tadelnswert.[7]

Die Geschlechterdifferenz in Sachen Neu- und Wissbegier spiegelte sich im Lesestoff. Für Jungen gab es eine seit 1880 erscheinende und bis heute verlegte Buchreihe namens *Das Neue Universum*, die jahrgangsweise über »die interessantesten Erfindungen und Entdeckungen auf allen Gebieten« informierte. Darin ging es um Verkehr und Industrie, Technik und Maschinen, Physik und Chemie – Themen aus der männlichen Lebenswelt, die Fortschritt und Innovation betonten. Das Spielzeug folgte dem gleichen Muster: Jungen bekamen Modelleisenbahnen geschenkt, Mädchen Puppenküchen, beide aus der Produktion des Göppinger Märklin-Unternehmens.

Als Erwachsene blieben Männer und Frauen solchen Prägungen in der Regel treu. Aus öffentlichen Bibliotheken entliehen Männer belehrende Sachbücher, Frauen Heimaterzählungen und Romane.

Romane stillten die Neugier auf das Allgemein-Menschliche, auf Geschichten von Liebe und Eifersucht, Verrat und individueller Glückssuche. Sachbücher behandelten technische und naturwissenschaftliche Probleme und wollten Neugier auf deren Lösung wecken. Die geschlechtsspezifische Verteilung zog sich durch alle sozialen Schichten und war in der Arbeiterschaft ebenso zu beobachten wie im bürgerlichen Milieu.[8]

Wissen ist Macht

Dass auch männliche Arbeiter ihre Wissbegierde pflegten, war vor allem das Verdienst der sozialistischen Arbeiterbewegung. Unter dem Slogan »Wissen ist Macht« versprach sie ihren Mitgliedern einen Zugewinn an materieller und sozialer Teilhabe. Wissenschaft und Technik würden, so die Erwartung, den Emanzipationsinteressen der Arbeiter in die Hände spielen, und deshalb sei es wichtig, sie zu verstehen und daran mitzuwirken. An den vielfältigen Initiativen, Wissenschaft zu popularisieren, nahm die Bewegung regen Anteil. 1888 wurde in Berlin die Gesellschaft Urania gegründet, die auch in vielen anderen Städten Vorträge und Veranstaltungen zwecks »Verbreitung der Freude an der Naturerkenntnis« organisierte. Unter den Zuhörern waren Arbeiter und Handwerker stark vertreten.

Auch das Deutsche Museum, das 1903 in München seine Tore öffnete, entwickelte sich rasch zum Publikumsmagneten. In den späten 1920er und 1930er Jahren lockten die dort präsentierten »Meisterwerke der Naturwissenschaft und Technik« jährlich eine halbe Million Besucher an. Das 1912 in Dresden eröffnete Deutsche Hygienemuseum konnte sich gleichfalls nicht über einen Mangel an neu- und wissbegierigen Interessenten beklagen. 1930 erhielt es einen modernen, bis heute eindrucksvollen Bau, dessen Mittelpunkt der Gläserne Mensch/Mann (1935 ergänzt durch die Gläserne Frau) bildete. Damit unterstrich es seine Bedeutung als »Stätte der Belehrung«, in der »jedermann sich durch Anschauung Kenntnisse erwerben kann, die ihn zu einer vernünftigen und gesundheitsfördernden Lebensführung befähigen«.⁹

Belehrung und Neugier zogen allerdings nicht unbedingt an einem Strang; zu viel Belehrung konnte Neugier ersticken. Dass das nicht passierte, war das Anliegen zahlreicher Bildungsvereine und Akademien, die seit der zweiten Hälfte des 19. Jahrhunderts von Parteien, Gewerkschaften, Betrieben oder Kommunen gegründet worden waren. Sie wandten sich besonders an jene sozialen Schichten, deren formale Schulbildung wenig Platz für Neugier und Wissensdurst gelassen hatte. 1918/19 flossen sie in die lokalen Volkshochschulen ein, die Erwachsenen für eine minimale Gebühr ein großes Angebot sachkundiger Kurse und Vorträge aus allen möglichen Wissenssparten unterbreiteten. Hier sollte »Wissenschaft zum ›Erlebnis‹ werden« und »ein neues und inniges Verhältnis zum Leben gewinnen«. Es ging dieser »Volksbewegung«, wie sie der spätere preußische Kultusminister Carl Heinrich Becker nannte, um die »Bildung des Intellekts und des Urteils unabhängig von jeder praktischen Zwecksetzung« und jeder »klassenmäßigen Gliederung«.¹⁰

Neugier für alle

Der Kampf gegen Bildungsprivilegien gehörte seit der Weimarer Republik zu den Kernelementen und Dauerbaustellen staatlicher Bildungspolitik. Jedes Kind sollte die Chance erhalten, seine naturgegebene Neugier zu entwickeln, und die notwendige schulische Anleitung erfahren. Die Verfassung von 1919 gab dem Staat auf, Kindern die für ihre »Anlage und Neigung« beste Bildung zu vermitteln, ohne Rücksicht auf die »wirtschaftliche und gesellschaftliche Stellung oder das Religionsbekenntnis« der Eltern. Reich, Länder und Gemeinden hatten »Erziehungsbeihilfen« für Kinder bereitzustellen, »die zur Ausbildung auf mittleren und höheren Schulen für geeignet erachtet werden«. Manche Pädagogen und Politiker peilten eine »Einheitsschule« an und sprachen von »der Sozialisierung der Bildung«.¹¹

Auch die Universitäten sollten jungen Menschen unabhängig von sozialer Herkunft und Geschlecht offenstehen. Bis ins frühe 20. Jahrhundert waren sie Söhnen aus bürgerlicher Familie vorbehalten gewesen. Seitdem durften die Töchter dieser Familien ebenfalls Vorlesungen und Seminare besuchen sowie Examina ablegen, die ihnen den Weg zu akademischen Berufen ebneten. Vorher hatte man ihnen nahegelegt, »das Warten auf die Ehe einzig mit gesellschaftlichem Betrieb, mit Dilettantismus in den bildenden Künsten und am Klavier, mit Handarbeiten und Staubwischen« auszufüllen, wie die 1885 geborene Ina Seidel abfällig notierte. Vielen genügte das nicht:

> »Wir waren voll innerer Unruhe und von Wissenshunger besessen, wir beneideten diejenigen unserer Bekannten, die sich zu Abitur und Studium entschlossen hatten – es waren in meinem Gesichtskreis nur zwei Mädchen.«[12]

Zu diesen neugierigen jungen Frauen zählten die Berlinerin Irma Klausner, die das Medizinstudium trotz »größtem Mißtrauen« seitens ihrer Professoren und Kommilitonen abschloss, ebenso wie Rahel Goitein aus Karlsruhe. In ihrer Abiturrede 1899 hatte Goitein für sich und ihre Freundinnen ein Bekenntnis abgelegt, »warum wir diesen Weg gehen«: »Vor allem war es die Lust am Lernen, am Wissen, das uns diesen Weg gewiesen.«[13] Doch diese Lust traf auf massive Widerstände. Viele Professoren weigerten sich standhaft, weibliche Hörer zuzulassen, und verurteilten den »jetzt vorhandenen Bildungstrieb« als Verirrung und »Ungehorsam gegen göttliche und menschliche Gesetze«. Andere mochten einzelnen talentierten Frauen die »Pflege eines der edelsten menschlichen Triebe, des Wissensdranges« nicht verbieten, rechneten aber damit, dass nur wenige aus »innerem Drang und Neigung« ein Studium aufnehmen würden. Sie behielten recht: Selbst als das offizielle Verbot des Frauenstudiums fiel, blieb die Zahl der Studentinnen überschaubar. 1914, vor Ausbruch des Ersten Weltkriegs, lag sie bei etwas über 4000, das waren nicht einmal 7 Prozent der Gesamtzahl.[14]

Auch nach dem Krieg erhöhte sich der Frauenanteil nur langsam. In Zeiten knapper finanzieller Mittel verzichteten viele »höhere Töchter«, die gern studiert hätten, zugunsten ihrer Brüder, denen sie mit ihrem Verdienst als Angestellte eine entsprechende Ausbildung ermöglichten. Für junge Männer aus unterbürgerlichen Schichten war es ebenfalls nicht leicht, in den Tempeln der Wissenschaft Fuß zu fassen. Zwar gab es nunmehr den neuen Typus des Werkstudenten, der sich seinen Lebensunterhalt durch Erwerbsarbeit in Fabriken oder Handwerksbetrieben verdienen musste. Doch trotz anderslautender politischer Willensbekundungen blieben Juristen, Mediziner oder Gymnasiallehrer, deren Eltern dem Arbeitermilieu entstammten, eine winzige Minderheit. Lediglich 3 Prozent der Studierenden waren um 1930 Arbeiterkinder. Die große Mehrheit kam weiterhin aus bürgerlichen Kreisen. Selbst wenn sie weder Neugier noch Lust am Lernen mitbrachten, standen ihnen »Schülermütze«, Abitur und Studierfähigkeit bereits in die Geburtsurkunde geschrieben.

Dagegen machte nicht zuletzt der Nationalsozialismus mobil. In dem 1932 veröffentlichten und ein Jahr später verfilmten Jugendbuch *Hitlerjunge Quex* bekennt der Gymnasiast Fritz, er büffele nur deshalb Latein und Griechisch, weil die Mutter wolle, dass er wie sein Vater Jurist werde. Ein derart klassenkonformes Erziehungssystem aber lehne er ab, erklärt er dem fünfzehnjährigen Tischlerlehrling Heini. Ihn möchte Fritz für die Hitlerjugend werben, wo es keine Klassen gebe, sondern eine »natürliche Gemeinschaft« von Kameraden, »die dasselbe Blut haben«. Dass jüdische Kinder nicht dazu zählten, verstand sich von selber. Sie hatten im »Dritten Reich« weder Zugang zur »Staatsjugend« noch zu den öffentlichen Schulen.[15]

Doch obwohl das Regime die Gleichheit der Volksgenossen predigte, sah die schulische Realität anders aus. Allenfalls die neu eingeführte Mittelschule förderte soziale Dynamik und kam den Aufstiegs- und Bildungsinteressen kleinbürgerlicher Schichten entgegen. Allerdings mussten Eltern nach wie vor Schulgeld bezahlen, was nicht alle konnten. Das galt auch für die Oberschulen und das Gymnasium. Sie blieben so exklusiv wie eh und je.

Schule und Neugier – ein schwieriges Verhältnis

Zugleich passte sich das, was sie ihren Schülerinnen und Schülern beibrachten, eng an politische Vorgaben an. Diese ließen selbst den Mathematikunterricht nicht ungeschoren, von Fächern wie Biologie oder Deutsch ganz zu schweigen (▷ Solidarität). Für die Freiheit zur Neugier blieb hier wenig Platz, sie ging im Prasselregen ideologischer Glaubenssätze unter. Kinder und Jugendliche hatten ihm wenig entgegenzusetzen, zumal die HJ – neben Schule und Familie die wichtigste Erziehungsinstanz – ins gleiche dogmatische Horn blies.

Dogmen statt Neugier bestimmten nach dem Zweiten Weltkrieg auch die Bildungslandschaft der DDR. Sie schrieb sich zwar die »demokratische Erneuerung der deutschen Schule« auf die Fahnen, das gleiche Recht auf Bildung inbegriffen. Jedes Kind, jeder Jugendliche sollte »ohne Unterschied des Besitzes, des Glaubens oder seiner Abstammung die seinen Neigungen und Fähigkeiten entsprechende vollwertige Ausbildung« erhalten. Deshalb beseitigte die Regierung das dreigliedrige System aus Volks-, Mittel- und höheren Schulen und ersetzte es durch eine achtklassige allgemeine Grundschule, seit den späten 1950er Jahren durch die zehnklassige polytechnische Oberschule. 1980 schlossen 86,6 Prozent eines Altersjahrgangs die 10. Klasse ab.

Neugierige Fragen oder gar Zweifel aber fanden im Unterricht keinen Raum. An den »Gesetzen« des Marxismus-Leninismus durfte nicht gerüttelt werden, ihr Status war sakrosankt und »wissenschaftlich« fundiert. Sie bestimmten den Lehrplan in den humanistischen und sozialwissenschaftlichen Fächern, Naturwissenschaften und Technik besaßen größere Freiräume. Darauf verlegten sich vorzugsweise jene Schülerinnen und Schüler, die die politische Gängelung leid waren oder die keine Lust hatten, anzuecken und Blessuren davonzutragen.

Auch bei der Zulassung zur zweiklassigen Erweiterten Oberschule, die zu Abitur und Hochschulreife führte, spielte politische Konformität eine Rolle. Lediglich 8,5 Prozent der Schülerinnen und Schüler kamen 1980 in den Genuss dieses Bildungswegs, den sie sich

»durch gute Leistungen im Unterricht, hohe Leistungsfähigkeit und -bereitschaft sowie politisch-moralische und charakterliche Reife« verdient hatten. Darüber hinaus mussten sie »ihre Verbundenheit mit der Deutschen Demokratischen Republik durch ihre Haltung und gesellschaftliche Aktivität bewiesen haben«. Die Auswahlkommissionen sorgten zudem dafür, dass »ein entsprechender Anteil an Kindern von Angehörigen der Arbeiterklasse – vor allem Produktionsarbeitern – und von Genossenschaftsbauern« aufgenommen und »hervorragende Leistungen von Eltern beim Aufbau des Sozialismus« gewürdigt wurden. Damit war das Bildungsprivileg der Akademiker zugunsten des »Klassenstandpunkts« gebrochen. Die Neugier jedoch blieb auf der Strecke.[16]

Sie war aber auch in den höheren Schulen der Bundesrepublik, in denen man bis in die 1960er Jahre vornehmlich die Söhne, seltener die Töchter der mittleren bis gehobenen Beamtenschaft und Freiberufler antraf, nicht gerade häufig zu finden. Vererbte Statusvorrechte unterstützten Neugier ebenso wenig wie Lehrer, die bereits im »Dritten Reich« ihren gehorsamen Dienst verrichtet hatten und Autorität größer schrieben als die Anleitung scheuklappenfreien Denkens. Eine soziale und intellektuelle Öffnung fand nur langsam statt. Mit dem Wegfall des Schulgeldes verlor das Gymnasium allmählich seinen Charakter als »Standesschule für das Bürgertum« und wurde, wie der Deutsche Bildungsrat 1975 befand, »zu einer Aufstiegsschule auch für bisher bildungsferne Schichten«. Der Anteil männlicher Abiturienten, deren Väter lediglich einen Volksschulabschluss hatten, lag damals bereits bei 52 Prozent. Lediglich 14 Prozent kamen aus Akademikerfamilien.[17]

Von der politisch geförderten und wirtschaftlich geforderten Bildungsexpansion profitierten auch Frauen. Hatten 1960 nur 8,7 Prozent aller siebzehnjährigen Mädchen, aber 13,4 Prozent der gleichaltrigen Jungen ein westdeutsches Gymnasium besucht, waren es 1979 bereits 20,8 beziehungsweise 20 Prozent. Damit hatten sich die Anteile angeglichen (und lagen mehr als doppelt so hoch wie in der DDR). 2018 – die Abiturientenquote betrug mittlerweile über 40 Prozent, in Stadtstaaten wie Hamburg und Berlin sogar über

50 Prozent – ließen Mädchen ihre Mitschüler sogar hinter sich, zahlenmäßig ebenso wie im Notendurchschnitt. Das sprichwörtliche katholische Arbeitermädchen vom Lande war eine, wenn auch nicht die einzige Gewinnerin der staatlichen Bildungsoffensive, selbst wenn Arbeitereltern nach wie vor eher Söhnen als Töchtern ein Studium ermöglichten.

Ein ähnliches Muster ist in Migrantenfamilien zu beobachten, deren Töchter im Durchschnitt schulisch erfolgreicher sind als die Söhne. Insgesamt aber bleibt die Bildungspartizipation hier weit hinter der nichtmigrantischen Bevölkerung zurück. Das liegt vor allem an der schlechteren Startposition: 2013 hatten 30 Prozent der 15- bis 20-Jährigen aus der zweiten Migrantengeneration Eltern, die keine oder nur eine minimale Schulbildung besaßen. Bei den gleichaltrigen Schülern und Schülerinnen ohne Migrationsgeschichte waren es 5 Prozent. Umgekehrt hatten dort 40 Prozent der Schüler Eltern mit einem hohen Bildungsabschluss, während das bei Kindern aus Migrantenfamilien bloß auf 23 Prozent zutraf.[18]

Nach wie vor prägt die Familie die Bildungskarrieren der Kinder und Jugendlichen. Ob sie Neugier entwickeln, auf was sie neugierig sind und wie nachhaltig sie ihrer Neugier folgen, hängt zunächst einmal vom familiären Umfeld ab. Kindergarten und Schule sind auf die Unterstützung der Eltern angewiesen, damit ihre Anregungen fruchten können. Ihre Kraft und Wirkung reichen allein nicht hin, Defizite zu kompensieren. Spezielle Förderprogramme, wie sie inzwischen viele Schulen anbieten, fangen einige Nachteile auf, andere nicht.

Kreatives Lernen

Dabei hat sich die Bereitschaft der Schulen, Kinder als vielfältig talentierte und kreative Persönlichkeiten wahrzunehmen, seit dem letzten Drittel des 20. Jahrhunderts deutlich erhöht. Neue Lehrmethoden sollen eigenständiges Denken und Kritikfähigkeit fördern, statt den Schulstoff nur einzupauken und widerzukäuen. So leitet das

Prinzip des forschenden Lernens Schüler und Schülerinnen dazu an, auf eigene Faust Unbekanntes aufzuspüren. Der seit 1973 durchgeführte Schülerwettbewerb des Bundespräsidenten, in dem sich bislang über 130 000 Kinder und Jugendliche mit Themen der deutschen Geschichte vor Ort beschäftigten, ist dafür ein gutes Beispiel. Noch sehr viel mehr haben, seit 1965, an *Jugend forscht* teilgenommen. Hier geht es darum, selbständig Fragen aus dem Bereich der MINT-Fächer zu stellen und experimentelle Antworten zu finden.

Vom Nürnberger Trichter ist heute keine Rede mehr, die meisten Kinder kennen nicht einmal den Ausdruck. Selbsttätigkeit und Interaktivität werden groß geschrieben, in der Schul- ebenso wie in der Museumspädagogik. Dafür steht auch das im September 2019 eröffnete Futurium in Berlin, ein vom Forschungsministerium, den großen Forschungsgemeinschaften, Industrieunternehmen und

32 Jugend forscht: Wettbewerbsplakat von 2016

Stiftungen finanziertes »Haus der Zukunft«, das zum »Entdecken, Ausprobieren, Diskutieren« einlädt. Der Einladung folgten im ersten Monat bereits 100 000 Menschen aus allen Altersgruppen und sozialen Schichten. Schulklassen sind gut vertreten und beteiligen sich an Workshops und Laborexperimenten rund um die Themen Natur, Mensch und Technik. Statt Ängste vor der Zukunft zu schüren, will das Futurium zu Neugierde ermuntern und Hoffnung auf kreative Problemlösungen wecken.

Neugier auf die Welt

Auch viele internationale Besucher und Besucherinnen, verrät die Website, nehmen das kostenfreie Angebot wahr und fügen es der Liste der Sehenswürdigkeiten hinzu, die sie in der deutschen Hauptstadt anschauen. 2018 kamen 13,5 Millionen Touristen nach Berlin, fast die Hälfte aus dem Ausland. Nicht wenige bringen Interesse für Kunst, Kultur, Architektur und jetzt auch Wissenschaft mit. Stark gesunkene Flugpreise haben die Beliebtheit kurzer Städtereisen vor allem unter Singles und kinderlosen Paaren gesteigert; zumindest war dies bis zur Corona-Krise 2020 der Fall. Berlin steht dabei in Konkurrenz mit London, Paris und Rom.

Diese Städte waren auch früher schon begehrte Reiseziele. In Paris trafen sich seit dem 17. Jahrhundert adlige Kavaliere aus ganz Europa, um im Umkreis des Königshofes galantes Benehmen und modische Eleganz zu erwerben. Italien winkte mit Baudenkmälern aus Antike und Renaissance. Großbritannien und die Niederlande galten als Länder mit hohem wirtschaftlich-technischen Entwicklungsstand, der bürgerliche Besucher faszinierte und im 19. Jahrhundert den neuen Typ der Industriespionage inspirierte.

Neugier auf die Welt und deren Schätze reichte allein aber nicht aus, Menschen in Bewegung zu setzen. Reisende brauchten auch eine gehörige Portion Abenteuerlust und Risikofreude. Fahrten nach Sizilien, Griechenland oder Kleinasien waren beschwerlich und riskant, man konnte unter die Räuber fallen oder an Malaria sterben. Der Revolutionstourismus, der 1789/90 Paris heimsuchte, war ebenfalls nicht ungefährlich. Sicherer und bequemer reiste man hundert Jahre später zur Weltausstellung in die französische Hauptstadt; sie empfing damals 32 Millionen Besucher, 1900 kamen sogar 48 Millionen. Der österreichische Schriftsteller Stefan Zweig berichtete 1910 von der Brüsseler Weltausstellung, dieser »ungeheuren Schaubude« mit den »Wundern unserer Zeit«, er erkenne in den Menschen dort eine »schöne Erregung« und einen »dunklen rauschenden Strom der Neugier«: »Rastlos wird geschaut, bewundert, gestaunt.«[19]

Wer nicht in ferne Länder und Städte reisen konnte – und das war die große Mehrheit –, fand Wege, seine Neugier auf andere Weise zu stillen. Reiseerzählungen gehörten in den 1920er Jahren zu den am häufigsten ausgeliehenen Büchern. Lesend ließen sich fremde Orte und Lebensweisen entdecken und die Abenteuer tatsächlich Reisender nachvollziehen. Man erfuhr, welche Gefahren und Entbehrungen der Berliner Forscher Alexander von Humboldt im frühen 19. Jahrhundert in Südamerika oder Zentralasien überstand, was der schottische Missionar David Livingstone um die Mitte des 19. Jahrhunderts in Afrika trieb oder wie Robert Scott und Roald Amundsen 1911 den Wettlauf zum Südpol antraten. Spannend erzählt und reich bebildert, stachelten solche Geschichten die Neugier und den Erlebnisdrang vieler Generationen an, unabhängig von Alter, Nationalität und sozialer Herkunft.

Im realen Leben waren diesem Drang meist enge Grenzen gesetzt. Zwar sprach man schon um 1900 von der »allgemein wachsenden Reiselust«, und die *Frankfurter Zeitung* schrieb 1921 leicht pikiert über die »in Bewegung geratene Masse«: »Ganz Deutschland ist unterwegs.« Doch die Wirklichkeit sah anders aus. Keine Arbeiterfamilie, so »wißbegierig und schaulustig« sie auch sein mochte, konnte es sich damals leisten zu verreisen. Einen kleinen Ersatz boten die sozialistisch-proletarischen Naturfreunde. Um die Jahrhundertwende als »Touristen-Verein« in Österreich, der Schweiz und Deutschland gegründet, vertauschten ihre Mitglieder die »graue Stadt« wenigstens ab und an mit der »grünen Natur«. Als 1933 die Nazis an die Macht

33 Neugierige Naturfreunde, Bielefeld, Mitte der 1920er Jahre

kamen, war es damit vorbei; die Vereine wurden verboten, ihre Hütten und Häuser beschlagnahmt.[20]

Stattdessen baute der Nationalsozialismus sein eigenes Reiseprogramm auf. Getreu der Maxime, den Bürgern nicht bloß Arbeit, sondern auch Vergnügen zu schenken, legte sich die Deutsche Arbeitsfront sogleich die Unterorganisation Kraft durch Freude zu. Abgesehen davon, dass sie kulturelle Veranstaltungen wie Theateraufführungen, Konzerte und Kunstausstellungen ausrichtete, nahm sie sich des Fernwehs der Deutschen an. Bis 1939 organisierte und verkaufte sie 43 Millionen Reisen, die meisten davon erschwingliche Kurzreisen und Tagesausflüge. Wer hingegen mit dem Schiff nach Italien, Madeira oder Norwegen fahren wollte, musste dafür 150 Mark berappen, den Monatslohn eines Arbeiters. Dennoch brachten die bunten Werbeplakate und Postkarten so manchen Volksgenossen zum Träumen und Sparen.

Auch für das KdF-Auto des neuen Volkswagen-Werks wurden seit 1938 Sparmarken ausgegeben, und auch damit bediente das Regime die Sehnsucht nach Mobilität und freier Fahrt im »freien Raum«. »Im Kraftwagen«, schwärmte 1937 Fritz Todt, Generalinspektor für das

Straßenwesen, »ist auch der kleine Mensch, dessen Veranlagung und Schicksal nicht zum kühnen Eroberer gereicht hat, in der Lage, selbst seine kleinen Entdeckungsfahrten zu machen.« Der forcierte Bau von Reichsautobahnen als »Straßen des Führers« sollte diese Fahrten zu einem besonderen Erlebnis machen. Tatsächlich aber rollten darüber seit 1939 vor allem militärische VW-Kübelwagen, und Millionen deutscher Männer überschritten die Landesgrenzen nicht als reiselustige Touristen, sondern als Soldaten in einem verbrecherischen Angriffskrieg.[21]

34 KdF-Werbeplakat um 1938

270 Mächtige Gefühle

Reiselust

Es dauerte bis in die 1960er Jahre, dass sich Deutsche erneut massenhaft in Bewegung setzten, diesmal in ziviler Mission. Der wachsende Wohlstand und die rasche Motorisierung ermöglichen es Millionen Bundesbürgern, im eigenen Auto gen Süden zu rollen. Italien war das erste und beliebteste Ziel. Die DDR zog nach, mit kontingentierten Urlaubsfahrten ans Schwarze Meer oder an den ungarischen Plattensee. Ein staatliches Prestigeobjekt waren die beiden Kreuzfahrtschiffe *Völkerfreundschaft* und *Fritz Heckert*, die Urlauber seit 1960/61 bis nach Varna, Sotschi oder Kuba und zurück schipperten. Landgang war nur in sozialistischen Bruderstaaten erlaubt. Ohnehin kamen ausschließlich Personen mit einer makellosen sozialistischen Biographie in den Genuss dieser subventionierten Reisen. Für den

35 Auf Reisen mit der »Völkerfreundschaft« 1975

Staat waren sie ein Mittel, »verdienten Aktivisten« und »Bestarbeitern« Wertschätzung auszudrücken. Indem er die Ausgezeichneten samt ihren Reiseerlebnissen medial und propagandistisch in Szene setzte, spornte er zugleich zu weiteren Höchstleistungen an (▷ Neid).[22]

Ob Reisen tatsächlich »bildete« und Neugier sowohl befriedigte als auch anstachelte, darüber gingen die Meinungen auseinander. An bissigen Karikaturen und verächtlicher Kritik herrschte kein Mangel. Die meisten, so der Einwand, ziehe es nur wegen der sonnigen Strände in die Ferne, Land und Leute interessierten niemanden. In den Feuilletons schaute man auf die »dumpfen« Pauschaltouristen herab und sang das Loblied der »weltoffenen«, gebildeten Individualreisenden. Dass Liebhaber der Adria neben gebräunter Haut auch Erfahrungen des Fremden, Ungewohnten mitbrachten – angefangen von Pastagerichten bis hin zu einer Ahnung dessen, was *dolce vita* heißen könnte –, entging dem konventionell-bildungsbeflissenen Blick. Auch die jungen Leute, die per Interrail im Sommer kreuz und quer durch Europa reisten, nahmen, selbst wenn sie nur oberflächlich mit der einheimischen Bevölkerung in Kontakt kamen, tiefere Eindrücke fremder Kulturen und Lebensweisen mit nach Hause.[23]

Neugier schreibt Geschichte

Neugier, die Freude am und auf das Neue, der Drang, es zu entdecken und zu erleben, kannte und kennt demnach verschiedene Formen und Praktiken. In der modernen Gesellschaft ist sie eine wichtige Ressource und ein unentbehrliches emotionales Reservoir für Aktivität und Innovation. Dass es immer einzelne Menschen gab und geben würde, die ihrer Neugier als geniale Wissenschaftler oder Forschungsreisende freien Lauf ließen, setzte man im 19. Jahrhundert als selbstverständlich voraus. Aber schon bald wurde deutlich, dass sich eine aufstrebende Wissenschafts- und Industrienation wie Deutschland nicht mit herausragenden Einzelleistungen zufriedengeben konnte. Vereine, Akademien, Volkshochschulen und Museen suchten Neugier sozial zu verbreitern und anzuregen. Mit der Bildungsoffensive der späten 1960er Jahre erreichte diese Bewegung schließlich weite Teile der Bevölkerung. Neugier, tönt es mittlerweile aus allen Kanälen, sei eine der stärksten menschlichen Antriebskräfte und Motor des Fortschritts. Kindergärten, Schulen und Universitäten bekennen sich dazu, Kinder und Jugendliche zu Neugier zu ermuntern und sie dabei anzuleiten. Nicht jeder und jede nimmt dieses Angebot an, und nicht alle folgen ihm auf die gleiche Weise und im gleichen Tempo. Manche finden andere, nicht institutionell vorgebahnte Wege, neugierig auf die Welt zu sein und sich davon treiben zu lassen.

Die Freiheit dazu macht ihnen niemand streitig. Ohne Freiheit, schrieb Albert Einstein 1946, könne Neugier nicht gedeihen und Früchte tragen. Liberale Demokratien haben das begriffen und gestatten ihren kleinen und großen Bürgerinnen und Bürgern, alle Fragen und alles in Frage zu stellen. »Kunst und Wissenschaft, Forschung und Lehre sind frei«, heißt es im Grundgesetz. Das war nicht immer so, manche Regime legten dieser Freiheit enge ideologische Fesseln an. Heute wird sie nicht mehr von außen, sondern von innen bedroht. Wissenschaftsorganisationen und ihre Belohnungsstrukturen lenken die Neugier der Forschenden oft zu stark auf Gebiete, in die viel Geld fließt und in denen schneller Ruhm winkt. Das aber widerspricht dem Prinzip frei flottierender Neugier, auf das nicht allein Albert Einstein schwor.

Neugier, das betonte schon die Aufklärung, sei von Machtgier oder Habgier wesensmäßig verschieden. Ähnlich formulierte es die israelische Chemikerin und Nobelpreisträgerin Ada Yonath 2010 in ihrer Botschaft an junge Wissenschaftlerinnen und Wissenschaftler: »Es geht nicht darum, reich oder respektiert zu werden, sondern darum, das innere Bedürfnis zu stillen, zu verstehen und zu genießen.«[24] Yonath, 1939 in Jerusalem geboren, verspürte dieses Bedürfnis und ging ihm nach. Dass sie dabei von Eltern, Lehrern und Professoren gefördert wurde, dass ihre Forschung finanziell und organisatorisch unterstützt wurde, war für eine Frau ihrer Generation ungewöhnlich.

Noch ungewöhnlicher war ihre Auszeichnung mit dem höchsten Wissenschaftspreis. Er wurde in den naturwissenschaftlichen Fächern bis 2019 lediglich an 21 Frauen – gegenüber 594 Männern – verliehen, das sind 3 Prozent.

Ob sich das in Zukunft ändert, steht in den Sternen. Zwar dürfen inzwischen auch Mädchen neugierig sein: Landesregierungen und Unternehmen veranstalten regelmäßig »Zukunftstage für neugierige Mädchen«, und ein »außergewöhnliches Handbuch für neugierige Mädchen« verkauft sich blendend. Doch Mädchen richten ihre Neugier bis heute sehr viel weniger auf naturwissenschaftliche Phänomene und Fächer, als Jungen dies tun. Dafür interessieren sie sich mehr für ästhetische oder soziale Formen der Welterkenntnis. Unter den Nobelpreisträgern für Literatur sind Frauen immerhin mit 13 Prozent vertreten.

NOSTALGIE

Nostalgie, heißt es oft, sei ein Gefühl für alte Menschen. Je stärker die persönliche Zukunft schrumpfe, desto mehr sehne man sich nach der »guten alten Zeit«. Das gehe in der Regel mit einer Schelte des Hier und Jetzt einher: Früher, so der Refrain, sei alles besser gewesen. Die Jungen hätten mehr gelernt und gewusst, die Mitmenschen seien freundlicher und höflicher gewesen, das Essen gesünder und der Alltag weniger hektisch. Selbst die Zukunft, soll der 1948 gestorbene Kabarettist Karl Valentin gesagt haben, sei früher besser gewesen.

Doch Nostalgie, die Sehnsucht nach dem Vergangenen, ist mehr als ein individuelles, altersbedingtes Gefühl. Es gibt Zeiten, in denen sie als kollektive Empfindung auftritt, soziale Gruppen und politische Milieus prägt und deren Verhalten bestimmt. Auf der britischen Insel hat die Brexit-Bewegung 2016 über die Hälfte der Wählerinnen und Wähler damit geködert, dass sie deren Träume von einer besseren Vergangenheit ohne Europäische Union angezapft und gefüttert hat. In Deutschland und Frankreich wünschen sich rechtsnationalistische Kreise eine Zeit zurück, in der es weder »Ausländer« noch die EU oder die Ehe für alle gab. Das Zukunftsversprechen, mit dem sie ihre Anhänger mobilisieren, ist entschieden rückwärtsgewandt.

Die gute alte Zeit: Wo liegt sie?

Wie weit man in der Zeit zurückgehen müsste, um diese golden ausgemalte Vergangenheit wiederzufinden, bleibt stets im Unklaren. Wer um 1900 das Licht der Welt erblickte, verbrachte seine Jugend in einem von Lebensmittelknappheit und Millionen Kriegstoten gezeichneten Land mit ungewissen Zukunftschancen. 1939 begann ein neuer Krieg, in dem noch mehr Menschen starben: an der Front und in den zerbombten Städten, in Konzentrations- und Vernichtungslagern, auf Todesmärschen und auf der Flucht. Erst nach 1945 ging es für die, die die Gewaltexzesse überlebt hatten, aufwärts. Die zweite Hälfte des 20. Jahrhunderts war für die meisten, vor allem im Westen, wirtschaftlich, politisch und sozial eine gute Zeit.

Gleichwohl fehlte es nie an nostalgischen Stimmen. 1959 blickte Konrad Adenauer zurück auf die Nachkriegsjahre, als Deutsche noch »heroisch und tapfer, hilfsbereit und mildtätig« gewesen seien, »voll Freude und Zufriedenheit auch über den kleinsten Fortschritt«. Diese »seelischen Kräfte« seien inzwischen »fast überdeckt und überwuchert« von dem, was der Bundeskanzler als »zu starkes materielles Denken« tadelte. Gerade die Vorweihnachtszeit mit ihrer »übertriebenen Ausschmückung und Pracht der Straßen und der Schaufenster« flöße ihm »manchmal Angst und Sorge um das deutsche Volk« und dessen Fähigkeit zum Maßhalten ein. Bundespräsident Heinrich Lübke stieß ins gleiche Horn.

In den 1970er Jahren erinnerte man sich, wiederum mit leichtem Bedauern, an die Adenauer-Ära, als alle Kräfte, wie Lübkes Nachfolger Gustav Heinemann 1973 resümierte, »auf Vermehrung, auf Vergrößerung, auf Beschleunigung gerichtet« gewesen seien und »unsere verführerische Wohlstandsgesellschaft geschaffen« hätten. Nun aber gelte es, die *Grenzen des Wachstums* – so der Titel einer vielbeachteten Studie von 1972 – anzuerkennen und den Gürtel, Stichwort Ölkrise und Stagflation, enger zu schnallen.[1] In den Landkommunen der linksökologischen Bewegung sehnte man sich derweil noch weiter zurück, in eine Zeit, als der Mensch die Natur nicht auf Kosten und zum Schaden künftiger Generationen ausgebeutet habe.[2]

So baut sich jede Epoche, jede soziale Gruppe, jeder Mensch die eigene »besonnte Vergangenheit«. Unter diesem Titel veröffentlichte der 1859 geborene Chirurg und Schriftsteller Carl Ludwig Schleich 1920 seine Lebenserinnerungen. Der Berliner Rowohlt Verlag landete damit seinen ersten Best- und Longseller, die letzte Auflage erschien 1985. 1931 waren bereits 355 000 Exemplare verkauft, insgesamt zählte die Leserschaft mehrere Millionen. Das Buch prägte ihr Bild des Kaiserreichs als einer heiter-stabilen Lebenswelt, die von Krieg und Revolution hinweggefegt worden war. Und es weckte Nostalgie für diese im ewigen Sonnenlicht glänzende Epoche der deutschen Geschichte.

Den Ersten Weltkrieg 1914/18 empfanden die meisten Zeitgenossen als scharfen Bruch. 1920 trauerte der jüdische Rechtsanwalt und königlich-bayrische Hofrat Luitpold Schülein aus München »der guten alten Zeit« hinterher, als antisemitische Hetze noch nicht zum Alltag gehört habe. »Das bürgerliche Zeitalter ist dahin«, sinnierte Kurt Tucholsky im gleichen Jahr, »was jetzt kommt, weiß niemand.« Kanzler Adenauer, 1876 geboren, dachte Weihnachten 1958 mit einem Anflug von Melancholie »an jene Zeiten vor 1914, in denen noch in Wirklichkeit Friede, Ruhe und Sicherheit auf Erden weilten; an jene Zeiten, in denen man die ▷ Angst nicht kannte«.[3]

Sehnsucht nach dem Kaiser

Das mag damals, vor dem Ersten Weltkrieg, für viele Deutsche gegolten haben, kaum aber für Chinesen, in deren Land sich die Deutschen seit 1897 militärisch festsetzten, oder für Afrikaner unter deutscher Kolonialherrschaft, die mit Gewalt etabliert und aufrechterhalten wurde. Die Kehrseiten von »Ruhe und Sicherheit« spielten in der zeitgenössischen Wahrnehmung und erst recht in der nostalgischen Erinnerung keine Rolle. In Zeiten revolutionärer Umwälzungen und Unruhen nach 1918 wünschte man sich die Jahre zurück, als der Kaiser noch Kaiser war und nicht zugunsten der Republik abgedankt hatte.

Gerade in konservativen Bevölkerungskreisen lebte ein strammer

Monarchismus fort. »Dass wir wieder einen Kaiser kriegen, dazu will ich und meine Kameraden ehrlich helfen«, teilte im September 1921 ein von »Hochverrat und Meuterei« enttäuschter Veteran dem sozialdemokratischen Reichspräsidenten Friedrich Ebert mit. Auch die einundvierzigjährige Minna Raschke, Mitglied der Deutschnationalen Volkspartei, war »eine fanatische Anhängerin des alten Regimes«. Als Kaiserin Auguste Viktoria 1921 starb, legte Raschke, die ein kleines Zigarrengeschäft in Berlin-Reinickendorf führte, demonstrativ Trauerkleidung an. Laut Polizeibericht von 1922 nutzte sie jedes Kundengespräch zu »heftigen Schmähreden gegen den Reichspräsidenten und andere diesem nahe stehende Politiker« (▷ Hass).[4]

Die »Mehrzahl des bairischen Volkes«, hieß es im gleichen Jahr in einem anonymen Brief an den Münchner Ministerpräsidenten, sei »monarchistisch gesinnt« und lehne die Republik der »roten Banditen« entschieden ab. Nur wenige waren so großherzig wie der Berliner Privatgelehrte Fritz Castner, der 1925 an den schwer erkrankten Ebert schrieb:

»Ich bin monarchistisch bis ins Mark, aber trotz alledem muss und wird Sie auch, hochgeehrter Herr Präsident der Republik, jeder unbefangene Mensch als Mensch sehr hoch schätzen, ja geradezu als Vorbild. Ein Fluch den Idioten, die aus politischen Gründen Ihnen den Tod wünschen. Ich kann und will nicht daran glauben.«

Als sich nach Eberts Ableben der Weltkriegsgeneral Paul von Hindenburg zur Reichspräsidentenwahl stellte, sah Luise Sauerteig aus Nürnberg in ihm denjenigen, der »dem deutschen Volk seinen Kaiser nach Kräften zu ersetzen« vermochte. Für Margot Oppenheim war Hindenburg dagegen lediglich Platzhalter für »unseren verehrtesten Kaiser«, der, wie sie 1932 hoffte, »endlich in die Heimat zurückkehren« und »Deutschland im Glanze des Kaisertums wieder erstrahlen« lassen würde.[5]

278 Mächtige Gefühle

1933/1945: Alte oder neue Zeit

Doch der Kaiser kehrte nicht zurück. Die Nationalsozialisten hatten nie versprochen, ihn heim ins Reich zu holen und die Monarchie wiederzubeleben, im Gegenteil. Sie wollten ein neues und größeres Deutschland bauen, das weder mit dem Kaiserreich noch mit der verhöhnten Republik irgendetwas gemein hatte. Zwar bedienten sie sich mit Vorliebe der preußisch-deutschen Geschichte und stellten Hitler in eine Reihe mit Friedrich II., Bismarck und Hindenburg. Zu Wilhelm II. und seinen Söhnen aber hielt das Regime Abstand, was nicht ausschloss, sich ab und an ihrer gefälligen Dienste zu versichern. Auch das germanische »Ahnenerbe«, das Nazi-Größen wie Heinrich Himmler pflegten, fristete eher ein Schattendasein; der Versuch, Thingspiele im deutschen Festkalender zu verankern, verlief im Sande. Dagegen stand der mittelalterliche König Heinrich I. hoch im Kurs, was er seinen Aktivitäten im Zuge der Ostkolonisation verdankte; an sie knüpfte das »Dritte Reich« gern an.

Die Geschichte galt Nationalsozialisten als Reservoir vieler Möglichkeiten, und sie griffen sich heraus, was immer ihnen passte und

36 Der Blick zurück nach vorn: Politische Ahnengalerie 1933

Legitimation verlieh. Nie jedoch ging es darum, eine »gute alte Zeit« zurückzuholen. Vielmehr startete man in den »Stunden großer Neuwerdung« selbstbewusst und siegesgewiss in eine »neue Zeit«, die die kühnsten Träume deutscher Größe und Macht erfüllen würde.[6] Vor allem die Jugend sah sich diesen Zukunftsträumen verpflichtet und sang begeistert mit, wenn das alte Arbeiterlied *Wann wir schreiten Seit an Seit* mit seinem Refrain »Mit uns zieht die neue Zeit« angestimmt wurde. Es fand sich in den Liederbüchern der SA ebenso wie in denen von HJ und BDM.

Als deren neue Zeit 1945 im totalen Bankrott endete, wollte ihr offiziell niemand hinterhertrauern – auch wenn der Spruch »Unter Hitler hätte es das nicht gegeben« noch lange an Stamm- und Familientischen zu hören war. Von Kaiser und Königen war ebenfalls nicht mehr die Rede, und die kurze Weimarer Republik erinnerten die meisten als Jahre politischer Unruhe und wirtschaftlicher Kümmernis. In der DDR setzte die Regierung alles daran, eine goldene sozialistische Zukunft zu entwerfen und ihre Bürger dafür zu begeistern (▷ Freude). Aus der »verpfuschten« deutschen Geschichte borgte sie sich lediglich die kargen revolutionären Spuren. Das vorgeblich Reaktionäre tilgte sie sogar aus dem Stadtbild. 1950 ließ sie das Berliner Stadtschloss sprengen, einen um 1700 begonnenen Bau. Nur das Portal mit dem Balkon, auf dem KPD-Gründer Karl Liebknecht 1918 die sozialistische Republik ausgerufen hatte, blieb stehen und wurde in die Fassade des neuen Staatsratsgebäudes eingefügt. Auch Christian Daniel Rauchs Reiterstandbild Friedrichs II. verschwand 1950. Dass man es dreißig Jahre später wieder an seinem angestammten Platz Unter den Linden aufstellte, spiegelte den Wandel des parteioffiziellen Verhältnisses zur preußischen Geschichte. Preußen war nun nicht mehr nur der Hort des reaktionären Militarismus, sondern auch ein Ort der Aufklärung, der großen Baumeister und der Wissenschaft. Deren Erbe mochte man der Bundesrepublik nicht allein überlassen.

Sich der eigenen Geschichte zu vergewissern und bestimmte Traditionen zu schätzen, muss nicht unbedingt nostalgisch sein. Wer einem historischen Verein beitritt oder sich im Heimatverein des Wohnorts betätigt, tut das meist nicht aus sentimentaler Sehnsucht.

Kaum jemand, der Wissen und Gegenstände aus der Vergangenheit zusammenträgt, wünscht sich, in jener Zeit gelebt zu haben. Alte Volkslieder zu singen, heißt nicht zwangsläufig, dass man die Zeit zurückdrehen möchte oder ein Unbehagen an der Gegenwart empfindet. Auch Museen oder Denkmäler wollen in der Regel keine nostalgischen Gefühle pflegen, sondern nehmen ihre Besucher mit auf eine Zeitreise, die sie belehrt, erfreut, ermahnt, vielleicht auch nachdenklich ins Hier und Jetzt zurückkehren lässt.

Gegenwartskritik

Die Aneignung des Vergangenen kann aber durchaus mit Kritik am Gegenwärtigen einhergehen. Als linke Studenten und Aktivisten ab 1970 im Frankfurter Westend leerstehende, zum Abriss bestimmte Gebäude aus dem späten 19. Jahrhundert besetzten, wollten sie damit nicht nur die grassierende Immobilienspekulation stoppen und den Bau weiterer Bürohochhäuser verhindern. Sie verteidigten zugleich ein Konzept urbanen Wohnens und Lebens, das mit den damals modernen Ideen einer autogerechten Stadt auf Kriegsfuß stand. Sie handelten auch nicht isoliert und auf eigene Faust. 1964 hatten Wolf Jobst Siedler und Elisabeth Niggemeyer in ihrem Manifest *Die gemordete Stadt* gegen den Abriss von Gründerzeitbauten, die Planierung öffentlicher Plätze und die Abholzung alter Bäume protestiert. Alexander Mitscherlich wetterte ein Jahr später in seinem Bestseller *Die Unwirtlichkeit unserer Städte* gegen »Stadtverwüstung und Landzerstörung« und sang der »bürgerlichen Stadt« ein sehnsüchtig-trauriges Abschiedslied. 1969 schließlich formierte sich eine Frankfurter Bürgerinitiative, um »nicht noch mehr alte Bausubstanz ohne Rücksicht auf soziale Gesichtspunkte und Stadtbildpflege zu zerstören«. Kirchenleute und Gewerkschafter gehörten zu den Unterstützern. Nach turbulenten Jahren des »Häuserkampfs« ermöglichte es 1974 ein neues Gesetz, die gefährdeten Gründerzeitvillen unter Denkmalschutz zu stellen.[7] Heute erzielen sie Höchstpreise auf dem Immobilienmarkt; wer es sich leisten kann, wohnt gern und großzügig in renovierten Altbauten, nicht nur in Frankfurt.

Die linken »Chaoten«, wie bürgerliche Parteien und Zeitungen sie nannten, passten trotz ihres antikapitalistischen Furors hervorragend in die Zeit. Nicht zufällig hatte der Europarat 1975 zum europäischen Denkmalschutzjahr bestimmt unter dem Motto »Eine Zukunft für unsere Vergangenheit«. Diese Vergangenheit beziehungsweise das, was nach dem Krieg noch davon übrig geblieben war, drohte in den 1950er und 1960er Jahren unter die Räder einer rabiaten Modernisierung zu geraten, gegen die nicht nur aufmüpfige Studenten, sondern auch wertkonservative Zeitgenossen mobil machten. Der 1908 geborene Karl Korn, Mitbegründer, Herausgeber und langjähriger Feuilletonchef der *FAZ*, fand es 1975 tröstlich, »wie weit gerade unter jungen Leuten die wenn auch nur stimmungshafte Neigung für alte oder gewachsene Ensembles verbreitet ist«. Das sei mehr als »modische Nostalgie«: »Da will Leben und Wohnen als Heimischsein verstanden werden.«[8]

Ob die damals »modische Nostalgie« tatsächlich so weit weg war von der Sehnsucht nach »Heimischsein« (▷ Geborgenheit), darf man bezweifeln. Denn seit der Begriff in der Welt ist, schwingt diese Sehnsucht als Kehrseite einer wehmütigen Verlusterfahrung immer mit. So sah es bereits die erste Publikation zum Thema, eine medizinische Doktorarbeit aus dem Jahr 1688. Darin nahm ein junger Schweizer Arzt das eigentümliche Krankheitsbild einheimischer Soldaten, die in fremden Diensten standen, unter die Lupe. Seine Diagnose lautete Nostalgie (von griechisch *nóstos*, Rückkehr, und *álgos*, Schmerz) und hieß auf Deutsch »Heimwehe«.[9]

Heimweh / Zeitweh

Heimweh plagte nicht allein schweizerische Söldner, sondern auch Handwerksgesellen, die sich während ihrer Ausbildung auf eine mehrjährige Wanderschaft begaben. Sie ließen Mütter und Geliebte zurück, nach denen sie sich ebenso sehnten wie nach der vertrauten Kultur und Landschaft. Und sie gingen, wie in Volksliedern bis ins 19. Jahrhundert besungen *(Muss I denn, muss I denn zum Städele hinaus)*, selbstverständlich davon aus, sie würden das, was sie verlassen hatten, nach Jahren der Abwesenheit unverändert vorfinden. Die Heimat, in die sie sich in der Fremde zurückwünschten, war immer etwas in der Erinnerung Festgefrorenes und Unveränderliches.

Das mochte in einer beschleunigungsarmen Zeit noch annähernd funktionieren. Die Geschwindigkeitsexplosion der Moderne aber und die schnellen Umbrüche industrialisierter Gesellschaften ließen Raum und Landschaft nicht ungeschoren. Wer einem Ort den Rücken kehrte, erkannte ihn schon bald nicht mehr wieder. Städte wuchsen in atemberaubendem Tempo, technische Innovationen stülpten den Alltag um. Menschen reagierten darauf unterschiedlich; was die einen faszinierte und begeisterte, machte anderen ▷ Angst. Oder sie verhielten sich ambivalent und fühlten sich sowohl angezogen als auch bedroht.

So dachte Stefan Zweig, gewiss kein radikaler Modernitätsverächter, 1910 wie viele seiner Zeitgenossen mit einem Gefühl wehmütiger Liebe an die Biedermeierzeit und das alte Wien zurück, als das Leben noch ruhig und gemächlich dahingeflossen sei. Dreißig Jahre später dann erschien ihm die Zeit um 1900 als Hort von Vertrautheit und ▷ Geborgenheit. Obwohl er auch an der »Welt von gestern« manches auszusetzen hatte, zog er sie den Verhältnissen um 1940 verständlicherweise vor. Erschöpft »durch die langen Jahre heimatlosen Wanderns« und tief deprimiert angesichts der Zerstörung seiner »geistigen Heimat Europa«, schied er 1942 im brasilianischen Exil aus dem Leben.[10]

Heimweh verschmolz für den österreichischen Schriftsteller mit Zeitweh. Denn die Heimat, die er 1934 verlassen hatte, weil er als Jude und Pazifist dort nicht mehr sicher war, existierte nur noch in der vergangenen Zeit. Für Emigranten war dies eine besonders dramatische und schmerzliche Erfahrung. Aber prinzipiell traf es auf alle Formen von Heimweh zu.

Dass das 20. Jahrhundert mit seiner unentwegten Veränderungsdynamik auch eine Hochzeit des Heim- und Zeitwehs war, muss nicht verwundern. Literatur und Film haben es vielfach beschrieben und in Szene gesetzt. Zwar waren (und sind) die Deutschen kein Volk der Technik- und Fortschrittsfeinde. Sie gingen durchaus gern »mit der Zeit«, auch wenn diese raste und nichts vor ihr sicher war. Das betraf die Mode wie die Wohnungseinrichtung, die Anschaffung technischer Geräte wie die Wahl des Urlaubsortes oder den Wechsel des Automodells. Ehepaare, die um 1910 heirateten, hatten Mobiliar und Weißwäsche so ausgesucht, dass sie das ganze gemeinsame Leben lang halten würden. Heute planen Paare für die Gegenstände, mit denen sie sich umgeben, eine sehr viel kürzere Halbwertzeit ein. Das Wort »Aussteuer« ist ebenso verschwunden wie die Aussteuerversicherung, die Eltern noch in den 1950er Jahren für ihre Töchter abschlossen. Was nicht mehr gefällt oder »aus der Mode« ist, wird entsorgt, Neues, auf Kurzlebigkeit getrimmt, für relativ wenig Geld nachgekauft. Jedes neue Smartphone-Modell, im Jahrestakt auf den Markt geworfen, findet ungeachtet des Preises begeisterte Abnehmer.

Zugleich aber zogen und ziehen die Wegwerfhaltung und Schnelllebigkeit der modernen Konsumgesellschaft Kritik auf sich. Seit den 1970er Jahren verband sie sich mit dem, was Karl Korn »modische Nostalgie« nannte und was auf den immer beliebteren Trödelmärkten zu besichtigen war. Aus Kapitalismus- und Konsumschelte, in der Generation der 68er weit verbreitet, entstand Nostalgie als »Kulturstimmung«.[11] Damit war die Sehnsucht nach etwas Wertbeständigem, den Zeitläuften Trotzendem gemeint, wie sie in diversen Retrowellen ihren Ausdruck fand. Wer aus der Trödelphase herausgewachsen war und es sich leisten konnte, suchte nach Möbeln und Silber aus der schon von Zweig wehmütig geliebten Biedermeierzeit. Als dieser Markt leergefegt war, wandte sich das nostalgische Kaufinteresse dem Jugendstil zu, anschließend den Bauhaus-Produkten der 1920er Jahre. Später kamen die 1950er zu neuen Ehren, mittlerweile sind bereits die 1970er *à la mode*. Auch die Art, sich zu kleiden, bedient sich bei älteren Schnittmustern, und Vintage-Läden schießen wie Pilze aus dem Boden. Wer mit dem blumenbestickten Trachtenjanker der Großmutter über den Berliner Kudamm flaniert, erntet bewundernde Blicke. Das auffällige Outfit weist die Trägerin als mutige Individua-

37 »Die Kulturstimmung von heute heißt Nostalgie«: Titelcover 1973

listin aus – die daraus, wäre sie geschäftstüchtig, einen neuen Trend kreieren und erfolgreich vermarkten könnte.

Denn auch das gehört zur modisch-nostalgischen Kulturstimmung: ihre rasche und flächendeckende Kommerzialisierung. Was zunächst als Protest und Widerstand gegen das allgegenwärtige Shopping-Diktat gedacht war und später unter dem Signum der Nachhaltigkeit zum grünen Identitätsmerkmal wurde, entpuppte sich bald als Verkaufsschlager. So legt der milliardenschwere Einrichtungskonzern IKEA, dessen Möbel und Accessoires in fast jeder deutschen Wohnung stehen, limitierte – und somit besonders attraktive – Editionen »voller Vintage-Lieblinge« auf und sorgt mit dem Design der 1950er Jahre »für eine schöne Nostalgienote«.[12]

Ostalgie

Eifrig vermarktet wurde auch die Ostalgie-Welle der späten 1990er Jahre. Mal ironisch, mal melancholisch getönt, setzte bald nach der deutsch-deutschen Vereinigung eine Rückbesinnung auf die sang- und klanglos untergegangene DDR ein. Man erinnerte sich an die über Nacht aus den Läden verschwundenen Nahrungs- und Waschmittel, an Club-Cola und Juwel-Zigaretten, Rondo-Kaffee und Spreewaldgurken. Als absehbar war, dass diese »bekennenden Marken« Käufer finden würden, tauchten sie erneut in den Regalen auf, aufgehübscht und doch wiedererkennbar. Andere Produkte nutzten Sand- und Ampelmännchen als Werbeträger. Der ikonische Trabant, ein Auto, das seine Besitzer 1990 umstandslos gegen einen schmucken Westwagen eingetauscht hatten, gelangte zu neuer, geradezu kultischer Wertschätzung. Es gibt Trabi-Fanclubs, und in der Hauptstadt stoßen Trabi-Safaris auf rege Nachfrage.

Großer Beliebtheit erfreuten sich auch kommerziell organisierte Ostalgie-Partys als Kostümfeste, und die von privaten und öffent-

38   »Ostalgie-Kabinett«: Museum in Langenweddingen (Sachsen-Anhalt), 2004 gegründet

lichen TV-Sendern produzierten Ost-Shows erzielten hohe Einschaltquoten. In Berlin öffnete 2006 ein privates DDR-Museum seine Tore, drei Jahre später begrüßte es den millionsten Besucher. Es offeriert das echte, hautnahe, interaktive DDR-Erlebnis in der Welt der Politik (einschließlich Stasi-Abhörraum) ebenso wie im tristen Plattenbaualltag.[13]

Welche Gefühle der Verzehr von Zetti-Knusperflocken oder Nudossi aus Radebeul heute tatsächlich weckt, ist ungewiss. Wie etwas schmeckt oder riecht, ist als körperliche Empfindung verankert, gespeichert und abrufbar. Es kann sich mit sehr verschiedenen Gefühlen verbinden – mit Sehnsucht, aber auch mit Abwehr oder ▷ Ekel. Dass etwas vertraut ist, heißt nicht unbedingt, dass man es schätzt, vermisst oder gar wiederhaben will.

Dafür ist die politische Rahmung und Bewertung des Verlusts entscheidend. Die Erinnerung an Vergangenes fühlt sich anders an, je nach den Umständen, unter denen man sich von dieser Vergangenheit verabschiedet hat oder verabschieden musste. Auch jemanden, der in der frühen Bundesrepublik aufgewachsen ist, mögen wehmütig-nostalgische Gefühle bei dem Gedanken an eine Kindheit mit Ahoj-Brause, Sinalco oder Hawaii-Toast beschleichen. Aber wie sich die Sehnsucht nach der Welt von gestern äußert und wie stark sie politische und lebensweltliche Orientierungen beeinflusst, hängt davon ab, wie man ihren Untergang erlebt hat – und ob sich neue, zukunftsweisende Perspektiven aufgetan haben. Wer diese Perspektiven für sich nicht erkennen kann, weint der Vergangenheit nach und baut Ressentiments gegen die Gegenwart auf.

Ressentiment- und angstgetränkte Nostalgie rufen nicht zuletzt die Veränderungen der Arbeitswelt hervor. Im Englischen hat sich dafür der Begriff *smokestack nostalgia* eingebürgert: die Sehnsucht nach den rauchenden Schloten der Schwerindustrie. Dass diese Schlote Unmengen an giftigen Abgasen in die Luft bliesen, mindert ihre nostalgische Aufladung ebenso wenig wie die oft gefährlichen und schmutzigen Tätigkeiten, die Arbeiter und Arbeiterinnen in den nach und nach stillgelegten Betrieben verrichteten. Stattdessen stehen sie *pars pro toto* für eine entschwundene Welt, die sichere Arbeitsplätze, oft über Generationen vererbt, auskömmlichen Lohn, kollegiales Miteinander und genossenschaftliches Wohnen garantierte.

Das verbindet den Kumpel im Ruhrpott, der sein ganzes Arbeitsleben auf Zeche verbracht hat und seit 1958 erlebte, wie eine nach der anderen schließen musste, mit der Zwickauer Arbeiterin, deren volkseigener Betrieb die Privatisierung der 1990er Jahre nicht überstand. Beide erinnern sich an ihre langen Berufsjahre unter oder über Tage. Beide neigen vermutlich dazu, diese Jahre zu verklären und Negativerfahrungen zu vergessen. Beide reagieren teils hilflos, teils zornig.

Dennoch gibt es Unterschiede. Im Ruhrgebiet, wo 2018 das letzte Bergwerk dichtmachte, gelang es einem umsichtigen Krisenmanagement, Entlassungen möglichst zu vermeiden und den Kohleausstieg sozialverträglich zu gestalten. Das war teuer, konnte aber die Gemüter weitgehend besänftigen und ließ der Landesregierung Zeit, neue Perspektiven und Arbeitsplätze in der Region zu entwickeln. Im Osten der Republik dagegen fehlte es an dieser Um- und Langsicht. Veränderungen und Verluste brachen urplötzlich über die Menschen herein, und die persönliche Zukunft versprach nichts Gutes. Schon 1992 berichtete der *Spiegel* über »DDR-Nostalgie in Eisenhüttenstadt«, der »ersten sozialistischen Stadt Deutschlands«, die seit 1950 rund um ein Stahlwerk an der polnischen Grenze entstanden war. Ehemals als »Stadt ohne Vergangenheit« gefeiert, wurde die DDR hier zwei Jahre nach ihrem Untergang bereits nach Kräften weichgezeichnet. Denn allen war klar, dass die meisten Bewohner ihre Arbeitsplätze verlieren würden und neue nicht in Sicht waren.[14]

2019 statteten die Wähler und Wählerinnen Eisenhüttenstadts die Kandidatin der AfD mit einem Direktmandat für den brandenburgischen Landtag aus; über 30 Prozent schenkten der Partei ihre Zweitstimme. Noch höher fiel der rechtsnationalistische Wahlsieg in den Braunkohlegebieten der Lausitz aus; dort gewann die AfD bis zu 36 Prozent der Stimmen. Sie hatte es offenbar am besten verstanden, die zwischen Nostalgie, Ressentiment und Verlustängsten changierende Stimmung vieler Menschen zu bedienen und sie mit einer rückwärtsgewandten Utopie einzufangen.

Der nostalgische Blick zurück schlägt die Brücke zu noch weiter rechts stehenden Gruppierungen, zu den sogenannten Identitären und zu völkischen Siedlern, die Bauernhöfe in ausgedünnten Regionen kaufen, sich auf alte, heimatverbundene Sitten berufen und örtliche Kameradschaften pflegen, mit deutlichen Anleihen bei der Blut- und Bodenideologie des Nationalsozialismus.[15] Vorwärts in die Zukunft heißt hier zurück in eine ethnisch homogene, illiberale, hierarchisch geordnete und von charismatisch angehauchten Männern geführte nationale Gemeinschaft, in der die Geschlechterrollen ebenso klar und traditionell festgeschrieben sind wie die Alters- und Berufsrollen. Es gibt Menschen, die sich nach einer solchen Zukunft sehnen. Bislang sind sie eine winzige Minderheit.

SCHAM

Am 9. Oktober 2019 verübte ein Siebenundzwanzigjähriger in Halle an der Saale einen Anschlag auf die Synagoge, in der die Gemeinde Jom Kippur feierte, den höchsten jüdischen Festtag. Als die schwere Synagogentür dem Angriff standhielt, erschoss der Attentäter wahllos zwei Menschen. Am Tag danach besuchte Bundespräsident Frank-Walter Steinmeier den Tatort und erklärte den 9. Oktober zu einem »Tag der Scham und der Schande«.[1]

Schande und Scham

Eigentlich hätte Steinmeier die Begriffe umstellen müssen. Denn zunächst kam die Schande, ihr folgte die Scham. Schande ist das Gegenteil von ▷ Ehre; wer Schande auf sich lädt oder sich und anderen Schande macht, verliert Ehre und Ansehen. Ähnlich wie Ehre ist auch Schande kein objektiver, unveränderlicher Tatbestand. Vielmehr beruht sie auf moralischen Übereinkünften, die sich zeitlich, räumlich und sozial unterscheiden. Jemand, der »durch sein Verhalten die Sittlichkeit, die gute Sitte oder die Forderungen der Standes-, Berufs- etc. Ehre verletzt«, verursachte laut *Meyers Konversationslexikon* von 1909 Schande und erntete »Mißachtung«. Knapp hundert Jahre später definierte der *Brockhaus* Schande als einen »Zustand des Verachtetseins, in den man meist durch eigene Schuld geraten ist«, ohne dass die Schuld näher bestimmt wurde. Dazwischen lag eine Zeit, in der sich Vorstellungen von Sitte, Sittlichkeit und Ehre grundlegend verändert haben; wer wüsste heute noch, was »Standesehre« bedeutet?

Und wie steht es mit Scham? Missachtung könne, hieß es 1909, Scham als »Unlustgefühl« darüber auslösen, dass »die Achtung andrer vor uns wirklich oder vermeintlich« gesunken sei. Das erweiterte der *Meyer* 1977 dahingehend, dass Scham erstens »anerzogen« und zweitens mit dem Bewusstsein verknüpft sei, »durch bestimmte Handlungen oder Äußerungen sozialen Erwartungen nicht entsprochen bzw. gegen wichtige Normen oder Wertvorstellungen« verstoßen zu haben. 1992 fasste der *Brockhaus* diese Beobachtung in dem Befund zusammen, Scham reflektiere das »Versagen vor einer Idealnorm« und werde »in Form eines peinlichen Gewahrwerdens der Andersartigkeit bzw. Minderwertigkeit der eigenen Person erlebt«.[2]

Ob sich der Attentäter von Halle seiner schändlichen Tat geschämt hat, ist unwahrscheinlich. Er war derart besessen von dem Gedanken, die Juden seien – wieder einmal – an allem Unglück schuld, dass er das »Unsittliche« und Verachtungswürdige daran gar nicht wahrnahm. Seine »Idealnorm« deckte sich nicht mit den Normen der Gesellschaft, in der er lebte, wohl aber mit denen der Antisemiten und Rechtsextremen, denen er sich zugehörig fühlte. Da war kein Platz für Scham.

Doch darauf legte es der Bundespräsident in seinem Kommentar auch gar nicht an. Scham war für ihn das vorherrschende Gefühl der Gesellschaft, in deren Mitte der Täter das Attentat verübt hatte: Scham darüber, dass sie ihre jüdischen Bürger nicht hatte schützen, die Tat nicht hatte verhindern können; Scham darüber, dass mörderischer Antisemitismus in Deutschland nach wie vor heimisch war, acht Jahrzehnte nach dem Holocaust. Das ließ sich mit den grundlegenden Wertvorstellungen der Republik nicht vereinbaren und stellte den vielfältigen pädagogischen und politischen Bemühungen, Antisemitismus aus dem Land und seinen Bewohnern zu vertreiben, ein schlechtes Zeugnis aus.

Kollektivscham nach 1945

Wissentlich oder unwissentlich knüpfte Steinmeier an die Versuche des ersten Bundespräsidenten an, die Gefühle der Deutschen nach dem Ende des »Dritten Reichs« auf den Begriff zu bringen. Theodor Heuss sprach 1949 vor der Gesellschaft für christlich-jüdische Zusammenarbeit von der »Kollektivscham«, die Deutsche angesichts des millionenfachen Mordes an Juden empfänden. Zwar trage die Bevölkerung als Ganze daran keine direkte Schuld, denn sie habe dieses monströse Verbrechen weder angeordnet noch durchgeführt oder gebilligt. Aber sie schäme sich dafür, dass es in ihrem Namen geschehen sei, mehr noch: dass sie Hitler »und seinen Gesellen« freie Hand gelassen habe, anstatt ihnen in den Arm zu fallen.³

Solche Schambekundungen und Schamappelle waren nach Kriegsende keineswegs ungewöhnlich. Britische und amerikanische Besat-

39 Mai 1945: Bürger aus Ludwigslust werden durch ein Konzentrationslager geführt

zungsbehörden konfrontierten Deutsche bereits ab Mai 1945 mit Filmmaterial aus den befreiten Konzentrationslagern, um ihnen das, was dort geschehen war, vor Augen zu führen und Scham zu wecken.[4] »In jedem deutschen Menschen«, hieß es im Gründungsaufruf der KPD vom Juni 1945, müsse »die Scham brennen, daß das deutsche Volk einen bedeutenden Teil Mitschuld« an den Untaten des Naziregimes trage. Für prominente ostdeutsche Intellektuelle wie Anna Seghers, Arnold Zweig, Johannes R. Becher und Stephan Hermlin war Scham das Schlüsselgefühl, das Sühne, Läuterung und Neubeginn ermöglichte. »Tief empfunden«, bringe es »den ganzen Menschen zum Glühen« und brenne, so Becher im September 1945, »die Schlacken des verrotteten Alten in uns aus«.[5] Scham sei das Fegefeuer, das Deutsche von der Schande des Menschheitsverbrechens reinigen könne.

Die DDR schaffte es dank der raffinierten Strategie eines »verordneten Antifaschismus«, ihre Bevölkerung von der Verantwortung für die Verbrechen der NS-Zeit offiziell freizusprechen und zugleich gründlich zu beschämen. Jeder wusste, dass es vor 1945 nur wenige Antifaschisten oder Widerstandskämpfer gegeben hatte, und die kommunistischen Funktionäre der Aufbauphase ließen daran keinen Zweifel.

> »Ihr führtet uns vor Augen, was für Grausamkeiten wir mit Konzentrationslagern und dem Töten und Totquälen politischer Gegner durch unser Schweigen und durch Mangel an Aufbegehren duldeten. Wir sahen ein und waren den Genossen Lehrern, die ihr schicktet, uns einsehend und einsichtig zu machen, dankbar. Wir wirkten von Stund an in eurem Sinne.«

So notierte es der 1912 geborene Schriftsteller und ehemalige Wehrmachtssoldat Erwin Strittmatter 1968 rückblickend im Tagebuch. Auch Christa Wolf, Jahrgang 1929, schämte sich ihrer kindlich-jugendlichen Begeisterung für den Führerstaat und stellte sich deshalb entschieden auf die Seite des Sozialismus. Die Identifikation mit denen, die sich den Nazis widersetzt hatten, sollte die Scham über das eigene Mittun verstummen lassen. Tatsächlich aber hielt sie das Gefühl wach, dessen passiv-ohnmächtige Grundstimmung der SED in die Hände spielte und die Legitimität des neuen Staates bekräftigte.⁶

Dass Strittmatter nur die »politischen Gegner« sprich Kommunisten (und Sozialdemokraten) als Leidtragende des Nazi-Terrors erwähnte und über die ungleich größere Zahl jener, denen das Lebensrecht aus rassistischen oder sozialen Gründen abgesprochen worden war, kein Wort verlor, spiegelte die politische Werteordnung der DDR wider. Auch deshalb kam Willy Brandts Warschauer Kniefall 1970, der den jüdischen Opfern der NS-Herrschaft galt, in Ostberlin nicht gut an; die gelenkte Presse fand ihn der Erwähnung nicht wert.

Aber die Geste war auch in der Bundesrepublik umstritten. Denn als öffentliche Verneigung vor den Millionen, die von der nationalsozialistischen Vernichtungsmaschinerie zermalmt worden waren, durchbrach sie das Schamschweigen, das weite Teile der bundesdeutschen Bevölkerung über die Verbrechen jener Zeit breiteten. Zwar ließ sich die Scham, wie Heuss 1955 mehrfach betont hatte, nicht abschütteln. Aber nur wenige Menschen waren bereit, daraus praktische Konsequenzen zu ziehen. Heuss' Anregung, »die Scham, in die Hitler uns Deutsche gezwungen hatte«, mittels einer aktiven »Gegenleistung« zu überwinden, fand kaum Widerhall. Eine Ausnahme war die 1958 von der Evangelischen Kirche gegründete Aktion Sühnezeichen mit ihrer Jugendarbeit zunächst in Westeuropa, später auch in Israel und osteuropäischen Ländern.⁷ Die große Mehrzahl der Deutschen übte sich im distanzierenden Beschweigen, das in den späten 1950er und 1960er Jahren nur gelegentlich von Strafprozessen gegen einzelne Nazitäter gestört wurde.

Brandts Kniefall kam ebenfalls ohne Worte aus – und war dennoch alles andere als schweigsam. Er verlieh der ▷ Demut vor den Opfern eine Sprache, aber auch der Scham über die Verbrechen, die Deutsche an ihnen begangen hatten. Obwohl den Sozialdemokraten, der die Jahre des »Dritten Reichs« in der Emigration verbracht hatte, keinerlei persönliche Schuld traf, bekannte er sich öffentlich zu seiner Verantwortung als Deutscher. Und er fand dafür ein ebenso beredtes wie ambivalentes Zeichen. Wer sich schämt, möchte sich in der Regel unsichtbar machen, verstummt und senkt den Blick. Brandt aber schaute, kniend, geradeaus auf das Denkmal für die Warschauer Ghettokämpfer und die Opfer des Holocaust. Er nahm die Scham an und übersetzte sie in eine Geste, die, weil sie ungewohnt und vielsagend war, in der Erinnerung haften blieb.

Schamabwehr

Neben Annahme und Schweigen gab es noch eine dritte Option, mit Scham umzugehen: Man konnte sie abwehren. Scham gilt als ein derart starkes und unangenehmes Unlustgefühl, dass man sie sich am liebsten vom Leib hält. Abwehrmechanismen waren nach 1945 schnell zur Hand. Zum einen schob man die Verantwortung ausschließlich denen zu, die sich im Partei- und Staatsapparat exponiert hatten. Heuss' Formulierung, Hitler habe die Deutschen in die Scham gezwungen, zielte in diese Richtung. Sogar jene, die Mordaktionen durchgeführt hatten, beriefen sich auf den Befehlsnotstand: Sie hätten Anordnungen Folge leisten müssen und wären im Weigerungsfall erschossen worden. Das ließ sich zwar nicht beweisen, wurde aber je öfter, desto lauter wiederholt. Nach dieser Logik haftete einzig und allein Adolf Hitler – der sich dem wohlweislich durch Selbsttötung entzogen hatte.

Zum anderen suchte man die eigenen Taten zu relativieren, indem man sich auf die Kriegssituation berief (»wo gehobelt wird, da fallen Späne«) oder verkündete, die Gegenseite sei auch nicht besser gewesen. Hitler selber hatte die extrem brutale Kriegführung damit gerechtfertigt, dass der Feind, besonders die »barbarische« Sowjetunion, es noch schlimmer treibe. Die Massenvergewaltigungen der Roten Armee, aber auch der US-amerikanische Atombombenangriff auf zwei japanische Städte im Sommer 1945 lieferten dem Argument neue Munition.

Vor allem aber ließ sich das eigene Leid aufrechnen gegen das, was man anderen zugefügt hatte. Angesichts von Hunderttausenden Bombentoter und millionenfacher Vertreibung war es ein Leichtes, sich selber als Opfer wahrzunehmen und zu bemitleiden. Fremdes Leid geriet darüber ebenso in Vergessenheit wie die, die es verursacht hatten. Als sich die Regierung Adenauer 1952 auf internationalen Druck hin bereitfand, Waren im Wert von drei Milliarden D-Mark an Israel zu liefern und 450 Millionen D-Mark an jüdische Organisationen zu überweisen, reagierte die öffentliche Meinung befremdet. Nur wenigen war die sogenannte Wiedergutmachung »Herzenssache«, die meisten empfanden sie als »Ärgernis« und reagierten mit dem »Beharrungswiderstand der trägen und verstockten Herzen«, wie der CDU-Abgeordnete Franz Böhm kritisch anmerkte.[8] Dass die Versorgung der eigenen Kriegsopfer – Kriegerwitwen, Flüchtlinge, Ausgebombte – Vorrang haben müsse, galt den meisten Bundesbürgern als ausgemacht.

Die DDR-Führung sah das nicht viel anders. Zu den Opfern des Naziregimes zählte sie in erster Linie einheimische Kommunisten, die als antifaschistische Kämpfer vergleichsweise hohe Ehrenpensionen beanspruchen durften. Sinti, Roma und Homosexuelle gingen, wie auch in der Bundesrepublik, leer aus. Jüdisches Vermögen, für das es keine Erben vor Ort gab, fiel an den Staat. An Israel floss keine müde Mark. Dafür bat die neu gewählte Volkskammer im April 1990 »alle Juden in der Welt« um Verzeihung und entschuldigte sich beim israelischen Volk für die »Heuchelei und Feindseligkeit der offiziellen DDR-Politik«.[9]

Erinnerung an die Opfer

Um diese Zeit hatte man die Liste der Opfergruppen, die ein Recht auf Entschädigung besaßen, im Westen längst ausgedehnt. 1979, bei der Ausstrahlung der amerikanischen TV-Serie *Holocaust*, war der Damm gebrochen, mit dem sich das Volk der Täter vor der Konfrontation mit den jüdischen Opfern geschützt hatte. Millionen Zuschauer erlebten das Schicksal der Familie Weiss vor dem Fernsehschirm mit, viele wandten sich anschließend weinend an die Redaktion und ließen ihrer Scham und Trauer freien Lauf. Nur eine kleine Minderheit verharrte in ostentativer Schamabwehr.

Die Erinnerungsoffensive der 1980er Jahre tat dann das, was der erste Bundespräsident angemahnt hatte: Sie suchte Scham durch eine »Gegenleistung« zu überwinden. Die bestand zunächst darin, die Spuren jüdischer Bürger und Bürgerinnen, die nach 1933 aus Deutschland vertrieben oder umgebracht worden waren, zu sichern. In vielen Städten bildeten sich entsprechende Initiativen und schufen, unterstützt von lokalen Politikern, Gedächtnisorte und Mahnmale. Außerdem luden sie Überlebende und deren Nachkommen zu einem Besuch in der ehemaligen Heimat ein und hießen sie herzlich willkommen.

Dass diese tatkräftige Erinnerung zahlreichen Menschen auf einmal zur »Herzenssache« geworden war, lag zum einen daran, dass drei oder vier Jahrzehnte nach Kriegsende eine neue Generation das Sagen hatte, die den Nationalsozialismus nicht mehr aus eigener Anschauung und Mitwirkung kannte. Als Kanzler Helmut Kohl 1985 davon sprach, dass »wir uns als Deutsche bekennen zu unserer Scham, zu unserer Verantwortung vor der Geschichte«, konnte er sich breiter Zustimmung sicher sein. Denn die »Gnade der späten Geburt«, auf die er sich gern berief, ließ die Nachkriegsgeneration unbefangener und unverkrampfter auf die NS-Geschichte schauen. Die Scham, gegen die sich die Älteren gepanzert hatten, brannte nicht mehr auf der eigenen Haut.[10]

Zum anderen hatte inzwischen die politische Semantik gewechselt. Zwar verband schon Theodor Heuss mit der Kapitulation nicht nur die »Vernichtung von Jahrhunderten alter deutscher Staats- und Volksgeschichte«, sondern auch das »Gefühl des Befreit-Seins« von Lüge, Willkür und Gewalt. Doch erst Bundespräsident Richard von Weizsäcker rückte dreißig Jahre später die Befreiung ohne Wenn und Aber in den Mittelpunkt seiner Ansprache zum 40. Jahrestag des Kriegsendes. Das war ein radikales vergangenheitspolitisches Signal, das mit dem klaren Bekenntnis gegen jegliche Form der Weichzeichnung und Relativierung des Nationalsozialismus einherging.

Dieses Bekenntnis wirkte umso eindrücklicher, als der 1920 geborene Weizsäcker einer Alterskohorte angehörte, die ihre Jugend und jungen Erwachsenenjahre – im Englischen heißen sie nicht zufällig *formative years* – im »Dritten Reich« verbracht hatte. Weizsäcker hatte hochdekoriert in der Wehrmacht gekämpft, sein Vater, ein Spitzendiplomat, war wegen Verbrechen gegen die Menschlichkeit in Nürnberg verurteilt worden. Dass er sich und seine Generation nun selbstkritisch unter die Lupe nahm, war nicht unbedingt zu erwarten gewesen. Sein Urteil war kurz und bündig: Auch wenn sie nicht direkt an der Planung und Ausführung des Judenmordes beteiligt gewesen seien, hätten sie davon wissen können. Von diesem individuellen und kollektiven Versäumnis und Versagen wollte er sich und seine Altersgenossen nicht freisprechen.

Als er an die Toten des Krieges und des nationalsozialistischen Terrors erinnerte, nannte Weizsäcker daher zuerst die ermordeten Juden. Anschließend gedachte er der sowjetischen und polnischen Opfer, dann erst kamen die deutschen Soldaten an die Reihe. Auch Sinti und Roma, Homosexuelle, Kranke sowie Zwangssterilisierte fanden Erwähnung. Die Opfergruppen zu erweitern, war kein bloßes Lippenbekenntnis. Es bedeutete auch, sie zu entschädigen, wie vor allem Mitglieder der Grünen und der SPD forderten. Wiedergutmachung wollte niemand mehr dazu sagen, denn wieder gut machen ließ sich nichts mehr. Aber Gerechtigkeit, materielle ebenso wie immaterielle, sollte den Menschen widerfahren, denen Deutsche ihre Würde, ihre Gesundheit und ihr Leben genommen hatten.

Verantwortung, Haftung, Fremdscham

In Weizsäckers Rede tauchte das Wort Scham nicht mehr auf. Stattdessen sprach er von Verantwortung, in die er auch »die Jungen« einbezog. Sie seien zwar »nicht verantwortlich für das, was damals geschah. Aber sie sind verantwortlich für das, was in der Geschichte daraus wird« – und dafür, dass es nicht in Vergessenheit gerate.[11] Doch auch Verantwortung kommt nicht ohne Scham aus. Denn man schämt sich nicht allein für das, was man selber getan hat, sondern auch für das, was Menschen getan haben, mit denen man auf die eine oder andere Weise verbunden ist. Das können Freunde oder Verwandte sein oder, allgemeiner, Mitglieder der Gemeinschaft, der Nation, der man sich zugehörig fühlt. Das »Fremdschämen« – seit 2009 im *Duden* notiert – ist hier ein erweitertes Selbstschämen: Jene, für die man sich schämt, haben dem eigenen »Wertbild«, der »Idealnorm« widersprochen.[12] Scham, als sozialer Affekt, folgt eben nicht nur dem wertenden Blick der anderen, sondern auch dem eigenen Gewissen, den Standards und Erwartungen, die jemand an sich selber richtet – und an die, die ihm oder ihr nahe sind.

So gebrauchte Bundespräsident Steinmeier das Wort 2019: als persönliche und gesellschaftliche Scham angesichts eines Antisemitismus, dem man in Deutschland nach 1945 keinen Raum mehr geben wollte und sollte. Ähnlich und doch anders hatte der Philosoph Herbert Marcuse 1969 von Scham gesprochen. Er, der die Revolte der studentischen Jugendbewegung diesseits und jenseits des Atlantiks als Aufbruch aus einem sozialen und psychischen Unterdrückungssystem feierte, sah in den Revoltierenden Menschen, »die sich ihrer selbst nicht mehr schämen müssen«. Denn sie hätten »gelernt, sich nicht mit ihren falschen Vätern zu identifizieren, welche Auschwitz und Vietnam geduldet und vergessen haben«. Deshalb könnten sie die »Wiederkehr« solcher Verbrechen »verhüten«.[13]

Stimmte Marcuses Diagnose? Wie die deutsche Nachkriegsgeschichte in Ost und West zur Genüge zeigt, ist es unmöglich, aus der Generationenfolge auszuscheren. Wer sich von den schuldigen Vätern distanziert, haftet trotzdem für ihre Taten und Versäumnisse. Selbst wenn es nichts gäbe, wofür man sich persönlich schämen müsste, bleibt es bei der Fremd- oder besser Nahscham und Verantwortung für beschämende Handlungen der Eltern und Älteren. Auch Marcuses Vorstellung, die junge Generation besitze genügend innere Freiheit, Verbrechen zu verhindern und die Welt in einen paradiesisch schamfreien Zustand zu versetzen, klang allzu optimistisch.

Scham als Repression

Sie passte allerdings in eine Zeit, der es an Befreiungsutopien nicht mangelte. Befreien und emanzipieren wollte man sich nicht zuletzt von der Scham, in der man ein gesellschaftliches Repressionsinstrument ersten Ranges erblickte. Gemeint war aber weniger die Scham über die Eltern und deren Politik. Gemeint war vor allem die Scham, die pädagogische und andere Autoritäten zur Gängelung und konformen Abrichtung der Nachwachsenden nutzten. Wer immer die schambewehrten Normen der »guten« Gesellschaft verletzte, erfuhr Beschämung. Das begann in der Kinderstube und reichte bis in die Kirchenbank und an den Arbeitsplatz, daran beteiligten sich Pfarrer ebenso wie Eltern, Lehrer und Vorgesetzte. Denjenigen Scham einzuflößen, die sich ungehörig benahmen, sorgte für soziale Konformität und Regelgehorsam.

Die Macht von Scham und Beschämung bekamen vor allem Mädchen und junge Frauen zu spüren, und sie rebellierten denn auch als Erste dagegen. »Die Scham ist vorbei«, erklärten Feministinnen seit den späten 1960er Jahren. Sie lehnten es ab, sich weiterhin für alles und jedes zu schämen, was mit ihrem Körper zu tun hatte. Und sie verlangten auch für Frauen die Freiheit, mit ihrer Sexualität nach eigenen Wünschen umzugehen, anstatt sich traditionellen Moralvorstellungen zu fügen (▷ Liebe).[14]

Solche Vorstellungen hatten sich im 19. Jahrhundert erheblich radikalisiert und verfestigt. Die bürgerliche Gesellschaft legte größten Wert darauf, dass ihre weiblichen Mitglieder stets und überall die Grenzen beachteten, die ihnen die angeblich natürliche Schamhaftigkeit ihres Geschlechts zog. »Das weibliche Gemüth«, hieß es 1874 im *Handwörterbuch für den Deutschen Volksschullehrer*, sei »von der Natur« auf Schamhaftigkeit angelegt, »daher stellen wir an das Weib in dieser Beziehung ganz besonders hohe Anforderungen«. Es gebe kaum etwas Abstoßenderes als »ein freches, schamloses Weib«. Scham bestimme die Art, wie sich Frauen kleideten, ihre Worte setzten und ihren Blick niederschlugen; vor allem aber zeige sie sich »auf geschlechtlichem Gebiete«, in der Bewahrung oder Verletzung von

»Keuschheit« und »Züchtigkeit«. Noch 1956 rühmte ein katholisches Lexikon Scham- und Ehrgefühle als »wesentliche Antriebskräfte der menschlichen Seele«, wobei das Schamgefühl »der weiblichen Zurückhaltung« näherliege, das Ehrgefühl »der männlichen Tatkraft«. Weibliche Scham legte es also auf passive Vermeidung und Vorsicht an, männliche ▷ Ehre bewies sich im aktiven Einsatz.[15]

Diese Stereotype speisten eine doppelte Moral, die Männern ungleich größere Freiheiten einräumte als Frauen. Schon in der Pubertät wurden Mädchen mit Lektionen über unzüchtige Blicke und Schlimmeres traktiert. Mütter hielten ihre Töchter dazu an, sich für jeden Fleck auf der Bluse, jeden Riss im Kleid, jede lose Haarsträhne, jeden Pickel auf der Stirn zu schämen. »Schlampig« zu sein, war ein niederschmetterndes Urteil. Verließ eine junge Frau die Pfade bürgerlicher Wohlanständigkeit, galt sie als Dirne, Hure oder »gefallenes Mädchen«. Dafür gab es kein direktes männliches Äquivalent – außer dann, wenn ein Mann offen homosexuell war und seiner Familie damit Schande machte.

Gegen das Schamdiktat aufzubegehren, wie es Frauen um 1970 taten, war nicht alles. Es ging auch darum, die repressive Funktion von Scham und Beschämung insgesamt anzuprangern. Schüler unterliefen die Beschämungsversuche ihrer Lehrer, wenn sie einen Klassiker der Schwarzen Pädagogik, das In-der-Ecke-Stehen, in ein ironisches Happening verwandelten. »Gammler« setzten sich selbstbewusst über die Kleiderregeln der Erwachsenen hinweg und pfiffen auf deren Missbilligung und Abscheu (▷ Ekel). Im Umgang zwischen den Generationen gab es einen neuen Ton, den viele Ältere als respekt- und taktlos empfanden. Anstandsnormen wurden gezielt missachtet, ohne sich dessen zu schämen.

Eine schamlose Gesellschaft?

Für manche Beobachter lief das auf eine schamlose Gesellschaft hinaus, die egoistischer Triebbefriedigung Vorrang vor zivilisiertem

Benehmen einräumte. Selbst wenn sie Beschämung als Herrschaftspraxis ablehnten, bedauerten sie den Niedergang sozialer Scham, in der sie ein unerlässliches Korrektiv für individuelles Fehlverhalten sahen. Grenzenlose Gier, Korruption, Steuerbetrug, Ellbogenmentalität und eine um sich greifende Rücksichtslosigkeit führten sie auf den Verlust des Schamgefühls zurück. Wer Scham, wie die Kulturrevolutionäre der 1960er und 1970er Jahre, als reaktionär und repressiv abkanzele, beschädige die Wurzeln der Zivilisation und gefährde den gesellschaftlichen Zusammenhalt.[16]

Aus heutiger Sicht muten solche Kassandrarufe schrill und übertrieben an. Sicher haben sich die Konventionen des gesellschaftlichen Zusammenlebens gelockert, Soziologen sprechen von Informalisierung und Liberalisierung. Zweifellos hat die Autorität der Lehrer und Lehrerinnen gelitten, und ihre eher zaghaften Beschämungsversuche laufen oft ins Leere. Zugleich aber hat die neue Jugendkultur keineswegs alle sozialen Regeln hinweggefegt und einen anarchischen Zustand des *anything goes* etabliert. Nach wie vor gibt es Vorstellungen von angemessenem und akzeptiertem Verhalten. Wer sich nicht daran hält, muss mit Sanktionen rechnen, bis zum Ausschluss aus der Gruppe. Jugendliche achten sehr genau darauf, was angesagt ist und was nicht geht. Ungeachtet aller zur Schau gestellten Coolness und Nonkonformität befolgen sie die ungeschriebenen Regeln, deren Übertretung Scham und Beschämung auslöst.[17] Das war in der angeblich schamlosen Generation der 68er nicht anders. Wer ihren Kleidungsstil nicht schätzte, die Wohngemeinschaftsrituale umging, keine langen Haare, aber einen Ehering trug oder am Gebot freier Sexualität wenig Gefallen fand, bekam die kollektive Verachtung zu spüren, schämte sich und passte sich an. Oder verließ die Gruppe und suchte sich eine andere.

Dass es möglich geworden ist, Gruppenzugehörigkeiten kritisch zu befragen und zu wechseln, gehört zu den Errungenschaften spätmoderner Gesellschaften, die ihren Mitgliedern nie dagewesene Freiheits- und Entscheidungsräume bieten. Mit der Zunahme individueller Wahlfreiheit schwächelt zwangsläufig die Bindungs- und Sanktionskraft des Kollektivs. Damit ist Scham zwar nicht verschwunden, verliert aber ihren festen Ort und ihre Grammatik. Eine zentrale Instanz, die allgemein verbindliche Regeln setzen und Scham zuweisen könnte, gibt es nicht mehr. In dem Maße, wie zunächst Religion und Kirche, später säkulare Institutionen wie das Bürgertum oder die Schule ihre Normierungsmacht einbüßten, hat auch deren Beschämungspotenzial gelitten.

Beschämungsakteure und ihre Motive

An ihre Stelle tritt eine große Anzahl sozialer Akteure, die ihrerseits vorgeben wollen, welches Verhalten moralisch integer ist und welches Beschämung verdient. Da sie sich im Besitz der richtigen Moral wähnen, fühlen sie sich legitimiert, andere öffentlich bloßzustellen. Auch sie vertrauen auf die Kraft der Scham, Regelkonformität zu erzeugen. Die Durchsetzung solcher Regeln allerdings stößt in einer liberalen, hochindividualisierten Gesellschaft meist auf heftige Widerstände.

Moralgetriebene politische Deutungskämpfe sind ein Novum der letzten Jahre und Jahrzehnte. Nicht zufällig tauchten 2019 mindestens drei neue Schamworte auf: »Fleischscham«, »Flugscham« und »Kinderscham«. Fleischscham ereilt jene, die durch ihren Fleischkonsum den Klimawandel begünstigen. Flugscham erleben Reisende, die ein schlechtes Gewissen haben, wenn sie ihre persönliche CO_2-Bilanz durch Vielfliegerei in die Höhe treiben, oder denen die jungen Aktivistinnen und Aktivisten der Fridays for Future-Bewegung dieses schlechte Gewissen nahelegen.

Umweltthemen werden zwar schon seit den 1970er Jahren breit diskutiert; die 1980 gegründete Grüne Partei hat dazu entscheidend und nachhaltig beigetragen. Die bedrohlichen Folgen der globalen Erderwärmung sind aber erst seit kurzem ins allgemeine Bewusstsein vorgedrungen. Zugleich hat sich das Handlungsfeld verschoben. Standen früher abstrakte Kausalitäten im Fokus – der »saure Regen«, Pestizide oder FCKW-basierte Treibgase –, richtet sich die Kritik

Scham   **303**

40 Aufruf zur Flugscham: Fridays for Future am Stuttgarter Flughafen, Juli 2019

nunmehr auf die konkreten, den Klimawandel verursachenden und beschleunigenden Lebens- und Verhaltensweisen jedes und jeder Einzelnen. Um hier Änderungen zu erreichen, setzen Klimaschützer auf Information und Wissen – und auf Scham.

Zu den Faktoren, die die Umwelt irreparabel schädigen und zerstören, zählen manche sogar das Kinderkriegen. Antinatalistische Philosophen ebenso wie Frauen, die in den ökologisch motivierten »Gebärstreik« treten, bezeichnen Nichtfortpflanzung als moralisches Gebot der Stunde oder fordern zumindest, die in Europa ohnehin niedrige Kinderzahl noch weiter zu reduzieren. Wer anders handle, versündige sich am Weltklima und solle sich schämen. Dafür steht das Neuwort »Kinderscham« (▷ Hoffnung).[18]

Scham ist also, das zeigen diese Beispiele, weiterhin *en vogue*, trotz liberal-libertärer Bemühungen, sie aus der Gesellschaft zu verbannen und allen eine schamfreie Lebensführung nach eigenem Gusto zu gestatten. Selbst soziale Bewegungen und Akteure, die sich auf der linken oder linksliberalen Seite des politischen Spektrums verorten, nutzen Scham und Beschämung als politische Waffe und Motor gewünschter Veränderung.

Nicht explizit politisch, aber enorm wirkungsvoll sind die Beschämungen, die in den sozialen Medien zirkulieren. Vor allem junge Mädchen und Frauen dienen als Zielscheibe, denn der weibliche Körper eignet sich nach wie vor hervorragend dafür, Scham einzuprägen und aufzurufen. Der populäre Modelkult hat die Messlatte für Perfektion enorm hochgelegt. Anschauungsunterricht geben TV-Sendungen wie *Germany's Next Top Model*, die sich seit 2006 konstant hoher Einschaltquoten erfreuen, sowie Influencer, die dank Photoshop stets überaus schlank und ebenmäßig ausschauen. Wer die idealen Maße verfehlt, erntet hämische Kommentare; Scham folgt auf dem Fuße.

Aber Menschen empfinden Scham auch aus anderen Gründen. In einer Gesellschaft, deren Selbstverständnis um Leistung und Erfolge kreist und in der Selbstoptimierung seit dem späten 20. Jahrhundert das Lebensglück bestimmen soll, schämt man sich leicht, wenn die eigenen Leistungen hinter den Erwartungen zurückbleiben. In der DDR war es zwar weniger die persönlich zurechenbare Leistung als die im Kollektiv verrichtete Arbeit gewesen, die über den Wert der Einzelnen entschied und ihnen ihre Lebenschancen zuwies. Doch als Millionen Ostdeutsche diese Arbeit nach 1990 verloren, reagierten darauf viele mit Scham, die sich in ▷ Wut und Ressentiment übersetzen konnte.

Im Westen des Landes leben derweil manche Familien seit mehreren Generationen von Sozialhilfe, ohne sich dessen zu schämen. Für andere, die die Leistungsnormen der Gesellschaft akzeptieren und sie verinnerlicht haben, ist das undenkbar. Gerieten sie in eine Notlage, gehörten sie voraussichtlich zu den »verschämten Armen«, die ihre missliche Situation nach Möglichkeit verbergen. Für sie wäre selbst der Besuch der »Tafel«, die seit 1993 im Ehrenamt Lebensmittel gegen geringes Entgelt an Bedürftige verteilt, schambesetzt und ehrenrührig.

Scham ist also keineswegs aus der Gesellschaft verschwunden. Aber sie trägt ein anderes Gesicht als vor hundert Jahren, hat andere Facetten und Bruchlinien. 1913 schrieb der Philosoph Max Scheler, Menschen schämten sich nicht nur ihrer offensichtlichen Fehler, sondern auch ihrer Vorzüge; deren »Zurschaustellung« erwecke sogar noch »tiefere und reinere Scham«.[19] Davon kann heute keine Rede mehr sein. Wer sich auf eine neue Stelle oder um ein Stipendium bewirbt, wird aufgefordert und in Coachings darauf getrimmt, seine Vorzüge und Alleinstellungsmerkmale hervorzukehren. Mit seinen Leistungen und Fähigkeiten anzugeben, macht jemanden vielleicht nicht unbedingt zu einem Sympathieträger, ist aber mitnichten ein Grund für Scham.

Was sich ebenfalls geändert hat, ist die Hierarchie der Beschämung. Um 1900 war es kaum möglich, von unten nach oben Scham zu wecken. Weder konnte ein Arbeiter seinen Vorgesetzten noch eine Frau einen Mann oder ein Kind einen Erwachsenen beschämen. Beschämung funktionierte nur aus einer Position der Macht heraus, und Scham empfanden in der Regel die Ohnmächtigen. Das hat sich im Verlauf des 20. Jahrhunderts egalisiert. 2012 riefen die Beschäftigten der insolventen Drogeriemarktkette Schlecker den Eigentümern »Schämt euch« zu. Nicht die mehr als 20 000 Frauen, die auf einmal ohne Arbeit und Einkommen dastanden, schämten sich. Vielmehr beschämten sie jene, die dafür Verantwortung trugen und ihr nicht gerecht geworden waren.

41 Schlecker-Betriebsrätetreffen in Dresden, 7. Juni 2012

SOLIDARITÄT

Am 11. März 2020, als sich die Ereignisse rund um die Corona-Pandemie überschlugen und die Behörden fast im Stundentakt immer neue Maßnahmen zur Eindämmung des extrem ansteckenden Virus verkündeten, wandte sich Bundeskanzlerin Angela Merkel an die Bürgerinnen und Bürger. Sie mahnte, besonders Ältere und Menschen mit Vorerkrankungen zu schützen, also diejenigen, die in hohem Maße gefährdet waren. »Da sind unsere Solidarität, unsere Vernunft, unser Herz füreinander schon auf eine Probe gestellt.«[1]

Vernunft und Herz, Solidarität und Brüderlichkeit

Solidarität mit Herz und Vernunft zu verbinden, bildet das semantische Feld, in dem sich der Begriff und die dazugehörige Praxis historisch entwickelt haben, zutreffend ab. Rechtstechnisch bedeutete Solidarität zunächst nur, dass Schuldner, die sich dazu vertraglich verpflichtet hatten, gemeinschaftlich hafteten und füreinander einstanden (»Alle für Einen«). In dem Maße jedoch, wie die sozialistische Arbeiterbewegung den Begriff seit den 1860er Jahren adoptierte, fusionierten Vernunft und Herz, Verstand und Gefühl. Der Sozialist Johann Philipp Becker fasste Solidarität damals als »systematische Gesamtverbindlichkeit« auf und meinte damit »Gemeinbesitz, gemeinschaftliche Produktion, Bewirtschaftung und Nutznießung«. Solidarität sei, fügte er erklärend hinzu, eine »Brüderlichkeit der Tat«, die sich von der bourgeoisen »Brüderlichkeit der Phrase« scharf unterscheide.²

Brüderlichkeit bezeichnete nicht nur ein enges verwandtschaftliches Verhältnis, sondern vor allem eine fürsorglich-liebevolle Beziehung. Dass Verwandte und sogar Brüder einander spinnefeind sein konnten, war aus dem Alten Testament bekannt. Doch auch die Vorstellung, dass Menschen einander gut-brüderlich begegnen und beistehen sollten, besaß religiöse Wurzeln. Besonders die pietistischen Gemeinden des 18. Jahrhunderts übten sich in praktischer Bruderliebe und bezogen alle Christen darin ein. Als säkulare Idee tauchte Brüderlichkeit zunächst bei den Freimaurern auf und fand 1786 Eingang in Friedrich Schillers *Lied an die Freude*. Des Dichters brüderlicher Kuss galt der ganzen Welt, seine Umarmung den Millionen. Als Ludwig van Beethoven die Ode in seiner neunten und letzten, 1824 uraufgeführten Symphonie vertonte, hob er die Zeile »Alle Menschen werden Brüder« musikalisch hervor. Sie passte in eine Zeit, in der viele von einer neuen kosmopolitischen Ordnung träumten, die »aus allen Völkern des Erdbodens«, wie sich der Dichter Christoph Martin Wieland 1770 ausdrückte, »ein Brudergeschlecht von Menschen« machen würde.³

Diese Hoffnung teilten manche der französischen Revolutionäre, die 1789 die alte Ordnung umstürzten und eine Gesellschaft unter dem Leitspruch »Freiheit, Gleichheit, Brüderlichkeit« errichten wollten. In den anschließenden Kriegszügen gab man vor, *fraternité* zu exportieren und sie anderen Völkern gleichfalls zugutekommen zu lassen. Da sich die französischen Okkupationsheere jedoch selten als Brüder und meist als imperiale Besatzer aufführten, fehlte es an Nachfrage. Trotzdem wanderte der Begriff, übersetzt als Bruderliebe oder Brüderlichkeit, in die deutsche Sprache ein. Der Pädagoge Joachim Heinrich Campe verstand darunter 1801 die »brüderlichen Gesinnungen und das brüderliche Benehmen« derer, die auf die eine oder andere Weise eng miteinander verbunden seien.⁴

International, national, sozial

Die Engführung von Gefühl und Praxis eröffnete dem Begriff eine politische Karriere, in der sich verschiedene Bedeutungen mischten. Da war zunächst die kosmopolitische Lesart, wie sie die philhellenischen und Polen-Vereine des frühen 19. Jahrhunderts kennzeichnete. Deren Mitglieder setzten sich aktiv für die Befreiungskämpfe der Griechen (gegen das Osmanische Reich) und Polen (gegen Russland) ein und boten Geflüchteten Unterschlupf und Unterstützung. Auch die Bewegung des Jungen Europa, die der liberale Revolutionär Giuseppe Mazzini 1834 in Bern mit Vertretern aus Italien, Polen und Deutschland aus der Taufe hob, verschrieb sich der »Verbrüderung der Völker«.

Neben diese internationale Perspektive trat eine nationale, die schon in der Französischen Revolution sichtbar und spürbar gewesen war. So hatte Campe 1789 in Paris »nicht ohne Rührung« das »friedliche, freundliche und liebreiche Betragen der freigewordenen Franzosen gegen einander« bemerkt und es auf die »Gesinnung« der Brüderlichkeit zurückgeführt. Sie umschloss sämtliche Mitglieder der französischen Nation, über jedwede soziale oder konfessionelle Barrieren hinweg. In diesem Sinn schworen die auf der Jahresfeier des Bastillesturms am 14. Juli 1790 auf dem Pariser Marsfeld Versammelten, mit allen Franzosen durch »die unlösbaren Bande der Brüderlichkeit« vereint zu bleiben. 1832 sah das liberal-demokratische Hambacher Fest auch Deutsche »brüderlich vereinigt«. Das emotional aufgeladene Bild der Verbrüderung bezog sich hier auf die Bildung einer Nation, die soziale oder landsmannschaftliche Unterschiede überwölben und alle Bürger gleichberechtigt einbeziehen würde.

Eine andere Färbung gewann es seit der Revolution 1848. Als sich mehrere Arbeitervereine aus ganz Deutschland zur Allgemeinen Deutschen Arbeiter-Verbrüderung zusammenschlossen, war das zwar ebenfalls eine überlokale und überregionale Bewegung, die zudem die Differenzen zwischen Gewerken und »Berufsarten« überbrücken sollte. Doch mit Beamten, Kaufleuten oder Unternehmern wollten sich die Handwerksgesellen und Fabrikarbeiter nicht verbrüdern. Auch Frauen sollten draußen bleiben, was die junge Aktivistin Louise Otto freundlich, aber bestimmt kritisierte. In einem »Sendschreiben« erinnerte sie »die Verbrüderten« daran, dass »ihr auch *Schwestern* habt«, die ebenfalls unter der »Übermacht des Kapitals« litten. Schon Campe hatte 1801 auf die Möglichkeit verwiesen, der Brüderlichkeit eine »Schwesterlichkeit« für die entsprechenden Gesinnungen und Verhaltensweisen von »Weibern« an die Seite zu stellen. Dass eine Tochter aus bürgerlichem Haus für Arbeiterfrauen als ihren »armen Schwestern« eintreten und handeln wollte, widersprach allerdings den Prinzipien der neuen Arbeiterorganisation, die kollektive Selbsthilfe und Eigenständigkeit betonte. Daher gründete Louise Otto 1849 erst eine *Frauen-Zeitung* unter dem Motto »Schwestern, vereinigt Euch mit mir«, später dann den ersten allgemeinen Frauenverein.[5]

Auf Gegenseitigkeit

Derweil ging die Arbeiter-Verbrüderung tatkräftig daran, »eine starke Vereinigung zu begründen, welche, auf Gegenseitigkeit und Brüderlichkeit gestützt, die Rechte und den Willen der einzelnen zu einer Gesamtheit, die Arbeit mit dem Genuß vermitteln soll«. Dafür empfahl sie Arbeitern, sich zu Assoziationen zusammenzuschließen, insbesondere zu Produktivgenossenschaften, wie sie seit den 1850er Jahren entstanden. Deren Mitglieder sollten gemeinschaftlich wirtschaften, Entscheidungen treffen und den Gewinn – den »Genuß« – teilen. Das ging meist nicht lange gut. Wesentlich erfolgreicher und langlebiger waren die Konsum- und Wohnungsbaugenossenschaften, die bis in die zweite Hälfte des 20. Jahrhunderts existierten (und derzeit einen neuen Aufschwung erleben). Viele hießen »Solidarität« und trugen ihr moralisch-politisches Programm damit im Namen.[6]

Solidarität wurde also tatsächlich, wie von Becker programmatisch gefordert, zur Brüderlichkeit der Tat. Anfangs weitgehend synonym verwendet, schob der neuere Begriff den älteren allmählich zur Seite. Solidarität beruhte auf gemeinsamen Interessen, die sich nach sozialistischer Lehre aus einer gemeinsamen Klassenlage ergaben. Und sie drückte sich in kollektiven Unternehmungen »auf Gegenseitigkeit« aus. Das konnten Konsumvereine sein oder Arbeiter-Radfahrer-Bünde wie der, der sich 1896 den Namen *Solidarität* gab. Er zog 1912 in Offenbach eine Fahrradproduktion auf, kämpfte für »Wahrheit, Freiheit, Brüderlichkeit« und besteht noch heute.

Besonders vonnöten war Solidarität dort, wo es um die Abwehr von Risiken ging. Nicht umsonst gliederten sich alle Arbeitervereine und Gewerkschaften des 19. Jahrhunderts Unterstützungskassen an, in die Mitglieder einzahlten, um im Bedarfsfall finanzielle Zuwendungen bei Krankheit oder Arbeitsausfall zu erhalten. Die oft nach Einkommen gestaffelten Beiträge finanzierten gleiche Leistungen für alle Notleidenden.

Nach demselben Grundsatz funktionierten Feuerversicherungen oder staatliche Versicherungssysteme, die seit den 1880er Jahren auf- und ausgebaut wurden. Letztere nahmen erstmals auch Arbeitgeber in die Verantwortung. Sie mussten sich zu einem Drittel an der Krankenversicherung ihrer Belegschaft beteiligen, die Beiträge zur Unfallversicherung trugen sie sogar allein, und zur Invaliditäts- und Altersversicherung steuerten sie zu gleichen Teilen bei. Die finanziellen Folgen des Risikos, krank und invalide zu werden, verteilten sich also auf mehrere Schultern und belasteten nicht mehr nur den unmittelbar Betroffenen.

Damit erweiterte sich der gruppenbezogene Solidaritätsgedanke um eine nationale Dimension: Arbeiter und Arbeitgeber rückten zusammen. Die internationale Perspektive trat demgegenüber in den Hintergrund. Zwar versammelten sich 1889, am hundertsten Jahrestag der Französischen Revolution, Delegierte aus zwanzig Staaten in London zu einem internationalen Sozialistenkongress. Unter anderem beschlossen sie, den 1. Mai künftig überall als Kampftag der Arbeiterklasse zu begehen. 1910 kam der Frauentag hinzu; beide haben sich bis heute erhalten. Alle Bekenntnisse zur nationsübergreifenden

42 Postkarten des Arbeiter-Radfahrer-Bundes »Solidarität«, um 1900

Solidarität verhinderten jedoch nicht, dass die Sozialistische Internationale im Ersten Weltkrieg auseinanderbrach. Teils selbstbestimmt, teils unter staatlichem Druck stellten sich die Arbeiterparteien auf die Seite ihrer jeweiligen Regierung und gaben der nationalen Solidarität den Vorzug.

Nicht nur in Deutschland wurde dieser Krieg als Gemeinschaftserlebnis propagiert, in dem die Nation über alle Differenzen hinweg zu sich selber fand. »Ich kenne keine Parteien mehr, ich kenne nur noch Deutsche«: So fasste Kaiser Wilhelm II. am 4. August 1914 das Versprechen und Bedürfnis nationaler Einheit und Einigkeit zusammen. Doch schon bald brachen Konflikte und Spannungen auf, bei der Definition der Kriegsziele ebenso wie bei der Verteilung knapper Ressourcen oder bei der Frage, ob alle Bevölkerungskreise gleichermaßen zu den Kosten und Opfern des Krieges beisteuerten. Sie kulminierten in der Revolution vom November 1918, die rechte Kreise als Dolchstoß in den Rücken des angeblich unverdrossen kämpfenden und unbesiegten Heeres diffamierten. Dass sie ihr die Schuld für die Kriegsniederlage zuschoben, belastete den neuen, postrevolutionären Staat mit einer schweren Hypothek.

Solidarität im Weimarer Fürsorgestaat

Dennoch startete die Republik stark und mit einer ehrgeizigen sozialen Agenda, die wesentlich von der SPD geprägt war. Solidarität als Gesinnung, emotionale Haltung und Praxis, bislang vor allem in der sozialdemokratischen Arbeiterschaft gepflegt, sollte nunmehr in der ganzen Gesellschaft gelten. Jeder und jede durfte sie von allen anderen erwarten, kraft gemeinsamer Staatsbürgerschaft und Zugehörigkeit zur deutschen Nation. Das veränderte sowohl die Grundidee von Solidarität als auch deren Architektur. War die klassenbezogene Solidarität eine absichtlich und freiwillig eingegangene Selbstverpflichtung, wurde man in die nationale Solidarität *nolens volens* hineingeboren. Darüber hinaus funktionierte Solidarität in der Gewerkschafts- und Genossenschaftsbewegung auf gleicher Höhe: Alle Mitglieder waren ihrer bedürftig und dazu befähigt. Bei der gesellschaftlich organisierten Solidarität dagegen sollten die Stärkeren für die Schwächeren einstehen. Anflüge einer solchen Praxis waren bereits in den 1890er Jahren sichtbar geworden, als die preußische Regierung ein progressives System der Einkommensbesteuerung einführte. Wohlhabendere wurden mit einem höheren Steuersatz veranlagt als Ärmere und trugen entsprechend stärker zur Finanzierung der Staatsaufgaben bei.

Jene Aufgaben erfuhren in Weimar eine erhebliche Ausweitung. Der Staat war fortan nicht mehr nur für die innere Verwaltung und äußere Sicherheit des Landes zuständig, sondern auch für die Unterstützung aller Bürger, die sich nicht selber helfen konnten. Die Verfassung bestimmte zwar klipp und klar, jeder Deutsche sei gehalten, »durch wirtschaftliche Arbeit seinen Unterhalt zu erwerben«. Aber »soweit ihm angemessene Arbeitsgelegenheit nicht nachgewiesen werden kann, wird für seinen notwendigen Unterhalt gesorgt«. Im Normalfall sollte das auf dem Versicherungsweg geschehen; zu den seit dem späten 19. Jahrhundert bestehenden Zweigen der Sozialversicherung trat 1927 eine Arbeitslosenversicherung hinzu, deren Beiträge Arbeitnehmer und Arbeitgeber gemeinsam aufbrachten.

Doch die Weimarer Republik ging noch in anderer Hinsicht weiter als das Kaiserreich: Sie sicherte allen Bürgerinnen und Bürgern ein »menschenwürdiges Dasein« zu und sah sich in der Pflicht, es zu gewährleisten. Für Hilfsbedürftige sprang der Staat ein. Zu diesem Zweck baute er ein tief gestaffeltes kommunales System öffentlicher Fürsorge auf, das die Bedürftigkeit prüfte und Unterstützung leistete. Finanziert wurde das System aus dem Steuersäckel, in den die mittleren und oberen Schichten prozentual deutlich mehr einzahlten als die unteren. Auch hier bewies sich Solidarität als »Brüderlichkeit der Tat«, diesmal auf gesamtgesellschaftlicher Ebene.

Zugleich aber schrumpfte Solidarität auf ein abstraktes, emotional entleertes Prinzip. In Gesetze und Ausführungsbestimmungen gegossen und von einer Wohlfahrtsbürokratie sachlich administriert, ging ihr das »menschliche Antlitz« verloren. Das Gefühl der Verbundenheit, der brüderlich-liebreichen Gesinnung, wovon Campe 1789 in Paris so angetan gewesen war, wanderte aus dem Sozialstaat aus – obwohl es bei seiner Entstehung Pate gestanden hatte.

Katholischer Solidarismus contra NS-Volksgemeinschaft

Es hatte auch die katholische Soziallehre beflügelt und inspiriert, die seit Beginn des 20. Jahrhunderts ausformuliert wurde. Als Begründer des »Solidarismus« in Deutschland gilt der Jesuit Heinrich Pesch. Er distanzierte sich sowohl von liberalen Auffassungen, die das Individuum und dessen »eigenen Vorteil« in den Mittelpunkt stellten, als auch vom Sozialismus, der das Kollektiv der Gleichen und den Gedanken des Klassenkampfs hochleben ließ. Stattdessen schwebte ihm eine Gesellschaft vor, die alle individuellen und sozialen Kräfte dem Zweck zuführte, »das Wohl der Gesamtheit und ihrer schwächeren Teile zu bewirken«. Diese auf die »öffentliche Wohlfahrt und das allgemeine Wohl« gerichtete Solidarität war größer und weiter gedacht als die Solidarität einzelner Assoziationen und Vereine. Als »soziales Rechtsprinzip« bildete sie, wie Peschs Schüler Oswald von Nell-Breuning zusammenfasste, eines der beiden wichtigsten »Baugesetze« der Gesellschaft (das andere war Subsidiarität oder »hilfreicher Beistand«). Nell-Breuning schrieb 1931 maßgeblich an der päpstlichen Sozialenzyklika mit. Sie betonte die Gleichwertigkeit von Kapital und Arbeit, unterstrich die gegenseitige Verantwortung (sprich Solidarität) aller Gesellschaftsmitglieder und forderte die Sozialbindung des Eigentums.[7]

Meyers Lexikon setzte 1942 die Lehre des Solidarismus in krassen Gegensatz zum Nationalsozialismus, der »den sozialen Ausgleich durch einen volksgenössischen Sozialismus auf der Grundlage von Blut und Boden« erziele. Solidarität habe nur dann eine »innere Berechtigung, wenn sich die solidarische Gemeinschaft mit der Volksgemeinschaft und die Interessenfragen mit den Volksinteressen decken«. Da sie als marxistisch-kommunistisches »Schlagwort«

firmierte, kam sie im nationalsozialistischen Wortschatz kaum vor. Lieber sprach man von der »Volksgemeinschaft« als »rassisch« definierter Einheit. In ihr zählte nicht, was der Einzelne wollte, sondern was dem Volk guttat und nutzte. »Du bist nichts, Dein Volk ist alles« wurde Kindern von klein auf eingeimpft. Das damit verbundene Versprechen auf Gleichheit und Einheit fanden sehr viele Volksgenossen attraktiv.[8]

Schon in der Weimarer Zeit hatten Bürger, die ihren Kummer und ihre Sorgen, aber auch ihre Sehnsüchte und ihre Begeisterung in Briefen an den jeweiligen Reichspräsidenten zur Sprache brachten, die innere Zerrissenheit der Nation beklagt. 1919 bekam Friedrich Ebert Post von dem Berliner Richard Walter, der sich als »Stehkragenproletarier« und Ex-Soldat vorstellte. Er bat Ebert dringend, das Volk zu lehren, »über alle religiösen, Stammes- und Parteiunterschiede hinweg sich nicht nur die Bruderhand rein äußerlich zu reichen, sondern fortan wirklich brüderlich zu fühlen, auf dass nie mehr Einer des Andern Teufel sei, sondern Einer des Andern Förderer«. Ebert dankte und schlug Walter vor, »durch geeignete Aufklärung, in den Ihnen zugänglichen Kreisen der Bevölkerung« daran mitzuwirken.

1932 teilte der Sozialdemokrat Theodor Kretschmann aus Wesermünde Reichspräsident von Hindenburg mit, warum er ihm bei der anstehenden Wahl seine Stimme gebe:

»Ich verleugne nicht meine Weltanschauung, aber in der jetzigen Not und Gefahr des deutschen Volkes, bin ich in allererster Linie Deutscher. Der ist nicht wert, Deutscher zu sein, der jetzt noch die Partei über die Einheit des Volkes stellt. Nur in der Einigkeit sehe ich die Gewähr für die Befreiung von den ungeheuren Lasten und für den wirtschaftlichen Wiederaufstieg.«

Ähnlich äußerte sich der Bonner Direktor der Rheinisch-Westfälischen Sprengstoff AG und Hauptmann a. D. Breucker, der aus seiner rechtskonservativen Einstellung keinen Hehl machte. Er habe »in der jahrelangen Zusammenarbeit mit unserer durch fremde Besetzung in ihrem nationalen Denken gestärkten Arbeiterschaft erfahren, wie bitter notwendig bei unserm Aufstieg die Einigkeit zwischen allen Volksschichten ist, für die Eure Exzellenz sich stets mit der ganzen Kraft ihrer Persönlichkeit eingesetzt haben.« Dass »wie 1914 alle Deutschen in einer Volksgemeinschaft zusammenfinden« und »einmütig bestrebt am Wiederaufbau« mitarbeiteten, wünschte sich der Lübecker Wolf von Waldenburg Straus-Scharina.[9]

Der Nationalsozialismus stellte diese Volksgemeinschaft ins Zentrum seiner Propaganda und Politik, versprach ein Ende des Klassenkampfs und die Einheit aller Arbeiter der »Stirn und Faust« samt derjenigen, die sie beschäftigten. Und er beließ es nicht bei Versprechungen. Symbolisch wie praktisch setzte er Einheit und Gleichheit wirkungsvoll in Szene, machte aber stets deutlich, dass die »solidarische Gemeinschaft« nur jene aufnahm, die seinen »rassischen« Kriterien genügten. Für sie organisierte man aufwendige Einheitsfeste. Das erste fand am 1. Mai 1933 statt, dem traditionellen Kampftag der sozialistischen Arbeiterbewegung, der fortan ein arbeitsfreier und bezahlter »Feiertag der nationalen Arbeit« war. Propagandaminister Goebbels inszenierte ihn als eine »grandiose Demonstration deutschen Volkswillens«. Über eine Million Menschen nahmen in Berlin an diesem »Massenereignis« teil: »Arbeiter und Bürger, hoch und niedrig, Unternehmer und Untergebener, jetzt sind die Unterschiede verwischt, nur ein deutsches Volk marschiert«, notierte Goebbels euphorisch in seinem Tagebuch. »Hier kann keiner sich ausschließen, hier gehören wir alle zusammen, und es ist keine Phrase mehr: wir sind ein einzig Volk von Brüdern geworden.«[10]

Brüderlich sollte es auch in der Deutschen Arbeitsfront zugehen, die nach der Zerschlagung der Gewerkschaften als Einheitsverband von Arbeitern, Angestellten und Unternehmern die »wirkliche Volks- und Leistungsgemeinschaft aller Deutschen« zu verkörpern vorgab. Statt Klassen- und Arbeitskämpfe zu führen, waren alle Betriebsangehörigen zur Zusammenarbeit angehalten. Sogar das Militär ebnete soziale Hierarchien ein. Anders als im Kaiserreich sah die Wehrpflicht, 1919 auf Betreiben der Siegermächte ausgesetzt und 1935 wiedereingeführt, keine Besitz- und Bildungsprivilegien mehr vor. Zu

Reserveoffizieren, die sich vor 1918 ausschließlich aus bürgerlichen Schichten rekrutiert hatten, konnten alle »Persönlichkeiten mit guter militärischer Vorbildung« werden, sofern sie ihre »arische Abstammung« nachwiesen. Selbst bei Berufsoffizieren senkte man die sozialen Zugangsbedingungen.[11]

Gleichheit und Einheit wurden auch im zivilen Leben vorgeführt, vorzugsweise an Sonntagen. In größeren Städten fanden öffentliche Gemeinschaftsessen statt, bei denen sich Bedürftige und gutsituierte Bürger eine Mahlzeit aus der Eintopfterrine teilten. Hausfrauen sollten statt des Sonntagsbratens ein billiges Gericht auf den Tisch stellen und die gesparte Summe an das Winterhilfswerk spenden. HJ- und BDM-Mitglieder gingen von Tür zu Tür und sammelten die Spenden ein. Das nannte sich »Sozialismus der Tat« und diente anfangs dazu, die akute Not von Arbeits- und Obdachlosen zu lindern. Später füllten die Spenden die Kassen der Nationalsozialistischen Volkswohlfahrt, deren 17 Millionen Mitglieder und Hunderttausende ehrenamtliche Mitarbeiter die Solidarbereitschaft der Volksgemeinschaft sinnfällig unter Beweis stellten.[12]

43 Eintopfsonntag in Berlin, 13. Oktober 1935

Doch diese Bereitschaft hatte Grenzen, die das NS-Regime von Anfang an klar markierte. Von Solidarität ausgeschlossen waren nicht nur jüdische Deutsche, sondern auch »gemeinschaftsfremde« oder »gemeinschaftsunfähige« Personen, zu denen »Schmarotzer« ebenso zählten wie »Arbeitsscheue« und »Asoziale«. Im Grundsatz galt jeder, der nicht »gesund und leistungsfähig« war, wie es der Präsident des Reichsgesundheitsamts 1939 formulierte, als Ballast. Die Berliner Ausstellung *Wunder des Lebens* hatte 1935 auf Schaubildern vorgeführt, welche Gefahren den »Höherwertigen« durch die »Minderwertigen« drohten. Im Mathematikunterricht lernten Schüler und Schülerinnen, den Wert beziehungsweise Unwert von Menschen auszurechnen: »Nach vorsichtiger Schätzung«, lautete 1936 eine Rechenaufgabe für die Mittelstufe, »sind in Deutschland 300 000 Geisteskranke, Epileptiker usw. in Anstaltspflege. Was kosten diese jährlich insgesamt bei einem Satz von RM 4? Wie viel Ehestandsdarlehen zu je RM 1000 könnten – unter Verzicht auf spätere Rückzahlung – von diesem Geld jährlich ausgegeben werden?« Ein Biologiebuch für Fünftklässler zeigte unter der Überschrift *Hier trägst Du mit* einen jungen kräftigen Mann, dessen Rücken sich unter der Last zweier »Erbkranker« beugte.[13] Die Botschaft war klar: Mit solchen »lebensunwerten« Menschen brauchte man nicht solidarisch zu sein, im Gegenteil.

Volkssolidarität in der DDR

»Deutsche aller Stände, Stämme und Berufe, reicht Euch die Hände! Geschlossen marschieren wir in die neue Zeit hinein«, hatte Goebbels 1933 gefordert und verkündet.[14] Als der Marsch 1945 zum Stillstand kam und die nächste »neue Zeit« anbrach, fanden die verschlungenen Hände, das traditionelle, solidaritätsverbürgende Motiv der Arbeiterbewegung, eine andere Anwendung. Als Symbol für den historischen Handschlag zwischen SPD und KPD 1946 taugten sie einerseits zum Emblem der Sozialistischen Einheitspartei (SED), die

44 Biologie für Oberschüler und Gymnasiasten 1940: »Der Mensch und die Lebensgesetze«

fortan die Geschicke der DDR bestimmte.[15] Andererseits versinnbildlichten sie die verschiedenen Formen der Solidarität, die sich der »reale Sozialismus« auf seine Fahnen schrieb.

Da war zunächst die »Volkssolidarität«, im Oktober 1945 in Dresden »gegen Winternot« aus der Taufe gehoben und später als Wohlfahrtsverband für ältere Menschen weitergeführt. Mit dem ikonischen Händedruck riefen die neugegründeten Parteien und Gewerkschaften sowie Kirchenvertreter zu »brüderlicher Hilfe« für jene auf, die unter den Kriegsfolgen am meisten litten. »Alle, die noch Heimat und Wohnung haben«, sollten »alles Entbehrliche für die geben, die vor dem Nichts stehen«. Als »Massenorganisation«, die von der angeblich ständig zunehmenden »Bereitschaft der Bürger zur aktiven Solidarität« profitierte, kümmerte sich die »Volkssolidarität« vornehmlich um Rentner und Veteranen, vermittelte ihnen »Fürsorge und Geborgenheit« und ließ sie in ihren »Klubs« am gesellschaftlichen Leben teilnehmen. Als eine der wenigen Einrichtungen, die das Ende der DDR überlebten, ist sie heute noch im Osten wohlfahrtspflegerisch tätig.[16]

Solidarität wurde auch in den Betrieben, unter Kollegen und Kolleginnen, großgeschrieben. In den »sozialistischen Arbeitskollektiven« gab es, trotz gelegentlicher ▷ Neidgefühle, wenig Konkurrenz und umso mehr »kameradschaftliche Zusammenarbeit und gegenseitige Hilfe«. Vor allem nach 1989, als viele ihren Arbeitsplatz verloren, wurde das sehnsüchtig erinnert (▷ Nostalgie). Ein älterer Facharbeiter, der ansonsten kein gutes Haar an der DDR ließ, beschrieb das soziale Klima so:

»Wir, die wir in der Zeit des Sozialismus groß geworden sind, wollen wir mal so sagen, das waren eigentlich alles Kollegen. Wir sind in Brigaden gewesen, da wurde das Brigadeleben gefördert (...), das war eigentlich ein gutes Verhältnis. Und ich möchte sagen, das ist da auch nicht mehr rauszubringen.«

In einer Umfrage 1995 zur »DDR-Nostalgie« gab eine berufstätige Mutter zu Protokoll, »der Zusammenhalt unter den Bekannten, Nachbarn, Arbeitskollegen« sei »sehr gut« gewesen. 89 Prozent der Befragten waren überzeugt, dass »der Zusammenhalt der Menschen untereinander in der DDR stärker war als heute«.[17]

Großen Wert legte die DDR zudem auf ihre internationale Solidarität. Als Mitglied des sozialistischen Blocks unterstützte sie »antiimperialistische« Staaten, Bewegungen und Einzelpersonen wie die afroamerikanische Bürgerrechtlerin Angela Davis, die 1970 in den USA inhaftiert wurde. Die SED startete sogleich eine groß angelegte Solidaritätskampagne mit Kundgebungen, Spendensammlungen und auf Postkarten gedruckten Rosen, die man der »Friedenskämpferin« ins Gefängnis schicken sollte. Gerade bei jungen Leuten kam das gut an. Als Davis nach ihrem Freispruch 1972 Ostberlin besuchte, empfingen sie 50 000 Jugendliche mit Sprechchören von »Friede, Freundschaft, Solidarität«; auf offizieller Seite hatte man mit zwei- bis dreitausend gerechnet. Bei den Weltfestspielen der Jugend und Studenten, die 1973 unter dem Motto »Für antiimperialistische Solidarität, Frieden und Freundschaft« in Ostberlin stattfanden, war Angela Davis ein umjubelter Ehrengast. Dass sie sich ausdrücklich für die Solidaritätskarten und Protestbriefe bedankte und ihnen eine wichtige Rolle bei ihrer Freilassung zuschrieb, bestärkte die Fans darin, im richtigen Staat das Richtige getan zu haben.[18]

Nicht alle Solidaritätsaktionen stießen auf so große Gegenliebe. Die Vietnam- und »Soli-Spenden«, die Gewerkschaftsmitglieder jeden Monat abführten, seien »keine freiwillige, sondern eine zwangsmäßig heraufbeschworene *Sache*«, monierte ein SED-Genosse 1971. Sachliche Verpflichtung aber schloss ein »Eigenbedürfnis« aus. Wenn Solidarität kein Herzensanliegen war, sondern ein »freiwilliger Zwang«, dann verlor sie ihren emotionalen Wert und geriet zur Leerformel.

Immer wieder ertönte die Forderung, »sogenannte Solidaritätsgelder zu eigenem Aufbau zu verwenden« und »die Bevölkerung zufrieden zu stellen«. Ein »gutgemeinter Bürger« aus Glauchau befürchtete im November 1980, angesichts der Verhältnisse in Polen würde

45 Postkarte der Kinder- und Jugendspartakiade Leipzig 1977

»uns DDR-Bürgern wieder eine Last« aufgebürdet: »Müssen wir denn immer und immer wieder nur für Andere einstehen?« In einem umfangreichen, nüchtern argumentierenden Memorandum, das eine offenbar gutinformierte Person 1981 unter Pseudonym an führende SED-Funktionäre schickte, hieß es unter Punkt 21: »Wer wäre nicht für die internationale Solidarität? Es stimmt jedoch bedenklich, wenn unsere DDR Millionen von Mark zum Beispiel für Vietnam spendet, wundervolles Obst (Pfirsiche) jedoch von Vietnam nicht in die DDR sondern in die BRD geliefert wird. Brauchen wir keine Pfirsiche?« Solidarität wurde als Einbahnstraße wahrgenommen und als »Verdummung der Massen, die keiner mehr glaubt«.[19]

Solidarität in der Bundesrepublik

Von einer staatlich verordneten Solidaritätsverpflichtung ihrer Bürgerinnen und Bürger war die Bundesrepublik damals noch weit entfernt. Sie erfolgte offiziell und namentlich erst Mitte der 1990er Jahre, mit Solidaritätszuschlägen (»Soli«) und milliardenschweren Solidarpakten zur Finanzierung der »Kosten der Einheit« und des »Aufbaus Ost«. Bis dahin war Solidarität ein eher appellativer Begriff, der sich besonders in linken Kreisen großer Beliebtheit erfreute. In den späten 1960er Jahren kaperten Studenten alte Traditionen, gründeten Solidaritätskomitees, skandierten »Hoch die internationale Solidarität« und demonstrierten für die Freiheit Vietnams, die Freilassung von Angela Davis und die Befreiungsbewegungen in Simbabwe oder Mosambik. 1973, nach dem Militärputsch gegen die demokratisch gewählte sozialistische Regierung in Chile, gingen viele aus Solidarität mit den geflohenen Exil-Chilenen auf die Straße. Seit 1977 verlagerten sie ihre Sympathiegefühle auf die sandinistische Revolution in Nicaragua. Solidarität hatte dabei immer zwei Seiten: Sie bekundete eine ideelle Verbundenheit mit politischen Gruppierungen und Akteuren im Ausland, und sie war Protest gegen die Politik der Bundesrepublik, der europäischen Kolonialmächte und der USA.[20]

Diese doppelte Stoßrichtung machte den Begriff hochattraktiv, überfrachtete ihn aber auch und höhlte ihn aus. Solidarität wurde eher deklamiert als tatsächlich empfunden. Kaum jemand ging so weit wie der »Sponti« und Bankierssohn Tom Koenigs, der sein Erbe 1973 an den Vietcong und chilenische Widerstandskämpfer verschenkte. Fast ein halbes Jahrhundert später übernahm Koenigs, der zwischenzeitlich grüner Stadtkämmerer und Umweltdezernent in Frankfurt sowie Beauftragter der Bundesregierung für Menschenrechtspolitik gewesen war, eine fünfjährige Paten- und Bürgschaft für einen syrischen Kriegsflüchtling. Dem praktischen Engagement für Schwächere und Notleidende war er treu geblieben, auch wenn sich die Emphase politischer Solidarität inzwischen deutlich abgekühlt hatte. Das verband ihn mit vielen Angehörigen seiner Generation.

Allerdings waren solidarische Gefühle und Aktionen nie ein Monopol der bundesdeutschen Linken gewesen. Auch in christlichen Kreisen besaß Solidarität einen guten Klang. Bedrängten und bedrohten Menschen im In- und Ausland zu helfen, gehörte und gehört zum Selbstverständnis zahlreicher Kirchengemeinden, und die Institution des Kirchenasyls, in den 1980er Jahren wiederbelebt, würde ohne die aktive Unterstützung vieler Gemeindemitglieder nicht funktionieren. Dass auch sie von Solidarität sprachen, wenn sie ihre brüderlich-schwesterliche Gesinnung und Praxis auf den Begriff bringen wollten, belegt dessen partei- und milieuübergreifende Anziehungskraft.

Bereits 1968 hatte die CDU Solidarität, »die auf der Eigenverantwortung der Person aufbaut«, als einen Pfeiler christdemokratischer Politik benannt. Mit dem erläuternden Zusatz holte sie zugleich das Prinzip der Subsidiarität an Bord, das für die von Nell-Breuning und anderen entwickelte katholische Soziallehre gleich wichtig war. Demgegenüber bekannte sich die SPD in ihrem Godesberger Programm von 1959 zur Solidarität als einer »aus der gemeinsamen Verbundenheit folgenden gegenseitigen Verpflichtung«, der sie Freiheit und Gerechtigkeit als »Grundwerte des sozialistischen Wollens« zur Seite stellte. Obwohl sich die Sozialdemokraten damals vom Klassenkampf mitsamt marxistischem Vokabular verabschiedeten, hielten sie der Solidarität als traditionellem Leitmotiv und Organisationsgrundsatz der Arbeiterbewegung die Treue. Verkörpert sahen sie sie zuoberst in den Gewerkschaften, die die »solidarische, demokratisch geordnete Kraft« der Arbeitnehmer bündelten. Zugleich aber entgrenzten sie das Konzept und verknüpften es, wie ansatzweise schon in Weimar, mit dem Sozialstaatsprinzip.

Sozialstaatliche versus bürgerschaftliche Solidarität

Für einen solchen Sozialstaat, der den Ausgleich zwischen wirtschaftlich stärkeren und schwächeren Bevölkerungsgruppen bezweckte, hatte bereits das Grundgesetz die Weichen gestellt. 1952 erlegte das Lastenausgleichsgesetz Vermögenden aus Gründen der »sozialen Gerechtigkeit« eine finanzielle Abgabe auf, aus der vornehmlich Vertriebene sowie DDR-Flüchtlinge für ihre Besitzverluste entschädigt werden sollten. Die Rentenreform von 1957 begründete einen neuen »Generationenvertrag«, weil nunmehr die Jüngeren, die noch im Erwerbsprozess standen, die Renten der Älteren erwirtschafteten. Auch das galt als eine Form von Solidarität und erlaubte es, die Renten erheblich zu erhöhen und an der Lohnentwicklung teilhaben zu lassen.

Allerdings steht bei der Rentenfinanzierung auch der Staat in der Pflicht. Seine schon zu Bismarcks Zeiten geleisteten Zuschüsse sind in den letzten Jahrzehnten deutlich gewachsen; 2017 machten sie 28 Prozent des Bundeshaushalts und 66 Prozent des Sozialetats aus. Finanziert werden sie, ebenso wie die Sozialausgaben der Kommunen, aus dem Steueraufkommen. Dazu tragen Besserverdienende infolge der Progression stärker bei als Geringverdiener, und auch das gilt als Ausweis von Solidarität und sozialer Gerechtigkeit. Laut einer repräsentativen Umfrage von 2012/13 waren 73 Prozent der Bevölkerung damit einverstanden, dass der Steuersatz ansteigt, je mehr man verdient. Soziale Transferleistungen fanden ebenfalls großen Beifall. Allerdings erwartete man von den Empfängern im Gegenzug Fairness und Kooperation. Wer zumutbare Beschäftigungen ablehnte, sollte dafür sanktioniert werden. Dem stimmten 2018 65 Prozent der Befragten zu; unter CDU-Anhängern waren es sogar 70 Prozent, unter SPD-Wählern immerhin noch 52 Prozent.[21]

Solidarität ist offensichtlich nicht grenzenlos, sondern an Bedingungen geknüpft. Das hatte bereits für die frühen Solidargemeinschaften der Arbeiterbewegung gegolten. Sie hatten stets sorgfältig kontrolliert, ob diejenigen, die in den Genuss der gemeinsam aufgebrachten Unterstützung kamen, verantwortlich damit umgingen. Die soziale Entgrenzung und Verallgemeinerung des Solidaritätsprinzips, verbunden mit seiner Fixierung als Rechtsanspruch, haben Sozialleistungen anonymisiert und entmoralisiert. Aus der Perspektive der Empfänger hat das klare Vorteile. Aber eben auch Nachteile: Bereits 1963 beklagte Bundeskanzler Ludwig Erhard die »Fühllosigkeit« vieler Bürger und ihre »Flucht vor den Mitmenschen«. Statt »den hohen Wert des Mitfühlens, des Mitleidens und Mitfreuens« anzuerkennen und zu erleben, reduziere man ihn »auf die rechenhafte Formel staatlicher Sozialgesetzgebung«.[22] Je mehr Verantwortung der Staat für die soziale Sicherung seiner Bürgerinnen und Bürger übernahm, desto stärker verengte sich bürgerschaftliche Solidarität auf ein Geldverhältnis und büßte ihre emotionale Bindungskraft ein. Nicht zuletzt um dieses Vakuum zu füllen, redet man in letzter Zeit an- und ausdauernd von ▷ Empathie.

Aber auch Empathie ist kein Allheilmittel, zumindest dann nicht, wenn sie sich auf das Fühlen beschränkt. Solidarität, als »Brüderlichkeit der Tat«, beweist sich in der Praxis, »Gesinnung« und »Betragen«, so Campe, fließen ineinander. Dass davon immer noch, trotz aller Unkenrufe, eine Menge vorhanden ist, zeigt sich weniger im durchregulierten Alltag als in außergewöhnlichen Notsituationen. Als Hamburg und Umgebung 1963 von einer schweren Flutkatastrophe heimgesucht wurden, kannte die spontane Hilfsbereitschaft keine Grenzen. Bei den Jahrtausend-Überschwemmungen im Oderbruch 1997 und beim Elbehochwasser 2002 zeigten sich Bürger nicht nur spendenfreudig, sondern rückten in großer Zahl zum persönlichen Einsatz an. Völlig unideologisch übte man zudem »internationale Solidarität« bei der Unterstützung betroffener Gebiete in Polen und Tschechien. Ebenfalls grenzüberschreitend war die gefühlte und bekundete Solidarität mit den Opfern der islamistischen Attentäter, die 2015 die Pariser Redaktion der Satirezeitschrift *Charlie Hebdo* gestürmt und elf Personen erschossen hatten. Noch am selben Tag versammelten sich in Berlin zahlreiche Menschen vor der Französischen Botschaft, viele trugen Schilder mit der Aufschrift *Je suis Charlie*.

Dass nationale und internationale Solidarität nicht immer so harmonisch zusammenwirken, verdeutlichte die »Flüchtlingskrise« 2015. Einerseits löste sie in Deutschland eine eindrucksvolle Solidaritätswelle aus; zahllose freiwillige Helferinnen und Helfer machten die »Willkommenskultur« zu einer vielbestaunten Realität. Andererseits dauerte es nicht lange, bis sich Bürger beschwerten, »die Ausländer« würden mit unverdienten Wohltaten überschüttet. Im Osten fand das Argument besonders starken Widerhall. »Die Asylanten werden verwöhnt. Das Volk wird verpönt«, stand auf einem Plakat, das AfD-Anhänger im Oktober 2015 durch Magdeburg trugen. Viele Ostdeutsche, die sich trotz »Soli« und Solidarpakten von den westdeutschen »Brüdern und Schwestern« bislang wenig brüderlich und schwesterlich behandelt fühlten, reagierten irritiert auf das, was sie für einen übertrieben großzügigen Beweis transnationaler Verbundenheit hielten. Das Gefühl, selber nicht genug vom Kuchen abzubekommen, schürte, wie schon zu DDR-Zeiten, das Ressentiment gegen die »Fremden« (▷ Wut, ▷ Neid).

Wer wem welche Solidarität schuldet oder schenkt, ist ein Dauerthema der modernen Geschichte, nicht nur in Deutschland. Gleichwohl stellt Solidarität ein wichtiges Ankerprinzip der Gesellschaft dar, das von zahlreichen Akteuren beansprucht, aber auch praktiziert wird. Klassische Solidargemeinschaften, allen voran die Gewerkschaften, haben zwar massiv an Organisationskraft verloren, und die Sozialdemokratie, als Hebamme, Sprachrohr und Multiplikatorin des Konzepts, scheint im freien Fall. Doch andere haben es adoptiert oder wiederentdeckt.

Nie war die Zahl derer, die sich ehrenamtlich engagierten, größer als heute. Der Anteil der über Vierzehnjährigen, die Zeit spenden und

Solidarität 327

sich um andere kümmern, seien es kranke Nachbarn, Flüchtlingskinder oder ältere Menschen, hat sich in den letzten zwei Jahrzehnten von 30 auf 40 Prozent der Bevölkerung erhöht. Ende 2015, auf dem Höhepunkt der »Flüchtlingskrise«, war jede und jeder Zweite hier aktiv. Bürgerstiftungen boomen, Hausaufgabenhilfe und persönliche Patenschaften ebenfalls. Auch in den ersten Wochen der Corona-Krise 2020 gab es keinen Mangel an fürsorglichem und solidarischem Verhalten, und die Bevölkerung rückte symbolisch und virtuell zusammen, auch wenn sie das physische Abstandsgebot wahrte.

Für die emotionale Temperatur einer Gesellschaft sind solche freiwilligen, die »Herzensseite« der Solidarität verkörpernden Handlungen und Initiativen ein wichtiges Barometer – und ein bemerkenswertes Gegengewicht zur Tendenz neoliberaler Entsolidarisierung und wettbewerblicher Individualisierung, wie sie seit den 1990er Jahren um sich greift.

46 Leipzig, Mai 2020

STOLZ

»Deutsche, wir können stolz sein auf unser Land!« So stand es 1972 auf Wahlplakaten der SPD. Sie zeigten einen selbstbewussten Kanzler Willy Brandt, der seine Mitbürgerinnen und Mitbürger aufforderte,

47 Stolz der Nation: SPD-Plakat zur Bundestagswahl 1972

ihn im Amt zu bestätigen. Mit der Anrede und der Ermunterung, stolz auf »unser Land« zu sein, setzte er ein klares nationales Zeichen. Manche Genossen zuckten zusammen, sie hätten das Wort »Deutsche« lieber kleiner geschrieben. Aber letztlich wollten auch sie »nationale Gefühle« nicht den »nationalistischen Schreiern« überlassen. Außerdem sorgte Brandt bei seinen Wahlkampfauftritten dafür, den nationalen Überschwang zu bremsen, indem er präzisierte, was mit Stolz gemeint war und worauf er sich richtete: »Niemand nimmt uns den Stolz auf das Ergebnis unserer harten Arbeit.«[1]

Das hörte sich schon wieder ganz anders an und passte besser zur sozialdemokratischen Agenda. Mit Appellen an den Nationalstolz hatte sich die SPD seit jeher zurückgehalten. Ende des 19. Jahrhunderts brachte ihr der offen proklamierte Internationalismus – sie war die mächtigste Partei in der Sozialistischen Internationale und bekannte sich ohne Wenn und Aber zur übernationalen proletarischen ▷ Solidarität – sogar den Ruf ein, »vaterlandslose Gesellen« zu sein. In einer Zeit, in der nationalistische Vereine großen Zulauf hatten, war das nicht als Kompliment gemeint.

Nationalstolz und nationalistischer Hochmut

Nationalismus war mehr als das freudige Bekenntnis zum deutschen Nationalstaat, der 1871, nach dem Deutsch-Französischen Krieg, aus der Taufe gehoben worden war. Vor allem für Liberale und Demokraten hatte sich damit ein langgehegter Traum erfüllt. Dass es im neuen Reich nicht so liberal und demokratisch zuging, wie sie es sich gewünscht hatten, war zwar ein Wermutstropfen. Doch die nationale Einheit wog schwerer. Man begeisterte sich für Otto von Bismarck, den Schöpfer der Einheit, und verbeugte sich vor dem Militär, das sie auf den Schlachtfeldern Frankreichs vorbereitet hatte. Sogar in Süddeutschland errichteten Bürger dem preußischen Kanzler Denkmäler und verehrten ihn als politischen Helden. In die Verehrung mischte sich Stolz auf das Kaiserreich, das mit seinem 41-Millionen-Volk im

Kreis der europäischen Mächte eine andere Rolle spielen würde als der zahnlose Deutsche Bund aus mehr als vierzig Mitgliedstaaten. Dieses Reich konnte machtvoller auftreten, seine Interessen selbstbewusster formulieren und verfolgen. »Für den größeren Teil der Nation«, resümierte der liberale Theologe Ernst Troeltsch 1918, war es »die Erfüllung seiner heiligen Sehnsucht, und wir wollen den Stolz heute nicht verleugnen, mit dem es uns erfüllte«.[2]

Mit Nationalismus hatte dies zunächst wenig zu tun. National gesinnt sein hieß nicht, das eigene Land auf Kosten anderer hochzujubeln. Patrioten, die ihr Vaterland liebten, waren keine Chauvinisten, die andere Vaterländer abwerteten. Aurel Kolnai, der 1931 einen klugen Text über Hochmut veröffentlichte, assoziierte Chauvinismus nicht mit Stolz, sondern mit Hochmut – einer Werthaltung, die »nicht beim Glauben an die ›eigene‹ Überlegenheit oder Richtigkeit (sei diese auch ganz unbewiesen) haltmacht, sondern das Fremde und Entgegengesetzte als irgendwie ›irrelevant‹, an das Eigene nicht heranreichend, bedeutungsleer, erlebt«.[3]

Ein solcher Hochmut zeichnete jene aus, die sich seit den 1880er Jahren in nationalistischen Vereinen und Assoziationen zusammenschlossen, eigene Zeitungen gründeten und Druck auf die Reichsregierung ausübten, ihre Politik an ehrgeizigeren Zielen auszurichten. Einer ihrer bekanntesten Wortführer war Heinrich Claß, 1868 geboren und bis in die 1930er Jahre politisch aktiv. 1908 übernahm er den Vorsitz des Alldeutschen Verbandes, der für eine deutsche Weltpolitik mit Kolonien und forcierter Rüstung trommelte. Sein Kampfruf lautete »Deutschland den Deutschen«, im Klartext: ohne Juden. Zugleich sollte Deutschland größer werden, dank umfangreicher Annexionen, wie sie der Verband im Ersten Weltkrieg forderte.

In diesem innen- und außenpolitischen Programm bündelte sich ein aggressiver, antisemitischer Nationalismus, der nach dem verlorenen Krieg nicht etwa verschwand, sondern neue Nahrung fand. Viele Deutsche fühlten sich vom Versailler »Diktatfrieden« gedemütigt und reagierten darauf mit einem trotzigen Bekenntnis zur nationalen »Ehre«. Zwar bedeutete ▷ Ehre nicht dasselbe wie Stolz, beide trafen sich aber in der Anerkennung, teilweise auch in der demonstrativen Zurschaustellung des eigenen Werts. Wer immer ihn anzweifelte (was die Siegermächte 1919 aus deutscher Sicht nachdrücklich getan hatten), versetzte dem Selbstbewusstsein einen derben Hieb. Den nahm man entweder hin, duckte sich weg oder parierte ihn mit einer Extradosis stolzer Überhebung.

Stolz, Hochmut, Eitelkeit

Der Stolze und Hochmütige, definierte der *Brockhaus* 1892, schätze »sich selbst über alles hoch«. Anders als der Eitle sei er nicht auf Beifall bedacht, sondern setze sich rücksichtslos über andere hinweg. Freundlicher urteilte der *Meyer* 1909, der Stolz von Hochmut trennte. Letzteren fand er dort, wo jemand seinen Wert überzog und sich »zur Geringschätzung andrer verleiten« ließ. Wer sich indes auf »wahre und tatsächlich besessene, sogar sittlich wertvolle« Vorzüge wie »Charakterfestigkeit, wissenschaftliche oder künstlerische Leistungsfähigkeit u. dgl.« berufen könne, dessen Stolz sei gerechtfertigt und moralisch in Ordnung. Er war es umso mehr, hieß es 1957 im *Brockhaus*, wenn die Gesellschaft diese Vorzüge allgemein anerkannte. Die nächste Auflage unterschied Stolz als »Form des gehobenen Selbstwertgefühls« dadurch von Hochmut, dass der Stolze sich seiner selbst sicher sei, während der Hochmütige den Vergleich mit anderen brauche.[4]

Was in all diesen Beschreibungen ungeachtet ihrer verschiedenen Akzentsetzungen und Wertungen deutlich wird, ist die moralische Ambivalenz des Stolzes. Man bejahte ihn einerseits als positives, kraftvolles Gefühl für den Wert der eigenen Person und Leistung. »Ein freudiges Feststellen der eigenen Tüchtigkeiten«, so Kolnai, schade niemandem und könne sogar »noch im Zeichen der ▷ Demut, der Einsicht in die eigene Gebrechlichkeit und Unvollkommenheit stehen«. Andererseits war die Grenze zum negativ konnotierten Hochmut, zu Arroganz und Eitelkeit fließend. Auch ein mit »gesundem« Selbstbewusstsein ausgestatteter Mensch sah unter Umständen auf andere herab, verglich sich mit ihnen und wies ihnen einen entsprechend höheren oder niedrigeren Wert zu.[5]

Die Geschichte des Nationalstolzes führt das, was Max Scheler 1912 »Relationswertung« nannte, klar vor Augen. Wenn sich Deutsche im 19. Jahrhundert stolz zu ihrer Seelentiefe und ihrem »Gemüt« bekannten, distanzierten sie sich im selben Atemzug von den als oberflächlich abgestraften Franzosen. Die Entgegensetzung von »deutscher Kultur« und »französischer Zivilisation«, die während des Ersten Weltkriegs hohe propagandistische Wellen schlug, brachte die Hochschätzung der einen und die Geringschätzung der anderen auf den Punkt. Das Eigene, auf das man stolz war, stand immer in kontrastivem Bezug zu einem Fremden, das als weniger wertvoll galt und gelten musste.

Zugleich fehlte dem Nationalstolz das, was die Lexika *unisono* als Quelle des Stolzes hervorhoben: das Gefühl des Selbstwerts, der sich aus persönlichen Leistungen ableitete. Wer stolz auf die Nation war, berief sich auf ein Kollektiv, dem er bestimmte Vorzüge zuschrieb. Keine davon ließ sich dem eigenen Handeln, dem eigenen Charakter, den eigenen Fähigkeiten zurechnen. Trotzdem reklamierte man sie für sich selber, denn man hatte sie, als geborenes Mitglied der Nation, geerbt. Bildungsbürger zitierten hier gern Goethes *Faust*: »Was du ererbt von deinen Vätern hast / Erwirb es um es zu besitzen.« Als geflügeltes Wort fand sich der Spruch bis in die 1960er Jahre in zahllosen Poesiealben verewigt. Aber auch jene, die sich davon nicht zur steten »Selbstvervollkommnung« anspornen ließen, begriffen sich als Erben nationaler Heldentaten, empfanden Stolz und nutzten ihn, um politische Positionen zu markieren.

Adelsstolz und Mannesstolz

Denn Stolz, das hatten die lexikalischen Definitionen unterschlagen, beruhte eben nicht nur auf den persönlichen Leistungen und Vorzügen. Man konnte auch stolz auf das sein, was andere getan hatten, ebenso wie man sich für andere schämte (▷ Scham). Voraussetzung war in beiden Fällen, dass man sich auf die eine oder andere Weise mit ihnen identifizierte: Sie mussten als Teil des Eigenen wahrgenommen werden. Das traf, wie Scheler meinte, auf Kinder und Ehefrauen zu; sie waren den Eltern beziehungsweise Ehemännern so nah und eigen, dass diese auf sie stolz sein oder sich für sie schämen mochten. Auch der Stolz des Lehrers auf seinen Schüler gehörte in diese Kategorie.[6]

Um den Zusammenhang von Identifikation und Stolz hervorzuheben, hätte Scheler auch die Mitglieder einer Nation oder eines sozialen Standes heranziehen können. Vor allem der Adel, der im frühen 20. Jahrhundert gesellschaftlich, politisch und wirtschaftlich noch einiges zu sagen hatte, kultivierte einen Stolz, der sich auf tradierte Leistungen und Machtstellungen bezog. Wer in eine adlige Familie hineingeboren wurde, erbte automatisch auch den Stolz auf das, was das »Geschlecht« von alters her auszeichnete. Damit steigerte sich, in Schelers Definition, das »positive Gefühl des *eigenen* Selbstwertes«. Man wuchs über sich hinaus, streckte den Rücken und schaute selbst- und standesbewusst in die Runde.

Nicht nur in adligen Kreisen übten Männer diese Haltung von klein auf ein. Während Frauen nach wie vor knicksten und die Knie beugten, gerieten zu tiefe, »sklavenartige« Verbeugungen bei den Herren der Schöpfung zusehends in Verruf. »Der Körper«, hieß es 1896 in einem auflagenstarken *Handbuch für den Verkehr in der Familie, in der Gesellschaft und im öffentlichen Leben,* »muß möglichst gerade gehalten werden«; selbst vor »hochgestellten Personen« sei »jede Krümmung des Rückens« zu vermeiden, denn »sie macht eine lächerliche Figur« – wohlgemerkt nur beim männlichen Geschlecht.[7]

Aufrecht und gerade hielten sich Männer nicht zuletzt im Militär, wo »Mannesstolz« im Zeichen allgemeiner Wehrpflicht sorgfältig gepflegt und praktiziert wurde. Trotz ausgeprägter Rangunterschiede besaßen alle Soldaten, zumindest programmatisch, die gleiche »Mannesehre« und bewiesen den gleichen »Soldatenstolz«, der auch nach der Dienstzeit »in jedem echten Mannesherzen« lebendig blieb. Wahre Wunder, so der Autor einer populären Schrift für die »schulentlassene Jugend« 1917, bewirkte dieser Stolz im Weltkrieg, als sich besonders die Kampfflieger und U-Boot-Besatzungen mit einem »auf Heldentaten fußenden Soldatenstolz« hervortaten.[8]

Heldenstolz 1914 bis 1945

Viele Männer, die sich Anfang der 1930er Jahre zunächst an Reichspräsident von Hindenburg, später an Hitler wandten, berichteten von ihrem Stolz, aktiv am Krieg teilgenommen zu haben. 1935 gratulierten neun Berliner, allesamt Kriegsfreiwillige von 1914, ihrem »Führer« zum Geburtstag. Sie dankten ihm dafür, dass er »uns allen wieder Geltung und die lange vermisste Ehre« gebracht habe, und waren »stolz darauf, einst Gefreite und Melder gewesen zu sein, noch stolzer aber, dass Sie, lieber Kamerad von einst, jetzt der Führer Aller sind«. Dem Brief lagen Fotos bei, die die Herren in Anzug und Krawatte mit erhobenem Bierglas zeigten.[9]

In diesem wie in vielen ähnlichen Anschreiben war das Doppelgesicht des Stolzes gut zu erkennen: Man war stolz auf die eigene Leistung, aber auch auf die Taten anderer, in deren Widerschein man sich sonnte und die das persönliche Selbstwertgefühl steigerten. So äußerte sich 1932 der Volksschullehrer und Reserveleutnant a.D. Otto Klünder gegenüber Hindenburg. Als Kriegsteilnehmer fühle er »berechtigten Stolz« auf die »überragenden Leistungen unserer militärischen Führer« und die »Opferbereitschaft des einfachen Soldaten«. Im Zivilberuf sei es seine »stolzeste Aufgabe«, diesen Stolz an die Schüler weiterzugeben und ihnen »die Achtung vor dem Heldengeist und der Opferfreudigkeit ihrer gefallenen Väter und Brüder einzuschärfen, sei es bei Gelegenheit im Unterricht, auf Wanderungen durch unsere schöne Heimat, nicht zu vergessen bei Feiern an unserem riesigen Findling, dem Ehrengedenkstein der Gefallenen unserer Gemeinde«.[10]

Jene, die nichts hatten, worauf sie persönlich stolz sein konnten, fanden in einer streng nationalen, womöglich sogar nationalsozialistischen Gesinnung Ersatz. »Es ist ein erhebendes Gefühl«, schrieb die Münchnerin Emma Röttger 1930 an Hitler, »einer Bewegung anzugehören, dessen Führer ein Mann ist, aufrecht und stolz, der unbeirrt von Missgunst und fest seinem Ziele zustrebt«. Zwei Jahre später vertraute Maria Scherger aus Essen, die sich als »schlichtes Mädchen« vorstellte, Hindenburg an, sie sei noch nie so »stolz« darauf gewesen, »eine Deutsche zu sein, als in dieser Zeit. Seien Sie versichert: Deutschland kann und wird nicht untergehen.« Weniger zukunftsgewiss präsentierte sich 1932 der sechsundzwanzigjährige Recklinghäuser Bergmann Arthur Peuter. Er sei bereits seit einem Jahr erwerbslos und deswegen »zum Auswurf der Menschheit« gestempelt. Unter diesen Umständen möge es »wirklich als eine heroische Tat bezeichnet werden, wenn man sich stolz zur Nation bekennt«. Das konnte zweierlei heißen: Entweder der arbeits- und parteilose Peuter suchte wie Maria Scherger in der Nation einen Kompensationsstolz, der ihm über die eigene deprimierende Lage hinweghalf. Oder er fühlte sich so komplett aus der Gesellschaft ausgestoßen, dass er vor dieser Identifikation als »heroischer Tat« zurückschreckte und bloß davon träumte.[11]

Nach 1933 häuften sich Bekundungen des Stolzes. Endlich werde, schrieb die Berlinerin Emmy Spieske zwei Wochen nach Hitlers Ernennung zum Reichskanzler, »das nationale Gefühl im Volke wieder wach gerufen«. Es sei schließlich »das größte unter allen Empfindungen« und ziehe sich »wie ein roter Faden durch das ganze Leben«. Als Carl Meyer aus Arnstadt, seit zwei Jahren Parteigenosse, dem »hochverehrten Führer« 1933 zum Geburtstag gratulierte, fügte er zufrieden hinzu: »Man kann jetzt guten Gewissens wieder sagen, dass man auf sein Deutschtum stolz sein kann, während man sich vor dem 30.1.33 nur schämen musste.« In ihrem Glückwunschbrief 1935 bedankte sich Hedwig Elbers dafür, dass Hitler ihr den Stolz auf ihr »Muttertum« zurückgegeben habe. Drei Jahre später, unter dem Eindruck der Sudetenkrise, versprach die fünffache Mutter L. Hummel aus Gießen dem »lieben, lieben Führer«, im Kriegsfall ihren Mann und zwei Söhne ins Feld zu schicken, um »für Dich und Deutschland zu kämpfen«. Sie wisse, »dass dies Opfer heute einen so hohen Sinn hat. Und ich werde nicht zaghaft werden, ich werde freudig und stolz bleiben, dass sie in solcher Zeit für diesen Führer gefallen sind.« Eine »nationalstolze deutsche Frau« aus Mannheim war ebenfalls stolz darauf, dass ihr Mann »unter einem solch herrlichen Führer und Feldherrn kämpfen darf«:

> »Man kann wahrhaftig stolz sein in dieser Zeit zu leben, in der Sie, mein lieber Führer, unser geliebtes Deutschland wieder zu Ruhm und ▷ Ehre emporrissen. Ein Mann möchte man sein, um mit einzutreten in Ihre Reihen.«[12]

Sogar aus dem Ausland erreichte den »Führer« Post von Menschen, die ihn und seine Politik bewunderten. »Besonders die Jugendorganisationen«, schrieb Piero Bracci 1936 aus Livorno, hätten großen Eindruck auf ihn gemacht: »Ich habe die Hitlerjugend wunderbar in ihrem Stolz durch die Straßen marschieren sehen; ich habe sie mit so viel Stolz und mit so viel Schönheit die Hakenkreuzfahne tragen sehen, dass es mich bewegt hat.«[13] Der aufrechte Gang, die stramme Haltung, die von Vaterlands- und Heimatliebe kündenden Lieder: All das vermittelte ein Bild stolzer Selbstgewissheit, das seine Wirkung auf Teilnehmende und Beobachter selten verfehlte.

Stolz wurde der jungen Generation nicht nur in der Hitlerjugend antrainiert. Auch im Schulunterricht galt es, »in dem jungen Menschen das stolze Gefühl zu wecken, daß er dem deutschen Volke mit seinen herrlichen Gauen, seiner heldischen Gesinnung, seiner großen Vergangenheit und seiner hohen Kultur angehört«. Denn aus ebendiesem Stolz erwachse »Opferbereitschaft« für Volk und Führer.[14] Solche Formulierungen belegen, wie sehr Stolz im »Dritten Reich« an das nationale Kollektiv gebunden war. Teil der heroischen Volksgemeinschaft zu sein, vermittelte das Selbstwertgefühl, das liberale Gesellschaften im Individuum und dessen Fähigkeiten und Leistungen begründet sahen.

DDR-Stolz

Die DDR war weder liberal noch durchweg kollektivistisch. Zwar feierte sie die »sozialistische Gemeinschaft«, aber sie ließ auch den Einzelnen ihren Stolz und förderte ihn. Individuelle Fertigkeiten wurden öffentlich anerkannt und gewürdigt, im kompetitiven Leistungssport ebenso wie in den seit 1961 stattfindenden Mathematikolympiaden. Betriebe prämierten nicht nur das gemeinsam Erreichte, sondern auch persönliche Höchstleistungen (▷ Neid).

Der Stolz auf die eigene Arbeit brach sich jedoch immer wieder an materiellen Einschränkungen, unter denen die industrielle Produktion von Anfang bis Ende litt. Der nach außen bekundete Stolz, die von der Partei vorgegebenen Produktivitätsnormen erfüllt oder sogar übererfüllt zu haben, fühlte sich innen völlig anders an. Selbst Lehrlinge bekamen mit, »daß überall so viel geschlampert wird«, Betriebsdirektoren waren verzweifelt. »Immer fehlte etwas«, fasst Ilko-Sascha Kowalczuk die Erfahrungen seines Schwiegervaters Dieter Arndt zusammen, der bis 1990 einen kleinen Baubetrieb in der Magdeburger Börde leitete. »Bauen im Sozialismus war fast so unmöglich wie der Aufbau des Sozialismus selbst.« Als Arndt im Sommer 1989 zu einem Familienbesuch in die Bundesrepublik reisen durfte, führte ihn der erste Weg in einen Baumarkt. Hier brach er zusammen: »Er weint, ist fassungslos, obwohl er es doch wusste. Hier steht und liegt alles in Hülle und Fülle herum, Baustoffe wie Werkzeuge, denen er in seinem Arbeitsalltag ständig hinterherrennt. Was könnte er bauen, wenn er diese Beschaffungsprobleme nicht hätte!«[15]

Unter solchen Umständen fiel der staatlich verordnete Stolz auf die »Erfolge und Errungenschaften unserer sozialistischen Republik« nicht immer leicht.[16] Gewiss waren Bürger stolz auf die Medaillen, die bei internationalen Wettkämpfen auf die DDR-Spitzensportler herabregneten. Auch Sigmund Jähn, der 1978 in einer sowjetischen Raumkapsel die Erde umkreiste (»Der erste Deutsche im All – ein Bürger der DDR«), wurde von seinen stolzen Mitbürgern begeistert gefeiert, ohne dass es des offiziellen Ehrentitels *Held der DDR* bedurft hätte (▷ Freude, ▷ Ehre).

Weniger eindeutig war die Reaktion auf die industriellen Leistungsschauen, mit denen die DDR das nationale und internationale Messepublikum beeindrucken wollte.[17] Gerade das »dynamische Leistungswachstum«, das noch 1989 als stolze sozialistische Errungenschaft gepriesen wurde, wurde von manchen Bürgerinnen und Bürger bezweifelt. Andere Erfolge hingegen, mit denen sich die Regierung zum 40. Jahrestag der Republik brüstete, waren unmittelbar evident: »Sicherheit und Geborgenheit«, »Arbeit für alle«, »gleiche Bildungschancen für alle Kinder des Volkes« und die Sozialversicherung.

Auch die 100 000 FDJler, die sich am Abend des 6. Oktober 1989 zu einem Fackelzug in Ostberlins Prachtstraße Unter den Linden zusammenfanden, begleitete ein Gefühl des Stolzes. Der vierundzwanzigjährige Lehrer Steffen Matthes aus Berlin-Marzahn empfand den Aufmarsch als »was ganz Großes«: »Es war mir ein Bedürfnis zu zeigen, daß ich stolz bin auf dieses Land und seine Politik. Zu zeigen, daß die DDR allen Grund hat, ihren 40. Jahrestag lautstark zu feiern. Weil hier viel erreicht worden ist in diesem historischen kurzen Zeitraum.« Die Kreissekretärin der FDJ Wittenberg Kerstin Thon, achtundzwanzig Jahre alt, äußerte sich konkreter und prosaischer, wenn sie die »Leistungen im FDJ-Aufgebot DDR 40« inklusive Schrottsammeln und Wohnungsrenovierung hervorhob.[18]

Menschen wie Matthes oder Thon waren allerdings, wie Langzeitstudien bewiesen, in der Minderheit. Das Leipziger Zentralinstitut für Jugendforschung, das seit 1966 Daten über politische Einstellungen und Wertorientierungen erhob, erhielt auf die Frage, ob er oder sie stolz sei, »ein Bürger unseres sozialistischen Staates zu sein«, zunehmend zurückhaltende Antworten. Noch in den 1970er Jahren waren die meisten Jugendlichen überzeugt, dass die Gesellschaftsordnung der DDR ein Vorbild für die ganze Welt sei. Davon blieben im folgenden Jahrzehnt immer weniger übrig. Das schloss nicht aus, dass man sich dem Staat »verbunden« fühlte; auch viele Jugendliche schätzten die sichere berufliche Perspektive, den Antifaschismus und das Bildungssystem. Aber nur 10 Prozent der Lehrlinge und jungen Arbeiter glaubten im Mai 1989 noch an den »weltweiten Sieg« des

48 Stolz auf die Nation: DDR-Agitation 1979

Sozialismus, und weniger als 20 Prozent identifizierten sich mit der DDR. Unter Studierenden lag der Anteil jener, die sich zu den »Vorzügen des Sozialismus« bekannten, bei einem Drittel.

Aufschlussreich war auch der Selbstvergleich mit der Bundesrepublik. Als die Leipziger Jugendforscher 1968 Schüler und Schülerinnen der Klassen 9 und 10 befragten, wie sie »Nationalstolz« und »Vaterlandsverbundenheit« in Ost- und Westdeutschland bewerteten, gaben diese der DDR deutlich bessere Noten. Im März 1989 war es umgekehrt.[19]

Stolz oder Nicht-Stolz in der Bundesrepublik

Dass DDR-Jugendliche damals den Nationalstolz im eigenen Land im Abwärtstrend sahen, mochte stimmen. Ob er allerdings in der Bundesrepublik tatsächlich im Aufwind war, steht in Frage. Zwar sprachen sich unter der seit 1982 amtierenden CDU-FDP-Regierung manche dafür aus, ihn zu pflegen und wiederzubeleben. Auch Kanzler Kohl ergriff jede sich bietende Gelegenheit, die Bürger auf ein »neugewonnenes Selbstvertrauen« einzuschwören. Sie hätten, betonte er 1986, allen Grund, stolz zu sein: stolz »auf unsere kulturellen Leistungen«, »auf unsere solidarische Gesellschaft, stolz auf Deutschland, unsere Heimat, unser Vaterland«.[20]

Doch viele blieben skeptisch, ihr Verhältnis zur nationalen Identität »verletzt« und »gebrochen«, wie die Allensbacher Meinungsforscherinnen Elisabeth Noelle-Neumann und Renate Köcher 1987 bilanzierten.[21] Die verbrecherische Erbschaft des Nationalsozialismus und dessen chauvinistische Exzesse wogen so schwer, dass Nationalstolz wenn nicht tabu, so doch kontaminiert und heikel war. Auch deshalb hatte der erste Bundespräsident Theodor Heuss in seiner Antrittsrede 1949 für ein »neues Nationalgefühl« mit »Maß« geworben. Es sollte sowohl »stolz« als auch »bescheiden« sein und sich von der »hochfahrenden Hybris, wie es ja nun bei den Deutschen oft genug der Fall war«, verabschieden.[22] Zugleich wünschte sich Heuss, dass die Bürger politisch Flagge zeigten und sich entschieden hinter die demokratische Staatsform stellten. Dazu gehörte der unbefangen-selbstbewusste Umgang mit nationalen Symbolen wie der schwarz-rot-goldenen Bundesflagge. Diese »deutschen Farben« standen spätestens seit 1848 für liberale und demokratische Prinzipien, die Weimarer Republik hatte sie als – umstrittene – Staatsflagge adoptiert, bevor sie das NS-Regime durch die Hakenkreuzfahne ersetzte. In beiden deutschen Nachkriegsstaaten gelangten sie zu neuen Ehren, die DDR garnierte sie 1959 mit dem Staatswappen aus Hammer, Zirkel und Ährenkranz.

Während die DDR in Fahnen schwelgte und millionenfach »Winkelemente« ausgab, im Volksmund despektierlich »Jubelfetzen« genannt, hielten sich die Bundesbürger reserviert zurück. Bei einer Umfrage 1951 gaben lediglich 23 Prozent an, sich beim Anblick der Bundesflagge zu freuen. Allzu oft war sie ohnehin nicht zu sehen. Selbst bei öffentlichen Anlässen kam sie nur sparsam zum Einsatz; am häufigsten entdeckte man sie bei internationalen Sportveranstaltungen, wenn bundesdeutsche Athleten ins Stadion einmarschierten oder auf dem Siegertreppchen standen.

Wie lässt sich die mangelnde Freude an den »deutschen Farben« in den Anfangsjahren der Republik erklären? Manche Bürgerinnen und Bürger begegneten dem neuen Staat offenbar mit einer gehörigen Portion Skepsis. Andere hatten noch die Fahnenmeere des »Dritten Reichs« vor Augen und wünschten sich weniger nationales Pathos und mehr politische Nüchternheit. Auch wenn die Freude an Schwarz-Rot-Gold in den folgenden Jahrzehnten wuchs, erreichte sie nie Werte, wie sie in anderen Ländern üblich waren.

Befragt, ob sie stolz seien, »Deutscher zu sein«, antworteten 1981 immerhin 59 Prozent mit Ja. Drei Jahre zuvor hatte Kanzler Helmut Schmidt konzediert, »ein wenig stolz« könne man angesichts der »Aufbauleistung unseres Volkes« seit 1949 schon sein. Für nationalistische Parolen aber sei »die ganz große Mehrheit unserer Landsleute heute unempfänglich«. Obwohl die Bundesrepublik am »Gedanken der einen Nation« festhalte, sei die Nation »nicht das letzte Maß aller Dinge«.[23] Ähnlich hatte 1972 Willy Brandt seinen Wahlslogan interpretiert: Die Deutschen sollten, könnten und dürften stolz auf ihre durch Arbeit und Anstrengung errungenen Erfolge sein.

Damit knüpfte Brandt an den Berufs- und Arbeitsstolz an, der fest im persönlichen und gesellschaftlichen Wertesystem verankert war. Anders als Adels- und Nationalstolz bezog er sich auf Leistungen und Errungenschaften, die dem Einzelnen kraft seines Fleißes, seiner Fähigkeiten und seines Wissens zuzurechnen waren. Seit dem frühen 20. Jahrhundert war die Kennzeichnung *Made in Germany*, ursprünglich zur Abwehr deutscher Billigkonkurrenz in Großbritannien erfunden, zum weithin bewunderten Gütesiegel für »deutsche Wertarbeit« geworden.[24] Damit identifizierten sich auch diejenigen, die die in alle Welt exportierten Qualitätsprodukte herstellten. Dass Arbeiter, trotz aller betrieblichen Konflikte, stolz waren auf ihre Tätigkeit und »ihre« Firma, ist vielfach verbürgt. »Kruppianer« etwa war man nicht allein als Nutznießer einer großzügigen betrieblichen Sozialpolitik; man war es auch deshalb, weil man eine besondere, vom Fabrikherrn anerkannte Leistung erbrachte, deren Ergebnisse auf weltweite Bewunderung und Nachfrage stießen.[25]

Nach 1945 bot der rasche und rasante ökonomische Aufschwung genügend Anlässe für Produzentenstolz, den Betriebsleitungen nach Kräften förderten. »Qualitätsarbeit erobert den Weltmarkt!« Das Plakat mit dieser Aufschrift und einem riesigen Dampfer namens Export hing in den 1950er Jahren in vielen Werkshallen. Als 1955 der millionste »Käfer« vom Band lief, blickten die Wolfsburger VW-Arbeiter und Generaldirektor Heinrich Nordhoff gleichermaßen stolz in die Kamera.[26] In Fabriken, die begehrte Luxusautos wie Mercedes oder BMWs, aber auch Edelstahl oder hochwertige Chemieprodukte herstellten, erkannten sich viele Arbeiter darin wieder und fühlten sich als stolze Angehörige starker Unternehmen.

Frauen war dies seltener vergönnt. Einerseits fanden sie seltener als Männer in solchen prestigeträchtigen Firmen Beschäftigung, andererseits suchten sie häufiger Bestätigung in der ihnen zugeschriebenen, familienpolitisch geförderten Rolle als Mütter, Haus- und Ehefrauen. Doch auch dafür gab es maßgeschneiderte Angebote, Stolz zu entwickeln und zu zeigen. Sie konnten sich, wie in Werbeanzeigen vorgeführt, mit einem makellos sauberen, tiefenrein geputzten Haushalt profilieren. Ihre Kinder zu glücklichen und erfolgreichen Menschen zu erziehen, sollte sie ebenso stolz machen wie ihr unermüdlicher Einsatz für das leibliche Wohl der Männer. Erst seit den 1970er Jahren verschwand der Hausfrauenstolz allmählich zugunsten eines stärker berufs- und karriereorientierten Frauenbildes aus dem Produktmarketing. Dennoch ist Stolz bis heute ein Gefühl, das bei Frauen weniger akzeptabel scheint als bei Männern. In psychologischen Tests fielen stolze Frauen bei Männern durch, während stolze Männer (mit vorgereckter Brust und erhobenem Kinn) bei Frauen punkteten.[27]

Hier spiegelten sich neben geschlechtertypischen Vorlieben auch soziale Rangordnungen. Selbst Gesellschaften, die die prinzipielle Gleichheit ihrer Mitglieder betonen, verteilen Prestige und Lob ungleich. Bestimmte Verhaltensweisen und Lebensformen genießen höhere Anerkennung als andere, manche Berufe und Leistungen stehen in der Geltungsskala weiter oben, andere weiter unten. Das wirkt sich unmittelbar auf das Selbstwertgefühl derer aus, die sich so eingruppiert und bewertet finden. Denn in der Regel braucht Stolz, darauf hatte der *Brockhaus* 1957 verwiesen, die zustimmende Resonanz der Allgemeinheit. Fehlt diese, hat das Folgen, wie der Adel im 20. Jahrhundert erfuhr. Im Kaiserreich als erster Stand hofiert und privilegiert, verlor er in der Weimarer Republik gewaltig an Macht und Ansehen, woran sich auch später nichts mehr änderte. Das schloss zwar nicht aus, dass Adlige trotz alledem einen besonderen Stolz auf ihre Herkunft und ihre Familienverbindungen kultivierten. Doch war dieser Stolz nach innen gerichtet und erhob kaum noch Anspruch auf Bestätigung von außen.[28]

Stolz und Vorurteil

Anderen sozialen Gruppen wurde selbst innerer Stolz schwergemacht oder ganz und gar verweigert. Dazu gehörten Menschen, die sich wegen ihrer sexuellen Orientierung kriminalisiert, verfolgt und beschämt sahen. Unter diesen Bedingungen ein stabiles Selbstwertgefühl auszubilden, war extrem schwierig. Nicht selten mündete Beschämung in Eigenscham, und viele Homosexuelle suchten ihr Liebesbegehren vor sich und anderen zu verbergen (▷ Liebe). Hier wirkte die *Gay Pride*-Bewegung der 1970er Jahre wie ein Paukenschlag. In öffentlichen Paraden, Umzügen und Demonstrationen legten Schwule und Lesben ihre Scham ab und zeigten Selbstbewusstsein. »Werdet stolz auf eure Homosexualität!«, hieß es 1971 in Rosa von Praunheims Film *Nicht der Homosexuelle ist pervers, sondern die Situation, in der er lebt*. Diesen Stolz trug man nun auf die Straße – und fand dafür immer häufiger Einverständnis und Respekt. An der *Cologne Pride*, mittlerweile die größte derartige Veranstaltung in Europa, beteiligten sich 2018 mehr als eine Million Menschen, darunter viele Heterosexuelle. *Europrides* gibt es seit 1992, *Worldprides* seit 2000.[29]

Mindestens ebenso schwer fiel es Migranten, Stolz zu entwickeln und öffentlich zu zeigen. Die »Gastarbeiter«, die seit den 1950er Jahren in die Bundesrepublik kamen, wurden hier nicht mit offenen Armen empfangen. An ihren Arbeitsplätzen begegneten ihnen Skepsis und Misstrauen, wenn nicht offene Ablehnung, und auch die Gewerkschaften taten sich mit den neuen Kollegen nicht leicht. Italiener, Spanier und Kroaten konnten immerhin auf die Unterstützung und Akzeptanz katholischer Kirchengemeinden hoffen. Für die muslimischen Türken aber, die seit den 1960er Jahren in bundesdeutschen Industrieunternehmen arbeiteten, gab es keine solche Anlaufpunkte und Netze der ▷ Solidarität. Als Arbeit knapp wurde, der Nachzug jedoch anhielt, verschärfte sich das Problem. Stolz stand auf verlorenem Posten und ließ sich, wenn überhaupt, nur im eigenen abgeschotteten Milieu aufbauen, oft unter Rekurs auf nationale und familiale Vorstellungen von ▷ Ehre.

Stolz konnte aber auch, vermehrt seit den 2000er Jahren, aus wirtschaftlichem Erfolg entstehen. Türkeistämmige Händler, Gastwirte, Ladenbesitzer erfreuen sich breiter Anerkennung und haben eine nicht auf Landsleute beschränkte Klientel. In Duisburg-Marxloh ist man stolz darauf, dass die einschlägigen Geschäfte für Brautmode den Stadtteil bundesweit bekannt gemacht haben. Die Riesenauswahl festlicher Kleidung zieht Scharen zahlungskräftiger Käuferinnen und Käufer an.[30] Eine andere Quelle des Stolzes bietet das Gefühl nationaler Zugehörigkeit. Dass sich die Türkei unter ihrem Präsidenten Recep Tayyip Erdoğan zu einer starken Regionalmacht entwickelt hat und auf internationalem Parkett immer selbstbewusster auftritt, beschert der Regierung in Ankara bei vielen Deutschtürken Zuspruch und Zustimmung. Zugleich gibt eine wachsende Mehrheit unter den rund drei Millionen Türkeistämmigen bei Befragungen an, sich eher der Türkei zugehörig zu fühlen als Deutschland (▷ Geborgenheit). Wehende Halbmondflaggen auf gutbesuchten türkischen Wahlkampfkundgebungen bezeugen das eindrucksvoll.[31]

Ein Patriotismus leiser Töne?

Zwar freuten sich 2014 auch 57 Prozent der befragten Deutschen, wenn sie die schwarz-rot-goldene Bundesflagge sahen, ein im Vergleich zu 1951 (23 Prozent) hoher Wert.[32] Doch die Freude ging selten so weit, dass sie selber die Fahne hissten und ihre Balkons oder Vorgärten damit schmückten. Worüber sich Bundespräsident Heinrich Lübke schon 1960 aufgeregt hatte – dass, anders als in der DDR, »an nationalen Gedenktagen fast nur die öffentlichen Gebäude und kaum ein Privathaus geflaggt haben« –, das ist bis heute so geblieben.[33] Mit einer Ausnahme, die erstmals im deutschen »Sommermärchen« von 2006 zu besichtigen war: Während der Fußballweltmeisterschaft, die die Bundesrepublik unter dem Motto »Zu Gast bei Freunden« ausrichtete, sah man auf einmal schwarz-rot-goldene Fahnen in Hülle und Fülle. Nicht nur Deutsche schwenkten sie, befestigten sie am Auto und verzierten den Rückspiegel damit. Viele im Land ansässige Migranten brachten ihre Unterstützung für die deutsche Elf auf die gleiche Weise zum Ausdruck.[34] Und obwohl die Mannschaft im Halbfinale ausschied, waren die Fans stolz auf sie.

49 Stolz auf die Nationalmannschaft: Fußball-WM 2006 in Berlin

Die meisten Beobachter begrüßten die kollektive ▷ Freude als unverkrampft und harmlos; endlich sei Deutschland zu einer »normalen« Nation geworden, die sich selber annehme. Der Regisseur Sönke Wortmann nannte seinen Dokumentarfilm über die Nationalmannschaft 2006 *Deutschland. Ein Sommermärchen*, im Kontrast zu Heinrich Heines berühmtem Versepos *Deutschland. Ein Wintermärchen*. 1844 hatte der nach Frankreich emigrierte Dichter melancholisch-sarkastische Kritik an den politischen Zuständen in seiner Heimat geübt, nicht zuletzt am deutschen Chauvinismus. Gerade er, so Wortmann, fehlte bei den ausgelassenen Feiern auf der Fanmeile. Deutsche begegneten ihren ausländischen Gästen tatsächlich freundlich, fröhlich und weltoffen.

Aber es gab auch kritische Stimmen. Allzu leicht, warnten sie, könne »Party-Patriotismus« in Fremdenfeindlichkeit umschlagen. Doch die meisten Fans rollten ihre Fahnen nach Ende der Party wieder ein und holten sie erst beim nächsten Nationalspiel wieder aus dem Schrank. Lediglich die rechtsextreme Szene macht regelmäßig und unverhohlen aggressiv davon Gebrauch, zieht allerdings die Reichskriegsflagge, ohne das verbotene Hakenkreuz, den »deutschen Farben« vor.

So weit geht die AfD nicht. Jedoch pflegt auch sie einen demonstrativen Nationalstolz, der erheblich über das hinausreicht, was rechte Kreise in den 1980er Jahren unter dem Stichwort der »selbstbewussten Nation« diskutierten. So ruft ein AfD-Kreisverband dazu auf, mit »inniger ▷ Liebe und Überzeugung« zu bekennen: »Ich bin stolz ein Deutscher und Teil dieser tollen und großartigen Nation zu sein.« Ihr gehöre man durch die »genetische Weitergabe« dessen an, was die »Ahnen« in der Geschichte geschaffen hätten. Jene Geschichte sei als »großes Ganzes« zu betrachten und habe »viel Schönes und Erhaltenswertes hervorgebracht«. Davor verblassten die »12 dunklen Jahre«; im Übrigen habe schließlich jedes Volk »seine hellen und dunklen Kapitel«.[35]

Solche Geschichtsrevisionen und Relativierungen, wie man sie auch von führenden Repräsentanten der Partei hört, stoßen bei den meisten Bürgern auf Befremden und Ablehnung. Ihnen möchte Bundespräsident Steinmeier aus dem Herzen gesprochen haben, als er in Erinnerung an den hundertsten Jahrestag der Weimarer Reichsverfassung 2019 für einen »demokratischen Patriotismus« plädierte. Ähnlich wie Heuss siebzig Jahre zuvor erklärte er die schwarz-rot-goldene Fahne zum »Wahrzeichen unserer Demokratie«, zu einem »stolzen Band«, das die Demokraten des frühen 19. Jahrhunderts mit der Gegenwart verknüpfe und das in den Händen derer, die »einen neuen nationalistischen ▷ Hass entfachen wollen«, fehl am Platze sei. Vor allem dürfe der patriotische Blick die »Widersprüche und Irrwege« der deutschen Geschichte nicht ausblenden oder kleinreden. Vor dem Hintergrund von Diktatur, Krieg und Shoah könne Patriotismus hier »immer nur ein Patriotismus der leisen Töne und der gemischten Gefühle« sein.[36] Ein wenig Stolz à la Willy Brandt oder Helmut Schmidt gehört auch dazu, gepaart mit der von Theodor Heuss empfohlenen Bescheidenheit.

TRAUER

Das Leben und Sterben des Dietrich von Beulwitz, geb. 9. Juli 1896, gefallen bei Halennes 19. Oktober 1914: So ist ein handschriftliches Manuskript überschrieben, das die Mutter des Toten 1916 verfasst hat. Bestimmt war es für ihre Familie, und im Familienbesitz hat es sich bis heute erhalten. Louise von Beulwitz setzte darin ihrem Erstgeborenen ein leuchtendes Denkmal. Sie beschrieb sein Leben: seine Kindheit im elterlichen Forsthaus bei Landsberg an der Warthe, etwa achtzig Kilometer nordöstlich von Frankfurt an der Oder, wo Dietrich bereits im zarten Alter von drei Jahren die »Liebe zum Soldatenstand« entdeckte; die Zeit im Dresdner Kadettenkorps, in das er 1908, knapp zwölfjährig, eintrat; seine »flammende Begeisterung« im Sommer 1914 für den Krieg, in dem er sich, »von fieberndem Verlangen beseelt«, »betätigen und auszeichnen« wollte.

Sie erwähnte aber auch ihre eigenen Gefühle, die mit ▷ Freude und Begeisterung ganz und gar nichts gemein hatten. »Immer wieder stürzten mir in wilder würgender ▷ Angst die Tränen aus den Augen. Ich konnte an nichts anderes denken, als daß mein Junge, mein Junge in den Krieg mußte. Mein lieber Vater, als alter Soldat, tadelte zwar meinen Kleinmut, aber meine Mutter verstand mich gut.« Sie schilderte den letzten gemeinsamen Abend: »Gleich nachdem Dietz ins Hotel kam, gingen wir mit ihm in eine nahegelegene Kirche zum letzten Abendmahl vorm Ausmarsch. In jener Zeit waren alle Kirchen immer offen, und jeden Tag nahmen Leute in unserer Lage mit ihren Lieben, die ins Feld zogen, das Abendmahl. Es ist unbeschreiblich, was durch unsere Seelen ging; das Herz ist so voll und doch wird alles in Tränen, die nicht gezeigt werden sollen, ertränkt.«

Am 19. September 1914 stieß der Sohn »hocherfreut« zu seinem Regiment, das in Nordfrankreich kämpfte. Genau einen Monat später fiel er, achtzehnjährig, als »ältester aktiver Offizier«; von anfangs sechzig Offizieren waren da nur noch zwölf übrig. Erst zwei Wochen später traf der graue Feldpostbrief bei den Eltern ein. »Wir machen ihn auf und alle Hoffnung ist mit einem Schlage vernichtet. Der Oberst schrieb selbst einen herzbewegenden Bericht seiner Heldentat und seines Heldentodes, desgleichen sein Bataillonsführer Demmering. Aber das alles hilft einem ja nichts! Nichts der Gedanke, daß es Tausenden ebenso und schlimmer geht. Man weiß bloß: dein Kind ist tot und kommt nicht wieder, schreibt nicht wieder, es ist Nacht geworden.«

Nach dem Schock, den die Todesnachricht auslöste, verfiel die Familie in hektische Aktivität. »Wir hegten den tiefen Wunsch, unsern Dietz heimzuholen und in heimatlicher Erde zu bestatten.« Sein Grab lag an der Parkmauer eines französischen Schlosses unter alten Bäumen, wurde vom Regiment »liebevoll gepflegt« und mit Blumen bepflanzt. Trotzdem wollten die Eltern den Sohn lieber in der Rudolstädter Familiengrabstätte zur letzten Ruhe betten. Die zuständigen Militärbehörden erteilten ihr Einverständnis. Der Vater fuhr nach Lille, besorgte einen Eichensarg und ließ dann »Dietzens geliebten Körper« ausgraben und in eine »schwarzseidene Decke« hüllen, die die Mutter »mit Wappen, Namen, einem Eichenzweig und seinem Geleitspruch Joh. 15/13« bestickt hatte. Nachdem der Sarg verlötet war, wurde er mit der Eisenbahn nach Rudolstadt transportiert.

Dort traf sich die Familie am 30. April 1915 zur endgültigen Beisetzung »unter Trommelwirbel und Trompetenklang mit allen militärischen Ehren«. Die Grabrede auf den »Frühvollendeten« hielt Garnisonspfarrer Krüger. Er rühmte dessen »hohen deutschen Idealismus« und »glühende Vaterlandsliebe«, die ihn in den »männermordenden Krieg« geführt hätten. Er pries sein Draufgängertum, seinen Heldenmut, seine »Heldentreue«. Und er tröstete die Hinterbliebenen:

»Euch, liebe Eltern und Anverwandte, ist wehe, ihr habt ein Stück Eures eigenen Herzens verloren mit Eurem hoffnungsvollen, hochbegabten Sohn, der Eure Freude und Wonne war. Doch sein Tod war ein Opfer, ein heilig Opfer. Selbstlos hat er sein Leben eingesetzt für seine Kameraden. Größeres kann niemand leisten, als daß er sich für andere opfert. Dieser edle Stolz schimmere durch Eure Tränen.«

In diesem Ton endete 1916 auch der mütterliche Bericht: »Er hat seinem Gott, seinem Vaterland, seinem Namen und seiner Familie viel ▷ Ehre und Freude gemacht.« Ihren jüngeren Kindern gab Louise von Beulwitz auf, »daß das Andenken an diesen Bruder nie erlischt, sondern in Treue gepflegt wird von ihnen und ihren Kindern«.[1]

Trauer und Trost 1914

Was sagt dieses Manuskript über Trauer aus? Sehr viel, und in verschiedenen Stimmlagen. Der Mutter fällt es noch zwei Jahre nach dem Verlust des Sohnes schwer, die Ereignisse zu rekapitulieren (»gerät noch alles in Aufruhr in mir«): Ausführlich beschreibt sie ihre Angst, ihre Sorgen, ihre Tränen beim Abschiednehmen im August 1914. Umso kürzer fällt die Erinnerung an die Todesnachricht aus. Über die Heimholung und Bestattung verliert sie dann wieder mehr Worte, aber sie sind, dem Anlass angemessen, »weihevoll«. Nur ein einziger Satz berührt den elterlichen Schmerz: »Uns aber brach bald das Herz entzwei.«

»Bald« heißt hier so viel wie beinahe. Dass das Herz nicht vollends brach, lag möglicherweise an den Worten des Pfarrers (die Louise von Beulwitz ihrer Gedächtnisschrift beilegte). Als tief religiös empfindender Protestantin mochten ihr die Analogien zwischen dem »Opfertod« ihres Sohnes und der Passion Christi unmittelbar einleuchten. Auch Krügers Betonung selbstloser Kameradschaft richtete sie wieder auf. Denn genauso wollte sie ihren Sohn sehen: »Heimatliebe und Kameradschaftlichkeit bildeten den Kern seines Wesens.«

Aber es gab noch eine weitere Trostquelle. Darauf verweisen die Begriffe »wahrer Held«, »Heldentod«, »Heldentreue«. Sie entstammen einem militärischen Zusammenhang, und der war der Verfasserin wohlvertraut. Ihr Vater, Veit Friedrich von Obernitz, war preußischer Generalleutnant (»alter Soldat«), andere Männer der Familie hatten im sächsischen und württembergischen Militär gedient. Heldentum bedeutete in diesen Kreisen, Leben und Gesundheit für das Vaterland oder den obersten Dienstherrn aufzuopfern, um dessen Ruhm zu mehren. Im Prinzip war jeder gefallene Soldat ein Held. Bei Dietrich von Beulwitz trat hinzu, dass er vor seinem Tod noch eine besondere »Heldentat« vollbracht und in einem tollkühnen Streich acht Engländer gefangen genommen hatte. All das gereichte nicht nur ihm zur Ehre, sondern auch dem Vaterland, für das er kämpfte, und der Familie, aus der er kam. Es verlieh seinem Tod Sinn und dämpfte die Trauer. Denn aufopferungsvolles Heldentum, das erkannte der Pfarrer ganz richtig, erweckte ▷ Stolz, und dieser Stolz »schimmere durch Eure Tränen«.

Die persönliche Trauer der Familie von Beulwitz wurde also durch überindividuelle, politisch aufgeladene Begleitgefühle begrenzt: durch den Stolz auf die patriotische Tat und durch die Wertschätzung des religiös verbrämten Opfers, das der Tote für alle Söhne und Töchter des Vaterlandes gebracht hatte.

Solche Gefühls- und Deutungsweisen waren kein Monopol der Louise von Beulwitz. Als sich der deutsche Kaiser am 7. August 1914 an Heer und Marine wandte, schwor er alle Soldaten auf den Heldentod ein: »Jeder von euch weiß, wenn es sein muß, wie ein Held zu sterben. Gedenkt unserer großen, ruhmreichen Vergangenheit! Gedenkt, dass Ihr Deutsche seid!« Trauer war in diesem Szenario nicht vorgesehen. Auch der katholische Bischof von Speyer, Michael von Faulhaber, ließ seine jungen Geistlichen »gerne ins Feld und ins Lazarett ziehen, wo sie für den guten Geist in der Truppe und für geistlichen Beistand für die Sterbenden wirken können«. Die Zurückbleibenden wies er an, sich ebenfalls »ganz der vaterländischen Sache zu opfern«:

»Namentlich sollen sie bis ins kleinste Dorf hinaus den Trauernden nicht durch Schreckmotive das Herz noch schwerer machen, sondern im Geiste der ergreifend herrlichen Proklamation Eurer Majestät [des bayrischen Königs] das ganze Volk mit Gottvertrauen und Zuversicht und mit Opfergeist und mit der Überzeugung erfüllen, dass es um eine heilige gerechte Sache geht, vor der alle privaten Interessen jetzt zurückstehen müssen.«

Die persönliche Trauer über den Verlust eines geliebten Familienmitglieds durfte also nicht etwa bestätigt oder gar verstärkt werden. Im Gegenteil galt es, sie durch den Verweis auf das höhere gemeinschaftliche Ethos abzudämpfen und einzuhegen.[2]

Das zielte nicht zuletzt auf Frauen, die als Ehefrauen und Mütter getöteter Soldaten das größte Trauerleid trugen. Harsch ging die bekannte Schriftstellerin Gabriele Reuter mit Geschlechtsgenossinnen ins Gericht, die ihren Männern und Söhnen aus lauter »Selbstsucht« die Bahn versperrten »zu Gefahr, Ruhm und glorreichem Tode«. Was die neue Zeit stattdessen fordere, sei die »Hingabe des Liebsten, das Frauen besitzen, für den blutigen Dienst ums teure deutsche Land«. Dies solle mit der »Wollust wilden Glückes« geschehen.[3]

Käthe Kollwitz:
Privater Verlust und öffentliches Gedenken

Ein derart emphatisches Bild von der »Wollust des Opferns« störte die Künstlerin Käthe Kollwitz, deren Söhne Hans und Peter sich 1914 freiwillig zum Militär gemeldet hatten. »Wo«, fragte sie sich, »nehmen alle die Frauen, die aufs Sorgfältigste über das Leben ihrer Lieben gewacht haben den Heroismus her, sie vor die Kanonen zu schicken?« Auch sie hatte sich, allerdings mit gemischten Gefühlen, dem Wunsch ihres jüngeren, nicht einmal achtzehnjährigen Sohnes gebeugt, für Deutschland in den Krieg zu ziehen. Als er, drei Tage nach Dietrich von Beulwitz, in Flandern fiel, traf sie, wie sie später bekannte, »der schwerste Schlag meines Lebens«. Erst zehn Tage nach der Todesnachricht setzte sie ihre Tagebucheinträge fort. Selbstanklagen wechselten mit Verzweiflungsattacken und Fühllosigkeit.

»Es kommen Zeiten, wo ich Peters Tod fast nicht mehr fühle. Es ist ein gleichgültiger Seelenzustand, ich fühle statt einem Gefühl Leere. Dann kommt allmählich ein dumpfes Sehnen – durch Tage. Endlich dann bricht es durch, dann wein ich, wein ich, dann fühle ich wieder mit meinem ganzen Körper, meiner ganzen Seele daß *der Peter tot* ist.«

Erleichterung, Rettung gar verschaffte ihr die Arbeit an einem Denkmal für den toten Sohn. Es sollte zugleich dem »Opfertod der jungen Kriegsfreiwilligen gelten«:

»Ich will Dich ehren mit dem Denkmal. Alle die dich lieb hatten behalten Dich in ihrem Herzen, weiter wirst Du wirken bei allen, die Dich kannten und Deinen Tod erfuhren. Aber ich will Dich noch anders ehren. Den Tod von Euch ganzen jungen Kriegsfreiwilligen will ich in *Deiner* Gestalt verkörpert ehren. In Eisen oder Bronze soll das gegossen werden und Jahrhunderte stehn.«[4]

Käthe Kollwitz trug so ihre private Trauer in den öffentlichen Raum. Aber sie tat noch mehr: Indem sie von ihrem ursprünglichen Plan abwich, den Sohn »ausgestreckt liegend, den Vater zu Häupten, die Mutter zu Füßen« darzustellen, und stattdessen nur ein *Trauerndes Elternpaar* abbildete, das ihre eigenen und die Züge ihres Mannes trug, rückte sie den Schmerz der Hinterbliebenen in den Mittelpunkt. Auch ihre spätere Skulptur *Mutter mit totem Sohn*, die sie Peter widmete, zeigte mehr Mutter als Sohn. 1937 begonnen, war sie »so etwas wie eine Pietà geworden«, die jedoch »nicht mehr Schmerz, sondern Nachsinnen« ausdrückte – geradeso, wie sich mütterliche Trauer für »eine alte einsame und dunkel nachsinnende Frau« zwei Jahrzehnte nach dem Verlust anfühlte.[5]

Diese Frau hatte nie beabsichtigt, die »kleine Plastik« als Denkmal

50 Käthe Kollwitz, Trauerndes Elternpaar auf dem deutschen Soldatenfriedhof Vladslo in Belgien

aufzuwerten. Das trauernde Elternpaar hingegen wollte sie unbedingt auf dem deutschen Soldatenfriedhof in Belgien aufstellen, auf dem Peter begraben war. Unterstützung fand sie beim Reichskunstwart Edwin Redslob, der 1926 selber an einem Plan für die nationale Ehrung der Gefallenen arbeitete. Er stellte sich einen natürlichen Hain vor, »wo eine Flamme brennen soll Tag und Nacht«. Dort könnten, schlug er vor, auch Kollwitz' Figuren platziert werden. »Es würde mich ja beglücken«, schrieb sie in ihr Tagebuch, »wenn es dazu käme und ich in meiner Arbeit zum ganzen Volk und gewissermaßen im Auftrag des ganzen Volks für das ganze Volk sprechen könnte. Aber das ist solche Zukunftsmusik, daß ich am besten zu niemand davon spräche.«

Es wurde auch nichts daraus. Redslobs Plan zerschlug sich, die preußische Regierung optierte für ein zentrales, in Berlin angesiedeltes Ehrenmal. 1931 wurde es in der Neuen Wache Unter den Linden eingeweiht und den »Gefallenen des Weltkrieges« gewidmet. Den fast leeren Innenraum schmückten ein schwarzer Granitstein, ein Eichenlaubkranz und zwei Kandelaber. Hier wäre Platz für Kollwitz' Trauernde gewesen, aber das behagte der Künstlerin nicht, »wegen der Beschlagnahmung von rechts«. Ihr Verdacht, nationale und nationalistische Kreise wollten die Gedächtnisstätte für sich vereinnahmen, war berechtigt; in der Tat tobte schon rund um die Einweihung ein erbitterter Kampf um die Deutungshoheit. Die Skulpturen außen aufzustellen, kam ebenfalls nicht in Frage, denn hier »haben sie keine Bewachung und können mit Hakenkreuzen beschmiert werden oder beschädigt werden«.

Dass Nationalsozialisten weder die Aussagen noch den Stil der parteilosen, aber mit den Kommunisten sympathisierenden Künstlerin schätzten, war spätestens 1933 offenkundig. Käthe Kollwitz musste die Preußische Akademie der Künste verlassen, ihre nun als »abstoßend« geltenden Werke wurden nicht mehr öffentlich gezeigt. 1936 entfernte man den Originalgips der trauernden Mutter aus dem Kronprinzenpalais, ähnlich erging es Ernst Barlachs Trauerfiguren.[6] Nach dem Willen des neuen Regimes sollten die Gefallenen nicht betrauert, sondern als Helden verehrt werden. Folgerichtig taufte es den Volkstrauertag der Weimarer Republik in Heldengedenktag um und beging ihn mit militaristischem Aplomb.

Von der Volkstrauer zum Heldenkult

Damit endete ein Meinungsstreit, der die 1920er Jahre intensiv begleitet hatte. Redslob, in dessen Vokabular der Held nicht vorkam, hatte das offizielle Totengedenken weder als »rückgewandte Einstellung auf die Vergangenheit« noch als Vermächtnis für die Zukunft inszenieren wollen. Statt den millionenfachen Tod zu rechtfertigen oder mit Sinn zu füllen, sah er darin den Grund für ernste, in sich gekehrte Trauer. Dagegen protestierten konservative und völkische Kreise, allen voran der 1919 gegründete Volksbund Deutsche Kriegsgräberfürsorge. Aus dessen Sicht waren die Gefallenen Opferhelden, die für

Deutschland gestorben waren und von Deutschland Gefolgschaft forderten. Seit 1925 veranstaltete er Gedenkfeiern im Sitzungssaal des Reichstagsgebäudes und lud die Spitzen des Staates dazu ein. In den vom Rundfunk übertragenen Reden der Verbandsfunktionäre wimmelte es von Opfer- und Heldentum, nationaler Auferstehung und künftiger deutscher Größe.[7]

Daran konnten die Nationalsozialisten bruchlos anknüpfen. Als sie 1934 den ersten Heldengedenktag zum nationalen Feiertag erklärten, begrüßte der Volksbund die Namensänderung und äußerte seine Genugtuung, »dass das Opfer der Gefallenen des Weltkrieges und der Freiheitsbewegung Frucht trägt. Nicht in wehmutsvollem Schmerz gedenken wir ihrer, sondern in stolzer Ergriffenheit sehen wir zu ihnen auf als den Bürgen des neuen Deutschland.« Endlich hatte sich seine Lesart offiziell durchgesetzt: Die Gefallenen hatten sich aktiv geopfert, und dieses Opfer verlangte nach Nachfolge.[8]

Die bekamen sie, und schneller, als manchen Lebenden lieb war. Seit 1939 wurde wieder für Deutschland gestorben, mit Jahr für Jahr höheren Gefallenenzahlen. Millionen Familien erhielten Beileidsschreiben des jeweiligen Kommandeurs und, wenn vorhanden, Grabbilder als oft »einzigem, schwachem und dennoch notwendigem Trost«. Stets fiel der Sohn oder Ehemann »im Kampf um die Freiheit Großdeutschlands«, gab sein Leben hin »für die Größe und Zukunft unseres ewigen Deutschen Volkes«, starb »für Führer, Volk und Vaterland«. So oder ähnlich waren auch die Anzeigen der Hinterbliebenen verfasst. »In stolzer Trauer« gaben sie, unter dem Emblem des Eisernen Kreuzes mit eingelassenem Hakenkreuz, den Tod des Liebsten bekannt und bedankten sich für die »stille Teilnahme«. Ob die gebetsmühlenhaft wiederholte »Gewissheit, dass das für Führer, Volk und Reich gebrachte Opfer nicht vergeblich sein wird«, tatsächlich tröstete, ist schwer zu sagen. Denn trotz aller Anteilnahme blieb jede Mutter, jeder Vater, jede Kriegerwitwe und Kriegswaise mit dem gefühlten Verlust allein. Dass sie diese Erfahrung mit Millionen teilten, machte sie nicht leichter.

Bis zuletzt jedoch prangten auf den in Zeitungen abgedruckten Todesanzeigen die Begriffe »Vaterland« und »Heldentod«. Das spricht dafür, dass die politische Sinngebung wichtig war und den persönlichen Schmerz möglicherweise lindern konnte. Auch die öffentlichen Helden- und Gefallenenehrungsfeiern waren gutbesucht. Je höher die Verlustzahlen kletterten, desto lauter erschallte der Ruf nach dem »Führer«. »Wir haben manchmal eine schwere Aufgabe«, schrieb Emilie Weinbrenner, die seit Kriegsbeginn im Stuttgarter Amt für Familienunterhalt arbeitete, im September 1943 an Hitlers persönlichen Adjutanten. »Die betreuten Frauen kommen zu uns mit ihrem grössten Leid, wenn sie die Nachricht vom Tode des Mannes und Sohnes erhielten.« Es gebe aber »viele, die heute und immer mit gläubigem Herzen hinter unserm Führer stehen und bei denen man immer wieder den einen Wunsch hört, nun einmal wieder den Führer zu hören«. Der aber machte sich rar und überließ die Mobilisierung der Volksgenossen dem Propagandaministerium. Reichspressechef Otto Dietrich hatte im Februar 1943, unmittelbar nach der Kapitulation der 6. Armee, als Tagesparole ausgegeben, »*keine Worte der Trauer* anzustimmen, sondern aus dem Opfer der Männer von Stalingrad ein Heldenepos zu machen«. Der *Völkische Beobachter* titelte umgehend: »Sie starben, damit Deutschland lebe.«[9]

Wie die Soldaten selber mit dem Tod von Kameraden und Freunden umgingen, erschließt sich aus ihren Feldpostbriefen. Sie kommentierten ihn kurz als »traurige Nachricht«, zeigten sich »erschüttert« und »geschlagen«. Ein Gefühl anhaltender Trauer wollte sich kaum je einstellen, dafür war der Tod zu nah und allgegenwärtig. »Soldatenschicksal«: So kommentierte SS-Unterscharführer Franz Schädle den Tod eines Kameraden, um dann umso fröhlicher von seinem eigenen »Soldatenglück« im »Osten« und von der vorzüglichen Stimmung der Kompagnie zu berichten. Auch die Rundbriefe, die sich die Abiturienten der Berliner Dietrich Eckart-Schule seit Oktober 1941 aus dem Feld schrieben, sagten wenig über Trauer aus. War ein Kamerad gefallen, teilte man es in stereotypen Wendungen mit: »erhalte ich die überaus traurige Nachricht, dass unser lieber Dieter Pfau bei den Kämpfen am Ilmensee den Heldentod gefunden hat. Unser aller Herzen, Blicke und Hände sind Dir zugewendet. Wir müssen zwar äusserlich von Dir Abschied nehmen, lieber Dieter, aber in un-

serem Inneren loht ein flammendes Bekenntnis: ›Ewig der Unsrige‹!«
Von Günther Peters hieß es, er habe während seines Heimaturlaubes
vom »Heldentod seines besten Freundes Gerhard Raatz« erfahren;
diese »traurige Nachricht« habe »sehr bittere Wermuths-Tropfen in
den Freudenbecher seines Urlaubes« fallen lassen. Als Peters selber
in Italien »sein Leben für das Vaterland lassen musste«, trauerten die
Kameraden »mit den schwergeprüften Eltern«.[10]

»Heldentod« und »Vaterland« waren auch in dieser Korrespondenz
unter Klassenkameraden die gebräuchlichsten Begriffe, mit denen
Todesnachrichten übermittelt wurden. Vom »Führer« sprach hier
interessanterweise niemand, und politisch-ideologische Referenzen
fehlten ebenfalls. Umso inniger fielen die Beteuerungen wechselsei-
tiger Verbundenheit aus. Nicht nur die Schulfreunde untereinander
hielten den Kontakt, auch »Front und Heimat« standen zusammen,
»auf Biegen und Brechen«, wie Wally Haase regelmäßig betonte. Seit
Januar 1942 sammelte sie anstelle ihres Sohnes die schriftlichen und
telefonischen Nachrichten seiner ehemaligen Mitschüler und ließ sie
als »Brücke« zirkulieren. Nie versäumte sie es, sich im Namen der
»Heimat, die so treu von Euch allen behütet wird«, bei den »lieben
Kameraden« zu bedanken. Deren Tapferkeit beantworte die »Heimat« mit eisernem Durchhaltewillen. »Wollen uns auch manchmal
tiefes Leid, Kummer und unermessliche Sorgen um Euch zu Boden
drücken, wir stemmen und wehren uns dagegen mit aller Energie.
Wir ringen und kämpfen uns durch, bis wir wieder oben auf sind, bis
es wieder hell um uns wird.« Daran hielt sie auch fest, als der eigene
Sohn vor Stalingrad als vermisst gemeldet wurde. Das Jahr 1945 begrüßte sie »mit neuem unbeirrbaren Hoffen, mit Zuversicht und mit
glühendem Glauben an eine gute Wendung für unser liebes, teures
Vaterland«.[11]

- 4 -

stände dort also eine dankbare Aufgabe zu (Konzertflügel, sonstige Musikinstrumente und noch einige begabte Gesangschüler sind mitzubringen). Anfang des Jahres 1945 rechnet man mit einer Verlegung des KLV-Lagers.

Wir danken den Herren Dr. Gemsky, Dr. Klinkott, Rosenhauer nebst Gattin für die herzlichen Grüsse und Wünsche, womit sie uns auch wieder im verflossenen Quartal bedachten. Seien Sie überzeugt, dass wir für Sie alle stets die gleichen Wünsche haben.

Abschliessend möchte ich Euch, meine lieben Kameraden, meinen herzlichsten Dank aussprechen für Eure rege Teilnahme an dem Rundbrief, auch für manche Anregung, die mir aus Euren Reihen zuging. Euer fleissiges Schreiben, Eure Aufmerksamkeiten, Eure oft liebevolle Besorgnis, Euer Dank sind es, die ganz bestimmte Saiten in meinem Herzen anschlagen. Alles das ist es, was mich mit Euch zusammenschmiedet, was meine besorgten Gedanken, meine überaus herzlichen Wünsche um Euch Tag und Nacht kreisen lässt. Getreu meinem Schwur hoffe ich, trotz aller Schwierigkeiten, den Rundbrief durch die Kriegsjahre hindurchzusteuern, bis ich Euch alle eines Tages wieder glücklich in der Heimat habe, auch die Vermissten. Unsere lieben, tapferen gefallenen Kameraden, zwar unsichtbar unseren leiblichen Augen, werden im Geiste mit Euch zusammen heimkehren, in den gesegneten Frieden unseres Vaterlandes.

Herzlich grüssend bin ich alleZeit

Eure getreue
Frau Wally Haase

E h r e n t a f e l !

E w i g   l e b t   d e r   T o t e n   T a t e n r u h m !

Jochen Fiedler	Juli 1942 von U-Bootfahrt nicht zurückgekehrt
Dietrich Pfaue	gefallen am 30.11.1942 im Osten
Gerhard Raatz	" am 11. 9.1943 Schwarzes Meer
Dr. Mischke	" im Mai 1944 Terrorangriff Berlin
Theo Holtgraefe	" am 26. 7.1944 als Flugzeugführer in Frankreich
Günther Peters	" am 10.12.1944 in Italien

N.B. Kurz vor endgültiger Fertigstellung erhalte ich die schmerzliche Nachricht, dass unser lieber GüntherPeters sein Leben für das Vaterland lassen musste. Er fiel gelegentlich seiner Frontbewährung als Panzerjäger-Unteroffizier am 10. Dezember 1944 in der Nähe von Faenza (Ital.) Wir alle trauern mit den schwergeprüften Eltern um den Verlust ihres Sohnes, unseres lieben Kameraden.

51 Rundbrief von Abiturienten der Berliner Dietrich Eckart-Schule, Januar 1945

Trauerarbeit privat

Ob Wally Haase ihren Sohn je wiedersah oder Genaueres über die Umstände seines Verschwindens erfuhr, ist unbekannt. 1950 lagen dem Suchdienst des Deutschen Roten Kreuzes 1,7 Millionen Vermisstenanzeigen vor, lediglich 400 000 Fälle ließen sich aufklären. Noch heute treffen jährlich Tausende von Anfragen ein, Kinder, Enkel und Urenkel möchten Klarheit über den Tod des Vaters, Großvaters, Urgroßvaters. Aus der Sicht von Psychoanalytikern kann die Trauerarbeit solange nicht abgeschlossen werden, wie die Ungewissheit, gefolgt von Hoffnung und Sehnsucht, andauert. Ohne Totenritual und Grabstein bleibe Trauer blockiert und der Verlust werde nicht akzeptiert, mit teilweise traumatischen Folgen.[12]

Doch mögen auch andere Motive hinter den Suchanfragen stehen, wie Menschen überhaupt sehr verschieden mit Trauer umgehen. Zwar sind Mediziner und Psychologen seit längerem bemüht, dafür allgemeine Verlaufs- und Phasenmodelle zu entwerfen. Wie sehr diese Modelle allerdings im Fluss sind, zeigt ein Blick auf das auch in anderen Ländern maßgebende Diagnostische und Statistische Handbuch psychischer Störungen, das die Amerikanische Psychiatrische Vereinigung seit 1952 herausgibt. Die dritte Auflage hatte 1980 empfohlen, Trauernde erst dann als depressiv einzustufen und entsprechend zu therapieren, wenn sie ein Jahr nach dem Verlust immer noch unter Schlafstörungen, Appetitlosigkeit, Konzentrationsschwierigkeiten und Niedergeschlagenheit litten. Die vierte Auflage von 1994 verkürzte die als normal bewertete Trauerphase auf zwei Monate, die fünfte 2013 auf zwei Wochen. Eine solche Pathologisierung der Trauer mochte im Interesse der Pharmaindustrie liegen, reflektierte aber auch die Ungeduld der Gesellschaft und deren Bedürfnis, Trauer möglichst rasch in den medizinisch-therapeutischen Griff zu bekommen und Trauernde sozial und ökonomisch funktionsfähig zu erhalten.

Denn tiefe Trauer verbindet sich traditionell mit dem Wunsch, sich aus der Gesellschaft zurückzuziehen und im Schmerz zu vergraben. Früher wurde das als selbstverständlich erachtet und respektiert.

Noch 1957 bestätigte der *Brockhaus* die »Sitte, beim Todesfall nächster Angehöriger längere Zeit gesellschaftliche Veranstaltungen zu meiden«. Die Dauer der Trauerzeit schwanke je nach dem Grad der Verwandtschaft, aber auch nach »jeweiliger landschaftlicher oder örtlicher Gepflogenheit«. Vielerorts hielt man sich an ein sogenanntes Trauerjahr, das schon aus der römischen Antike bekannt war, seine Bedeutung aber verändert hatte. Ursprünglich betraf es Witwen, die frühestens ein Jahr nach dem Tod des Ehemannes wieder heiraten durften, um Vaterschaftskonflikte auszuschließen. Ob sie tatsächlich trauerten, war Nebensache. Ohnehin sind die Erwartungen, wie Menschen zu trauern haben, zeit- und kulturgebunden. Als der *Meyer* 1909 über Trauergebräuche bei »Natur- und Kulturvölkern« berichtete, gab er den »Kulturvölkern« und ihrer »sehr gemilderten Form« der Trauer deutlich bessere Noten. Die süditalienischen »Klageweiber«, die das Sterbehaus »mit ihrem Geschrei« erfüllten, rechnete er eher zu den »Naturvölkern«.

Im weiteren Verlauf des 20. Jahrhunderts schwächten sich selbst die milderen Trauerformen weiter ab. In den Industriestaaten, konstatierte *Meyers Lexikon* 1978, würden die »tradierten Regeln und Fristen für Trauerkleidung« kaum noch eingehalten; dass man bei »Volltrauer« Schwarz trage, in das sich in den Phasen der »Halb-« und »Vierteltrauer« Weiß, manchmal auch Grau oder Violett mischten, entschwinde aus dem Gedächtnis. »Am ehesten« hielten sich Witwen an die Regel – wie überhaupt Frauen, nicht nur die professionellen Klageweiber, am sichtbarsten trauerten.[13] Je emotionaler sich die Familienbindungen seit dem 19. Jahrhundert gestalteten und je mehr sich Frauen als Hüterinnen dieser Bindungen profilierten, desto größer und intensiver durfte ihre Trauer beim Verlust eines geliebten Familienmitglieds sein. Selbstverständlich kleideten sie sich ganz in Schwarz, hüllten sich manchmal sogar in einen Trauerschleier. Männer hingegen legten lediglich einen Trauerflor an, ein schwarzes, am Ärmel oder Hut befestigtes Band. Frauen gestand man auch zu, hemmungslos zu weinen, was für Männer als unpassend galt. Ihre größere Nähe zu Religion und Kirche machte Frauen zudem empfänglicher für deren Trost und Beistand.

In der zweiten Hälfte des 20. Jahrhunderts ging diese Nähe zunehmend verloren. Prozesse der Entkirchlichung, wie sie zunächst bei Männern, dann auch bei Frauen zu beobachten waren, äußerten sich nicht zuletzt im Verschwinden religiöser Symbolik auf Traueranzeigen und Grabsteinen. Anstelle eines Kreuzes finden sich dort mittlerweile Rosen, Sonnenblumen, Bäume, Ähren, Sterne und Regenbögen. Zugleich hat Trauer als selbstbezügliches Gefühl an Gewicht gewonnen. Statt nur das Datum des Ablebens eines vertrauten Menschen bekannt zu geben, betonen Todesanzeigen immer häufiger und ohne jede religiöse Referenz die Verlustgefühle der Hinterbliebenen und Freunde.[14]

Unmittelbar nach Kriegsende war das noch anders gewesen. Nachdem der politisch-ideologischen Sinngebung des millionenfachen Kriegstodes mit der Kapitulation und der Offenlegung der Naziverbrechen der Boden entzogen war, blieb die Religion als einziger Trostanker übrig. Auch bei der Gestaltung der Volkstrauertage griff man gern und ausgiebig auf religiöse Rituale zurück. Denkmäler für die Gefallenen – das Wort »Helden« verschwand von den Stelen und Findlingen – standen oft auf kirchlichem Grund, und bis in die 1960er Jahre hinein verband sich das lokale Totengedenken mit einem Gottesdienst.

Offizielle Trauer

Gedacht wurde dabei vorzugsweise der »eigenen« Gefallenen, »allenfalls noch der Bombenopfer«, wie der SPD-Politiker Erhard Eppler 1961 kritisierte. In seine Ansprache zum Volkstrauertag schloss er ausdrücklich alle ein, die »zu Opfern des letzten Krieges und eines unmenschlichen Regimes« geworden waren. Das tat auch die Totenehrung im Bonner Bundeshaus, wenn sie derer gedachte, »die unter der Gewaltherrschaft Opfer ihrer Überzeugung oder ihres Glaubens wurden«, oder die man ermordet hatte, »weil sie einem anderen Volk angehörten oder einer anderen Rasse zugerechnet wurden«.[15]

In dieser Hinsicht unterschied sich die offizielle Trauer der Bundesrepublik kaum von dem in Ostberlins Neuer Wache gepflegten Gedenken. Hier hatte die DDR 1960 ein Mahnmal für die Opfer des Faschismus und Militarismus eingeweiht. Das im Krieg fast völlig zerstörte Gebäude erhielt im Innenraum ein riesiges Staatswappen, eine ewige Flamme – Redslobs ursprüngliche Idee – und zwei Bronzeplatten mitsamt den sterblichen Überresten eines unbekannten Widerstandskämpfers und eines unbekannten Soldaten. Damit wurden auch gefallene Wehrmachtsangehörige zu Opfern erklärt und Seite an Seite mit denen bestattet, die gegen das Regime gekämpft hatten und in den Konzentrationslagern ermordet worden waren.

1993, drei Jahre nach der Wiedervereinigung, sah sich die Neue Wache erneut umgestaltet. Am Volkstrauertag legten Bundespräsident und Bundeskanzler sowie die Präsidenten von Bundestag, Bundesrat und Bundesverfassungsgericht Kränze vor einer mittig platzierten Kollwitz-Statue nieder. Helmut Kohl hatte die »kleine Plastik« *Mutter mit totem Sohn*, deren Original sich im Kölner Kollwitz-Museum befindet, als vierfach vergrößertes Mahnmal für die Zentrale Gedenkstätte der Bundesrepublik Deutschland für die Opfer von Krieg und Gewaltherrschaft bestimmt.[16] Ob sich die Künstlerin über diese späte Anerkennung gefreut hätte, ist zweifelhaft. Für Redslobs Vorschlag, das *Trauernde Elternpaar* in einen nationalen Gedenkort für die Gefallenen des Ersten Weltkriegs einzubeziehen, konnte sie sich 1926 erwärmen. 1937, als sie die intime Skulptur in der nachsinnenden Erinnerung an ihren Sohn anfertigte, war an eine öffentliche Präsentation nicht mehr zu denken. Dass im Zweiten Weltkrieg ein zweiter Peter Kollwitz, ihr Enkel, sein Leben lassen würde, wusste sie damals noch nicht. Der organisierte Mord an Millionen jüdischer Menschen, den Deutsche in diesem neuen Krieg begehen würden, war gleichfalls unvorstellbar. Auf die Frage, ob und wie die Täternation um diese Ermordeten trauern könnte, hätte sie vermutlich keine Antwort gewusst.

Kollwitz erlebte das Ende des Krieges nicht mehr. Sie erlebte auch nicht, wie in beiden deutschen Staaten um eine angemessene Trauer und Erinnerung gerungen wurde. Früher als die Bundesrepublik bezog die DDR den antifaschistischen Widerstand darin ein, verengte ihn aber auf kommunistische KZ-Häftlinge. Früher als die DDR begriff die Bundesrepublik, dass zu den Opfern des Krieges neben den gefallenen Wehrmachtssoldaten und zivilen Bombentoten auch und vor allem jene gehörten, die wegen ihrer »Rasse« von Deutschen ermordet worden waren. Auch an sie begann man seit den 1980er Jahren zu erinnern, zunächst im lokalen Rahmen. 1988 entstand die Idee für ein zentrales Mahnmal, 2005 wurde es in Berlins Mitte eingeweiht, als Denkmal für die ermordeten Juden Europas. Denkmäler für andere Opfergruppen – Sinti und Roma, Homosexuelle, Kranke – folgten. Alle verzichteten auf eine figürliche Darstellung von Trauer wie in der Neuen Wache und favorisierten eine abstrakte, dem unfassbaren Leid gerechtere Formensprache.

Während um die Gestaltung der Denkmäler hitzige Kontroversen entbrannten, wurde es um den Volkstrauertag immer stiller.[17] Schon seit den späten 1960er Jahren gingen die öffentliche Aufmerksamkeit und Beteiligung ersichtlich zurück. Auch die jährlichen Kranzniederlegungen und die zentrale Gedenkstunde des Volksbunds im Bundestag stießen, trotz Fernsehübertragung, kaum noch auf Interesse.[18] Persönliche Trauer, wie sie Angehörige der Kriegsgeneration und deren Kinder empfanden, wich je länger, desto mehr einem offiziellen Gedenken mit politisch-moralischem Anspruch (»Nie wieder Krieg!«, »Nie wieder Auschwitz!«). Als sich der Bundespräsident im Januar 2020 »in tiefer Trauer« vor den Opfern der Shoah verneigte, war das in erster Linie ein staatspolitisches Bekenntnis, dass sich Deutschland seiner Verantwortung bewusst war und daraus Konsequenzen zog.

Staatstrauer

Mit politischen Trauerbekundungen und Ritualen geht die Bundesrepublik ansonsten eher sparsam um. Trauerstaatsakte und Staatsbegräbnisse, vom Bundespräsidenten angeordnet, ehren ehemalige

Kanzler, Präsidenten, Minister. Manche finden in der Bevölkerung große Beachtung und Teilnahme, andere bleiben fast unbemerkt. Die Trauerfeiern für Konrad Adenauer 1967, Willy Brandt 1992, Helmut Schmidt 2015 und Helmut Kohl 2017 waren politische Großereignisse mit überwältigender Resonanz, in der sich die zugeschriebene Bedeutung der Kanzler ebenso spiegelte wie die Sympathien, die sie noch Jahre oder Jahrzehnte nach ihrer Amtszeit genossen. Für das ausgefeilte Zeremoniell zeichnete das Innenministerium verantwortlich.

In den 1920er Jahren oblag es Reichskunstwart Redslob, der Staatstrauer eine würdige Form zu verleihen. Anders als im Kaiserreich, als lediglich die verstorbenen Monarchen und ihre Gattinnen Staatsbegräbnisse erhielten, gewährte die Weimarer Republik nur ungekrönten Häuptern diese Ehrung: ihren Außenministern Walther Rathenau und Gustav Stresemann, dem ersten Reichspräsidenten sowie dreizehn Arbeitern der Essener Krupp-Werke, die während des Ruhrkampfes 1923 von französischen Soldaten erschossen worden waren. Sie wurden, ebenso wie der von Rechtsextremen ermordete Rathenau, als »Märtyrer« betrauert.

Die für Rathenau 1922 inszenierte Trauerkundgebung und Beisetzung sollten ein kraft- und eindrucksvolles Bekenntnis zur demokratischen Republik abgeben. Die Gewerkschaften hatten dazu aufgerufen, die Arbeit ruhen zu lassen. Im festlich geschmückten Reichstag, wo der Sarg aufgebahrt war, fanden sich Parlamentarier von weit links bis weit rechts ein. Vor dem Gebäude warteten Hunderttausende. Für Harry Graf Kessler war es Rathenaus alte Mutter in der Kaiserloge, die ihn mit ihrem »verschleierten, schmerzgebleichten« Gesicht »am meisten ergriff«. Als nach den Reden der Trauermarsch aus Richard Wagners *Götterdämmerung* erklang, war dies, so Kessler, »gewiß gefühlsmäßig der Höhepunkt der Feier«: »Man hörte Schluchzen, viele um mich herum weinten.«[19]

Auch Friedrich Eberts Begräbnis 1925 geriet zu einer Demonstration nationaler Zusammengehörigkeit. Kondolenzbriefe und Telegramme kamen von sozialdemokratischen Ortsgruppen, demokratischen Clubs oder dem republikanischen Frauenbund, aber auch vom

Obmann des völkischen Bundes deutscher Volkserzieher. Er versicherte Eberts Witwe Louise, »dass es auch in bürgerlichen Kreisen Menschen gibt, die mit Ihnen die Tragik fühlen, die die Familie Ebert betroffen« habe. Denn »schließlich sind wir ja doch alle Deutsche, Menschen und Brüder oder Schwestern«. Die Berlinerin Agnes Radloff fand ebenfalls tröstende Worte: »Die, welche ihn [Ebert] gestern noch fluchten und lästerten, mussten heute mit ansehen, wie Berlin, wie Deutschland, wie die ganze Welt den Toten ehrte. Ob aller Wehmut im Herzen über den Tod des Verstorbenen zog innere Freude in mir herauf, als ich nach dem Abschluß der Trauerfeierlichkeiten durch die Zeitung vernehmen konnte, wie viele den Toten bei seinem letzten Gang geehrt hatten.«[20]

Tatsächlich fanden sich fast eine Million Menschen vor dem Reichstag ein; viele folgten dem Trauerkondukt anschließend bis zum Potsdamer Bahnhof, von wo aus Eberts Sarg mit dem Zug nach Heidelberg überführt wurde. Eine so zahlreiche und direkte Teilnahme der Bevölkerung wie an den vier Staatsbegräbnissen der Weimarer Republik gab es im »Dritten Reich« nicht mehr. Dessen mit Pomp und Propaganda inszenierte einundsiebzig Staatsakte hielten die Bevölkerung auf Abstand. Dagegen legte die DDR großen Wert darauf, die vorgebliche Einheit von Volk und Staatsführung auch und gerade bei solchen Gelegenheiten vorzuführen. Als 1953 der sowjetische Regierungschef starb, titelte das *Neue Deutschland* »Stalin – der beste Freund des deutschen Volkes« und beschrieb den Moment, als die Nachricht »unser Volk erreichte: Unser Herz schien für eine Zeitlang stillzustehen, unser Atem stockte, Tränen der Trauer und des Schmerzes traten in unsere Augen.« Öffentliche und staatliche Gebäude flaggten Halbmast, Tanz- und Sportveranstaltungen waren auf Anordnung des Innenministeriums untersagt.

Am Tag der Beisetzung erschallten um 10 Uhr die Sirenen, und Arbeit und Verkehr ruhten für fünf Minuten. In der Berliner Staatsoper begann der Staatsakt, die Anwesenden erhoben sich von ihren Plätzen: »Fünf Minuten schmerzerfülltes Schweigen, Schluchzen, Weinen.« Stehend und »mit Tränen in den Augen« lauschte die »Trauerversammlung« den verlesenen Beileidtexten. Der Nationalpreisträger

Wolfgang Langhoff deklamierte die an Pathos kaum zu übertreffenden Verse Johannes R. Bechers *Dem Ewig-Lebenden*, dann drang der Zweite Satz von Beethovens Dritter Sinfonie »in die leiderfüllten Herzen«. Dem anschließenden »Trauermarsch«, zu dem die SED und der Magistrat von Groß-Berlin aufgerufen hatten, folgten Hunderttausende Berliner »Werktätige«. Gleichzeitig veranstalteten die Schulen »würdige Trauerfeiern«.[21]

Der Zweck der Veranstaltungen war klar benannt: Partei, Regierung und »das deutsche Volk« bildeten eine Trauergemeinschaft, die sich, über den Verlustschmerz hinweg, auf gemeinsame, von dem Verstorbenen vorgegebene politische Ziele besann. Dazu gehörte 1953 der »Kampf um die Einheit der deutschen Hauptstadt, zum Wohle der deutschen Nation«, selbst wenn Stalin in Westberlin wenig Sympathie genoss und kaum jemand bei der Nachricht seines Ablebens eine Träne vergoss.

1960 gab es eine weitere Gelegenheit »für die gesamte deutsche Arbeiterklasse und für das ganze deutsche Volk«, sich trauernd zu vereinigen. Für den ersten und einzigen DDR-Präsidenten Wilhelm Pieck ordnete die Regierung eine viertägige Staatstrauer an und forderte die Bevölkerung auf, dem »teuren Toten« durch Spalierbildung entlang des Trauerzugs das letzte Geleit zu geben. Arbeit und Verkehr stoppten diesmal nur zwei Minuten. Dafür übertrugen Rundfunk und Fernsehen den Staatsakt und ließen auf diese Weise noch viel mehr Menschen als 1953 daran teilhaben.[22]

Deutsch-deutsche Trauer?

Im Westen fühlten sich wieder nur sehr wenige von den Appellen an das »ganze deutsche Volk« und die »ganze Berliner Bevölkerung« angesprochen. Anders war es im Februar 1960, als bei einer Schlagwetterexplosion in einer Zwickauer Steinkohlengrube 123 Bergleute umkamen. Die Bonner Regierung gab bekannt, sie teile »die Trauer, die das ganze deutsche Volk ob dieses schweren Unglücks zum Ausdruck gebracht hat«, das Innenministerium verfügte Trauerbeflaggung für die Dienstgebäude des Bundes. Grubenwehren aus dem Ruhrgebiet boten ihre Unterstützung an (die abgelehnt wurde), der Deutsche Gewerkschaftsbund schickte ein Kondolenztelegramm (»Die Arbeitnehmer der Bundesrepublik trauern mit Ihnen um die Opfer der Arbeit«), und die Abgeordneten erhoben sich zur Traueransprache des Bundestagspräsidenten. Radiosender passten ihre Programme »dem ernsten Charakter« an, der Westberliner Senat sagte die geplanten Jugend-Faschingsveranstaltungen ab, und der Bundesminister für gesamtdeutsche Fragen resümierte, die gemeinsame Trauer von 72 Millionen Deutschen in Ost und West habe die Einheit des Volkes unmittelbar erfahrbar gemacht.[23]

Die DDR-Medien hingegen spielten die deutsch-deutsche Trauer herunter und betonten stattdessen das Mitgefühl »des sozialistischen Lagers«. Das Unglück, berichtete die *Berliner Zeitung*, habe »eine Woge der ▷ Solidarität ausgelöst. Mit Rettungsmaterial aus der Sowjetunion und aus der ČSR, mit den Ratschlägen guter Freunde wird bis zur äußersten Kraftanstrengung im brennenden und schwelenden Schacht gegen den Tod gekämpft.« Dass der algerische Gewerkschaftsbund seine Anteilnahme versicherte, war bemerkenswerter als die entsprechenden Bekundungen westdeutscher Gewerkschaften. Immerhin erwähnte das *Neue Deutschland*, unter den Trauernden, die den Kumpeln die letzte Ehre erwiesen, habe sich auch eine Delegation von Ruhrbergarbeitern befunden.[24]

Als sich drei Jahre später im westdeutschen Lengede ein nicht minder katastrophales Grubenunglück ereignete, war es um die grenzübergreifende Trauergemeinschaft noch schlechter bestellt. Mit dem Mauerbau 1961 hatte die DDR die nationale Einheit als Staatsziel aufgegeben und setzte auf Abgrenzung. Auch die Systemkonkurrenz mochte eine Rolle spielen: Anders als in Zwickau gelang es in Lengede, 100 der 129 eingeschlossenen Bergleute mit modernster Technik zu retten. DDR-Medien schrieben jedenfalls mehr von »kapitalistischer Tragödie« und »Profitgier der Zechenherren«, als dass sie ihr Mitgefühl mit den Opfern und deren Familien äußerten.[25]

Dafür war die Anteilnahme der westdeutschen Bevölkerung an den

Rettungsaktionen immens, was nicht zuletzt der ebenso breiten wie emotionalen medialen Berichterstattung geschuldet war. Das Land Niedersachsen legte Staatstrauer für die neunundzwanzig Toten an. Einen Staatsakt für seine »Landeskinder« – Schüler und Lehrer, die ihr Leben bei einem absichtlich vom Piloten herbeigeführten Flugzeugabsturz verloren hatten – beraumte 2015 auch Nordrhein-Westfalen an. Die Tragödie hatte bei vielen Menschen, weit über den Kreis der Angehörigen hinaus, Entsetzen hervorgerufen und das Bedürfnis geweckt, empathisch mitzutrauern und dafür ein öffentliches Forum zu suchen. Die gemeinsame Trauer war die Trauer der Gesellschaft um ihre in einer außerordentlichen Katastrophe ums Leben gekommenen Mitglieder. Sie war gleichermaßen privat und öffentlich, still und vernehmlich. Sie war bürgerschaftlich – aber nicht politisch.

Trauerkulturen

Darin unterschied sie sich von der Trauer um die zehn Menschen, die zwischen 2000 und 2007 dem rechtsextremen NSU-Terror zum Opfer fielen. Zahlreichen lokalen Trauerkundgebungen, auf denen Bürgerinnen und Bürger ihr Mitgefühl bezeugt hatten, folgte 2012, für viele reichlich spät, eine staatliche Trauerfeier. Kanzlerin Angela Merkel entschuldigte sich öffentlich dafür, dass die Ermittlungsbehörden die Schuldigen zu lange im migrantischen Umfeld gesucht hatten, anstatt den Spuren in die Neonazi-Szene nachzugehen. Der offizielle Trauerakt im Berliner Konzerthaus sollte das eklatante Versagen des Staates symbolisch kompensieren.

Ging es 2012 um die Leidtragenden rechtsextremen Terrors, trauerte die Bevölkerung Ende 2016 um jene, die bei einem islamistischen Anschlag auf den Weihnachtsmarkt am Berliner Breitscheidplatz getötet oder verletzt worden waren. Über Nacht sammelte sich ein Meer von Kerzen und Blumen am Ort des Geschehens. Die Gedächtniskirche, in der am nächsten Tag im Beisein von Bundespräsident, Bundeskanzlerin und Bundestagspräsident ein Gedenkgottesdienst

52 Trauer am Berliner Breitscheidplatz, Januar 2017

stattfand, war überfüllt. Der Bundestag hielt im Januar 2017 eine Gedenkveranstaltung ab. Aber vielen reichte das nicht. Manche forderten eine Schweigeminute, andere einen Staatsakt, wie ihn die französische Regierung nach den Pariser Terroranschlägen 2015 veranstaltete. Angehörige der Opfer beklagten die »mangelnde Trauerkultur« des Bundes und des Landes Berlin.[26] Der Anschlag, so ihr Argument, habe der gesamten Gesellschaft gegolten, die Opfer seien rein zufällig getroffen worden, und deshalb sei eine offizielle Trauerzeremonie die angemessene Reaktion.

Solche Forderungen und Diskussionen zeigen, wie sehr sich die öffentliche Trauerkultur und deren Bezugspunkte verändert haben. In den 1920er Jahren zielten Terroranschläge, fast immer von Rechtsradikalen verübt, auf prominente Vertreter der Weimarer Republik. Rathenau war weder das erste noch das letzte Opfer, auch viele andere Politiker und Publizisten standen im Fadenkreuz rechtsextremer Attentäter. Wenn die Republik hier Flagge zeigte und den Ermordeten höchste staatliche Ehren erwies, behauptete sie sich selber. Ähnlich war es in den 1970er und 1980er Jahren, als die linksextreme Rote Armee Fraktion Männer ermordete, die den gehassten, aus ihrer Sicht »faschistoiden« Staatsapparat repräsentierten. Auch in diesen Fällen erfolgte der anschließende Trauerstaatsakt in eigener Sache.

Die rechtsextremen und islamistischen Anschläge der beiden letzten Jahrzehnte hingegen galten der zivilen Gesellschaft. Ihre Opfer geboten und erfuhren eine andere, bürgerschaftliche Form öffentlicher Trauer, mit aktiver Teilnahme der Bürgerinnen und Bürger, lokaler Politiker bis hin zu staatlichen Organen. Trauer kam hier aus der Mitte der Gesellschaft, sie war eine viele Menschen zusammenführende emotionale Praxis, an der sich auch der Staat mit seinen Mitteln beteiligte. Dementsprechend reagierten Trauerstaatsakte auf die Empfindungen und Sorgen der Zivilgesellschaft, anstatt dem staatlichen Interesse an sich selbst zu genügen.

Überspitzt formuliert, erwartete der Staat vor hundert Jahren von den Bürgern, dass sie mit ihm um seine und ihre Repräsentanten trauerten. Heute erwarten die Bürger vom Staat, dass er ihre Trauer teilt und ihnen hilft, sie zu bewältigen. Sie trauern nicht mehr nur um verstorbene Politiker, die das Land maßgeblich geprägt haben. Sie trauern auch um Mitbürger, die aus politischen Gründen – oder aufgrund natürlicher, technischer oder menschengemachter Katastrophen – ihr Leben verloren. Damit reagieren sie auf neuartige Gefährdungen und zeigen zugleich eine größere bürgerschaftliche Verbundenheit und Empathie.

Wie Menschen mit Trauer umgehen, hat sich ebenfalls merklich verändert. Nach dem Berliner Anschlag von 2016 wünschten sich Betroffene psychotherapeutische Betreuung statt eines Gottesdienstes. Auf den Trost religiöser Deutungen und die Unterstützung kirchlicher Amtsträger legen immer weniger Menschen Wert. Fanden 2002 noch 70 Prozent aller Bestattungen in Anwesenheit eines Pfarrers oder einer Pfarrerin statt, waren es 2017 nur noch 55 Prozent, und die Zahlen sind weiter rückläufig. Das heißt jedoch nicht, dass man auf feierliche, dem Anlass gemäße Rituale und Zeichen ganz verzichtet. Professionelle Trauerredner haben Hochkonjunktur und bieten maßgeschneiderte Ansprachen und Abläufe an. Manchmal übernehmen enge Freunde oder Familienmitglieder der Verstorbenen den Part und gestalten den Abschied intimer, partizipativer und persönlicher, als es kirchliche Zeremonien je könnten oder wollten.

Auch die anschließende »Trauerarbeit« vollzieht sich heute auf andere Weise. In dem Maße, wie Medizin und Psychotherapie Trauer als potenziell pathologische Belastungs- und Anpassungsstörung identifizieren, bieten sie Verfahren und Hilfen zu deren Bewältigung an.[27] Vereine organisieren Trauerbegleitung und Trauersprechstunden. Vieles findet in Gemeinschaft mit anderen Betroffenen statt. Bei kollektiven Katastrophen und persönlichen Verlusterfahrungen suchen Menschen oft die Nähe derer, die ähnliche Erfahrungen und Schicksale durchleben. Anstatt sich, wie noch bis vor wenigen Jahrzehnten üblich, um Schmerzkontrolle und Trauerableitung zu bemühen, geht es jetzt darum, Gefühle von Schmerz und Trauer »zuzulassen« und die eigene Verletzlichkeit zu akzeptieren. Als Problemfall gilt eher der, der nichts oder zu wenig fühlt.

Anlässe, Trauer zu empfinden, sind auch jenseits einschneidender Todesfälle genügend vorhanden; wer von der Liebsten verlassen wird, kann ebenso unter Trennungsschmerz leiden wie die, deren Katze weggelaufen ist. Für alle gibt es Hilfe, *online* und *offline*. Trauer ist zu einem lukrativen Geschäftszweig mit zahlreichen Trostanbietern geworden, für den es vor einem Jahrhundert noch kein Äquivalent gab. Sie hat neue Formen angenommen, und sie hat sich gesellschaftlich stärker und sichtbarer positioniert. Louise von Beulwitz, die 1914/16 ihren gefallenen Sohn betrauerte, hätte sich in der neuen Trauerkultur nicht zurechtgefunden. Sie starb 1969, mit 95 Jahren.

VERTRAUEN

1977 war Bayern in Unruhe. Alfons Goppel, seit 1962 Ministerpräsident und so beliebt, dass die CSU unter seiner Spitzenkandidatur 1974 fast zwei Drittel der Wählerstimmen holte, bekam körbeweise Post von Bürgerinnen und Bürgern. Sie baten ihn dringlich, im Amt zu bleiben und es nicht vor der Zeit an Franz Josef Strauß abzugeben. Denn sie hätten »innerliches Vertrauen« zu ihrem »guten Landesvater« – ein Vertrauen, das sie seinem designierten Nachfolger nicht entgegenbrachten. Er sei, anders als Goppel, keine »vorbildliche Persönlichkeit«, sondern ein »Postenjäger und Gewaltmensch«, spreche »meist hastig und erbost«, sei »ehrgeizig und emporstrebend«. Johannes Lorenzer aus Thansau, Priester und langjähriges CSU-Mitglied, brachte es auf den Punkt: »Bedenken Sie«, schärfte er Goppel ein, »dass er kein Landesvater ist. Er ist hart, rücksichtslos und ohne Barmherzigkeit. Er hat den Ruhm, sein Talent nicht verkraftet. Er will sich nicht bescheiden in ein hartes Amt als Oppositionsangehöriger, wo er nicht die erste Geige spielen darf. Er will immer die erste Geige spielen.« Strauß als bayrischer Ministerpräsident gefährde nicht nur, sekundierte Lorenzers Parteifreund Servatius Maeßen, das »Ansehen der CSU sondern auch das Vertrauen in die demokratischen Verfassungsorgane«.[1]

Vertrauen stand im Mittelpunkt dieser Kommunikation, und zwar dreifach: Es ging um persönliches Vertrauen, um Amtsvertrauen und um Systemvertrauen. In allen Fächern erteilten die Bürger, die sich hier zu Wort meldeten, Goppel gute und Strauß schlechte Noten. Aus ihrer Sicht fehlte es dem Herausforderer an sämtlichen Qualitäten, Charakterzügen und Beweisen verantwortungsvollen Handelns, die einen »guten Landesvater« auszeichneten. Ein Mann, der von Ehrgeiz, »Machtstreben und Eigennutz« (Maeßen) zerfressen schien, der sein Temperament nicht zu zügeln wusste, der weder auf Parteifreunde noch auf Gegner Rücksicht nahm – ein solcher Mann weckte nicht Vertrauen, sondern tiefes Misstrauen.

Ein Jahr später wurde Strauß dann doch bayrischer Ministerpräsident und blieb es zehn Jahre lang. Zwar reichte er nie an Goppels Popularität heran, und die CSU verlor Stimmen. Viele nahmen ihm seine Skandale übel und bedauerten den politischen Polarisierungskurs, für den er bekannt war. Aber eine Mehrheit der Bevölkerung schenkte ihm ihr Vertrauen. Als er 1988 starb, war der Trauerzug einer der größten, den die Stadt München je erlebt hatte.

Vertrauen im multifunktionalen Einsatz

Vertrauen spielt in der politischen Kommunikation eine zentrale Rolle, aber es ist auch in anderen Beziehungen unentbehrlich. Freundschaften beruhen ebenso darauf wie Liebesverhältnisse, die über einen *one night stand* hinausgehen. 1957 sah der *Brockhaus* im Vertrauen »eine der Grundlagen gemeinschaftlicher Verbundenheit: in Familie, Ehe, Freundschaft, im Verhältnis von Arzt und Patient«. Als »menschlich-ethische Komponente« sei es sogar dort vonnöten, »wo im übrigen Zwecküberlegungen vorherrschen: im Berufsleben, Wirtschaftsleben (›Vertrauenskrise‹), in der Politik als Voraussetzung von Kontinuität und Krisenfestigkeit«. Überall brauche man Vertrauen als »Einstellung, einem andern zu ›trauen‹, d. h. von ihm nichts Böses zu erwarten«, und als »Geneigtheit, ihn für charakterlich zuverlässig zu halten, so daß seinen Worten und namentlich seinen Versprechungen Glauben zu schenken sei«. Vertrauen sei dabei nicht bloß eine »Meinung vom andern, sondern ein zu ihm eingegangenes persönliches Verhältnis, und damit ein Stück Wagnis, dessen Eingehen indes dazu beitragen kann, im andern den Willen zur Rechtfertigung des ihm entgegengebrachten Vertrauens zu stärken«.²

Hier war von Vertrauen als Einstellung, Meinung, Geneigtheit und Verhältnis die Rede, nicht jedoch als Gefühl. Aber wie konnte es dann »ursprüngliches Vertrauen« geben, das der Psychoanalytiker Erik Erikson »im Verhältnis des Kindes zur Mutter« vermutete? Jeder Mensch, hatte Erikson 1950 behauptet, besitze ein Ur- oder Grundvertrauen in die Welt. Er erwerbe es während des ersten Lebensjahrs in der und durch die Beziehung zu seinen primären Bezugspersonen. Säuglinge verfügen indes weder über »Einstellungen« noch über »Meinungen«. Erikson sprach dementsprechend vom »Vertrauensgefühl« als »Grundlage des Identitätsgefühls«, das, abhängig von persönlichen Erfahrungen, im Lebensverlauf gefestigt, differenziert oder eingeschränkt werde.³ Daraus resultierten Haltungen, Einstellungen und Handlungsweisen, die eine Person als mehr oder weniger vertrauensbereit auswiesen. Man lernte Vertrauen, erfuhr seine Grenzen und übte es praktisch ein, konnte es aber auch verlernen und verlieren.

Denn Vertrauen war riskant, in Beziehungen zu Fremden ebenso wie zu nahestehenden Menschen. Auf den ersten Blick mochte der Fremde mehr Misstrauen verdienen als der Freund. Denn wenn Vertrauen, nach einer berühmten Definition Georg Simmels von 1908, der »mittlere Zustand zwischen Wissen und Unwissen um den Menschen« ist, dann wächst das Risiko, enttäuscht zu werden, je näher man dem Unwissen, hier: dem Fremden kommt.⁴ Andererseits ist auch das Wissen um die Freundin oder den Liebespartner nie vollständig. Auch sie können Vertrauen verletzen und missbrauchen, und das tut besonders weh.

In den letzten Jahrzehnten sind solche schmerzlichen Erfahrungen in dem Maße häufiger geworden, wie Menschen ihren Liebes- und Freundschaftsbeziehungen immer höhere Erwartungen aufluden. Das Ideal engster Freundschaft und romantischer Verschmelzungsliebe ist zwar älter als das 20. Jahrhundert, konnte aber erst dann in die Breite wirken, als die sozialen, ökonomischen und medialen Voraussetzungen dafür vorhanden waren. Seitdem wird der Traum der Romantik von jeder und jedem geträumt, alle suchen rastlos nach der perfekten ▷ Liebe und dem höchsten Vertrauen. Das medial verstärkte Optimierungsgebot setzt Beziehungen unter erheblichen Stress. Je exklusiver und totaler sie angelegt sind, desto gefährdeter sind sie. Vertrauensbrüche, Betrug und Verrat entziehen ihnen die Grundlage und lassen sie zerbrechen. Manche Menschen möchten das Risiko dadurch verringern, dass sie ihre Freundschafts- und Liebesnetze weiter spannen und die Taktzeiten verkürzen. Wer weniger Vertrauen investiert, heißt es, kann Enttäuschungen besser verkraften.

Vertrauensökonomien

Soziologen und Psychologen unterscheiden hier zwischen »dickem« und »dünnem« Vertrauen, wobei sie Ersteres primär in privaten Beziehungen lokalisieren. »Dünn« wird das Vertrauen, wenn es sich um punktuelle Begegnungen und instrumentelle Transaktionen handelt, von denen emotional und materiell weniger abhängt. Intensität und Stellenwert des Vertrauens richten sich also vor allem danach, wie sehr man auf den Vertrauensnehmer angewiesen ist und ob es Alternativen gibt. Ein Handwerker, der die Waschmaschine repariert, braucht und bekommt in der Regel weniger Vertrauen als der Arzt, dessen Diagnose und Intervention über Tod und Leben entscheiden.

Im Wirtschaftsleben bedürfen Transaktionen einer Vertrauensvorleistung. Das gilt für Fernhandelsbeziehungen ebenso wie für alltägliche Konsumentscheidungen. Die Kundin, die das Produkt, das sie erwerben möchte, noch nicht kennt, vertraut darauf, dass ihr keine Mogelpackung angedient wird. Ist sie mit dem Kauf zufrieden, wird sie weitere Waren des Unternehmens in Betracht ziehen. Ermöglicht wird ihr das durch *branding*, das Markenvertrauen und Markentreue herstellen soll. Seinerseits ist der Hersteller gut beraten, das Anfangsvertrauen nicht zu enttäuschen und nur einwandfreie Ware anzubieten, um Kunden mittel- und langfristig zu binden.

Dass sich Vertrauen auszahlt, ist in Zeiten kapitalintensiven Wachstums eine Binsenweisheit geworden. Anders als in der zünftisch verfassten und streng regulierten Wirtschaft der Vormoderne, die den Kreis der Anbieter ebenso beschränkte wie den der Käufer, expandierten die Märkte seit den Industrialisierungswellen des 19. Jahrhunderts und mit ihnen die Konkurrenz der Produzenten. Unter diesen Bedingungen wurde Vertrauen zu einer unverzichtbaren Ressource ökonomischen Handelns. Robert Bosch, der seit den 1880er Jahren ein elektrotechnisches Weltunternehmen aufgebaut hatte, ließ 1918 verlauten, er habe immer nach dem Grundsatz gehandelt »Lieber Geld verlieren, als Vertrauen«: »Die Unantastbarkeit meiner Versprechungen, der Glaube an den Wert meiner Ware und an mein Wort standen mir stets höher als ein vorübergehender Gewinn.«[5]

Vertrauen war auch für den Chemiegiganten Bayer von großer Bedeutung. Seit den 1930er Jahren bewarb er sein weit über Leverkusen hinaus leuchtendes Buchstabenkreuz als Erkennungslogo und »Wertzeichen des Vertrauens«. 1956 beschloss der Vorstand, eine systematische »Vertrauenswerbung« – deutsch für *public relations* – durchführen zu lassen. Als »Werbewort« wählte die damit beauftragte Agentur »Im Vertrauen der Welt«. Es betonte »den Zusammenhang ›Chemie-Mensch-Bayer‹« und suchte die Verbraucher in eine »Vertrauenssphäre« einzubinden, die ihnen den Griff zu Produkten des Unternehmens erleichterte.[6]

Anders als Bosch nutzte der Konzern Vertrauen als explizites Werbemittel und suchte daraus Kapital zu schlagen. Da Menschen »in aller Welt« bereits ihr Vertrauen in Bayer setzten, könnten und sollten neue Kunden es ihnen unbesorgt nachtun. Subtiler funktionierte die Vertrauenswerbung bei VW. 1962 entwickelte die Agentur Charles Wilp den Slogan »Er läuft und läuft und läuft«, 1969 folgte, in Fettdruck, »Es gibt noch Dinge, auf die man sich verlassen kann«. Gemeint war stets der Käfer, der erste große Verkaufsschlager des Wolfsburger Autobauers. Eine noch imposantere Karriere legte später nur noch das 1974 gestartete Golf-Modell hin, von dem bis 2019 weltweit 35 Millionen Exemplare unterwegs waren.[7]

2015 schien es mit dem Vertrauen vorbei zu sein. VW hatte über

Jahre hinweg die Abgaswerte seiner Dieselfahrzeuge systematisch manipuliert und die Kunden mit dem Versprechen eines *Clean Diesel* betrogen. Der Konzern bekannte sich zu seiner Verantwortung und zahlte, vor allem in den USA, Milliarden an Strafgeldern und Entschädigungen. Außerdem schaltete er Zeitungsanzeigen, in denen er sich entschuldigte und ankündigte, das verlorene Vertrauen durch harte, ehrliche Arbeit wiedergewinnen zu wollen. Zwar blieb VW die Einlösung schuldig und tat wenig, um die Aufklärung des Betrugsskandals zu beschleunigen. Trotzdem schrieb das Unternehmen weiterhin schwarze Zahlen und fuhr hohe Gewinne ein. Der anfängliche Vertrauensverlust hatte nicht dazu geführt, dass sich Kunden tatsächlich abwandten. Offenbar war ihr Vertrauen zu »dünn«, um dauerhaft enttäuscht werden zu können. Zudem mangelte es an sauberen Alternativen, denn fast alle PKW-Hersteller hatten Manipulationen vorgenommen. Da VW-Autos im Preis-Leistungs-Vergleich nach wie vor Bestnoten erzielten, blieb die kleine Vertrauensdelle ohne große Folgen. Nicht zu unterschätzen war auch die emotionale Bindung – man könnte sie Treue nennen – vieler Käufer an die Marke, von deren periodisch aufpoliertem Nimbus das Unternehmen zehrte.

Vertrauen und Misstrauen in der Weimarer Republik

In der Politik hat das »Werbewort« Vertrauen seit dem 19. Jahrhundert Konjunktur. Besonders häufig tauchte es in den 1920er Jahren auf. Die Weimarer Verfassung war ein Vertrauensakt in doppelter Hinsicht: Die Bürger sprachen dem neuen Staat und seinen Institutionen Vertrauen aus, und der Staat vertraute den Bürgern, indem er sie an der Regierung beteiligte. Anders als im Kaiserreich, als der demokratisch (allerdings nur von Männern) gewählte Reichstag keinerlei Einfluss auf Regierungsbildung und Politik nehmen konnte, bedurfte die republikanische Regierung der mehrheitlichen Zustimmung des Parlaments, das seit 1919 auch mit den Stimmen von Frauen gewählt wurde. Verweigerten die Abgeordneten das Einverständnis und erklärten ihr Misstrauen, mussten die Minister den Hut nehmen. Oft kamen sie dem durch Rücktritt zuvor.[8]

Obwohl der Verlust des parlamentarischen Vertrauens erhebliche Folgen für das politische Geschäft zeitigte, war das Vertrauen, das Abgeordnete schenkten oder entzogen, emotional eher »dünn«. Es bedeutete nicht viel mehr, als dass sie das Regierungshandeln billigten und Kanzlern und Ministern zutrauten, auch in Zukunft richtige Entscheidungen zu treffen. Diese Zukunft war zeitlich begrenzt: Alle vier Jahre, sah die Verfassung vor, sollte das Volk seine Vertreter neu wählen, aus deren Mitte dann eine neue Regierung zu bilden war. Dass die Weimarer Republik in den vierzehn Jahren ihres Bestehens tatsächlich acht statt vier Parlamentswahlen erlebte, zeigt, wie schwer es den im Reichstag vertretenen Parteien fiel, sich auf eine konstruktive Linie zu einigen. Negative Mehrheiten waren schneller zu erreichen als positive; Misstrauen äußern war einfacher als Vertrauen aufbauen. Hier wirkten, meinte Hugo Preuß, die »bitteren Erfahrungen der Vergangenheit« fort. Preuß, 1919 erster Reichsinnenminister, spielte auf das machtlose Parlament des Kaiserreichs an, das der Regierung deshalb prinzipiell misstrauisch begegnet sei. Unter der neuen, von dem linksliberalen Staatsrechtslehrer maßgeblich beeinflussten Verfassung werde »jenes Mißtrauen der Menge und ihrer Vertreter gegen alle Regierenden, auch die, die aus ihrer Mitte selbst und aus ihrer parlamentarischen Beeinflussung hervorgegangen sind, allmählich erlöschen«. Das hoffte er zumindest.[9]

Doch die Hoffnung trog. Misstrauen herrschte nicht nur zwischen den extrem polarisierten politischen Lagern, die sich im Parlament und auf der Straße erbittert bekämpften. Mit unverhohlenem Misstrauen sahen sich auch die häufig wechselnden Koalitionsregierungen konfrontiert. Zugleich wussten alle, wie schädlich und destruktiv dieses Gefühl war. »Mißtrauen«, erklärte der SPD-Abgeordnete Simon Katzenstein 1919, sei »wahrhaftig keine demokratische Tugend«. Vielmehr erkannte er darin »die Eigenschaft des Sklaven, der niedergedrückt ist, der nicht fähig ist, die Dinge selbständig zu entscheiden, und dessen einzige Waffe gewissermaßen der Außenwelt gegenüber und seinen Unterdrückern gegenüber das Mißtrauen ist«. Bürger in einem demokratischen Staat seien aber keine Sklaven, denn sie hätten Rechte, die sie wahren und geltend machen sollten. Dazu bestellten sie »Vertrauensleute«, sprich Abgeordnete. Aus diesem Verhältnis könne »Vertrauen als Blüte hervorwachsen«, als demokratische Tugend *sui generis*.

Aber Vertrauen gebe es nicht, auch darauf wies Katzenstein hin, zum Nulltarif. Das Parlament brauche Instrumente und Verfahren, um die Exekutive zu kontrollieren und zu prüfen; auch müsse die Regierung den Abgeordneten gegenüber rechenschaftspflichtig sein. Das sei kein Misstrauen »in dem üblichen Sinn des Wortes«, sondern eine Vorsichtsmaßnahme, die Vertrauen ermögliche und Voraussetzungen schaffe, unter denen es wachsen und gedeihen könne.[10] Sorgfältig auszutarierende *checks and balances*, das kannte man aus der Geschichte des angelsächsischen Parlamentarismus, waren das A und O einer demokratischen Verfassungsarchitektur, die weder bedingungsloses Vertrauen erwartete noch abgrundtiefes Misstrauen aushielt.

Welchen Platz darin der Präsident einnahm, war umstritten. Die Verfassung bestimmte, dass er direkt von den Bürgerinnen und Bürgern gewählt wurde. Für viele war er deshalb »der Vertrauensmann, der Volkstribun der Gesamtheit, der Wächter ihres Gesamtinteresses«. Als Korrektiv einer Parteipolitik, die das Parlament möglicherweise als Bühne nutzte, um partikulare Interessen durchzusetzen, sollte der »Vertrauensmann der Volksmillionen« höchste Legitimität und Autorität beanspruchen. Aus dieser Sicht trat der Präsident als »das vom Volksvertrauen getragene Kontrollorgan« nicht der Regierung gegenüber, sondern dem, was Preuß »Parlaments-Absolutismus« nannte.[11]

1925, nach dem Tod Friedrich Eberts, fand die erste direkte Präsidentenwahl statt. Ebert war 1919 von der Weimarer Nationalversammlung gewählt worden, noch ehe die Verfassung verabschiedet und in Kraft getreten war. Jetzt konkurrierten mehrere Kandidaten um das mächtige Amt. Der von Katholiken, Sozialdemokraten und Linksliberalen unterstützte Zentrumspolitiker Wilhelm Marx warb ausdrücklich mit und um Vertrauen: »Millionen arbeitender Menschen suchen nach Verständigung, verlangen Vertrauen und sind bereit, neuer Führerschaft ihr Vertrauen zu schenken.« Doch schenkten sie es, im zweiten Wahlgang, nicht ihm, sondern dem parteilosen Monarchisten Paul von Hindenburg, Jahrgang 1847. In dessen Osterbotschaft »an das deutsche Volk« kam das Vertrauenswort nicht vor; stattdessen unterstrich er seine »Treue zum Vaterland«.[12]

Die Semantik der Treue

Er gab damit einem Begriff den Vorzug, der konservativ getönt und von demokratischen Beiklängen frei war. Treue, wie sie Hindenburg und seine Generation verstanden, war bedingungs- und zeitlos. Sie produzierte und repräsentierte eine dauerhafte Bindung, die nur durch den Tod aufgehoben oder durch Verrat zerstört wurde. Traditionell assoziierte man sie eher mit vormodernen Verhältnissen: mit der Vasallentreue mittelalterlicher Fürsten und Gefolgsmänner, mit dem getreuen Diener und Knecht, der nicht von der Seite des Herrn wich, mit Untertanen, die ihrem Landesherrn gelobten, ihm »getreu, hold und gewärtig« zu sein. Im 19. Jahrhundert erkor man »deutsche Treue« zu einem nationalen Charaktermerkmal und ließ sie hochleben, wie in Hoffmann von Fallerslebens *Lied der Deutschen* von 1841, der späteren Nationalhymne. Die Reichsgründer Bismarck und Wilhelm I. wurden posthum zum Traumpaar deutscher Treue stilisiert, und selbst die Nationalliberale Partei betonte 1882 im ersten Satz ihres Programms die »unverbrüchliche Treue zu Kaiser und Reich«.[13]

Diese Treue, so sahen es Monarchisten, hatten die Revolutionäre 1918 gebrochen und verraten. Im November jenes Jahres fand der bayrische Ministerpräsident Kurt Eisner einen anonymen Zettel mit Gereimtem in der Post:

»Treuloser Meineid brüstet sich
sie plündern und sie morden
im eigenen Land o bittere Schmach

als wärens Feindeshorden
Es klebt ein Fluch am Königssturz
Fluch folgt gebrochener Treue,
drum Bayernvolk besinne dich
erhebe dich aufs neue.«

Von »Untreue« sprach auch der Berliner Literaturprofessor Gustav Roethe und freute sich deshalb von Herzen über Hindenburgs Wahl 1925. Dass sich der Reichspräsident und Weltkriegsgeneral Friedrich Schlegels »Treue ist das Mark der Ehre« zum Leitspruch gewählt hatte – den im Übrigen auch der Reichsbund Jüdischer Frontsoldaten

53 Banner des Reichsbundes Jüdischer Frontsoldaten, Ortsgruppe Köln, 1920er Jahre

auf seinen Bannern trug –, ließ auf eine Rückbesinnung des »heutigen Deutschland« auf frühere Werte und Traditionen hoffen.[14]

In den dankbaren oder aufmunternden Zuschriften, die Hindenburg bei seinen Kandidaturen 1925 und 1932 erhielt, war immer wieder von der Sehnsucht die Rede, einen starken, verlässlichen, aber auch unparteiischen Mann an der Spitze des Staates zu sehen. Der christliche Gewerkschafter Hugo Dornhofer aus Heiligenstadt versicherte Hindenburg 1932, dass er ihm »mit demselben Todesmut der Hingabe im Herzen« begegne, »wie wir es im Granatfeuer der Schützengräben unserm Heerführer zum Schutze der heißgeliebten Heimat bewiesen haben«. Hingabe ohne Vertrauen war schlechthin unmöglich. »Mein Vertrauen zu Ihnen«, schrieb eine sechsundsiebzigjährige Witwe aus Leipzig, »ist nicht zu erschüttern«, sie verehre ihn seit sechzehn Jahren »mit Herz und Hand«. Karl Geisler stellte sich als »ein armer und einfacher Mensch« vor, »aber das Vertrauen an Sie wird mir niemand und nichts nehmen können«. Auch Annie Gerhard aus dem rheinischen Engers setzte in Hindenburg »das felsenfeste Vertrauen«, dass »Sie mit Gottes Hilfe jetzt alles zum Guten führen werden, ganz so, wie Sie es im Kriege verstanden, überall den rechten Weg zu finden«. Aus Altona kam die klare Ansage: »Wir wollen keinen Maulheld, sondern einen Pflicht und Tatenmensch, und der seid Ihr einzig und allein. Nehmt das von einem Arbeitslosen als Treue Gruß und Vertrauen.«[15]

Treue hatte hier wie in den meisten anderen Briefen einen doppelten Bezug: Sie schmiedete ein (oft militärisch vorgeprägtes) Gefolgschaftsverhältnis, und sie kennzeichnete Hindenburg als Persönlichkeit, die ihre Pflicht ebenso treu erfüllte, wie sie die Treue zu Volk und Vaterland wahrte. Als »Treuhänder des ganzen deutschen Volkes«, meinte Fritz Weber aus Frankfurt 1932, sei Hindenburg »Symbol der deutschen ▷ Ehre und Freiheit. Drum heißt es Treue um Treue.« Weber hatte zwischen 1903 und 1905 als Infanteriesoldat gedient und am Weltkrieg teilgenommen. Von altem Schrot und Korn war auch Minna Streich aus Altona, die Hindenburg als »hohes Vorbild an Pflichterfüllung und an Germanentreue« pries. »Über allem Parteienstreit hinweg erhebt sich für uns Ihre unantastbare Reckengestalt.« Als »tief national empfindender deutscher Frau« war es ihr »ein Herzensbedürfnis Ihnen das Treubekenntnis vieler mit mir schicksalsverbundener Frauen zum Ausdruck zu bringen«.

Treue traf hier auf Treue, vor allem bei jenen Männern und Frauen, die Hindenburg als Heldenfigur des untergegangenen Kaiserreichs verehrten und wie die Hamborner Witwe Klustin betonten: »Deutsch sein, heißt treu sein, sich selbst und seinem Volke.« Hermann Weiß aus Kiel, parteilos, kümmerte sich »grundsätzlich nicht um Politik, aber mit derselben Selbstverständlichkeit und Begeisterung, mit der ich 1914 als kaum 18jähriger nach Flandern ins Feld zog, mit genau derselben Selbstverständlichkeit und Begeisterung werde ich am kommenden Sonntag meine Pflicht tun und aus ehrlicher Überzeugung den Mann zum Reichspräsidenten wählen, dem Treue ein selbstverständlicher Begriff ist«. Nicht minder selbstverständlich sei er für die »Kriegskameraden, die wissen, was Treue ist und wem sie Treue schuldig sind: Ihnen, Herr Generalfeldmarschall, dem deutschen Volke und sich selbst«.

Aber auch Jüngere, die nicht im Schützengraben gelegen hatten, sahen in Hindenburg einen Stifter von Frieden und Einheit. Unter Frauen war der Überdruss an »Parteiengezänk« und Gewalt besonders verbreitet. Eindrücklich und ausführlich schilderte die Näherin Grete Domforde aus Stade ihre Gefühle. Sie rechnete sich zu den »nationalen Frauen«, sehnte sich aber »durchaus nicht nach der alten ›Zucht, Ordnung und Sauberkeit der Monarchie‹«. 1925 habe sie Hindenburg nicht gewählt, aus »Angst vor jenen, die Ihre Kandidatur wollten«. »Aber nach Ihrer Rede im Reichstag, wo Sie sagten, Ihrem Vorgänger folgen zu wollen, wusste ich, dass ich einen Fehler gemacht hatte.« Hindenburg sei als Präsident »kein Parteimann« gewesen, und sie werde ihn diesmal wählen, »weil ich Vertrauen und Hochachtung zu Ihrer Person und Politik habe. Ist denn die Treue ein leerer Wahn, bei jenen, die heute gegen Sie stehen!«[16]

Mit diesem Zitat aus Friedrich Schillers Gedicht *Die Bürgschaft*, das Schulkinder bis in die 1990er Jahre auswendig lernten, band Grete Domforde das Vertrauen, das sie persönlich in Hindenburg setzte, an die sprichwörtliche deutsche Bundestreue. Sie verschwieg jedoch nicht, dass ihr Vertrauen erst allmählich entstanden war. Sieben Jahre Reichspräsidentschaft hätten ihr bewiesen, dass Hindenburg Vertrauen verdiente und es nicht für parteiliche Interessen zweckentfremdete. Das sprach gegen bedingungslose Treue.

Der »Führer«: Treue, Glaube, Vertrauen

Von Treue und Vertrauen war auch in den Briefen an Adolf Hitler die Rede. »Unwandelbare Treue« versicherten ihm Anhänger, Parteigenossen und ganze Ortsgruppen. Manche schilderten Treuekonflikte, wie 1930 der Stahlhelmer Eugen Rog aus Gummersbach. Er wollte gern der NSDAP beitreten, aber auch »die meiner Stahlhelmfahne gelobte Treue unter allen Umständen« halten. Das eine aber ließ sich nicht mit dem anderen vereinbaren, und Fahnentreue wog schwerer. »Es gibt für uns nur eine Parole: ›Gehorsam und treu‹«, verkündeten Erfurter Mitglieder der NS-Frauenschaft 1935. Hildegard Murschhauser, Kindergärtnerin in München, lauschte 1936 im Radio einer Hitler-Rede auf dem Nürnberger Reichsparteitag: »Seitdem ist in mir alles anders. In mir erwachten ein Glaube und Vertrauen, wie ich dies noch nie fühlte und kannte. Ich wurde wieder froh – alle Angst, alle Zweifel fielen zusammen.« Fraglos gab sie Glaube und Vertrauen an »die Kleinen und Kleinsten« weiter: »Wir sitzen vor unserer geschmückten ›Hitlerecke‹ und ich erzähle von Hitler und seinem Deutschland! Nachher stehen alle stramm und wir singen mit erhobener Hand deutsche Lieder. Als Abschluß kommt dann immer unser Gebetlein, das wir alle innig beten: ›Lieber Gott, beschütz mit starker Hand / Unsern Führer und das Vaterland!‹«

Glaube, Vertrauen, Hoffnung, Treue: Diese Gefühle kamen fast immer zur Deckung. Neu war, verglichen mit der Zeit vor 1933, die Betonung des Glaubens. Die Verehrung seiner Anhänger nahm beinahe religiöse Züge an und ließ Hitler wie einen Messias erscheinen, von Gott gesandt und beschützt. »Wer an Sie glaubt, auf Sie hofft und Ihnen restlos vertraut, geht niemals unter«, dessen war sich Gerti Rehmann aus Essen, Ehefrau eines Maßschneiders, ebenso sicher wie die Berliner Arbeiterfrau Friedel Hein:

> »Mein Mann und ich wir kennen uns schon als Kinder. Wir sind nach dem Krieg groß geworden in einer Zeit, die für uns damals junge Menschen, politisch hohe Anforderungen stellte. Minister wechselten Regierungen stürzten. Wir hatten keinen Halt wir glaubten was man uns versprach und wurden immer aufs neue enttäuscht. Wir wurden arbeitslos nahmen an was wir bekamen stumpften ab und verloren den Glauben an alles. An die Zukunft, an Deutschland, an uns selbst. Dann kamen Sie, mein Führer, Ihr Programm. Wir wussten beide nicht sollte es wirklich einen geben, der den Weg aus dem Chaos fand war die Karre nicht zu verfahren. Wir warteten doch als nach 1933 nicht Worte sondern Taten sprachen, da wussten wir Nationalsozialismus ist Sozialismus der Tat. Am Sonnabend, den 7.3.1936 aber als mein Mann, der nachdem er 1 Jahr auf der Autobahn arbeitete, hier als Arbeiter bei der Reichsbahn unterkam, von der Arbeit kam und mit glänzenden Augen von Ihrer Rede sprach und als wir diese Rede dann gemeinsam Wort für Wort in der Zeitung lasen, Radio haben wir keines, da weinten wir wie die kleinen Kinder. Und dafür mein Führer, dass Sie uns den Glauben und die Heimat zurückgaben möchten wir Ihnen danken.«[17]

Glaube, Treue und Vertrauen hatten auch in der offiziellen Sprache des Nationalsozialismus ihren festen Platz. Der *Völkische Beobachter* druckte zu Hitlers Geburtstag am 20. April 1940 zwei Artikel: *Der Glaube an den Führer*, von Reichspressechef Dietrich, und *Liebe, Gehorsam und Vertrauen zum Führer* von Propagandaminister Goebbels. Gut einen Monat später hielt der Juraprofessor Herbert Krüger, Mitglied der SS und NSDAP, an der Heidelberger Universität die Immatrikulationsrede über das Thema »Vertrauen als seelische Grundlage der Volksgemeinschaft«. In striktem Gegensatz zu den Weimarer Verhältnissen, die durch »tiefes Mißtrauen als politischer Grundstimmung« gekennzeichnet gewesen seien, fuße das »Dritte Reich«, so Krüger, auf dem »unbegrenzten Vertrauen, das das Volk seinem

Führer entgegenbringt«. Dass dieses Vertrauen je überprüft oder gar entzogen werden könnte, war nicht vorgesehen. Deshalb ähnelte es eher der Treue, die im NS-Lexikon große Bedeutung besaß. »Unsere Ehre heißt Treue« stand auf dem Koppelschloss der SS, Juristen sprachen von der »Treupflicht zur Volksgemeinschaft«. Treue war unverbrüchlich, geradezu heilig und schlug damit die Brücke zum Glauben. »Wir brauchen nicht zu wissen, was der Führer tun will«, erklärte Goebbels am 20. April 1941 im Radio. »Wir glauben an ihn.« In seiner letzten Rundfunkansprache zum Führergeburtstag 1945 bekräftigte er die »germanische Gefolgschaftstreue« der Deutschen und ihre »tiefe, unerschütterliche Gläubigkeit« an den »Mann des Jahrhunderts«.[18]

Nach dem Zusammenbruch des vom Vertrauen der Volksgemeinschaft getragenen Regimes verlor diese »Sprache des Glaubens«, wie sie Victor Klemperer 1946 nannte, gleichsam über Nacht ihre »Gefühlswirkung«. Von »blindlings« gelobter Treue und den Sirenenklängen der zur Treue verpflichtenden »Gefolgschaft« wollte niemand mehr reden oder hören.[19]

Die DDR: Wer verspielt wessen Vertrauen?

Aber es gab neue Loyalitätsangebote. Auch die DDR legte großen Wert darauf, das »Vertrauensverhältnis zwischen den Bürgern und der Volksdemokratischen Staatsmacht noch enger« zu gestalten. Was die SED darunter verstand, zeigte sich 1953. Am 20. Juni, drei Tage nach den landesweiten Unruhen, warf der Schriftsteller Kurt Barthel, Mitglied im Zentralkomitee der Partei, den Maurern, Malern und Zimmerleuten, die gegen die Erhöhung der Arbeitsnormen demonstriert hatten, im *Neuen Deutschland* vor, sie hätten sich von den Feinden im Westen einwickeln lassen und das Vertrauen der Führung verspielt. Damit ihnen die »Schmach« ihres Verrats vergeben werden könne, müssten sie künftig »sehr viel und sehr gut mauern«. Denn »zerstörtes Vertrauen wieder aufrichten ist sehr, sehr schwer«.

388 Mächtige Gefühle

54 Vertrauensbeweise nach dem 17. Juni: FDJ-Kundgebung Dresden, 8. Juli 1953

Berühmt ist die sarkastische Reaktion Bertolt Brechts, die damals wohlweislich unveröffentlicht blieb. In seinem Gedicht *Die Lösung* hieß es:

»Nach dem Aufstand des 17. Juni
Ließ der Sekretär des Schriftstellerverbands
In der Stalinallee Flugblätter verteilen
Auf denen zu lesen war, daß das Volk
Das Vertrauen der Regierung verscherzt habe
Und es nur durch verdoppelte Arbeit
Zurückerobern könne. Wäre es da
Nicht doch einfacher, die Regierung
Löste das Volk auf und
Wählte ein anderes?«[20]

Brecht, 1951 in der DDR mit dem Nationalpreis I. Klasse ausgezeichnet, erinnerte hier an das umgekehrte Vertrauensverhältnis im liberalen Verfassungsstaat: Einem Vertrauensakt von oben, der Beteiligung des Volkes an seiner Regierung, folgte die in regelmäßigen Abständen erneuerte Vertrauenswahl von unten. Das aber hat sich der sozialistische Staat nie getraut: Freie Wahlen und unabhängige Parteien standen bloß auf dem Papier. Stattdessen wurde die Bevölkerung mit einem engmaschigen Netz aus Misstrauen und Überwachung überzogen. Dass DDR-Bürger »aus Angst vor einer Republikflucht« nicht oder nur unter extrem restriktiven Bedingungen ins kapitalistische oder halbsozialistische Ausland (Jugoslawien) reisen durften, wertete ein Ostberliner SED-Mitglied 1977 als Ausdruck des »chronischen Mißtrauens der Parteiführung gegenüber unseren Bürgern, auch wenn laufend vom gestiegenen Vertrauen gesprochen wird«.

Die Inkarnation dieses Misstrauens war das Ministerium für Staatssicherheit, dessen gezielte »Zersetzungsarbeit« Vertrauen selbst dort zerstörte, wo es am »dicksten« und persönlichsten war, in privaten und Familienbeziehungen (▷ Hass). Dass dies der Bevölkerung trotz aller Geheimniskrämerei nicht verborgen blieb, zeigt ein Brief an das ZK der SED vom März 1989. Sein unter einem Pseudonym schreibender Verfasser appellierte an die »Genossen«, den Mut aufzubringen, »dem Volk zu vertrauen und auf Eure innere Sicherheit weniger Wert zu legen«. Setzte man die im Partei- und Staatsapparat Beschäftigten in der Produktion oder Gastronomie ein, würde, so die Prognose, auch »das verlorene Vertrauen der Bürger zurückkehren«.[21] Doch die Genossen fanden diesen Mut nicht. Als sie die Ergebnisse der Kommunalwahlen im Mai 1989 so offenkundig fälschten, dass dies der misstrauischen Bürgerbewegung nicht entging, erreichte die Vertrauenskrise ihren Höhepunkt und besiegelte wenige Monate später das Ende der DDR.

Andererseits hatte es das Regime durchaus geschafft, unter den »Werktätigen« so etwas wie Zukunftsvertrauen zu verbreiten (▷ Hoffnung). Der vollmundige Optimismus, in Bild, Wort und Ton propagandistisch in Szene gesetzt und von einer großzügigen Sozialpolitik flankiert, vermittelte ihnen das unerschütterliche Gefühl sozialer Sicherheit; der Staat würde, wie es aussah, gut für sie sorgen und sie vor Krisen schützen. Vor diesem Hintergrund ließ sich das Leben relativ sorgenfrei planen. Immerhin hatte die DDR seit 1969 ein signifikant höheres Geburtenniveau als die Bundesrepublik. Östlich der Elbe verbuchte man das stolz als Ausdruck des Vertrauens in ein System, das Frauen ▷ Geborgenheit und materielle Unterstützung für die Familiengründung bot.[22]

Dass die Geburtenrate in Ostdeutschland in der ersten Hälfte der 1990er Jahre dramatisch einknickte, weit unter den westlichen Wert fiel und erst 2015 wieder daran anschloss, deutet in der Tat darauf hin, dass zwischen gefühlter Sicherheit und der Bereitschaft, Kinder in die Welt zu setzen, ein Zusammenhang bestand. Ob es aber das Selbstbild der DDR als warmer, wohlbehüteter Vertrauensgesellschaft bestätigt, ist fraglich. Denn das Zukunftsvertrauen, das junge Frauen dort in den 1970er Jahren empfinden mochten, ruhte auf tönernen Füßen. Die Zukunft war stillgelegt, eingefroren auf das Niveau der Gegenwart, und selbst das konnte der sich immer stärker verschuldende und seine Ressourcen aufzehrende Staat nicht dauerhaft garantieren.

Lässt sich Vertrauen messen?

Darüber hinaus fällt es schwer, die Effekte einer kinderfreundlichen Sozialpolitik zweifelsfrei zu beurteilen. Ob sich Frauen für oder gegen Kinder entscheiden, hängt nur bedingt davon ab, welche Zukunftsaussichten sie sich ausrechnen und wie der Staat die »Vereinbarkeit von Familie und Beruf« sicherstellt. Höhere Geburtenziffern als Gradmesser des Bürgervertrauens zu werten, wie es im Kalten Krieg gang und gäbe war, verkennt die komplizierte Gemengelage von individuellen Motiven und gesellschaftlichen Strukturen, die den »Willen zum Kind« ermöglichen, verstärken oder verhindern.

Nicht minder problematisch ist es, höhere Investitions-, Spar- oder Konsumquoten umstandslos als Beweise des Vertrauens in die soziale Umwelt, die wirtschaftliche Entwicklung oder die politische Stabilität zu interpretieren. Dass »die Spareinlagen wachsen und wachsen«, wertete Bundespräsident Heuss 1953 als »das schönste Zeichen des nationalen wie des persönlichen Selbstvertrauens«.[23] Aber ökonomische Messdaten reichen nicht aus, um voraussetzungsvolle Vertrauensprozesse eins zu eins abzubilden – es sei denn, man reduziert Vertrauen auf ein mathematisches Risikokalkül. Doch bezeugt der Kauf einer Ware tatsächlich, dass man Vertrauen in die Marke hat oder in die eigene Zukunft? Oder spielen dabei nicht auch ganz andere Beweggründe eine Rolle: der Wunsch nach individuellem Genuss oder sozialem Prestige, nach Differenz oder Konformität?

Auffällig ist, dass solche Fragen kaum jemals auftauchen. Stattdessen ist es in der zweiten Hälfte des 20. Jahrhunderts üblich geworden, Vertrauen mit allem und jedem zu verknüpfen und die Bürger mit einer stetig wachsenden Zahl von Vertrauensfragen zu traktieren. Ständig sollen sie darüber Auskunft geben, ob sie der Polizei, der Presse, den Politikern sehr großes, weniger großes, ziemlich großes, nicht so großes oder gar kein Vertrauen entgegenbringen. Das Vertrauen in Marken, Firmen und Branchen wird auf die gleiche Weise erkundet. Agenturen und Berater erstellen »Vertrauensindizes«, die Unternehmen für ihre Geschäfts- und Marketingstrategien nutzen. Jede Bank, jede Versicherung betont ihre Vertrauenswürdigkeit – ohne zu merken, dass sich alle unentwegt im Kreis drehen: Auf die Abfrage von Vertrauen folgt die Beteuerung von Vertrauen folgt die Abfrage und so weiter.

Politische Vertrauenswerbung in der Bundesrepublik

Die Politik macht da keine Ausnahme. Auch sie wirbt um Vertrauen, appelliert an Vertrauen und will wissen, wie viel Vertrauen sie bei den Bürgern genießt. Finden Meinungsforscher heraus, dass der Vertrauenspegel sinkt, starten Regierung und Parteien flugs neue Werbekampagnen.

Wahlkampffähig wurde Vertrauen bereits 1961. Damals forderte Willy Brandt, sozialdemokratischer Bürgermeister in Westberlin, den

Bonner Kanzler Adenauer heraus. Seine Wahlillustrierte trug den Titel *Vertrauen* und zirkulierte in einer Auflage von fast fünf Millionen Exemplaren. Um Vertrauen in den Kandidaten zu schaffen, schickte ihn die SPD in die entlegensten Winkel der Republik, rückte seine telegene Gestalt ins Licht der TV-Kameras und entwickelte eine neue, anspruchsvolle Form der Persönlichkeitswerbung. Brandt präsentierte sich einerseits als nahbar und zugänglich, andererseits als staatsmännisch, weltgängig und visionär. Damit griff das Wahlkampfteam bewusst auf das erprobte Repertoire wirtschaftlicher Vertrauenswerbung zurück. Der Bürger-Konsument sollte persönlich angesprochen werden und Vertrauen zur Marke aufbauen. Dafür musste die Marke, sprich der Politiker, als unverwechselbar erlebt werden können und strengsten Qualitätsmaßstäben genügen.[24]

Brandt war der erste, aber nicht der letzte Politiker, der offensiv um Vertrauen warb. 1976 und 1983 tat es ihm Helmut Kohl nach (»Der Mann, dem man vertrauen kann«; »Dieser Kanzler schafft Vertrauen«), 2002 setzte sich Gerhard Schröder als Vertrauenskanzler ins Bild. Angela Merkel hingegen wollte 2009 »Zuversicht« verbreiten. Sie sprach lieber ein Gefühl an, das, ähnlich wie ▷ Hoffnung, stärker zeitlich als sozial bestimmt ist. Zuversicht richtet sich, anders als Vertrauen, nicht auf eine Person, sondern markiert eine optimistische Haltung zu dem, was kommen wird. In Krisenzeiten, erläuterte damals ein Wahlkampfforscher, wünschten sich Wähler vor allem Sicherheit, Kompetenz und Zuversicht; Vertrauen allein, kommentierte der Berliner *Tagesspiegel*, reiche nicht aus, und »blindes Vertrauen« sei gänzlich fehl am Platz.[25]

Vertrauen in der Krise

Wie und ob Vertrauen in der Krise funktioniert, ließ sich im noch kurzen 21. Jahrhundert bereits zweimal beobachten. Der erste Test fand 2008 statt, zu Beginn der globalen Finanzkrise. Um zu verhindern, dass Menschen ihr Gespartes abhoben und das Bankensystem zum

Einsturz brachten, traten die Kanzlerin und ihr Finanzminister am 5. Oktober vor die Kameras und versprachen den »Sparerinnen und Sparern, dass Ihre Einlagen sicher sind«. Das stimmte zwar nicht, aber die doppelte Versicherung aus dem Munde zweier Politiker, die nicht für Hasardspiele bekannt waren, weckte das Vertrauen der Bürgerinnen und Bürger. Der gefürchtete Run auf die Banken blieb aus, und die Regierung konnte die schwere Krise in relativer Ruhe bewältigen.

2020 bestand sie den Vertrauenstest zum zweiten Mal. Die Krise war anders, aber mindestens ebenso dramatisch. Als sich das gefährliche Corona-Virus im Land verbreitete und die Infektionszahlen nach oben schnellten, reagierte die Regierung mit einer drastischen Einschränkung der im Grundgesetz verbürgten Freiheitsrechte: Infizierte mussten sich in Quarantäne begeben, Geschäfte und Restaurants, Schulen und Kindergärten wurden geschlossen, Menschen sollten auf Treffen mit Personen verzichten, mit denen sie nicht zusammenwohnten, und durften sich nicht »unter freiem Himmel« versammeln. Diese Restriktionen griffen hart und belastend in die individuelle Lebensführung ein und stellten viele vor gravierende ökonomische, soziale und psychische Probleme. Trotzdem vertraute die große Mehrheit darauf, dass die Regierung ihre Anweisungen nach bestem Wissen und Gewissen und zum Nutzen der Gesamtheit traf, und dieses Vertrauen blieb monatelang stabil.

Was dabei half, war die Erfahrung, der Regierung beim Abwägen und Entscheiden zuschauen zu können. Die verantwortlichen Minister fassten ihre Beschlüsse mit hoher Transparenz und im engen Abgleich mit wissenschaftlichen Experten. Jene wiederum gerierten sich nicht als potente Alleswisser, sondern betonten immer wieder, dass auch sie von Tag zu Tag hinzulernten und vorgängige Meinungen revidierten. Gerade diese Offenheit wirkte überzeugend und verstärkte das Gefühl, im gleichen Boot zu sitzen und den Steuermann – der in diesem Fall eine Frau war – beim behutsamen Navigieren und Auf-Sicht-Fahren zu unterstützen. Vertrauen floss dabei in beide Richtungen: Nicht nur die Bevölkerung vertraute der Regierung, auch die Regierung vertraute ihren Bürgerinnen und Bürgern, indem sie ihnen Freiräume gab und diese sukzessive ausdehnte.

Vertrauen als Lernprozess

Vertrauen ist, das zeigen diese Aushandlungen, kein spontaner Affekt, kein situatives Bauchgefühl, sondern ein emotionaler Lernprozess. Es basiert auf Erfahrungen und reflektiert alternative Möglichkeiten. In der Geschichte der Bundesrepublik haben alle Beteiligten solche Erfahrungen gesammelt. Unter den Abgeordneten, die 1948/49 das Grundgesetz des neuen Staates erarbeiteten und mehrheitlich in Weimar politisch sozialisiert worden waren, herrschte großes Misstrauen, was die Demokratiefähigkeit der künftigen Bundesbürger anging. Plebiszitäre Elemente wurden deshalb ebenso verworfen wie die Befugnis des Präsidenten, am Parlament vorbeizuregieren. Auch die im Weimarer Reichstag so beliebten Misstrauensvoten sollten nur noch in konstruktiver Absicht erfolgen: Wer die amtierende Regierung stürzen wollte, brauchte genügend Stimmen für die Bildung einer neuen, der das Parlament mehrheitlich sein Vertrauen aussprechen musste. Das hat sich bewährt.

Auch die Bürgerinnen und Bürger haben dazugelernt. Sie nehmen davon Abstand, blindes Vertrauen in Politiker zu setzen (»Führer befiehl, wir folgen Dir«), ebenso wie sie blindem Misstrauen eine Absage erteilen. Zwar gibt es immer wieder Parteien, die Misstrauen predigen, Regierungsmitglieder als Volksverräter an den Galgen wünschen sowie Presse und öffentlich-rechtliche Medien der gezielten Lüge bezichtigen. Die große Mehrheit der Bevölkerung aber verweigert ihnen ihre Stimme.

Das heißt nicht, dass es an Streit und Einspruch mangelte. Vertrauen verhindert nicht, einer Person oder Institution kritisch über die Schulter zu schauen. Andererseits muss Vertrauen nicht immer demonstrativ unter Beweis gestellt werden. Sogar eine sinkende Wahlbeteiligung ließe sich, abhängig vom Kontext, als Vertrauenssignal deuten: Jene, die nicht zur Wahl gehen, fühlen sich möglicherweise derart wohl und einverstanden mit der Welt, dass sie keinen Anlass sehen, sich politisch zu Wort zu melden. Sie vertrauen schlicht und einfach darauf, dass es auch ohne ihr Zutun weitergeht.

Das sind vielleicht nicht gerade die mündigen Bürgerinnen und

Bürger, die sich eine engagierte Demokratiepädagogik wünscht. Zu den Vorzügen demokratischer Gesellschaften aber gehört es, dass sie politische Beteiligung nicht zur Pflicht machen. Auch die Gründe, warum jemand einer Person oder einer Partei Vertrauen schenkt oder nicht, dürfen divers und individuell bleiben. Für die eine gibt das Parteiprogramm den Ausschlag, für den anderen die Persönlichkeit eines Politikers und für den Dritten die Familientradition.

Unübersehbar ist dabei der seit den 1960er Jahren wirksame Trend, Vertrauen in der politischen Sphäre wieder stärker zu personalisieren. Parteien standen im Ruf, »Kanzlerwahlvereine« zu sein; generalstabsmäßig geplante Kampagnen sollten die »Persönlichkeit« eines Politikers und deren »werbende Kraft« zur Geltung bringen. So formulierte es 1957 Klaus Schütz, der »politische Werbung« in den USA kennengelernt hatte und Willy Brandt bei dessen Kanzlerkandidatur 1961 beriet und unterstützte.

Von den USA ließ sich auch lernen, wie man Medien für diese Werbung einspannte. Zugleich erhoben Medien eigene Ansprüche an die Tauglichkeit und Passform politischer Inszenierungen. In dem Maße, wie Personalisierung und Medialisierung Hand in Hand gingen, verstärkten sie einander: Medien rückten die Person in den Mittelpunkt, Politiker machten sich mediale Formate zunutze und richteten ihre Selbstdarstellung daran aus.[26]

Dass die ständige mediale Begleitung Politikern ebenso zum Erfolg verhelfen wie ihren Misserfolg verantworten konnte, bewies der Fall des zwischen 2010 und 2012 amtierenden Bundespräsidenten Christian Wulff. Schon in den 1970er Jahren waren Medien aktiv daran beteiligt, das Image von Politikern positiv oder negativ zu formen und entsprechende Vertrauensnoten zu verteilen. »Landesvater« Alfons Goppel profitierte davon, der Polterer Franz Josef Strauß nicht. Er scheiterte als Kanzlerkandidat, konnte Goppel aber trotz aller Kritik als bayrischer Ministerpräsident beerben, weil sich, jenseits des medialen Störfeuers, die traditionelle Parteitreue des Landvolks (▷ Liebe) auf ihn übertrug.

Am besten funktionierte die Vertrauenssymbiose von Politik und Medien bei Gerhard Schröder. Er polierte seine Persona als »Kanzler zum Anfassen«, indem er, wie 1999, in Fernsehshows auftrat und sich als ebenso amüsanter wie kantiger Talkshowgast profilierte.[27] Dass er, dank medialer Vermittlung, anfassbar schien, war eine Voraussetzung für das Vertrauen, das das Publikum zu ihm entwickeln oder festigen sollte. Ob der gewünschte Effekt tatsächlich eintrat, lässt sich gleichwohl nicht feststellen. Meinungsumfragen helfen kaum weiter, weil sie lediglich situative Vertrauenswerte abrufen, die am nächsten Tag schon wieder anders aussehen können.

Der einzige verlässliche Gradmesser politischen Vertrauens sind Wahlen. Hier geben Bürgerinnen und Bürger Personen ihre Stimme, denen sie zutrauen, ihre Interessen und die des Landes in den kommenden vier oder fünf Jahren am besten zu vertreten. Dieses Zutrauen ist, anders als in persönlichen Beziehungen, emotional »dünn«. Doch es ist weder blind noch, wie Zuversicht, abstrakt und voraussetzungslos. Vor allem lässt es sich, im Unterschied zur Treue, die man nur verraten kann, ohne moralische Einbußen zurückholen und bei der nächsten Wahl revidieren.

WUT

Jacques Tillys politische Karnevalswagen im Düsseldorfer Rosenmontagszug erregen fast immer Aufsehen. Regelmäßig fühlt sich jemand von der bissigen Satire beleidigt und legt Protest ein. 2017 aber schienen alle zufrieden. An der Aussage »Bei zu viel Wut im Bauch ist die Demokratie im Arsch« und ihrer bildlichen Darstellung fand niemand etwas auszusetzen. Offenbar hatte der Künstler den richtigen Ton getroffen und vielen aus dem Herzen gesprochen.

55 Wut im Bauch: Rosenmontagszug Düsseldorf 2017

Der Bezug war unmissverständlich. Als Kanzlerin und Bundespräsident am 3. Oktober 2016 in Dresden an der zentralen Feier zur deutschen Einheit teilnahmen, wurden sie von rechtsgerichteten Demonstranten als »Volksverräter« und »Lügenpack« niedergeschrien. Das verteidigte ein prominenter AfD-Politiker anschließend als »gelebte Demokratie« und berief sich auf das Grundrecht der Meinungsfreiheit. Die Rufer seien eben wütend gewesen und hätten ihre legitimen Gefühle auf die Straße getragen. Das sei ihr gutes und verbrieftes Recht.

Das stimmte nur halb. Denn auch die Meinungsfreiheit, von der Verfassung geschützt, kennt Grenzen. Wer jemanden böswillig verleumdet und wissentlich Lügen in die Welt setzt, kann dafür strafrechtlich belangt werden. Doch Politiker verzichten häufig auf eine Anzeige, schalten auf Durchzug und tun das, was ihnen der AfD-Chef aus Sachsen-Anhalt zynisch-hämisch empfahl: »Das muss man aushalten.«[1] Wer das nicht kann und die persönlichen Beschimpfungen durch aufgebrachte Mitbürger leid ist, zieht sich zurück oder versucht, wie 2016 die Grünenpolitikerin Renate Künast, mit den Wütenden ins Gespräch zu kommen.

Dass Wut und Empörung in einer Demokratie ihren Platz haben, stellt niemand in Frage. Es geht, wie bei Tillys Karnevalswagen, um das Maß (»zu viel«) und um die Formen, in denen sich Wut ausdrückt. Müssen nicht auch jene, die »Wut im Bauch« haben, mit sich reden lassen, ihre Wut begründen und Gegengründen zugänglich sein? Menschen, denen die sprichwörtliche Galle überläuft, die »rot sehen« und zu Argumenten weder fähig noch bereit sind, klinken sich aus einer demokratischen Gesellschaft aus.

Wut und Zorn

Wut, definierte der *Brockhaus* 1974, sei ein »Zustand hoher affektiver Erregung«. Er entwickle sich »als Reaktion auf eine Beeinträchtigung der Persönlichkeits- oder Vitalsphäre aus einem aggressiven Spannungsstau« und werde von »motorischen und vegetativen Erscheinungen« begleitet. »Entladen« könne sich Wut »in Form eines auf Zerstörung gerichteten Aktes«. Für »Überblick und Überlegung« gebe es dabei, anders als beim Zorn, keinen Raum mehr. Die Grenzen zur krankhaften Raserei, das ging aus früheren Lexikoneinträgen hervor, sah man als fließend an. Noch 1895 erfolgte unter dem Lemma *Wut* lediglich der Verweis auf »Manie und Hundswut«, 1957 auf »Tollwut« und, das war neu, »maßlosen Zorn«. Dazu gehörte auch der Jähzorn, den man vorzugsweise bei Kindern »im Trotzalter« finde. Erwachsene sollten gelernt haben, sich zu beherrschen und ihren Zorn zu zügeln.[2]

Wut, das wird aus solchen Begriffsbestimmungen deutlich, war und ist kein positiv bewertetes Gefühl. Wer wütend ist, gilt als aggressiv, destruktiv und unbeherrscht, sagt und tut Dinge, die er in ruhiger Verfassung und mit Überlegung nicht sagen oder tun würde. Zorn hingegen fehlt diese Maßlosigkeit, er hat, so der *Brockhaus* 2006, eine »rationale und im weitesten Sinn ethische Komponente«. Zwar drückt sich auch in ihm ein »leidenschaftlicher und heftiger Unwillen« über etwas aus, das »als Unrecht empfunden wird oder den eigenen Intentionen und Wünschen zuwiderläuft«. Aber sofern der Unwille dem Anlass angemessen bleibt und den zivilisierten Umgangsformen der bürgerlichen Gesellschaft entspricht, besitzt er als »männlicher« und »gerechter Zorn« sogar Würde und Legitimität.[3]

Zorn war früher vor allem ein Attribut der Mächtigen. Man dachte an den Zorn Gottes oder den Zorn des Achilleus, des göttergleichen Helden aus der *Ilias*. Nicht jeder konnte sich Zorn leisten, nicht jedem kam er zu. Umgekehrt galt Zorn seinerseits als machtvoll und machtverstärkend. Mächtige mussten, wenn es nottat, zornig sein, sonst war es mit ihrer Macht nicht weit her. So argumentierte im Oktober 1918 Admiral Adolf von Trotha, Chef des kaiserlichen Marinekabinetts. Empört über die Forderung des amerikanischen Präsidenten Woodrow Wilson nach sofortiger Einstellung des U-Boot-Krieges, plädierte er dafür, das Volk »zur nationalen Einheit und zur Organisation aller Kräfte« aufzurufen und den Krieg fortzusetzen. Das verlange die nationale ▷ Ehre, damit der Feind »vor uns nicht jede Achtung verliert und uns nicht mit Niedertracht behandelt, weil er sieht, daß wir des Zornes nicht mehr fähig sind«. Wer Zorn zeigte, demonstrierte Macht und wahrte seine Ehre.[4] General Erich Ludendorff, neben Paul von Hindenburg Chef der Obersten Heeresleitung, sah das genauso. Die Marineleitung ordnete daraufhin, als Akt machtgestützten und machtstützenden Zorns, das Auslaufen der Hochseeflotte an. Als Matrosen sich dem Befehl widersetzten, begann die Revolution.

Revolution 1918

Auch die Meuternden waren wütend, empört, zornig. Hätte man sie damals nach ihren Gefühlen gefragt, wäre ihnen die Unterscheidung schwergefallen, denn im normalen Sprachgebrauch flossen Wut, Zorn, Empörung ineinander. Was sie aber genau wussten, war, dass sie den aussichtslosen Krieg nicht weiter verlängern und dem sicheren Tod entgehen wollten. Als sich ihnen immer mehr Menschen anschlossen, verwandelten sich Ohnmacht in Macht und Wut in Zorn.

Im Dezember 1918 trafen sich in Berlin Abgesandte der lokalen Arbeiter- und Soldatenräte, um die »politische Macht«, die sie seit der Abdankung des Kaisers in Händen hielten, in rechtsstaatliche Formen zu gießen. Der Volksbeauftragte und Unabhängige Sozialdemokrat Wilhelm Dittmann beendete seine flammende Rede mit dem »herrlichen Wort Ferdinand Freiligraths«: »Wir hämmern jung das alte morsche Ding, den Staat, Die wir von Gottes Zorne sind, bis jetzt das Proletariat!« Dafür erntete er »stürmischen Beifall und Händeklatschen in der ganzen Versammlung«.

In Freiligraths Versen aus den 1840er Jahren trat das Proletariat in Gestalt eines Schiffsheizers die Nachfolge des zornigen Gottes an. Damit reklamierte es auch die Macht, dem Zorn Taten folgen zu lassen und den abgewirtschafteten Staat zu erneuern. Ähnlich stellten es sich Ende 1918 die 488 männlichen und zwei weiblichen Delegierten in Berlin vor. Ihr Zorn richtete sich gegen »die alte, schuldbeladene, gestürzte Regierungsgewalt« und gegen die »brutalsten Herrenmenschen, die preußischen Kraut- und Schlotjunker«, die das »deutsche Volk in Fesseln« gelegt und in einen mörderischen Krieg geführt hätten. Mit Hilfe der revolutionär errungenen Macht sollte dieser Zorn in einer politischen Ordnung münden, die demokratischen Verfahren und revolutionären Zielen verpflichtet wäre.[5]

Gemischte Gefühle – Zorn und Scham, Trauer und Empörung – bewogen die Ludwigshafenerin C. Reinhardt am 9. November 1918, dem Münchner Arbeiter- und Soldatenrat ihre »freudige Zustimmung« zur Proklamierung der bayrischen Republik auszusprechen. Ihr vierundzwanzigjähriger Sohn war 1916 an der Somme gefallen, und es bedrückte sie die Frage, warum Familien den millionenfachen Kriegstod ihrer Liebsten hingenommen hatten, anstatt sich dagegen zu empören. Ihre Antwort: »Weil wir fürchteten, dass unsere Söhne draußen für unsere Empörung büßen müssten. Weil uns die Censur knebelte. Weil die alten Behörden uns die wir ein offenes Wort auf den Lippen hatten unter Polizeiaufsicht stellten und die Besten unter uns in Zuchthaus schickten.« Jetzt aber sei die Zeit gekommen, die stille, machtlose Empörung in eine mutige, energische Friedenspolitik zu überführen: »In der Kinderstube muß das Fundament gelegt werden. In der Schule muß aufgebaut werden: Fort mit der Verherrlichung der Schlachten, fort mit den Heldenliedern.«[6]

Die Wut der Reaktion

Andere empörten sich hingegen über »Hochverrat und Meuterei« und begrüßten die politischen Morde, mit denen rechtsvölkische Kreise die junge Republik zu destabilisieren suchten. »Es ist man gut, dass Erzberger das Schwein tot ist, hoffentlich folgt Ihr und die ganze Clique bald«, schrieb ein Berliner, der seinen Namen nicht nannte, 1921 an Reichspräsident Ebert. »Ich wüsste noch mehr zu schreiben, aber die Wut erstickt einen bald. Na jedenfalls wünsche ich Euch Genossen bald eine fröhliche Himmelfahrt, dass wir wieder einen Kaiser kriegen, dazu will ich und meine Kameraden ehrlich helfen.«[7]

Dass man an Wut erstickt, wenn sie nicht herauskann, war ein geläufiges Bild. Selbst das Recht und seine Praktiker hatten dafür Verständnis. Wer »zum Zorn gereizt« wurde und bei der Planung und Ausführung einer Straftat »noch unmittelbar unter dem die Überlegung ausschließenden Zornaffekte« stand, konnte mildernde Umstände geltend machen, die das Strafmaß erheblich senkten. In diesem Sinne urteilte ein Berliner Gericht 1922 im Beleidigungsprozess gegen den dreißigjährigen Kaufmann Robert Rauth. Rauth, während des Krieges Leutnant der Reserve, hatte Ebert als »Kaffer« bezeichnet und stand auch dazu: »Ich bin Offizier und fühle mich dadurch in meiner ▷ Ehre gekränkt, dass der Reichspräsident sich erlaubt, mir das Tragen der Uniform zu verbieten« (er bezog sich auf das Uniformverbot für frühere Offiziere, die nicht mehr der Reichswehr angehörten). Das Gericht sah in dem Ausdruck zwar »eine Ungezogenheit«, aber keine »böswillige Ehrabschneiderei. Sie entspringt nicht ehrloser, gemeiner Gesinnung, sondern, wie man dem Angeklagten glauben muss, einem augenblicklich aufsteigenden Unmut.« Bei Rauth, der im Krieg viermal verwundet worden war, seien Unmut und Aufgeregtheit »menschlich erklärlich«. Deshalb verhängte der Richter lediglich eine Geldstrafe; die Staatsanwaltschaft hatte zwei Wochen Gefängnis gefordert.[8]

Das Argument, man sei »zum Zorn gereizt« worden und habe unter dem Eindruck eines »gerechten Affekts« gehandelt, wurde üblicherweise bei Mord- und Totschlagsdelikten herangezogen. Meist war es der Ehemann, der seine untreue Gattin oder deren Liebhaber umgebracht hatte und sich damit rechtfertigte, in der Hoffnung auf Strafminderung. In den 1920er Jahren billigten die mehrheitlich konservativen Richter das Motiv gern auch denjenigen zu, die in national-völkischer Empörung liberale oder linke Bürger und Politiker ermordeten. Von 376 politischen Morden, die zwischen 1919 und 1922 begangen wurden, entfielen 354 auf Täter aus dem rechten Spektrum. Von ihnen wurde keiner hingerichtet, anders als linke Täter, über die Gerichte in 10 von 22 Fällen die Todesstrafe verhängten. Die durchschnittliche Haftzeit der rechten Täter lag bei vier Monaten, und viele Morde blieben gänzlich ungesühnt. Sorgfältig dokumentiert hatte das der Statistiker, Sozialist und Pazifist Emil Julius Gumbel, der selber im Fadenkreuz rechten Terrors stand.[9]

Doch nicht jeder, dem die Verhältnisse im Land nicht behagten oder der sich über politische Entscheidungen erboste, griff zur Waffe. Die meisten Männer redeten sich ihren Groll im Wirtshaus von der Seele, wie 1921 der achtundfünfzigjährige Oberwegemeister a. D. August Brehmer in Schwerin. Er nannte Friedrich Ebert einen »Lump« und schimpfte laut, »es sei gut, dass Erzberger, der Schweinhund, tot sei, jetzt komme Wirth [Reichskanzler und Zentrumspolitiker] dran, und der Reichspräsident Ebert komme nach Frankreich als Zuchteber und seine Tochter als Zuchtsau«. Das empörte den mit am Tisch sitzenden Invaliden Schwarz, dessen Herz links schlug. Der Gastwirt erinnerte ihn jedoch daran, »wie oft er den Kaiser Wilhelm einen Lump, Schuft und Feigling genannt hätte«, woraufhin Schwarz Ruhe gab und mit Brehmer weitertrank.[10] Nach Feierabend in geselliger Männerrunde unter Alkoholeinfluss Luft abzulassen und sich über alles und jedes zu ereifern, war ein Gewohnheitsrecht, an dem kaum jemand Anstoß nahm. Manche betrachteten es sogar als ein probates Mittel der Deeskalation, als Sicherheitsventil für politische Wut, die sich sonst möglicherweise anderweitig und massiver geäußert hätte.

Aber auch das Gegenteil konnte passieren. Denn im Wirtshaus fand man Gleichgesinnte, schaukelte sich gegenseitig hoch und sah seine Gefühle bestätigt. Nicht zuletzt deshalb hatte die politische Polizei in den 1890er Jahren als Arbeiter verkleidete Beamte mit dem Auftrag in Kneipen und Bierhallen geschickt, Gespräche zu belauschen und darüber Vigilanzberichte anzufertigen.[11] In der Weimarer Zeit, besonders seit 1929, war es vorzugsweise die Straße, auf der sich Wut, Empörung und Hass austobten und befeuerten. Kommunisten und Nazis kämpften auf der Straße und um die Straße, manchmal gegen die Polizei, immer öfter gegeneinander. Jeder Zusammenstoß steigerte die Wut und schweißte die hochgerüsteten Kampfbünde enger zusammen.[12]

Nicht wenige bewunderten den »heiligen Zorn« und träumten davon, sich aktiv in die »Front der Kämpfer« einzureihen. Mit Vorliebe steuerten sie Ratschläge bei, wie der Kampf zu gewinnen sei. »Legal, auf Grund einer Mehrheit in der Schwatzbude in Berlin, wird er *nie* zu Ende gehen«, schrieb der Wuppertaler Handelsvertreter Heinrich Riepenberg 1930 an Hitler. Nur »Faust und Schwert« könnten helfen, und auch ihm sitze die Faust locker: »Oft, wenn ich die Dortmunder Gift-Nudel, den General-Anzeiger, wissenschaftshalber lese, ergreift mich der Zorn; ich möchte hinein in die Redaction und mit der Hunde-Peitsche links und rechts in das Gesicht dieser Schufte hineinhauen, die täglich in ¼ Million Seelen ihr Giftgas hauchen«. Nur seine Pflichten als Familienvater hielten ihn davon ab.[13]

Volkszorn im »Dritten Reich«

Als die Nazis 1933 die Macht legal an sich zogen, war es mit der Möglichkeit vorbei, Zorn, Wut oder Empörung offenherzig zu äußern. Das Regime legte Wert darauf, nach innen und außen das Bild eines glücklichen, befriedeten Volkes zu vermitteln, das keinen Grund mehr zu »Unruhe, Haß und Mißtrauen« habe.[14] Wenn dennoch ab und an der »Volkszorn« angerufen und mobilisiert wurde, geschah dies, um der Politik Nachdruck zu verleihen und sie vor der Welt zu rechtfertigen. So war es Anfang November 1938.

Damals schoss ein junger polnischer Jude in Paris auf einen deutschen Diplomaten. Das Attentat, lautete die NS-Presseanweisung, verdiene größte Aufmerksamkeit und müsse in den Zeitungen »die erste Seite voll beherrschen«. Kommentare sollten deutlich machen, dass es »die schwersten Folgen für die Juden in Deutschland haben muss«. SA-Männer und NSDAP-Mitglieder griffen daraufhin überall im Land jüdische Geschäfte und Synagogen an. Als der Diplomat am 9. November seinen Verletzungen erlag, hielt der Propagandaminister eine dreißigminütige Hassrede vor Parteiführern, die sich in München aus Anlass des fünfzehnten Jahrestags des 1923 gescheiterten Putsches zu einem feuchtfröhlichen Kameradschaftsabend versammelt hatten. »Stürmischer Beifall. Alles saust gleich an die Telephone. Nun wird das Volk handeln«, notierte Goebbels zufrieden im Tagebuch.

Wer jedoch handelte, waren SA-Männer, Parteimitglieder und in München der Stoßtrupp Adolf Hitler. Er machte »ganze Arbeit«: »Eine Synagoge wird in Klump geschlagen«, Fensterscheiben »klirren«. Goebbels legte nach und wies an, die Synagoge in der Berliner Fasanenstraße »zerschlagen zu lassen«: »Jetzt rast der Volkszorn.« In dieser Nacht brannten quer durch »Großdeutschland« (einschließlich Österreichs) 1400 Synagogen nieder, zahllose Geschäfte, Wohnungen und Friedhöfe wurden verwüstet, Zehntausende jüdischer Männer verhaftet und in Konzentrationslager verfrachtet. Organisiert und durchgeführt wurde die »fürchterliche Arbeit« von der Partei, die aber »nicht als Urheber« in Erscheinung treten sollte.[15]

Mit dem Begriff »Volkszorn« hatte Goebbels propagandistisch ins Schwarze getroffen. Er klang machtvoll, spontan und gerecht, erinnerte an Gottes Zorn und bekam dadurch fast etwas Heiliges, Unanfechtbares. Wenn sich das Volk attackiert fühlte und darüber in Zorn geriet, durfte, ja musste es zurückschlagen und dem Angreifer einen nachhaltigen Denkzettel verpassen. Niemand sollte sich darüber wundern oder aufregen. Zeugte doch der kapitale Zorn des Volkes von Stärke und Entschlossenheit, Angriffe der Juden wie das Pariser Attentat nicht länger hinzunehmen. Letztere erfolgten im Übrigen, hieß es, aus purem Ressentiment gegen die kraftvolle Überlegenheit der deutschen »Herrenrasse«.

Ressentiment

Friedrich Nietzsche, von vielen Nazis, aber auch Nicht-Nazis abgöttisch verehrt, hatte Ressentiment 1887 als Ausdruck einer »Sklaven-Moral« beschrieben, die sich gegen die »vornehme Wertungsweise« mit ihrer triumphierenden Bejahung von »Leben und Leidenschaft« richte. »Menschen des Ressentiments« kultivierten »giftige und feindselige Gefühle«; sie verstünden sich »auf das Schweigen, das Nicht-Vergessen, das Warten, das vorläufige Sich-verkleinern, Sich-demütigen«.[16] Wie sehr diese Beschreibung zum Allgemeingut geworden war, zeigte 1929 Meyers Lexikon: Es definierte Ressentiment als »Gefühl, besonders der Rache, seit Nietzsche des ohnmächtigen Hasses, den der sozial und geistig tiefer Stehende gegen den Vornehmen und Mächtigen empfindet«. Die NS-Auflage von 1942 legte nach: Der ▷ Hass war nun nicht mehr ohnmächtig, sondern »feige«, er gehörte den »Unterlegenen und Untüchtigen« und sei »die Taktik der Juden und der (christlichen) Priesterschaften«, die »Starken und Tüchtigen« zu schwächen.[17]

Dass Nationalsozialisten, die sich in Nietzsches »Herrenmenschen« wiedererkannten, mit dem Ressentiment der Schwachen und Unterlegenen nichts zu tun haben wollten und stattdessen den ehrlichen, unverstellten Zorn des Starken feierten, leuchtete unmittelbar ein. Die negative Konnotation des Begriffs blieb aber auch nach 1945 erhalten. Als Theodor Heuss 1951 den Brief eines Aachener Schulrektors a. D. erhielt, der sich darüber beklagte, dass er Entscheidungen der Adenauer-Regierung nicht öffentlich in Frage stellen dürfe, ließ er ihm ausrichten, er sei offenbar von einem »ziemlich billigen Ressentiment bestimmt« und habe »nun das Bedürfnis, es an dem Bundespräsidenten los zu werden«. Das sei, fügte Heuss' persönlicher Referent hinzu, ein »typischer Vorgang«.

Der Lehrer hätte dies sicherlich abgestritten, denn er wollte lediglich seine Verärgerung über Adenauers Wiederbewaffnungskurs und den Einfluss der katholischen Kirche loswerden. Weniger harsch ging Heuss mit einem ehemaligen Offizier ins Gericht, der ihm 1952 seinen »geistigen Vorbehalt« gegen den »unvermeidlichen Wehrbeitrag« schilderte. Er sei, wie jeder »gerecht denkende«, empört darüber, »wie man heute noch die gefallenen Kameraden mit Nichtachtung und Vergessen entehrt und die, welche Gesundheit und Existenz im Dienst am Vaterland eingebüßt haben, diffamiert«. Das wies der Bundespräsident zwar zurück und ließ den »sehr geehrten Herrn Neunhoeffer« wissen, er habe sich »in der Tonlage vergriffen«. Doch zugleich äußerte er Verständnis für »individuelle Bitterkeit« und betonte, er habe sich nach dem Krieg mehrfach gegen die Kränkung deutscher Offiziere zur Wehr gesetzt (▷ Ehre).[18]

Heuss unterschied also zwischen einem aus seiner Sicht unberechtigten Ressentiment und legitimer Verbitterung und Empörung, deren Motiven und Triebkräften er in der Sache zustimmen konnte. Ressentiment verblieb somit in der Sparte gesellschaftlich nicht wertgeschätzter Gefühle. Das spiegelte sich in den Lexikoneinträgen. 1956 hieß es im *Brockhaus*, Ressentiment sei vom Wortsinn her das »Nacherleben eines früheren Gefühls, insbesondere einer erlittenen Kränkung und des damit verbundenen Grolls; oft gebraucht in der Bedeutung: uneingestandener Neid und Haß gegenüber einer Person aus dem Gefühl, es schlechter als sie zu haben, zu kurz gekommen oder vom Schicksal benachteiligt zu sein«. Die Gleichsetzung mit Hass und ▷ Neid verstärkte den unangenehmen Beiklang. Er schwächte sich erst in den 1990er Jahren ab, als man unter Ressentiment eine »aufgrund von Gefühlen, bestimmten Erfahrungen oder Vorurteilen negativ besetzte Einstellung gegenüber einer Person, einer Gruppe oder einem Sachverhalt« verstand.[19]

Empörung

Über Empörung schwiegen sich die Lexika aus, es gab dazu seit 1900 keinen einzigen Eintrag. Offenbar wusste jeder, was gemeint war, so dass es nicht eigens erklärt werden musste. Neuerdings springt *Google* in die Bresche und erläutert, Empörung sei zum einen gleichbedeutend mit Aufstand, Rebellion, Meuterei und bezeichne zum anderen die »von starken Emotionen begleitete Entrüstung als Reaktion auf Verstöße gegen moralische Konventionen«. Das ist teilweise tautologisch (Empörung gleich Entrüstung), legt aber auch die Spur zu einer Lesart, die Empörung ähnlich wie Zorn als ethisch reflektiert rechtfertigt. Wer sich empört, tut das offenbar aus gutem Grund: Er oder sie opponiert gegen Verhältnisse, Entscheidungen, Zustände, die dem Gerechtigkeitsempfinden zuwiderlaufen. »Empört Euch!«, rief der dreiundneunzigjährige Résistance-Veteran Stéphane Hessel 2010 den jungen Menschen zu. Anlässe und Themen gebe es viele: die Verletzung der Menschenrechte, die weit geöffnete Schere zwischen Arm und Reich, die Umweltzerstörung.[20]

Die Vorstellungen von Gerechtigkeit und die Gründe für Empörung haben sich in den letzten hundert Jahren verändert. 1914/18 fanden es viele ungerecht, dass Verluste und Gewinne des Krieges in der Bevölkerung ungleich verteilt waren und die einen hungerten, während die anderen prassten. Hungerrevolten und Kampagnen gegen »Drückeberger« und »Kriegsgewinnler« waren die Folge. Nach der Niederlage richtete sich die geballte Empörung gegen die als parteiisch empfundenen Friedensbedingungen der Siegermächte. Das kommunistische Lager empörte sich über den »Verrat« der Sozialdemokraten, die 1918/19 gegen ein Rätesystem nach sowjetischem Vorbild und für eine alle Volksmeinungen repräsentierende Nationalversammlung eingetreten waren. Monarchisten empörten sich über die erzwungene Abdankung von Kaiser und Königen. Sozialdemokraten empörten sich über die Fortdauer von Klassenjustiz und die meist ungeahndete Verunglimpfung der Republik und deren Repräsentanten. Ihrer aller Empörung verschaffte sich Luft und Raum; sie war kein heimlicher Groll alias Ressentiment, sondern drängte an die Öffentlichkeit und bestimmte die politische Agenda der Weimarer Republik.

In Demokratien ist das möglich, in totalitär-diktatorischen Regimen nicht. Weder der Nationalsozialismus noch die DDR ließen empörte Bürgerinnen und Bürger öffentlich zu Wort kommen. Zwar pflegte die DDR die Tradition individueller Eingaben an Staatsorgane oder Staatspartei. Darin konnten Bürger ihre Unzufriedenheit mit dem sozialistischen Alltag loswerden und auf Probleme aufmerksam machen, die die SED alsdann zu beheben versprach. Für kollektive Proteste oder gar Demonstrationen war kein Platz vorgesehen, außer dann, wenn der Staat sie in Auftrag gab. Empörung wurde von oben verordnet und galt stets der »imperialistisch-revanchistischen« Politik des kapitalistischen Westens. Gezielt hielt die DDR zudem, in enger Anlehnung an die Goebbels-Sprache, die Empörung über »anglo-

56 Wut auf Adenauer: Plakat zur Volkskammerwahl 1958

amerikanische Terrorbomber« wach, die Dresden und viele andere deutsche Städte bis 1945 in Schutt und Asche gelegt hatten.

Die Empörung darüber, dass DDR-Grenztruppen 1975 ein Kind, das vom Westberliner Ufer in die Spree gefallen war, ertrinken ließen, anstatt westliche Rettungshilfe zu akzeptieren, wurde hingegen nicht zur Kenntnis genommen. Auch die Proteste gegen die Ausbürgerung Wolf Biermanns 1976 verfehlten ihre Wirkung auf die Staatsspitze. Sang- und klanglos ging sie im Juni 1987 über die empörten Reaktionen hinweg, die das »rücksichtslose und brutale Vorgehen der Stasi gegen friedliche Jugendliche, die lediglich Rockmusik hören wollten«, nach sich zog. Dass sich selbst ▷ Trauer, als eher in sich gekehrtes Gefühl, in Empörung verwandeln konnte, belegt der Brief, den eine Ostberliner Familie im Februar 1989 mit vollem Absender und allen Unterschriften an Erich Honecker schickte: »Hiermit bekunden wir unsere Trauer und unsere Betroffenheit über den gewaltsamen

Tod von Chris Gueffroy. Der Tod dieses jungen Menschen an der Berliner Mauer, steht für uns in vollem Widerspruch zu den Bekundungen, daß es keinen Schießbefehl gibt.« Es sei »skandalös für dieses Land, daß ein Mensch in seinem Bestreben nach persönlicher Freiheit an der Berliner Mauer den Tod fand«. Die Familie erhielt nie eine Antwort. Als acht Monate später die allgemeine Empörung so groß geworden war, dass die Regierung die Mauer öffnete, fielen keine Schüsse mehr.[21]

Demonstrationen und Protestbewegungen in der Bundesrepublik

Wie sich die verbreitete Unzufriedenheit 1988/89 artikulierte und wie vorsichtig die Bürgerrechtsbewegung vorging, um das Regime nicht zu einer »chinesischen Lösung« zu provozieren, ist vielfach nachgezeichnet worden. Noch im September 1989 hatte Egon Krenz, Honeckers Stellvertreter und baldiger Nachfolger, die Pekinger Regierung für das Massaker in ihrer Hauptstadt gelobt, Klassensolidarität versprochen und versichert, die DDR stehe »auf der Barrikade der sozialistischen Revolution« dem gleichen Gegner gegenüber. Sich davon nicht einschüchtern zu lassen und dennoch für Reformen auf die Straße zu gehen, erforderte mehr Mut, als sich demonstrationserprobte Bundesbürger vorstellen konnten. Sie hatten in ihrem Land stets die Möglichkeit gehabt und genutzt, ihre Empörung lautstark zu äußern. Ob bei den Ostermärschen und Protesten gegen die Wiederbewaffnung der 1950er Jahre, gegen den Vietnamkrieg in den 1960ern und frühen 1970ern oder gegen die NATO-»Nachrüstung« seit 1981: Nie bedurfte es persönlichen Mutes, daran teilzunehmen.

Zwar kam es auch hier zu gewalttätigen Übergriffen von Polizeieinheiten. Bei den Anti-Schah-Kundgebungen 1967 trat die Westberliner Schutzpolizei extrem aggressiv auf, machte von ihren Schlagstöcken großzügigen Gebrauch und erschoss den Studenten Benno Ohnesorg. Aber sofort hagelte es öffentliche Kritik, vor allem im liberalen bis linken Lager.[22] Der berüchtigte Hamburger Kessel, mit dem die Polizei 1986 gegen eine unangemeldete Demonstration vorging, rief ebenfalls scharfe Einsprüche und einen weiteren Protestzug hervor, an dem sich Zehntausende beteiligten. Die Polizeiführer wurden vor Gericht gestellt, die Betroffenen erhielten Schadenersatz.

Dass Demonstrationen ein legales und legitimes Mittel waren, Empörung zu äußern, stand in der Bundesrepublik nie zur Debatte. Anders als in der DDR schützte das Recht auch diejenigen, die den Staat oder die Regierung kritisierten, egal ob von links oder rechts. Auch die aufgebrachten Bürger, Vertriebenen-Funktionäre und NPD-Mitglieder, die um 1970 gegen die Ostpolitik der sozialliberalen Koalition wetterten und den Kanzler als »Volksverräter« beschimpften («Brandt an die Wand!«), durften das ungehindert tun. Dass sich ihre Empörungsenergie gleichwohl in Grenzen hielt, war nicht zuletzt eine Wirkung des Alters. Seit den 1960er Jahren sah man auf Demonstrationen und Protestkundgebungen vorzugsweise junge Menschen. »Auf die Demo gehen« wurde Teil eines jugendlich-links-urbanen Lebensstils und Lebensgefühls.

Anlässe für Empörung gab es immer. Neu war, dass so viele Menschen ihren Verdruss öffentlich zum Ausdruck brachten. Neu war zudem, dass sie das immer weniger in und durch Parteien taten, in denen die politische Willensbildung eigentlich stattfinden sollte. Selbst die SPD, seit den 1960er Jahren im Aufwind und 1976 mit über einer Million Mitgliedern stärkste westdeutsche Partei, sah sich von den neuen sozialen Bewegungen überrollt und brauchte lange, um sich für deren Themen zu erwärmen. Frauenemanzipation, Umweltschutz, Antikernkraft, Abrüstung: Das waren postmaterielle Anliegen, für die sich große Teile der jüngeren, besser gebildeten Generation engagierten und mit denen Gewerkschaften und Sozialdemokratie zunächst fremdelten. Neu war schließlich, dass dafür nicht bloß »zornige junge Männer« auf die Straße gingen. Auch junge Frauen entdeckten Zorn und Wut als Mobilisierungsinstrument. 1986, nach der verheerenden Reaktorkatastrophe in Tschernobyl, nutzten vor allem Mütter ihre »Wut als Antrieb zum Handeln«, taten sich zusammen und nahmen den Kampf »gegen diese Politik des technikgläubigen Wahnsinns« auf.[23] Manche Frauen rückten sogar in Führungspositionen ein, wie 1980 Petra Kelly als Gesicht der Grünen.

An der Geschichte dieser Partei, die 1983 erstmals in den Bundestag einzog, 1998 Regierungsverantwortung übernahm und bei den Europawahlen 2019 ein Fünftel aller abgegebenen Stimmen auf sich vereinigte, lassen sich Erfolge und Misserfolge der bundesrepublikanischen Empörungskultur eindrücklich nachzeichnen. Erfolgreich waren die Grünen als politisches Sammelbecken jener, die in den neuen sozialen Bewegungen aktiv waren und blieben. Erfolg hatten sie auch damit, ihre Themen fast im gesamten Parteienspektrum und in der Bevölkerungsmitte salon- und zustimmungsfähig zu machen. Das hat die politische Kultur der Republik nachhaltig verändert. Aber der Erfolg kennt Grenzen. Das grüne Milieu ist das der urbanen, bildungsnahen, auskömmlich verdienenden Mittelschicht. Am höchsten fallen die Wahlergebnisse in Universitätsstädten wie Tübingen oder Freiburg aus, schlecht sind sie im Rhein-Ruhr-Gebiet und in Ostdeutschland. Umweltschützer und Braunkohle-Kumpel kommen selten auf einen grünen Zweig, Gewerkschafter finden für ihre Empörung über Betriebsschließungen und den Abbau von Arbeitsplätzen bei Grünen-Anhängern, die meist in relativ sicheren Dienstleistungsberufen beschäftigt sind, wenig ▷ Empathie und ▷ Solidarität.

Besonders niedrig sind die Zustimmungswerte östlich der Elbe. Dass Bündnis 90/Die Grünen, wie die Partei seit 1993 offiziell heißt, 1990 nur dank der ostdeutschen Bürgerbewegung wieder in den Bundestag einziehen konnte, ist dort ebenso in Vergessenheit geraten wie die Bewegung selber. Auf Webseiten, in Blogs und sozialen Medien wirft man der Partei Dauerempörung, moralischen Dünkel und linke Realitätsverweigerung vor. Sie habe, heißt es, keine Bodenhaftung und verstehe den Osten nicht.

Verständnis, sogar großes, bringen hingegen zwei andere Parteien auf: Die Linke, 2007 aus der PDS als Nachfolgeorganisation der SED und einer westdeutschen Splitterpartei hervorgegangen, und die rechtsextreme AfD, 2013 gegründet. Beide konkurrieren um die Stimmen derjenigen, die sich als Vereinigungsverlierer betrachten und dem neuen Deutschland ablehnend gegenüberstehen.

Gerade die AfD kultiviert das, was ihre intellektuellen Sympathisanten *thymos* nennen, das griechische Wort für Zorn. Ausgehend von den Überlegungen des Philosophen Peter Sloterdijk verbreiten sie die These, die Bundesrepublik leide an einer »thymotischen Unterversorgung«. Der Staat samt seiner »Altparteien« stelle die Bürger still, operiere über ihre Köpfe hinweg und raube ihnen Mut, Tatkraft und die Energie des Aufruhrs. Demgegenüber fördere das »für den Erhalt der ethnokulturellen Identität Deutschlands« kämpfende Lager »alles, was der Mobilisierung und der Erhöhung der Thymos-Spannung, dem großen Zorn auf die antideutsche Politik dient«. Dass dieser Zorn ein »Verteidigungszorn« und damit gerecht sei, versteht sich von selber. Damit reklamieren rechte Ideologen die bis in die Antike zurückgehende Tradition des »edlen Zorns« für sich – ohne allerdings, wie noch in den 1950er Jahren üblich, eine klare Trennlinie zur Wut zu ziehen.[24]

Wutbürger

Denn auch Wut hat sich inzwischen zu einem geschätzten und legitimen Gefühl gemausert, das nicht mehr als maßlos oder fehlgeleitet gilt. Sowohl Rechte als auch Linke reklamieren sie selbstbewusst für sich: »Zu viel Ärger, zu wenig Wut!« war 2017 auf einem Graffito in Berlin-Neukölln zu lesen, das zum Protest gegen Mieterhöhungen und Luxussanierung aufrief. Auch diese Wut war aus Sicht der Wütenden vollauf gerechtfertigt. Niemals jedoch hätten sie sich als »Wutbürger« bezeichnet, denn von allem Bürgerlichen hielten sie sich ebenso fern wie die rechtsradikalen Demonstranten in schwarzen Bomberjacken und Springerstiefeln.

Tatsächlich war der Begriff, 2010 von einem *Spiegel*-Journalisten geprägt und sogleich zum Wort des Jahres gekürt, auf Menschen gemünzt, die in Kleidung, Mentalität und Habitus das verkörperten, was man die Mitte der Gesellschaft nennt. Selbst in dieser staatstragenden, wirtschaftlich saturierten, nicht zum Exzess neigenden

Mächtige Gefühle

57 Wut auf steigende Mieten und Gentrifizierung: Graffito in Berlin 2017

Mitte regte sich Wut, wie sie in den Protesten gegen das Bahnprojekt Stuttgart 21 zum Ausdruck kam. Hier artikulierte sich, so die Gesellschaft für Deutsche Sprache, »eine Empörung in der Bevölkerung« darüber, »dass politische Entscheidungen über ihren Kopf getroffen werden«. Das Wort *Wutbürger* dokumentiere »ein großes Bedürfnis der Bürgerinnen und Bürger, über ihre Wahlentscheidung hinaus ein Mitspracherecht bei gesellschaftlich und politisch relevanten Projekten zu haben«.[25]

Das war neutral formuliert und nicht frei von Sympathie. Doch so hatte es der Journalist keineswegs gemeint. Für ihn waren Wutbürger zukunftsvergessene Senioren, die nur ihre persönlichen Annehmlichkeiten im Sinn hatten und sich um künftige Generationen und deren Bedürfnisse nicht scherten. Auf die Stuttgarter Proteste traf dies jedoch nur bedingt zu. Denn daran beteiligten sich Zehntausende quer durch alle Altersgruppen und Bevölkerungsschichten. Nachdem 2010 bei einem Polizeieinsatz gegen Demonstranten und Parkschützer zahlreiche Menschen verletzt wurden, fanden Schlichtungsgespräche zwischen Befürwortern und Gegnern statt. Für den erfahrenen Christdemokraten Heiner Geißler, der den Dialog moderierte, waren die Kritiker von Stuttgart 21 weder »Altkommunisten« noch »Wutbürger«. Er äußerte Verständnis für ihren Widerstand und forderte die zuständigen Politiker und Bahnvertreter auf, die Menschen besser zu informieren und auf Augenhöhe mit ihnen zu reden. Nur so könnten sie das ▷ Vertrauen der Bürger zurückgewinnen. Die neugewählte grün-rote Landesregierung beherzigte den Rat: Sie ließ das Volk abstimmen. Seitdem ist der Wutpegel deutlich gesunken. An den nach wie vor stattfindenden Mahnwachen und Montagsdemonstrationen – mit Rekurs auf die Friedliche Revolution – nehmen nur noch wenige Bürger teil.[26]

Montagsdemonstrationen gibt es seit 2014 auch in Dresden. Zu ihren Hochzeiten zählten die patriotischen Europäer, die sich hier gegen die Islamisierung des Abendlandes (Pegida) versammelten, 25 000 Teilnehmer, überwiegend männlich und im fortgeschrittenen Alter, einschließlich jüngerer Neonazis und gewaltbereiter Hooligans. Größeren Zulauf bescherte ihnen die »Flüchtlingskrise« 2015. Indem sie den Montag als Protesttag wählten, kaperten sie die allseits positiv bewertete Tradition des Widerstandes von 1989. Auch Transparente mit der Aufschrift »Wir sind das Volk« knüpften daran an. Zugleich erhoben sie den Anspruch, die Deutschen vor ihrer »Umvolkung« infolge der »Masseneinwanderung« zu bewahren. Die AfD griff solche Parolen auf und spitzte sie zu. Sie heizte die Wut ihrer Anhänger auf diejenigen an, die sie für die wahrgenommene Misere verantwortlich machte (»Merkel muss weg«). Und sie rief sie zum »Widerstand« gegen die »Eliten« auf, die die Menschen angeblich ebenso belogen und betrogen wie dazumal die DDR-Oberen. »Vollende die Wende«, hieß ihr Slogan bei den ostdeutschen Landtagswahlen 2019, die der Partei hohe Zuwächse bescherten.

Doch Wut, Zorn und Empörung stoßen an zeitliche Grenzen. Man kann sie, dafür gibt es viele historische Belege, propagandistisch füttern und nähren. Man kann sie gegen bestimmte Gruppen lenken und zur populistischen Mobilisierung nutzen. Aber es ist schwer, sie zu verstetigen, auf Dauer zu stellen und ihrer Implosion vorzubeugen. Dauerhafte Empörung, unablässige Wut, ewiger Zorn: Das geht selbst in Zeiten digitaler Kommunikation nicht. Zwar hilft das Internet, die Sprache der Wut und des Hasses rasend schnell zu verbreiten und zu radikalisieren, was unweigerlich den Eindruck erzeugt, als nehme die Zahl der Wütenden und Hassenden exponentiell zu. Aber stimmt das tatsächlich? Zweifellos ist es sehr viel einfacher, per Mausklick einen Hass-Tweet abzusetzen, als einen analogen Leserbrief zu schreiben und zur Post zu tragen. Aber hier wie dort ist es schwierig, die Wut am Brennen zu halten und den Kreis der Wütenden ständig auszuweiten. Die wenigsten Bürger finden dafür Zeit und Energie. Während Ressentiment, der heimliche Groll, lange vor sich hinköcheln kann, brauchen Wut, Zorn und Empörung immerzu neues Futter und kurze Rhythmen. Der »Volkszorn«, das wusste schon Joseph Goebbels, ist bald verraucht, und Wut verpufft rasch, wenn sie nicht immer wieder neu angefacht wird.

Produktive und destruktive Wut

Für Demokratien ist Wut ein höchst ambivalentes Gefühl. Auf der einen Seite signalisiert sie, dass Menschen unzufrieden sind, sich enttäuscht fühlen und als Verlierer des großen Spiels um Macht und Teilhabe empfinden. In diesem Sinn attestierte Max Scheler Gesellschaften, die soziale Ungleichheit zuließen, »eine mächtige Ladung mit Ressentiment«. Denn sie gäben ihren Bürgern zwar alle möglichen Rechte, akzeptierten zugleich aber »sehr große Differenzen der faktischen Macht, des faktischen Besitzes und der faktischen Bildung«.[27] Entlädt sich der heimliche Groll in flammender Wut, kann dies die Gewinner des Spiels dazu bewegen, den Interessen und Bedürfnissen der Verlierer mehr Beachtung zu schenken. Insoweit wird Wut politisch produktiv und entfaltet positive Wirkung.

Aber Wut hat auch eine andere, ausgesprochen destruktive Seite, wenn sich die Wütenden dem gesellschaftlichen Dialog verweigern und demokratische Spielregeln ablehnen. Dann macht Wut nicht nur blind und taub für die Meinungen und Gefühle anderer. Sie untergräbt zudem die Bedingungen einer politischen Ordnung, die bei allem leidenschaftlichen Streit auch Verfahren des Aushandelns und Ausgleichens verlangt und bereitstellt.

Extremistische Gruppen legen darauf keinen Wert. Die Mitglieder der Rote Armee Fraktion (RAF) wollten mit den Vertretern des »Schweinesystems«, das sie in den 1970er und 1980er Jahren ohne Erbarmen und mit terroristischen Mitteln bekämpften, weder reden noch verhandeln. Für ihre teilweise nachvollziehbare Wut fanden sie keinen anderen Ausdruck als Mordanschläge auf hochrangige Politiker, Beamte und »Kapitalisten«.[28]

Ähnliche Denk- und Fühlweisen zeigen die neuen Wütenden der rechten Szene. Für sie gilt, was ihr Vordenker Götz Kubitschek 2016 als »Verfahrensrichtlinie« ausgab: »Keine Kompromisse, keine Versöhnung mit dem Establishment.« Stattdessen müsse man »den Riß vertiefen«.[29] Solche thymotischen Töne schallen inzwischen weit in die Gesellschaft hinein und stoßen dort, anders als die periodischen Wutausbrüche linksautonomer Aktivisten, auf erhebliche Resonanz. Vor den Folgen für die Demokratie warnt nicht nur Jacques Tillys politischer Karnevalswagen.

ZUNEIGUNG

Am 11. November 2018 fing ein Pressefotograf einen besonderen Moment ein: die deutsche Bundeskanzlerin und der französische Präsident, beide schwarz gekleidet, Wange an Wange, Hand in Hand. Besonders war der Moment, weil er vor geschichtsträchtiger Kulisse stattfand, im nordfranzösischen Compiègne, dort, wo Politiker und Militärs vor genau hundert Jahren das Waffenstillstandsabkommen zwischen Deutschland, Frankreich und Großbritannien unterzeichnet hatten. Damals waren die Mienen der Anwesenden eisig gewesen. 2018 lächelten Angela Merkel und Emmanuel Macron. Ihre Körpersprache zeigte: Sie waren einander zugeneigt.

Ob sie sich tatsächlich mochten und sympathisch fanden, tat nichts zur Sache. Was zählte, war das öffentliche Signal: Hier regierte nicht Feindschaft, sondern Freundschaft. Zwei neue zweisprachige Steintafeln betonten die »Bedeutung der deutsch-französischen Aussöhnung im Dienste Europas und des Friedens«. Ein Denkmal von 1922 hatte hingegen den deutschen Adler mit einem Schwert durchbohrt und daran erinnert, dass hier »der frevlerische Hochmut des Deutschen Reiches« unterlegen sei, »besiegt von den freien Völkern, die zu unterjochen es beansprucht hatte«. Als Hitler den Franzosen im Juni 1940 an gleicher Stelle die Kapitulationsbedingungen diktierte, ließ er das »Triumphdenkmal« mit der Reichskriegsflagge bedecken.[1]

58 Angela Merkel und Emmanuel Macron in Compiègne, 11. November 2018

Abklingende Feindschaft und Europapläne nach 1918

Nach dem Ersten Weltkrieg hatte es zwischen Deutschland und Frankreich kaum Schritte der Annäherung gegeben. Die Spuren des mehr als vierjährigen Kämpfens blieben überall sichtbar, auf den riesigen Soldatenfriedhöfen ebenso wie in den Gestalten der Millionen Kriegsverletzten mit ihren fehlenden Gliedmaßen, ihren Narben und ihrem sprichwörtlichen Zittern. In Frankreich war selbst die Landschaft tief versehrt, man sieht es ihr bis heute an. Zwar bemühten sich Einzelne, Brücken zu bauen und das Eis zu brechen, vor allem mit und unter jungen Menschen. Propagandistisch aber ging der Krieg weiter, aus innenpolitischem Kalkül: In Deutschland übertünchte die gemeinsame Empörung über die »Schmach« von Versailles, die »Schwarze Schmach« der Rheinlandbesetzung und die Ruhrkrise die Spannungen zwischen den polarisierten politischen Lagern. Auch die französische Politik suchte eine nationale Allianz über den Soldatengräbern zu schmieden. Kriegerdenkmäler und Paraden zur jährlichen Feier des Waffenstillstandes hielten die Erinnerung an die deutschen »Barbaren« wach und verlangten nach einem Schulterschluss der gespaltenen Nation.

Nur langsam bewegte man sich aufeinander zu. 1925 schlossen Deutschland, Frankreich und Belgien im schweizerischen Locarno bilaterale Schiedsabkommen und garantierten einander die Unverletzlichkeit ihrer Grenzen. Dafür bekamen die Außenminister Aristide Briand und Gustav Stresemann 1926 gemeinsam den Friedensnobelpreis verliehen. Im gleichen Jahr trat Deutschland dem 1920 gegründeten Völkerbund bei, und deutsche Delegationen waren auf internationalen Kongressen wieder willkommen. Es gab auch erste Gespräche zwischen dem französischen Gräberdienst und dem Volksbund Deutsche Kriegsgräberfürsorge. Fortan durften die Deutschen Einfluss auf die Gestaltung und Erhaltung ihrer Soldatenfriedhöfe in Frankreich nehmen und dort eine eigene Formen- und Symbolsprache zeigen (▷ Trauer).

Dass Briand und Stresemann Freimaurerlogen angehörten, mochte es ihnen erleichtert haben, über die Gräber und Gräben hinweg einen Draht zueinander zu finden. Zwar agierten beide Männer stets als Interessenvertreter ihrer bis vor kurzem verfeindeten und nach wie vor misstrauischen Länder. Aber sie teilten die Überzeugung, Frankreich wie Deutschland würden von einer umfassenderen europäischen Friedensordnung profitieren. Daher liege es im beidseitigen Interesse, sich dafür zu engagieren. Beide Außenminister hegten Sympathien für die paneuropäische Bewegung, die der Österreicher Graf Richard Coudenhove-Kalergi Anfang der 1920er Jahre initiiert hatte. Briand war ihr Ehrenpräsident, und auch Stresemann unterstützte die Idee eines europäischen Zusammenschlusses. 1929 stellte Briand vor dem Völkerbund ein »föderatives Band« zwischen den Staaten Europas in Aussicht. Damit meinte er allerdings nicht die – damals undenkbare – Aufgabe oder Einschränkung nationaler Souveränität, sondern eine Zoll- und Wirtschaftsunion.

Bei ihren häufigen Treffen seit 1925 lernten sich die beiden Minister besser kennen und schätzen. Wie der Dolmetscher Paul Schmidt beobachtete, hatten sie »eine enge persönliche Fühlung«, und ihre Gespräche fanden selbst dann, wenn es Unstimmigkeiten gab, in ungezwungener, freundlich zugeneigter Atmosphäre statt. Als Stresemann 1929 überraschend starb, erschien Briand sofort persönlich in der deutschen Botschaft und drückte sich »mit sehr warmer menschlicher Teilnahme aus«. Alle Pariser Morgenzeitungen, berichtete Harry Graf Kessler, »bringen die Nachricht vom Tode Stresemanns in größter Aufmachung. Es ist fast so, als ob der größte französische Staatsmann gestorben wäre. Die Trauer ist allgemein und echt. Man empfindet, daß es doch schon ein europäisches Vaterland gibt. Die Franzosen empfinden Stresemann wie eine Art von europäischem Bismarck.«[2]

Kesslers Eindruck war voreilig. Denn politisch stolperten die internationalen Beziehungen eher vor sich hin, als dass sie das Ziel Vereinigter Staaten von Europa ansteuerten. Störungsfreier verliefen Austausch und Zusammenarbeit in der Kunst- und Musikszene. Zwischen Paris und Berlin, Barcelona und Moskau zirkulierten in den Goldenen Zwanzigern Ideen, Stile und Menschen mit enormer Vitalität, atemberaubendem Tempo und hoher Kreativität. Der Dadaismus, 1916 in Zürich von deutschen, rumänischen und französischen Künstlern begründet, begeisterte seine internationale Anhängerschaft ebenso wie der Surrealismus oder das Neue Bauen. Am Weimarer und Dessauer Bauhaus arbeiteten Frauen und Männer aus mehreren Nationen an gemeinsamen Projekten, viele waren befreundet, und auch die Architekten der Moderne pflegten engen Kontakt. Das kam nach 1933 denen zugute, die Deutschland aus politischen oder »rassischen« Gründen verlassen mussten.

Deutsch-italienische Waffenbrüderschaft

Mit der Machtübernahme der Nationalsozialisten waren die visionären Europapläne vom Tisch. Deutschland verließ den Völkerbund bereits 1933, das faschistische Italien folgte vier Jahre später. Beide Länder intensivierten ihre bilateralen Beziehungen, wobei die Initiative von Berlin ausging. Seit Benito Mussolinis »Marsch auf Rom«

1922 hatte Hitler den Faschistenführer verehrt, beneidet, bewundert. Mehrfach hatte er versucht, den »Duce« zu treffen. Dessen Desinteresse endete erst, nachdem Hitler seinerseits als Reichskanzler installiert war und eine eigene Führerdiktatur aufbaute. Anfang Juni 1933 wurde Goebbels in Rom empfangen und war charmiert: »Ist zu mir gleich wie ein Freund«, »wir finden uns gleich. Und sprechen uns eine Stunde aus. Über alles«, »wir scheiden als Freunde«. Obwohl Mussolini klein war, ragte er für Goebbels »ganz einsam in die Höhe. Ein Cäsar«, der ihm zum Abschied mitgab: »Sagen Sie Hitler, daß er sich auf mich verlassen kann. Ich gehe mit ihm durch dick und dünn.«[3]

Ein knappes Jahr danach kam es zur ersten Begegnung der beiden Cäsaren. Hitler hatte sein Vorbild »mit dem Ausdruck der größten Bewunderung« um ein Gespräch gebeten, es könne auch ein privates sein. Als er im Juni 1934 in Venedig eintraf, erwartete ihn Mussolini im vollen faschistischen Ornat. Aber anstelle des zackigen Grußes gab er ihm die Hand, noch dazu ohne den Handschuh auszuziehen. Um Distanz bemüht, ließ er den Gast wie einen Touristen im Grand Hotel unterbringen, während er selber in einem weit entfernten Adelspalais übernachtete. Trotzdem war Hitler tief beeindruckt, nicht so sehr von dem Kulturprogramm mit Verdi und Wagner als vom Aufmarsch der 70 000 Schwarzhemden auf dem Markusplatz. Hier, schwärmte er später, habe Mussolini ihn »in engsten Zusammenhang mit sich selbst« gebracht, indem er in seiner Ansprache an die faschistischen Kohorten mehrfach von »Hitler ed io« (und ich) gesprochen und ihn anschließend als »Kamerad« tituliert habe. Jedenfalls kehrte der Reichskanzler »begeistert« und »glücklich« nach Berlin zurück. »Menschen wie Mussolini«, vertraute er einem italienischen Gesprächspartner an, »werden einmal alle 1000 Jahre geboren und Deutschland kann froh sein, daß er Italiener und nicht Franzose ist.«

Denn mit den Franzosen, so sah es Hitler, verband Deutschland eine »unerbittliche Todfeindschaft«. Stresemanns Ausgleichspolitik hatte er deshalb scharf attackiert. Italien hingegen sei ein natürlicher Bündnispartner, weil sich seine imperialen Interessen nicht mit denen Deutschlands überschnitten. Auch darum behandelte der deutsche »Führer« den italienischen Kameraden mit größter Ehrerbietung.

Selbst als sich die Machtbalance verschob und Hitler vom Nachahmer zum Vordenker und Vormacher wurde, ließ er keine Zweifel an seiner innigen Zuneigung zu Mussolini aufkommen.[4]
Die – weitgehend einseitige – Freundschaft spielte auf mehreren Klaviaturen. Zunächst war sie persönlicher Natur, Hitler hatte den »Duce«, wie er 1941 bekannte, »persönlich lieb« und fühlte sich ihm menschlich verbunden. Solche Bemerkungen machte er nicht nur im kleinen Kreis des Führerhauptquartiers. Im Reichstag nannte er Mussolini 1938 den »mir so persönlich befreundeten Führer des großen faschistischen Staates«; 1940 zeigte er sich »beglückt« darüber, »daß ich persönlich die Ehre habe, der Freund dieses Mannes sein zu dürfen«. Sowohl ihr »Lebensschicksal« als auch »unsere beiden Revolutionen« hätten »viel Gemeinsames« aufzuweisen. Letzteres ging über Persönlich-Menschliches bereits hinaus und bezog sich auf die politischen Bewegungen, die die beiden Männer anführten. Der Nationalsozialismus, betonte Hitler in seiner ersten Regierungserklärung 1933, habe stets und »geradezu traditionell« die »Freundschaft zum faschistischen Italien« gepflegt und dem »großen Führer dieses Volkes« »hohe Verehrung« gezollt. Mit »freudiger Empfindung« gab der Kanzler bekannt – hier kam die dritte Ebene ins Spiel –, dass diese Freundschaft nunmehr »in den Beziehungen der beiden Staaten zueinander eine weitere vielfältige Festigung erfahren hat«. Nicht bloß die Staaten und Regierungen, auch ihre Bevölkerungen hegten freundschaftliche Gefühle füreinander. »Für uns Deutsche«, hieß es 1938, sei die Freundschaft »unlösbar« und »das Land und die Grenzen dieses Freundes (...) unantastbar«.[5]
Für andere Grenzen galt das keineswegs, und mehr Freunde besaß das »Dritte Reich« nicht. Dem ostasiatischen Achsenpartner begegnete es mit rassistischem Dünkel, obwohl Japan sich militärisch als sehr viel verlässlicher und erfolgreicher erwies. Die »Waffenbrüderschaft« mit Italien, 1941 auf einer Briefmarke verewigt (»Zwei Völker und ein Kampf«), funktionierte nur mit Abstrichen. Dennoch hielt die Allianz, und Hitler rettete Mussolini 1943 den Kopf, als ihm der König, mit Unterstützung des faschistischen Großrats, das Ministerpräsidentenamt entzog.

Europäische Freundschaften

Dass Hitler seinerseits europäische Pläne schmiedete und es ihm weder am Willen noch an der Macht fehlte, sie rücksichtslos durchzusetzen, war spätestens seit 1938 klar. Zur Rechtfertigung führte er an, er wolle Europa vor der »Weltgefahr« des Bolschewismus schützen. Gern machte sich die NS-Propaganda das katholisch-franquistische Bild eines »Kreuzzugs« zu eigen, den das christliche Abendland gegen die gottlose Sowjetunion führen müsse. Zuspruch fand das Bild allenfalls bei kleinen faschistischen Parteien West- und Nordeuropas. Sie rekrutierten Freiwillige für den Kreuzzug und entwickelten hochfliegende Konzepte einer Liga germanischer Völker oder einer Pannordischen Föderation. Auch das Auswärtige Amt warb für eine neue Lösung der »Europa-Frage« und erarbeitete 1943 Leitsätze für die Gründung eines Europäischen Staatenbundes. Als »Gemeinschaft souveräner Staaten«, wenngleich unter Hegemonie des Großdeutschen Reichs, sollte er den Kontinent gegen England und den »Bolschewismus« in Stellung bringen. »Wenn dieser Krieg zu Ende ist«, so Goebbels 1940, »wollen wir die Herren über Europa sein.«[6]

Alternative Ordnungsideen kamen aus Kreisen des Widerstands. Die studentische Gruppe Weiße Rose wollte ein »neues geistiges Europa« schaffen. Manche plädierten für einen europäischen Staatenbund, »in dem weder Deutschland noch eine andere Macht Vorherrschaft beansprucht« und »innereuropäische Grenzen eine immer geringere Rolle spielen« sollten. Ihr Ziel war ein neues »europäisches Gesamtbewußtsein«, das allein »den Frieden der Völker tragen« könne.[7]

Ein solches Bewusstsein bildeten am ehesten jene Männer und Frauen aus, die persönliche Freundschaften oder Bekanntschaften mit Menschen aus anderen Ländern pflegten. Helmuth James von Moltke etwa, im Januar 1945 von den Nazis hingerichtet, war gut mit dem Briten Lionel Curtis befreundet. Bei ihm wohnte er Mitte der 1930er Jahre, als er sich in London und Oxford auf sein Barrister-Examen vorbereitete. Über ihn fand er Anschluss an die britischen Debatten über eine neue europäische Ordnung, beide verbanden das »europäische Glaubensbekenntnis« und die Frage, wie im Nachkriegseuropa »das Bild des Menschen in den Herzen unserer Mitbürger wiederhergestellt werden« könne.[8] Adam von Trott zu Solz, ebenfalls wegen Widerstandsaktivitäten zum Tode verurteilt, hatte aus den frühen 1930er Jahren enge Oxforder Studienfreunde, zu denen er auch später Kontakt hielt. Durch seine amerikanische Großmutter kannte er die USA und nutzte die verwandtschaftlichen Verbindungen, um die Konzepte und Pläne des deutschen Widerstands im angelsächsischen Raum bekannt zu machen.

Länderübergreifende Freundschaften waren jedoch kein Privileg und Monopol adlig-bürgerlicher Eliten. Auch in deutschen Konzentrationslagern, in denen mitnichten nur Deutsche inhaftiert waren, kam es zu internationalen Zusammenschlüssen, wie 1943 beim Lagerkomitee Buchenwald. Manche dort geknüpfte Beziehungen hielten ein Leben lang, andere reichten zumindest hin, um gemeinsame Erklärungen und Appelle zu verabschieden. Das Buchenwalder Manifest, fünf Tage nach der Befreiung des Lagers verkündet und von Deutschen, Österreichern, Belgiern, Niederländern und Tschechen unterzeichnet, entwarf die Vision einer »europäischen Staatsgemeinschaft« und den »neuen Typ des deutschen Europäers«, in dessen Geist eine »neue Atmosphäre des ▷ Vertrauens zu Deutschland« gründen könne.[9]

Nachkriegsdistanzen

Vertrauen war 1945 ein Fremdwort. Die deutsche Bevölkerung, bis zuletzt mit Durchhalteparolen und Hasspropaganda gefüttert, traf auf alliierte Besatzungsmächte, die ihrerseits allen Grund zu Misstrauen und Abgrenzung hatten. Im November 1944 veröffentlichte das Londoner Außenministerium einen Leitfaden für die 400 000 britischen Soldaten, die sich auf dem Weg ins Feindesland befanden. Er wollte sie gegen Brutalität ebenso immunisieren wie gegen »Sentimentalität« und »Nachgiebigkeit«. Anstatt sich »von oberflächlichen Ähnlichkeiten zwischen Deutschen und uns beeindrucken« zu lassen, einheimischen Elendsschilderungen aufzusitzen und weiblichen Verführungskünsten zu erliegen, sollten sie sich immer bewusst sein, dass sie nicht in Deutschland wären, »wenn die deutschen Verbrechen diesen Krieg nicht unausweichlich gemacht hätten«. »Fraternisierung« und Eheschließungen waren streng untersagt, ähnliches galt im amerikanischen Militär.[10]

Auf sowjetischer Seite war ein offizielles Verbot gar nicht erst nötig. In Frontzeitungen und Tagesbefehlen wurden die Soldaten dort regelmäßig zur Rache an den Deutschen aufgefordert, die ihr Land fast vier Jahre lang verwüstet und Millionen Menschen gequält und getötet hatten. »Denkt daran«, hieß es in der letzten Direktive der Politischen Hauptverwaltung, bevor die Rote Armee die Grenze nach Ostpreußen überschritt, »daß das dort nicht eure Freunde sind, sondern die Verwandten der Mörder und Unterdrücker.« Die Soldaten vergaßen es nicht, und besonders Frauen bekamen ▷ Wut und ▷ Hass leibhaftig zu spüren. Am 5. Juni 1945 erklärte der sowjetische Generalleutnant Wassili Sokolowski einem britischen Journalisten: »Was soll man erwarten? (...) Im ersten Hochgefühl des Sieges hat es unseren Jungs zweifellos eine gewisse Befriedigung bereitet, diesen Herrenvolk-Weibern einmal gründlich einzuheizen. Diese Phase ist aber jetzt vorüber.«[11]

Doch bereitete erst die Kasernierung der Rotarmisten 1947/48 den Vergewaltigungen ein Ende. Zugleich begann die Sowjetische Militäradministration damit, die Beziehungen zwischen Besatzung und Bevölkerung zu entkrampfen. Dabei griff sie auf die Hilfe deutscher Kommunisten zurück, die aus der Emigration zurückkehrten und am Aufbau eines sozialistischen Staates mitwirken wollten. Dem Historiker Jürgen Kuczynski oblag es, die »Freundschaftsidee zur Sowjetunion« mit Leben zu füllen und dem »Strom von Vorurteilen« entgegenzutreten. Gemeinsam mit der Schriftstellerin Anna Seghers stand er der 1947 gegründeten Gesellschaft zum Studium der Kultur der Sowjetunion vor, aus der zwei Jahre später die Gesellschaft für Deutsch-Sowjetische Freundschaft (DSF) hervorging. Anfangs eine reine »Intellektuellenbewegung«, entwickelte sie sich mit der Zeit zur

59 Verordnete Zuneigung

zweitgrößten Organisation der DDR, die 1989 6,4 Millionen Mitglieder zählte.[12]

Ihre Aufgabe war es, die Bevölkerung der SBZ/DDR über die »Erfolge der Sowjetunion« aufzuklären und um Sympathie zu werben. Unter dem Titel *Freunde für immer* beschrieb Kuczynski die UdSSR als »Kultur der fortschrittlichsten Gedanken und der edelsten Gefühle«. Auch ehemalige Nationalsozialisten sollten sich der »Freundschaftsbewegung« anschließen.

Erleichtert wurde es ihnen durch eine politische Rhetorik der Entlastung. Als Stalin der DDR im Oktober 1949 telegraphisch zur Staatsgründung gratulierte, verband er seine Glückwünsche mit dem Angebot, die feindselige Vergangenheit ruhen zu lassen und mit der freundschaftlichen Zukunft zu beginnen. Schließlich besäßen das »deutsche und das sowjetische Volk«, die im letzten Krieg »die größten Opfer gebracht« hätten, »die größten Potenzen in Europa zur Vollbringung großer Aktionen von Weltbedeutung«. Wenn sich also die Deutschen loyal an die Seite der Sowjetunion stellten, würden sie den »Frieden in Europa« sichern und könnten, so der Subtext, von der Kriegsschuld freikommen. Damit diese Botschaft nicht in Vergessenheit geriet, hing das Telegramm fortan in allen Klubhäusern der DSF »in einer guten künstlerischen und pädagogischen Ausfertigung«.[13]

Die deutsch-sowjetische Freundschaft

Ob und wie viele Menschen in der DDR tatsächlich Zuneigung und freundschaftliche Gefühle für die Sowjetunion hegten, ist schwer zu sagen. Manche sahen die proklamierte »Liebe zu unseren Freunden« sehr kritisch. Einem Leipziger, der sich 1971 mit Unterschrift und Absender an den Staatsrat wandte, ging sie entschieden zu weit, wenn sie bedeutete, »das gesamte Ostgebiet abzuschreiben und darüberhinaus ständig noch Reparationen in Form der wirtschaftlichen Integration zu leisten oder unwirtschaftliche Exporte in die befreundeten Länder«. Ein anderer Leipziger beklagte sich über den Neubau der Universität nach Moskauer Vorbild: »Wir sind ja die 21. russische Provinz.« Als ein Kranführer 1971 in der Rostocker *Ostsee-Zeitung* berichtete, alle Angehörigen seiner Brigade seien der DSF beigetreten, um ihre Chancen im Wettbewerb zum VIII. Parteitag der SED zu verbessern, protestierten »viele, sehr viele aufrechte Deutsche Männer«: »Unverständlich ist uns, daß Deutsche sich soweit erniedrigen und sich Freund der Sowjetunion schimpfen. Habt ihr es denn schon vergessen, wie die russischen Bestien (Menschen kann man doch nicht sagen) sich beim Einzug im Mai 1945 überall benommen haben?«[14]

Hier machte sich ein politisches Ressentiment Luft, das unmittelbar an die NS-Propaganda gegen die »bolschewistischen Horden« anknüpfte. Warum aber zählte die DSF dann Millionen Mitglieder, fast dreimal so viel wie die SED? Zum einen gab es, wie im Fall der mecklenburgischen Zuckerfabrik-Brigade, mehr oder weniger explizite Aufforderungen und Anreize zum Beitritt. Zum anderen bot die

DSF-Mitgliedschaft eine einfache und bequeme Gelegenheit, Loyalität zu bekunden, ohne der Partei angehören zu müssen. »Was ist die deutsch-sowjetische Freundschaft?«, fragte sich der Schauspieler Manfred Krug 1977, kurz vor seiner Ausreise in die Bundesrepublik. Seine Antwort: »Ein Abzeichen an der Jacke, mehr nicht.« Denn »die Freundschaft der sozialistischen Länder ist bloß die Freundschaft ihrer ängstlichen Regierungen«. Diese begrenzten und überwachten sogar Kontakte ihrer Bürger ins sozialistische Ausland. Das Privileg, einen längeren »Blick hinter die Mauer, selbst in östliche Richtung« zu tun, war nur wenigen Auserwählten vergönnt.[15]

Dazu gehörten besonders begabte oder linientreue Studierende, die mit einem Stipendium für die Sowjetunion ausgezeichnet wurden, ebenso wie Kultur- und Parteifunktionäre. 1964 begleitete die dreißigjährige Schriftstellerin Brigitte Reimann eine FDJ-Delegation nach Moskau, Kasachstan und Sibirien mit dem Auftrag, anschließend eine Reportage darüber zu schreiben. Sie war überwältigt von der Größe des Landes und von der Herzlichkeit seiner Bewohner. Vor allem die Komsomolzen, Mitglieder der kommunistischen Jugendorganisation, begegneten den Deutschen mit einer Freundlichkeit und Fürsorglichkeit, »die man nicht immer für Gäste bereithält«. Reimann beschlich »ein Gefühl von Beschämung, als hätte ich das nicht verdient – und womit auch? Höchstens mit den Gefühlen, die wir selbst ihnen entgegenbringen« (▷ Scham). Sie empfand Bewunderung und Nähe, fühlte sich »aufgenommen und an die Brust dieses erstaunlichen Landes gebettet«. »Eine ganze Anzahl« der FDJ-Delegierten jedoch, meist vorgerückten Alters, ging ihr enorm auf die Nerven: »Sie sind beschränkt und ordinär und verlieren jede Würde, wenn sie trinken. Sie machen aus jedem Fest einen deutschen Bierabend, reißen Zoten und singen dumme Lieder. Und sowas ist im Zentralrat!« Offenbar meinte es die widerspenstige Schriftstellerin weit ernster mit der deutsch-sowjetischen Freundschaft als die loyalen Funktionäre.[16]

Reimann, immer wieder wegen mangelhafter »Parteilichkeit« ermahnt und kritisiert, konnte und wollte sich mit manchen Entwicklungen in der DDR nicht abfinden. Ähnlich wie die vier Jahre ältere Christa Wolf schämte sie sich der eigenen »unrühmlichen Vergangenheit – Marschtritt, Halstuch, markige Meldung«. Der Anblick Junger Pioniere erschien ihr als ein *déja vu*: »Herrgott, ja, wir sind eine gebrannte Generation, wir können's nicht mehr sehen, verdammt.«

Umso enthusiastischer klammerte sie sich an die neue, die NS-Vergangenheit hinter sich lassende Idee der Völkerfreundschaft. Als Bruno Leuschner, Vertreter im Exekutivkomitee des Rats für gegenseitige Wirtschaftshilfe (RGW), auf dem VI. Parteitag der SED 1963 über die Zusammenarbeit mit anderen sozialistischen Staaten berichtete, fand sie das »großartig«: »Hier war ein Ausblick auf die Welt von morgen, eine geeinte, friedliche Welt.« Die gleiche »Bewegung, ja Ergriffenheit« spürte sie, als der Parteitag die Abgesandten der »Bruderparteien« begrüßte: »Siebzig Länder und ihre Delegierten kamen zu uns, und die Welt saß auf der Tribüne, sichtbarlich die Welt, die einst kommunistisch sein wird.« Das war mehr als ▷ Stolz auf die »Errungenschaften« der DDR, mehr als ▷ Solidarität mit den sozialistischen »Brüdern und Schwestern«. Reimanns Pathos hatte etwas von einem überströmenden, geradezu ozeanischen Gefühl der Zugehörigkeit und ▷ Geborgenheit in einer großen, weltumspannenden politischen Gemeinschaft.[17]

Wie sie auf den traditionellen »Bruderkuss« zwischen Partei- und Staatsführern befreundeter sozialistischer Staaten reagierte, war im Tagebuch nicht vermerkt. Diese Form, Sympathie und Verbundenheit zu bekunden, kam in den 1960er Jahren in Gebrauch, und die sowjetische Führung setzte auch hier Maßstäbe. Während sie Vertretern westlicher Länder lediglich die Hände schüttelte und mit denen neutraler Staaten einen Händedruck austauschte, erhielten Repräsentanten der »Bruderstaaten« eine Umarmung und mehrere Küsse. Unter Nikita Chruschtschow wirkte das noch spontan und offenherzig. Als Leonid Breschnew 1973 in Ostberlin eintraf und von Erich Honecker drei Wangenküsse empfing und zurückgab, überwog bereits das Zeremonielle. Begleitet wurde es von der Anrufung »unerschütterlicher Brüderlichkeit«, »brüderlicher Freundschaft« und anderen durch stete Wiederholung entleerten Beschwörungsfloskeln.[18]

1981 nahm ein unter Pseudonym schreibender DDR-Bürger (»kein politischer Selbstmörder«) daran Anstoß. Er betonte, seine sachliche

60 Bruderkuss zwischen Leonid Breschnew und Erich Honecker,
4. Oktober 1979

und informierte Kritik sei konstruktiv gemeint, und er wollte auch keinen Zweifel an der historischen Leistung der Sowjetunion aufkommen lassen: »Von der SU lernen, heißt siegen lernen. Kein Kommunist wird das bezweifeln.« Dennoch sei es nicht nötig, »alle nationalen Besonderheiten der Sowjetvölker« zu übernehmen:

> »Müssen wir denn die widerliche Küsserei unter Männern nachmachen, die bei uns nur zwischen Homosexuellen oder eventuell noch zwischen Familienangehörigen üblich war? Genügt es unter Staatsmännern oder Funktionären nicht, sich fest und freundschaftlich die Hand zu drücken?«

Sieben Jahre später, inzwischen wehte in der Sowjetunion ein neuer Wind, wandte sich der Mediziner Peter S. an Erich Honecker. Auch er fragte »als Freund und nicht als Feind«, weshalb die DDR-Politik nie ein Wort der Kritik an der KPdSU geäußert habe: »Was ist das für eine Freundschaft, in der nur gelobt und gepriesen und nicht kritisiert wird?« Der »Bruderbund mit der Sowjetunion« sei »immer als einer der entscheidenden historischen Stützpfeiler des Sozialismus auch in unserem Lande dargestellt« worden. Aber müsse man nicht gerade jetzt die »unzählige Male in Schule und Hochschule« gehörte Parole ernst nehmen? Sei es nicht an der Zeit, von der Selbstkritik der sowjetischen Presse zu lernen und sich von der eigenen »kritiklosen Akklamation« zu distanzieren? Statt zu antworten, leitete Honecker den Brief an den Genossen Erich Mielke weiter, den allmächtigen Minister für Staatssicherheit.[19]

Annäherungen im Westen

Von Freundschaft sprach man auch im Westen des geteilten Kontinents, allerdings später als im Osten. Zunächst vertiefte sich, wie die in die USA emigrierte Philosophin Hannah Arendt 1948 an den Publizisten Dolf Sternberger schrieb, der moralische »Abgrund«, der sich »seit Beendigung des Krieges zwischen Deutschen (...) und anderen Völkern geöffnet hat«.[20] Dazu trugen nicht zuletzt die Nürnberger Prozesse bei, die seit November 1945 vor dem Internationalen Militärgerichtshof und amerikanischen Militärgerichten geführt wurden. Hunderte von Zeitungs- und Rundfunkreportern aus aller Welt hatten sich akkreditieren lassen und versorgten die Öffentlichkeit mit detaillierten Informationen über die Verbrechen, die führende Repräsentanten, Minister und Militärs des NS-Regimes, aber auch Ärzte, Juristen, Polizisten und Industrielle zwischen 1939 und 1945 in den von Deutschland besetzten Ländern begangen hatten.

Die erste Bundesregierung war sich der Hypothek bewusst, mit der sie ihr Amt antrat. Eine pauschale Entlastung, wie sie Stalin der DDR angeboten hatte, wollten ihr die Westmächte nicht gewähren. Auch deshalb hob Bundespräsident Heuss in seiner Silvesteransprache 1949 hervor, wie wichtig das »Gespräch mit den Besatzungsmächten« sei und wie sehr die »innere Kräftigung von einer Ausweitung des wechselseitigen ▷ Vertrauens abhängt«. Vier Jahre später lobte er Kanzler Adenauer, der es mit »Nüchternheit und Phantasie« geschafft habe, das von »Mißachtung« geprägte Bild Deutschlands »bei den Staatsmännern, wie gefühlsmäßig auch bei den Nationen« zum Positiven zu wenden. Adenauer selber war da skeptischer. 1952 erklärte er seinen Kabinettskollegen:

»Die Stimmung des Auslandes uns gegenüber, besonders derjenigen Länder, die mit uns direkt im Kriege gestanden haben (nicht die Amerikaner) – darüber müssen wir uns auch im klaren sein – ist noch lange nicht so, wie sie nach unseren Wünschen sein müßte. Man hat im Ausland keineswegs vergessen die Furcht vor Deutschland, man hat nicht vergessen die Untaten des Nationalsozialismus, die sind sehr lebendig draußen, und man hat auch wieder Furcht vor der Tüchtigkeit der Deutschen, nachdem man gesehen hat, wie das deutsche Volk nach all diesen Jahren sich überraschend wirtschaftlich in die Höhe gearbeitet hat. Man hat vor den guten Eigenschaften des deutschen Volkes Angst und Sorge.«[21]

Vor allem in Frankreich herrschten Abneigung und tiefes Misstrauen. Nicht von ungefähr legte die bundesdeutsche Politik von Anfang an besonderen Wert darauf, »die Trümmer der Geschichte zu beseitigen, die zwischen dem deutschen und französischen Volke liegen«. Die »anständige und einsichtige Regelung der deutsch-französischen Beziehungen«, betonte Heuss immer wieder, sei »die Kernfrage«, um ein »europäisches Bewußtsein« zu entwickeln. Seine größte Hoffnung galt der Jugend auf beiden Seiten des Rheins.[22] Tatsächlich engagierten sich damals zahlreiche junge Menschen in föderalistischen Bewegungen. 1950 demontierten dreihundert Studentinnen und Studenten aus Deutschland, Frankreich und weiteren Ländern Schlagbäume an der deutsch-französischen Grenze. Sie forderten ein europäisches Parlament und eine europäische Regierung und beendeten ihre Überraschungsaktion mit einem Tänzchen vor den Augen der verblüfften Zöllner.[23]

61 Junge Leute verbrennen 1950 Schlagbäume an der deutsch-französischen Grenze

Bei den Verhandlungen auf Regierungsebene ging es weniger ausgelassen zu. Den ersten Schritt tat 1950 der französische Außenminister Robert Schuman mit dem Vorschlag zu einer Europäischen Gemeinschaft für Kohle und Stahl. Damit knüpfte er an Briands Plan von 1929 sowie an Vorarbeiten Jean Monnets an, der für die Modernisierung der französischen Wirtschaft zuständig war. Deutschland und Frankreich sollten ihre Kohle- und Stahlproduktion einer Behörde unterstellen, die Höchstpreise und Produktionsquoten festlegte, Fusionen genehmigte und im Krisenfall Rohstoffe verteilte. So war ein gemeinsamer Montanmarkt geschaffen, dem auch Italien und die Benelux-Staaten beitraten.

1952 nahm die Hohe Behörde mit Monnet als Präsidenten und Sitz in Luxemburg ihre Arbeit auf. Sie war die erste supranationale Institution Westeuropas und stand am Beginn eines Einigungsprozesses, der trotz mancher innenpolitischer Opposition und Verzögerungstaktik in den folgenden Jahren Fahrt aufnahm. Die Römischen Verträge begründeten 1957 die Europäische Wirtschaftsgemeinschaft, aus der 1992 in Maastricht die Europäische Union mit stärkerer politischer Handlungsfähigkeit wurde. 2004 traten ihr zehn ost- und mitteleuropäische Staaten bei, 2007 folgten Rumänien und Bulgarien. Seit 2002 zahlen Bürger der Eurozone mit einer gemeinsamen Währung. Es gibt, wie von den grenzüberschreitenden Studentinnen und Studenten 1950 gefordert, ein europäisches Parlament in Straßburg und eine europäische Kommissionsregierung in Brüssel. Wenn deren Mitglieder auch nicht miteinander tanzen, tauschen sie doch Küsse und Umarmungen aus – allerdings weniger zeremoniell als in den vormaligen Bruderländern des Ostens.

Deutsch-französische Freundschaft

Den ersten öffentlichen Kuss gab es 1963, im Pariser Élysée-Palast. Dort unterzeichneten Staatspräsident Charles de Gaulle und Bundeskanzler Konrad Adenauer den Vertrag über die deutsch-französische Zusammenarbeit. Anschließend breitete de Gaulle die Arme aus, zog Adenauer an sich und küsste ihn auf beide Wangen. Der Bayerische Rundfunk nannte das einen »Bruderkuss«.[24] Für Adenauer kam die Geste offenbar überraschend, er zögerte leicht, bevor er der Umarmung stattgab und seinerseits die Lippen spitzte. So viel Überschwang und Nähe vor laufenden Kameras waren dem siebenundachtzigjährigen Deutschen fremd; bei früheren Begegnungen hatte sich das altersungleiche Paar immer nur mit Handschlag abbilden lassen.

Gleichwohl kamen sich die beiden Staatsmänner bei ihren zahlreichen Treffen, die manchmal sogar in den jeweiligen Privathäusern stattfanden, auch persönlich näher. Gemeinsam nahmen sie 1962 eine deutsch-französische Militärparade auf den Schlachtfeldern des Ersten Weltkriegs ab und beteten anschließend, sichtlich bewegt, in der damals im deutschen Granatenhagel zerstörten Kathedrale von Reims. Es gab vieles, was sie verband: Beide hatten nicht nur den

Ersten, sondern auch den Zweiten Weltkrieg erlebt, der eine als Militär, der andere als Zivilist, beide waren streng katholisch und antikommunistisch. Über die Zukunft Europas und die Rolle des eigenen Landes darin hegten sie nichtsdestotrotz unterschiedliche Vorstellungen, die schon bald nach der Unterzeichnung des »Freundschaftsvertrags« von 1963 zutage traten.[25]

Bilateral aber markierte der Vertrag einen wichtigen Neuanfang. Denn er sah nicht nur regelmäßige Treffen und Absprachen zwischen Staats- und Regierungschefs, Ministern und Behörden vor, besonders bei Fragen der Verteidigung, Bildung und Jugendarbeit. Er stellte auch die Einrichtung eines Förderungswerks in Aussicht, das »der Begegnung und dem Austausch von Schülern, Studenten, jungen Handwerkern und jungen Arbeitern zwischen beiden Ländern dient«. Gerade die Jugend, hieß es in der Gemeinsamen Erklärung von 1963, sei sich der ▷ Solidarität zwischen beiden Völkern bewusst geworden, weshalb ihr »eine entscheidende Rolle bei der Festigung der deutsch-französischen Freundschaft« zukomme. In diesem Sinn hatte schon das 1948 in Ludwigsburg gegründete Deutsch-Französische Institut begonnen, jungen Deutschen und Franzosen Familienaufenthalte im jeweils anderen Land zu vermitteln. Ähnliche Initiativen gab es in Großbritannien und den USA. Nicht nur der Student Karl Heinz Bohrer, der 1953 in London britische Institutionen, Lebensart und jene »unübersetzbare englische Eigenschaft: Herzlichkeit« kennenlernte, blieb zeitlebens davon angetan: »Das ergriff ihn bis ins Mark.«[26]

Im Unterschied zu den 1920er Jahren erfuhren solche grenzüberschreitenden Verständigungsbemühungen nach dem Zweiten Weltkrieg offizielle Unterstützung und finanzielle Förderung. 1962 hatte de Gaulle in Ludwigsburg eine begeistert aufgenommene Rede an Jugendliche gehalten und sie eingeladen, »einander näherzukommen, sich näher kennenzulernen und engere Bande zu schließen«. Das im folgenden Jahr gegründete Deutsch-Französische Jugendwerk führte seitdem etwa neun Millionen junge Deutsche und Franzosen zusammen. 2017 nahmen fast 200 000 Jugendliche an Austauschprogrammen teil, die inzwischen auch mittel-, ost- und südosteuropäische Länder einschließen.[27]

Das Deutsch-Polnische Jugendwerk, 1991 etabliert, erreicht mit seinen Veranstaltungen jährlich etwa hunderttausend junge Leute. Schon 1966 hatte die erste Große Koalition aus CDU/CSU und SPD angekündigt, »auch mit unseren östlichen Nachbarn (...) Schritt für Schritt die Beziehungen bessern, gegenseitiges Verständnis fördern« zu wollen. Doch gingen diese Schritte, anders als im Westen, selten über die Regierungsebene hinaus. Erst die Öffnung des Eisernen Vorhangs 1989/90 änderte das. Seitdem wuchs Europa von unten zusammen, beim Feiern, Musizieren und Tanzen, aber auch bei Seminaren und Exkursionen, auf denen Jugendliche die gemeinsame, oftmals gewalttätige Vergangenheit besichtigten und erkundeten. In solchen Begegnungen entstanden Nähe, persönliche Zuneigung, Freundschaft und manchmal sogar Liebe.[28]

Gelingende Partnerschaften

Nach diesem Prinzip funktionieren auch die Städtepartnerschaften, von denen es etwa 20 000 in ganz Europa gibt. Die meisten finden sich in Frankreich und Deutschland, aber auch polnische, italienische, rumänische, tschechische, schwedische und finnische Kommunen sind aktiv. Die Verbindungen reichen bis in die späten 1940er Jahre zurück, als westdeutsche Gemeindepolitiker der Einladung ihrer britischen Kollegen folgten und sich vor Ort über die demokratische Organisation kommunaler Verwaltungen informierten. 1950 wurde die erste deutsch-französische *jumelage* zwischen Ludwigsburg und Montbéliard vereinbart, dessen Bürgermeister im KZ Buchenwald inhaftiert gewesen war. Mittlerweile bestehen über 2000 deutsch-französische Städtepartnerschaften. Sie kamen auf unterschiedliche Weise zustande; mal trafen sich Bürgermeister im seit 1951 bestehenden Rat der Gemeinden und Regionen Europas und verabredeten eine engere Zusammenarbeit, mal trafen sich Lehrer im Urlaub und taten das Gleiche.

Gen Osten ließ der Verständigungsprozess sehr viel länger auf sich warten. Erst als die Ostpolitik unter Willy Brandt und die Helsinki-Konferenz für Sicherheit und Zusammenarbeit in Europa die offizielle Eiszeit zwischen den Blöcken beendeten, konnten die Kommunen tätig werden. Bereits 1968 verpartnerte sich die Stadt Marburg mit dem slowenischen Maribor (dem Marburg an der Drau), 1975 schloss Saarbrücken mit Tiflis und 1976 Bremen mit Danzig einen offiziellen Vertrag. Er regelte nicht nur den Informationsaustausch der Bürgermeister und Gemeinderäte, sondern ermöglichte es auch Schulen, Chören und Sportvereinen, Kontakte zu knüpfen und zu pflegen. Den größten Gewinn solcher Partnerschaften sahen Beteiligte in den »persönlichen Begegnungen zwischen den Bürgern, die häufig als sehr emotional wahrgenommen werden. Die Erfahrung der Gastfreundschaft und des Wohlwollens von Fremden in einem anderen Land«, fasste eine Studie 2018 zusammen, »bleibt vielen Menschen als sehr bewegend in Erinnerung.«[29]

Die persönliche Zuneigung, die hier entstand, das Wissen umeinander, das Verständnis füreinander und die wechselseitige Anteilnahme schufen die Grundlagen für ein zivilgesellschaftliches oder Bürgervertrauen, das die Freundschaftsbemühungen der »großen Politik« begleitete und ergänzte. Kriselte es oben, konnten Akteure vor Ort ausgleichen und stabilisieren. Als es zwischen de Gaulle und Adenauers Nachfolger Ludwig Erhard 1964 zu Meinungsverschiedenheiten kam, ließ sich der französische Botschafter nicht aus der Ruhe bringen. Gerade weil »hinter der Freundschaftsbewegung beider Völker die starke Initiative vieler Gruppen und Einzelpersönlichkeiten« stehe, habe er in die »deutsch-französische Zukunft volles Vertrauen«.[30] Das galt sogar für die bislang größte Vertrauenskrise 2020. Obwohl Deutschland seine Grenzen abrupt schloss, um die Infektionswege des Corona-Virus zu unterbrechen, hielten Bürgerinnen und Bürger die Stellung, und Krankenhäuser in Kassel oder Völklingen behandelten Patienten aus den Partnerstädten Mülhausen oder Forbach.[31]

Grundsätzlich aber ist die Vertrauensarbeit an der Basis auf die Verständigung an der Spitze angewiesen. Wo diese fehlte, wie lange Zeit im Osten, standen zivilgesellschaftliche Initiativen auf verlorenem Posten. Anders als in den Bürgerbegegnungen ging es in der »großen Politik« nicht um persönliche Zuneigung oder Freundschaft. Alle Politikerinnen und Politiker, die ihre Zeit und Kraft in bilaterale und europäische Kooperations- und Freundschaftsbeziehungen investierten, taten das als entschiedene Vertreter einzelstaatlicher Belange und Anliegen. Nur wenn Freundschaft und Annäherung im nationalen Interesse lagen, bekamen sie eine Chance, in die Praxis umgesetzt zu werden. Auf Zuneigung kam es dabei erst einmal nicht an. Ob der jeweilige Verhandlungspartner sympathisch war oder nicht, durfte prinzipiell keine Rolle spielen.

Doch war vieles einfacher, lief glatter und reibungsloser, wenn die persönliche Chemie stimmte. Regelmäßige Telefonate und Treffen, vielleicht sogar in der Privatwohnung und unter vier Augen, sorgten dafür, dass sich Zuneigung aufbauen und verstetigen konnte. »Mir gefiel der persönliche Kontakt mit Gorbatschow«, schrieb der amerikanische Präsident George Bush (der Ältere), »ich *mochte* ihn.«[32]

Wie wichtig das individuelle Sich-Mögen für gelingende internationale Beziehungen generell und für die europäische Verständigung im Speziellen war, lässt sich an der langen Kette hochrangiger Männerfreundschaften nach 1945 ablesen, von Charles de Gaulle und Konrad Adenauer bis Valéry Giscard d'Estaing und Helmut Schmidt, von Helmut Kohl und Boris Jelzin bis Gerhard Schröder und Wladimir Putin. Aber selbst Kohl und Mitterrand, die sich weder biographisch noch politisch nahestanden, fanden eine starke emotionale Geste, als sie einander 1984 über den Gräbern von Verdun an den Händen fassten. Das Bild hat, ebenso wie das ihrer knienden Vorgänger in Reims 1962, überdauert.

Ob das auch dem Schnappschuss ihrer lächelnd-zugeneigten Nachfolger vom 11. November 2018 gelingt, wird sich zeigen. Die Ausdruckskraft eines politischen Bildes hängt davon ab, wie es sich in der Geschichte platziert. Steht es für einen Schlusspunkt oder Neuanfang? Nimmt es Erinnerungen an die Vergangenheit auf? Weckt es Hoffnung auf die Zukunft? Geben die Personen, die abgebildet werden, solchen Erinnerungen oder Hoffnungen eine besondere und besonders überzeugende emotionale Färbung?

Je nachdem, welche Länder und Nationen die Personen repräsentieren, und abhängig von dem Gewicht der gemeinsamen Geschichte ziehen sie und ihr Verhältnis zueinander mehr oder weniger öffentliche Aufmerksamkeit auf sich. Unter Umständen wird jeder Blick, jede Geste registriert und mit Bedeutung aufgeladen. Persönliche Zuneigung oder Abneigung gewinnen in solchen Konstellationen einen hohen Stellenwert, schnell wird daraus auf den Zustand politischer Beziehungen insgesamt geschlossen. Hapert es an Sympathie, ersinnen Beraterstäbe Mittel und Wege, ihr nachzuhelfen, wie bei Helmut Schmidt und François Mitterand.[33]

Weniger stark beachtet, aber nicht minder wichtig für die Zukunft Europas ist die Zuneigung, die sich im Privaten und unter Privatleuten bildet. Zahlreiche Freundschaften und Liebesbeziehungen entstehen bei grenzüberschreitenden Begegnungen, wie sie etwa das ERASMUS-Programm der Europäischen Union vorsieht. Zwischen 1987 und 2017 hat es 4,4 Millionen jungen Menschen, darunter 650 000 Deutschen, einen Studienaufenthalt in einem anderen europäischen Land ermöglicht. Für viele von ihnen hatte dieser Aufenthalt unvorhergesehene Folgen. 27 Prozent der Studierenden, stellte eine Erhebung 2014 fest, fanden während ihrer Auslandssemester einen ausländischen Liebes- und Lebenspartner. Unter ihren daheim gebliebenen Kommilitonen waren nur 13 Prozent international verbandelt. Hochgerechnet gibt es eine Million »Erasmus-Babys«.

Doch selbst wenn die Zeit im Ausland weniger tiefgreifende Konsequenzen zeitigte, attestierten Programmteilnehmer ihr eine ebenso einschneidende wie nachhaltige Wirkung. Sein Studium in Florenz, berichtete ein deutscher Architekturstudent, habe er »immer auch als persönlichen Beitrag zur Verwirklichung der Idee ›Europa‹ verstanden. Denn nur, wenn junge Leute über die Grenzen hinweg Freundschaften schließen und diese ein Leben lang halten, kann Europa zusammenwachsen.«[34] Dem ist nichts hinzuzufügen.

Dank

Ich danke meiner Tochter Bettina für die konstruktive Zusammenarbeit in der Ausstellung und für ihre kritischen Anregungen auch zu diesem Buch. Lena Herenz und Philine Höhn haben mir bei der Recherche geholfen, und Kerstin Singer hat mich auf Bildspuren gesetzt, die ich sonst nicht verfolgt hätte. Außer ihr und meiner Lektorin Tanja Hommen haben auch Philipp Nielsen und Kerstin Pahl das gesamte Manuskript gelesen und großzügig kommentiert, es ist dadurch besser geworden. Uli Schreiterer hatte, wie immer und zu Recht, am meisten auszusetzen und nötigte mir mehrere Textfassungen ab. Nicht nur dafür bin ich ihm dankbar.

Anmerkungen

Die Macht der Gefühle und die deutsche Geschichte

1. Lisa Feldman Barrett, How Emotions are Made. The Secret Life of the Brain, New York 2017.
2. https://www.bitkom-research.de/de/pressemitteilung/corona-pandemie-viele-buerger-schraenken-sozialkontakte-nicht-ein.
3. Bettina Hitzer, Krebs fühlen. Eine Emotionsgeschichte des 20. Jahrhunderts, Stuttgart 2020, v. a. Kap. 4.
4. Reinhard Kiehl (Hg.), Alle Jahre wieder, Düsseldorf 2001, S. 84, 93, 110 (das Buch enthält die Weihnachts- und Silvesteransprachen der Bundespräsidenten und Bundeskanzler zwischen 1949 und 2000).
5. Ute Frevert (Hg.), Das Neue Jahrhundert. Europäische Zeitdiagnosen und Zukunftsentwürfe um 1900, Göttingen 2000.
6. Friedrich Meinecke, Verfassung und Verwaltung der deutschen Republik [1918/19], in: ders., Politische Schriften und Reden, hg. v. Georg Kotowski, Darmstadt 1958, S. 280–298, hier S. 281.
7. Harry Graf Kessler, Tagebücher 1918–1937, hg. v. Wolfgang Pfeiffer-Belli, Frankfurt 1982, Zitate S. 631 f.
8. Die rechtsliberal-konservative DVP verlor allein zwischen 1928 und 1932 über 2,2 Millionen Wähler, ihr Stimmenanteil sank von 8,7 auf 1,1 %. Die linksliberale Deutsche Demokratische Partei (DDP) – ihr gehörte auch der spätere Bundespräsident Theodor Heuss an – verlor im gleichen Zeitraum 1,1 Millionen Wähler und schrumpfte von 4,9 auf 1 %. Die rechtskonservativ-nationalistische, dezidiert antirepublikanische Deutschnationale Volkspartei (DNVP), die 1924 über 20 % der Wählerstimmen holte, lehnte sich seit 1930 so stark ans völkische Lager an, dass ihre Reichstagsabgeordneten sich 1933 ohne große Kopf- und Bauchschmerzen der NSDAP anschlossen.
9. CDU-Informationsdienst Union in Deutschland 11 (1994), S. 4–7.
10. Henry A. Kissinger, Memoiren 1968–1973, München 1979, S. 443; https://www.berlin.de/rbmskzl/aktuelles/politik-aktuell/2015/meldung.379077.php

11 Cora Stephan, Der Betroffenheitskult, Reinbek 1994; Klaus Neumann-Braun u. Birgit Richard (Hg.), Coolhunters. Jugendkulturen zwischen Medien und Markt, Frankfurt 2005. Zu den längeren Entwicklungslinien s. Peter N. Stearns, American Cool. Constructing a Twentieth-Century Emotional Style, New York 1994; Helmut Lethen, Verhaltenslehren der Kälte, Frankfurt 1994.
12 Wilhelm Wundt, Ueber den Ausdruck der Gemüthsbewegungen, in: Deutsche Rundschau 11 (1877), S. 120–133.
13 Wolfram Werner (Hg.), Theodor Heuss. Hochverehrter Herr Bundespräsident! Der Briefwechsel mit der Bevölkerung 1949–1959, Berlin 2010, S. 97, 353.
14 Bundesarchiv Berlin, NS 51, Nr. 71: Marginalie in rot auf dem Brief einer Frau, die ihren Mann im Krieg opfern und ihre Kinder (13 und 11 Jahre) in Hitlers Geist weitererziehen würde: »zu den netten Briefen. D« (27.9.1938). Es musste also auch weniger nette gegeben haben, die aber offenbar seltener erhalten sind (oder dort abgelegt wurden, wo ich sie nicht gefunden habe).
15 Der besseren Lesbarkeit halber habe ich die archivalischen Texte (private und öffentliche) sowie die veröffentlichten Zuschriften behutsam an grammatikalische und orthographische Regeln angepasst.
16 Die Ausstellung stand unter der Schirmherrschaft des Bundesaußenministers und wurde herausgegeben von der Stiftung Erinnerung, Verantwortung und Zukunft sowie der Bundesstiftung zur Aufarbeitung der SED-Diktatur: www.machtdergefuehle.de

Angst

1 https://www.zeit.de/gesellschaft/zeitgeschehen/2018-09/aengste-der-deutschen-umfrage-donald-trump-us-praesident
2 Jürgen Leinemann, Die Angst der Deutschen, Reinbek 1982, S. 7; Boston Globe, 8.6.1982, S. 2 (»Germans fight the past, live with their ›angst‹«); Time, Nr. 34, 24.8.1981. Die Titelgeschichte (S. 8–18) beschrieb die »düstere Stimmung der Angst«, die sich in den vergangenen zehn Monaten über Westdeutschland gelegt und zwei Quellen habe: die Angst vor Krieg (im Rahmen der nuklearen Aufrüstung) und die sich verschlechternde wirtschaftliche Lage mit steigender Arbeitslosigkeit und Inflation.
3 Museumsmagazin 3 (2018), S. 9f., 13; Frank Biess, Republik der Angst, Reinbek 2019, S. 363, 417f.
4 Die Begriffe »Angst« und »Furcht« werden hier synonym gebraucht, was dem alltäglichen Wortgebrauch entspricht. Etymologisch und philosophisch gibt es Unterschiede.
5 http://www.oecd.org/els/soc/Risks-That-Matter-2018-Main-Findings.pdf
6 Katja Rackow u.a., Angst und Ärger: Zur Relevanz emotionaler Dimensionen sozialer Ungleichheit, in: Zeitschrift für Soziologie 41 (2012), S. 392–409.
7 Sabine Bode, Die deutsche Krankheit – German Angst, München 2008;

Gabriele Baring, Die geheimen Ängste der Deutschen, München 2011; Biess, Republik der Angst, Kap. 1.

8 Bundesarchiv Berlin, NS 51, Nr. 71: anon. v. 28. 9. 1938.
9 Wilhelm Wundt, Grundriss der Psychologie [1896], 5. Aufl., Leipzig 1902, S. 208–218.
10 Brockhaus' Konversations-Lexikon, 14. Aufl., Bd. 1, Leipzig 1892, S. 634; Brockhaus Enzyklopädie, 21. Aufl., Bd. 2, Leipzig 2006, S. 68.
11 Bundesarchiv Berlin, NS 51, Nr. 51/1: Philipp Seibert (Wallertheim) v. 22. 4. 1930; R 601/378: Frau B. Jost (Leipzig) v. 20. 2. 1932; R 601/380: Richard Ullrich (Dresden) v. 10. 3. 1932; NS 51, Nr. 60: Auguste Claussen v. 13. 12. 1934.
12 Martin Hesse u. Thomas Schulz, Dem Untergang geweiht (Gespräch mit Paul Krugman) in: DER SPIEGEL v. 25. 5. 2012, S. 68–70 ; https://www.spiegel.de/wirtschaft/soziales/ezb-chef-draghi-sieht-ermutigende-zeichen-bei-eurorettung-a-941064.html
13 Kiehl, Alle Jahre wieder, S. 39. In den 1920er Jahren erfolgten solche Ansprachen noch eher sporadisch und nicht zwangsläufig zu den hohen Feiertagen. Zwischen 1933 und 1940 sprach Rudolf Heß als »Stellvertreter des Führers« zu Weihnachten, von 1941 bis 1944 tat das Propagandaminister Joseph Goebbels, der seit 1933 auch die Rede zum Jahreswechsel hielt. Am 1. Januar 1945 wandte sich Adolf Hitler erstmals zum Jahreswechsel im Rundfunk an die Bevölkerung, vorher hatte er lediglich die »Parteigenossen« im *Völkischen Beobachter* adressiert.
14 Kiehl, Alle Jahre wieder, S. 39 f.
15 Bernd Greiner, Angstunternehmer, in: Aus Politik und Zeitgeschichte 63 (2013), H. 32/33, S. 27–33.
16 Kiehl, Alle Jahre wieder, S. 44 f.
17 Ebd., S. 63–65.
18 Neues Deutschland v. 1. 1. 1956, S. 1.
19 Siegfried Suckut (Hg.), Volkes Stimmen. »Ehrlich, aber deutlich« – Privatbriefe an die DDR-Regierung, München 2015, S. 122, 338, 411.
20 Anke Silomon, »Schwerter zu Pflugscharen« und die DDR, Göttingen 1999, v. a. S. 132 ff., 229.
21 Neues Deutschland v. 31. 12. 1981, S. 1. Der Vorsitzende der Ost-CDU Gerald Götting diffamierte die Friedensbewegung der Jungen Gemeinden 1982 als einen der pazifistischen »Spaltungsversuche« kirchlicher Kreise, um »unsere Verteidigungsbereitschaft zu schwächen« (Teurer Genosse! Briefe an Erich Honecker, hg. v. Monika Deutz-Schroeder u. Jochen Staadt, Berlin 1994, S. 138 f.). Als der westdeutsche Rockmusiker Udo Lindenberg Erich Honecker 1987 ein Konzert in der DDR vorschlug, lehnte Honeckers Stellvertreter Egon Krenz das Motto »Gitarren statt Knarren« ab, da es »im FDJ-Aktiv und vor allem auch unter jungen Soldaten viele Fragen auslösen« würde. »Auch kann man die inhaltliche Nähe zu dem Motto ›Schwerter zu Pflugscharen‹ nicht übersehen« (ebd., S. 97).

22 Jürgen Leinemann, »Die halten uns alle für Nicht-Menschen«, in: DER SPIEGEL v. 22.6.1981, S. 24–26.
23 Schmidt, der auf eine Lücke in der militärischen Abschreckung aufmerksam gemacht und die atomare »Nachrüstung« der NATO gefordert hatte, spielte seinerseits auf der Klaviatur der Angst, verwies aber zugleich sicherheitsverbürgend auf seine Gespräche mit dem sowjetischen Generalsekretär Leonid Breschnew und mit DDR-Staatschef Erich Honecker. Dabei sei das »gemeinsame Kriegserlebnis« ebenso thematisiert worden wie der »Willen, daß sich diese Schrecken niemals wiederholen dürfen« (Kiehl, Alle Jahre wieder, S. 358 f.); zu Kohl ebd., S. 380; Horst-Eberhard Richter, Zur Psychologie des Friedens, Reinbek 1984, S. 78 ff.; Biess, Republik der Angst, S. 392–411.
24 Theodor Geiger, Die Legende von der Massengesellschaft, in: Archiv für Rechts- und Sozialphilosophie 39 (1950/51), S. 305–323.
25 Ulrike Röhr (Hg.), Frauen aktiv gegen Atomenergie – wenn aus Wut Visionen werden. 20 Jahre Tschernobyl, Norderstedt 2006, Zitate S. 33–35.
26 Greta Thunberg, Ich will, dass ihr in Panik geratet! Meine Reden zum Klimaschutz, Frankfurt 2019, S. 47 f.
27 Siegbert Schefke, Als die Angst die Seite wechselte. Die Macht der verbotenen Bilder, Berlin 2019; Marianne Birthler, Halbes Land, Ganzes Land, Ganzes Leben. Erinnerungen, Berlin 2014, S. 102–170.
28 Museumsmagazin 1 (2020), S. 40 f.
29 Eckard Michels, Die »Spanische Grippe« 1918/19, in: Vierteljahrshefte für Zeitgeschichte 58 (2010), S. 1–34; Wilfried Witte, Pandemie ohne Drama: Die Grippeschutzimpfung zur Zeit der Asiatischen Grippe in Deutschland, in: Medizinhistorisches Journal 48 (2013), S. 34–66; Malte Thießen (Hg.), Infiziertes Europa. Seuchen im langen 20. Jahrhundert, Berlin 2014; ders., Immunisierte Gesellschaft: Impfen in Deutschland im 19. und 20. Jahrhundert, Göttingen 2017.
30 Der Tagesspiegel v. 18.4.2020, S. 3.
31 Die Schlagzeile der Bild-Zeitung v. 2.4.1992 lautete *Die Flut steigt – wann sinkt das Boot*; Jan Plamper, Das neue Wir – Warum Migration dazugehört, Frankfurt 2019, S. 186 f.

Demut

1 Die Sprache Deutsch, hg. v. Heidemarie Anderlik u. Katja Kaiser, Dresden 2008, S. 56: Eine Handschrift aus dem 8. Jh. übersetzte das lateinische *abrogans* mit dem althochdeutschen *dheomodi* (demütig), das lateinische *humilis* mit *samftmoati* (sanftmütig).
2 Bulletin der Bundesregierung, Nr. 104–1 v. 24.12.2005, S. 3.
3 Heinrich Bedford-Strohm, So gehen wir demütig in die Knie vor unserem Gott (https://www.evangelisch.de/print/154333).

4 Immanuel Kant, Die Metaphysik der Sitten (= Werkausgabe Bd. VIII, hg. v. Wilhelm Weischedel), 5. Aufl., Frankfurt 1982, S. 569; Nicolai Hartmann, Ethik [1925], 3. Aufl., Berlin 1949, S. 476.
5 Zitate in: Die Religion in Geschichte und Gegenwart, Bd. 1, Tübingen 1909, Sp. 2034; ebd., 4. Aufl., Bd. 2, Tübingen 1999, Sp. 659.
6 Erich Fromm, Die Kunst des Liebens [1956], Frankfurt 1994, S. 178–182. 2018 erschien die 73. Auflage.
7 Paul Näcke, Die sexuellen Perversitäten in der Irrenanstalt, in: Wiener klinische Rundschau 13 (1899), S. 435–438, 458–460, 478–481, 496f., Zitat S. 496.
8 Sigmund Freud, Zur Einführung des Narzißmus [1914], in: ders., Gesammelte Schriften VI, Wien 1925, S. 153–187, Zitat S. 174f.
9 Miriam Gebhardt, Die Angst vor dem kindlichen Tyrannen. Eine Geschichte der Erziehung im 20. Jahrhundert, München 2009, S. 126f., 160ff.
10 Christopher Lasch, Das Zeitalter des Narzißmus [englisch 1979], München 1980; Eli Zaretsky, Freuds Jahrhundert. Die Geschichte der Psychoanalyse, Wien 2009, S. 436ff.
11 Schon Luc Boltanski und Ève Chiapello sahen 1999 den »neuen Geist des Kapitalismus« in dessen Fähigkeit, Flexibilität, Mobilität, Kreativität und Eigenverantwortung projektbasiert zu aktivieren (Der neue Geist des Kapitalismus [franz. 1999], Konstanz 2003). S. auch Ulrich Bröckling, Das unternehmerische Selbst, Frankfurt 2007; Andreas Reckwitz, Die Gesellschaft der Singularitäten, Frankfurt 2017.
12 Narzißmus. Antlitz einer Epoche, in: DER SPIEGEL v. 6.8.1979, S. 140–142 (Rezension des Buchs von Christopher Lasch); Hania Luczak, Die Liebe zum Ich, in: GEO, Nr. 9, 2012, S. 64–80.
13 Heinz Kohut, Narzißmus, Frankfurt 1976; Alice Miller, Das Drama des begabten Kindes und die Suche nach dem wahren Selbst, Frankfurt 1979; Ralph M. Bonelli, Männlicher Narzissmus, München 2016; Claas-Hinrich Lammers, Bin ich ein Narzisst? Stuttgart 2019.
14 https://www.spiegel.de/panorama/wolfgang-thierse-zum-thema-demut-a-829 463.html
15 Friedrich Nietzsche, Götzen-Dämmerung oder Wie man mit dem Hammer philosophiert [1888], in: ders., Werke in drei Bänden, Bd. 2, Kettwig 1990, S. 404; Mechthild Klein, Der Begriff ist tot, es lebe das Gefühl. Die Wiederentdeckung der Demut (v. 12.1.2008): https://www.deutschlandfunkkultur.de/der-begriff-ist-tot-es-lebe-das-gefuehl.1278.de.html?dram:article_id=192053
16 https://www.spiegel.de/panorama/gesellschaft/demut-die-wiederkehr-der-werte-a-829604.html; Nietzsche, Menschliches, Allzumenschliches [1878–80], in: ders., Werke, Bd. 3, S. 38; https://www.spiegel.de/forum/panorama/wiederkehr-der-demut-ergebt-euch-thread-60123-3.html
17 Petra Weber, Carlo Schmid 1896–1979, München 1996, S. 599.

18 Martin Greschat, Vom Tübinger Memorandum (1961) zur Ratifizierung der Ostverträge (1972), in: Friedhelm Boll u. a. (Hg.), Versöhnung und Politik, Bonn 2009, S. 29–51, Zitat S. 37.
19 Hermann Schreiber, Ein Stück Heimkehr, in: DER SPIEGEL v. 14.12.1970, S. 29 f.; Willy Brandt, Erinnerungen, Frankfurt 1989, S. 214.
20 http://www.vatican.va/roman_curia/congregations/ccdds/documents/rc_con_ccdds_doc_20160106_commento-decreto-lavanda-piedi_ge.html; https://www.katholisch.de/artikel/21414-papst-waescht-haeftlingen-am-gruendonnerstag-die-fuesse
21 https://www.zeit.de/2017/17/petra-koepping-integration-sachsen-pegida. Im September 2018 legte Köpping ihre Analyse als Buch vor: *Integriert doch erst mal uns! Eine Streitschrift für den Osten* erlebte innerhalb von vier Monaten fünf Auflagen.
22 Avishai Margalit, Politik der Würde. Über Achtung und Verachtung, Berlin 1997. Der englische Titel lautet: The Decent Society (1996).
23 Margaret MacMillan, Die Friedensmacher. Wie der Versailler Vertrag die Welt veränderte, 2. Aufl., Berlin 2015, S. 624.
24 Iris Wigger, Die »Schwarze Schmach am Rhein«, Münster 2007, S. 96; Bayerisches Hauptstaatsarchiv München, Abt. II, MA Nr. 102383: Entschließung v. 19.2.1921.
25 Joseph Goebbels, Die Tagebücher, hg v. Elke Fröhlich, T. I, Bd. 8, München 1998, S. 184 f. (Eintragung v. 22.6.1940)
26 Der NSDAP-Ideologe Alfred Rosenberg bezeichnete Demut 1930 – ebenso wie Mitleid und Liebe – als eine der »verschiedenen Formen der Humanität«, die als »heuchlerische Wertezersetzung« und »feindliche Versuchung über uns gekommen ist« (Der Mythus des 20. Jahrhunderts, München 1935, S. 185; von dem Buch zirkulierten 1944 weit über eine Million Exemplare).
27 Ute Frevert, Die Politik der Demütigung. Schauplätze von Macht und Ohnmacht, Frankfurt 2017, S. 60–69.
28 Bundesarchiv Berlin, R 601, Nr. 1117: Schriftwechsel v. 19.6., 21.6. u. 12.7.1933. Zu Ludwig Dehio vgl. die biographische Skizze von Volker Berghahn in: Hans-Ulrich Wehler (Hg.), Deutsche Historiker, Göttingen 1973, S. 473–492.
29 Sinja Strangmann, Eduard und Hans Bloch – Zwei Generationen jüdischer Soldaten im Ersten Weltkrieg, in: Krieg! Juden zwischen den Fronten 1914/1918, hg. v. Ulrike Heikaus u. Julia B. Köhne, München 2014, S. 239–262, hier 254.
30 Johannes Tuchel, Vor dem ›Volksgerichtshof‹. Schauprozesse vor laufender Kamera, in: Gerhard Paul (Hg.), Das Jahrhundert der Bilder 1900 bis 1949, Göttingen 2009, S. 648–657.
31 https://www.spiegel.de/panorama/bischof-von-osnabrueck-franzjosef-bode-zum-thema-demut-a-829468.html

Ehre

1 Moritz Liepmann, Die Beleidigung, Berlin 1909, S. 12.
2 Reden des Führers am Parteitag der Ehre, München 1936, S. 13 f., 24, 65; Bundesarchiv Berlin, NS 51, Nr. 75: Christian Etzel o.D. (April 1935); Hedwig Elbers v. 19. 4. 1935.
3 Heinrich von Treitschke, Politik, hg. v. Max Cornicelius, Bd. 2, Leipzig 1898, S. 550.
4 http://www.uibk.ac.at/zeitgeschichte/zis/library/rauchensteiner.html#dok3; http://www.dhm.de/lemo/html/dokumente/wilhelm144/ (s. dort auch das Schmuckblatt mit dem Aufruf des Kaisers »an das deutsche Volk« v. 6. 8. 1914); http://www.gwpda.org/1914/Asquith_1914.html
5 Bundesarchiv Berlin, R601, Nr. 1117: Briefwechsel v. 21. 7., 28. 9. u. 20. 10. 1933. Wie die Sache ausging, war den Akten nicht zu entnehmen.
6 Ute Frevert, Ehrenmänner. Das Duell in der bürgerlichen Gesellschaft, München 1991, S. 261 f.
7 Bert-Oliver Manig, Die Politik der Ehre. Die Rehabilitierung der Berufssoldaten in der frühen Bundesrepublik, Göttingen 2004.
8 Frevert, Ehrenmänner, S. 247 ff.
9 Liepmann, Beleidigung, S. 13; Ute Frevert, »Mann und Weib, und Weib und Mann«. Geschlechter-Differenzen in der Moderne, München 1995, S. 166–222 (auch zum Folgenden).
10 Juristische Rundschau, Nr. 10 (1928), Ziffer 1065: OLG Berlin v. 19. 1. 1928; Entscheidungen des Reichsgerichts in Strafsachen, Bd. 65, S. 1: II. Strafsenat v. 23. 10. 1930.
11 Georg Dahm, Der strafrechtliche Ehrenschutz der Familie, in: Juristische Wochenschrift 65 (1936), S. 2497–2503; Entscheidungen des Reichsgerichts in Strafsachen, Bd. 70, S. 94–100 (Urteil v. 13. 2. 1936, Zitat S. 98), S. 173–176 (Urteil v. 27. 3. 1936), S. 245–251 (Urteil v. 18. 6 1936). Jörg Ernst August Waldow, Der strafrechtliche Ehrenschutz in der NS-Zeit, Baden-Baden 2000, v. a. S. 118–150, 186–194.
12 Deutsche Rechts-Zeitschrift 2 (1947), S. 416; Neue Justiz (1952), S. 123 f.
13 Goltdammer's Archiv für Strafrecht, 1956, S. 316 f.; Neue Juristische Wochenschrift, H. 44 (1967), S. 2076; Neue Justiz 1970, S. 303 f.
14 Gertrud Bäumer, Lebensweg durch eine Zeitenwende, 6. Aufl., Tübingen 1933, S. 269 f.
15 Fritz Gürtner (Hg.), Das kommende deutsche Strafrecht, 2. Aufl., Berlin 1936, S. 551.
16 Ludwig Goldstein, Heimatgebunden – aus dem Leben eines alten Königsbergers, hg. v. Monika Boes, Berlin 2015, S. 140; Willy Ritter Liebermann von Wahlendorf, Erinnerungen eines deutschen Juden 1863–1936, München 1988, S. 42, 262–264.

17 JuristenZeitung 13 (1958), S. 617; Entscheidungen des Bundesgerichtshofes in Strafsachen, Bd. 36, 1990, S. 148.
18 Rudolf Mackeprang, Ehrenschutz im Verfassungsstaat, Berlin 1990, S. 13 ff.; Peter J. Tettinger, Die Ehre – ein ungeschütztes Verfassungsgut?, Köln 1995, S. 25 ff.; Georg Nolte, Beleidigungsschutz in der freiheitlichen Demokratie, Berlin 1992, S. 5 f., 47 f.
19 Ignacio Czeguhn, Das Verhältnis von Menschenwürde und Menschenrechten in historischer Perspektive, in: Eric Hilgendorf (Hg.), Menschenwürde und Demütigung, Baden-Baden 2013, S. 9–22, Zitate S. 16–19.
20 Dietrich Oberwittler u. Julia Kasselt, Ehrenmorde in Deutschland 1996–2005, Köln 2011.
21 Matthias Deiß u. Jo Goll, Ehrenmord. Ein deutsches Schicksal. Hamburg 2011.
22 Robin Schnitzler, »Ehre heißt Planerfüllung!« Zur Geschichte der Instrumentalisierung und Manipulation von Ehre und Geehrten mit Hilfe von Auszeichnungen in der DDR, Berlin 2007; Dieter Vorsteher (Hg.), Parteiauftrag: Ein Neues Deutschland. Bilder, Rituale und Symbole der frühen DDR, Berlin 1996, S. 290–307, 364–368.
23 Georg Dahm, Völkerrecht, Bd. 3, Stuttgart 1961, S. 241.
24 Irmgard Weyrather, Mutterkreuz und Muttertag. Der Kult um die »deutsche Mutter« im Nationalsozialismus, Frankfurt 1993, Kap. 10.
25 Bayerisches Hauptstaatsarchiv München, Abt. III Geh. Hausarchiv, Kabinettsakten Ludwig III. Nr. 82: Schreiben Blochs v. 5.1. u. 28.12.1914. Eduard Bloch war zum Zeitpunkt der zweiten Eingabe bereits aktiver Soldat und Hauptmann der Landwehr, später wurde er zum Major befördert (Strangmann, Eduard und Hans Bloch).

Ekel

1 Paul Ekman, Gefühle lesen, München 2007, S. 238 ff.; Michelle Mason (Hg.), The Moral Psychology of Contempt, London 2018.
2 Valerie Curtis, Don't Look, Don't Touch, Don't Eat. The Science behind Revulsion, Oxford 2013; Paul Rozin u. a., Disgust, in: Lisa Feldman Barrett u. a. (Hg.), Handbook of Emotions, 4. Aufl., New York 2016, S. 815–834; Martha C. Nussbaum, Hiding from Humanity, Princeton 2004, Kap. 2; Mary Douglas, Reinheit und Gefährdung, Berlin 1985.
3 Aurel Kolnai, Ekel, Hochmut, Haß, Frankfurt 2007, S. 7–65, Zitat S. 57.
4 Renate Schäfer, Zur Geschichte des Wortes »zersetzen«, in: Zeitschrift für deutsche Wortforschung 18 (1962), S. 40–80, v. a. 62 ff.; Uffa Jensen, Zornpolitik, Berlin 2017, S. 55 ff.
5 Fritz Hiller, An das deutsche Volk! Ein Weckruf, Essen 1919; Hans Winkler, Was not tut, in: Deutsches Staatsbürgertum. Monatsschrift für staatsbürgerliche Bil-

dung und Erziehung, Jg. 3, Nr. 7/9, 1920, S. 4; Prof. J. Remke, Empor!, in: ebd., Nr. 10/12, 1920, S. 3; Gabriele Reuter, Neugesundung, in: ebd., S. 4.

6   Bayerisches Hauptstaatsarchiv München, Abt. II., MA Nr. 102386: Kreuzhuber v. 20. 4. 1922; Vorstand des Volkswartbundes v. 23.12.1921; Thorsten Eitz u. Isabelle Engelhardt, Diskursgeschichte der Weimarer Republik, Bd. 2, Hildesheim 2015, S. 289–312.

7   Deutscher Bundestag, Drucksache Nr. 1/1101. Dagmar Herzog, Die Politisierung der Lust. Sexualität in der deutschen Geschichte des zwanzigsten Jahrhunderts, München 2005, S. 134 ff.

8   Die Zigeuner und die Jagd, in: Deutsches Weidwerk v. 26. 7. 1934, S. 651–653; Alexander Zinn, »Aus dem Volkskörper entfernt«? Homosexuelle Männer im Nationalsozialismus, Frankfurt 2018, Zitate S. 264, 463; Günter Grau (Hg.), Homosexualität in der NS-Zeit, Frankfurt 1993, S. 100, 122.

9   Christian Hartmann u. a. (Hg.), Hitler, Mein Kampf. Eine kritische Edition, 4. Aufl., Bd. 1, Berlin 2016, S. 793 [323].

10 Henrik Eberle (Hg.), Briefe an Hitler, Bergisch Gladbach 2009, S. 76 f.

11 Walther Hofer (Hg.), Der Nationalsozialismus. Dokumente 1933–1945, Frankfurt 1957, Zitate S. 281, 279 f.

12 Alexander Bein, »Der jüdische Parasit«. Bemerkungen zur Semantik der Judenfrage, in: Vierteljahrshefte für Zeitgeschichte 13 (1965), S. 121–149.

13 Victor Klemperer, LTI. Notizbuch eines Philologen, Leipzig 1975, S. 21. Aber auch Klemperer, der das »Dritte Reich« in einer »Mischehe« knapp überlebte, war ein Kind seiner Zeit und sprach oft in organischen Metaphern. Schäfer, Geschichte, S. 80, beobachtete das gleiche Phänomen in Thomas Manns Rundfunkreden *Deutsche Hörer*.

14 Dass die deutsche Jugend »gesund und sauber« sei, war ein Standardtopos der Zeitschrift *Das Junge Deutschland*, »amtliches Organ des Jugendführers des Deutschen Reichs«: Jg. 35 (1941), S. 242; Jg. 38 (1944), S. 89.

15 Erwin Leiser, »Deutschland, erwache!« Propaganda im Film des Dritten Reiches, Reinbek 1968, S. 148.

16 Walter Buch, Des nationalsozialistischen Menschen Ehre und Ehrenschutz, in: Deutsche Justiz, Jg. 100, 21.10.1938, S. 1657–1664, Zitat S. 1660.

17 Manfred Wolter, Aktion Ungeziefer – die Zwangsaussiedlung an der Elbe, Rostock 1997; Manfred Wagner, »Beseitigung des Ungeziefers ...« – Zwangsaussiedlungen in den thüringischen Landkreisen Saalfeld, Schleiz und Lobenstein 1952 und 1961, Erfurt 2001.

18 Andrea Herz (Hg.), Nicht – im Namen des Volkes. Politisches Strafrecht in der DDR 1949–1961, Erfurt 2008, S. 104, 152 f.

19 In der »politisch-operativen Arbeit« diente »Zersetzung« der »Zersplitterung, Lähmung, Desorganisierung und Isolierung feindlich-negativer Kräfte« (Das Wörterbuch der Staatssicherheit, hg. v. Siegfried Suckut, Berlin 1996, S. 422).

20 Bein, Parasit, S. 127; Walter Flex, Der Wanderer zwischen beiden Welten, München 1917, S. 34, 41; Elisabeth Busse-Wilson, Die Frau und die Jugendbewegung [1920], Berlin 2012, S. 80; Marion E. P. de Ras, Körper, Eros und weibliche Kultur, Pfaffenweiler 1988, S. 18 f., 40 ff.
21 Protokoll der Verhandlungen des V. Parteitages der SED, Bd. 1, Berlin 1959, S. 160 f.; Neues Deutschland v. 25. 5. 1950, S. 1.
22 Suckut, Volkes Stimmen, S. 171–175, Zitate 173, 175.
23 Ebd., S. 124, 240, 346–348, 451, 432–434.
24 Philipp von Hugo, »Eine zeitgemäße Erregung«. Der Skandal um Ingmar Bergmans Film »Das Schweigen« (1963) und die Aktion »Saubere Leinwand«, in: Zeithistorische Forschungen, Online-Ausgabe, 3 (2006), H. 2, URL: https://zeithistorische-forschungen.de/2-2006/4535, Druckausgabe: S. 210–230; Jürgen Kniep, »Keine Jugendfreigabe!« Filmzensur in Westdeutschland 1949–1990, Göttingen 2010, S. 129–134.
25 DER SPIEGEL v. 19. 9. 1966; Dorothee Wierling, Geboren im Jahr Eins: Der Jahrgang 1949 in der DDR, Berlin 2002, S. 222.
26 DER SPIEGEL v. 26. 2. 1968, S. 23–26, berichtete über eine Berliner Anti-APO-Demonstration vom 21. 2. 1968 und ein dort gezeigtes Transparent mit dem Spruch »Lasst Bauarbeiter ruhig schaffen – kein Geld für langbehaarte Affen«. Die BILD-Zeitung sah darin ein Beispiel für den »Berliner Witz«.
27 Gert Heidenreich, Die ungeliebten Dichter, Frankfurt 1981, S. 7; DIE ZEIT v. 29. 2. 1980: In dem Interview, eineinhalb Jahre nach der Kronacher Rede, lehnte es Strauß ab, seine Äußerung als »Unbesonnenheit« zu relativieren: »Ich kann eiskalt austeilen.«
28 Die Juden in Deutschland, hg. v. Institut zum Studium der Judenfrage, 4. Aufl., München 1936, Zitate S. 7, 17; Klaus Körner, Erst in Goebbels, dann in Adenauers Diensten, in: DIE ZEIT v. 24. 8. 1990. In den 1950er Jahren war Taubert, wie es ein Ministerialrat im Bundesministerium für gesamtdeutsche Fragen 1955 formulierte, »unentbehrlich« für die antikommunistische Propaganda in der Bundesrepublik und stand als zweiter Vorsitzender dem von diesem Ministerium und den USA subventionierten Volksbund für Frieden und Freiheit vor (DER SPIEGEL v. 17. 8. 1955, S. 11–13).
29 Gert Heidenreich, Ratten und Fliegen, in: DIE ZEIT v. 31. 8. 1979; ders., Dichter, Zitate S. 7, 10, 21, 30; DER SPIEGEL v. 25. 2. 1980, S. 29–33.
30 https://www.sueddeutsche.de/politik/wahl-in-berlin-afd-abgeordneter-schmaeht-fluechtlinge-als-widerliches-gewuerm-1.3170025-2; https://www.tagesspiegel.de/gesellschaft/queerspiegel/homo-hass-in-der-afd-berlin-afd-abgeordneter-nerstheimer-hetzt-gegen-homosexuelle/14575694.html
31 https://www.tagesschau.de/inland/homosexualitaet-toleranz-101.html; http://www.bpb.de/gesellschaft/gender/homosexualitaet/265197/homophobie
32 https://www.faz.net/aktuell/gesellschaft/interview-bei-der-geburt-und-bei-der-

hinrichtung-von-helden-dabeisein-1146040.html; https://www.derwesten.de/kultur/fernsehen/dschungelcamp-darum-lieben-wir-das-ekel-fernsehen-id420 8862.html

33 Rozin, Disgust, S. 818; https://www.zeit.de/2003/35/Stimmts_Menstruation

Empathie

1 Brockhaus Enzyklopädie, 17. Aufl., Bd. 5, Wiesbaden 1968, S. 496.
2 https://www.porsche-club-muenchen.de/PorscheClubs/pc_muenchen/pc_main.nsf/web/C374BC3CC2B31342C12574B40054DBB5 (auf der Website fettgedruckt); https://www.springerprofessional.de/ergonomie---hmi/gesundheitsmanagement/wenn-das-auto-zum-gesundheitsmanager-wird-/15507094
3 Ute Frevert, Vergängliche Gefühle, Göttingen 2013, S. 48 ff.; zur Unterscheidung von Empathie und Mitleid David DeSteno u. a., Gratitude and compassion, in: Barrett, Handbook of Emotions, S. 835–846, v. a. S. 839; Jamil Zaki u. Kevin Ochsner, Empathy, in: ebd., S. 871–884.
4 Ute Frevert u. Tania Singer, Empathie und ihre Blockaden, in: Tobias Bonhoeffer u. Peter Gruss (Hg.), Zukunft Gehirn, München 2011, S. 121–146.
5 Friedrich Wilhelm Foerster, Lebensführung [1909], Berlin 1917, S. 226, 261.
6 Encyklopädisches Handbuch der Pädagogik, 2. Aufl., Bd. 3, Langensalza 1905, S. 107; Bd. 5, 1906, S. 42; Christoph Sachße, Mütterlichkeit als Beruf. Sozialarbeit, Sozialreform und Frauenbewegung 1871–1919, Frankfurt 1986, S. 116, 138 ff.; Iris Schröder, Arbeiten für eine bessere Welt. Frauenbewegung und Sozialreform 1890–1914, Frankfurt 2001.
7 Ute Frevert, Krankheit als politisches Problem, Göttingen 1984, Zitat S. 141 f.; Schröder, Arbeiten, Zitat S. 44.
8 Meyers Lexikon, 8. Aufl., Bd. 7, Leipzig 1939, Sp. 1455.
9 Zinn, »Volkskörper«, Zitat S. 463; Martin Broszat u. a., Anatomie des SS-Staates, 5. Aufl., Bd. 2, München 1989, S. 333 f.
10 Lexikon der Gerechten unter den Völkern, Deutsche und Österreicher, hg. v. Daniel Fraenkel u. Jakob Beirut, Göttingen 2005, S. 184 f.; Christopher R. Browning, Ganz normale Männer. Das Reserve-Polizeibataillon 101 und die »Endlösung« in Polen, Reinbek 1993, S. 100 f.
11 Zaki/Ochsner, Empathy, S. 874 f., 879.
12 J. S. Ersch u. J. G. Gruber (Hg.), Allgemeine Encyclopädie der Wissenschaften und Künste, T. 56, Leipzig 1853, S. 24.
13 Theodor W. Adorno, Negative Dialektik [1966], in: ders., Gesammelte Schriften, Bd. 6, Frankfurt 1973, S. 203, 356; Herbert Marcuse, Die neue Sensibilität, in: ders., Versuch über die Befreiung, Frankfurt 1969, S. 43–76.
14 Kiehl, Alle Jahre wieder, S. 142; Christian Härtel u. Petra Kabus (Hg.), Das Westpaket, Berlin 2000, S. 127; Volker Ilgen, CARE-Paket & Co., Darmstadt 2008, S. 56 ff. (Carepaket), 94 ff. (Westpaket); Polen-Hilfe: »Eine echte Volks-

Anmerkungen **453**

bewegung«, in: DER SPIEGEL v. 7.6.1982, S. 82–90; Barbara Cöllen u.a. (Hg.), Polenhilfe, Dresden/Wroclaw 2011. Zum innerdeutschen Austausch von »West«- und »Ostpaketen« und seinen kommunikativen Missverständnissen Konstanze Soch, Eine große Freude? Der innerdeutsche Paketverkehr im Kalten Krieg (1949–1989), Frankfurt 2018.
15 Plamper, Das neue Wir, S. 313.
16 https://www.zeit.de/politik/deutschland/2015-09/joachim-gauck-redefluechtlinge-aufnahme-begrenzt; Primo Levi, Die Untergegangenen und die Geretteten, München 1990, S. 55.
17 Dagmar Dehmer u.a., Bilder ersetzen tausend Worte, in: Der Tagesspiegel v. 17.2.2012; https://www.welt.de/politik/ausland/article145999696/Die-ertrunkenen-Kinder-denen-niemand-helfen-wollte.html
18 Deniz Yücel, Kein Herz für Mullah Omar, in: taz v. 18.8.2010 (https://taz.de/Spenden-fuer-Pakistan/!5137170/).

Freude
1 Bundesarchiv Berlin, R 601, Nr. 1119: Friedrich Fürst v. Hohenzollern v. 24.6.1934; Jochen Staadt, Eingaben. Die institutionalisierte Meckerkultur in der DDR, Berlin 1996; Paul Betts, Die Politik des Privaten. Eingaben in der DDR, in: Daniel Fulda u.a. (Hg.), Demokratie im Schatten der Gewalt, Göttingen 2010, S. 286–309; Kiehl, Alle Jahre wieder, S. 331, 341, 469.
2 Abgedruckt auf den jeweiligen Titelseiten des *Neuen Deutschland*.
3 Ebd., 44. Jg., 30./31.12.1989, S. 1 f.
4 Kiehl, Alle Jahre wieder, S. 410 f., 415, 419, 430, 444, 463, 482 f.
5 Bundesarchiv Berlin, DA 4 (Präsidialkanzlei DDR), Nr. 1134, 1135.
6 W.P., Der erste Mai im Frieden, in: Der Demokrat v. 30.4.1946, S. 1 (diesen und weitere Hinweise verdanke ich Juliane Brauer, Zeitgefühle. Wie die DDR ihre Zukunft besang, Bielefeld 2020, Kap. »Neues fühlen« u. »Zukunft fühlen«); Neues Deutschland v. 1.1.1959, S. 1.
7 Bundesarchiv Berlin, DA 4, Nr. 948.
8 F.M. Geidel (Hg.), Lieder und Chöre zur Feiergestaltung, 1. Folge, 2. Aufl., Berlin 1950, S. 63; Magistrat der Stadt Berlin, Abt. Kunst (Hg.), Singt alle mit! Lieder für Feier und Gemeinschaft, Berlin 1946, S. 3; Zentralrat der FDJ (Hg.), Handbuch des Pionierleiters, Berlin 1952, S. 533. Ministerium für Volksbildung, Direktive für die Arbeit des Lehrers im Gesangsunterricht (1955), in: Bundesarchiv, SAPMO DR 2 3902, Bl. 1137 (nach Brauer, Zeitgefühle, Kap. »Zukunft fühlen« u. »Patriotisch fühlen«). S. auch Dorothee Wierling, Über die Liebe zum Staat – der Fall der DDR, in: Historische Anthropologie 8 (2013), S. 236–263, hier 243 f.
9 Ellen Fritsch, Mein Freund, das Akkordeon, in: Dorothea Muthesius (Hg.), »Schade um all die Stimmen ...« Erinnerungen an Musik im Alltagsleben, Wien 2000, S. 178–204, hier S. 196.

10 Neues Deutschland v. 25.5.1950, S. 1.
11 Günter de Bruyn, Vierzig Jahre. Ein Lebensbericht, Frankfurt 1998, S. 185 f.
12 Alexander Osang, Unter den Linden loderten Tausend Fackeln im Wind, in: Berliner Zeitung v. 9.10.1989, S. 7.
13 Bericht der Unabhängigen Kommission zur Überprüfung des Vermögens der Parteien und Massenorganisationen der DDR über das Vermögen der Freien Deutschen Jugend (FDJ), in: Deutscher Bundestag, 13. Wahlperiode, Drucksache 13/5377 (1996), S. 12.
14 Suckut, Volkes Stimmen, S. 119, 137, 329.
15 Ebd., S. 489.
16 https://www.deutschlandfunk.de/wm-1954-die-meisten-in-der-ddr-warengluecklich.1346.de.html?dram:article_id=291019
17 http://www.das-wunder-von-bern.de/kult_radioreportage.htm; zu Hempel s. Dirk Bitzer u. Bernd Wilting, Stürmen für Deutschland. Die Geschichte des deutschen Fußballs von 1933 bis 1954, Frankfurt 2003, S. 227–229; Peter Kasza, 1954 – Fußball spielt Geschichte, Bonn 2004, S. 191–198.
18 FAZ v. 5.7.1954, S. 6; Nils Havemann, Samstags um halb 4. Die Geschichte der Fußballbundesliga, München 2013, S. 28–43.
19 Berliner Zeitung v. 6.7.1954, S. 4; Neues Deutschland v. 6.7.1954, S. 6; ebd. v. 7.7.1954, S. 6. Viele DDR-Bürger äußerten nach dem Spiel ihre Unzufriedenheit, dass die einheimischen Medien parteiisch und politisch berichtet und die ungarische Mannschaft bevorzugt hätten (Franz-Josef Brüggemeier, Weltmeister im Schatten Hitlers. Deutschland und die Fußball-Weltmeisterschaft 1954, Essen 2014, S. 229; Kasza, 1954, S. 202 f.).
20 Bulletin der Bundesregierung, Nr. 01–1 v. 1.1.2007. Merkel lobte explizit die »Leistung von Jürgen Klinsmanns Fußballnationalmannschaft« – obwohl sie bei der Weltmeisterschaft nur den dritten Platz belegte.
21 Kiehl, Alle Jahre wieder, S. 82, 87; Heuss, Briefwechsel, S. 313. 1954 hatte die Deutsche Liga für Menschenrechte Heuss gebeten, auf eine Beschränkung des Aufwands hinzuwirken, da »unsere Brüder in der Ostzone das karnevalistische Treiben in der Bundesrepublik, wenn es in Übertreibungen ausartet, als unbrüderlich und unsolidarisch empfinden könnten« (ebd., S. 312).
22 Jan Palmowski, Die Erfindung der sozialistischen Nation. Heimat und Politik im DDR-Alltag, Berlin 2016, S. 88 f., 150, 153.
23 Kiehl, Alle Jahre wieder, S. 81 f. (1954).
24 Meinecke, Verfassung, S. 281; Andreas Wirsching u. Jürgen Eder (Hg.), Vernunftrepublikanismus in der Weimarer Republik, Stuttgart 2008.
25 Bayerisches Hauptstaatsarchiv München, Abt. II, MA 102378: Höllmüller v. 11.11.1918; C. B. Huber v. 14.11.1918; R. Link v. 14.11.1918; anonym und ohne Datum, vermutlich November 1918.
26 Bundesarchiv Berlin, R 601 Nr. 378: W. Bepler o.D., eingegangen 5.2.1932;

Anmerkungen **455**

G. Heese v. 15.2.1932; Nr. 379: A. Mann v. 11.3.1932; Nr. 380: M. Jakob v. 10.3.1932; W. Meyer v. 11.3.1932; E. Andersch v. 11.3.1932.
27 Jürgen Falter u. a., Wahlen und Abstimmungen in der Weimarer Republik, München 1986, S. 41, 71, 73.
28 Bundesarchiv Berlin, NS 51, Nr. 51/1: Marg. Rödder v. 20.9.1930; Nr. 53: Lydia Spies v. 15.2.1933; Nr. 75: Anneliese Elkar v. 19.4.1935; Georg Eid v. 19.4.1935.
29 Ebd., NS 51, Nr. 75: Fanny Caspari u. a. v. 19.4.1935; R 601 Nr. 1119: Friedrich Fürst von Hohenzollern v. 24.6.1934 (mit einem beigelegten Zeitungsartikel über eine Kundgebung der Karlsruher HJ).
30 Ian Kershaw, Der Hitler-Mythos. Führerkult und Volksmeinung, München 2018, S. 159 ff.
31 Goebbels, Tagebücher, T. I, Bd. 2, München 1987, S. 415.
32 Reisen ins Reich 1933 bis 1945, hg. v. Oliver Lubrich, Frankfurt 2005, S. 108, 111 (Einträge vom 9. u. 11.3.1936).
33 Hitler, Mein Kampf, Bd. 2, S. 1243 [136], 1211 [121].
34 Kiehl, Alle Jahre wieder, S. 60.
35 Bruno S. Frey, Glücksforschung aus der Sicht der Ökonomie, in: Soziale Sicherheit CHSS 6 (2011), S. 294-297; ders. u. Claudia Frey Marti, Glück. Die Sicht der Ökonomie, Zürich 2010.
36 Suckut, Volkes Stimmen, S. 390-394.

Geborgenheit
1 Jutta Limbach (Hg.), »Das schönste deutsche Wort«, Ismaning 2005, S. 153. Es war das Lieblingswort von Annamaria Musakova aus der Slowakei, die in ihrer Muttersprache »die Gefühle der Geborgenheit nicht in Worte fassen« konnte (S. 75).
2 https://www.zeit.de/politik/deutschland/2018-05/bundesinnenministerium-horst-seehofer-heimatministerium-abschiebungen
3 https://www.bmi.bund.de/SharedDocs/reden/DE/2018/03/seehofer-generaldebatte.html
4 Franz-Xaver Kaufmann, Sicherheit als soziologisches und sozialpolitisches Problem, Stuttgart 1970, S. 155; Kiehl, Alle Jahre wieder, S. 325.
5 In seiner Thronrede v. 4.8.1914 ließ sich Wilhelm II. von den Mitgliedern des Reichstags geloben, dass sie »ohne Parteiunterschiede, ohne Stammesunterschiede, ohne Konfessionsunterschiede (...) mit Mir durch dick und dünn, durch Not und Tod« durchhalten würden (https://www.reichstagsprotokolle.de/Blatt_k13_bsb00003402_00012.html).
6 Das anonym publizierte Gedicht stammte vom Ingolstädter Gymnasialturnlehrer und Reserveleutnant Fritz Schmidt, der am 4.8.1914 zwei »patriotische Ergüsse« an den bayrischen König Ludwig III. schickte (Bayerisches Hauptstaatsarchiv München, III Geh. Hausarchiv, Kabinettsakten Ludwig III., Nr. 71).

7 Ernst Jünger, Kriegstagebuch 1914–1918, hg. v. Helmuth Kiesel, Stuttgart 2010, S. 186; ders., In Stahlgewittern. Ein Kriegstagebuch, 21. Aufl., Berlin 1941, S. 31, 284.
8 Ders., Der Kampf als inneres Erlebnis [1922], in: ders., Sämtliche Werke, 2. Abt., Bd. 7, Stuttgart 1980, S. 9–103, hier 83.
9 Kurt Tucholsky, Heimat, in: Manfred Kluge (Hg.), Heimat, München 1989, S. 25–27. Erstmals publiziert wurde der Text 1929 in dem von Tucholsky und John Heartfield verfassten »Bilderbuch« mit dem ironischen Titel *Deutschland, Deutschland über alles!*
10 Bayerisches Hauptstaatsarchiv München, Abt. II, MA Nr. 102388: Schreiben vom 2.8.1923. Am 5.12.1923 unterbreiteten Oettinger Vertrauensmänner der Bayerischen Volkspartei den gleichen Vorschlag: »Ausweisung landfremder Elemente aus Polen u. Galizien« sowie »aller lästigen Ausländer«: »Bayern gehöre den Bayern« (ebd.).
11 Oberst a. D. Zeiss, Volk und Vaterland, in: Unser Vaterland, H. 1, Oktober 1924, Zitate S. 9 f.
12 Strangmann, Eduard und Hans Bloch, S. 253, 262. Seine »Stellung zu Deutschland« ließ sich Hans Bloch auch von den Nazis nicht nehmen; sie sei, schrieb er am 9.8.1933, »in diesem Moment klarer, reiner, entschlossener und hingebungsvoller wie je« (256).
13 Bayerisches Hauptstaatsarchiv München, Abt. II, MA Nr. 102386: Schreiben v. 30.4.1922.
14 Joachim Schlör, »Liesel, it's time for you to leave«. Von Heilbronn nach England, Heilbronn 2015, S. 16.
15 Jean Améry, Wieviel Heimat braucht der Mensch?, in: ders., Jenseits von Schuld und Sühne [1966], Stuttgart 1977, S. 74–101, Zitate S. 77, 79 f., 84, 86.
16 Ebd., S. 75 f., 88.
17 Bundesarchiv Berlin, DA 4 (Präsidialkanzlei DDR Pieck 1949–1960), Nr. 1134: Brief v. 12.12.1950.
18 Kiehl, Alle Jahre wieder, S. 49; Heuss, Briefwechsel, S. 148 f. Der BHE war eine reine Klientelpartei und löste sich 1961 auf.
19 Michael Schwartz, Vertriebene im doppelten Deutschland, in: Vierteljahrshefte für Zeitgeschichte 56 (2008), S. 101–151, Zitate S. 130.
20 Andreas Kossert, Kalte Heimat. Die Geschichte der deutschen Vertriebenen nach 1945, Bonn 2015, S. 151 (Charta), 92 ff. (Lastenausgleich); Linus Kather, Die Entmachtung der Vertriebenen, Bd. 1, München 1964, S. 19.
21 Kossert, Kalte Heimat, S. 165.
22 Würzburger Widersprüche, in: DIE ZEIT v. 20.11.1970.
23 Susanne Scharnowski, Heimat, Darmstadt 2019, S. 124–142.
24 Matthias Stickler, »Ostdeutsch heißt Gesamtdeutsch«. Organisation, Selbstverständnis und heimatpolitische Zielsetzungen der deutschen Vertriebenenverbände 1949–1972, Düsseldorf 2004, S. 138.

25 Hans Egon Holthusen, Der unbehauste Mensch. Motive und Probleme der modernen Literatur, München 1951, S. 10.
26 Bernd Balzer, Wolfgang Borchert: Draußen vor der Tür, Frankfurt 2001; Ulrike Weckel, Spielarten der Vergangenheitsbewältigung – Wolfgang Borcherts Heimkehrer und sein langer Weg durch die westdeutschen Medien, in: Moshe Zuckermann (Hg.), Medien – Politik – Geschichte, Göttingen 2003, S. 125–161.
27 Martin Heidegger, Kant und das Problem der Metaphysik, 4. Aufl., Frankfurt 1973, S. 261; Hans Egon Holthusen, Freiwillig zur SS, in: Merkur 20, Nr. 223 u. 224 (1966), S. 921–939, 1037–1049, Zitat S. 958.
28 Michael Mönninger, »Neue Heime als Grundzellen eines gesunden Staates«. Städte- und Wohnungsbau der Nachkriegsmoderne, Berlin 2018; Andres Lepik u. Hilde Strobl (Hg.), Die Neue Heimat (1950–1982), München 2019.
29 Kiehl, Alle Jahre wieder, S. 203, 277; Gabriele Metzler, »Geborgenheit im gesicherten Fortschritt«. Das Jahrzehnt von Planbarkeit und Machbarkeit, in: Matthias Frese u. a. (Hg.), Demokratisierung und gesellschaftlicher Aufbruch, Paderborn 2005, S. 777–797.
30 Kiehl, Alle Jahre wieder, S. 316, 324 f.
31 Edgar Reitz u. Peter Steinbach, Heimat. Eine deutsche Chronik, Nördlingen 1988.
32 Edeltraud Klueting (Hg.), Antimodernismus und Reform. Zur Geschichte der deutschen Heimatbewegung, Darmstadt 1991; Sven Reichardt, Authentizität und Gemeinschaft. Linksalternatives Leben in den siebziger und frühen achtziger Jahren, Berlin 2014, S. 186–200.
33 Berliner Zeitung v. 6.7.1954, S. 4; Palmowski, Erfindung, S. 202; Wierling, Liebe zum Staat, S. 238–240.
34 Palmowski, Erfindung, S. 132 f., 149 ff., 165 ff. (mit dem Hinweis, dass sich lokale und regionale Heimataktivitäten verstärkten und das Heimatverständnis großer Teile der Bevölkerung prägten); de Bruyn, Vierzig Jahre, S. 186.
35 Neues Deutschland v. 22.0.1976, S. 3; ebd. v. 17.5.1985, S. 5; Neue Zeit v. 9.10.1976, S. 3 (»Soziale Geborgenheit ist die Grundlage unseres Lebens«); Berliner Zeitung v. 9./10.12.1978, S. 10 (»Vom Anspruch auf soziale Geborgenheit«).
36 Hans Günter Hockerts, Soziale Errungenschaften? Zum sozialpolitischen Legitimitätsanspruch der zweiten deutschen Diktatur, in: Jürgen Kocka u. a. (Hg.), Von der Arbeiterbewegung zum modernen Sozialstaat, München 1994, S. 790–804, v. a. S. 798.
37 Suckut, Volkes Stimmen, S. 356–358; Lutz Niethammer, Annäherung an den Wandel, in: Alf Lüdtke (Hg.), Alltagsgeschichte, Frankfurt 1989, S. 283–345, hier S. 326; Hockerts, Errungenschaften, S. 799.
38 Hedwig Richter, Die Komplexität von Integration. Arbeitsmigration in die Bundesrepublik Deutschland von den fünfziger bis in die siebziger Jahre, in: Zeitgeschichte-online November 2015 (https://zeitgeschichte-online.de/themen/die-komplexitaet-von-integration).

39　Ulrich van der Heyden u.a. (Hg), Mosambikanische Vertragsarbeiter in der DDR-Wirtschaft, Münster 2014.
40　Kiehl, Alle Jahre wieder, S. 209, 233, 267; Karin Hunn, »Nächstes Jahr kehren wir zurück ...« Die Geschichte der türkischen »Gastarbeiter« in der Bundesrepublik, Göttingen 2005, S. 277 ff.
41　Kiehl, Alle Jahre wieder, S. 280, 319, 324, 343, 382, 388, 396, 403, 428.
42　Hunn, Nächstes Jahr, S. 556; Ulrich Herbert, Geschichte der Ausländerpolitik in Deutschland, München 2001, S. 304 ff.; Klaus J. Bade, Ausländer, Aussiedler, Asyl in der Bundesrepublik Deutschland, Hannover 1994, S. 36 ff.
43　Kiehl, Alle Jahre wieder, S. 477 (Johannes Rau 1999 unter Hinweis auf die 2000 in Kraft tretenden Regelungen zur erleichterten Einbürgerung); Hunn, Nächstes Jahr, S. 550 f.; Plamper, Das neue Wir, S. 272 f.
44　Joanna Pfaff-Czarnecka, Zugehörigkeit in der mobilen Welt, Göttingen 2012; Kwame Anthony Appiah, Identitäten. Die Fiktionen der Zugehörigkeit, Berlin 2019.
45　https://orange.handelsblatt.com/artikel/29581
46　DIE ZEIT v. 9.5.2019, S. 69. Zu ähnlichen Umfrageergebnissen von 1979 und 2010 Habbo Knoch, »Heimat«. Konjunkturen eines politischen Konzepts, in: Indes, H. 4 (2018), S. 19–34, v.a. S. 28, 31.
47　Semiya Žimşek (mit Peter Schwarz), Schmerzliche Heimat. Deutschland und der Mord an meinem Vater, Berlin 2013; Haci-Halil Uslucan, Türkeistämmige in Deutschland. Heimatlos oder überall zuhause?, in: Aus Politik und Zeitgeschichte, H. 11–12 (2017), S. 31–37. Die Umfragen fanden zwischen 1999 und 2015 in Nordrhein-Westfalen statt. S. dazu auch Alice Bota u.a., Wir neuen Deutschen, Reinbek 2012.

Hass

1　Meyers Lexikon, 7. Aufl., Bd. 5, Leipzig 1926, Sp. 1172.
2　Der Große Brockhaus, 16. Aufl., Bd. 5, Wiesbaden 1954, S. 289.
3　Friedrich Rückert, Gesammelte Poetische Werke, Bd. 1, Frankfurt 1882, S. 43–48, Zitat S. 45; Ernst Moritz Arndt, Ueber Volkshaß, o. O. 1813, Zitate S. 7, 9.
4　Ernst Lissauer, Haßgesang gegen England, in: Worte in die Zeit. Flugblätter 1914. Blatt 1, Göttingen 1914; Friedrich Nietzsche, Jenseits von Gut und Böse; Zur Genealogie der Moral, Stuttgart 1964, S. 91. Im November 1914 publizierte der angesehene Berliner Professor Werner Sombart im *Berliner Tageblatt* einen Artikel über *Unsere Feinde* und wiederholte Lissauers Botschaft: »Das ganze deutsche Volk vom letzten Droschkenkutscher bis zum obersten Reichsbeamten« sei »von einem einmütigen, flammenden Hasse gegen England erfüllt«. Der Gelehrte wusste nicht zu sagen, warum das so war: »Das muß ausführlicher besprochen werden«. Seine Hasstiraden waren so ausfallend, dass sich die Redaktion davon distanzierte (Berliner Tageblatt v. 2.11.1914, Nr. 557, S. 1 f.).

5   Victor Klemperer, Curriculum Vitae. Jugend um 1900, Bd. II, Berlin 1989, S. 252, 216.
6   Berliner Tageblatt v. 10.8.1915, Nr. 405; Lissauers Replik in: ebd., 12.8.1915, Nr. 409; Joseph Wohlgemuth, Der Weltkrieg im Lichte des Judentums, 2. Aufl., Berlin 1915, S. 51–61.
7   Daniela Andre, Eleonore Baur – ›Blutschwester Pia‹ oder ›Engel von Dachau‹?, in: Marita Krauss (Hg.), Rechte Karrieren in München, München 2010, S. 166–185; Brockhaus' Konversations-Lexikon, 14. Aufl., Bd. 6, Leipzig 1893, S. 561; Meyers Lexikon, 8. Aufl., Bd. 3, Leipzig 1937, Sp. 1290.
8   Meyers Lexikon, 8. Aufl., Bd. 5, Leipzig 1938, Sp. 899.
9   Die Rote Fahne v. 29.5.1926, S. 1.
10 Hitler, Mein Kampf, Bd. 1, S. 221, 225, 365, 555, 725, 729, 825, 852, 907, 935; Bd. 2, S. 1205, 1581, 1602f.; Meyers Lexikon, 8. Aufl., Bd. 9, Leipzig 1942, Sp. 76; Berliner Morgenpost v. 20.4.1945, S. 1f.
11 Manfred Gailus u. Daniel Siemens (Hg.), »Hass und Begeisterung bilden Spalier«. Die politische Autobiographie von Horst Wessel, Berlin 2011, S. 115.
12 Meyers Neues Lexikon, Bd. 6, Leipzig 1973, S. 150.
13 Leonore Ansorg, Kinder im Klassenkampf, Berlin 1997, S. 54 (Margot Feist-Honecker war ab 1963 Ministerin für Volksbildung); Marianne Brentzel, Die Machtfrau. Hilde Benjamin 1902–1989, Berlin 1997, S. 104f.; Hanna Schober, Leserbrief, in: Berliner Zeitung v. 12.11.1961, S. 11.
14 Suckut, Wörterbuch der Staatssicherheit, S. 168. Zur operativen Zersetzungsarbeit S. 422f.
15 B. H., »Wir singen, weil wir jung sind ...«, in: Neues Leben v. Mai 1967, S. 37; Vom Sinn des Soldatseins. Ein Ratgeber für den Soldaten, 34. Aufl., Berlin 1984, S. 33.
16 A. Z., Du sollst nicht falsch Zeugnis reden, in: Neues Deutschland v. 31.8.1976, S. 2; Suckut, Volkes Stimmen, S. 206; Warum dieser Hass? Reaktionen auf einen Artikel im ND, in: Neues Deutschland v. 12.8.2006, S. 24; Martin Sabrow, Die Wiedergeburt des klassischen Skandals. Öffentliche Empörung in der späten DDR, in: ders. (Hg.), Skandal und Diktatur, Göttingen 2004, S. 231–265, hier S. 231–244.
17 Laut einer repräsentativen Studie, die Soziologen der Universität Leipzig 2018 durchführten, waren gut 47 % der Ostdeutschen und knapp 33 % der Westdeutschen der Meinung, Ausländer kämen nur ins Land, um den Sozialstaat auszunutzen. Eine ähnliche Differenz tat sich bei der Frage auf, ob die Bundesrepublik in einem gefährlichen Maß »überfremdet« sei: hier stimmten 44,6 % der Ostdeutschen und 33,3 % der Westdeutschen überwiegend oder voll und ganz zu. Bei der Aussage »Juden haben einfach etwas Besonderes und Eigentümliches an sich und passen nicht so recht zu uns« lag die Zustimmungsrate unter Westdeutschen bei 26 %, unter Ostdeutschen bei 39,6 % (Süddeutsche Zeitung v. 8.11.2018).

18 Peter Reichel, Vergangenheitsbewältigung in Deutschland, München 2001, S. 146–157, Zitat S. 146; Entwurf eines Gesetzes gegen Volksverhetzung, in: Deutscher Bundestag, Drucksache Nr. 03/918 v. 05.3.1959, Zitat S. 3.
19 Gesetz v. 16.3.2011 (Bundesgesetzblatt, Jg. 2011, T. 1, Nr. 11).
20 Florian Schubert, Antisemitismus im Fußball, Göttingen 2019, S. 71–141.
21 DIE ZEIT v. 20.9.2018, S. 8.
22 BGH-Urteil v. 15.3.1994, in: Neue Juristische Wochenschrift 47 (1994), S. 1421–1423, Zitat S. 1422.
23 Klaus Wahl, Aggression und Gewalt. Ein biologischer, psychologischer und sozialwissenschaftlicher Überblick, Heidelberg 2009, S. 119f., 159f.
24 Hans-Joachim Maaz, Die narzisstische Gesellschaft. Ein Psychogramm, München 2012, S. 28f., 202f.
25 Martin Melchers u.a., Low Empathy is Associated with Problematic Use of the Internet: Empirical Evidence from China and Germany, in: Asian Journal of Psychiatry 17 (2015), S. 56–60; Ingrid Brodnig, Hass im Netz, Wien 2016.
26 Maik Fielitz u. Holger Marcks, Digital Fascism. Challenges for the Open Society in Times of Social Media. Berkeley 2019; Stephen Albrecht u.a., Rechtsextremismus. Digitale Hasskulturen und ihre Folgen, Hamburg 2019; Julia Ebner, Radikalisierungsmaschinen. Wie Extremisten die neuen Technologien nutzen und uns manipulieren, Berlin 2019.
27 Bundesarchiv R 601 Nr. 17: anonyme Postkarte aus Berlin v. 2.9.1921; anon. o.D., eingegangen am 14.9.1921.
28 Ebd., Neumann v. 30.8.1921; Nr. 18: Reisner v. 25.3.1921.
29 Ebd., Nr. 52: Schriftwechsel v. 14. u. 18.1.1927.
30 https://www.welt.de/politik/deutschland/article181695866/Pegida-Galgen darf-nicht-mehr-verkauft-werden-Gabriel-Klage-erfolgreich.html
31 Bundesarchiv Berlin, NS 51, Nr. 51/1: C. Scobel v. 8.9.1930; Bayerisches Hauptstaatsarchiv München, Abt. II, Staatskanzlei Nr. 5633: anonym o.D. (Empfang 3.11.1933).

Hoffnung

1 Améry, Jenseits von Schuld, S. 97f.
2 Bundesarchiv Berlin, R 601, Nr. 378: Bepler o.D. (Eingang 5.2.1932); Gerhard v. 18.2.1932; Nr. 379: Sauerteig v. 10.3.1932; Schneider v. 5.3.1932; Nr. 380: Lohmann o.D. (11.3.1932).
3 Bundesarchiv Berlin, NS 51, Nr. 73: Wilhelm Dörries u. Horst Hermann Sagel (Hameln) v. 1.1.1935; Nr. 75: Fanny Caspari (Erfurt) v. 19.4.1935; Hedwig Elbers v. 19.4.1935.
4 Ebd., Nr. 63: Hildegard Schade v. 29.10.1936; Nr. 71: Lotte Seidel v. 30.9.1938; Franz Hendriks v. 19.10.1938.

Anmerkungen 461

5   Reden des Führers 1936; Ralf Schabel, Die Illusion der Wunderwaffen, München 1994.
6   Clemens Risi u. a. (Hg.), »Wann geht der nächste Schwan?« Aspekte einer Kulturgeschichte des Wunders, Leipzig 2011; Karlheinz Barck, Wunderbar, in: ders. u. a. (Hg.), Ästhetische Grundbegriffe, Bd. 6, Stuttgart 2005, S. 730–773.
7   Ansorg, Kinder, S. 55 f.; Bundesarchiv Berlin, DA 4, Präsidialkanzlei DDR, Nr. 1135: Egon Krenz v. 16.10.1950.
8   Ernst Bloch, Das Prinzip Hoffnung, Bd. 3, Frankfurt 1974, S. 1628.
9   Paul Nellen, »Neue Jugend, neuer Vormärz« – E. Bloch und die Studentenbewegung 1967–1970, in: Sozialistische Zeitschrift für Kunst und Gesellschaft, H. 3–4 (1977), S. 122–135; Reichardt, Authentizität, S. 186 ff.
10 Suckut, Volkes Stimmen, S. 121, 234 f., 341 f., 411, 340 f.
11 https://www.hdg.de/lemo/biografie/egon-krenz.html; Bernd Schäfer, Die DDR und die »chinesische Lösung«, in: Martin Sabrow (Hg.), 1989 und die Rolle der Gewalt, Göttingen 2012, S. 153–172.
12 Ilko-Sascha Kowalczuk, Die Übernahme. Wie Ostdeutschland Teil der Bundesrepublik wurde, München 2019.
13 Aleida Assmann, Ist die Zeit aus den Fugen?, München 2013.
14 Bloch, Prinzip Hoffnung, Bd. 1, S. 1–18; Bd. 3, S. 1627.

Liebe

1   Allgemeine deutsche Real-Encyklopädie für die gebildeten Stände, Bd. 3, Leipzig 1824, S. 877; Das große Conversations-Lexicon für die gebildeten Stände, Bd. 12, Hildburghausen 1848, S. 749 f.
2   Franz Ebhardt (Hg.), Der gute Ton, 13. Aufl., Leipzig 1996, S. 195.
3   Ebd., S. 141.
4   https://www.maedchen.de/love/liebe; https://www.faz.net/aktuell/gesellschaft/menschen/egoistische-zweisamkeit-ersatzreligion-liebe-13152087.html#void. Aufschlussreich sind hier die Texte der Soziologin Eva Illouz, v. a. Der Konsum der Romantik. Liebe und die kulturellen Widersprüche des Kapitalismus, Frankfurt 2007.
5   Ebhardt, Der gute Ton, S. 131; Walther von Hollander, Die Krise der Ehe und ihre Überwindung, Berlin 1953, S. 29.
6   Horst Woesner, Ohne Ehe alles Unzucht, in: DER SPIEGEL v. 15.4.1968, S. 67, 69. Der Autor war Oberlandesgerichtsrat.
7   Ernst Gystrow [Pseudonym v. Willy Hugo Hellpach], Liebe und Liebesleben im 19. Jahrhundert, Berlin 1902, S. 21, 24, 34, 38.
8   Käte Frankenthal, Der dreifache Fluch: Jüdin, Intellektuelle, Sozialistin, Frankfurt 1981, S. 115.
9   Sybille Buske, Fräulein Mutter und ihr Bastard, Göttingen 2004.

10 Christl Wickert, Helene Stöcker 1869–1943, Bonn 1991; Helene Stöcker, Lebenserinnerungen, Köln 2015.
11 Hermann Schwartz (Hg.), Pädagogisches Lexikon, Bd. 4, Bielefeld 1931, Sp. 272; Rainer Herrn, Magnus Hirschfeld (1868–1935), in: Volkmar Sigusch u. Günter Grau (Hg.), Personenlexikon der Sexualforschung, Frankfurt 2009, S. 284–294.
12 Max Hodann, Bub und Mädel. Gespräche über die Geschlechterfrage, 5. Aufl., Rudolstadt 1926. Die erste Auflage war 1925 erschienen, im gleichen Jahr fand die erwähnte Kampagne statt (S. 132–160).
13 Eberle, Briefe an Hitler, S. 78 f.
14 Ute Frevert, Frauen-Geschichte, Frankfurt 1986, S. 222 ff.
15 Georg Lilienthal, Der »Lebensborn e. V.«. Ein Instrument nationalsozialistischer Rassenpolitik, Frankfurt 1993; Buske, Fräulein Mutter, S. 166.
16 JuristenZeitung, Jg. 13, 1958, S. 617–619; Sybille Steinbacher, Wie der Sex nach Deutschland kam, München 2011, v. a. Kap. 3.
17 Kniep, »Keine Jugendfreigabe!«, S. 229–231; Herzog, Politisierung, S. 173 ff.
18 Hollander, Krise, S. 264 f.
19 2019/20 zeigte das Schwule Museum in Berlin die Ausstellung *Love at First Fight!*, die anschließend auf Reisen ging (https://www.goethe.de/ins/us/de/kul/wir/swl.html?wt_sc=usa_queer; https://www.schwulesmuseum.de/ausstellung/love-at-first-fight-queere-bewegungsgeschichten-aus-deutschland-seit-stonewall/).
20 Aus der Ausstellung des Berliner DDR-Museums über »Liebe, Sex und Sozialismus« 2018 (https://www.welt.de/vermischtes/article174851593/DDR-So-beeinflusste-die-DDR-das-Liebesleben.html).
21 Suckut, Volkes Stimmen, S. 260.
22 https://www.mdr.de/zeitreise/liebe-in-der-ddr-flirten-unter-den-augen-der-partei100.html; Till Großmann, Moral Economies of Love and Labor in the GDR, in: Ute Frevert (Hg.), Moral Economies, Göttingen 2019, S. 213–237; Josie McLellan, Liebe, Sex und Sozialismus, Berlin 2019, S. 139 ff.; Herzog, Politisierung, S. 223 ff.
23 https://www.boell.de/de/2016/11/09/familienpolitik-ost-und-westdeutschland-und-ihre-langfristigen-auswirkungen. 2014 lag der Anteil unehelicher Geburten in Ostdeutschland bei annähernd 60 Prozent, in Westdeutschland bei nicht einmal 30 Prozent. 73 Prozent dieser Kinder wuchsen bei Alleinerziehenden auf, in der Regel bei ihren Müttern (https://www.iwd.de/artikel/unehelich-na-und-291746/).
24 http://www.sozialpolitik-aktuell.de/tl_files/sozialpolitik-aktuell/_Politikfelder/Bevoelkerung/Datensammlung/PDF-Dateien/abbVII15.pdf; Lebensstationen in Deutschland 1900–1993, hg. v. Rosmarie Beier u. Bettina Biedermann, Gießen 1993, v. a. S. 168–173, 221–232, 250–271; Anna Kaminsky, Frauen in der DDR, 3. Aufl., Berlin 2020, S. 143–178.

Anmerkungen 463

25 https://www.tagesspiegel.de/berlin/ausstellung-im-ddr-museum-liebe-sex-und-sozialismus/21116304.html. Ähnlich äußerte sich 2008 die Schauspielerin Katharina Thalbach, die die DDR 1976 verließ: »Wir hatten mehr Sex, und wir hatten mehr zu lachen – es gab einfach nicht so viele Ablenkungen!« (FAZ v. 21.11.2008, S. 42). S. auch Konrad Weller, Das Sexuelle in der deutsch-deutschen Vereinigung, Leipzig 1991, S. 10–34.
26 Wierling, Liebe zum Staat, S. 238–244, 260–262; http://virtuelles-ddrmuseum.de/seiten/ddralltag3.htm; Ansorg, Kinder, S. 53 f. (in der ursprünglichen, ausführlichen Fassung); Jana Hensel, Zonenkinder, Reinbek 2002, S. 85, 108; Brauer, Zeitgefühle, Kap. »Patriotisch fühlen«.
27 Annette Simon, Versuch, mir und anderen die ostdeutsche Moral zu erklären, Gießen 1995, S. 48, 50.
28 Wierling, Liebe zum Staat, S. 236.
29 Nichts anstelle vom lieben Gott (Hermann Schreiber über Gustav Heinemann), in: DER SPIEGEL v. 13.1.1969, S. 27–34, Zitat 34.
30 Monika Wienfort, Kaisergeburtstagsfeiern am 27. Januar 1907, in: Manfred Hettling u. Paul Nolte (Hg.), Bürgerliche Feste, Göttingen 1993, S. 157–191; Bayerisches Hauptstaatsarchiv München, III Geh. Hausarchiv, Kabinettsakten Ludwig III. Nr. 71: Erlass Wilhelms II. v. 13.1.1915; Bayerische Staatszeitung v. 5.1.1915.
31 Ebd.: Faulhaber an Ludwig III. v. 6. u. 9.8.1914. Die Predigt war abgedruckt in der Allgemeinen Rundschau. Wochenschrift für Politik und Kultur, Nr. 36, v. 5.9.1914.
32 Bundesarchiv Berlin, R 601, Nr. 378: Job von Portatius (Uschütz) v. 9.2.1932; cand. phil. Irmgard von Broesigke (Berlin) v. 15.2.1932.
33 Ebd., NS 51, Nr. 51/1: Heinrich Sayler (Fellbach) v. 12.8.1930; Richard Suchenwirth (Wien) v. 28.9.1930; Nr. 60: Danziger Mütter v. 29.8.1935; Huldi Cronlind v. 29.8.1935; Nr. 73: Martha Piller (Leipzig) v. 23.12.1934; Nr. 75: Hedwig Elbers v. 19.4.1935.
34 Ebd., Nr. 71: Elsbeth Stucke (Bad Homburg), Eingang 17.4.1939; Lore Bür (Köthen/Anhalt), Eingang 23.9.1937; Mädi Dopple (Bad Homburg) v. 16.4.1936.
35 Ebd., Nr. 76: Klasse IIa der 6. Leipziger Volksschule v. 26.3.1936; Klasse IV der Schule 45 zu Breslau v. 18.4.1936; Anneliese Bolz v. 16.3.1936; Klasse 5b aus Schwerin v. 28.2.1936; Martha Kirchner (Uetersen) v. 24.3.1936.
36 Hermann Kirek, Heimatkundeunterricht (1938), in: Bernd Sösemann (Hg.), Propaganda. Medien und Öffentlichkeit in der NS-Diktatur, Bd. 2, Stuttgart 2011, S. 1277 f. Auch die ehemalige BDM-Führerin und Funktionärin Melita Maschmann betonte: »Was die jungen Menschen zunächst am Nationalsozialismus anzog, war nicht der Haß (gegenüber ›feindlichen‹ Tendenzen oder fremden Mächten), sondern die Liebe zu Deutschland« (Melita Maschmann, Fazit. Mein Weg in der Hitler-Jugend, München 1979, S. 25). Zu Himmlers Po-

sener Rede s. www.1000dokumente.de/pdf/dok_0008_pos_de.pdf#page=26&-zoom=auto,0,273.
37 Klemperer, LTI, S. 127. Zum »Führerglauben« Kershaw, Hitler-Mythos.
38 Dolf Sternberger, Unvergleichlich lebensvoll, aber stets gefährdet: Ist unsere Verfassung demokratisch genug?, in: FAZ v. 27.1.1970, S. 11. Erst mit und durch Habermas wurde der Begriff populär (Jan-Werner Müller, Verfassungspatriotismus, Berlin 2010, S. 10, 21 ff.).
39 Bundesarchiv Berlin, DA 4 (Präsidialkanzlei), Nr. 1360: VEB Dresdner Gardinen- und Spitzenmanufaktur v. 25.11.1949; Nr. 1134: VEB Tonwerke Brandis o.D. (1951); Elisabeth Otto (Brandenburg) v. 13.9.1950; Nr. 1135: Rosa Albrecht (Rostock) v. 16.10.1950; Heuss, Briefwechsel, S. 122.
40 Bayerisches Hauptstaatsarchiv München, Abt. II, Staatskanzlei Nr. 12887: Adam Kaiser (Hammelburg) v. 29.9.1975; CSU Ortsverband Neutraubling v. 10.10.1975; Nr. 12153: Leopold Gerblich (Würzburg) v. 19.5.1977; Th. Sehmer v. 23.5.1977; Rudolf Schnell (Bad Kohlgrub) v. 24.5.1977; Anny Fichtl (Kirchweidach) v. Jan. 1977; Seb. Stocker (München) v. 26.1.1977.

Neid

1 Hans-Peter Haferkamp, §§ 226–231, in: Historisch-kritischer Kommentar zum BGB, hg. v. Mathias Schmoeckel u. a., Bd. I, Tübingen 2003, S. 1035–1058, v. a. S. 1038 ff.
2 Max Scheler, Das Ressentiment im Aufbau der Moralen [1912], 2. Aufl., Frankfurt 2004, Zitate S. 10 f.
3 Sigmund Freud, Drei Abhandlungen zur Sexualtheorie und verwandte Schriften, Frankfurt 1971, S. 147 [1908], Zitat 162 [1925].
4 Karen Horney, Flucht aus der Weiblichkeit. Der Männlichkeitskomplex der Frau im Spiegel männlicher und weiblicher Betrachtung, in: Internationale Zeitschrift für Psychoanalyse 12 (1926), S. 360–374, Zitate S. 365 f.
5 Kate Millett, Sexus und Herrschaft. Die Tyrannei des Mannes in unserer Gesellschaft, München 1971. S. auch Kate Manne, Down Girl. Die Logik der Misogynie, Berlin 2019.
6 Brockhaus' Konversations-Lexikon, 14. Aufl., Bd. 12, Leipzig 1894, S. 230; Meyers Großes Konversations-Lexikon, 6. Aufl., Bd. 14, Leipzig 1908, S. 500; Lexikon der Pädagogik, hg. v. Ernst M. Roloff, Bd. 3, Freiburg 1914, Sp. 876.
7 Rolf Haubl, Neidisch sind immer nur die anderen, München 2001; Helmut Schoeck, Der Neid, Freiburg 1966, S. 34 f.
8 Meyers Lexikon, 8. Aufl., Bd. 9, Leipzig 1942, Sp. 76; Helmut Walser Smith, Die Geschichte des Schlachters. Mord und Antisemitismus in einer deutschen Kleinstadt, Frankfurt 2004, S. 109, passim.
9 Monika Richarz (Hg.), Jüdisches Leben in Deutschland. Selbstzeugnisse zur Sozialgeschichte im Kaiserreich, Stuttgart 1979, S. 23–35.

Anmerkungen **465**

10 Ne'man [Siegfried Lichtenstaedter], Jüdische Politik, Leipzig 1933, S. 21 f., 56; Götz Aly (Hg.), Siegfried Lichtenstaedter (1865–1942). Prophet der Vernichtung, Frankfurt 2019, S. 186 ff.
11 Frank Bajohr, »Arisierung« in Hamburg. Die Verdrängung der jüdischen Unternehmer 1933–1945, Hamburg 1997, S. 37–39, 43, 55 f.
12 Ebd., S. 334 f.; Gertrud Seydelmann, Gefährdete Balance. Ein Leben in Hamburg 1936–1945, Hamburg 1996, S. 105.
13 Ben Barkow u. a. (Hg.), Novemberpogrom 1938. Die Augenzeugenberichte der Wiener Library, London, Frankfurt 2008; Uta Gerhardt u. Thomas Karlauf (Hg.), Nie mehr zurück in dieses Land. Augenzeugen berichten über die Novemberpogrome 1938, Berlin 2009; Michael Wildt, Volksgemeinschaft als Selbstermächtigung. Gewalt gegen Juden in der deutschen Provinz 1919 bis 1939, Hamburg 2007, S. 301–347.
14 Franziska Becker, Gewalt und Gedächtnis. Erinnerungen an die nationalsozialistische Verfolgung einer jüdischen Landgemeinde, Göttingen 1994, S. 77 ff.
15 Götz Aly, Warum die Deutschen? Warum die Juden? Gleichheit, Neid und Rassenhass 1800–1933, Frankfurt 2011; ders., Europa gegen die Juden 1880–1945, Frankfurt 2017.
16 Katharina Stengel (Hg.), Vor der Vernichtung. Die staatliche Enteignung der Juden im Nationalsozialismus, Frankfurt 2007.
17 Sven Oliver Müller, Die Nation als Waffe und Vorstellung. Nationalismus in Deutschland und Großbritannien im Ersten Weltkrieg, Göttingen 2002, S. 115 f.
18 Quellensammlung zur Geschichte der deutschen Sozialpolitik 1867 bis 1914, II. Abt., 1. Bd., Darmstadt 2003, S. 100 (aus einer Rede des Reichstagsabgeordneten Adolf Stoecker v. 2. 12. 1881).
19 Verhandlungen des Reichstags. III. Wahlperiode. Stenographische Berichte, Berlin 1926, Bd. 389: 172. Sitzung, 6. 3. 1926, S. 6023; Bd. 390: 190. Sitzung, 28. 4. 1926, S. 6906, 6921.
20 Heinrich Hoffmann, Hitler wie ich ihn sah. Aufzeichnungen seines Leibfotografen, München 1974, S. 214.
21 Paul Nolte, Die Ordnung der deutschen Gesellschaft. Selbstentwurf und Selbstbeschreibung im 20. Jahrhundert, München 2000, S. 318 ff.
22 Heuss, Briefwechsel, S. 138 f.
23 Helmut Schelsky, Die skeptische Generation. Eine Soziologie der deutschen Jugend [1957], Düsseldorf 1963, S. 381 f.
24 Ulrich Beck, Risikogesellschaft, Frankfurt 1986, S. 122.
25 Suckut, Volkes Stimmen, S. 138–142 (datiert ist das anonyme Schreiben fälschlich auf 1968), 223 (Brief einer Frau aus Plauen v. 12. 9. 1977). 1972 schrieb ein »alter Kommunist« an Walter Ulbricht: »So viele Unterschiede wie jetzt gab es wohl noch in keiner Regierung wie jetzt. Wenn eine Frau 1000 Mark Rente be-

kommt weil ihr Mann fünf Minuten eingesperrt war und eine andere bekommt 160 Mark das kann wohl nicht gut gehen« (177).
26 Ebd., S. 276 f.
27 Ebd., S. 390-394.
28 Ebd., S. 340 (v. Nov. 1985), 223 f. S. dazu Katrin Böske, Abwesend anwesend. Eine kleine Geschichte des Intershops, in: Neue Gesellschaft für Bildende Kunst (Hg.), Wunderwirtschaft. DDR-Konsumkultur in den 60er Jahren, Köln 1996, S. 214-222; Franka Schneider, »Jedem nach dem Wohnsitz seiner Tante«. Die GEMEX Geschenkdienst GmbH, in: ebd., S. 223-232; Hensel, Zonenkinder, S. 103.
29 Suckut, Volkes Stimmen, S. 170; Jan Wenzel u. a., Das Jahr 1990 freilegen, Leipzig 2020, S. 29 (v. 29.12.1989).
30 Günter Buchstab, Sport und Politik im geteilten Deutschland, in: Historisch-Politische Mitteilungen 8 (2001), S. 113-130, Zitat (von 1958) S. 122.
31 Wierling, Geboren, S. 145, 147, 149 f.
32 Georg Simmel, Soziologie der Konkurrenz, in: ders., Aufsätze und Abhandlungen 1901-1908, Bd. 1, Frankfurt 1995, S. 221 ff.; ders., Soziologie, Frankfurt 1992, S. 318 ff.
33 Angesichts der immer dichteren Berichterstattung sagt ein absoluter Häufigkeitszuwachs noch nicht viel aus. Vergleicht man »Neid« allerdings mit dem sehr viel prominenteren Begriff »Politik«, wird deutlich, dass der Zuwachs tatsächlich erheblich ist, nämlich doppelt so hoch wie bei Politik.
34 Rolf Haubl u. Elmar Brähler, Neid und Neidbewältigung in Deutschland. Ergebnisse einer repräsentativen Fragebogenuntersuchung, in: Ulrich Bahrke (Hg.), »Denk ich an Deutschland ...« Sozialpsychologische Reflexionen, Frankfurt 2010, S. 199-213.
35 Bodo Lippl, Soziale Gerechtigkeit aus der Sicht der deutschen Bevölkerung (ISJP Arbeitsbericht 95), Berlin 2003, S. 6, 9 f., 12.
36 Haubl/Brähler, Neid, S. 210.
37 Haubl, Neidisch, S. 10.
38 Manfred Schmitt u. a., Gerechtigkeit als innerdeutsches Problem, Trier 2000, S. 2, 26, 32. (www.gerechtigkeitsforschung.de); ders. u. a., Ungerechtigkeitserleben im Vereinigungsprozeß, in: ders. u. Leo Montada (Hg.), Gerechtigkeitserleben im wiedervereinigten Deutschland, Opladen 1999, S. 169-212.
39 Haubl/Brähler, Neid, S. 207.

Neugier

1 Brockhaus Enzyklopädie, 17. Aufl., Bd. 13, Wiesbaden 1971, S. 333; ebd., 19. Aufl., Bd. 15, Mannheim 1991, S. 474 (dort auch das folgende Zitat). Der Hinweis auf die alltagssprachliche Abwertung blieb bis einschließlich 1998 erhalten.

Anmerkungen 467

2   Lorraine Daston, Die Lust an der Neugier in der frühneuzeitlichen Wissenschaft, in: Klaus Krüger (Hg.), Curiositas, Göttingen 2002, S. 147–175; Ulinka Rublack, Der Astronom und die Hexe. Johannes Kepler und seine Zeit, Stuttgart 2018.
3   So formulierte es Albert Einstein in einem Brief an Carl Seelig vom 11.3.1952, zit. in: Ulrich Weinzierl, Carl Seelig, Schriftsteller, Wien 1982, S. 135; https://www.zeit.de/2009/16/Willemsen-Nuesslein-Volhard-16; https://www.nzz.ch/wissenschaft/ich-brenne-ziemlich-schnell-fuer-etwas-ld.1350878
4   https://www.pflanzenforschung.de/de/journal/neugier-und-spass-sind-die-besten-voraussetzungen-1502/.
5   Albert Einstein, Autobiographisches, in: Paul Arthur Schilpp (Hg.), Albert Einstein als Philosoph und Naturforscher, Stuttgart 1955, S. 1–35, Zitate S. 6.
6   Arthur Kirchhoff (Hg.), Die Akademische Frau, Berlin 1897, S. 7.
7   Karoline S. J. Milde, Der deutschen Jungfrau Wesen und Wirken, 12. Aufl., Leipzig 1899, S. 465, 471; Ebhardt, Der gute Ton, S. 29.
8   Walter Hofmann, Die Lektüre der Frau, Leipzig 1931, v. a. S. 30–45 (für die Jahre 1922–1926); Gideon Reuveni, Lesen im Nachkriegsdeutschland, in: Archiv für Geschichte des Buchwesens 56 (2002), S. 203–224, v. a. Tab. 2.
9   Andreas Daum, Wissenschaftspopularisierung im 19. Jahrhundert, München 1998, v. a. S. 168 ff.; Wilhelm Füßl u. Helmuth Trischler (Hg.), Geschichte des Deutschen Museums, München 2003; Karl August Lingner, Denkschrift zur Errichtung eines National-Hygiene-Museums in Dresden, Dresden 1912, S. 5.
10 Redaktioneller Vorspann zu Ernst Robert Curtius, Max Weber über Wissenschaft als Beruf, in: Die Arbeitsgemeinschaft. Monatsschrift für das gesamte Volkshochschulwesen 1 (1920), S. 197 f.; Carl Heinrich Becker, Staat und Volkshochschule, in: ebd., S. 5–8; Dieter Langewiesche, Erwachsenenbildung, in: Handbuch der deutschen Bildungsgeschichte, Bd. V, München 1989, S. 337–370.
11 Weimarer Reichsverfassung, Art. 146; Becker, Staat, S. 6; Bernd Zymek, Schulen, Hochschulen, Lehrer, in: Handbuch Bildungsgeschichte V, S. 155–258, hier 159–165, 177 f.
12 Ina Seidel, Meine Kindheit und Jugend, Stuttgart 1935, S. 169.
13 Irma Klausner, Dornenweg der Medizinerin, in: Vossische Zeitung v. 25.12.1929, S. 5; Marco Birn, Bildung und Gleichberechtigung. Die Anfänge des Frauenstudiums an der Universität Heidelberg (1869–1918), Heidelberg 2012, S. 19 f.
14 Kirchhoff, Akademische Frau, Zitate S. 14, 82, 270, 330; Claudia Huerkamp, Bildungsbürgerinnen. Frauen im Studium und in akademischen Berufen 1900–1945, Göttingen 1996, S. 75 ff.
15 Karl Aloys Schenzinger, Der Hitlerjunge Quex, Berlin 1932, S. 59 ff. Bis 1945 verkauften sich ca. eine halbe Million Exemplare.
16 Handbuch der deutschen Bildungsgeschichte, Bd. VI, 2. Teilband, München 1998, S. 159 ff., Zitate und Zahlen 163, 191, 193 f.

17 Ebd., Bd. VI, 1. Teilband, München 1998, S. 307 ff., Zitate und Zahlen 311, 324.
18 Grund- und Strukturdaten 1981/82, hg. v. Bundesminister für Bildung und Wissenschaft, Bonn 1981, S. 37; Autorengruppe Bildungsberichterstattung. Bildung in Deutschland 2016, siehe https://www.bildungsbericht.de.
19 Stefan Zweig, Die gefangenen Dinge. Gedanken über die Brüsseler Weltausstellung, in: Neue Freie Presse v. 17. 8. 1910, S. 1 f.
20 Milde, Jungfrau, S. 476 f.; Hermann Bausinger, Grenzenlos ... Ein Blick auf den modernen Tourismus, in: ders. u. a. (Hg.), Reisekultur, München 1991, S. 343–353, Zitat 346; Wulf Erdmann u. Jochen Zimmer (Hg.), Hundert Jahre Kampf um die freie Natur. Illustrierte Geschichte der Naturfreunde, Essen 1991.
21 Peter Reichel, Der schöne Schein des Dritten Reiches, München 1991, S. 243–254, Zitat Todt S. 284.
22 Andreas Stirn, Traumschiffe des Sozialismus. Die Geschichte der DDR-Urlauberschiffe 1953–1990, Berlin 2010.
23 Rainer Schönhammer, Jugendliche Europa-Touristen. Eine psychologische Studie über das Reisen im europäischen Netz von Bahn und Jugendherbergen, Starnberg 1987.
24 https://www.zeit.de/wissen/2010-01/nobelpreis-yonath-interview

Nostalgie

1 Kiehl, Alle Jahre wieder, S. 123 f., 127, 292 f.
2 Reichardt, Authentizität, S. 459–496.
3 Bayerisches Hauptstaatsarchiv München, Abt. II, MA Nr. 102382: Schülein v. 10. 10. 1920; Kurt Tucholsky, Politische Texte, Reinbek 1971, S. 104; Kiehl, Alle Jahre wieder, S. 114.
4 Bundesarchiv Berlin, R 601, Nr. 17: anonym v. 1. 9. 1921; Nr. 20: Polizeibericht v. 13. 1. 1922.
5 Bayerisches Hauptstaatsarchiv München, Abt. II, MA 102386, Eingang 19. 8. 1922; Bundesarchiv Berlin, R 601 Nr. 36: Fritz Castner v. 26. 2. 1925; Nr. 379: Luise Sauerteig v. 10. 3. 1932; Nr. 380: Margot Oppenheim v. 10. 3. 1932.
6 Christopher Clark, Von Zeit und Macht. Herrschaft und Geschichtsbild vom Großen Kurfürsten bis zu den Nationalsozialisten, München 2018, S. 189–229.
7 Rudolf Heinrich Appel, Heißer Boden. Stadtentwicklung und Wohnprobleme, Frankfurt 1974, S. 40 f.; Reichardt, Authentizität, S. 498–571.
8 Karl Korn, Heimisch sein, in: FAZ v. 12. 8. 1975, S. 15. Zur Denkmalschutz-Bewegung Tobias Becker, Rückkehr der Geschichte?, in: Fernando Esposito (Hg.), Zeitenwandel, Göttingen 2017, S. 93–117.
9 Ina-Maria Greverus, Auf der Suche nach Heimat, München 1979, S. 106 ff.
10 Zweig, Dinge, S. 1; ders., Die Welt von Gestern. Erinnerungen eines Europäers [1942], Frankfurt 1949; ders., Briefe 1932–1942, Frankfurt 2005, S. 345. Auch der liberale Theologe Ernst Troeltsch führte 1918 »unsere heutige Schätzung

Anmerkungen 469

des Biedermeierstils und seiner Möbel« auf das »Bedürfnis nach Beruhigung« zurück (Ernst Troeltsch, Deutscher Geist und Westeuropa, hg. v. Hans Baron, Tübingen 1925, S. 171).

11 »Jene Sehnsucht nach den alten Tagen ...«, in: Der Spiegel v. 19.1.1973, S. 86–99; Greverus, Suche, S. 171ff., Scharnowski, Heimat, S. 146ff.
12 https://www.ikea.com/ch/de/ideas/vintage-einrichtungsideen-ikea-bestseller-pubbd4e0881
13 Thomas Ahbe, Ostalgie, Erfurt 2016.
14 Jan Fleischhauer, »Ick will meine Ruhe wieder«, in: DER SPIEGEL v. 4.5.1992, S. 117–124.
15 Andrea Röpke u. Andreas Speit, Völkische Landnahme. Alte Sippen, junge Siedler, rechte Ökos, Berlin 2019.

Scham

1 Süddeutsche Zeitung v. 11.10.2019, S. 1.
2 Meyers Großes Konversations-Lexikon, 6. Aufl., Bd. 17, Leipzig 1909, S. 621, 688; ebd., 9. Aufl., Bd. 20, 1977, S. 820; Brockhaus-Enzyklopädie, 19. Aufl., Bd. 19, Mannheim 1992, S. 281; ebd., 21. Aufl., Bd. 21, 2006, S. 153.
3 Thomas Eitz u. Georg Stötzel, Wörterbuch der »Vergangenheitsbewältigung«, Hildesheim 2007, S. 383.
4 Ulrike Weckel, Beschämende Bilder. Deutsche Reaktionen auf alliierte Dokumentarfilme über befreite Konzentrationslager, Stuttgart 2012, S. 13–18, 371f.
5 Helmut Peitsch, »Verordneter Antifaschismus«, in: Clare Flanagan u. Stuart Taberner (Hg.), 1949/1989, Amsterdam 2000, S. 1–26, bes. S. 2f.; Heidrun Kämper, Der Schulddiskurs in der frühen Nachkriegszeit, Berlin 2005, S. 296ff.
6 Erwin Strittmatter, Nachrichten aus meinem Leben. Aus den Tagebüchern 1954–1973, Berlin 2012, S. 333; Christa Wolf, Kindheitsmuster, Berlin 1976; Ralph Giordano, Der verordnete Antifaschismus, in: ders., Die zweite Schuld oder Von der Last, Deutscher zu sein, Hamburg 1987, S. 215–228.
7 Peter Hurrelbrink, Der 8. Mai 1945 – Befreiung durch Erinnerung, Bonn 2005, S. 93; Matthias Rensing, Geschichte und Politik in den Reden der deutschen Bundespräsidenten 1949–1984, Münster 1996, S. 40; Gabriele Kammerer, Aktion Sühnezeichen Friedensdienste, Göttingen 2008; Anton Legerer, Tatort: Versöhnung, Leipzig 2011; Corinna Felsch, Reisen in die Vergangenheit? Westdeutsche Fahrten nach Polen 1970–1990, Berlin 2015, Kap. 2.
8 Franz Böhm, Wie besiegen wir die Trägheit der Herzens?, in: FAZ v. 13.1.1955, S. 2.
9 Hans Günter Hockerts, Wiedergutmachung in Deutschland, in: Vierteljahrshefte für Zeitgeschichte 49 (2001), S. 167–214; Constantin Goschler, Schuld und Schulden. Die Politik der Wiedergutmachung für NS-Verfolgte seit 1945, Göttingen 2005; Deutschland-Archiv 23 (1990), S. 794.

10 Eitz/Stötzel, Wörterbuch, S. 388.
11 http://www.bundespraesident.de/SharedDocs/Reden/DE/Richard-von-Weizsaecker/Reden/1985/05/19850508_Rede.html
12 Von »Wertbild« sprach 1913 der Philosoph Max Scheler; es sei die Voraussetzung für Scham, die er deshalb auch zur »Sphäre der *Selbst-Gefühle*« rechnete (Max Scheler, Über Scham und Schamgefühl, in: ders., Schriften aus dem Nachlaß, Bd. 1, 2. Aufl., Bern 1957, S. 66–154, hier 149, 78).
13 Marcuse, Sensibilität, S. 44 f.
14 1976 erschien die deutsche Übersetzung des Buches *Die Scham ist vorbei* der Niederländerin Anja Meulenbelt im Münchner Verlag Frauenoffensive. 1995 wurde die 16. Auflage des feministischen Klassikers gedruckt. Scheler sah 1913 die »Leibesscham« bei Frauen als »von Hause aus« gegeben an und verwies damit auf den prägenden Einfluss der familialen Sozialisation; zugleich sei sie aber auch eine »Natur«-Tatsache (Scheler, Scham, S. 83, 145 f.).
15 Handwörterbuch für den Deutschen Volksschullehrer, hg. v. E. Petzold, Dresden 1874, S. 149 f.; Pädagogische Real-Encyclopädie, Bd. 2, Grimma 1847, S. 556; Encyklopädisches Handbuch der Pädagogik, hg. v. Wilhelm Rein, Bd. 6, Langensalza 1899, S. 64; Der Große Herder, 5. Aufl., Bd. 8, Freiburg 1956, Sp. 181.
16 Amerikanische Stimmen waren z. B. Eric Hoffer, Long Live Shame! in: The New York Times v. 18.10.1974 (Hoffer war ein bekannter Moralphilosoph) oder der New Yorker Psychoanalytiker Henry Lowenfeld, Notes on Shamelessness, in: The Psychoanalytic Quarterly 45 (1976), S. 62–72. S. auch Ulrich Greiner, Schamverlust, Reinbek 2014, S. 43 ff.
17 Philip Streit, Coolness, Scham und Wut bei Jugendlichen, Berlin 2019.
18 Meredith Haaf, Kinderscham statt Kinderschar, in: Süddeutsche Zeitung v. 13.9.2019, S. 13.
19 Scheler, Scham, S. 83.

Solidarität

1 https://www.bundeskanzlerin.de/bkin-de/aktuelles/merkel-zu-corona-1729780
2 Wolfgang Schieder, Brüderlichkeit, in: Geschichtliche Grundbegriffe, hg. v. Otto Brunner u. a., Bd. 1, Stuttgart 1972, S. 552–581, hier 579. Meyers neues Konversations-Lexikon kannte 1867 nur das Adjektiv »solidarisch« (2. Aufl., Bd. 14, S. 713).
3 Schieder, Brüderlichkeit, S. 560–565.
4 Joachim Heinrich Campe, Wörterbuch zur Erklärung und Verdeutschung der unserer Sprache aufgedrungenen fremden Ausdrücke, Bd. 2, Braunschweig 1801, S. 375.
5 Louise Otto, Sendschreiben an alle »Verbrüderten« [1848], in: »Dem Reich der Freiheit werb' ich Bürgerinnen«. Die Frauen-Zeitung von Louise Otto, hg. v. Ute Gerhard u. a., Frankfurt 1980, S. 57 f.

Anmerkungen 471

6 Schieder, Brüderlichkeit, S. 575; Christiane Eisenberg, Frühe Arbeiterbewegung und Genossenschaften, Bonn 1985; Klaus Novy u. Michael Prinz, Illustrierte Geschichte der Gemeinwirtschaft, Berlin 1985, S. 22.
7 Heinrich Pesch, Solidarismus, in: Stimmen aus Maria-Laach. Katholische Blätter, Bd. 63, Freiburg 1902, S. 38–60, 307–324; Oswald von Nell-Breuning, Baugesetze der Gesellschaft. Solidarität und Subsidiarität, Freiburg 1990. S. dazu Jonas Hagedorn, Oswald von Nell-Breuning SJ. Aufbrüche der katholischen Soziallehre in der Weimarer Republik, Paderborn 2018.
8 Michael Wildt, »Volksgemeinschaft«, Version: 1.0, in: Docupedia-Zeitgeschichte, 3.6.2014, URL: http://docupedia.de/zg/Volksgemeinschaft?oldid=125622
9 Bundesarchiv Berlin, R 601, Nr. 370: Richard Walter v. 12.2.1919; Antwort v. 22.2.1919; Nr. 378: Theodor Kretschmann v. 20.2.1932; Breucker v. 2.3.1932; Nr. 380: Wolf von Waldenburg v. 10.3.1932.
10 Goebbels, Tagebücher, T. I, Bd. 2, S. 408, 413–415.
11 Tilla Siegel, Leistung und Lohn in der nationalsozialistischen »Ordnung der Arbeit«, Berlin 1989, S. 62–124; Ute Frevert, Die kasernierte Nation. Militärdienst und Zivilgesellschaft in Deutschland, München 2001, S. 318–322.
12 Norbert Frei, 1945 und wir. Das Dritte Reich im Bewußtsein der Deutschen, München 2005, S. 107–128; Eckhard Hansen, Wohlfahrtspolitik im NS-Staat, Augsburg 1991.
13 Hans-Walter Schmuhl, Rassenhygiene, Nationalsozialismus, Euthanasie. Von der Verhütung zur Vernichtung ›lebensunwerten Lebens‹, 1890–1945, 2. Aufl., Göttingen 1992, Zitate S. 86, 175; Christine Vanja (Hg.), Euthanasie in Hadamar, Kassel 1991, S. 20, 205.
14 Aufruf zum 1. Mai »An das ganze deutsche Volk!«, in: Berliner Morgenpost v. 25.4.1933, S. 1.
15 Gottfried Korff, Hand, in: 13 Dinge. Form, Funktion, Bedeutung, Stuttgart 1992, S. 51–62; Thomas Ahbe u. a., Der Handschlag, in: Wolfgang Schmale (Hg.), Herausforderungen, Bochum 2005, S. 305–337.
16 https://www.volkssoli-dresden.de/ueber-uns/geschichte; Neue Zeit v. 23.4.1972, S. 1.
17 Werner Schmidt, Metamorphosen des Betriebskollektivs, in: Soziale Welt 46 (1995), S. 305–325, Zitat 309; Stolz aufs eigene Leben, in: DER SPIEGEL v. 3.7.1995, S. 40–52, hier S. 41, 49.
18 Sophie Lorenz, »Heldin des anderen Amerikas«. Die DDR-Solidaritätsbewegung für Angela Davis, 1970–1973, in: Zeithistorische Forschungen/Studies in Contemporary History, Online-Ausgabe, 10 (2013), H. 1, URL: https://zeithistorische-forschungen.de/1-2013/4590, DOI: https://doi.org/10.14765/zzf.dok-1561, Druckausgabe: S. 38–60.
19 Suckut, Volkes Stimmen, S. 167–170, 230–232, 295, 315, 228.

20 Frank Bösch u. a. (Hg.), Internationale Solidarität. Globales Engagement in der Bundesrepublik und der DDR, Göttingen 2018.
21 https://www.insm.de/insm/presse/pressemeldungen/umfrage-chancen-wichtiger-als-verteilungsgerechtigkeit; https://www.welt.de/politik/deutschland/article184347238/Umfrage-Mehrheit-der-Deutschen-will-Hartz-IV-Sanktionen-beibehalten.html
22 Kiehl, Alle Jahre wider, S. 185.

Stolz

1 Hier stehe ich, der Wähler helfe mir, in: DER SPIEGEL v. 13.11.1972, S. 25–38, hier S. 38.
2 Troeltsch, Geist, S. 209 f.
3 Kolnai, Ekel, Hochmut, Haß, S. 70.
4 Brockhaus' Konversations-Lexikon, 14. Aufl., Bd. 5, Leipzig 1892, S. 958; Meyer, 6. Aufl., Bd. 19, 1909, S. 60; Der Große Brockhaus, 16. Aufl., Bd. 11, Wiesbaden 1957, S. 252; Brockhaus Enzyklopädie, 17. Aufl., Bd. 18, Wiesbaden 1973, S. 161.
5 Kolnai, Ekel, Hochmut, Haß, S. 67 f.; Scheler, Ressentiment, S. 13. Für Scheler basierte Stolz auf »Relationserfassung« und einem Mangel an natürlichem Selbstbewusstsein. Zur »Relationswertung« S. 15. Ähnlich wie Kolnai sah Nicolai Hartmann 1925 Demut und Stolz aneinander gebunden: Stolz ohne Demut kippe zum Hochmut, Demut ohne Stolz zur »Selbsterniedrigung« (Ethik, S. 477).
6 Scheler, Scham, S. 81 f. Ob auch Schüler auf ihren Lehrer, ein Kind auf seine Eltern oder eine Ehefrau auf ihren Mann stolz sein konnten, ließ Scheler offen. Vermutlich ging er wie viele seiner Zeitgenossen davon aus, dass Prägungen – und der Stolz darauf – nur in eine Richtung stattfanden.
7 Ebhardt, Der gute Ton, S. 284 f.
8 Theodor Lange, Mannesstolz vor Königsthronen, in: ders., Werde ein Mann, 10. Aufl., Berlin 1917, S. 219–223. Die erste Auflage erschien 1891 und richtete sich an Lehrlinge.
9 Bundesarchiv Berlin, NS 51, Nr. 75: Hermann Engelhardt v. 20.4.1935.
10 Ebd., R 601, Nr. 380: Otto Klünder (Timmendorfer Strand) v. 11.3.1932.
11 Ebd., NS 51, Nr. 51/1: Emma Röttger v. 7.4.1930; R 601, Nr. 380: Maria Scherger v. 11.3.1932; Arthur Peuter o.D., vermutlich ebenfalls 11.3.1932.
12 Ebd., NS 51, Nr. 53: Emmy Spieske v. 15.2.1933; Nr. 72: Carl Meyer v. 18.4.1933; Nr. 75: Hedwig Elbers v. 19.4.1935; Nr. 71: L. Hummel v. 14.9.1938; anon. v. 28.9.1938.
13 Ebd., Nr. 71: Piero Bracci v. 13.12.1936.
14 Kirek, Heimatkundeunterricht [1938], in: Sösemann, Propaganda, Bd. 2, S. 1277.
15 Walter Friedrich u. Hartmut Griese (Hg.), Jugend und Jugendforschung in der DDR, Opladen 1991, S. 144; Kowalczuk, Übernahme, S. 10.

16 Suckut, Volkes Stimmen, S. 166. Als das Emnid-Institut 1995 Ostdeutsche zur DDR-Nostalgie befragte, bejahte eine Dreiviertelmehrheit die Aussage, »ich kann stolz sein auf mein Leben in der DDR, weil ich das Beste daraus gemacht habe und mich mit dem Regime nur soweit eingelassen habe, wie es nicht zu vermeiden war«. Stolz auf die DDR *per se* war den meisten fremd (DER SPIEGEL v. 3.7.1995, S. 40–52).
17 Martin Wörner, Made in Germany – Made in GDR, in: Haus der Geschichte der Bundesrepublik Deutschland (Hg.), Krauts – Fritz – Piefkes …? Deutschland von außen, Bonn 1999, S. 74–81, v. a. 79 ff.
18 Berliner Zeitung v. 9.10.1989, S. 7.
19 Friedrich/Griese, Jugend, S. 131–134, 138–149; Peter Förster, Die Entwicklung des politischen Bewußtseins der DDR-Jugend zwischen 1966 und 1989, in: Walter Friedrich u. a. (Hg.), Das Zentralinstitut für Jugendforschung Leipzig 1966–1990, Berlin 1999, S. 70–165.
20 Kiehl, Alle Jahre wieder, Zitat S. 388.
21 Elisabeth Noelle-Neumann, Nationalgefühl und Glück, in: dies. u. Renate Köcher, Die verletzte Nation, Stuttgart 1987, S. 17–71.
22 Dolf Sternberger (Hg.), Reden der deutschen Bundespräsidenten Heuss/Lübke/Heinemann/Scheel, München 1979, S. 5–10.
23 Zu den Umfrageergebnissen von 1951 und 1981 Thomas Petersen, Ein Volk kommt zur Ruhe, in: FAZ v. 28.1.2015, S. 8. Dass man sie nicht überbewerten darf und vor allem bei der Unterscheidung zwischen einem »patriotischen« und einem »nationalistischen« Nationalstolz den jeweiligen Kontext mitberücksichtigen muss, zeigt die Nachanalyse von Jürgen Fleiß u. a., Nationalstolz zwischen Patriotismus und Nationalismus?, in: Berliner Journal für Soziologie 19 (2009), S. 409–434; Kiehl, Alle Jahre wieder, Zitat S. 338.
24 Maiken Umbach, Made in Germany, in: Étienne François u. Hagen Schulze (Hg.), Deutsche Erinnerungsorte, Bd. 2, München 2001, S. 405–418; Wörner, Made, S. 74–78; David Head, Made in Germany. The Corporate Identity of a Nation, London 1992.
25 Heinz Reif, »Ein seltener Kreis von Freunden«. Arbeitsprozesse und Arbeitserfahrungen bei Krupp 1840–1914, in: Klaus Tenfelde (Hg.), Arbeit und Arbeitserfahrung in der Geschichte, Göttingen 1986, S. 51–91, bes. 68; Klaus Tenfelde (Hg.), Bilder von Krupp, München 1994, passim; Alf Lüdtke, »Deutsche Qualitätsarbeit« (Interview), in: Marc Buggeln u. Michael Wildt (Hg.), Arbeit im Nationalsozialismus, München 2014, S. 373–401; Ralf Stremmel, Identität, Stolz und Selbstbewusstsein. Erinnerungsort Kruppianer, in: Stefan Berger u. a. (Hg.), Zeit-Räume Ruhr, Essen 2019, S. 327–344.
26 Knut Hickethier u. a. (Hg.), Das Deutsche Auto. Volkswagenwerbung und Volkskultur, Gießen 1974, S. 53, 105, passim.

27 https://www.wissenschaft.de/umwelt-natur/warum-laechelnde-maenner-alleine-bleiben/
28 Monika Wienfort, Der Adel in der Moderne, Göttingen 2006, S. 153–164; Michael Seelig, Alltagsadel. Der ehemalige ostelbische Adel in der Bundesrepublik Deutschland 1945/49–1975, Köln 2015, S. 152 ff., 506 ff.
29 Frank Niggemeier, Gay Pride. Schwules Selbstbewußtsein aus dem Village, in: Bernd Polster (Hg.), Westwind, Köln 1995, S. 179–186; Craig Griffiths, Sex, Shame and West German Gay Liberation, in: German History 34 (2016), S. 445–467.
30 Jochen Oltmer u. a. (Hg.), Das »Gastarbeiter«-System, München 2012, hier v. a. die Artikel von Oliver Trede, Misstrauen, Regulation und Integration. Gewerkschaften und ›Gastarbeiter‹ in der Bundesrepublik in den 1950er bis 1970er Jahren (S. 183–197); Dietrich Thränhardt u. Jenni Winterhagen, Der Einfluss der katholischen Migrantengemeinden auf die Integration südeuropäischer Einwanderergruppen in Deutschland (S. 199–215); Anna Caroline Cöster, Duisburg-Marxloh (S. 217–231).
31 https://www.deutschlandfunk.de/tuerkei-wahlen-warum-stimmen-deutsch tuerken-fuer-erdogan.1769.de.html?dram:article_id=419845
32 Petersen, Volk, S. 8.
33 Kiehl, Alle Jahre wieder, S. 141. Lübke warb damals, ähnlich wie Heuss 1949, für einen »maßvollen« Gebrauch solcher »äußeren Zeichen innerer Verbundenheit«.
34 Victoria Schwenzer u. Nicole Selmer, Fans und Migration, in: Jochen Roose u. a. (Hg.), Fans, 2. Aufl., Berlin 2017, S. 343–366.
35 https://www.facebook.com/AfDLimburg/posts/heimatliebe-und-nationalstolz liebe-zur-heimat-und-die-damit-tiefverwurzelte-verb/369620659829054/; Gabriele Kämper, Von der Selbstbewussten Nation zum nationalen Selbstbewusstsein, in: WerkstattGeschichte 37 (2004), S. 64–79. Zu den »dunklen Kapiteln« s. auch die »Vogelschiss«-Rede des AfD-Vorsitzenden Alexander Gauland von 2018: https://www.afdbundestag.de/wortlaut-der-umstrittenen-passage-der-rede-von-alexander-gauland/
36 https://www.bundesregierung.de/breg-de/service/bulletin/rede-von-bundes praesident-dr-frank-walter-steinmeier-1581388. Zum 75. Jahrestag des Kriegsendes sprach Steinmeier am 8. Mai 2020 davon, man könne Deutschland aus besagten Gründen »nur mit gebrochenem Herzen lieben« (FAZ v. 9. 5. 2020, S. 2).

Trauer

1 Manuskript im Besitz der Enkelin Maria Kublitz-Kramer, Bielefeld. Vgl. auch Dorothee Wierling, Eine Familie im Krieg. Leben, Sterben und Schreiben 1914–1918, Göttingen 2013; Gunilla Budde, Feldpost für Elsbeth. Eine Familie im Ersten Weltkrieg, Göttingen 2019.

2   Bayerisches Hauptstaatsarchiv München, III Geh. Hausarchiv, Kabinettsakten Ludwig III, Nr. 71: Erlass Wilhelms II. v. 7.8.1914; Michael von Faulhaber an König Ludwig v. 6.8.1914.
3   Gabriele Reuter, Was fordert der Krieg von den Frauen?, in: Der Tag v. 26.8.1914.
4   Käthe Kollwitz, Die Tagebücher, hg. v. Jutta Bohnke-Kollwitz, Berlin 1989, S. 158, 192, 177; dies., Briefe an den Sohn 1904 bis 1945, hg. v. Jutta Bohnke-Kollwitz, Berlin 1992, S. 239 f.
5   Kollwitz, Tagebücher, S. 690, 698.
6   Ebd., S. 609, 684, 686, 923. Zur Neuen Wache Peter Reichel, Politik mit der Erinnerung, München 1995, S. 231–246. Zur Entstehungs- und Aufstellungsgeschichte der Skulpturen Hannelore Fischer (Hg.), Käthe Kollwitz, Die trauernden Eltern, Köln 1999.
7   Alexandra Kaiser, Von Helden und Opfern. Eine Geschichte des Volkstrauertags, Frankfurt 2010, S. 27 ff., 61 ff., 76.
8   Ebd., S. 182.
9   Klemperer, LTI, S. 130–132 (über Traueranzeigen und ihre nach »Wärmegraden des Nazismus« differenzierten Formulierungen); Oliver Schmitt u. Sandra Westenberger, Der feine Unterschied im Heldentod, in: Götz Aly (Hg.), Volkes Stimme, Frankfurt 2006, S. 96–115; Bundesarchiv Berlin, NS 51, Nr. 39: Emilie Weinbrenner v. 8.9.1943; Klaus Latzel, Deutsche Soldaten – nationalsozialistischer Krieg?, Paderborn 1998, S. 265; Utz Jeggle, In stolzer Trauer. Umgangsformen mit dem Kriegstod während des 2. Weltkriegs, in: ders. u. a. (Hg.), Tübinger Beiträge zur Volkskultur, Tübingen 1986, S. 242–259.
10 Latzel, Soldaten, S. 263; Bundesarchiv Berlin, NS 51, Nr. 39: Franz Schädle v. 6.3.1943; Rundbriefe der Kameraden der Dietrich-Eckart-Schule, hektographiertes Manuskript, im Besitz der Autorin (mit Dank an Helmuth Reese): Nr. 9 (Neujahr 1943), S. 3; Nr. 13 (Januar 1944), S. 2 f.; Nr. 17 (Januar 1945), S. 4.
11 Ebd., Nr. 10 (März 1943), S. 1; Nr. 13 (Januar 1944), S. 1.
12 https://www.drk-suchdienst.de/de/angebote/zweiter-weltkrieg/schwerpunkte/verschollene-des-zweiten-weltkriegs; Henning V. Orlowski u. a., Psychologie der Vermissung am Beispiel der Kinder von vermissten deutschen Soldaten des Zweiten Weltkriegs, in: Zeitschrift für Psychosomatische Medizin und Psychotherapie 59 (2013), S. 189–197.
13 Der Große Brockhaus, 16. Aufl., Bd. 11, Wiesbaden 1957, S. 603; Brockhaus Enzyklopädie, 17. Aufl., Bd. 18, Wiesbaden 1973, S. 826; Meyers Großes Konversations-Lexikon, 6. Aufl., Bd. 19, Leipzig 1909, S. 676 f.; Meyers enzyklopädisches Lexikon, 9. Aufl., Bd. 23, Mannheim 1978, S. 665.
14 Angelika Linke, Trauer, Öffentlichkeit und Intimität. Zum Wandel der Textsorte ›Todesanzeige‹ in der zweiten Hälfte des 20. Jahrhunderts, in: Ulla Fix u. a. (Hg.), Zur Kulturspezifik von Textsorten, Tübingen 2001, S. 195–223.
15 Erhard Eppler, Spannungsfelder, Stuttgart 1968, S. 71–76; Meinhold Lurz, Krie-

gerdenkmäler in Deutschland, Bd. 6, Heidelberg 1987, S. 515; Kaiser, Helden, S. 210 ff.
16 Reichel, Politik, S. 240 ff.
17 Thomas E. Schmidt u. a., Nationaler Totenkult: Die Neue Wache, Berlin 1995; Michael Jeismann (Hg.), Mahnmal Mitte, Köln 1999; Christoph Stölzl (Hg.), Die Neue Wache Unter den Linden, Berlin 1993.
18 Kaiser, Helden, S. 409.
19 Volker Ackermann, Staatsbegräbnisse in Deutschland von Wilhelm I. bis Willy Brandt, in: Étienne François u. a. (Hg.), Emotion und Nation, Göttingen 1995, S. 252–273; Kessler, Tagebücher, S. 339–341 (zu Stresemanns Begräbnis S. 630 ff.)
20 Bundesarchiv Berlin, R 601, Nr. 36; Nr. 37: Wilhelm Schauer v. 18. 3. 1925; Agnes Radloff v. 11. 3. 1925.
21 Neues Deutschland v. 8. u. 10. 3. 1953, S. 1.
22 Berliner Zeitung v. 8. u. 9. 9. 1960, S. 1.
23 Bulletin des Presse- und Informationsamtes der Bundesregierung v. 26. 2. 1960, S. 1; FAZ v. 29. 2. 1960; Clemens Heitmann, Vor 50 Jahren: Tragödie in Zwickau, in: Sächsisches Archivblatt, H. 1, 2010, S. 24–27; Ackermann, Staatsbegräbnisse, S. 256 f.
24 Berliner Zeitung v. 26. 2. 1960, S. 1; Neues Deutschland v. 28. 2. 1960, S. 1.
25 Berliner Zeitung v. 5. 11. 1963, S. 1 u. 8. 11. 1963, S. 2; Neues Deutschland v. 28. 10. 1963, S. 1.
26 https://www.tagesspiegel.de/politik/attentat-in-berlin-linke-fordern-staatsakt-fuer-anschlagsopfer/19241184.html.
27 Andreas Maercker u. Mareike Augsburger, Psychotraumatologie, in: Nervenarzt (2017), DOI 10.1007/s00115-017-0363-6.

Vertrauen

1 Bayerisches Hauptstaatsarchiv München, Staatskanzlei Nr. 12153: T. Aicher (Stuttgart) v. 20. 11. 1977; Jörg Bornebusch (Gut Wahrberg) v. 27. 1. 1977; Annemarie Herterich (München) v. 11. 2. 1977; Johannes Lorenzer (Thansau) v. 30. 1. 1977; Barbara Lang (Altenberg) v. 1. 2. 1977; Servatius Maeßen v. 2. 3. 1977.
2 Der Große Brockhaus, 16. Aufl., Bd. 12, Wiesbaden 1957, S. 173; Brockhaus Enzyklopädie, 17. Aufl., Bd. 19, Wiesbaden 1974, S. 574.
3 Erik H. Erikson, Kindheit und Gesellschaft [engl. 1950], Zürich 1957, S. 231. Erikson wies auch darauf hin, dass Vertrauen durch die verlässliche Pflege der Mutter (von Vätern war damals nicht die Rede) gebildet werde und dem Kind seinerseits »ein starkes Gefühl von persönlicher Zuverlässigkeit« vermittle.
4 Simmel, Soziologie, S. 389, 393 f.
5 Der Bosch-Zünder, 1. Jg., H. 2, v. 5. 4. 1919, S. 1.

Anmerkungen 477

6 Ute Frevert, Vertrauensfragen, München 2013, S. 132 ff.
7 Jürgen Schlegelmilch, VW. Er läuft und läuft und läuft ... Vier Jahrzehnte VW-Werbung, Königswinter 2006, S. 25; Hickethier, Das Deutsche Auto, S. 162 f., 247.
8 Lutz Berthold, Das konstruktive Misstrauensvotum und seine Ursprünge in der Weimarer Staatsrechtslehre, in: Der Staat 36 (1997), S. 81–94.
9 Hugo Preuß, Das Verfassungswerk von Weimar (1919), in: ders., Gesammelte Schriften, Bd. 4, hg. v. Detlef Lehnert, Tübingen 2008, S. 87–93, Zitate 91.
10 Eduard Heilfron (Hg.), Die deutsche Nationalversammlung im Jahre 1919, Bd. 5, Berlin 1921, S. 3156.
11 Ebd., S. 3195; Meinecke, Verfassung, S. 291; Max Weber, Zur Neuordnung Deutschlands. Schriften und Reden 1918–1920, Tübingen 1988, S. 129; Preuß, Verfassungswerk, S. 91.
12 Ursachen und Folgen, hg. v. Herbert Michaelis u. a., Bd. 6, Berlin 1961, S. 278–280.
13 Ute Frevert u. Ulrich Schreiterer, Treue – Ansichten des 19. Jahrhunderts, in: Manfred Hettling u. Stefan-Ludwig Hoffmann (Hg.), Der bürgerliche Wertehimmel, Göttingen 2000, S. 217–256, v. a. 243 ff.
14 Bayerisches Hauptstaatsarchiv München, Abt. II, MA Nr. 102378: o. D., anonym; Gustav Roethe, Deutsche Reden, Leipzig 1927, S. 44 f.; ders., Die Hohenzollern-Bilder und die deutsche Treue, in: Deutscher Volkswart 4 (1919), S. 148–156.
15 Bundesarchiv Berlin, R 601, Nr. 378: Hugo Dornhofer v. 18. 2. 1932; B. Jost v. 20. 2. 1932; Karl Geisler v. 15. 2. 1932; Annie Engers v. 18. 2. 1932; Nr. 380: A. Thaden v. 11. 3. 1932.
16 Ebd., Nr. 379: Fritz Weber v. 19. 3. 1932; Minna Streich v. 7. 3. 1932; Grete Domforde v. 6. 3. 1932; Nr. 380: Frau Klustin v. 12. 3. 1932; Hermann Weiß v. 10. 3. 1932.
17 Ebd., NS 51, Nr. 51/1: Ingenieur Roth v. 15. 9. 1930; Ortsgruppe Rosenheim v. 9. 7. 1930; Eugen Rog v. 8. 10. 1930; Nr. 75: Fanny Caspari v. 19. 4. 1935; Hildegard Murschhauser v. Sept. 1936; Nr. 71: Gerti Rehmann v. 27. 9. 1938; Friedel Hein v. 12. 3. 1936.
18 Herbert Krüger, Vertrauen als seelische Grundlage der Volksgemeinschaft, Heidelberg 1940, S. 3, 7, 13 f.; Klemperer, LTI, S. 122; Völkischer Beobachter, Wiener Ausgabe v. 21. 4. 1941, S. 1; ebd. v. 20. 4. 1945, S. 1 f.; Raphael Gross, »Treue« im Nationalsozialismus, in: Nikolaus Buschmann u. Karl Borromäus Murr (Hg.), Treue, Göttingen 2008, S. 253–273.
19 Klemperer, LTI, S. 111 ff., 161, 151, 254.
20 Gunilla Budde, Frauen der Intelligenz, Göttingen 2003, Zitat S. 24; Neues Deutschland v. 20. 6. 1953; Bertolt Brecht, Gesammelte Werke, Bd. 10, Frankfurt 1982, S. 1009 f.
21 Suckut, Volkes Stimme, S. 219, 423.

22 https://www.bib.bund.de/DE/Fakten/Fakt/F09-Zusammengefasste-Geburten ziffer-West-Ost-ab-1945.html; Annette F. Timm, The Politics of Fertility in Twentieth-Century Berlin, Cambridge 2010, S. 290 f.
23 Kiehl, Alle Jahre wieder, S. 78.
24 Thomas Mergel, Propaganda nach Hitler. Eine Kulturgeschichte des Wahlkampfs in der Bundesrepublik 1949–1990, Göttingen 2010, S. 64 ff., 72 ff., 108 ff.
25 https://www.zeit.de/online/2009/33/CDU-Wahlkampf-Plakate; https://www.tagesspiegel.de/politik/wahlkampf-kolumne-vertrauen-reicht-nicht/1576394.html
26 Klaus Schütz, Politik und politische Werbung, in: Die Neue Gesellschaft 4 (1957), S. 54–57; Daniela Münkel, Willy Brandt und die »Vierte Gewalt«. Politik und Massenmedien in den 50er bis 70er Jahren, Frankfurt 2005; Bernd Weisbrod (Hg.), Die Politik der Öffentlichkeit – Die Öffentlichkeit der Politik, Göttingen 2003.
27 https://www.welt.de/print-welt/article566830/Der-ganze-Kanzler-ist-ein-Quiz.html

Wut

1 https://archiv.berliner-zeitung.de/kultur/medien/-tv-kritik--hart-aber-fair--afd-chef-sieht-volksverraeter-rufe-als-gelebte-demokratie-24878520
2 Brockhaus' Konversations-Lexikon, 14. Aufl., Bd. 16, Leipzig 1895, S. 881; Der Große Brockhaus, 16. Aufl., Bd. 12, Wiesbaden 1957, S. 618; Brockhaus Enzyklopädie, 17. Aufl., Bd. 20, Wiesbaden 1974, S. 522; ebd., 19. Aufl., Bd. 24, Mannheim 1994, S. 379.
3 Ute Frevert, Zorn und Ehre – Eine geschlechterhistorische Perspektive, in: Helmut Ortner (Hg.), Zorn, Springe 2012, S. 49–61, Zitate S. 50.
4 Adolf von Trotha, Volkstum und Staatsführung, Berlin 1928, S. 150.
5 Allgemeiner Kongreß der Arbeiter- und Soldatenräte Deutschlands. Stenographische Berichte, Berlin 1919, ND Berlin 1973, S. 1 f., 24.
6 Bayerisches Hauptstaatsarchiv München, Abt. II, MA Nr. 102378: C. Reinhardt v. 9.11.1918.
7 Bundesarchiv Berlin, R 601, Nr. 17: anon. v. 1.9.1921.
8 Ludwig Ebermayer u. a., Reichs-Strafgesetzbuch mit besonderer Berücksichtigung der Rechtsprechung des Reichsgerichts, 3. Aufl., Berlin 1925, S. 638; Bundesarchiv Berlin, R 601, Nr. 19: Gerichtsprotokoll v. 11.2.1922.
9 Emil Julius Gumbel, Vier Jahre politischer Mord, Berlin 1922. S. dazu Christian Jansen, Emil Julius Gumbel. Portrait eines Zivilisten, Heidelberg 1991; Gotthard Jasper, Justiz und Politik in der Weimarer Republik, in: Vierteljahrshefte für Zeitgeschichte 30 (1982), S. 167–205.
10 Bundesarchiv Berlin, R 601, Nr. 19: Anklageschrift des Oberstaatsanwalts v. 30.10.1921.

11 Richard J. Evans (Hg.), Kneipengespräche im Kaiserreich. Stimmungsberichte der Hamburger Politischen Polizei 1892–1914, Reinbek 1989.
12 Eve Rosenhaft, Links gleich rechts? Militante Straßengewalt um 1930, in: Thomas Lindenberger u. Alf Lüdtke (Hg.), Physische Gewalt, Frankfurt 1995, S. 238–275; Sven Reichardt, Faschistische Kampfbünde, Köln 2002; Pamela E. Swett, Neighbors and Enemies: The Culture of Radicalism in Berlin, 1929–1933, Cambridge 2004; Molly Loberg, The Struggle for the Streets of Berlin: Politics, Consumption, and Urban Space, 1914–1945, Cambridge 2018.
13 Bundesarchiv Berlin, NS 51, Nr. 51/1: Heinrich Riepenberg v. 26. 9. 1930.
14 Reden des Führers 1936, S. 14.
15 Goebbels, Tagebücher, Teil 1, Bd. 6, 1998, S. 178–183; NS-Presseanweisungen der Vorkriegszeit, Bd. 6/III, München 1999, S. 1050; Der Prozeß gegen die Hauptkriegsverbrecher vor dem Internationalen Militärgerichtshof, Bd. IV, Nürnberg 1947, S. 79.
16 Nietzsche, Genealogie der Moral, S. 263 ff. Max Scheler hatte Ressentiment 1912 mit Groll übersetzt: »Das ›Grollen‹ ist ja solch dunkel durch die Seele wandelndes, verhaltenes und von der Aktivität des Ich unabhängiges Zürnen, das durch wiederholtes Durchleben von Haßintentionen oder anderen feindseligen Emotionen schließlich sich bildet und noch keine bestimmte feindliche Absicht enthält, wohl aber alle möglichen Absichten solcher Art in seinem Blute nährt« (Scheler, Ressentiment, S. 2 f.).
17 Meyers Lexikon, 7. Aufl., Bd. 10, Leipzig 1929, Sp. 223; ebd., 8. Aufl., Bd. 9, Leipzig 1942, Sp. 337.
18 Heuss, Briefwechsel, S. 184–186, 190–192.
19 Der Große Brockhaus, 16. Aufl., Bd. 9, Wiesbaden 1956, S. 691; Brockhaus Enzyklopädie, 19. Aufl., Bd. 18, Mannheim 1992, S. 320.
20 Stéphane Hessel, Empört Euch! Berlin 2011. Das französische Original erschien 2010 und verkaufte sich innerhalb der ersten vier Monate über eine Million Mal.
21 Suckut, Volkes Stimmen, S. 194, 207 ff., 361, 414. Ähnliche Reaktionen zwischen Trauer und Wut hatte die Selbstverbrennung des Pfarrers Brüsewitz 1976 ausgelöst.
22 Kai Hermann, Die Polizeischlacht von Berlin, in: DIE ZEIT v. 9. 6. 1967; Nicht zu fett, in: DER SPIEGEL v. 17. 7. 1967, S. 36–39.
23 Röhr, Frauen, Zitate S. 73, 89.
24 Peter Sloterdijk, Zorn und Zeit, Frankfurt 2006; Götz Kubitschek, Hygienefimmel und Thymos-Regulierung, in: Sezession 70 (2016), S. 10–13; Frankfurter Allgemeine Sonntagszeitung v. 10. 1. 2016, S. 4 (Interview mit Marc Jongen, der trotz des emphatischen Bekenntnisses zum Zorn auch »Wut« zu den »wichtigen Emotionen« der AfD zählt); Jensen, Zornpolitik, S. 118 ff.
25 https://www.spiegel.de/spiegel/a-724587.html; http://www.gfds.de/presse/pressemitteilungen/171210-wort-des-jahres-2010/

26 FAZ v. 13.10.2010, S. 4.
27 Scheler, Ressentiment, S. 9.
28 Petra Terhoeven, Die Rote Armee Fraktion, München 2017.
29 Kubitschek, Hygienefimmel, S. 13.

Zuneigung

1   https://www.gedenkorte-europa.eu/de_de/compiegne-rethondes.html; Goebbels, Tagebücher, Teil 1, Bd. 4, S. 213.
2   Paul Schmidt, Statist auf diplomatischer Bühne 1923–45, Bonn 1953, S. 80–92, 119 f., 123–127, 143 f., 163, 182–184, Zitat S. 190; Kessler, Tagebücher, S. 629.
3   Goebbels, Tagebücher, Teil 1, Bd. 2, S. 426 f.
4   Wolfgang Schieder, Adolf Hitler – Politischer Zauberlehrling Mussolinis, Berlin 2017, Zitate S. 64, 74–77, 36, 41; Christian Goeschel, Mussolini und Hitler. Die Inszenierung einer faschistischen Allianz, Berlin 2019.
5   Werner Jochmann (Hg.), Adolf Hitler. Monologe im Führer-Hauptquartier 1941–1944, Hamburg 1980, S. 246; Max Domarus, Hitler. Reden und Proklamationen 1932–1945, München 1965, Bd. 1.2, S. 831; Bd. 2.1, S. 1553; Bd. 1.1, S. 360. Seit dem »Anschluss« Österreichs 1938 teilten »Großdeutschland« und Italien die – bis dahin umstrittene – Grenze am Brenner Pass.
6   Wolfgang Michalka (Hg.), Das Dritte Reich, Bd. 2, München 1985, S. 116 ff.
7   Ebd., Zitate S. 355, 359 f.; Hermann Brill, Gegen den Strom [1946], Erfurt 1995, S. 100.
8   Freya von Moltke u. a., Helmuth James Graf von Moltke, 1907–1945, Berlin 1984, S. 185.
9   Brill, Gegen den Strom, S. 96–101, Zitate S. 100; Wolfgang Röll, Sozialdemokraten im Konzentrationslager Buchenwald 1937–1945, Göttingen 2000, S. 245–260.
10 Leitfaden für britische Soldaten in Deutschland 1944, Köln 2014, S. 5, 7, 56; Hajo Holborn, American Military Government, Washington 1947, S. 136: »You will strongly discourage fraternization between Allied troops and the German officials and population« (Direktive v. 28.4.1944).
11 Norman M. Naimark, Die Russen in Deutschland. Die Sowjetische Besatzungszone 1945–1949, Berlin 1999, S. 86 ff., Zitate 90, 97.
12 Jürgen Kuczynski, Die Durchsetzung der Freundschaftsidee zur Sowjetunion in unserem Volke, in: Beiträge zur Geschichte der Arbeiterbewegung 21 (1979), S. 678–681. Die größte DDR-Organisation war der Freie Deutsche Gewerkschaftsbund (FDGB) mit 9,6 Millionen Mitgliedern 1986.
13 Jan C. Behrends, Die erfundene Freundschaft, Köln 2006, S. 150 ff., Zitate S. 163, 200.
14 Suckut, Volkes Stimmen, S. 152, 160, 164 f.

Anmerkungen 481

15 Manfred Krug, Abgehauen, Düsseldorf 1998, S. 204.
16 Brigitte Reimann, Alles schmeckt nach Abschied. Tagebücher 1964–1970, Berlin 1998, S. 52 ff., Zitate S. 56, 58, 62, 74, 68. Ihr »privater Bericht« (S. 81) erschien 1965 unter dem Titel *Das grüne Licht der Steppen. Tagebuch einer Sibirienreise.*
17 Dies., Ich bedaure nichts. Tagebücher 1955–1963, Berlin 1997, S. 280 f.
18 Dmitri Zakharine, Von Angesicht zu Angesicht. Der Wandel direkter Kommunikation in der ost- und westeuropäischen Neuzeit, Konstanz 2005, S. 532–535; Carola Stern, Bruderkuß für Walter Ulbricht, in: DIE ZEIT v. 25.1.1963.
19 Suckut, Volkes Stimmen, S. 307; Teurer Genosse, S. 87–89.
20 Hannah Arendt, Wahrheit gibt es nur zu zweien. Briefe an die Freunde, hg. v. Ingeborg Nordmann, München 2013, S. 79.
21 Kiehl, Alle Jahre wieder, S. 41, 77; Die Kabinettsprotokolle der Bundesregierung, Bd. 5, Boppard 1989, S. 276.
22 Kiehl, Alle Jahre wieder, S. 41, 77.
23 Christina Norwig, Die erste europäische Generation. Europakonstruktionen in der Europäischen Jugendkampagne 1951–1958, Göttingen 2016, S. 71 ff.
24 https://www.br.de/mediathek/video/mit-bruderkuss-adenauer-und-de-gaulle-schliessen-elysee-vertrag-av:5a3c541d8f247a0018b76a43. S. dazu Corine Defrance u. Ulrich Pfeil (Hg.), Der Élysée-Vertrag und die deutsch-französischen Beziehungen 1945–1963–2003, München 2005.
25 Ulrich Lappenküper, Die deutsch-französischen Beziehungen 1949–1963, München 2001, v. a. S. 1710 ff.; Konrad Adenauer, Erinnerungen 1955–1959, Stuttgart 1967, S. 424 ff.; Charles de Gaulle, Memoiren der Hoffnung. Die Wiedergeburt 1958–1962, Wien 1971, S. 217 ff.; Hans-Peter Schwarz, Adenauer. Der Staatsmann: 1952–1967, Stuttgart 1991, S. 439 ff.
26 Karl Heinz Bohrer, Granatsplitter. Erzählung einer Jugend, München 2012, S. 279 ff., Zitat S. 284.
27 Ansbert Baumann, Begegnung der Völker? Der Elysée-Vertrag und die Bundesrepublik Deutschland, Frankfurt 2003, Zitat S. 262; Corine Defrance u. Ulrich Pfeil, 50 Jahre Deutsch-Französisches Jugendwerk, Berlin 2013; Hans Manfred Bock (Hg.), Deutsch-französische Begegnung und europäischer Bürgersinn. Studien zum Deutsch-Französischen Jugendwerk 1963–2003, Wiesbaden 2003.
28 https://www.dpjw.org/ueber-das-dpjw/; Adrian Gmelch, Jugendwerke in internationalen Versöhnungsprozessen, Hamburg 2017; Kiehl, Alle Jahre wieder, S. 232, 239; 40 deutsch-französische Geschichten, hg. v. Deutsch-Französischen Jugendwerk, Berlin 2005, S. 52 ff., 71 ff., 106 ff., 113 ff.
29 Baumann, Begegnung, S. 288 f.; Lucie Filipová, Erfüllte Hoffnung. Städtepartnerschaften als Instrument der deutsch-französischen Aussöhnung, 1950–2000, Göttingen 2015, S. 76 f., 112 ff. (dort auch Hinweise auf Freundschaftsverträge zwischen Städten in der DDR und westeuropäischen Ländern; zum Verhältnis Frankreich–DDR s. Ulrich Pfeil, Die »anderen« deutsch-fran-

zösischen Beziehungen. Die DDR und Frankreich 1949–1990, Köln 2004, v. a. S. 269 ff., 381 ff.); Städtepartnerschaften – den europäischen Bürgersinn stärken. Eine empirische Studie der Bertelsmann-Stiftung, Gütersloh 2018, Zitat S. 58.

30 Gesa Bluhm, Vertrauensarbeit. Deutsch-französische Beziehungen nach 1945, in: Ute Frevert (Hg), Vertrauen, Göttingen 2003, S. 365–393, Zitat S. 391.

31 FAZ v. 23. 4. 2020, S. 5.

32 Kristina Spohr, Wendezeit. Die Neuordnung der Welt nach 1989, München 2019, Zitat S. 775.

33 Hélène Miard-Delacroix, Ungebrochene Kontinuität. François Mitterand und die deutschen Kanzler Helmut Schmidt und Helmut Kohl 1981–1984, in: Vierteljahrshefte für Zeitgeschichte 47 (1999), S. 539–558, v. a. S. 546; Yuri van Hoef, Friendship in World Politics: Assessing the Personal Relationships between Kohl and Mitterrand, and Bush and Gorbachev, in: Journal of Friendship Studies 2 (2014), S. 62–82.

34 https://www.welt.de/politik/deutschland/article132514835/Es-gibt-eine-Million-Austausch-Babys.html; Ute Frevert, Eurovisionen, Frankfurt 2003, Zitat S. 154.

Literatur zum Weiterlesen

Allgemein

Aaron Ben Ze'ev, Die Logik der Gefühle, Frankfurt 2009
Charlotte Casiraghi u. Robert Maggiori, Archipel der Leidenschaften. Kleine Philosophie der großen Gefühle, München 2019
Christoph Demmerling u. Hilge Landweer (Hg.), Philosophie der Gefühle, Berlin 2007
Ute Frevert u. a., Gefühlswissen. Eine lexikalische Spurensuche in der Moderne, Frankfurt 2011
Ute Frevert, Vergängliche Gefühle, Göttingen 2013
Martin Hartmann, Gefühle. Wie die Wissenschaften sie erklären, 2. Aufl., Frankfurt 2010
Claudia Wassmann, Die Macht der Emotionen. Wie Gefühle unser Denken und Handeln beeinflussen, 2. Aufl., Darmstadt 2010

Angst

Frank Biess, Republik der Angst. Eine andere Geschichte der Bundesrepublik, Reinbek 2019
Joanna Bourke, Fear: A Cultural History, Emeryville 2006
Bernd Greiner u. a. (Hg.), Angst im Kalten Krieg, Hamburg 2009
Lars Koch (Hg.), Angst. Ein interdisziplinäres Handbuch, Stuttgart 2013
Jan Plamper u. Benjamin Lazier (Hg.), Fear Across the Disciplines, Pittsburgh 2012

Demut

Peter Bieri, Eine Art zu leben. Über die Vielfalt menschlicher Würde, München 2013
Ute Frevert, Die Politik der Demütigung. Schauplätze von Macht und Ohnmacht, Frankfurt 2017
Avishai Margalit, Politik der Würde. Über Achtung und Verachtung, Berlin 1997

Ehre
Dagmar Burkhart, Eine Geschichte der Ehre, Darmstadt 2006
Ute Frevert, Ehrenmänner. Das Duell in der bürgerlichen Gesellschaft, München 1991
Steffen K. Herrmann u. a. (Hg.), Verletzende Worte. Die Grammatik sprachlicher Missachtung, Bielefeld 2007
Winfried Speitkamp, Ohrfeige, Duell und Ehrenmord. Eine Geschichte der Ehre, Stuttgart 2010

Ekel
Valentin Groebner, Wer redet von der Reinheit? Eine kleine Begriffsgeschichte, Wien 2019
Aurel Kolnai, Der Ekel, in: ders., Ekel, Hochmut, Haß. Zur Phänomenologie feindlicher Gefühle, Frankfurt 2007, S. 7–65
Winfried Menninghaus, Ekel. Theorie und Geschichte einer starken Empfindung, Frankfurt 1999
Martha C. Nussbaum, Hiding from Humanity: Disgust, Shame, and the Law, Princeton 2004

Empathie
Aleida Assmann u. Ines Detmers (Hg.), Empathy and its Limits, Houndmills 2016
Fritz Breithaupt, Kulturen der Empathie, Frankfurt 2009
Susan Lanzoni, Empathy: A History, New Haven 2018

Freude
Sabine Donauer, Faktor Freude. Wie die Wirtschaft Arbeitsgefühle erzeugt, Hamburg 2015
Peter Reichel, Der schöne Schein des Dritten Reiches. Faszination und Gewalt des Faschismus, München 1991

Geborgenheit
Celia Applegate, A Nation of Provincials: The German Idea of Heimat, Berkeley 1990
Ina-Maria Greverus, Auf der Suche nach Heimat, München 1979
Jens Jäger, Heimat, Version: 1.0, in: Docupedia-Zeitgeschichte. 9.11.2017, URL: http://docupedia.de/zg/Jaeger_heimat_v1_de_2017?oldid=128264
Philipp Nielsen, Between Heimat and Hatred: Jews and the Right in Germany, 1871–1935, Oxford 2019
Susanne Scharnowski, Heimat. Geschichte eines Missverständnisses, Darmstadt 2019

Hass
Ingrid Brodnig, Hass im Netz, Wien 2016
Carolin Emcke, Gegen den Hass, Frankfurt 2016
Renate Kahle u. a. (Hg.), Hass. Die Macht eines unerwünschten Gefühls, Reinbek 1985
Aurel Kolnai, Versuch über den Haß, in: ders., Ekel, Hochmut, Haß. Zur Phänomenologie feindlicher Gefühle, Frankfurt 2007, S. 100–142

Hoffnung
Ernst Bloch, Das Prinzip Hoffnung, 3 Bde., Frankfurt 1974
Juliane Brauer, Zeitgefühle – Wie die DDR ihre Zukunft besang. Eine Emotionsgeschichte, Bielefeld 2020
Ingolf U. Dalferth, Hoffnung, Berlin 2016
Adrienne M. Martin, How We Hope: A Moral Psychology, Princeton 2014

Liebe
Günther Anders, Lieben gestern. Notizen zur Geschichte des Fühlens, München 1986
Dagmar Herzog, Die Politisierung der Lust. Sexualität in der deutschen Geschichte des zwanzigsten Jahrhunderts, München 2005
Eva Illouz, Warum Liebe weh tut. Eine soziologische Erklärung, Berlin 2011
Josie McLellan, Liebe, Sex und Sozialismus, Berlin 2019
Michael Taylor u. a. (Hg.), Not Straight from Germany. Sexual Publics and Sexual Citizenship since Magnus Hirschfeld, Ann Arbor 2017
Dorothee Wierling, Über die Liebe zum Staat – der Fall der DDR, in: Historische Anthropologie 8 (2000), S. 236–263

Neid
Berliner Debatte Initial 12 (2001), Heft 3
Sighard Neckel, Die Macht der Unterscheidung, Frankfurt 2000, S. 110–130
Frank Nullmeier, Politische Theorie des Sozialstaats, Frankfurt 2000
Nicole Schippers, Die Funktionen des Neides. Eine soziologische Studie, Marburg 2012

Neugier
Hermann Bausinger u. a. (Hg.), Reisekultur. Von der Pilgerfahrt zum modernen Tourismus, München 1991
Handbuch der deutschen Bildungsgeschichte, Bde. IV-VI, München 1991–1998
Elke Kleinau u. Claudia Opitz (Hg.), Geschichte der Mädchen- und Frauenbildung, Bd. 2: Vom Vormärz bis zur Gegenwart, Frankfurt 1996

Nostalgie

Tobias Becker, Rückkehr der Geschichte? Die »Nostalgie-Welle« in den 1970er und 1980er Jahren, in: Fernando Esposito (Hg.), Zeitenwandel, Göttingen 2017, S. 93–117

Juliane Brauer, Heidi's Homesickness, in: Ute Frevert u. a., Learning How to Feel: Children's Literature and Emotional Socialization, 1870–1970, Oxford 2014, S. 209–227

Thomas Dodman, What Nostalgia Was: War, Empire, and the Time of a Deadly Emotion, Chicago 2018

Rudy Koshar, Germany's Transient Pasts. Preservation and National Memory in the Twentieth Century, Chapel Hill 1998

Scham

Ulrich Greiner, Schamverlust. Vom Wandel der Gefühlskultur, Reinbek 2014

Andrea Köhler, Scham: Vom Paradies zum Dschungelcamp, Springe 2017

Sighard Neckel, Status und Scham, Frankfurt 1991

Scham – 100 Gründe, rot zu werden. Ausstellungskatalog, hg. v. Daniel Tyradellis für das Deutsche Hygiene-Museum Dresden, Göttingen 2016

Peter N. Stearns, Shame. A Brief History, Urbana 2017

Solidarität

Kurt Bayertz (Hg.), Solidarität, Frankfurt 1998

Frank Bösch u. a. (Hg.), Internationale Solidarität. Globales Engagement in der Bundesrepublik und der DDR, Göttingen 2018

Heinz Bude, Solidarität: Die Zukunft einer großen Idee, München 2019

Hermann-Josef Große Kracht u. a. (Hg.), Das System des Solidarismus, Berlin 2007

Gesa Reisz, Solidarität in Deutschland und Frankreich, Opladen 2006

Stolz

Aurel Kolnai, Der Hochmut, in: ders., Ekel, Hochmut, Haß, Frankfurt 2007, S. 66–99

Gabriele Taylor, Pride, Shame and Guilt, Oxford 1985

Trauer

Volker Ackermann, Nationale Totenfeiern in Deutschland. Von Wilhelm I. bis Franz Josef Strauß, Stuttgart 1990

Sabine Behrenbeck, Der Kult um die toten Helden. Nationalsozialistische Mythen, Riten und Symbole 1923 bis 1945, Vierow 1996

Alexandra Kaiser, Von Helden und Opfern. Eine Geschichte des Volkstrauertags, Frankfurt 2010

Peter Reichel, Politik mit der Erinnerung. Gedächtnisorte im Streit um die nationalsozialistische Vergangenheit, München 1995

Vertrauen

Nikolaus Buschmann u. Karl Borromäus Murr (Hg.), Treue. Politische Loyalität und militärische Gefolgschaft in der Moderne, Göttingen 2008

Ute Frevert, Vertrauensfragen. Eine Obsession der Moderne, München 2013

Michael Hartmann, Die Praxis des Vertrauens, Frankfurt 2011

Niklas Luhmann, Vertrauen. Ein Mechanismus der Reduktion sozialer Komplexität, 4. Aufl., Stuttgart 2000

Vertrauensfragen. Der Anfang der Demokratie im Südwesten 1918–1924. Katalog, hg. v. Haus der Geschichte Baden-Württemberg, Stuttgart 2018

Wut

Uffa Jensen, Zornpolitik, Berlin 2017

Martha Nussbaum, Zorn und Vergebung, Darmstadt 2017

Helmut Ortner (Hg.), Der Zorn. Eine Hommage, Springe 2012

Barbara H. Rosenwein, Anger: The Conflicted History of an Emotion, New Haven 2020

Martin Sabrow (Hg.), Skandal und Diktatur. Formen öffentlicher Empörung im NS-Staat und in der DDR, Göttingen 2004

Zuneigung

Andreas W. Daum, Kennedy in Berlin. Politik, Kultur und Emotionen im Kalten Krieg, Paderborn 2003

Corine Defrance, Tanja Herrmann u. Pia Nordblom (Hg.), Städtepartnerschaften in Europa im 20. Jahrhundert, Göttingen 2020

Simone Derix, Bebilderte Politik. Staatsbesuche in der Bundesrepublik 1949–1990, Göttingen 2009

Benjamin Feyen u. Ewa Krzaklewska (Hg.), The ERASMUS Phenomenon – Symbol of a New European Generation? Frankfurt 2013

Reinhild Kreis (Hg.), Diplomatie mit Gefühl. Vertrauen, Misstrauen und die Außenpolitik der Bundesrepublik Deutschland, Berlin 2015

Abbildungsnachweis

1. Bundesarchiv (BArch) Bild 183-W0911-501 (S. 10)
2. akg-images / AP (S. 11)
3. BArch Plak 002-027-020 / Hans Rieckhoff (S. 37)
4. Konrad-Adenauer-Stiftung e.V., Archiv für Christlich-Demokratische Politik, Plakatsammlung (S. 41)
5. picture alliance / dpa-Zentralbild (S. 46)
6. ÖNB/Wien, AW 880039 (S. 64)
7. picture alliance / dpa (S. 69)
8. Stadtgeschichtliches Museum Leipzig (S. 86)
9. akg-images (S. 87)
10. © Deutsches Historisches Museum/ S. Ahlers (S. 95)
11. bpk / Deutsches Historisches Museum (S. 97)
12. akg-images / picture-alliance / ZB (S. 117)
13. WikimediaCommons / Fotograf: Frank C. Müller (S. 118)
14. © Bundesregierung / Heiko Specht, Signatur: B 145 Bild-00049006 (S. 122)
15. BArch Bild 183-M0319-0315 (S. 126)
16. bpk (S. 135)
17. Quelle: Museum Weißenfels (S. 146)
18. BArch Plak 100-015-022 (S. 152)
19. BArch Plak 002-031-006 (S. 175)
20. © Ute Frevert (S. 183)
21. © Wolf Biermann (S. 185)
22. akg-images (S. 189)
23. Stadtgeschichtliches Museum Leipzig (S. 192)
24. © B'90 / Die Grünen Landtag Bayern (S. 196)
25. © Deutsches Historisches Museum/ S. Ahlers (S. 208)
26. Quelle: Forschungsstelle für Zeitgeschichte Hamburg / Beate-Uhse-Archiv (S. 212)

Abbildungsnachweis 489

27. ullstein bild – Reiner Zensen (S. 218)
28. akg-images / picture-alliance / ZB / Reinhard Kaufhold (S. 221)
29. BArch Bild 146-1982-092-25 (S. 238)
30. akg-images / Barbara Schnabel (S. 243)
31. akg-images / arkivi (S. 256)
32. © Stiftung Jugend forscht e. V. (S. 265)
34. akg-images (S. 269)
35. akg-images (S. 270)
36. Historische Bildpostkarten – Universität Osnabrück Sammlung Prof. Dr. Sabine Giesbrecht (S. 278)
37. © DER SPIEGEL 5/1973 (S. 283)
38. © dpa (S. 285)
39. picture alliance / Judaica-Sammlung Richter (S. 291)
40. picture alliance / Christoph Schmidt / dpa (S. 303)
41. © dpa / Arno Burgi (S. 305)
42. Sammlung www.hermsdorf-regional.de (S. 311)
43. © Deutsches Historisches Museum / I. Desnica (S. 317)
45. Vorlage: Stadtgeschichtliches Museum Leipzig / © BEBUG Berlin (S. 321)
46. © Bettina Frevert (S. 327)
47. Vorlage und Aufnahme: Hauptstaatsarchiv Stuttgart (S. 328)
48. © Meinhard Bärmich / Vorlage: Stadtgeschichtliches Museum Leipzig (S. 339)
49. picture-alliance / dpa (S. 345)
50. WikimediaCommons (S. 354)
51. Rundbriefe der Kameraden der Dietrich-Eckart-Schule 1943–1945 (Privatbesitz) (S. 359)
52. WikimediaCommons / Fotograf: Udo Röbenack (S. 370)
53. Foto: Rheinisches Bildarchiv Köln, Katharina Dalé, rba_d022878 (S. 382)
54. BArch Bild 183-20279-0002 (S. 388)
55. © Jacques Tilly (S. 397)
56. Stadtgeschichtliches Museum Leipzig (S. 409)
57. imago-images / Steinach (S. 414)
58. © Reto Klar / FUNKE Foto Services (S. 419)
59. Stadtgeschichtliches Museum Leipzig (S. 427)
60. picture alliance / AP Images / Helmuth Lohmann (S. 431)
61. SZ Fotoarchiv / UPI (S. 434)

Personenregister

Achilles, Walter 239
Adenauer, Konrad 40 f., 75, 124, 130 f., 138, 156, 275 f., 295, 365, 392, 406, 409, 433, 435, 438 f.
Adorno, Theodor W. 116
Améry, Jean (Hans Mayer) 150 f., 186
Amundsen, Roald 267
Andersch, Else 133
Arendt, Hannah 432
Arndt, Dieter 337
Arndt, Ernst Moritz 169
Asquith, Herbert 73
Auguste Viktoria (deutsche Kaiserin) 277

Bahr, Egon 21 f.
Barlach, Ernst 355
Barrett, Lisa Feldman 10
Barthel, Kurt 387
Bäumer, Gertrud 80
Baur, Eleonore 171 f.
Becher, Johannes R. 125, 292, 367
Beck, Ulrich 240
Becker, Carl Heinrich 259
Becker, Johann Philipp 306, 309
Bedford-Strohm, Heinrich 52
Beethoven, Ludwig van 307, 367
Behring, Emil von 253
Bell, Johannes 62

Benedikt XVI. (Papst) 60
Benjamin, Hilde 176
Bennigsen, Adolf von, und Elisabeth von 76 f.
Bepler, Wilhelm 134
Bergman, Ingmar 100
Beulwitz, Dietrich von 348, 351 f.
Beulwitz, Louise von 348, 350 f., 372
Biermann, Wolf 184 ff., 198, 409
Bismarck, Otto von 36, 145, 324, 329, 381
Bloch, Eduard 87 f., 449 (Anm. 25)
Bloch, Ernst 193 f., 197 f.
Bloch, Hans 66, 149, 456 (Anm. 12)
Bode, Franz-Josef 68 f.
Boehm, Max Hildebert 153
Böhm, Franz 295
Bohrer, Karl Heinz 436
Boltanski, Luc 446 (Anm. 11)
Bolz, Anneliese 225
Borchardt, Wolfgang 156
Bosch, Robert 377
Bracci, Piero 336
Brandt, Willy 17, 57 ff., 154 f., 157, 161 f., 181, 293, 328 ff., 341, 347, 365, 391 f., 395, 411, 438
Braun, Lily 205
Brauns, Friedrich Karl 129
Brecht, Bertolt 167 f., 170, 174, 183, 388 f.
Brehmer, August 403

Breschnew, Leonid 430 f., 445 (Anm. 23)
Breucker (Hauptmann a. D.) 315
Briand, Aristide 420 f., 434
Brüning, Heinrich 38
Brüsewitz, Oskar 177, 479 (Anm. 21)
Bruyn, Günter de 127, 160
Buch, Walter 96
Bür, Lore 225
Bush, George H. W. 439
Butenandt, Adolf 254

Campe, Joachim Heinrich 307 ff., 314, 325
Carstens, Karl 120, 163
Castner, Fritz 277
Chiapello, Ève 446 (Anm. 11)
Chruschtschow, Nikita 430
Claß, Heinrich 330
Clemenceau, Georges 62
Coudenhove-Kalergi, Richard 420
Curtis, Lionel 424
Curtis, Valerie 89
Cyrankiewicz, Józef 58

Dante Alighieri 186
Davis, Angela 320 ff.
de Gaulle, Charles 435 f., 438 f.
Dehio, Ludwig 65
Demmering (Bataillonsführer) 349
Descartes, René 252
Dietrich, Marlene 199, 228
Dietrich, Otto 357, 386
Dittmann, Wilhelm 400
Dohm, Hedwig 205
Domforde, Grete 384
Dopple, Mädi 225
Dornhofer, Hugo 383
Douglas, Mary 90
Draghi, Mario 38
Dutschke, Rudi 194

Ebert, Friedrich 180 f., 187, 223, 277, 315, 365 f., 380, 401 ff.
Ebert, Louise 366
Eid, Georg 134
Einstein, Albert 254 ff., 272, 467 (Anm. 3)
Eisenhower, Dwight D. 75
Eisner, Kurt 132 f., 381
Ekman, Paul 89, 252
Elbers, Hedwig 72, 190, 224, 335
Elkar, Anneliese Gertrud 134
Eppler, Erhard 362
Erdoğan, Recep Tayyip 344
Erhard, Ludwig 41, 157, 325, 438
Erikson, Erik 375, 476 (Anm. 3)
Erzberger, Matthias 180, 401, 403
Etzel, Christian 72
Evans, Wainwright 213

Falkenhagen, Oswald 76
Fassbinder, Rainer Werner 71
Faulhaber, Michael von 223, 351
Feist, Margot ▷ Honecker, Margot
Fichtl, Anny 228
Fischer, Emil 253
Foerster, Friedrich Wilhelm 109, 112
Fontane, Theodor 71
Frank, Hans 113
Franke, Regina 124
Frankenthal, Käte 205
Franz Joseph I. (Kaiser von Österreich) 72
Franziskus (Papst) 60 f.
Freiligrath, Ferdinand 400
Freisler, Roland 66
Freud, Sigmund 54 f., 230 f.
Frevert, Bettina 29
Frick, Wilhelm 238
Friedrich II. (König von Preußen) 36 f.
Friedrich, W. 130

Fritsch, Ellen 126
Fromm, Erich 53–56

Gabriel, Sigmar 181
Gauck, Joachim 116, 398
Gauland, Alexander 179, 475 (Anm. 35)
Geiger, Theodor 45
Geisler, Karl 383
Geißler, Heiner 415
Gerhard, Annie 187, 383
Giegold, Sven 57
Gilligan, Carol 110
Giscard d'Estaing, Valéry 439
Goebbels, Joseph 15, 63, 101, 136, 174,
    191, 316, 318, 386 f., 405, 416, 422, 424,
    444 (Anm. 13)
Goethe, Johann Wolfgang von 156, 332
Goitein, Rahel (verh. Straus) 260
Goldstein, Ludwig 81
Goleman, Daniel 115
Goppel, Alfons 228, 373 f., 395
Gorbatschow, Michail 439
Götting, Gerald 444 (Anm. 21)
Grimm, Jacob, und Wilhelm 229
Grzimek, Bernhard 101
Gueffroy, Chris 410
Gumbel, Emil Julius 403
Guttenberg, Karl-Theodor zu 57

Haase, Wally 358, 360
Haber, Fritz 254
Habermas, Jürgen 227, 464 (Anm. 38)
Hahn, Otto 254
Hallermann, August 73 f.
Hansch, Gabi 127
Harnack, Adolf (von) 53
Hartmann, Nicolai 53, 472 (Anm. 5)
Haubl, Rolf 232, 249
Heartfield, John 456 (Anm. 9)
Heese, Gerhard 133
Heidegger, Martin 156

Hein, Friedel 386
Heine, Heinrich 346
Heinemann, Gustav 88, 162, 222, 227, 275
Heinrich I. (ostfränkischer König) 278
Heinrich IV. (deutscher Kaiser) 58
Heisenberg, Werner 254
Hellpach, Willy 204
Hempel, Wolfgang 129
Hendriks, Franz 191
Hensel, Jana 221, 242
Hermlin, Stephan 292
Herzog, Roman 120
Heß, Rudolf 444 (Anm. 13)
Hessel, Stéphane 18, 408
Heuss, Theodor 13, 25, 39 f., 130 f., 137 f.,
    153, 228, 239 f., 291, 293 f., 296, 340,
    347, 391, 406 f., 432 f., 442 (Anm. 8),
    454 (Anm. 21)
Hiller, Fritz 91
Himmler, Heinrich 209 f., 226, 278
Hindenburg, Paul von 65, 74, 133 f.,
    181, 187 f., 223 f., 277 f., 315, 334 f.,
    381–385, 400
Hirschfeld, Magnus 206 f.
Hite, Shere 215
Hitler, Adolf 34, 40, 43, 63, 72, 92,
    134–137, 172 ff., 182, 188–191, 210,
    224 ff., 237 f., 278 f., 291, 293 f., 334 ff.,
    357, 385 f., 404 f., 418, 422 ff., 444
    (Anm. 13)
Hodann, Max 206 f., 213
Hoepner, Erich 66
Hoffer, Eric 470 (Anm. 16)
Hollander, Walther von 203
Höllmüller (Bürger) 132
Holthusen, Hans Egon 156
Honecker, Erich 44, 121, 140, 160, 194 f.,
    241 f., 409 f., 430 ff., 444 (Anm. 21),
    445 (Anm. 23)
Honecker, Margot (geb. Feist) 176, 459
    (Anm. 13)

Personenregister 493

Horney, Karen 231
House, Edward 62
Huber, Carl Borromäus 132
Humboldt, Alexander von 267
Humboldt, Wilhelm von 253
Hummel, L. 335 f.

Illouz, Eva 462 (Anm. 4)

Jähn, Sigmund 337
Jakob, Max 133
Jelzin, Boris 439
Jongen, Marc 479 (Anm. 24)
Jünger, Ernst 87, 146 f., 150

Kant, Immanuel 53, 83
Kather, Linus 154
Katzenstein, Simon 379 f.
Kaufmann, Franz-Xaver 144
Kelly, Petra 412
Kepler, Johannes 252
Kessler, Harry Graf 16, 365, 421
Kiesinger, Kurt Georg 162
Kirchner, Martin 207
Kissinger, Henry 21 f.
Klemperer, Victor 94, 98, 170, 226, 387, 450 (Anm. 13)
Klinsmann, Jürgen 454 (Anm. 20)
Klünder, Otto 334
Klustin (Witwe) 384
Kober, Gertrud 152
Köcher, Renate 340
Koenigs, Tom 323
Kohl, Helmut 44, 121, 123, 163, 296, 340, 363, 365, 392, 439
Köhler, Horst 52
Kolle, Oswalt 213
Kollwitz, Käthe 188, 352–355, 363
– Hans (Sohn) 352
– Peter (Enkel) 363
– Peter (Sohn) 352 ff.

Kolnai, Aurel 90, 103, 330 f.
Kopernikus, Nikolaus 252
Köpping, Petra 61, 447 (Anm. 21)
Korn, Karl 281, 283
Kosegarten, Ludwig Gotthard 106
Kowalczuk, Ilko-Sascha 337
Krenz, Egon 121, 124, 193, 195, 410, 444 (Anm. 21)
Kretschmann, Theodor 315
Kreuzhuber, Josef 91
Krug, Manfred 429
Krüger (Garnisonspfarrer) 349 f.
Krüger, Herbert 386
Krugman, Paul 38
Kubitschek, Götz 417
Kuczynski, Jürgen 426 f.
Künast, Renate 398
Kunze, Christoph 177
Kurdi, Alan 9, 118

Langhoff, Wolfgang 367
Lasch, Christopher 55
Laßleben, Johann Baptist 148
Laue, Max von 254
Leander, Zarah 17, 191
Lerchenfeld, Hugo von 91
Lessing, Gotthold Ephraim 45, 107, 115
Leuschner, Bruno 430
Levi, Primo 117
Leviné, Eugen 91
Lichtenstaedter, Siegfried (Ne'man) 234
Liebermann von Wahlendorf, Willy Ritter 81
Liebknecht, Karl 279
Liepmann, Moritz 71
Lindenberg, Udo 444 (Anm. 21)
Lindsey, Ben 213
Link, R. 132
Lissauer, Ernst 169 f.
List, Heinrich 113
Livingstone, David 267

Lohmann (Frau) 188
Lommatzsch, Siegfried 257
Lorenzer, Johannes 373
Lowenfeld, Henry 470 (Anm. 16)
Lübke, Heinrich 116, 162, 275, 345
Ludendorff, Erich 400
Ludwig III. (König von Bayern) 223, 455 (Anm. 6)

Macron, Emmanuel 418 f.
Maeßen, Servatius 373 f.
Mann, Auguste 133
Mann, Heinrich 199
Mann, Thomas 450 (Anm. 13)
Marcuse, Herbert 116, 298
Margalit, Avishai 61
Marquart, Margret 88
Marx, Karl 47, 125
Marx, Wilhelm 380
Maschmann, Melita 463 (Anm. 36)
Matthes, Steffen 338
Mattheuer, Wolfgang 86
Mayer, Hans ▷ Améry, Jean
Mazzini, Giuseppe 308
Meinecke, Friedrich 132
Meissner, Otto 74
Merian, Maria Sibylla 252
Merkel, Angela 9, 62, 130, 181, 306, 369, 392 f., 398, 415, 418 f., 454 (Anm. 20)
Meulenbelt, Anja 470 (Anm. 14)
Meyer, Carl 335
Meyer, Wilhelm 133
Mielke, Erich 432
Millett, Kate 231
Mitscherlich, Alexander 280
Mitterand, François 440
Mjölnir ▷ Schweitzer, Hans Herbert
Modrow, Hans 121
Moltke, Freya von 83
Moltke, Helmuth James Graf von 83, 424
Mommsen, Theodor 253

Monnet, Jean 434
Mozart, Wolfgang Amadeus 200
Müller, Hermann 62
Müntefering, Franz 103
Murschhauser, Hildegard 385
Musakova, Annamaria 455 (Anm. 1)
Mussolini, Benito 421 ff.

Näcke, Paul 54
Naumann, Friedrich 205
Ne'man ▷ Lichtenstaedter, Siegfried
Nell-Breuning, Oswald von 314, 323
Neumann, Georg 180
Neunhoeffer, Lothar 406
Nietzsche, Friedrich 56 f., 60, 169, 405 f.
Niggemeyer, Elisabeth 280
Nobel, Alfred 253
Noelle-Neumann, Elisabeth 340
Nussbaum, Martha 90
Nüsslein-Volhard, Christiane 254

Obernitz, Veit Friedrich von 351
Ohnesorg, Benno 410
Ollenhauer, Ernst 154
Oppenheim, Margot 277
Otto, Luise 309

Papen, Franz von 65
Pesch, Heinrich 314
Peters, Günther 358
Peuter, Arthur 335
Pfau, Dieter 357
Pieck, Wilhelm 42, 124, 152, 193, 228, 367
Piller, Martha 224
Praunheim, Rosa von 343
Preuß, Hugo 379 f.
Putin, Wladimir 439

Raatz, Gerhard 358
Radloff, Agnes 366
Rahn, Helmut 129

Personenregister **495**

Rappaport (Rapoport), Nathan 59
Raschke, Minna 277
Rathenau, Walther 365, 370
Rau, Johannes 123, 458 (Anm. 43)
Rauch, Christian Daniel 279
Rauth, Robert 402
Redslob, Edwin 354f., 363, 365
Reemtsma, Jan Philipp 88
Rehmann, Gerti 386
Reimann, Brigitte 429f.
Reinhardt, C. (Frau) 401
Reisner, Hermann 181
Reitz, Edgar 158
Reuter, Gabriele 91, 352
Richter, Horst-Eberhard 45
Riepenberg, Heinrich 404
Rödder, Margarete 134
Roethe, Gustav 382
Röhl, Anja 45f.
Römer (Dr., Landwirtschaftsrat) 73f.
Rommel, Manfred 102
Röntgen, Wilhelm Conrad 253
Rosenberg, Alfred 447 (Anm. 26)
Rosenthal (verh. Schwab), Alice 150
Röttger, Emma 335
Rougemont, Denis de 136
Rozin, Paul 89
Rückert, Friedrich 169
Rust, Bernhard 65

Sarrazin, Thilo 164
Sauerteig, Luise 188, 277
Sayler, Heinrich 224
Schabowski, Günter 222, 227
Schade, Hildegard 190
Schädle, Franz 357
Scheel, Walter 144, 158
Scheler, Max 230ff., 246, 249, 304,
    332f., 416, 470 (Anm. 12 u. 14), 472
    (Anm. 5 u. 6), 479 (Anm. 16)
Schelsky, Helmut 239f.

Scherger, Maria 335
Schiller, Friedrich 307, 384
Schlegel, Friedrich 382
Schleich, Carl Ludwig 276
Schmid, Carlo 58
Schmidt, Fritz 455 (Anm. 6)
Schmidt, Helmut 44, 88, 120, 158, 341,
    347, 365, 439f., 445 (Anm. 23)
Schmidt, Paul 420
Schneider, Martha 188
Schober, Hanna 176
Schopenhauer, Arthur 107
Schröder, Gerhard 392, 395, 439
Schülein, Luitpold 276
Schuman, Robert 434
Schütz, Klaus 395
Schwarz (Herr) 403
Schweitzer, Hans Herbert (Mjölnir) 188
Schygulla, Hanna 71
Scobel, Carl 182
Scott, Robert 267
Seehofer, Horst 143f.
Seelig, Carl 467 (Anm. 3)
Seghers, Anna 292, 426
Seidel, Ina 260
Seidel, Lotte 190
Seuthe, Hilde 124
Siedler, Wolf Jobst 280
Simmel, Georg 245
Simon, Annette 221
Sloterdijk, Peter 413
Smith, Adam 106ff.
Sokolowski, Wassili 426
Sombart, Werner 205, 458 (Anm. 4)
Spies, Lydia 134
Spieske, Emmy 335
Staeck, Klaus 102
Stalin, Josef 366f., 427, 432
Steinmeier, Frank-Walter 289, 290f.,
    298, 347, 364, 474 (Anm. 36)
Sternberg, Josef von 199

Sternberger, Dolf 227, 432
Stöcker, Helene 205, 207, 209
Stoiber, Edmund 102
Stoph, Willi 99, 121
Straus, Rahel ▷ Goitein, Rahel
Strauß, Franz Josef 101 f., 373 f., 395, 451 (Anm. 27)
Streich, Minna 383
Stresemann, Gustav 16, 365, 420 ff.
Strittmatter, Erwin 292 f.
Stucke, Elsbeth 225
Sürücü, Hatun 84

Taubert, Eberhard 101 f.
Thalbach, Katharina 463 (Anm. 25)
Thälmann, Ernst 176, 221
Thierse, Wolfgang 56
Thon, Kerstin 338
Thunberg, Greta 46 f.
Tillich, Paul 53
Tilly, Jacques 397 f., 417
Todt, Fritz 268
Treitschke, Heinrich von 72, 86
Troeltsch, Ernst 330, 468 f. (Anm. 10)
Trotha, Adolf von 399
Trott zu Solz, Adam von 425
Trump, Donald 31
Tucholsky, Kurt 147 f., 150, 276, 456 (Anm. 9)

Uhse, Beate 212
Ulbricht, Lotte 241
Ulbricht, Walter 98, 120 f., 128, 243, 465 (Anm. 25)

Valentin, Karl 274
van de Velde, Theodoor Hendrik 206
Verdi, Giuseppe 422
Virchow, Rudolf 111

Wagner, Richard 191, 200, 365, 422
Waldenburg Straus-Scharina, Wolf von 316
Walter, Elsa 93, 207, 214
Walter, Richard 315
Weber, Fritz 383
Weber, Max 205
Wehner, Herbert 154
Weinbrenner, Emilie 357
Weiß, Hermann 384
Weizsäcker, Richard von 122 f., 141 f., 163, 296 f.
Wessel, Horst 174
Wettstein-Adelt, Minna 111
Wieland, Christoph Martin 307
Wilhelm I. (deutscher Kaiser) 145, 381
Wilhelm II. (deutscher Kaiser) 73, 77, 145, 223, 276 ff., 312, 351, 400, 403, 455 (Anm. 5)
Willstätter, Richard 254
Wilp, Charles 377
Wilson, Woodrow 62, 399
Winkler, Hans 91
Wirth, Joseph 403
Witzleben, Erwin von 66
Wohlgemuth, Joseph 170
Wolf, Christa 221, 292, 429
Wolf, Gerhard 221
Wolle, Stefan 220
Wortmann, Sönke 346
Wulff, Christian 395
Wundt, Wilhelm 23, 34

Yonath, Ada 272

Zimmermann, Herbert 129
Zweig, Arnold 292
Zweig, Stefan 267, 282, 283